Deutsche im Nordpazifik
Beiträge zur Entdeckung und Erforschung
des nordpazifischen Raumes

———

Johann Adrian Jacobsen
Capitain Jacobsen's Reise an der Nordwestküste Amerikas
1881-1883

HISTORIA SCIENTIARUM

Ein Editions-Programm der Fritz Thyssen Stiftung
zur Geschichte der Wissenschaften in Deutschland

Herausgegeben von
Bernhard Fabian
und
Olaf Breidbach (Biowissenschaften)
Jochen Brüning (Mathematik und Astronomie)
Johannes Burkhardt (Geschichte und Politik)
Knut Wolfgang Nörr (Rechtswissenschaft)
Bertram Schefold (Wirtschaftswissenschaften)
Hans-Werner Schütt (Physik und Chemie)
Walter Sparn (Philosophie und Theologie)

Fachgebiet Kulturwissenschaften

Olms-Weidmann
Hildesheim · Zürich · New York
2013

DEUTSCHE IM NORDPAZIFIK

Beiträge zur Entdeckung und Erforschung
des nordpazifischen Raumes

Herausgegeben von Viola König

Johann Adrian Jacobsen

Capitain Jacobsen´s Reise
an der Nordwestküste Amerikas 1881-1883

Beigebunden ist

Unter den Alaska Eskimos

Mit einer Einleitung von
Viola König

Olms-Weidmann
Hildesheim · Zürich · New York
2013

Dem Nachdruck liegen die Exemplare des
Ethnologischen Museums Berlin zugrunde.
Signaturen: Na 8 Jac und Na I f JAC

Die Deutsche Nationalbibliothek verzeichnet diese Publikation
in der Deutschen Nationalbibliografie; detaillierte bibliografische Daten
sind im Internet über *http://dnb.d-nb.de* abrufbar.

ISO 9706
Nachdruck der Ausgaben Leipzig 1884 und Berlin 1924
Gedruckt auf säurefreiem und alterungsbeständigem Papier
Herstellung: Beltz Druckpartner, 69502 Hemsbach
Printed in Germany
Georg Olms Verlag AG, Hildesheim 2013
www.olms.de
ISBN 978-3-487-13404-8   ISSN 1430-8320

Einleitung

Reisehintergrund und Hinweise zur vorliegenden Ausgabe

J. Adrian Jacobsen (1853–1947), ein aus der Nähe von Trömso stammender norwegischer Seemann, führte in den Jahren 1881 bis 1883 im Auftrag des Gründers des Berliner Völkerkundemuseums Adolf Bastian eine Sammelreise nach dem zu Britisch Kolumbien (Kanada) gehörigen Teil der amerikanischen Nordwestküste und das nördliche Alaska durch. Obgleich seine knapp 7000 Objekte umfassende Sammlung von dort und sein viel beachtetes Werk Gegenstand wissenschaftlicher Forschung waren und sind, ist Jacobsens Reisebericht voller wertvoller Informationen zu Reiseverlauf und Sammlung, der in einer von A. Woldt bearbeiteten Monographie bereits 1884 veröffentlicht wurde, in der deutschen Originalfassung nie wieder aufgelegt worden. Erst 1977 erschien eine englische Ausgabe von Erna Gunther[1]. Sie hatte zwanzig Jahre zuvor bereits das Werk von Aurel Krause übersetzt[2]. Jacobsens und Krauses Reiseberichte erscheinen hier beide nach mehr als 125 Jahren erst zum zweiten Male in der Originalfassung auf Deutsch[3]. Allerdings ist die englische Version von Gunther so mangelhaft, dass eine gewissenhafte und genaue neue Übersetzung ins Englische und somit eine Neuausgabe beider Werke auf Englisch ebenso notwendig sind. Wie z. B. Burch mehrfach bemerkt, hat Gunther wesentliche Informationen nicht übersetzt, oder sie übersetzte zu frei bzw. gab zu unvollständige Zusammenfassungen[4]. Auf einen wenig sorgfältigen Umgang Gunthers bei der Auswahl und Beschreibung von Bildmaterial verweist Fienup-Riordan, die ohnehin nicht von einer Übersetzung, sondern einer „verkürzten Version" spricht[5]. Eine Auswertung der Daten durch amerikanische Forscher, die des Deutschen nicht mächtig sind, wird also stets mangelhaft bleiben müssen.

Jacobsen und die Gebrüder Krause zählen zu den ersten Reisenden, die einen explizit ethnographischen Forschungs- und Sammelauftrag nach Nordwestamerika erhalten hatten und die ihre Ergebnisse unmittelbar im Anschluss an die Reise veröffentlichten. Geographisch ergänzten beide Forschungsreisen einander. Die Krauses bereisten die Tschuktschen auf der asiatischen Seite und die nördliche Nordwestküste (Südostalaska), Jacobsen dagegen die südliche Nordwestküste (Britisch Kolumbien) und das den Tschuktschen gegenüber liegende Nordwestalaska. Wenngleich Adolf Bastian als gebürtiger Bremer den Auftraggebern der Krause-Expedition, der Geographischen Gesellschaft zu Bremen, gern zuvorgekommen wäre, so dürfte er wohl bedacht gewesen sein, regionale Überschneidungen der kostspieligen Unternehmungen möglichst zu vermeiden. Gleichwohl hatte Jacobsen vor, im Oktober 1882 nach Sitka zu reisen und – nachdem sich der Plan nicht realisieren ließ – nochmals am Schluss seiner Reise von Nordwesten kommend bis ins Chilkatgebiet – das Einsatzgebiet der Krauses – vorzudringen, wurde aber davon abgehalten[6]. Jacobsen lernte die Krauses in San Francisco kennen und lobt ihre Reise in höchsten Tönen[7].

Woldt erwähnt am Schluss eine direkte Einschaltung der Krauses bei seiner Bearbeitung von Jacobsens Tagebüchern: „Zum Schlusse erübrigt mir noch, den Herren Gebrüdern Dr. Arthur und Dr. Aurel Krause aus Berlin, die sich als beste Kenner der von Jacobsen bereisten Gebiete von Britisch Columbien der Mühe unterzogen haben, die Orthographie der Namen richtig zu stellen, besten Dank zu sagen"[8].

Es gab eine Konkurrenz mit den großen nordamerikanischen Institutionen, der Smithonian Institution in Washington D.C. und dem American Museum of Natural History in New York, die zusätzlich auf nationaler Ebene miteinander konkurrierten[9]. Dieser Konkurrenzkampf zwischen europäischen und nordamerikanischen Naturkunde- und Völkerkundemuseen bei der Anlegung ihrer großen Sammlungen in der Gründungszeit ab dem letzten Drittel des neunzehnten Jahrhunderts widerlegt die Sicht der deutschen Bastianforschung, der zufolge Bastian der Initiator der Rettungsaktion der materiellen Hinterlassenschaft im Aussterben begriffener Völker sei.

Im Rückblick lässt sich aber feststellen, dass die beiden Reisen, die des Naturwissenschaftlers Edward Nelson, der im Auftrag der Smithonian Institution unmittelbar vor Jacobsen (1877–1881) das nördliche Alaska bereist hatte, und die des Amateurethnologen Adrian Jacobsen (1882–83) einander eher ergänzten[10]. Jacobsen hatte wesentlich mehr finanzielle Mittel für exzellente Ankäufe als Nelson und fand gewisse, durch Nelsons Reise geschaffene, erleichternde infrastrukturelle Rahmenbedingungen vor. Nelson lieferte sehr ausführliche wissenschaftliche Beschreibungen und Details, die in Jacobsens Sammlungen aber besser dokumentiert sind[11].

Jacobsen selbst war kein Wissenschaftler, und sein Augenmerk lag weniger in genauer ethnographischer Beobachtung und Dokumentation denn in der Erzählung seiner zahlreichen Abenteuer, bei denen er sich selbst als „Draufgänger" darstellt mit humoristischen Einlagen. Der Norweger bezeichnete sich selbst stets als „Kapitän", konnte einen Nachweis für diesen Grad allerdings nicht vorweisen; allerdings war auch die Bezeichnung für indianische Häuptlinge (chiefs) der Nordwestküste damals „Captain"[12]. Jacobsen lernte Deutsch bei seinem ersten Aufenthalt in Hamburg in den Jahren 1874 bis 1875 und veröffentlichte überwiegend auf Deutsch[13]. Doch die Probleme im Umgang mit der deutschen Sprache und insbesondere der Grammatik begleiteten Jacobsen ein Leben lang[14]. Für die Herausgabe von

Jacobsens Reisebeschreibung war Bastian darauf bedacht – sicherlich auch aufgrund der sprachlichen Mängel der Tagebucheintragungen, in der Korrespondenz sowie bei der Sammlungsbearbeitung (Einträge auf den Karteikarten) – eine Überarbeitung durch einen professionellen „Bearbeiter für den deutschen Leserkreis", so der Titel, zu suchen. Man wurde fündig mit A. Woldt, einem Wissenschaftsjournalisten, der auch Mitglied der Berliner Anthropologischen Gesellschaft war. Fienup-Riordans Archivstudien brachten Details über die nicht immer glückliche Zusammenarbeit zwischen Jacobsen und Woldt und die ungleiche Aufteilung des Honorars zugunsten Woldts zutage[15].

In seinem Vorwort beschreibt Woldt das Zustandekommen des in „splendider Ausstattung" (Seite VI) erschienen „anspruchlosen Werkchens" (S. V). Während Jacobsen mit dem Auspacken und Registrieren seiner Sammlung beschäftig war, nahm sich Woldt der Tagebücher an, die er in „möglichster Anlehnung an das Original" bearbeitete[16]:

Nichtsdestoweniger dürfte dieses Buch gerade in der vorliegenden Form der Wissenschaft eine nicht geringe Menge wertvollsten Materiales bieten, das wir der unbefangenen scharfen Beobachtungsgabe Jacobsen's verdanken. Aber auch auf einen weiteren und umfassenderen Leserkreis darf das Werk wegen seines hochinteressanten, oft fesselnden Inhaltes, ..., Anspruch machen[17].

Im Jahre 1933 überließ Jacobsen seinen schriftlichen Nachlass dem Archiv der Deutsch-Nordischen Gesellschaft in Hamburg Altona. Nach dem Ende des Zweiten Weltkrieges wurde das Archiv aufgelöst und der Jacobsen-Nachlass an das Museum für Völkerkunde in Hamburg gegeben[18]. Dort befinden sich die Originalmanuskripte, die Tagebücher, Illustrationen und Fotografien von Jacobsen noch heute, sind allerdings unzugänglich[19]. Die letztmalige Nutzung durch Ann Fienup-Riordan erfolgte in den 1990er Jahren[20]. Die internationale Fachwelt erwartet sich von ihrem Studium neue Erkenntnisse, vor allem über die Sammlung[21]. Die Erwartungen mögen überspitzt sein; denn Jacobsen kaufte an was er bekam, darunter Gegenstände, die schon zum Zeitpunkt des Erwerbs nicht mehr oder kaum noch im Gebrauch waren. Die Informationen, die Jacobsen dazu erhielt, sind in der Monographie wiedergegeben. Ausführlich beschrieben sind auch die Ausgrabungen und das Bergen von prähistorischen Artefakten und Fundsituationen – ein Hinweis darauf, dass Jacobsen und Woldt solche detaillierten Daten zu den Sammlungen nicht weggelassen haben. Fienup-Riordan resümiert:

A comparison between Jacobsen's unpublished Alaska journals and Woldt's published version shows that Woldt may have been worth his fee. Probably it was Woldt who edited out most of Jacobsen's complaints and in their place added many complimentary flourishes, including naming more lakes, rivers, and volcanoes after Bastian and individual members of the Support Committee. Otherwise, the published account reads remarkably close to the unpublished journal. Jacobsen gave Woldt his journals to work from, and it is likely that the two went through them together page by page so that Jacobsen could expand upon particular events. Thus, he had an opportunity soon after his return to retell the high points of his trip while they were still fresh in his mind. A greater gap exists between Woldt's account and romanticized versions that Jacobsen published years later, especially The White Frontier, than between Woldt's account and the original unpublished journals[22].

Der renommierte amerikanische Wissenschaftler Richard A. Pierce formulierte in seiner Review der englischen Ausgabe von Erna Gunther 1977 einerseits freundlich[23]:

In 1881, when he was 28, the Royal Berlin Ethnological Museum sent Jacobsen to the Northwest Coast of America to collect native artifacts. Jacobsen's adventures and observations during the next two years were ghost-written in German by Adrian Woldt and published in 1884.

... The author describes, with humor and zest, the natives, traders and missionaries he met, modes of transportation, weather, food, clothing and everything else that met his eye.

Doch Pierce, selbst ein äußerst sorgfältiger Herausgeber der englischen Übersetzungen russischsprachiger Quellen, kritisiert andererseits die Edition von Gunther:

The translation reads well and is complete except for omission of a final chapter on the hasty trip to Arizona, irrelevant to the rest of the work, and some sections which the translator says "reflect impressions so closely rooted in Jacobsen's own time and culture as to be irrelevant today." One may differ on this point, for the author's attitudes are a necessary part of the total picture of the man and his work.

The line drawings are excellent. A detailed map would have been helpful in place of the tiny sketch which is offered.[24]

Wer aber war der Bearbeiter und Herausgeber A. Woldt, der sicherlich nicht „Adrian" hieß, wie Erna Gunther in ihrer Übersetzung von 1977 und hinfort alle folgenden Autoren wie Richard Pierce und Fienup-Riordan behaupteten? Kürzlich hat Peter Bolz neuere Erkenntnisse über ihn gewonnen:

Recently, however, I came across a reference in the book by Max Bartels, "Medizin der Naturvölker" from 1893, in which he mentions Woldt as "August Woldt". Since Bartels and Woldt were both members of the Berlin Anthropological Society they knew each other personally, and for this reason I think "August Woldt" by Bartels is more reliable than "Adrian Woldt" by Gunther. Woldt was a journalist who wrote articles on different "scientific" topics, but he cannot be called an "amateur ethnologist" (sic Fienup-Riordan 2005: 21-23)[25].

Die wissenschaftliche Bearbeitung von Jacobsens Reisen und Ergebnissen

Die Erforschung der Aktivitäten und Biographie Adrian Jacobsens folgte unterschiedlichen Aspekten und Interessen der Autoren. Folgend sind nur die ausführlicheren Publikationen kommentiert.

Hier ist zuvorderst Franz Boas zu nennen, der als junger Wissenschaftler die Jacobsensammlung von der Nordwestküste bereits im Jahre 1885 studierte, sich jedoch äußerst kritisch zu den Beschreibungen und Interpretationen des Sammlers äußerte[26]. Immerhin wurde Boas durch das Material so stark angeregt, dass er einen regionalen Schwerpunkt seiner Forschung an der Nordwestküste ansiedelte, wobei er bei den Kwakiutl (oder Kwakwaka'wakw wie sie sich heute nennen) durch den Einsatz von George Hunt, der zuvor bereits für Jacobsen übersetzt hatte, einen direkten Vergleich mit Jacobsens Bericht ziehen konnte[27].

Wolfgang Haberland, der langjährige Kurator der amerikanischen Sammlungen des Museums für Völkerkunde in Hamburg, Hüter und Nutzer von Jacobsens Nachlass, referiert in seinen Publikationen biographische Daten und Ereignisse aus dem Leben Jacobsens und wertet insbesondere die Tournee der Bella Coola *(Heiltsuk)* in Deutschlands aus [28]. Haberlands Ausstellungskatalog *Donnervogel und Raubwal* zum 100jährigen Jubiläum des Museums für Völkerkunde in Hamburg war „gewidmet dem Andenken an drei große europäische Erforscher der Nordwestküste Aurel Krause, Adrian Jacobsen, Franz Boas, den Männern der ersten Stunde"[29]. Haberland interessierte sich für den Aufenthalt Jacobsens an der Nordwestküste und folgte ihm dorthin, stellte Kontakte zu den Nachkommen von Jacobsens Kontaktpersonen her und sammelte zeitgenössische Kunst.

Der Aufenthalt Adrian Jacobsen an der Nordwestküste ist Thema der viel zitierten Monographie von Douglas Cole, die ausführliche biographische Notizen enthält[30]. Coles Studie ist auf den Aspekt der Konkurrenz beim Abgreifen der indigenen materiellen Kultur der Nordwestküste im letzten Drittel des neunzehnten Jahrhunderts fokussiert.

Hilke Thode-Arora untersucht nicht nur die Hagenbeckschen Völkerschauen, sichtet Jacobsens Nachlass von ca. 5000 Manuskripten, sondern stellt auch eine komplette Bibliographie von Jacobsens Veröffentlichungen zusammen[31]. Angeregt von Bastian und in der Hoffnung auf eine Planstelle als Wissenschaftler veröffentlichte Jacobsen allein zwischen 1888 bis 1893 38 Artikel in wissenschaftlichen und populärwissenschaftlichen Magazinen. Thode-Arora ist bis heute eine exzellente Quelle für das Studium der Biographie Jacobsens und die Einbettung in seine Zeit.

Peter Bolz, bis 2012 Kurator der Nordamerikasammlungen im Ethnologischen Museum Berlin, geht in seiner umfangreichen Publikation zu den nordamerikanischen Sammlungen des Ethnologischen Museums in Berlin anlässlich der Eröffnung der Dauerausstellung 1999 ausführlich auf Jacobsen und die Begleitumstände seiner Sammelreisen ein[32]. Hier werden sowohl die Reisen an die Nordwestküste als auch die in den Norden Alaskas gewürdigt.

Bolz, der die Delegation der Yup'ik im Jahre 1998 im Ethnologischen Museum betreute, unterstützte die Leiterin der Delegation und Yup'ik Spezialistin Ann Fienup-Riordan bei ihren umfassenden Recherchen zu Jacobsen. Den Beitrag Fienup-Riordans über Jacobsen im Katalog *Yup'ik Elders at the Ethnologisches Museum Berlin: Fieldwork Turned on Its Head* bezeichnet Bolz zurecht als "die bislang umfangreichste Biographie von Johan Adrian Jacobsen"[33]. Fienup-Riordan erläutert ihr Interesse an Jacobsen:

The introduction section „The Gift," describes Jacobsen's life and travels in Alaska and the collection that he brought to Berlin. Although an abridged edition of his 1884 travelogue was published in English in 1977, there has been no critical biography of this important yet ambiguous figure. Without a clear understanding of who Jacobsen was and why and how he came to Alaska, the full significance of the collection he amassed and the unintended consequences of his collecting remain obscure. Working to collect the remnants of peoples thought to be on the edge of extinction, Jacobsen likely never imagined what a gift the objects he collected would be to the descendants of their makers[34].

Mit Fienup-Riordan beginnt die wissenschaftliche Bearbeitung von Adrian Jacobsens Reiseabschnitt nach Nordalaska recht spät im Vergleich zu der wissenschaftlichen Aufmerksamkeit, welche die zuvor durchgeführte Reise an die Nordwestküste hervorgerufen hatte. Durch Fienup-Riordans Publikationen und die von ihr kuratierte Wanderausstellung "Yuungnaqpiallerput/The Way We Genuinely Live: Masterworks of Yup'ik Science and Survival" ist Jacobsens Aufenthalt bei den Yup'ik im Norden von Alaska nun besser als alle anderen Reiseetappen dokumentiert und wissenschaftlich ausgewertet.

Das *European Journal of American Studies* widmet seine Sonderausgabe 2010 dem Thema "The North-West Pacific in the 18th and 19th Centuries", herausgegeben von Giles Scott-Smith[35]. Adrian Jacobsen kommt in dem Band eine herausgehobene Rolle zu. Von insgesamt fünf Beiträgen sind ihm drei gewidmet. Aaron Glass gibt in "Northwest Coast Ceremonialism: The Works of J.A. Jacobsen (1853-1947)" einen Überblick über Jacobsens Aufenthalt an der Nordwestküste und sein Werk[36]. Es folgen die Nachdrucke von drei Artikeln von Adrian Jacobsen in einer Übersetzung von Richard Bland. Die Auswahl benennt und begründet der Herausgeber Scottt-Smith:

The texts in this Special Issue represent an interesting combination, covering as they do two contrasting historical studies of the North West Pacific: the sweeping ambitions of Russian imperial designs on the western coast of North America, and the closely-observed ethnographic studies of native peoples in that region by the Norwegian explorer Johan Jacobsen.

The articles by Johan Jacobsen were also translated from their original German by Dr Bland. The originals were published as follows: 'The Kosiyut Society' appeared as 'Der Kosiyut-Bund der Bella-Coola-Indianer,' Das Ausland: Wochenschrift für Erd- und Völkerkunde 65(1892): pp. 437-441. 'Secret Societies' appeared as ‚Geheimbünde der Küstenbewohner Nordwest-America's,' in Zeitschrift für Ethnologie 23 (1891): pp. 383–395. 'The Second Type of Secret Society' appeared as ‚Der zweite Typus der Geheimbünde bei den Nordwest-Americanern,' Zeitschrift für Ethnologie 26 (1894): pp. 104–115.[37]

Im Jahre 2013 wird das Anchorage Museum eine monographische Ausstellung über die Dena'ina (früher Tanaina), eine athapaskische Gruppe im Gebiet des Cook Inlet ausrichten. Jacobsens Objekte zählen zu den wenigen, die im neunzehnten Jahrhundert gesammelt wurden. Leider hinterließ Jacobsen nur knappe Angaben auf den Karteikarten des Ethnologischen Museums und in der *Reise nach der Nordwestküste*[38].

Die Sammlungen des zweiten Reiseteils nach Nordalaska, der in Jacobsens Monographie aber am umfänglichsten beschrieben ist (254 von 404 Seiten), sind noch längst nicht ausreichend gewürdigt und ausgewertet. Das grundsätzliche Potential wird z. B. bei Burch deutlich, der für seine historischen Untersuchungen über die demographische Entwicklung der Inupiaq, Hungersnöte, Epidemien u.a. auf Jacobsens Daten zurückgreift[39].

Anmerkungen zum Epilog, Adrian Jacobsens „Lebensbeschreibung"

Als Johan Adrian Jacobsen in seiner „Lebensbeschreibung" im Anhang des Reiseberichtes von seinem ersten Auftrag für den Hamburger Großwildhändler und späteren Zoodirektor Carl Hagenbeck im Jahre 1877 berichtet, eine Familie grönländischer Eskimo „zu bringen", hätte er sich nicht vorstellen können, dass 120 Jahre später eine andere von ihm besuchte Eskimogruppe, die zu den Pazifik-Eskimo von Alaska gehörenden Yup'ik eine solche Reise nach Berlin antreten würde[40]. Doch ließen sich die acht Yup'ik nicht „bringen", sondern sie und die Kuratorin Ann Fienup-Riordan organisierten und finanzierten ihre weite Reise in Eigeninitiative mit Unterstützung des Anchorage Museums und verschiedener amerikanischer Forschungsorganisationen. Auch reiste im Jahre 1998 nicht eine Familie oder eine Gruppe junger Leute an, wie sie Jacobsen später auch aus Lappland und Labrador importierte, sondern ausgewählte "Elders," d.h. ältere teils über 80jährige Yup'ik mit guten Sprachkenntnissen und Wissen über ihre traditionelle Kultur, die sich Jacobsens Alaskasammlung vor Ort anschauen wollten. Ziel war u.a., eine Auswahl von Exponaten für ihre Ausstellung "Yuungnaqpiallerput/The Way

We Genuinely Live: Masterworks of Yup'ik Science and Survival" zu treffen. Doch auch das Ethnologische Museum in Berlin, in dem sich Jacobsens Yup'ik-Sammlung heute befindet, profitierte von dem mehrtägigen Gedankenaustausch. Es war höchste Zeit; denn nicht alle "Elders" haben die Wanderausstellung, die von 2007 bis 2009 an verschiedenen Orten in Alaska und Washington DC zu sehen war, noch selbst erlebt[41].

Mit dem Yup'ik Projekt, der Berlinreise der "Elders" und der Wanderausstellung – dieser „auf den Kopf gestellten Feldforschung" – hat sich der Kreis, den Jacobsen mit seinen im Rahmen von Völkerschauen organisierten Auftritten eigens dafür angeworbener Indianer und Eskimo nebst dafür erworbener ethnographischen Sammlungen einst unrühmlich begann, mit ganz neuen Perspektiven für gegenseitige Besuche geschlossen.

Tatsächlich wirft Jacobsens wiederholte und maßgebliche Teilhabe an den Hagenbeckschen Völkerschauen, ihren Hintergrund und menschlichen Katastrophen wie im Fall der Labradoreskimo, die in Paris sämtlich durch Ansteckung an den Pocken starben, einen Schatten auf Jacobsens Biographie. Diese Vorfälle werden in seinem Bericht nur knapp erwähnt[42]. Im Auftrag von Hagenbeck veräußert Jacobsen die zu den Auftritten der verstorbenen Eskimo gehörige ethnologische Sammlung und kommt dadurch in einen intensiveren Kontakt mit Adolf Bastian der Kaufinteresse für das Berliner Völkerkundemuseum äußert[43].

Den Spuren einer anderen Tournee, der der Bella Coola (Heiltsuk) von der Nordwestküste Britisch Kolumbiens im Jahre 1885 im Anschluss an Jacobsens große Sammelreise, ist zuerst Wolfgang Haberland gefolgt. Seine Enthüllungen weisen zum Teil durchaus humoristische Züge auf[44]. Die für den deutschen Geschmack nicht indianisch genügend aussehenden Bella Coola fanden vor allem weibliche Bewunderinnen. Doch insgesamt floppte die Show und erfüllte nicht die finanziellen Erwartungen der Veranstalter. Ergiebiger waren die wissenschaftlichen Nebenergebnisse. Adrian und sein Bruder Filipp hatten für die Show eine eigene Sammlung in Britisch Kolumbien angelegt, und Bastians Assistent Franz Boas arbeitete mit den Bella Coola während ihres Aufenthaltes in Berlin. Anlässlich der Eröffnung der Jubiläumsausstellung „Donnervogel und Raubwal" im Rahmen der Hundertjahrfeier des Museums für Völkerkunde, die Haberland kuratierte, wurden im Jahre 1978 sieben Nachkommen der Bella Coola nach Hamburg eingeladen, um auf den Spuren ihrer Vorfahren zu wandeln[45]. Zeit seines Lebens konnte Jacobsen von den Völkerschauen nicht lassen. 1910 organisiert er eine Wildwest-Völkerschau mit Sioux-Indianern und 1926 noch einmal eine Schau mit „Lappländern" aus Norwegen[46].

Die Völkerschauen erfreuen sich auch heute noch großer Aufmerksamkeit und unterschiedlicher Wertung. So verteidigte der Direktor des Museums für Völkerkunde in Hamburg, Wulf Köpcke, Hagenbecks Vorführungen noch vor wenigen Jahren:

Die Völkerschauen bei Hagenbeck waren hochprofessionell gemacht und stehen zu Unrecht immer noch in der Kritik", sagt Prof. Wulf Köpke (50), Direktor des Museums für Völkerkunde. Hagenbeck und Jacobsen hätten sich, ganz anders als bei ähnlichen Veranstaltungen in Europa, sehr um die mitgebrachten Menschen gekümmert und wertvolles ethnologisches Material, zum Beispiel Fotografien, gesammelt[47].

Jacobsen war geschäftstüchtig, nicht nur bei der Organisation von Völkerschauen und Ausstellungen. Die Geschäftstüchtigkeit wurzelt in seinen Erfahrungen als junger Mann, insbesondere während der Jahre in Chile, wo er erfolglos zwischen Gelegenheitsjobs und Geschäftsideen hin- und herpendelt, wie er selbst am Ende der Monographie in seiner Lebensbeschreibung berichtet[48]. Sie äußert sich später in allerlei Unternehmungen mit unterschiedlichem Erfolg. Nachdem er in den 1890ern erfolglos im Hotel- und Gastronomiebereich tätig war, betreibt er 1907 mit seiner Frau Hedwig im Tierpark Hamburg Stellingen recht erfolgreich ein Restaurant[49]. Die Geschäftstüchtigkeit ist aber auch als Konsequenz von Jacobsens Ausbildung als Seemann zu werten, die verhinderte, dass er trotz aller Erfolge im Anlegen bedeutender Sammlungen aus aller Welt und trotz der zahlreichen Publikationen keine Anstellung als wissenschaftlicher Mitarbeiter im Berliner oder einem anderen Völkerkundemuseum erhalten konnte – ein Schicksal, das er im übrigen zunächst ja mit dem jungen Franz Boas teilte. Anders als der promovierte und habilitierte Boas, der in den USA eine herausragende wissenschaftliche Karriere machte und sogar zum Gründungsvater der Anthropologie avancierte, war Jacobsen jedoch auf einen nichtakademischen Broterwerb angewiesen[50]. Die „Lebensbeschreibung" ist für den Leser der Monographie in vielfacher Hinsicht aufschlussreich:

Jacobsen, ein Kind des höchsten Nordens von Europa, ist von Jugend auf an arktische Strapazen gewöhnt, so dass es ihm möglich war, die Strapazen einer 180tägigen Schlittenreise in Alaska zu ertragen. Er ist von Jugend auf Seemann, so dass er seine kühnen Canoefahrten an der Küste von Britisch Columbien ebenfalls ohne besondere Beschwerden auszuhalten im Stande war. Er reiste nicht als Fachgelehrter, sondern als einfacher Sammler und Trader, welcher, ohne viel den wissenschaftlichen Werth der unterwegs von ihm angetroffenen ethnographischen Gegenstände zu untersuchen, einfach Alles aufkaufte und eintauschte, was zu haben war, und dadurch in den Besitz der kostbarsten Sachen kam[51].

Die Unerschrockenheit mit der sich Jacobsen jedwedem Abenteuer an der Nordwestküste und in Alaska stellt, wird in seiner „Lebensbeschreibung" hinreichend erklärt. Schon als Kind wird er mit den Gefahren norwegischer Fischer in Sturm und Unwetter zur See konfrontiert, enge Verwandte und Freunde kommen regelmäßig in den Fluten um, erfrieren, sterben an Skorbut. 1879, zwei Jahre vor der „regulären" Überquerung des Atlantiks, um nach San Francisco und die Nordwestküste zu gelangen, schlägt sich der schwer erkrankte Jacobsen durch Eis und Stürme über Grönland nach Labrador durch[52].

Im Frühjahr 1881, erst wenige Monate vor dem Aufbruch, und da er offensichtlich keine berufliche Alternative sah, bot Jacobsen Bastian an, „für das königliche ethnographische Museum in Berlin eine Sammlungsreise zu unternehmen. Mein Anerbieten wurde angenommen, und so reiste ich mit den Instructionen des königlichen Museums im Auftrage des „Hilfscomités" vom Sommer 1881 bis Ende 1883 nach Nordwestamerika und Alaska"[53].

Wie schon bei den Gebrüdern Krause, zwei sporterprobten Studienräten, die zeitgleich an der Nordwestküste im Namen der Geographischen Gesellschaft Bremen forschen und sammeln, dürfte auch bei der Wahl Jacobsens das Vertrauen der Berliner Auftraggeber, des „Hilfs-Comites zur Beschaffung ethnologischer Sammlungen für das Berliner Königliche Museum" und insbesondere des Gründungsdirektors Adolf Bastian, der erste Berufserfahrungen als Schiffsarzt auf den sieben Weltmeeren gemacht hatte, in einen körperlich fitten und Strapazen erprobten Mann mit ausschlaggebend gewesen sein. Erfolgreich akquirierte Bastian die für die Forschungsreise erforderlichen Mittel von jährlich 15.000/20.000 Mark. Sein Interesse an dieser Region war 1880 auf dem Rückweg von Polynesien geweckt worden, als er Zwischenstation in Portland, Oregon machte[54]. Der Hauptsponsor, August Le Coq, suchte Jacobsen persönlich in Hamburg auf, um sich von dessen Fähigkeiten zu überzeugen. Der Bankier Hecker sowie die übrigen Mitglieder des Hilfskomitees erteilten Bastian schließlich die Genehmigung, Jacobsen mit der Durchführung der Sammel- und Forschungsreise zu beauftragen, unter der Voraussetzung, Jacobsen mit genauesten Instruktionen für die Reise auszustatten. Nach seiner Rückkehr sollten die von Jacobsen erworbenen Sammlungen dem Komitee vom Berliner Völkerkundemuseum abgekauft und Überschüsse zur Finanzierung neuer Expeditionen verwendet werden[55].

Nach der großen Reise: Stationen in Adrian Jacobsens Leben

Nach seiner Rückkehr nach Deutschland im November 1883 wird Jacobsen von seinen Auftraggebern Bastian und den Mitgliedern des Hilfskomitees gebührlich empfangen. Es wird ihm zu Ehren ein Festbankett in Berlin abgehalten und er erhält eine Zusatzprämie von 1.500 Mark, die sein Honorar von insgesamt 6000 Mark für zweieinhalb Jahre Reisetätigkeit aufbessern. Ein Jahr verbringt er mit der Katalogisierung seiner Sammlung. Im März lädt die Berliner Anthropologische Gesellschaft Wissenschaftler, Mäzene und Sponsoren zu einer Privatausstellung des Teils der Sammlung, die sich bereits in Berlin befindet, ein. Am 18. April 1884 ist die letzte Kiste ausgepackt. Am Schluss hatte Adrians jüngerer Bruder Fillip, den Adrian aus Hamburg nach Berlin geholt hatte, um den Umgang mit Objekten zu erlernen, mitgeholfen. Filipp sollte Adrian auf seinen künftigen Reisen begleiten[56]. Filipp begann später eine eigene Laufbahn als Händler von Objekten von der Nordwestküste, seine Biographie ist mehrfach gewürdigt worden[57]. Nachdem das Berliner Museum im Mai die gesamte Sammlung vom Hilfskomitee käuflich erworben hatte, verblieb ein Überschuss von 3000 Mark, welcher Jacobsen 1884 zuerkannt wurde[58].

Schon im Mai 1884 war Adrian wieder im Auftrag des Hilfskomitees unterwegs. Diesmal führte ihn eine einjährige Sammelreise in die Amurregion Sibiriens und nach Sakhalin. Über Japan kehrte er mit einer beachtlichen Sammlung zurück. Allerdings gelang die Veröffentlichung der Reiseergebnisse diesmal nicht. Das gemeinsam mit Otto Genest fertiggestellte Manuskript ist bis heute unveröffentlicht[59]. Adrians letzte Sammelreise in Bastians Auftrag nach Indonesien im Jahre 1887 endete mit der Überzeugung, dass er ein Mann des Nordens war, der die tropische Hitze nicht ertrug – er war an Malaria erkrankt - und dass er den Süden nicht mehr aufsuchen wolle[60]. Dennoch, auch die Ausbeute dieser Reise war beachtlich. Sie ist bis heute ein Schwerpunkt der Berliner Sammlungen aus dieser Region:

Unter den Indonesien-Sammlungen nimmt die des Captain J. Adrian Jacobsen ... eine Ausnahmestellung ein. Sie ist mit 3937 Nummern die zweitgrößte der Abteilung, Ihr Umfang allein macht jedoch nicht ihre große Bedeutung aus, sondern dieses beruht noch in stärkerem Maße auf der Güte und Seltenheit der Objekte sowie auf einer zuverlässigen Dokumentation[61].

12000 Objekte aus Nordamerika, Nordostasien und Südostasien hatte Adrian Jacobsen für das Berliner Museum für Völkerkunde zusammen getragen, seine Objekte, Aufzeichnungen und Publikationen dienten renommierten Wissenschaftlern als Quelle und Anschauungsmaterial. Doch in der Mitte seines Lebens musste Adrian einsehen, dass ihm eine berufliche Laufbahn als Wissenschaftler für immer verschlossen bleiben würde.

In unterschiedlichen Bereichen tätig überlebt Jacobsen zwei Weltkriege, verliert wie zahlreiche deutsche Zeitgenossen sein Vermögen im Ersten Weltkrieg und sein ausgebombtes Haus im Zweiten Weltkrieg. Er verstirbt am 18. Januar 1947 92-jährig in seiner norwegischen Heimat und wird in Hamburg neben seiner Ehefrau begraben. Der Jacobsenweg in Stellingen wird nach Adrian Jacobsen benannt[62].

Die Reise an die Nordwestküste Amerikas 1881-1883

Anders als der Titel der Monographie vermuten lässt, bereiste Jacobsen nicht nur die pazifische Nordwestküste, die sich teils im Staatsgebiet der USA, teils im kanadischen Britisch Kolumbien befindet, sondern er erhielt auch den Auftrag, den Norden Alaskas zu bereisen, sowohl das Küstengebiet als auch das Landesinnere. Selbst wenn die zahlreichen und unglaublichen Abenteuer nicht auf das Interesse von Adolf Bastian und Franz Boas stießen, so machen gerade die persönlichen Erlebnisse und die humoristische Erzählweise das Buch auch heute noch zu einer unterhaltsamen und nie langweiligen Lektüre.

Von San Francisco aus besuchte Jacobsen u.a. die Queen Charlotte Islands, Vancouver Island sowie die Gegend von Victoria und hatte die Möglichkeit, nicht nur die Ankäufe bei den Bella Coola (Nuxalk), Haida Gwaii, Kwakiutl (Kwakwaka'wakw), usw. zu tätigen, sondern auch die dazugehörigen Praktiken wie Rituale, Tänze und Theateraufführungen genau zu studieren. Der abenteuerliche Charakter von Jacobsens Aufenthalt an der Nordwestküste wird noch weit übertroffen von der Expedition im unwirtlichen rauen und kalten Norden Alaskas, im Norton und im Kotzebue Sound, dem Kuskokwim und Yukon Gebiet bei den Yup'ik und Inupiaq Eskimo, den Ingalik und Dena'ina (Tanaina) Indianern. Bei Aufenthalten von mitunter nur einer Stunde erwarb Jacobsen alles, was er bekommen konnte. Seine Sammlung galt schon bald darauf als so repräsentativ und einmalig, dass sich kritische Stimmen in den USA und Kanada gegen diesen „Ausverkauf" durch einen Europäer erhoben. Den Verlauf der Reise und wichtigsten Erwerbungsorte der Sammlungen haben Bolz und Fienup-Riordan zusammengefasst[63]. Mit einer Ausbeute von 3000 Objekten von der Nordwestküste und 4000 Objekten aus Nordalaska hat Jacobsen die bislang größte Einzelsammlung aus Nordamerika für das Ethnologische Museum Berlin zusammengetragen und damit Bastians Erwartungen in ihn und die Reise mehr als erfüllt[64]. Für die Nordwestküste resümiert Bolz:

Diese Sammlung ist, trotz aller Mängel und der fehlenden Systematik, erstaunlich ausgewogen. Wenn man von der Sammlung als Ganzes ausgeht, so sind vom Angelhaken bis zum Bären-Tanzkostüm, von der Kindertrage bis zum Wappenpfahl alle wichtigen kulturellen Bereiche vertreten. Bastians vom evolutionistischen Gedankengut ausgehender Wunsch, möglichst ,alte', von der europäischen Zivilisation noch unberührte Stücke zu erwerben, konnte nur in ganz geringem Umfang erfüllt werden.

Aber Jacobsen hatte ein Gespür dafür, dass selbst die ,neuen Sachen' einer im raschen Wandel begriffenen Kultur angehören und hatte daher keine Bedenken, auch solche Stücke zu erwerben, die für einen Touristen- und Sammlermarkt bestimmt waren. Zu den größten Schätzen der Berliner Sammlung zählen die Masken und anderen Zeremonialobjekte, die uns die kulturelle Vielfalt und die Kreativität der Menschen an der Nordwestküste vor Augen führen. Mit ihrem Erwerb für das Berliner Museum, der mit mancherlei Strapazen und gefährlichen Situationen verbunden war, hat sich Jacobsen ein bleibendes Denkmal in der Forschungsgeschichte gesetzt[65].

Auch die Objekte aus der Subarktis, die sicherlich nicht so spektakulär im Vergleich mit den beeindruckende Zeremonialgegenständen von der Nordwestküste sind, zeichnen sich dadurch aus, dass sie überhaupt die einzigen Belegstücke aus dieser Region in der Sammlung sind[66].

Doch der größte Teil der Sammlung Jacobsens ist der, den er in der westlichen Arktis zusammentrug. Von diesen 4000 Objekten hat Fienup-Riordan die 50% der Sammlung, die den Yup'ik zuzurechnen sind, in ihrem Projekt bearbeitet und mit der Yup'ik Delegation persönlich gesichtet. Doch eine intensive Erforschung der ca. 2000 Objekte von der anderen großen westarktischen Eskimogruppe, den Inupiaq, steht weiterhin noch aus. Dabei handelt es sich um eine Sammlung,

die fast alle wichtigen Bereiche der materiellen Kultur der Eskimo von Westalaska dokumentiert. Die Karteikarten zu vielen Objekten enthalten ausführliche Beschreibungen in Jacobsens merkwürdigem Deutsch, mit genauer Herkunftsangabe und einheimischem Bezeichnungen. Obgleich sich viele der ethnographischen Daten auf das Wissen seines Reisebegleiters Petka und anderer einheimischer Informanten stützen (Jacobsen 1884: 155f), bedürfen sie generell einer kritischen Überprüfung. Im Vergleich zur dürftigen Dokumentation vieler anderer Sammlungen der Vergangenheit stellen sie allerdings ein phantastisches Ausgangsmaterial dar[67].

Wie Fienup-Riordan anmerkt, sind Jacobsens Sammelerfolge ohne seinen Promotor Bastian und den finanziellen Rückhalt des Hilfskomitees nicht denkbar. Er konnte zudem damit rechnen, in Alaska auf Kulturen zu stoßen, die aufgrund der klimatischen Bedingungen und gefährlichen Anreise zuvor noch nicht im Interesse der Sammler gestanden hatten. Wie sonst nur sein zeitgenössischer Counterpart Edward Nelson, erwarb er in dieser Region eine an Qualität und Quantität niemals wieder zusammen getragene Sammlung:

The combination of Bastian's vision and the Support Comittee's financial backing sent Jacobsen traveling through Yup'ik country at lightening speed. Often he did not even overnight in the communities where he collected" ..... „We are fortunate that Jacobsen concentrated his efforts ,from the first to last snowflake', when people had gathered into winter villages, rather than scattered over the landscape in hundreds of small seasonal camps. Jacobsen was also lucky in the Yup'ik attitude towards the objects he desired. He had some trouble collecting sacred and clan property in more traditional Northwest Coast communities, where these objects were still invested with meaning and their owners were reluctant to part with them. Among the Yup'ik however, Jacobsen was able to buy extraordinary masks and ceremonial paraphernalia, not because they no longer had meaning but because of the Yup'ik requirement that these spiritually charged pieces be discarded after use and newly made every year[68].

Als allein reisende Abenteurer hätten weder Jacobsen noch die Gebrüder Krause oder Edward Nelson ihre gefährlichen Reisen erfolgreich beenden können. Sie waren vor Ort an der Nordwestküste und in Alaska auf lokale Netzwerke angewiesen. Es handelte sich bei diesen Kontakten um Handelsagenten, deren Vorschläge und Warnungen sie ernst zu nehmen hatten, wollten sie die Unternehmungen überleben und erfolgreich sammeln. Unter diesen Handelsagenten befand sich eine nicht unbeträchtliche Anzahl von deutschen Landsleuten, die insbesondere im Dienste der Alaska Commercial Company standen.

Die 1868 gegründete Alaska Commerical Company war ursprünglich aus der ‚Hutchinson, Kohl and Company' entstanden, welche im Frühjahr 1868 direkt im Anschluss an den Verkauf des bis dahin russischen Alaska an die Vereinigten Staaten von Amerika gegründet worden war und erhebliche Teile der ehemaligen Russian-American Company übernommen hatte. Die Gründer, Abraham Hirsch, Louis Sloss und Lewis Gerstle gehörten zum engen Netzwerk deutsch-jüdischer Emigranten in San Francisco[69]. Die Alaska Commercial Company hatte sich eine eigene Sammlung zugelegt, die sich heute im Hearst Museum of Anthropology der University of California in Berkeley befindet[70]. Jacobsen kommentierte:

Die Alaska-Commercial-Company besitzt ein sehenswerthes kleines ethnographisches und zoologisches Museum in ihrem Hauptcentralpunkt in San Francisco. Die Aufstellung dieser Sammlung ist dem grossen und regen Interesse für die Wissenschaft zu verdanken, welches die Alaska-Commercial-Gesellschaft stets beseelt hat, ein Interesse, das sie auch durch thatkräftige Unterstützung der wissenschaftlichen Zwecke eines jeden Reisenden und Sammlers jederzeit, und besonders auch mir erwiesen hat, wofür ich ihr nochmals an dieser Stelle, meinen Dank zu sagen mich verpflichtet fühle. Schliesslich erwähne ich noch, dass eine grosse Zahl von Händlern und Agenten dieser Gesellschaft aus Deutschen und Skandinaviern besteht[71].

Diesen deutschstämmigen Agenten begegnet man in Jacobsens Bericht allerorten. Doch er handelt auch mit anderen, z.B. William Fischer (Fischer bei Jacobsen), einem Beamten des Coast Survey. Dieser beklagt sich jedoch über Jacobsen, der, angesichts ohnehin schon hoher Preise, „paid such high prises that the Native's expectations were raised even higher"[72]. Jacobsens wiederholte Beschwerde über zu hohe Preise war demzufolge völlig unberechtigt;

XIX*

denn er hatte sich einfach nicht die Zeit genommen, mit seinen Verkaufspart-
nern im Rahmen der "Terms of Trade", wie sie spätestens seit Ankunft der
Russen im Austausch von Pelzen und indigener materieller Kultur gegen
europäischen Produkte vor Ort üblich waren, zu verhandeln.

Der Unterhaltungswert von Jacobsens spannender Reiseerzählung ist zeit-
los; denn die geschilderten Abenteuer sind den zeitgenössischen Umständen
geschuldet und nicht wiederholbar. Im Vergleich mit heutigen Alternativrei-
senden, die nach Alaska reisen, um sich zu erproben und andere Lebensfor-
men zu testen und dabei auch verunglücken, trotz der Anwesenheit von staat-
lichen Schutzpatrouillen, muss man den persönlichen Einsatz des norwegischen Seemanns bei der Bewältigung riesiger Entfernungen und im Umgang
mit widrigsten klimatischen Bedingung im hohen Norden bewundernd anerkennen. Kein Problem erwies sich für den nordischen Fischer und Seemann
als technisch unlösbar, keine Gefahr hielt ihn ab, allenfalls fühlte er sich
einem positiven Ausgang seiner Unternehmung gegenüber seinen Berliner
Auftraggebern verpflichtet.

Sein Umgang mit Indianern und Eskimo spiegelt, gerade weil er eben
kein Ethnologe war, die eher geringschätzende Grundeinstellung gegenüber
indigenen Kulturen seiner Zeit und begründet auch seinen wiederholten Einsatz in Hagenbecks Völkerschauen. Fienup-Riordan betont zwar den Wert
von Jacobsens Aufzeichnungen und Objekteintragungen – seien sie noch so
unvollständig, unverständlich oder gar fehlerhaft – sowie die Akzeptanz, die
diese bei der Berliner Yup'ik Delegation fanden, doch ist wohl zu bezweifeln,
dass dieses Wohlwollen für die Tagebuchaufzeichnungen auch dann noch
gelten würde, wenn die Nachfahren der besuchten Nordwestküstengruppen
und Eskimo des einundzwanzigsten Jahrhunderts alle Details verstehen könnten. Jacobsen schildert mehrfach, dass er von Eskimo betrogen oder „übers Ohr
gehauen" wurde, wundert sich über den Widerstand der indigenen Bevölkerung
bei Objekterwerb, Unterkunft, Proviantüberlassung, obgleich er ungefragt
Hütten nutzt, Gräber plündert und auch sonst nicht gerade zimperlich auftritt.
Immer wieder beklagt er „zu hohe Preise", die er aber selbst provoziert und
bedient.

Bei einem Besuch in Kotzebue im August 2012 hoben Inupiaq-Eskimo
die Bedeutung der Einhaltung ihrer „Cultural Values" hervor die für das
Überleben der Gemeinschaft im hohen Norden auch heute noch überlebens-
wichtig sind; denn alles kostet hier aufgrund der Schwierigkeit der Beschaffung und der kurzen Zeit heller Tage und gemäßigter Temperaturen ein viel-
faches gegenüber dem Preisniveau der „lower 49", von wo alles hinauf trans-
portiert werden muss, meist auf dem Wasser, da es ausgebaute Überlandver-
bindungen immer noch nicht gibt[73]. Dass sich die Eskimo gegenüber dem

fremden, zuweilen autoritär, ja gewalttätig auftretenden norwegischen Seemann an ihre Werte nicht mehr unbedingt verpflichtet fühlten, darf kaum
verwundern.
   Die Kwakiutl (Kwakwakawakw) der Nordwestküste betrachten den
Sammler heute ambivalent:

The collector describes how he was taken in under the protection of the "kind and
gracious Quatsino Chieftainess, the most powerful person in the whole northwestern
part of Vancouver Island." He wrote about how the generous woman even gave up her
own bed so that he could sleep comfortably. At the same time, the unscrupulous
collector used bribes to secretly rob the cemetery of his hosts and get his hands on
some Quatsino skulls to send back to Europe for scientific study[74].

Jacobsens Reisebericht ließe sich noch in vielfacher Hinsicht weiter auswer-
ten, Fienup-Riordans Ansatz ist vorbildlich. Doch dürfte ein solches Projekt
heute und in der Zukunft auch von den Nachfahren der von Jacobsen besuchten Gruppen selbst in Angriff genommen werden können. Die Rückbesin-
nung auf die traditionellen Zeremonien an der Nordwestküste und die Notwendigkeit der traditionellen Subsistenzwirtschaft im hohen Norden erlauben
auch im einundzwanzigsten Jahrhundert noch einen Vergleich mit Jacobsens
Beschreibungen. Saisonale Fischfangtechniken, Zubereitung und Konservie-
rungsmethoden für tierische und pflanzliche Nahrung, folgen den Regeln der
Arktik und Subarktik. Angesichts der gut beworbenen Sprachkurse für
Yup'ik und Inupiaq bleiben Jacobsens Sprachaufzeichnungen auch heute
noch von Bedeutung[75].

                                                        Viola König

Anmerkungen

[1] Jacobsen 1977.

[2] Krause 1956.

[3] König in Krause 2011: 7-27.

[4] Burch 1998.

[5] Fienup Riordan 2005a: 7, 22. 23.

[6] s. Korrespondenzdiskussion in Fienup-Riordan 2005a: 8.
Unwetter gefolgt von Windstille verhinderten, dass Jacobsen im Sommer 1883 seine Reise weiter nach Osten und Südosten ins Gebiet der Tlingit fortsetzen konnte (Jacobsen 1884: 394-395).

[7] Jacobsen 1884: 145.

[8] Woldt in Jacobsen 1884: VI.

[9] Der Konkurrenzkampf im Abgreifen der materiellen Kulturen der Indianer der Nordwestküste wird von Douglas Cole 1985 ausführlich diskutiert. Jacobsen verweist mehrfach auf die ihm zuvorgekommenen Sammelaktivitäten der Smithonian Institution durch „Mr. Nielsen" (Nelson) und seine Agenten, z.B. Fischer (1884: 207, 307, 334, 376, 384).

[10] Nelson publizierte seine Ergebnisse in einer umfangreichen Monographie (Nelson 1899, Reprint 1983).

[11] Fienup-Riordan 2005a: 10, 12-15, 23, 166.

[12] Jacobsen 1884: 38 über Häuptling Stilta aus Masset, Queen Charlotte Inseln, der sich Capt. Jimm nannte. Bolz 1999: 170 über den Heiltsuk Künstler Captain Carpenter.

[13] Jacobsen 1884: 414.

[14] Fienup-Riordan 2005a: 23, 24.

[15] Fienup-Riordan 2005a: 21,22.

[16] Woldt in Jacobsen 1884: V, Jacobsen: 422.

[17] Woldt in Jacobsen 1884: VI.

[18] Fienup-Riordan 2005a: 33.

[19] „Sein wertvoller Nachlass schlummert im Hamburger Museum für Völkerkunde ... dem Jacobsen seinen Nachlass vermacht hat". ... „Das Material, das im Museum lagert - "ein Nationalschatz", wie Köpke sagt - wollte jüngst ein amerikanischer Professor einsehen. Köpke: "Leider war uns das nicht möglich. Wir hatten bisher kein Geld, die Materialien zu archivieren, und bis das nicht geschehen ist, kann niemand ran." 150 000 Euro für drei Jahre Aufbereitungszeit würden benötigt, schätzt Köpke". (Wulf Köpcke amtierender Direktor des Hamburger Völkerkundemuseums, in Sewig, Claudia, "Der Mann, der die Indianer holte" in Hamburger Abendblatt vom 9.10.2003).

[20] Fienup-Riordan veröffentlicht Texte und Bilder aus dem Jacobsen Nachlass des Hamburger Museums, das sie 1997 konsultierte: „work in the Jacobsen Archives (located in the Museum of Ethnology Hamburg), the repository for Jacobsen's personal, papers, was made possible by Corinna Raddatz and Director Wulf Köpke" (2005: xvii).

XXII*

[21] Neun Jahre nach dem Hinweis im Hamburger Abendblatt hat sich die Situation leider nicht geändert wie der aktuellen Website des Museums von August 2012 zu entnehmen ist (http://www.voelkerkundemuseum.com/196-0-Nachlassarchiv.html): *„Das Museum für Völkerkunde verfügt über ca. 100 Nachlässen von Ethnologen, Geographen, Linguisten, Forschungsreisende. Darunter bedeutende Dokumente aus dem Nachlass von Franz Termer, Karl Sapper, Johan Adrian Jacobsen, Hans-Hinrich Brüning u.v.a. Auf insgesamt 110 Regalmeter finden sich Briefwechsel, Tagebücher, Reisenotizen, Manuskripte, Karten und Zeichnungen. Alle Nachlässe sind Unikate und gehören somit zum einzigartigen Bestand des Museums. Die besondere Bedeutung dieser historischen Quellen liegt einerseits darin, dass Rückschlüsse auf die Herkunft und Bedeutung der Objekte der Sammlung gezogen werden können. Andererseits befinden sich in diesem speziellen Archivgut Aufzeichnungen über Regionen, Ethnien, Sprachen sowie Sitten und Bräuche, die im Wandel der Zeit nicht mehr oder nur noch teilweise existieren. Das Museum für Völkerkunde arbeitet momentan an der fachgerechten Erschließung der Nachlässe. Bedauerlicherweise ist daher der Zugang zum Archiv bzw. die Einsicht der Dokumente nicht möglich. Wir bitten Sie um Verständnis ihre Anfragen leider derzeit nicht bearbeiten zu können. Ansprechpartner Nachlassarchiv 040-428879-691, 040-428879-242, bibliothek@mvhamburg".*
[22] Fienup-Riordan 2005a: 22.
[23] Pierce 1978.
[24] Pierce 1978.
[25] Persönliche Kommunikation Bolz an Glass (Email vom 11.8.2011).
[26] Bolz 1999: 183.
[27] Fienup-Riordan 2005a: 23. Mehrfach zitiert ist der Satz aus einem Schreiben von Boas an Felix von Luschan im Jahre 1886: „Der Himmel verzeihe, was frühere Sammler gesündigt haben. Die Masken, zu denen man hier nicht gleich die Geschichten sammelt, werden grösstentheils immer unverstanden beloben"(Kasten 1992: 82).
[28] Haberland trat 1985 in den Ruhestand.
[29] Haberland 1979, 1988, 1999.
[30] Cole 1985: 58-73 und 322-324. Nicht alle Daten sind heute noch aktuell.
[31] Thode-Arora 1989: 14; 198-200; Fienup Riordan 2005a: xvii.
[32] Bolz und Sanner 1999.
[33] Fienup-Riordan 2005a und b. Persönliche Kommunikation Bolz an Glass (Mail vom 11.8. 2010).
[34] Fienup-Riordan 2005a: xiii.
[35] Giles Scott-Smith 2010.
[36] Glass 2010.
[37] Glass 2010.
[38] König 2013 in Druck.
[39] Burch 1998.
[40] Jacobsen 1884: 416-418.
[41] http://www.yupikscience.org/index.html. Fienup-Riordan 2005a,b.

[42] Jacobsen 1884: 420-422.

[43] Für eine Zusammenfassung der Ereignisse s. Fienup-Riordan 2005a: 4.

[44] Haberland: 1987, 1988, 1989.

[45] Die Verfasserin war als Volontärin damals als Touristguide für die Gruppe eingesetzt

[46] Thode-Arora 1989: 49-52, 174; Fienup-Riordan 2005a: 159.

[47] Sewig, Claudia, "Der Mann, der die Indianer holte" in Hamburger Abendblatt vom 9.10.2003.

[48] Jacobsen 1884: 414-15.

[49] Fienup-Riodan 2005a: 31.

[50] Thode-Arora 1989: 130, 131; Glass 2010: 3-5.

[51] Woldt, A. in Jacobsen 1884: V.

[52] Jacobsen 1884: 421-22.

[53] Jacobsen 1884: 422.

[54] Cole 1985: 58, Bolz 1999: 168.

[55] Nachlassreferenzen s. Fienup-Riordan 2005a : 296, Fußnoten 7, 14, 15, 16, 17.

[56] Fienup-Riordan 2005a: 25.

[57] Haberland 1989, Cole 1985, Gerhard 1992, Glass 2010.

[58] Fienup-Riordan 1005a: 26.

[59] Fienup-Riordan 2005a: 29.

[60] Fienup-Riordan 2005a 28.

[61] Höpfner 1973: 317.

[62] Fienup-Riordan: 33.

[63] Bolz 199: 170-183, 196-197, 216-220; Fienup-Riordan: 5-20.

[64] Bolz 1999: 83.

[65] Bolz 1999: 183.

[66] Bolz 1999: 197.

[67] Bolz 1999: 219.

[68] Fienup_Riordan 2005a: 33, 34.

[69] Lee in Graburn et al. 1996: 23, 24.

[70] Diese Sammlung besteht aus 1938 Objekten der Alaska Eskimo und Aleuten sowie 233 Objekten von der Nordwestküste (Graburn et al. 1996: 1).

[71] Jacobsen 1884: 158.

[72] Graburn et al.1996:7.

[73] Inupiaq Vultural Values: Knowledge of Language. Sharing. Respect for Others. Co-operation, Respect for Elders. Love for Children. Hard Work. Knowledge of Family Tree. Avoidance of Conflict. Respect for Nature. Spirituality. Humor. Family Roles. Hunter Success. Domestic Skills. Humility Responsibility to Tribe. (http://www.ankn.uaf.edu/ancr/Values/inupiaq.html) Oktober 2012.

[74] http://www.firstnations.de/fisheries/kwakwakawakw-quatsino.htm#top Oktober 2012.

[75] s. Hopkins, Kyle, "Cultural Heritage. Preserving Alaska Native Languages" in: Alaska Airline Magazine August 2012: 35-46.

Bibliographie

Bastian, Adolf
1883   Amerika's Nordwest-Küste. Neueste Ergebnisse ethnologischer Reisen. Berlin.

Boas, Franz
1895   The Social Organization and Secret Societies of the Kwakiutl Indians. Report of the United States National Museum: 311-737. Washington, D. C.

Bolz, Peter und Hans-Ulrich Sanner
1999   Indianer Nordamerikas. Die Sammlungen des Ethnologischen Museums Berlin. Berlin.

Burch, Ernest Junior
1998   Inupiaq Eskimo Nations of Northwest Alaska. Fairbanks.

Cole, Douglas
1985   Captured Heritage: The Scramble for Northwest Coast Artifacts. Seattle.

Fienup-Riordan, Ann
2005a   Yup'ik Elders at the Ethnologisches Museum Berlin: Fieldwork Turned on Its Head. Seattle.

Fienup-Riordan, Ann und Marie Meade
2005b   Ciuliamta Akluit (Things of Our Ancestors): Yup'ik Elders Explore the Jacobsen Collection at the Ethnologisches Museum Berlin. Washington.

Fienup-Riordan, Ann und Freda Jimmie und Alice Readen
2007   Yuungnaqpiallerput/The Way We Genuinely Live: Masterworks of Yup'ik Science and Survival. Oakland.

Gerhard, Thomas
1992   Die Sammlung der Nordwestküsten-Indianer im Kölner Rautenstrauch-Joest-Museum: Ihre Entstehungs- und Verkaufsgeschichte. Magisterarbeit. Bonn, maschinenschriftliches Manuskript Köln.

Glass, Aaron
2010   Northwest Coast Ceremonialism: The Works of J.A. Jacobsen (1853-1947).

European journal of American studies [Online], Special issue |2010, document 3, Online since 07 septembre 2010. URL: http://ejas.revues.org/8518.

Graburn, Nelson und Molly Lee und Jean-Loup Rousselot
1996   Catalogue Raisonnée of the Alaska Commercial Company Collection. Berkeley.

Haberland, Wolfgang
1979   Donnervogel und Raubwal. Indianische Kunst der Nordwestküste Nordamerikas. Katalog der Ausstellung zum 100jährigen Bestehen des Hamburgischen Museums für Völkerkunde. Hamburg.

1987   Nine Bella Coolas in Germany. In Christian Feest (ed.) Indians and Europe: An Interdisciplinary Collection of Essays: 337-374. Aachen.

1988   'Diese Indianer sind Falsch:' Neun Bella Coola im Deutschen Reich 1885/86. In Archiv für Völkerkunde 42: 3-67. Wien.

1989   Remarks on the 'Jacobsen Collections' from the Northwest Coast. In José Luis Peset (ed.) Culturas de la Costa Noroeste de América: 183-194. Madrid.

Hartmann, Horst
1973   "Hundert Jahre Museum für Völkerkunde Berlin". Abteilung Amerikanische Naturvölker. Baessler Archiv, N.F., vol. XXI: 219-258. Berlin

Höpfner, Gerd
1973   "Hundert Jahre Museum für Völkerkunde Berlin". Abteilung Amerikanische Naturvölker. Baessler Archiv, N.F., vol. XXI: 309-339. Berlin

Jacobsen, Johan Adrian
1883   Reise nach der Nordwestküste von Amerika. In: Zeitschrift für Ethnologie XI: 525-531.

1884a   Ethnologische Gegenstande aus seiner im Alaska-Territorium zusammengebrachten Sammlung. Zeitschrift für Ethnologie XVI: 221-224.

1884b   Capitain Jacobsen's Reise an der Nordwestküste Amerikas, 1881-1883, zum Zwecke ethnologischer Sammlungen und Erkundigungen, nebst Beschreibung persönlicher Erlebnisse, für den deutschen Leserkreis bearbeitet, von A. Woldt.

1892   Der Kosiyut-Bund der Bella-Coola-Indianer'. Das Ausland: Wochenschrift für Erd- und Völkerkunde 65(28):437-441.

1896   Reise in die Inselwelt des Banda-Meeres. Bearbeitet von Paul Roland. Mit einem Vorwort von Rudolf Virchow. Berlin.

1931   Die weiße Grenze: Abenteuer eines alten Seebären rund um den Polarkreis. Leipzig.

o.D.   Unter den Alaska-Eskimos. Erlebnisse und Forschungen von Kapitän J. Adrian Jacobsen. Berlin

1977   Alaskan Voyage 1881-1883: An Expedition to the Northwest Coast of America. Translated by Erna Gunther from the German Text of Adrian Woldt (1884). Chicago.

Kasten, Erich
1992   Masken, Mythen und Indianer. Franz Boas' Ethnographie und Museumsmethode. In Michael Dürr et al.: Franz Boas. Ethnologe. Anthropologe. Sprachwissenschaftler: 79-102. Berlin.

König, Viola
1993   Auf den Spuren deutscher Entdecker und Forscher in Russisch Amerika. Alaska und die Nordwestküste im Spiegel alter völkerkundlicher Sammlungen in Bremen und Niedersachsen. In: TenDenZen. Jahrbuch II Übersee-Museum. Bremen: 27-66.

1995   100 Jahre Klondike Goldrausch - Eine historische Episode aus dem Gründungsjahr des Übersee-Museums. In: TenDenZen. Jahrbuch IV Übersee-Museum Bremen: 175-194.

2013   Adrian Jacobsen's Dena'ina collection in the Ethnologisches Museum Berlin. In: Ausstellungskatalog „The Dena'ina Way of Living". Anchorage Museum, eingereicht 2012.

Krause, Aurel
1885   Die Tlinkit-Indianer: Ergebnisse einer Reise nach der Nordwestküste von Amerika und der Beringstraße: ausgeführt im Auftrage der Bremer Geographischen Gesellschaft in den Jahren 1880-1881 durch die Doctoren Arthur und Aurel Krause. Jena.

1956   The Tlingit Indians; Results of a trip to the Northwest coast of America and the Bering Straits. Translated by Erna Gunther. Seattle.
Krause, Aurel (König, Viola ed.).

2011 (1885)   Die Tlinkit-Indianer: Ergebnisse einer Reise nach der Nordwestküste von Amerika und der Beringstraße: ausgeführt im Auftrage der

Bremer Geographischen Gesellschaft in den Jahren 1880-1881 durch die Doctoren Arthur und Aurel Krause. Jena. Die Tlinkit-Indianer. Beigebunden Katalog ethnologischer Gegenstände aus dem Tschuktschenlande und dem südöstlichen Alaska, Über die Dörfer der Tlingit-Indianer, Das Chilcat-Gebiet in Alaska. Jena, Reprint: Hildesheim 2011.

Nelson, Edward William
1899 (1983)   The Eskimo About Bering Strait. Washington D.C.

Pierce, Richard A.
1978   Johan Adrian Jacobsen: Alaskan Voyage 1881-1883. An Expedition to the Northwest Coast of America. Translated by Erna Gunther from the German text of Adrian Woldt. The University of Chicago Press, Chicago and London, 1977. Reviewed by Richard A. Pierce. In: The Journal of San Diego History. San Diego Historical Society Quarterly. Summer 1978, Volume 24, Number 3.

Scott-Smith, Giles
2010   Special Issue: The North-West Pacific in the 18th and 19th Centuries, European journal of American studies [Online], Special issue | 2010, document 1, Online since 18 February 2010, connection on 11 August 2012. URL : http://ejas.revues.org/7804.

Thode-Arora, Hilke
1989   Für 50 Pfennig um die Welt: Die Hagenbeckschen Völkerschauen. Frankfurt.

Capitain Jacobsen's Reise

an der

Nordwestküste Amerikas
1881—1883

zum Zwecke

ethnologischer Sammlungen und Erkundigungen
nebst Beschreibung persönlicher Erlebnisse

für

den deutschen Leserkreis bearbeitet

von

A. Woldt.

Mit Karten und zahlreichen Holzschnitten nach Photographien und den im Königl. Museum zu Berlin befindlichen ethnographischen Gegenständen.

Leipzig 1884.

Verlag von Max Spohr.

Vorwort.

Immer lauter und mächtiger ertönt von Jahr zu Jahr der Mahnruf, den die Ethnologie Angesichts der Thatsache erhebt, dass die Wogen unserer modernen Cultur Alles überfluthen und vernichten, was von den primitiven Naturvölkern noch auf Erden vorhanden ist. Die Sitten und Gebräuche, die Sagen und Erinnerungen, die Waffen und Geräthe der uncivilisirten Rassen verschwinden mit schreckenerregender Schnelligkeit und bald wird eine ganz neue Wachsthumsperiode des grossen Baumes der Menschheit eintreten, während die Geschichte seiner früheren Entwickelung wie ein dunkles ungelöstes Räthsel vor uns liegt. Vor dieser einen Thatsache, dass bald alles ethnologische Material verschwinden wird, muss sich jede Wissenschaft, Philosophie, Medizin und Naturwissenschaft beugen.

Die Menschheit müsste gegenwärtig mit aller Kraft dahin bestrebt sein, als werthvollste Urkunden ihres Daseins alle Produkte der Völkerentwickelung zu sammeln, denn die letzteren bilden die einzigen Dokumente, auf Grund deren dermaleinst „das Buch vom Menschen" geschrieben werden wird. Leider aber sehen wir mit offenen Augen zu, wie die sibyllinischen Bücher, eines nach dem andern, verbrannt werden.

Mit Recht sind die Museen für Völkerkunde die berufenen Institute, von denen der Ruf auszugehen hat, dass man retten möge, was noch zu retten ist. Mit Recht hat der Leiter des gleichnamigen Berliner Museums, Prof. Bastian als der ob seiner umfassenden Kenntniss des Erdballs vielleicht am meisten von allen Berechtigte seinen Mahnruf schon längst weithin ertönen lassen. Nach jeder seiner erdumspannenden Reisen erklang dieser Ruf lauter und wehmuthsvoller.

So lange die Menschheit auf Erden weilt, hat sich noch niemals eine grössere und folgenschwerere Revolution vollzogen, als gegenwärtig. So gewaltig die Culturepochen waren, welche durch die Einführung der Steinzeit und Metallzeit erzeugt wurden, so gering erscheinen sie gegenüber dem nicht mehr allzufernen Zeitalter, wo die ganze Erde von Söhnen der modernen Cultur bewohnt, und jede Spur der Vergangenheit verwischt sein wird. Jede Hilfe, welche in der gegenwärtigen Zeit der Noth der Wissenschaft von irgend einer Seite kommt, besitzt zehnfachen, hundertfachen Werth, da es sich darum handelt, sonst unrettbar Verlorenes noch im letzten höchsten Moment der Gefahr zu retten. Die modernen Staaten, welchen die Pflege der Wissenschaften obliegt, sind auch durch Gründung von Museen, Instituten, durch Aussendung von Reisenden und Ankäufe von Sammlungen in opferfreudigster Weise an die Erfüllung dieser grossen Aufgaben gegangen, aber das Arbeitsfeld ist zu gross, die Arbeitszeit zu kurz, als dass mit den vorhandenen Mitteln Alles geleistet werden könnte. Hier muss die Menschheit selber eingreifen und der Wissenschaft Arbeitskräfte und Hilfsmittel zur Verfügung stellen.

Dank der Erkenntniss dieser Thatsache sind wir bei uns gegenwärtig in der glücklichen Lage, uns eines, mit Hilfe solcher privater Opferfreudigkeit gelungenen Sieges freuen und gleichzeitig die Erwerbung der grössten ethnologischen Sammlung, die jemals durch eines Menschen Hände zusammengebracht wurde, begrüssen zu können.

Als vor einigen Jahren wieder der ethnologische Mahnruf lauter als sonst erklang, gelang es der feurigen Anregung Prof. Bastian's, eine Anzahl von Männern, deren sonstige Lebensstellung den anthropologisch-ethnologischen Studien fern liegt, zur Begründung eines „Hilfs-Comites zur Beschaffung ethnologischer Sammlungen für das Berliner Königliche Museum" zu veranlassen. Die Herren Banquier J. Richter in Berlin, A. von Lecoq, Emil Hecker, Wilh. Maurer, Gerson von Bleichröder, V. Weisbach, M. L. Goldberger, Carl Francke und J. B. Dotti bildeten unter dem Vorsitz des Erstgenannten dieses Comite und schossen die Mittel vor zu der drittehalbjährigen Reise, welche Capt. J. A. Jacobsen nach British Columbien und Alaska vom Juli 1881 bis Ende 1883 ausführte und als deren grösstes Resultat das Sammeln und Erwerben von 6—7000 ethnographischen Gegenständen zu bezeichnen ist. Die wenigen Monate, welche Capt. Jacobsen zu Anfang dieses Jahres dazu brauchte, um die von ihm gemachte Sammlung im Berliner Museum auszupacken und einzuregistriren, wurden von dem Unterzeichneten dazu verwandt, den Inhalt der von Jacobsen während seiner Reise geführten Tagebücher zu dem nachfolgenden anspruchslosen Werkchen zusammenzustellen, wobei möglichste Anlehnung an das Original das Gebotene erschien. Jacobsen, ein Kind des höchsten Nordens von Europa, ist von Jugend auf an arktische Strapazen gewöhnt, so dass es ihm möglich war, die Strapazen einer 180 tägigen Schlittenreise in Alaska zu ertragen. Er ist von Jugend auf Seemann, so dass er seine kühnen Canoefahrten an der Küste von British Columbien ebenfalls ohne besondere Beschwerden auszuhalten im Stande war. Er reiste nicht als Fachgelehrter, sondern als einfacher Sammler und Trader, welcher, ohne viel den wissenschaftlichen Werth der unterwegs von ihm angetroffenen ethnographischen Gegenstände zu untersuchen, einfach Alles aufkaufte und eintauschte, was zu haben war, und dadurch in den Besitz der kostbarsten Sachen kam. Welchen grossartigen wissenschaftlichen Werth die von ihm gemachte Sammlung hat, darüber werden die Publikationen der Direktion des Museums für Völkerkunde in Berlin der wissenschaftlichen Welt Aufklärung geben. Eine dieser Abhandlungen ist bereits unter dem Titel: Amerika's Nordwestküste. Neueste Ergebnisse ethnologischer Reisen. Aus den Sammlungen der königlichen Museen zu Berlin. Herausgegeben von der Direction der Ethnologischen Abtheilung. Mit 5 Chromolithographien und 8 Lichtdrucken. Gr. Folio in Mappe. Verlag von A. Asher & Co., Berlin. (Preis 50 Mark) erschienen, eine zweite wird ihr in nächster Zeit folgen.

Auch ist in den Sitzungen der Berliner Anthropol. Gesellschaft sowie der Gesellschaft für Erdkunde in Berlin schon bei verschiedener Gelegenheit die hohe wissenschaftliche Bedeutung der Jacobsen'schen Reise hervorgehoben worden.

Der Zweck des nachfolgenden Werkchens soll nicht eine

wissenschaftliche Bearbeitung des durch Jacobsen gesammelten
Materials sein, so nahe es auch lag, die zahlreichen Paralellen, die
sich beispielsweise zwischen den Eskimos von Grönland, Labrador
und Alaska auf Grund der Jacobsen'schen Reise ergeben, zusammenzustellen und zu betonen u. A. m. Nichtsdestoweniger
dürfte dieses Buch gerade in der vorliegenden Form der Wissenschaft eine nicht geringe Menge werthvollsten Materiales bieten,
das wir der unbefangenen scharfen Beobachtungsgabe Jacobsen's
verdanken. Aber auch auf einen weiteren und umfassenderen
Leserkreis darf das Werk wegen seines hochinteressanten, oft
fesselnden Inhaltes, der bald am Hausfeuer des Indianers, bald
im halbunterirdischen Hause des Eskimo, bald im thran- und
schweissduftenden Kassigit, bald unter klingendem Frost der
arktischen Gebirgsgipfel, bald wieder in schneller Fahrt über
See entstanden und von Jacobsen mit stets gleichbleibender
Ruhe niedergezeichnet ist, Anspruch machen. Dass der Herr
Verleger für diese weitere Verbreitung des Werkes das Seinige
durch splendide Ausstattung gethan hat, beweist ein Blick auf
das Ganze. Zum Schlusse erübrigt mir noch, den Herren Gebrüdern Dr. Arthur und Dr. Aurel Krause aus Berlin, die
sich als beste Kenner der von Jacobsen bereisten Gebiete von
British Columbien der Mühe unterzogen haben, die Orthographie
der Namen richtig zu stellen, besten Dank zu sagen.

Nach kurzem Aufenthalte in Berlin ist Capt. J. A. Jacobsen
abermals auf Kosten des Hilfscomites hinausgegangen in die Welt,
diesmal ostwärts, quer durch Europa und Asien, um die Amurländer zu bereisen. Die Instructionen sowie die wissenschaftliche
Direction dieser Reise ist, wie das erste Mal, wieder von Prof.
Bastian ausgegangen.

Berlin, Juli 1884.

A. Woldt.

Inhaltsverzeichniss.

Karten:

I.

Nach San Francisco. Die Firma Gutte & Frank. Der deutsche Konsul Ad. Rosén-
thal. Der Postdampfer Dacota. Buntes Leben an Bord. Chinesen im Zwischendeck. Viele Walfische. Cap Flattery, die nordwestlichste Spitze der Vereinigten
Staaten. Die Inselwelt Nordamerikas als Völkerbrücke. Juan de Fuca-Strasse.
Sägemühlen-Etablissements. Landung in Victoria. Centralplatz der Rothhäute.
Westliche Hauptniederlassung der Hudsonsbai-Company. Traders. Der Generalvertreter Mr. Charles. Vielversprechende Aufnahme bei Mr. Monroe. Die erste
Orientirung. Der berühmte Hafen Esquimault. Ein chinesischer Begräbnissplatz
mit Speise- und Trankopfern. Der erste Besuch bei Indianern. Urwaldsgebiet
bei Mondscheinbeleuchtung. Mächtige Baumriesen von zweihundert Fuss Höhe.
Brennende Bäume. Das erste ethnographische Handelsgeschäft. Chinook-Jargon,
die Handelssprache der Nordwestküste Amerikas. Der alte Meares. Arbeiter-
verhältnisse und Geldentwerthung. Die kleinste Münze. Ein indianischer Begräbnissplatz. Hölzerne Grabkisten. Der alte Dampfer Grapler, ein ehemaliges Kanonenboot. Indianer und Indianermädchen an Bord. Ländlich, sittlich. Hr. Cunningham. Der St. Georgs-Kanal. Thierreichthum. Malerische Lage der Indianerdörfer.
Die Flatheads-Indianer. Die Quakult-Indianer. Indianische Kjökkenmöddinger.
Hauswappenpfähle. Departure-Bai. Allert-Bai.

Am Mittwoch den 27. Juli 1881 erhielt ich durch Herrn
Director Bastian in Berlin den Auftrag, für die Ethnologischen
Sammlungen des Königlichen Museums in Berlin eine mehr-
jährige Reise nach der Nordwestküste von Nordamerika behufs
Einsammelns und Erwerbens ethnographischer Gegenstände zu
unternehmen. Die nöthigen Geldmittel hierzu waren durch
eine Anzahl opferwilliger Männer, welche sich zu einem „Ethno-
logischen-Hilfs-Comité" unter Vorsitz des Herrn Banquier
J. Richter in Berlin vereint hatten, vorgestreckt worden.

Schon am nächsten Tage reiste ich nach Hamburg, von wo
ich auf dem Dampfer „Australia" nach New-York fuhr und von
dort aus mit der Central-Pacific-Bahn über Chicago, Omaha,

Ogden und Sacramento mein nächstes Ziel, San Francisco, am 26. August erreichte. Das bunte Völkergewimmel der berühmten Hauptstadt Californiens, der zukünftigen Königin des Welthandels am Pacific, macht auf jeden, der diesen merkwürdigen Hauptpunkt der Westküste der Neuen Welt zum ersten Mal besucht, einen tiefen und nachhaltigen Eindruck. Nach den mir gewordenen Instructionen sollte San Francisco als Ausgangs- und Endpunkt meiner verschiedenen Expeditionen, die im Auftrage und Interesse des Museums ausgeführt werden mussten, dienen, es war deshalb nöthig, hier eine feste Verbindung anzuknüpfen. Diese bot sich mir in der liebenswürdigen Persönlichkeit des Herrn Frank von der Firma Gutte & Frank, an welchen ich von Berlin aus mit Empfehlungsbriefen versehen war; ebenso hatte ich mich bei dem Kaiserlich Deutschen Konsul, Herrn Ad. Rosenthal einer ausserordentlich entgegenkommenden Aufnahme zu erfreuen. Herr Frank hatte die Güte, während meines viertägigen Aufenthaltes in San Francisco mir beim Ankauf derjenigen Waaren und Tauschartikel, deren ich für den Handel mit den nördlichen Indianerstämmen benöthigt war, behülflich zu sein, wobei wir uns des erfahrenen Rathes eines seiner Freunde, der lange Jahre an der Nordwestküste gelebt hatte, bedienten. Zugleich traf ich mit der genannten Firma das Abkommen, dass dieselbe meine Sammlungen nach Europa versenden sollte.

Der mir gewordene Auftrag lautete dahin, zunächst die Königin Charlotte-Inseln, welche etwa 15 Breitengrade nördlicher als San Francisco an der Westküste von Nordamerika liegen, zu bereisen und daselbst zu sammeln und zu kaufen. Da eine Route von San Francisco nach jener Inselgruppe nicht existirt, so war ich genöthigt, zunächst die regelmässige Schifffahrt nach der Stadt Victoria auf der Vancouver-Insel zu benutzen und von diesem Endpunkt des ständigen Verkehrs den Weg auf eigene Faust, je nachdem sich die Gelegenheit gerade bot, fortzusetzen.

Am 30. August fuhr ich auf dem schönen stattlichen Postdampfer „Dacota" durch Guldengate dem erstgenannten Ziele Victoria zu. Man amüsirt sich vortrefflich an Bord dieser prächtigen, hoch überbauten Raddampfer, welche, wie fast alle Passagier-

schiffe in Amerika, schwimmenden Hotels gleichen und mit jedem
Comfort versehen sind. Unter den Passagieren waren alle Alters-
klassen und fast alle Nationalitäten vertreten. Hier tractirte ein
reicher canadischer Franzose, der zu seiner Goldmine am Stekeen-
River in Alaska zurückkehrte, die Männerwelt mit dem Ausgesuch-
testen und Besten, was er vom Stewart erhalten konnte; dort
sammelte ein schottischer Weltreisender, der sich mit seiner Frau
in Victoria „vorläufig" zur Ruhe setzen wollte, Stoff für seine
Reiseberichte; weiter stand die heitere Lustigkeit einer Anzahl
Farmer aus den nördlichen Districten, die mit ihren Frauen und
Töchtern eine Vergnügungstour nach San Francisco gemacht hatten
und nun in die Heimath zurückkehrten, nur wenig in Einklang
mit dem stillen, ernsten Benehmen eines Kaufmannes aus New-
York, welcher nach verunglückten Unternehmungen neues Glück
und neues Vermögen in Alaska zu finden hoffte. Aus dem Salon
ertönten fast den ganzen Tag die heiteren Weisen der National-
lieder, während das junge Volk unermüdlich sang und die
Damenwelt sich über die neuesten Moden, die sie soeben von San
Francisco mitbrachte, unterhielt. Zahlreiche bezopfte Unterthanen
des Himmlischen Reiches drückten sich im Zwischendeck herum,
mit der ihnen eigenen bescheidenen Zudringlichkeit sich bemerkbar machend; sie waren erst kürzlich aus ihrer ostasiatischen
Heimath gekommen, um für einige Jahre als Arbeiter der Canadian-Pacific-Bahn thätig zu sein. Andere Landsleute von ihnen,
welche bereits mehr acclimatisirt waren, befanden sich auf einer
Goldsucher-Expedition, die sich späterhin bis hinauf zum Mackenzie-
River erstrecken sollte.

Das Wetter war überaus herrlich und demzufolge die Fahrt
unvergleichlich schön. Wir hielten uns in solcher Entfernung von
der californischen Küste, dass wir ihre felsigen Vorsprünge gerade
noch erkennen konnten; das Wasser des Stillen Oceans war
prächtig blau, und Schaaren von Möven umkreisten graziösen
Fluges fortwährend das Schiff. Gegen Ende der dreitägigen Fahrt,
als wir uns gegenüber der Mündung des Columbia-River befanden,
begegneten wir einer sehr grossen Schaar von Walfischen. Es
waren Thiere von 40—50 Fuss Länge, welche, so weit das Auge

reichte, die Meeresfläche belebten und durch deren Tummelplatz unser Schiff mehrere Stunden lang hindurchfuhr. Es war ein hochinteressanter Anblick, die verschiedenen Positionen dieser Riesen unter den Säugethieren zu beobachten; bald hob sich der dunkle Kopf aus dem schäumenden Wasser ein wenig empor, dann wurde der Schwanz hoch in die Luft gestreckt, und das ganze Ungethüm tauchte senkrecht in die Tiefe. Die ganze Menge der

Cap Flattery-Indianer.

Wale war in Gruppen von drei, vier bis sechs geordnet; ihre Anzahl war so gross, wie ich eine solche selbst in meiner norwegischen Heimath bei Tromsö niemals auf einmal gesehen habe. So viel zu erkennen war, gehörten die Thiere zu den von den Engländern sogenannten Hump-backs.

Noch an demselben Tage passirten wir Cap Flattery, die nordwestlichste Spitze der Vereinigten Staaten, und befanden uns nunmehr am Eingang jener wunderbaren Inselwelt, welche bis hoch hinauf nach Norden der ganzen Nordwestküste von Nordamerika vorgelagert ist und auch hinüber nach Asien jene bedeutungsvolle Brücke bildet, über welche einst, wie es scheint, die verschiedenartigsten Völkerbeziehungen stattgefunden haben. Die ausserordentliche Wichtigkeit gerade dieses Theiles der Erdoberfläche für das vergleichende ethnologische Studium liegt auf der Hand. Der „Dacota" wendete seinen Kurs nach Osten, die etwa zehn englische Meilen breite Juan de Fuca-Strasse hinauf. Der Schiffsverkehr dieser Meerenge ist sehr bedeutend; wir begegneten mehreren grossen, mit geschnittenen Hölzern oder Kohlen befrachteten Schiffen, deren Ladung aus grossen Sägemühlen-Etablissements in der Nähe, sowie aus Kohlenminen stammte und nach Californien, Chili, ja sogar nach Australien bestimmt war. Am 3. September 1881 landeten wir im Hafen von Victoria.

In den Strassen dieser Stadt wimmelte es von Indianern aller Art, denn Victoria ist der grösste Sammelpunkt und Centralplatz der Westküste für die Rothhäute. Hier hat die Hudsons-Bay-Company ihre westliche Hauptniederlassung; von hier aus entsendet sie ihre Agenten, die Traders, welche sie mit Tauschwaaren versieht, nach Norden bis hinauf nach Alaska, nach Osten bis zu den Rocky Mountains, und versorgt ihre zahlreichen festen Zweigstationen an der Küste und im Lande mit den nöthigen Vorräthen; von hier aus schickt diese Compagnie die von ihr gekauften Felle und Häute etc. via Cap Horn nach London und empfängt auf demselben Wege umgekehrt die europäischen Manufactur- und Colonialwaaren, deren sie bedarf. Nach Victoria wandert darum alljährlich der Indianer, welcher die Felle der See- und Landthiere umtauschen will; hierher wendet sich der arbeitsuchende Eingeborene, hierher der Fischer, um Engagement bei einer der Fischconserven-Fabriken zu suchen.

Der für meine, die Indianer betreffenden Pläne äusserst günstige, grosse Einfluss der Hudsons-Bay-Company war Veranlassung, dass ich bei dem zweiten Chef der Letzteren in Victoria, Mr. Monroe — da der Generalvertreter Mr. Charles gerade auf Reisen in British-Columbien weilte —, ein Empfehlungsschreiben abgab. Die Aufnahme, welche mir zu Theil wurde, war sehr günstig und vielversprechend. Die nächste Fahrgelegenheit, welche sich mir weiter nach Norden bot, war ein Schiff, welches erst eine Woche später die Küste entlang fuhr. So ungeduldig ich war, so musste ich mich doch beruhigen und benutzte demgemäss die Zeit in der Hauptstadt von British-Columbien, um mich vorläufig unter den Indianern zu orientiren und Victoria und Umgegend kennen zu lernen. Wie viele Städte des Westens, verdankte Victoria ursprünglich seinen grossen Aufschwung der Entdeckung von Goldminen, späterhin aber, nach Erschöpfung der reichen Adern, ging die Entwickelung wieder etwas zurück, bis sie neuerdings in Folge der grossartigen Ausdehnung des Handels und der Fischerei wieder einen erheblichen Aufschwung nahm, der um so dauernder sein wird, als Victoria der Endpunkt der jetzt im Bau begriffenen Canadian-Pacific-Bahn ist und auch bereits einen Schienenweg über die Vancouver-Insel bis Nanaimo besitzt. Schon seit langer Zeit berühmt ist der etwa drei englische Meilen von Victoria gelegene Hafen Esquimault, der selbst für die grössten Schiffe ausreichenden Schutz gewährt und deshalb als Station der englischen Kriegsschiffe dient.

Bei einem kleinen Ausfluge, den ich in Gesellschaft eines Landsmannes nach dem in der Nähe von Victoria gelegenen Kirchhof machte, besuchten wir auch den chinesischen Begräbnissplatz, welcher, da Victoria auch ein chinesisches Quartier mit mehreren Tausend Bewohnern besitzt, eine ziemliche Ausdehnung hat. Dieser Platz war bereits am frühen Morgen von den Verwandten der verstorbenen Chinesen besucht worden, bei welcher Gelegenheit für die Todten Speisen und Getränke als Opfer niedergelegt wurden; auch waren überall auf den Gräbern brennende bunte Wachskerzen befestigt. Bei einem der Gräber war ein kleiner Obelisk errichtet, dessen Innenraum eine Art Ofen bildete, in dem viele bunte, mit chinesischer Schrift bedeckte Papiere verbrannt waren. Den ersten Indianerbesuch machte ich in Gesellschaft eines Deutschen aus Victoria nach einem 20 englische Meilen entfernten Indianerlager in Saanich. Wir fuhren durch herrliches Urwaldsgebiet bei Mondschein auf einem ziemlich guten Wege. Mächtige Baumriesen, namentlich Fichten, Tannen und Roth-Cedern streckten ihre Stämme bis zu 200 Fuss und höher in die schöne klare Luft, dicht bedeckt mit verschiedenfarbenem Grün;

von Zeit zu Zeit erleuchtete ein brennender Baum fackelartig die Umgegend, hin und wieder traten Landhäuser bei lichten Stellen an den Weg, während das Wild in zahlreichen Rudeln, meist aus Rothwild und Wapiti-Hirschen bestehend, sich im Busche hören liess. Das Lager, welches wir gegen Mitternacht erreichten, gehörte den Cowichan-Indianern, mit denen ich sofort ein Handelsgeschäft begann.

Mein Begleiter verstand, wie fast alle diejenigen, welche einige Jahre an der Küste von British-Columbien leben, das Chinook-Jargon, ein internationales Sprachgemisch, welches sich allmählich an der Westküste aus den gegenseitigen Handelsbeziehungen entwickelt hat. Man erzählt, dass im vorigen Jahrhundert ein Kaufmann aus China, Namens Meares, seine Schiffe nach dem Stamme der Chinook-Indianer, nördlich vom Columbia-River entsandte, um Seeotterfelle einzuhandeln. Hierbei bildete sich eine Sprachmischung, deren Grundstock die Chinook-Sprache hergab, wozu eine erhebliche Zahl von chinesischen, hawaiischen und englischen Ausdrücken hinzutrat. Als sich später der Handel weiter ausdehnte, und sich auch die Hudsons-Bai-Company betheiligte, nahm das Chinook-Jargon auch noch viele französische Bezeichnungen auf. Gegenwärtig ist dieses Pêle-Mêle so allgemein bekannt, dass sich mitunter selbst Weisse an der Küste darin ausschliesslich unterhalten. Es scheint, dass die Chinook-Indianer, welche inzwischen bis auf wenige Familien ausgestorben sind, mit den Einwohnern der Westküste von Vancouver-Insel sprachlich verwandt sind. Der Erfolg meines ersten Handelsgeschäftes war trotz der regelrechten Anwendung des Chinook-Jargons kein hervorragender, da die meisten jungen Leute des Indianer-Lagers nach dem Fraser-River gezogen waren, um für die dortigen Fisch-Conserven-Fabriken Lachse zu fangen. Die Arbeiter verdienen während der Fisch-Saison durchschnittlich 50—60 Dollars pro Monat. Die Entwerthung des Geldes hat in diesen Gegenden einen ziemlich hohen Grad erlangt, denn Alles ist dort so theuer, dass man im Grossen und Ganzen mit einem Dollar daselbst nur so viel ausrichtet, als in Deutschland mit einer Mark. Die kleinste gangbare Münze in Victoria ist das 10 Centstück = 45 Pfennig, während ausserhalb der Stadt bei vielen Indianern als kleinste Münze der Viertel-Dollar, das 25 Centstück gilt. Als Reisebegleiter erhält in dieser Gegend ein Indianer täglich $1^1/_2$ bis 2 Dollar, ein Weisser dagegen $2^1/_2$ bis 3 Dollar pro Tag und ausserdem noch freie Verpflegung. Wir kehrten von unserem Ausfluge nach einer überaus angenehmen Fahrt durch den vom hellsten Mondschein beleuchteten Urwald gegen Morgen nach Victoria zurück.

Die zweitägige Frist bis zu meiner Abreise verwandte ich dazu, die gerade in der Stadt anwesenden Indianer verschiedener Stämme zu besuchen und von ihnen möglichst viele ethnologische Gegenstände einzukaufen. Da wegen der vorgerückten Jahreszeit die meisten dieser Leute bereits nach ihrer Heimath zurückgekehrt waren, nachdem sie ihre Jagdbeute verkauft hatten, so befanden sich nicht mehr viele Rothhäute in Victoria. Da ich gehört hatte, dass in der Nähe der Stadt ein alter indianischer Begräbnissplatz lag, so fuhr ich dorthin. Die Lokalität befand sich auf einer kleinen Insel, so dass ich Pferd und Wagen am Ufer stehen lassen musste und auf einem Boot, das ich nach langem Suchen fand, hinüberfuhr. Da die Indianer hier ihre Todten über der Erde in hölzernen Kisten beizusetzen pflegen, so war es nicht schwer, die Gräber aufzufinden. Die Leichen befanden sich, meist in Decken eingewickelt, in verschiedenen Stadien der Verwesung; Leichenbeigaben fand ich nur auf einigen Grabkisten in Gestalt von zerbrochenen Thonpfeifen. An einer Stelle war ein kleines hölzernes Haus mit spitzem Dach construirt; das Innere dieses winzigen Gebäudes war gerade gross genug, um drei Grabkisten mit den Leichen eines Häuptlings nebst Frau und Tochter aufnehmen zu können. Die Rückfahrt von der Insel nach dem Ufer wäre für mich und meinen Begleiter beinahe verhängnissvoll geworden, da ein inzwischen heraufgekommener Sturm uns trotz unseres angestrengtesten Ruderns etwa eine englische Meile weit abtrieb.

Da zwei Tage vor meiner Ankunft in Victoria der Dampfer „Otter" der Hudsons-Bai-Company nach den Königin Charlotte-Inseln abgefahren war, so war für die nächsten drei Wochen keine

Aussicht auf directe Verbindung dorthin; ich wählte also die Tour mit dem kleinen alten Küstendampfer „Grapler", einem Schiff, das einst als englisches Kanonenboot bessere Tage gesehen hatte, nunmehr aber im Handelsdienst einer Privatgesellschaft in Victoria seine letzten Tage in Unruhe verlebte, bis es ihm ein Jahr nach meiner Anwesenheit im Herbst 1882 gelang, sich seinen zahllosen Havarieen durch eine glänzende Verbrennung mitten während einer Fahrt auf immer zu entziehen, nicht ohne den grössten Theil der Passagiere, meist Chinesen, auch einige Weisse, bei dieser Gelegenheit mit sich in das Grab zu nehmen. Wir reisten am 10. September, Abends 6 Uhr, von Victoria ab. Der gute Dampfer „Grapler" unterhielt, so sehr ihm dies bei seinem unsicheren Zustande möglich war, vom Frühling bis Herbst die Verbindung mit dem etwa acht Breitengrade nördlicher gelegenen, schon zum Gebiete von Alaska gehörenden Fort Wrangel und fuhr unterwegs alle Küstenstationen an, welche für die Handelsbeziehungen von Wichtigkeit waren, mitunter machte er auch noch auf Untiefen Extrastationen, je nachdem ihm dies gelang. An Bord sah es während unserer Fahrt etwas wirr und kraus aus, denn wir hatten viele Indianer als Passagiere, welche aus Victoria wieder der Heimath zustrebten. Auch mehrere Indianermädchen befanden sich an Bord, welche, einem bei manchen Stämmen für ehrenvoll geltenden Brauche gemäss, auch ihrerseits Victoria als das grosse Eldorado und Hauptquartier des Gelderwerbs während der Sommerzeit benutzt hatten und nun mit vollen Taschen wieder heimkehrten, um sich bei heimathlichen Fisch- und Thran-Schmausereien und winterlichen Festtänzen wieder für die nächstjährige Saison aufzufüttern. Von den weissen Passagieren muss ich vor Allem und mit dem Ausdrucke dankbarer Erinnerung Hrn. Cunningham nennen, einen ehemals irischen Missionär, der durch die Wechselfälle des Lebens es bis zum begüterten Händler an der Küste und zum Mitbesitzer von Fort Essington gebracht hatte und sich, da sein Ehegesponst eine Indianerin war, weit und breit an der Küste eines grossen Einflusses bei den Indianern erfreute. Eine Probe dieses letzteren hatte er versprochen mir zu geben und er that dies auch.

Unsere Fahrt ging zwischen der Vancouver-Insel und dem Festlande von British-Columbien den St. Georgs Kanal hinauf an unzähligen kleinen und grösseren, bis hart ans Wasser mit Wald bestandenen Inseln vorüber. Es herrscht auf diesen Inseln ein grosser Reichthum an Thieren, namentlich an Rothwild, Wapiti-Hirschen, schwarzen Bären, Gebirgsziegen, Wölfen und Pelzthieren, wie Biber, Marder, Waschbären, sowie zahlreichen Land- und Wasservögeln, Enten, Gänsen, Seemöven; das Meer ist belebt von verschiedenen Lachsarten und Katzenhaien, von Heringszügen u. s. w. Die prachtvolle Scenerie wird von Zeit zu Zeit unterbrochen durch ein Indianerdorf, welches malerisch am Ufer der Inseln liegt, während das Festland von Amerika in weiter Ferne kaum noch sichtbar ist. Die auf der langgestreckten Ostküste von Vancouver-Insel wohnenden Indianer gehören auf der südlicheren Hälfte zu den Flatheads, auf der nördlicheren zu den Quakult-Indianern. Die Dörfer dieser Stämme haben mit denjenigen der übrigen, bis hinauf nach Alaska sich erstreckenden Indianer-stämmen eine gewisse Aehnlichkeit.

Im Allgemeinen besteht ein Dorf aus 4, 6—12 Häusern, jedes Haus wird durchschnittlich von 4—6 Familien zu je 6—10 Personen bewohnt. Die Häuser sind aus Cederplanken gebaut und stehen in der Nähe des Ufers, meist 30—50 Schritt vom Meere entfernt. Fast jedes Haus besitzt nach dem Wasser zu eine hölzerne Plattform, die 4—8 Fuss über der Hochwasser-marke liegt. Diese Plattform dient als Versammlungspunkt der Männer des Hauses, welche hier in hockender Stellung, das Ge-sicht dem Meere zugewandt, einen Theil des Tages verbringen. Es ist höchst interessant, zu beobachten, auf welche Weise von diesen Plattformen aus die Kjökkenmöddinger eines Dorfes ge-bildet werden. Die zahlreichen Schalen von Seethieren, welche bei den Mahlzeiten abfallen, werden nämlich von der Plattform aus auf den Strand geworfen und bilden hier, allmählich anwach-send, zusammenhängende Haufen. Bei den Quakults und nörd-lich von ihnen bei allen Indianerstämmen findet man fast neben jedem Hause einen sogenannten Wappenpfahl, d. h. einen mit-unter bis 60 Fuss hohen geschnitzten, aus einem Stück bestehenden Pfahl, der gewissermassen eine skulptirte Urkunde des Hausbesitzers bildet. Ich komme darauf noch zurück.

Nachdem wir am ersten Morgen nach der Abreise in Departure Bai, wo eine der grössten Kohlenminen von British-Columbien sich befindet, Kohlen eingenommen hatten, landeten wir am Mittag des darauffolgenden Tages in Allert Bai an einem grossen Indianerdorf. Hier war es, wo Hr. Cunningham sein Versprechen einlöste. Während des einstündigen Aufenthaltes des „Grapler" ging er mit mir und einigen Passagieren schnell von Haus zu Haus und rief den dortigen, zum Tribus der Nemkis gehörenden Quakultindianern zu, sie möchten schleunigst Alles, was sie zum Verkauf hätten, hervorholen. Er half dann selber beim Aussuchen und belud schliesslich sich, uns und einige Indianer mit einer grossen Menge von gekauften ethnographischen Gegenständen. Nunmehr ging es eiligst zum Schiffe zurück, dessen Glocke bereits zweimal zur Abfahrt geläutet hatte.

II.

Der Charlotten-Sund. Ein neues ethnologisches Gebiet. Die Region der nördlichen Indianer. Die vier Hauptstämme: Bella-Bella, Tschimsian, Haida und
Tlinkit. Milbank-Sund. Das Indianerdorf Bella-Bella. Das Innere der Indianerhäuser. Die Blankets oder wollene Decken als gangbare Münze der Westküste. Indianervermögen von 3000 Blankets. Die Indianer während des Schlafes.
Ein Häuptlingsstuhl. Indianische Küchengeheimnisse. Ein Häuptlingsstab. Das
Indianerdorf Chinamans Hat. Die Bären als Concurrenten beim Lachsfang. Fischfett. Fischfang. Der grösste Lippenpflock an der Westküste. Rangstreitigkeiten
indianischer Weiber. Die Ceder als „Kokospalme" der Nordwest-Indianer. Uni-
verselle Verwendung der Ceder. Fort Essington. Eine prachtvolle Tanzdecke
aus dem Haar der Gebirgsziege. Ein christlich-indianisches Bet- und Dankfest.
Frau Cunningham als Tschimsian-Prediger. Indianische Todtenklage. Das
grosse heidnische Tschimsiandorf Ketkatle. Die vier Stammesgottheiten. Stam-
mesgesetze. Dr. Powell. Jagd und Fischfang. Abenteuer mit einem Seelöwen.
Sturm und Regen. Ein durchgegangener Heilbutt. Entenjagd. Muschelfang.
Dintenfische als indianische Delicatesse. Culinarisches Rezept. Fünf Menschenschädel als Ueberreste einer Branntweinsschlacht. Ueberfahrt über vierzig Meilen
offene See. Die Königin Charlotte-Inseln. Skidegate Inlet.

Mit dem Verlassen von Allert Bai gelangten wir in den Queen
Charlotte-Sund; wir verliessen zugleich die Vancouver-Insel und
das ethnologische Gebiet, welches das Inselgewirr jener Gegend
einnimmt. Ein ziemlich breiter Streifen offenen Meeres führt
nach den nächstgelegenen nördlichen Inseln, welche dem Festlande vorgelagert sind, und mit ihnen zugleich nach einem neuen
ethnologischen Gebiet. Wir betraten damit die Region der nördlicheren Indianer, welche gegenüber ihren südlichen Brüdern sich
sehr bemerkbar durch höhere Cultur, kräftigere Entwickelung,
grössere Kunstfertigkeit, bedeutendere Intelligenz und hervorragen-
dere Arbeitslust auszeichnen. Es handelt sich um vier Hauptstämme: die Bella-Bella, die Tschimsian, die Haida und die
Tlinkit, welche die ganze nordwestliche Küste bis hinauf zum
Atna- oder Copper-River in Alaska bewohnen. Alle diese Stämme
haben eine grosse Vergangenheit hinter sich; sie stehen jetzt, wie
leider alle Indianer, auf dem Aussterbeetat.

Am 13. September Mittags landeten wir im Milbank-Sund
an dem grossen stattlichen Hauptdorfe Bella-Bella. In diesem
Indianerdorf befindet sich schon seit etwa einem halben Jahrhundert ein Posten der Hudsons-Bay-Company, zeitweise auch
eine Missionsstation der Methodisten. Hr. Cunningham ging
mit mir wieder an Land, bei welcher Gelegenheit das Dorf be-
sichtigt und Einiges eingekauft wurde. Die Häuser der Bella-
Bella sind wie diejenigen der übrigen Stämme aus Cederplanken
errichtet und werden gleichfalls von
je 4—6 Familien bewohnt. Das
Innere des Gebäudes bildet im Allgemeinen einen einzigen grossen
zusammenhängenden Raum, dessen
Boden aus festgestampfter Erde besteht und in der Mitte des Hauses,
gerade unter der Dachöffnung, die
gemeinsame Feuerstätte besitzt.
Rings an den Wänden befinden
sich nebeneinander spindenartige
Abtheilungen mit Holzwänden und
hölzernen Thüren und Fussböden.
Jede solche Abtheilung ist etwa
7 Fuss hoch, 6 Fuss breit und
6 Fuss tief. Sie dienen als Schlafstätte für die einzelnen Familien

Indianer aus Queen Charlotte-Sund.

und zum Aufbewahren der das Vermögen der Indianer enthalten-
den Kisten. Geld und Werthgegenstände europäischer Art bilden
nicht die Schätze eines Indianers; er legt sein ganzes Vermögen
in „Blankets", d. h. wollenen Decken an. Die Hudsons-Bay-Company rechnet den Werth von zwei Blankets zu drei Dollars an;
ein Preis, der auch sonst überall an der Küste gilt. So werden
diese Decken direct als Münze beim Ankauf von Canoes, Pfählen,
Fellen, Pelzwerk etc. verwandt. Es giebt Häuptlinge, welche 2000,
ja sogar 3000 Blankets besitzen. Bei solchen Leuten sind die
Schlafstätten bis zum Dache hinauf mit vollbepackten Kisten bedeckt. Der Indianer braucht zum Schlafen kein langes Bett, da

er gewöhnlich auf dem Rücken mit dachförmig emporgezogenen Knieen liegt. Als Schlafunterlagen benutzen sie geflochtene Grasmatten und als Oberbett die Decken, welche sie am Tage tragen. Im Allgemeinen herrscht keine bestimmte Schlaf- oder Speisezeit in den Indianerhäusern; man hört fast die ganze Nacht hindurch die Unterhaltung Einzelner am Feuer; Jeder scheint zu schlafen oder zu speisen, wenn er will.

Ein Gegenstand besonderer Anziehung für mich war in diesem Dorfe ein sogenannter Häuptlingsstuhl, d. h. ein aus vier beinahe quadratmetergrossen Brettern gebildeter Sitzkasten, der mit einem tiefen Kutscherbock einige Aehnlichkeit in der Form hatte und auf den vier Innenseiten, unten, · hinten, rechts und links, mit bunten Figuren und allegorischen Darstellungen der Indianermythologie bedeckt war. Ein derartiger Sitzkasten wird platt auf die Erde vor das Feuer gerückt, während der Häuptling, oder ein hervorragender Gast, darin in hockender Stellung Platz nimmt. Da der Häuptlingsstuhl nicht verkäuflich war, so bestellte ich für das Berliner Königliche Museum ein Exemplar bei dem renommirtesten indianischen Holzschnitzer von Bella-Bella, und wurde dasselbe durch freundliche Vermittelung der Hudsons-Bay-Company späterhin über Victoria nach San Francisco gesendet, ebenso wie ein schöngeschnitztes Indianer-Canoe aus Cederholz. Ueber dem Feuer in der Mitte des Indianerhauses befindet sich gewöhnlich ein von vier Baumpfählen getragenes Holzgestell, auf welchem im emporsteigenden Rauch die Essvorräthe der Bewohner: Fische, Beeren, Wurzeln, Baumbast und Seetang trocknen. Die Fische werden vorher ein- bis dreimal gespalten, damit sie schneller durchräuchern und trocknen; die übrigen Gegenstände werden in hölzerne Rahmen gethan, deren aus dünnen Stäbchen gebildeter Boden dem Rauch und der Wärme Zutritt gestattet; hierdurch verwandeln sich diese Speisen in torfähnliche viereckige Kuchen von etwa Fingerstärke. In dieser Gestalt werden sie in Kisten gepackt und dienen während des ganzen Winters als Nahrungsmittel. Sie werden unmittelbar vor dem Gebrauche in grossen Steinmörsern zerstampft, in eiserne Kessel gethan und über Feuer mit Fischfett zubereitet.

Unter den in Bella-Bella von mir gekauften ethnologischen Gegenständen befand sich ein ausgezeichnet schöner, reich geschnitzter Häuptlingsstab, sowie eine mit hübschen Schnitzereien versehene Vorrathskiste. Da bei den Indianern die Zunge mehr das Organ der Beredtsamkeit als des Wohlgeschmackes ist, so unterstützen sie deren Wirkung in geeigneten Fällen, bei Festlichkeiten, Berathungen und Verhandlungen durch Gestikulationen, die mit solchen Häuptlingsstöcken ausgeführt werden. Bald wird der Stock kühn durch die Luft geschwungen, bald bekräftigend lebhaft auf den Boden gestossen, bald wieder als Zeichen der Würde getragen. Ferner befanden sich unter den gekauften Sachen — gleichsam als vorbereitende Einleitung der Schauspiele, welche ich späterhin so oft sehen sollte — zahlreiche, kunstvoll geschnittene hölzerne Tanzklappern und Rasseln, welche bei Festtänzen und bei den Kuren der Medizinmänner kastagnettenartig geschwungen werden. Nach kaum einstündigem Aufenthalt ging der Dampfer weiter und brachte uns gegen Abend nach einem kleinen Indianerdorf, welches von den Weissen, nach der Aehnlichkeit seines Uferberges mit einem chinesischen Hut, die Bezeichnung Chinamans Hat erhalten hat.

Tanzmaske aus Bella-Bella.

Hier gab es jedoch wenig zu kaufen, weil die meisten Männer, theils allein, theils mit ihren Familien tief in die Meeresbucht hinein zum Lachsfang gefahren waren. Es ist oft beschrieben worden, wie die Indianer mit Speeren und Haken den Lachs fangen, wenn er im klaren seichten Wasser der Flüsse, um zu laichen aufsteigt; weniger bekannt ist es jedoch, dass sie dabei oft genug, namentlich oben im Norden, Concurrenz durch die Bären erhalten, welche sich unmittelbar an schmalen Stromschwellen postiren und mit unermüdlicher Geduld aufpassen, bis ein Lachs in kühnem Schwunge sich aus dem Wasser emporschnellt, um die Stelle zu passiren. In diesem Momente giebt ihm der Bär einen heftigen Schlag mit der Tatze und wirft ihn dadurch seitlich ans Ufer, worauf er ihn gemüthlich verspeist und, falls er davon noch nicht gesättigt wird, noch einen zweiten Lachs fängt, bevor er von dannen trollt.

Das oben erwähnte Fischfett, welches in ungeheuren Quantitäten längs der ganzen Nordwestküste zubereitet und in hermetisch dichten Holzkisten während des ganzen Winters aufbewahrt wird, stammt von einem kleinen, überaus fettreichen Fische her, der etwa die Grösse unseres Stints besitzt und eine circumpolare Verbreitung hat. Im Frühjahr steigt dieser Fisch, eine Salmoneenart, die ich für identisch mit unserer nordeuropäischen Lodde — vielleicht *Mallotus articus* — halte, in unermesslichen Zügen aus den Tiefen des Eismeeres, wo er als Nahrung der Dorsche dient, in die Höhe, um an seichten Stellen der Fjorde, meist am Ufer der Flussmündungen, zu laichen. Dort werden die wohlgenährten, wenig widerstandsfähigen Thiere gewöhnlich vom Strom erfasst und fortgerissen. Hierauf bauend, errichten die Indianer quer durch den Strom lange beutelartige Stellnetze, die sich bald mit den kleinen Fischen füllen. Ein Canoe liegt inzwischen unmittelbar über dem Netz vor Anker; die im Fahrzeug befindlichen Indianer ziehen von Zeit zu Zeit die hintere Hälfte des Netzes an Bord, binden das zusammengeschnürte Ende auf und schütten die Fische in den Bootsraum. Unmittelbar am Ufer werden Feuer angezündet und die Fische so lange gekocht, bis das Fett sich in einer Schicht oben ansammelt. Dann füllt man es in die schon erwähnten dichten Kisten, wirft das ausgekochte Fischfleisch weg und beginnt die Prozedur von Neuem.

Ich traf in dem zuletzt genannten Bella-Bella-Dorf die Frau des dortigen Häuptlings, welche den grössten Lippenpflock besass, den ich an der Nordwestküste Amerikas gesehen habe. Dieser Pflock besass etwa drei Zoll Breite bei zwei Zoll Tiefe. Es herrscht bei den Bella-Bella, Tschimsian und theilweise auch bei den Haida-Indianern der Gebrauch, den Körper behufs Ornamentirung künstlich dadurch zu deformiren, indem man den jungen Mädchen die Unterlippen durchbohrt. In dieses Loch wird zunächst ein Knochen oder ein silbernes Stäbchen gesteckt, bei welcher Gelegenheit ein gemeinsames Fest gefeiert wird und an die Anwesenden Geschenke ausgetheilt werden. Späterhin tritt an Stelle des Stäbchens oder Knochens ein etwas stärkerer Pflock, wobei abermals ein Fest gefeiert wird, dann nach einiger Zeit ein noch grösserer und so fort. Auf diese Weise entspricht die Grösse des Pflockes der Menge von Festen und Geschenken, die zu Ehren einer Indianerin gegeben worden sind, ist also ein Zeichen für die gesellschaftliche Rangstufe der Trägerin. Die äussere Form eines solchen Pflockes ähnelt etwa der Gestalt einer Brotschnitte von der Dicke eines kleinen Fingers; die untere flache Seite wird nach dem Unterkiefer zu getragen, während die stärker gekrümmte Aussenseite von dem Lippenrand wie von einer dünnen Haut überspannt wird. Damit diese Standesinsignien nicht herabfallen, ist ihr schmaler Rand rings herum ein wenig ausgehöhlt, so dass sich das Fleisch der Lippe fest anschliessen kann. Man muss gestehen, dass die keineswegs klassische Schönheit der Indianerinnen durch den senkrecht abstehenden Pflock, der auch die Sprache der Trägerin beeinflusst, da sie keine Lippenlaute aussprechen kann, durchaus nicht gewinnt, denn das Monstrum klappt bei jeder Mundbewegung in hässlicher Weise auf und nieder.

Die Trägerinnen dieser mit Muschelstücken und Kupfereinlagen decorirten Pflöcke sind nichtsdestoweniger sehr eifersüchtig auf ihren Schmuck. Hr. Cunningham erzählte mir als Beweis hiervon folgende Geschichte: Zwei indianische Frauen geriethen einmal in Zank, der trotz der sprachhindernden Ornamente sehr heftig wurde. Schliesslich machte die eine von beiden, welche einen grösseren Lippenflock besass als die andere, dem Streit dadurch ein Ende, dass sie stolz mit dem Finger auf ihren Schmuck mit den Worten hinwies: „Was bist Du denn; hast Du vielleicht eine so grosse Lippe, wie ich habe, hast Du so viele Geschenke gegeben wie ich? Gehe nach Hause und wenn Du mit einem so grossen Pflock, wie der meinige ist, wiederkommst, werde ich Dich als ebenbürtig anerkennen." Hierauf senkte die andere, mit dem gewöhnlichen Zeichen der Schaam bei den Indianern, den Kopf und ging lautlos von dannen.

Nach kurzem Aufenthalte in Chinamans Hat, während dessen zur Feuerung des Dampfkessels Holz eingeladen wurde, setzte der „Grapler" seine Fahrt nordwärts fort. Es ging fast den ganzen Tag durch enge Kanäle und Sunde zwischen den Inseln hindurch, wobei sich dasselbe prächtige landschaftliche Bild vor unseren

Augen entfaltete, wie einige Tage vorher im St. Georgs Kanal. Der dichte Wald, welcher alle Uferhöhen bekleidete, bestand meistentheils aus Cedern. Es giebt dort rothe und gelbe Cedern; die letzteren sind wegen ihres harten, schönen, wohlriechenden Holzes von Jedermann sehr gesucht. Die Ceder ist für den Indianer fast dasselbe, was die Kokospalme für viele Naturvölker der Südhälfte der Erde ist. Aus Cedernholz baut der Indianer sein Haus und seinen Wappenpfahl, sein Canoe und seine kunstvoll geschnitzten Tanzmasken, seine Kisten, Tanzklappern und Ruderpaddeln, mit der Ceder unterhält er sein Feuer, aus Cedernbast flechtet er sehr kunstvolle Matten und Decken, Körbe und Gefässe; in Cedernbast werden die Säuglinge gewickelt, wenn sie in der Wiege liegen; Cedernbast wird zu Kopf-, Hals- und Armringen bei manchen Stämmen geflochten, alles Tauwerk, von der dünnen Angelschnur an bis zum starken Tau der Walfischharpune, wird aus diesem Material gedreht, aus Cedernholz endlich wird die Kiste verfertigt, in der die sterblichen Ueberreste der Indianer über der Erde beigesetzt werden.

Geräth z. Bastklopfen. Vancouver-Insel.

Am 14. September Abends landeten wir in Fort Essington, wo ich den „Grapler" verliess, da ich mich hier gegenüber den Königin Charlotte-Inseln, aber durch die 40 englische Meilen breite Vancouverstrasse von ihnen getrennt, befand. Meine nächste Aufgabe war, eine Fahrgelegenheit nach jener Inselgruppe zu suchen. Hr. Cunningham, welcher, wie schon erwähnt, in Fort Essington wohnt, gab mir wieder einen neuen Beweis seiner stets hilfsbereiten Liebenswürdigkeit, indem er nicht nur die Vorbereitungen zur Ueberfahrt einleitete, sondern mich auch während mehrerer Tage in seinem Hause aufnahm und, was die Hauptsache war, meine Sammlung in sehr ansehnlicher Weise vergrössern half. Ohne seine Hülfe hätte es für mich in Fort Essington insofern nicht gut ausgesehen, als die hier wohnenden Tschimsian-Indianer schon meist zum Christenthum übergetreten sind und demzufolge ihre originellen und interessanten ethnologischen Gegenstände nicht mehr gebrauchen. Hier half mir Hr. Cunningham mit dem in seinem Laden befindlichen Vorrath aus „guter alter Zeit" auf und ver-

kaufte mir u. A. äusserst kunstvoll geschnitzte Frauen-
tanzmasken, einige Steinäxte, Geräthe, silberne
Armbänder und Ohrringe, sowie theils in Holz, theils
in Stein geschnitzte, 3—4 Fuss lange Miniatur-
modelle von Wappenpfählen. Auch eine prachtvolle
Tanzdecke, wie sie sonst von Häuptlingen bei
grossen Festlichkeiten getragen wurde, erwarb ich
von ihm. Diese Decken werden aus den Haaren
der wilden Gebirgsziege hergestellt und mythologische
Figuren von Thieren und Menschen darin auf kunst-
vollste Weise eingewoben. Eine andere Collection
von Gegenständen erhielt ich auch von den Eingeborenen, namentlich Haus- und Fischereigeräthe, sowie einen Kriegspanzer aus hartem Leder, Schmuck-
gegenstände etc.

Die indianische Gemahlin meines Gastfreundes
bereitete mir einen freundlichen Aufenthalt, der mir
um so angenehmer war, als sie gut englisch sprach.
Sie ist sehr fromm und gottesfürchtig und veran-
staltete am Tage nach unserer Ankunft, vielleicht
aus Freude darüber, dass ihr Sohn, der in Victoria
die Schule besuchte, mit uns auf Ferienbesuch gekommen war, ein Bet- und Dankfest in der kleinen,
von Indianern gebauten Kirche des Ortes. An dieser
Feier nahm die ganze Bevölkerung, und natürlich
auch ich, theil. Es war kein Priester vorhanden,
weshalb Frau Cunningham die Function eines
solchen versah, indem sie auf den Knieen laut im
Dialect der Tschimsian-Indianer betete, worauf
Kirchenhymnen von der Versammlung gemeinsam
gesungen wurden. Dieses Kirchenfest wiederholte
sich am Tage darauf noch einmal.

Fort Essington liegt etwa 8—10 engl. Meilen
stromaufwärts am Skeena River. Dieser Fluss wurde
während meines Aufenthaltes der Ort eines Trauer-
spiels, bei dem trotz Christenthums der indianische

Modell eines Haus-
wappenpfahles der
Tschimsian-Ind.

2*

Geist der Bevölkerung zum Durchbruch kam. Ein Knabe von 4—5 Jahren fiel nämlich unbemerkt in das Wasser und ertrank. Er wurde sofort vermisst, worauf seine Eltern laut schreiend und wehklagend ans Ufer stürzten und an der aufgefundenen Leiche ganz nach Indianerart die Todtenklage anstimmten. Bis tief in die Nacht hinein hörte man noch das weithin schallende, stossweise erfolgende Jammergeschrei der unglücklichen Eltern, welche ihren Liebling beweinten und sein Lob zwischendurch ertönen liessen. Die Gebräuche, die Todten zu beweinen, sind ganz allgemein bei den Indianern. Nach vielen Bemühungen gelang es endlich, drei Indianer des auf dem Wege nach den Königin Charlotte-Inseln gelegenen, noch heidnischen Dorfes Ketkatle zu engagiren, die mich, nachdem ich meine Sammlung zur Expedition nach Victoria fertig gemacht und Briefe nach Europa geschrieben hatte, zunächst nach ihrem Heimathsdorfe fuhren. Ketkatle ist das erste richtige Indianerdorf, welches ich betrat; es ist wegen seiner, vom gewöhnlichen Durchgangsverkehr etwas entfernten Lage fast noch gar nicht durch die moderne Cultur beeinflusst. Es ist ein stattliches Dorf, in dem vor jedem Hause ein Wappenpfahl von 30—50 Fuss Höhe steht.

Die vier Stammesgottheiten der Tschimsian, Haida u. A. sind der Bär, der Adler, der Wolf und der Rabe. Jeder Mann eines Stammes gehört einem dieser vier Götter an und dokumentirt dies dadurch, dass er auf die Spitze des zu seinem Hause gehörenden Wappenpfahles die geschnitzte Figur eines Bären, Adlers, Wolfs oder Raben anbringt. Hierdurch wird der ganze Stamm in vier grosse Familien getheilt, für welche eine Reihe von althergebrachten Einrichtungen bestehen, die Niemand mehr zu erklären weiss. So darf beispielsweise ein Mann aus der Rabenfamilie kein Mädchen der Rabenfamilie heirathen, sondern muss ein solches aus der Adlerfamilie oder der Wolfs- oder der Bärenfamilie erwählen. Selbst bei denjenigen Indianern, welche bereits Christen geworden sind, wird noch streng auf diesen Gebrauch gehalten. So erzählte mir späterhin ein Missionär eine Affaire, die sich auf einer der Missionsstationen ereignet hatte: „Ein Mann aus der Rabenfamilie hatte sich in ein Mädchen der

Rabenfamilie verliebt und wurde von ihr wieder geliebt. Wohlbekannt mit dem Gesetz des Stammes hielten beide junge Leute
ihr Verhältniss eine Zeit lang geheim. Da sie indessen durchaus
nicht verstehen konnten, warum es ein Verbrechen sein sollte,
wenn sie sich heiratheten, so ging der junge Mann eines Tages
zum Missionär und fragte ihn um seine Meinung in dieser Angelegenheit. Dieser sagte, dass auch er darin kein Verbrechen
erblicken könne, wenn sich die jungen Leute verehelichten und
dass jene indianische Sitte nur ein alter abergläubischer Gebrauch
sei. Hierauf wurden beide junge Leute unter sich darüber einig,
dass sie Christen werden und sich heirathen wollten. Wie zu erwarten stand, wurde Alles bald von den Indianern entdeckt und
man sprach im ganzen Dorfe von nichts anderem, als von der unerhörten Frevelthat, dass die jungen Leute sich heirathen wollten,
während man andererseits nicht im geringsten etwas dagegen
hatte, dass sie Christen wurden. Der junge Mann hatte viel zu
leiden unter dem Hohn und Spott seiner Genossen, so dass er
einstmals bei einem grossen Feste, während einer Versammlung
aller Häuptlinge und Krieger, die Geduld verlor, aufsprang und
eine Rede hielt. Er bemühte sich zu beweisen, dass es keine
Schande wäre, ein Mädchen aus derselben Familie zu heirathen
und endete mit folgenden Worten: ‚Wer von Euch kann mir
zeigen, dass ein Adler einen Bären heirathet oder dass ein
Wolf sich mit einem Raben verbindet; heirathet nicht in der
ganzen Welt ein Adler einen Adler und ein Bär einen Bären?
Mein Mädchen ist ein Rabe und ich bin ein Rabe, darum werde
ich sie zu meiner Frau machen. Derjenige von Euch, welcher
gegen meine Ansicht ist, möge nach dem Walde gehen und die
Thiere dort ansehen; wenn er findet, dass ich nicht richtig gesprochen habe, so mag er es mir beweisen, dann werde ich von
meiner Heirath abstehen!‘ In der Versammlung konnte Niemand
etwas gegen dieses Argument einwenden und die Verbindung der
jungen Leute fand demgemäss ohne Störung bald darauf statt.
Von Stund’ an war aber der Mann im ganzen Stamme ein
Gegenstand des Hasses und der Verachtung; und Niemand kümmerte sich um ihn. Wenn alle Anderen zu Festlichkeiten ein-

geladen wurden, wo man Reden hielt und Gesänge vortrug, wo
die grosse hölzerne Trommel geschlagen wurde und Tänze statt-
fanden, dann sass er mit seiner Frau einsam und verlassen zu
Hause, isolirt und ignorirt von Allen, als ein lebender Beweis
der Wahrheit jenes alten Satzes: Die Liebe ist mit Leiden verbunden!"

Einen Beweis, wie sehr Indianer unter einander auch den
Weissen gegenüber zusammenhalten, erhielt ich in Ketkatle. Die
Leute, welche ich zur Ueberfahrt nach den Königin Charlotte-
Inseln engagirt hatte und für die bereits die Bezahlung bei
Hrn. Cunningham deponirt worden war, begannen plötzlich zu
streiken, indem sie vorgaben, dass sie kein Segel zu ihrem Boot
besässen. Natürlich protestirte ich gegen diesen Vertragsbruch
und drohte, dass ich alsdann nach dem in der Nähe gelegenen
Dorfe Metlakatla fahren und von dort aus übersetzen würde. Sie
lachten mich einstimmig aus und fragten, ob ich mit meinem
ganzen Gepäck dorthin schwimmen wollte? In der That hielten
die Bewohner so sehr zusammen, dass es mir nicht gelang, eine
andere Mannschaft zu miethen und mir nichts anderes übrig
blieb, als durch ein Extradouceur von einigen Dollars das alte
Verhältniss aufrecht zu erhalten. Ich machte in Ketkatle einige
sehr interessante Einkäufe, musste jedoch Alles theuer bezahlen,
denn auch im Punkte des Handelns mit Fremden halten diese
stolzen selbstbewussten Indianer zusammen. Hierzu kam noch,
dass ein Indianeragent, Dr. Powell aus Victoria, welcher eifrig
für die Regierung in Canada und für Washington sammelt, hier
gewesen ist und den Leuten hohe Preise gezahlt hat, wobei er
zugleich versprach, wieder zu kommen und noch mehr zu kaufen.

Am Mittwoch den 21. September gegen Mittag reisten wir
ab. Der Weg führte zunächst an verschiedenen Inseln vorüber,
bevor wir auf die offene See kamen. Da es nicht gerathen schien,
die 40 englische Meilen lange Seefahrt noch zu unternehmen, so
blieben wir diesseits und unterhielten uns mit Jagd und Fischfang.
Hierbei hatte ich ein kleines Abenteuer, welches leider den Verlust meines Gewehres herbeiführte. Ein grosser Seelöwe, der mehr
als 11 Fuss lang war, hatte sich auf einen Felsen am Ufer be-

geben und war daselbst fest eingeschlafen. Ich näherte mich ihm von der Wasserseite und feuerte ihm einen Schuss gerade in's Auge. Laut brüllend erhob er sich und versuchte den Felsen hinab ins Meer zu gelangen. Die einzige Stelle, wo dies möglich war, wurde aber von mir selbst besetzt, so dass die vor Schmerz und Schreck verzweifelte Bestie mit lautem Gebrüll direct auf mich losstürzte. In dieser Lage wurde ich aus einem Angreifer ein Vertheidiger; ich kehrte also mein Gewehr um und schlug damit dem Seelöwen, der höher stand als ich, kräftig auf den Kopf. Hierbei brach der Kolben ab, glücklicherweise aber näherte sich ein Indianer, der aus dem Canoe Alles angesehen hatte, mit einer Axt, mit der ich dem Thiere den Schädel einschlug. Die Haare des Seelöwen waren gelb. Die Indianer nahmen seine Flossen und die Zunge als Proviant mit auf die Reise. Alsdann setzten wir unsere Fahrt bis zu der kleinen Bonilla-Insel am Sund fort und übernachteten auf ihr.

Was wir befürchtet hatten, traf am anderen Morgen ein; es herrschte Sturm und Regen, so dass an Ueberfahrt an diesem und den nächsten beiden Tagen nicht zu denken war. Es blieb nichts anderes übrig, als hier zu verweilen und durch Fischen und Jagen die Lebensmittel zu vermehren. Es giebt hier jene grossen Plattfische, die Heilbutten, welche ein Gewicht bis zu mehreren Centnern und eine Grösse wie eine Tischplatte erreichen. Es gelang uns leider nicht, einen solchen Fisch zu fangen, obgleich sich ein stattliches Exemplar an der Angel festgebissen hatte. Die Wellen gingen so hoch, dass bei dem Versuche, den heftig arbeitenden Heilbutt an Bord zu ziehen, das Canoe halb mit Wasser gefüllt wurde und zuletzt noch der Angelhaken brach und die Beute entkam. Dagegen waren wir im Angeln von anderen Fischen glücklicher. Ich ging auf die Jagd und schoss neun Enten; Abends suchten die Indianer Muscheln, besonders jene Art, die bei den Amerikanern „Clam" heisst. Diese Muschel, wahrscheinlich Venus mercenaria Linn., schmeckte mir frisch beinahe so gut, wie die Auster und ich würde viel mehr davon verzehrt haben, wenn ich im Besitze von Citronen gewesen wäre. Ein anderes, bei den Küstenstämmen beliebtes Nahrungsmittel,

dem ich jedoch keinen besonderen Geschmack abgewinnen konnte,
sind die sogenannten Teufelsfische, eine Art Dintenfische, deren
Arme namentlich gern verzehrt werden. Diese Thiere werden
ziemlich gross und stark und nicht selten den Fischern gefährlich.
Ein Missionär erzählte mir nachträglich folgende Geschichte von
einem Dintenfisch; die er selbst erlebt hatte: Er fuhr eines Tages
mit einigen Bella-Bella Indianern längs des Strandes, und da sich
ein Gegenwind erhob, so wurde beschlossen, zu landen. Während
der Landung bemerkte einer der Indianer auf dem seichten Grunde
einen Dintenfisch; er warf deshalb seine Decke ab und streckte
den Arm ins Wasser, um das Thier emporzuheben. Kaum hatte
er den Dintenfisch berührt, als er heftig zu schreien begann und
Hilferufe ausstiess, denn das Thier zog ihn mit unwiderstehlicher
Gewalt über Bord ins Wasser. Sofort kam ein anderer Indianer
zu Hilfe herbei aber auch er wurde über Bord gezogen. Glücklicherweise stand ein dritter Indianer bereits am Land und stiess das
Thier mit seinem, mit harter Spitze versehenen Paddelruder mehrere-
mals durch und durch, worauf es verendete und die Leute befreit
wurden. Man zog den Teufelsfisch ans Land und es stellte sich
heraus, dass er keineswegs eines der grössten Exemplare war.
Die Indianer kochen die Saugarme dieser Dintenfische in Erdgruben,
die sie mit heissen Steinen ausfüttern und bedecken. Nach einer
halben Stunde ist das Fleisch gar, und wird, nachdem die Haut
abgezogen ist, gegessen. Bei den veschiedenen kleinen Fusstouren,
zu denen unser unfreiwilliger Aufenthalt am Vancouver-Sund mir
Zeit und Gelegenheit gab, fand ich jede Bucht des klippenreichen
Ufers stark mit Treibholz, oft in Höhe von 2—3 Metern bedeckt, und die grossen Bäume nach allen Richtungen kreuz
und quer mit kleineren Stämmen und Stücken zu einer zusammenhängenden Schicht verbunden, so dass es fast unmöglich war, zu
passiren. An einer Stelle des Ufers lagen fünf Menschenschädel,
in Bezug auf welche mir meine Begleiter erzählten, dass dieselben
aus einem vor mehreren Jahren hier stattgefundenen Gemetzel zwischen zwei Gesellschaften von Haida-Indianern stammten. Die Einen
waren damals von Victoria zurückgekommen, wo sie die auf der
Jagd erbeuteten Felle verkauft hatten, die anderen kamen anders

woher. Beide Gesellschaften wollten nach den Königin Charlotte-Inseln überfahren, wurden aber, grade wie wir, durch Sturm daran verhindert. So blieben sie denn hier und begannen, von dem Whisky, den beide Parteien reichlich mitgebracht hatten, zu trinken. Hierbei erhitzten sich natürlich die Gemüther und es entstand ein mörderischer Kampf, in welchem viele Leute ihr Leben liessen. Von allen Indianerstämmen in Nordwest-Amerika sind die Haida am begierigsten nach dem Genusse von Branntwein; es ist deshalb nicht zu verwundern, dass gerade sie am schnellsten dahinsterben.

Endlich war das Wetter ruhiger geworden, so dass wir am Sonntag d. 25. September Morgens 5 Uhr abfahren konnten. Es war ganz windstill, deshalb mussten wir die Hälfte des Weges paddeln und rudern. Die Indianer bedienen sich auf allen ihren Touren kurzer kellenartiger Ruder, sogenannter Paddeln, mit denen sie, an der Seite des Bootes sitzend taktmässig durch das Wasser rudern. Wir arbeiteten tüchtig darauf los; ich selbst sass am Steuer; ausserdem kam uns auch der Wind ein wenig zu Hilfe, so dass wir gegen Abend in der Nähe der Königin Charlotte-Inseln angelangt waren. Durch ein Versehen meiner Leute jedoch gelangten wir, bei schon vollkommener Dunkelheit südlich von Skidegate Inlet, wohin ich zu fahren wünschte, in die Copper Bay und mussten hier noch die ganze Nacht an Bord zubringen, da wir nicht zu landen wagten. Am andern Morgen gingen wir bei schönem klaren Wetter wieder nördlich, mussten der Klippen wegen, die die Einfahrt besetzt halten, einen Umweg von drei engl. Meilen machen, fuhren dann noch eine Meile weiter in Skidegate Inlet hinein und landeten um 12 Uhr Mittags hinter dem Dorfe Skidegate an einem Oel-Etablissement. Die Tschimsian-Indianer legten mein Gepäck am Ufer nieder und fuhren sofort wieder ab. So stand ich denn auf dem Schauplatz meiner nächsten Unternehmungen, auf den Königin Charlotte-Inseln.

III.

Erwartungsvoll hatte ich die Inselgruppe betreten, auf welche, wie auf ein Land der Verheissung, die Augen der Ethnologen gerichtet sind. Unter den Problemen ethnographischer Forschung an der Nordwestküste Nordamerikas ist dasjenige, dessen Lösung man durch das Studium der Königin Charlotte-Inseln und ihrer Bewohner, der Haida-Indianer, erhofft, eines der geheimnissvollsten und umfassendsten.

Nachdem mein Gepäck in das Haus des Dirigenten der Oelfabrik, Hrn. Sterling, gebracht worden war und ich selbst bei ihm eine gute Aufnahme gefunden hatte, machte ich mich unmittelbar nach dem Mittagsessen ans Werk. Gegenüber dem Etablissement befindet sich eine kleine Insel, auf welcher sämmtliche Indianer des südwestlich an der Westküste gelegenen Dorfes New Gold-Harbour sich neuerdings angesiedelt haben, indem sie all ihr Hab' und Gut, und sogar einen Theil der riesigen geschnitzten

Hauswappenpfähle mit sich brachten. Diesen Indianern galt mein erster Besuch. Aber gleich hier merkte ich, was mir auf der Inselgruppe bevorstand. Die Gegenstände, welche ich zu kaufen wünschte, waren enorm theuer und die Leute forderten mit einer Dreistigkeit Preise, die nur ein Liebhaber von Antiquitäten zu zahlen geneigt gewesen wäre. In der That ist Skidegate Inlet

(New) Gold-Harbour bei Skidegate.

auch eine jener Dampferlandungsstationen, auf der die reisenden Touristen gewöhnlich „Kuriositäten" einzukaufen pflegen, resp. die Anfertigung derartiger Gegenstände bestellen und mit vielem Gelde bezahlen. Diesem Umstande muss ein wissenschaftlicher Sammler leider Rechnung tragen und sich mit der Thatsache trösten, dass die Gegenstände in Zukunft sicherlich noch viel theurer werden werden. In diesem Dorfe lernte ich bereits die ethnographische Hauptspecialität der Haida kennen; es sind dies die überaus schön gearbeiteten Hauswappenpfähle, welche bei keinem anderen von mir besuchten Indianerstamme des Festlandes grösser und prächtiger angetroffen wurden. Als das herrlichste Material stehen den Leuten die riesigen Cedern, welche mehr als 200 Fuss hoch wachsen, zur Verfügung. Ich komme darauf noch zurück. Die Hauswappenpfähle auf den Königin Charlotte-Inseln besitzen oft eine Höhe von 70—80 Fuss und sind über und über an ihrer convexen Aussenseite mit geschnitzten Figuren bedeckt. Die Breite dieser Holzsäulen ist mitunter so gross, dass der geöffnete Mund eines der Thier-Reliefs als Eingangsthür für Menschen dient. Neben dieser Oeffnung befindet sich gewöhnlich noch in der Frontwand des Hauses, dicht neben dem Hauswappenpfahl, eine gröfsere Eingangsthür. Ich fand, dass die Pfähle der Haida-Indianer auch bunter bemalt waren, als diejenigen der Festland-Indianer. Ein gewisser Unterschied der Pfähle unter einander besteht auch auf den Königin Charlotte-Inseln insofern, als die Pfähle, je älter, auch um so schöner und kunstfertiger hergestellt sind. Es beweist dies, dass der Kunstsinn allmählich abzunehmen beginnt. Zu verwundern ist dies keineswegs, denn die Haida-Indianer stehen aus mehr als einem Grunde auf dem Aussterbeetat. Man kann kein Schiff und keine Niederlassung an der Küste treffen, ohne auf Haida-Indianer zu stossen; noch schlimmer verhält es sich mit den Haida-Mädchen und Frauen, welche zum Zwecke des Geldverdienens namentlich Victoria überschwemmen und dort gewöhnlich den Grund zu dem Vermögen legen, mit dessen Hilfe ihr indianischer Gatte späterhin die Herstellung seines kostbaren Hauswappenpfahles und die Häuptlingswürde, zu der er sich durch ein splendides Fest selbst erhebt, bezahlt. Mehr als hundert Jahre hat die rothhäutige Rasse auf den Königin Charlotte-Inseln mit fast unverwüstlicher Naturkraft den verderblichen Einflüssen des weissen Mannes widerstanden, von jener Zeit der Handelsfahrten an, als 1786 der gewinnreiche Seeotterfang und Pelzhandel die Einwohner mit modernen Sitten und Unsitten in Berührung brachte, bis zu der Goldgräberperiode in den Fünfziger Jahren, welche ihre trüben Wogen auch über diese Insel ergoss und bis zur heutigen Corruption der Eingeborenen. Die Haida machen

im Grossen und Ganzen den Eindruck, als ob sie nicht mehr
ganz reines unvermischtes Blut sind; man findet unter ihnen vielfach Individuen mit hellerer Hautfarbe, ja sogar Kinder mit
blonden Haaren und blauen Augen, bei denen die europäisch-
amerikanische Genesis unverkennbar ist, selbst wenn sie, was
durchaus nicht geschieht, geleugnet würde. Die Haida-Männer
unternehmen sogar direct mit ihren eigenen Frauen allsommerlich
solche oben erwähnte Speculationsreisen nach Victoria, woselbst
jeder von beiden auf eigene Faust
sein Glück macht und sie dann gemeinsam wieder heimkehren. Die
traurigen Folgen äussern sich auch
bei den Weibern in verderblichen

Tanzrassel.
(Königin Charlotte-Inseln.)

Krankheiten, und die hierdurch herbeigeführten Verheerungen würden weit grösser sein, wenn nicht, wie man mir berichtete, die
wunderbaren Schwefelquellen ganz im Süden der Königin Charlotte-
Inseln zur Herstellung der Gesundheit von den Eingeborenen
benutzt würden.

In (New) Gold-Harbour — wie ich das Dorf auf der Insel
vielleicht nennen darf —, fand ich nicht viele Holzmasken und
diejenigen, welche ich sah, waren auch nicht besonders schön. Wie ich hörte und später bestätigt fand,
kaufen die Haida viele ihrer Masken und Holz-
rasseln von den Tschimsian-Indianern. Diese Holz-
rasseln oder Klappern, welche bei den Tanzfesten gebraucht werden, haben eine typische Form. Sie bestehen meist aus dem hohlen, kleine Steinchen ent-
haltenden Körper eines Vogels, auf dessen Rücken
ein Mann ruht. In die weit ausgestreckte Zunge
des Mannes beisst ein Frosch hinein, dessen Füsse
auf einem Vogelkopf u. dergl. m. ruhen. Die
Bauchseite des Vogels ist gleichfalls durch ge-

Tanzrassel,
bestehend aus Adler-
kopf und Walfisch.

schnitzte bunte Reliefs ornamentirt, der Schwanz des Thieres
bildet den Handgriff der Rassel. Eine besondere Kunstfertigkeit entwickeln die Haida in der Anfertigung silberner
Finger- und Ohrringe, sowie silberner Armbänder. Das ethno-

logische Motiv, welches sie bei diesen Schmucksachen anbringen, entstammt, wie bei Allem, was sie bilden, ihrer indianischen Mythologie, aber die Figuren des Walfisches, des Adlers etc.
sind seit Alters her den Haida-Künstlern schon so geläufig geworden, dass sie diese stylisirt als reine Ornamente verwenden.
Selbst an den Gegenständen neuerer und neuester Technik mit
ihren arabeskenartigen Verzierungen ist dem etwas geübten Auge
das ethnologische Motiv als Leitmuschel erkennbar. Man könnte
die Haida, wie ich weiterhin auszuführen gedenke, ebenso wie die
ihnen religionsverwandten Bella-Bella, Tschimsian und Tlinkits
ein Volk von Künstlern nennen, denn es giebt fast keinen Ge-
brauchsgegenstand bei ihnen, den sie nicht auf sinnige und technisch vollendete Weise schmücken. Man betrachte z. B. die aus
Holz und aus dem Horn des amerikanischen Bergschafes (Argali)
hergestellten anmuthig decorirten Essschüsseln der Haida. Auch
in der Anfertigung von geschnitzten steinernen Säulen zeichnen
sich jene Leute aus. Die Häuser der Haida sind grösser, als
diejenigen der übrigen Stämme, auch werden sie im Ganzen rein-
licher gehalten. Die Häuser der Häuptlinge, wie ich in Skidegate, Masset und Klu späterhin sah, sind etwa 50—70 Fuss lang
und 30—40 Fuss breit, und haben ein besonderes inneres Arrangement, welches sie von vorn herein zu Amphitheatern bei den
grossen winterlichen Tanzfesten macht. Wie in jedem Hause
bildet der mit Feuerstelle versehene viereckige Innenraum den
Omphalos des Gebäudes und damit die Schaubühne, den Tanz-
platz, den Rednerstand und den Häuptlings-Ehrenplatz. Dieser
Raum ist aber tiefer gelegt, als in anderen Häusern und wird
auf allen vier Seiten durch eine Terrasse von drei grossen Balken
umgeben, welche als Versammlungsplatz der Festgenossen von
Nah und Fern dient, und mehreren hundert Personen Gelegenheit
zum Zuschauen giebt. Im Innern dieser Häuptlingshäuser findet
man wohl auch, dass die Wandpfähle, welche die Hauptbalken
des Daches tragen, in wunderbarster Weise geschnitzt sind und
die Formen von Walfischen, Bären, menschlichen Gestalten etc.
darstellen.

Wenn Jemand bei den Haida stirbt, so wird er, wenn er

nur ein einfaches Familienmitglied ist, in einem kleinen Hause, gewöhnlich hinter dem Wohnhause, beigesetzt und dem Verstorbenen ein Theil seiner ehemaligen Masken, Rasseln und Waffen beigegeben. Diese Gegenstände werden jedoch, wie es scheint, nach einigen Jahren wieder von der Familie zurückgenommen oder gänzlich zerstört, denn ich sah niemals dergleichen bei alten Gräbern, während sich bei neuen oft eine grosse Anzahl befand. Wenn ein Häuptling stirbt, so wird er in seinem Hause beigesetzt und seine Frau und Kinder werden nach ihrem Tode gleichfalls dorthin gebracht. Rings um die Leiche

Zwei Haida-Mörser aus Stein, einer mit, einer ohne Stosser.

des Häuptlings werden alle seine Besitzthümer placirt. So sah ich es in Klu und Kamschua. Mit dem Tode des Häuptlings wird am oberen Ende seines Hauswappenpfahles eine Stange angebracht, zum Zeichen, dass der Errichter des Pfahles nicht mehr unter den Lebenden weilt.

In den Häusern der Haida bemerkte ich viele Exemplare jener eigenthümlich gestalteten grossen Kupferplatten, die schon seit langer Zeit in den Handelsbeziehungen der Nordwest-Indianer eine Rolle spielen. Wie man erzählt, wurden diese etwa 10 Kilogramm schweren, wie ein viereckiges Schild gestalteten Platten, die mit eigenthümlichen primitiven Ornamenten versehen sind, früher am Kupfer-River und am Stakhin-River oben in Alaska verfertigt und für hohe Preise verkauft. Ich sah eine solche Kupferplatte,

Kupferplatte.

für welche 1700 Blankets (wollene Decken) gezahlt worden waren. Bald fingen die Kaufleute (Traders), besonders die Hudsons-Bay-Company, an, diese Platten nachzumachen und an die Indianer an Stelle von Geld in Zahlung zu geben. Dadurch sind die Platten weit verbreitet, namentlich unter den Haida und Tschimsian.

Nachdem mein Kaufgeschäft in New-Gold-Harbour beendet war, kehrte ich gegen Abend wieder nach dem Oel-Etablissement zurück. Dasselbe gehört einer Compagnie von drei ehemaligen

Goldgräbern, Hrn. Sterling, Hrn. Mac Gregor und einem
Maschinisten, dessen Namen ich vergessen habe. Diese Leute
sind strebsam und fleissig und haben weithin Handelsverbindungen
angeknüpft. Sie fangen in den Fjorden der Königin Charlotte-
Inseln den Katzenhai (Dogfisch) in grossen Mengen und gewinnen
daraus Oel. Südlich von Skidegate liegt der tief ins Land hinein-
reichende Meeresarm, Kamschua Inlet, in welchem sie eine Fischerstation errichtet haben. Die Verbindung zwischen letzterer und der

Canoe-Modell von der Küste British-Columbiens.

Oelfabrik in Skidegate wird durch einen kleinen, der Compagnie gehörenden Dampfer vermittelt. Dieses Fahrzeug kam gerade gleichzeitig mit mir an und brachte etwa 5000 frisch gefangene Dogfische
mit sich. Nachdem ich den Abend in Gesellschaft der Herren angenehm verlebt hatte, besichtigte ich am anderen Vormittag das
Etablissement. Das Hauptfabrikgebäude ist auf Pfählen errichtet,
so dass es bei Hochwasser unterfluthet wird. Durch diese Einrichtung ist es möglich, einen grossen flachen Holzprahm, auf den
man die gefangenen Fische vom Dampfer aus geladen hat, dicht
an das Haus heranzuschieben, so dass eine Fallbrücke von letzterem darauf herabgelassen werden kann. Diese Brücke ist mit

Schienen versehen, die nach dem Innern zu weiterführen. Es werden nunmehr kleine, durch ein Seil gehaltene Wagen von Oben her auf das Holzfloss die Schienen entlang geleitet und das Ausweiden der Fische beginnt an Ort und Stelle. Die Lebern der Katzenhaie werden zuerst aufgeladen und nach Oben geschafft, alsdann das Uebrige. Man bereitet in der Fabrik zweierlei Oel, das feine, gelbliche, an medizinischen Thran erinnernde Leberöl und das minderwerthige, nicht so klare Fischöl. Das Auskochen geschieht mit Dampf; es werden auf diese Weise während der Campagne von Juni bis November täglich etwa 2—3000 Dogfische verarbeitet. Es betheiligen sich nur wenige Indianer an der

| Mütze eines Medizinmannes beim Kuriren. | Harpune für Seelöwen- und Pelzrobben-Jagd. | Kopfring beim Tanzen gebraucht. |

Arbeit, das Fischen, Ausnehmen, Auskochen und Expediren wird fast ausschliesslich durch weisse Leute, meist frühere Goldgräber besorgt. Das Oel wird in grossen Quantitäten nach Victoria gesandt.

Da mir Hr. Sterling freundlichst gestattete, mit dem kleinen Dampfer der Compagnie die nächste Fahrt nach Kamschua mitzumachen, so engagirte ich noch Vormittags einen Haida, der etwas Englisch verstand, sammt seinem Canoe; wir nahmen Mittags Alles an Bord und die Fahrt begann. Bereits am Abend befand sich der Dampfer an seinem Fischerplatz in der Nähe des Dorfes Kamschua. Da es sich herausstellte, dass das ganze Fischerzeug nach einer anderen Stelle transportirt werden musste, so benutzte ich die mehrtägige Frist, um mit dem Haida in seinem Canoe einen Ausflug nach dem Dorfe Klu zu unternehmen, welches das südlichste und bevölkertste des Archipels ist und am Ostende der kleinen Tan-oo Insel liegt. Ein günstiger Wind brachte uns bereits gegen Abend an Ort und Stelle. Hier erfuhr

ich jedoch eine für mich betrübende Nachricht, denn die gesammte Einwohnerschaft befand sich etwa 15 Meilen vom Dorfe entfernt auf dem Lachsfang, um Vorräthe für den Winter zu schaffen. Es würde nichts genutzt haben, ihnen nachzufahren, denn sie wären doch nicht mit mir zum Dorfe zurückgekehrt, um mir ihre dort befindlichen ethnologischen Gegenstände zu verkaufen, deren

Gewöhnlicher Frauenhut.

ich bei einem Gange durch die Häuser genug entdeckte. Die wenigen, in Klu zurückgebliebenen Männer und Weiber konnten mir nicht viel verkaufen. Das Dorf besitzt viele, ausgezeichnet

schöne Hauswappenpfähle. Auf einem Häuptlingsgrabe lagen verschiedene Masken, Blankets und der Stock, den der Verstorbene bei Lebzeiten in der Hand zu halten pflegte, wenn er Reden hielt.

Tanzhut, einen schwarzen Fisch darstellend.

Am anderen Morgen gingen wir wieder nördlich zurück und besuchten zunächst kurz vor Kamschua das Dorf Skedans. Auch hier war leider nur eine Familie anwesend, von der ich einige Sachen kaufte. Gegen Abend erreichten wir, nach einem harten Kampf gegen Wind und Wellen, das Dorf Kamschua. Es war die alte Geschichte; ich traf nur vier Familien anwesend.

Trotzdem gelang es mir, einzelne sehr gute Sachen zu kaufen. Es wohnt in Kamschua ein ausgezeichnet geschickter Holzkünstler, von dem ich — allerdings ziemlich theuer, denn die Fremden, besonders die Amerikaner, verderben auch hier die Preise — einen 5 Fuss hohen, prächtig geschnitzten Pfahl kaufte. In Kamschua bot sich mir Gelegenheit, die indianischen Begräbnisshäuser etwas

Hauswappenpfahl mit Flagge und Todtendenkmal der Haida-Indianer.

näher zu besichtigen. Die meisten waren zwar geschlossen, es war jedoch möglich, hineinzublicken. Fast alle Häuser waren voller Grabkisten, in denen sich Leichen befanden. Diese Kisten haben nur eine Höhe und Breite von etwa 2—3 Fuss, so dass es unmöglich erscheint, einen menschlichen Körper in sie hineinzubringen. Aber es herrscht bei sämmtlichen Küstenindianern die Sitte, die Verstorbenen noch vor dem Eintreten der Leichenstarre in eine hockende Stellung mit hoch emporgezogenen Knieen zu bringen, sie in eine Matte zu wickeln und sofort in die enge

3*

Kiste hineinzuzwängen. Kamschua war früher ein bedeutendes Dorf, es hat aber viele Einwohner durch ansteckende Krankheiten und die allen Haida-Indianern jetzt eigenthümliche Auswanderungslust verloren.

Gegen Mittag des 1. October kehrte der Dampfer aus dem Innern des Fjordes zurück und nahm uns an Bord; Abends landeten wir wieder in Skidegate. Den nächsten Tag, einen Sonntag, benutzte ich zu einem Besuche des Dorfes Skidegate, wo ich im Hause des dortigen Häuptlings — gegen Entgelt an den Besitzer — eine Art „Ladengeschäft" eröffnete, indem ich europäische und amerikanische Waaren gegen Indianer-„Kuriositäten" umtauschte. Der Handel ging sehr flott, obgleich ich hohe Preise bezahlen musste. Gegen Abend kehrte ich wieder nach der Oelfabrik zurück.

Tanzmaske, Wolfskopf darstellend. Masset.

Ich war nunmehr etwa einen Monat lang von San Francisco abwesend und meine Reise hatte sich, Dank einer Reihe günstiger Umstände, so schnell vollzogen, dass mich noch keine Nachricht aus der Heimath eingeholt hatte. Letzteres musste indessen unmittelbar geschehen, denn in Skidegate wurde die Ankunft des der Hudsons-Bay-Company gehörenden Dampfers „Otter" von Süden stündlich erwartet. Dieses Schiff war mir doppelt wichtig, da ich auf demselben zugleich meine Fahrt nach dem nördlichsten Haidadorfe der Königin Charlotte-Inseln, nach Masset, fortzusetzen beabsichtigte. Doch bevor dies geschah, mussten die bisher auf dem Archipel gekauften Gegenstände sorgfältig für das Museum in Berlin mit Numerirung und beschreibenden Zetteln versehen und eingepackt werden. Alles dieses wurde erledigt und ich befand mich bereits wieder in New-Gold-Harbour, wo ich indessen wegen der sehr hohen Preise nur wenig kaufte, als plötzlich gegen Mittag die ganze Einwohnerschaft in Aufregung gerieth, denn der Dampfer Otter kam in Sicht. Kaum hatte er im Hafen Anker

Fetisch eines Medizinmannes.

geworfen, so war ich einer der Ersten, die an Bord gingen, da ich begreiflicher Weise begierig war, Nachrichten aus der Heimath zu erhalten. Der sehr freundliche Kapitain überreichte mir ein ganzes Packet Briefe, die meisten aus Berlin, darunter offizielle Legitimationspapiere und Empfehlungsschreiben.

Viele Bewohner von New-Gold-Harbour stiegen an Bord, um die Fahrt nach Victoria mitzumachen. Da der Dampfer hierselbst bis zum anderen Morgen liegen blieb, denn es war viel Oel einzuladen, so konnte ich den Transport meiner Sammlungen aufs Schiff in aller Ruhe ausführen. Leider aber stiess mir ein unvermuthetes Malheur zu. Ich hatte alle meine Sachen auf ein Boot bringen lassen, darunter eine schwere Kiste. Durch die Schuld des Indianers, dem das Boot gehörte, und der an der Kiste vorbeizugehen versuchte, kenterte das kleine Fahrzeug dicht beim Lande und sofort lagen wir Beide und alles Gepäck im Wasser. Schnell erreichten wir schwimmend das Trockene, wo ich zunächst sämmtliche Sachen so flink als möglich ans Land zog und dann den Uebelthäter in heller Wuth mehrere Mal kräftig untertauchte. Die Folge war, dass der Bursche aufsprang und lautlos vor Angst auf Nimmerwiedersehen in den nahen Busch entfloh. Viel Proviant, welchen ich mit mir geführt hatte, war verdorben und sämmtliche Gegenstände der Sammlung waren durchnässt. Ich hatte an Bord des Schiffes, wohin ich zunächst die Kisten brachte, die ganze Nacht zu thun, um Alles zu trocknen und abzuwischen.

Die Abfahrt nach Masset fand Nachmittags 5 Uhr statt. Es waren etwa 8 junge Haida-Mädchen, die in Victoria ihr „Glück" machen, und ca. 20 junge Männer, die am Fraser-River und Pudget-Sund Arbeit suchen wollten, an Bord. In Masset, wo wir am anderen Tage landeten, lernte ich in Mr. A. Mackenzie, dem Vorsteher des dortigen Handelspostens der Hudsons-Bay-Company, einen sehr liebenswürdigen und hochintelligenten Mann kennen, der mit den Sitten und Gewohnheiten aller dortigen Indianer in Folge seines langjährigen Aufenthaltes in Alaska und British-Columbien aufs Innigste vertraut ist. Was ich diesem höchst vortrefflichen Manne während meines nur eintägigen Auf-

enthaltes und späterhin verdanke, darüber mögen die nachfolgenden Blätter Zeugniss ablegen. In Masset machte ich auch die
Bekanntschaft zweier Goldgräber, darunter eines Nihilisten, Graf
S......, welche Beide den ganzen Sommer hindurch auf dem
Archipel „prospektet" hatten und dabei auch auf der unbekannten,
an landschaftlichen Reizen überaus reichen Westküste gewesen
waren. Als wir landeten, kam auch der Häuptling Weah, ein
alter, ziemlich starker, weissbärtiger Mann, der durchaus nicht den
Eindruck machte, als ob er ein Indianer sei, zur Begrüssung
an Bord.

Hr. Mackenzie unterstützte mich bei meinen Einkäufen aufs
Eifrigste. Obgleich durch frühere Besucher, namentlich auch durch
die Offiziere der englischen Kriegsschiffe, welche hier in jedem Sommer landen, fast Alles aufgekauft war, gingen wir doch von Haus zu
Haus und fanden noch Einiges auf. Zugleich fragte Hr. Mackenzie, dem ich meine Absicht mitgetheilt hatte, einen der grossen
Hauswappenpfähle zu kaufen, die Indianer, wer von ihnen geneigt
wäre, mir zu willfahren. Es fanden sich in der That einige Leute,
die sich ihres derartigen Besitzes entäussern wollten. Die betreffenden Pfähle befanden sich in einem, etwa eine englische
Meile entfernten, verlassenen Indianerdorf. In Gesellschaft des
Grafen S...... und eines Indianers brach ich dorthin auf und
fand unter den vielen, wegen ihres hohen Alters schon angefaulten
Pfählen, die sämmtlich riesige Dimensionen und mehr als 50 Fuss
Höhe hatten, einige, welche allenfalls für meine Zwecke brauchbar
waren. Als wir, um über den Ankauf zu unterhandeln, wieder
nach Masset zurückgingen, führte uns der Weg an einem anderen,
sehr gut erhaltenen Pfahl vorbei, den ich schon auf dem Hin-
marsche bewundert hatte, der aber nicht verkäuflich gewesen war.
Inzwischen hatte sich die Ansicht des Besitzers, eines kleinen
Häuptlings Namens Stilta, der dort den Namen Capt. Jimm
führt, geändert, und er erklärte sich bereit, mir den Pfahl zu
verkaufen. Wir wurden bald handelseins und es wurde abgemacht, dass der Pfahl mit Hrn. Mackenzie's Hilfe an Bord
des nächsten fälligen Dampfers geschafft werden sollte. Um es
gleich vorweg zu erzählen, so geschah dies, wie beschlossen war,

Das Haidadorf Masset (Königin Charlotte-Inseln).

und der Pfahl gelangte unverletzt ins Berliner Museum, dessen grösstes Schaustück aus Amerika er gegenwärtig ist. Capt. Jimm ist ein sehr intelligenter junger Mann, welcher im Sommer 1881 der Führer der beiden obengenannten Goldminer gewesen war und bei einem seiner früheren Streifzüge im Innern der Insel die interessante naturwissenschaftliche Entdeckung gemacht hatte, dass dort auch Rennthiere vorkommen. Er hatte damals einige dieser Thiere geschossen, deren Felle und Geweih ich selbst später in Victoria sah. Der Umstand, dass Capt. Jimm zum Christenthum übergetreten war und sich bereits sehr an den Umgang mit Weissen gewöhnt hatte, trug wohl wesentlich dazu bei, dass er sich dieses Pfahles entäusserte. Capt. Jimm war auch der erste Haida-Indianer, welcher seit mehreren Menschenaltern die Westküste besucht hatte; der Verkehr nach jener Region war seitens der Eingeborenen der Ostküste längst gänzlich unterbrochen, weil die Sage ging, dass dort ein Volk von Riesen wohne, welches jeden Fremden tödte, der zu ihm hinkommt.

Es ist vielleicht am Platze, Einiges, was ich über die Errichtung der Hauswappenpfähle bei den Haida erkundet, hier anzuführen: Die Haida sowohl, wie sämmtliche Küstenindianer glauben, dass einstmals eine grosse Fluth über die Erde ging, und dass nur wenig Menschen die Katastrophe überlebten. Einer der Erretteten, ein alter Haida, war der Sage nach eines Tages damit beschäftigt, an der Ostküste der Königin Charlotte-Inseln zwischen Skidegate und Masset Seeigel zu sammeln. Es war ein klarer Tag, der indianische „Vater Noah" paddelte gemüthlich in seinem Canoe längs der Küste, indem er unverwandt in das durchsichtige Wasser blickte und dann und wann einen Seeigel aufnahm. Plötzlich aber erblickte er in der Tiefe des Wassers ein ganzes Dorf und ausserhalb jedes Hauses desselben standen die schönsten geschnitzten Pfähle, deren einige so hoch waren, dass sie beinahe die Oberfläche des Meeres berührten. Vergnügt paddelte „Noah" nach Hause, machte sich einen gleichen Pfahl und seitdem hatten die Haida wieder ihre Pfähle.

Wenn bei den Haida Jemand heutzutage den Entschluss fasst, einen Hauswappenpfahl zu errichten, so betheiligt sich an der Ausführung fast die ganze Dorfgenossenschaft, was in technischer Beziehung gar keine Schwierigkeiten macht, da ja beinahe jeder Indianer ein Künstler im Holzbildhauen ist. Der Geschickteste und Erfahrenste von Allen erhält die Oberaufsicht über die ganze Arbeit, welche oft den Zeitraum von mehreren Jahren in Anspruch nimmt. Dieser Meister wählt zunächst unter den Riesen des Waldes denjenigen aus, der ihm für den vorliegenden Zweck geeignet erscheint. Man benutzt nicht eine ganze Ceder, sondern nur das Stammende bis höchstens in Höhe von 90—100 Fuss, wovon das untere Ende von etwa 10 Fuss unbearbeitet bleibt, da es späterhin in die Erde kommt. Hierauf wird in der ganzen Länge des Baumes ein Parallelstreifen von etwa 4—8 Fuss Breite angezeichnet, welcher den dritten oder vierten Theil des ganzen Umfanges einnimmt. Diesen Parallelstreifen arbeitet man etwa fussdick aus dem Baum heraus, so dass er eine cylinderförmige Holz-Mulde bildet. Alles übrige Holz des Baumes wird verworfen. Nunmehr wird die Aussenfläche des Halbcylinders durch Querstriche in einzelne Abtheilungen getheilt, deren jede für eine der Hauptfiguren bestimmt ist. Der Oberkünstler vertheilt diese Abtheilungen an diejenigen Künstler im Dorfe, welche vom Erbauer des Pfahles eingeladen sind, sich an der Arbeit zu betheiligen. Jedem wird nach dem einheitlichen Plane des Meisters sein Rayon übertragen und zugleich angegeben, welche Figur er herzustellen hat, wobei indessen der Oberkünstler die Hauptarbeiten selber ausführt.

Nunmehr wird die Ausarbeitung des Reliefs in Arbeit genommen; viele fleissige Hände rühren sich und unter dem unablässigen Geklopf der einfachen Werkzeuge — die Indianer-Handäxte und ein Paar Stemmeisen ist Alles, was diese Künstler

Modell eines Hauswappenpfahles der Haida.

benutzen — entsteht jene scheinbar so bizarre Composition von menschlichen und thierischen Figuren. Wenn der Pfahl nach längerer Zeit fertig ist, werden die benachbarten und befreundeten Stammesgenossen zu einem grossen Feste eingeladen. Der Pfahl wird auf Rollen gelegt und feste Taue um ihn gespannt. Alsdann gräbt man da, wo er aufgestellt werden soll, ein 4—6 Ellen tiefes Loch in die Erde und mit Hilfe aller Anwesenden, der Männer, Frauen und Kinder wird der Pfahl in die Höhe gezogen, indem man sein oberes Ende durch Böcke und Stangen unterstützt und allmählich höher und höher hebt. Sobald der Pfahl steht, beginnt das Fest. Alle Diejenigen, welche an dem Pfähle mitgearbeitet haben, werden mit Blankets (wollenen Decken) belohnt; auch die eingeladenen befreundeten Stämme werden beschenkt. Auf diese Weise kostet die Errichtung eines Pfahles dem Eigenthümer meist zwischen 600—1600 Blankets, d. h. die Arbeit und Ersparniss vieler Jahre. Natürlich legt sich ein solcher Mann dann auch den Rang eines Häuptlings bei.

Auf meine Bitten sandte mir Hr. Mackenzie aus Masset ein Jahr später eine Beschreibung des von mir gekauften Pfahles: „Solch ein Pfahl, als Sie bekommen haben, heisst in der Haidasprache Kee-ang, d. h. geschnitzter Hauswappenpfahl. Dies ist die Bezeichnung eines Pfahles im Allgemeinen, aber jeder Pfahl hat ausserdem auch noch einen individuellen und unterscheidenden Namen. Der Name des für das Berliner Museum gekauften Pfahles heisst „Qwee-tilk-keh-tzoo", d. h. ein Seher oder Wächter für die Kommenden oder ein Gesichtspunkt und Merkzeichen für Diejenigen, welche sich nähern. Welche Bedeutung die richtige ist, kann ich wirklich nicht sagen, da meine Kenntniss der Haida-Sprache nur eine geringe ist. Der Pfahl wurde vor sechs Jahren auf der Stelle errichtet, wo Sie ihn gesehen haben, und zwar von einem Haida-Häuptling, Namens Stilta, als derselbe den Entschluss fasste, ein neues Haus zu erbauen. Dieses Ereigniss wurde wie gewöhnlich, durch eine grosse Vertheilung von Eigenthum, seitens des Stilta, ausgezeichnet. Hunderte von Blankets und andere werthvolle Dinge wurden an alle geschenkt, welche an dem Feste selbst Theil genommen hatten. Stilta stand unter dem Schutze der Adler-Gott-

Front eines Häuptlingshauses in Masset.

heit und nach ihren dortigen Gebräuchen gehörten alle Diejenigen, welche Geschenke empfingen, anderen Hausgöttern an. Die Mitglieder der Adler-Gemeinde erhielten keine Geschenke. Nicht lange nach Errichtung des Pfahles wurde Stilta krank und starb bevor sein Haus erbaut war. Sein Bruder, von welchem Sie den Pfahl gekauft haben, folgte ihm in seiner Stellung (als Häuptling) und nahm seinen Namen an. Zugleich errichtete er einen anderen Pfahl zum Andenken an den Tod seines Bruders und an seine eigene Besitznahme der Stelle desselben. Bei dieser Gelegenheit wurde ein grosses Fest gefeiert und sowohl an die Festtheilnehmer Lebensmittel, wie an die Verfertiger des Pfahles Blankets vertheilt. Es muss hier bemerkt werden, dass ein Begräbnisspfahl anders aussieht, als ein Hauswappenpfahl. Die Schnitzerei am Fusse des Pfahles repräsentirt den Walfisch, welcher übernatürliche Unterhaltungen mit dem indianischen Medizinmann hat. Der Name des Wal in der Haidasprache ist Qw-oon. Oberhalb des Walfisches ist eine Haida - Medizinfrau dargestellt (in Haidasprache: Sah-gah). Diese Embleme wurden geschnitzt von Edensaw, Oberhäuptling des nördlichsten Theiles der Insel, der noch heute in Masset ansässig ist. Das oberhalb des Wales befindliche Medizinweib pflegte den Indianern dieses Stammes vorherzusagen, wenn ein Wal an der Nordküste stranden würde. Es war dies möglich durch Zulassung ihres Helfershelfers, des obengenannten Walfisches. Hierdurch besass dieselbe eine Macht, andere Walfische in flaches Wasser zu treiben." Mit dieser Darstellung des Hr. Mackenzie ist nur die untere Gruppe der figürlichen Darstellungen des betreffenden Pfahles erklärt; es befinden sich darüber einschliesslich des die Spitze der Säule einnehmenden Adlers noch sieben bis acht Skulpturen, in denen sich die Figur des indianischen Medizinmannes und des Walfisches wiederholt. Es muss späteren wissenschaftlichen Untersuchungen vorbehalten bleiben, eine genügende Erklärung des ganzen Pfahles zu geben.

Nachdem ich meine übrigen Einkäufe in Masset erledigt hatte, ging ich an Bord. Die Ebbe und Fluth strömt hier mit so grosser Heftigkeit, wie ich dies annähernd nur in meiner nord-norwegischen Heimath gesehen habe. Wir hatten daher harte Arbeit, bevor wir zum Schiffe kamen. Am frühen Morgen des 7. October verliessen wir Masset und zugleich den Königin Charlotte-Archipel und fuhren in nordöstlicher Richtung wieder nach dem Festlande von British-Columbien. Ich war sehr gespannt auf den Anblick von Fort Simpson, welches das grösste Dorf der Tschimsian-Indianer ist; selten aber bin ich in meinem Leben so sehr enttäuscht worden, als in dem Augenblicke, in welchem ich diesen Ort zu sehen bekam. An Stelle der hohen stattlichen Pfähle, die „dem Kommenden ein Wahrzeichen" emporragten, erblickte das Auge nichts als moderne nach europäischer Bauart angelegte Häuser mit kleinen Vorgärten, und den Hauptmittelpunkt des regelmässig angelegten Strassennetzes bildete eine schöne grosse gothische Kirche. Solchen segensreichen Erfolg hat die zehnjährige Thätigkeit der Methodistenmission hervorgebracht. So war Fort Simpson das erste Indianerdorf, in welchem ich Nichts kaufte, weil eben nichts zu haben war. Der dortige Missionär Hr. Crosbye begrüsste mich sehr freundlich; er kam zu uns an Bord, um mit seiner Familie nach Victoria zu reisen; vorher jedoch hatten wir, Graf S..... und ich, Gelegenheit seine kleine Sammlung von Tschimsian-Ethnologicis anzusehen. Fort Simpson hat gegen 900 Einwohner, von denen aber selten mehr als der dritte Theil zu Hause ist, während die Übrigen auf Jagd, Fischerei oder in den südlichen Staaten Arbeit suchend, unterwegs sind. Nach mehrstündigem Aufenthalte wandte sich der Dampfer „Otter" nach Süden, dem Heimathshafen Victoria zu; für mich eine günstige Gelegenheit, um nach dem nördlichen Theile von Vancouver zu gelangen. Vorher jedoch machten wir noch zweimal Halt; einmal an einer Cannerie, Namens Invernes am Skeena-Fluss, das andere Mal bei den Bella-Bella. Um 12 Uhr Mitternachts landeten wir an Fort Rupert auf Vancouver.

IV.

Die Insel Vancouver. Fort Rupert als Centralstation für meine Ausflüge. Herr Hundt. Georg Hundt, ein Halbblutindianer. Tanz von Indianermädchen. Erste Excursion. Geographische Trennung als Ursache ethnographischer Vereinigung. Die Hametze, d. h. Menschenfresser. Die gute alte Hametzenherrlichkeit. Moderner Kannibalismus. Vorbereitung und Kasteiung der Hametze. Ein Ueberfall aus dem Walde. Das gedungene Opfer. Vorrechte der Hametze. Kannibalenmahle jetzt und früher. Ein Kanonenboot als Rächer. Das Indianerdorf Nooette. Wiederum in Allertbay. Das Indianerdorf Mamelellika und seine bösartigen Einwohner. Ein verschlagener Sandwichsinsulaner. Wilde Tänze in Mamelellika. Das Schiff wird ein Verkaufsladen. Diebe und Räuber. Revolverlogik. Die Queka-Indianer oder Kopfabschneider im Dorfe Klawitsches. Ein Erbfest. Ein sterbender Greis. Indianische Rednertalente. Die Tanztrommel als Kochtopf. Zwei gekochte Seehunde. Grosse Portionen. Eine überraschte Waschbärenfamilie. Zurück nach Fort Rupert. Fusstour durch den Urwald nach Koskimo. Ein indianischer Fusssteig. Balancirkünste auf verfaulten Baumstämmen. Ein Kopfsprung in den Morast. Ein kaltes Nachtlager. Im Canoe nach Koskimo. Kraniologisches Rassenstudium auf einem alten Indianerkirchhof. Künstlich entstellter Menschenschädel. Die Langköpfe, Longheads. Das Indianerdorf Koskimo. Der alte Häuptling Negetze. Negetze's Schwiegertochter. Atteste von Reisenden. Meine Gönnerin mit dem Zuckerhutschädel. Fahrt nach Quatsino. Kleidungsstücke sind Luxus. Das weisse Wunderthier. Gute Einkäufe. Hoher Seegang. „Jung Negetze". Raum ist in der kleinsten Hütte. Rückmarsch mit Gepäck durch den Urwald. Der alte Indianeragent Blankenshop. Rückfahrt nach Victoria.

Der Schauplatz meiner nächsten Thätigkeit war die langgestreckte Insel Vancouver und das, der nördlichen Hälfte gegenüber gelegene Insel- und Fjordgebiet des Festlandes, ein in ethnologischer Beziehung ausgezeichnetes Terrain. Hätte mir Jemand vorher gesagt, was ich alles in dieser Region erleben und wie lange ich mich hier noch aufhalten würde, ich hätte es nimmermehr geglaubt. Fort Rupert bot sich mir wegen des daselbst befindlichen Handelspostens der Hudsons-Bay-Company als eine Art Centralstation dar, von welcher aus diverse Excursionen mit Vortheil für meine Pläne unternommen werden konnten. Der dortige Verwalter, Hr. Hundt, wurde schnell mein Freund und Vertrauter; an ihm und seiner Familie hatte ich dauernd eine nachhaltige Stütze. Er vermiethete mir für ein Billiges seine Schaluppe

und gab mir seinen Sohn Georg, einen etwa 26jährigen Halbblutindianer mit, da derselbe so vollkommen mit den Sitten und
Gebräuchen der umwohnenden Indianer vertraut ist, als wäre er
selber ein Indianer, und ausserdem nicht nur Englisch, sondern
auch das „Fort Rupert-Indianisch", oder wie es hier genannt
wird, das „Quakult" geläufig spricht. Der Abend des Ankunfts-
tages wurde mit Vorbereitungen hingebracht, zugleich liess Fräul.
Hundt, die Schwester meines neu engagirten Reisegefährten, als
ich den Wunsch äusserte, Indianertänze zu sehen, eine Anzahl
Indianermädchen ihre Tänze im Costüm aufführen, was einen amü-
santen Anblick gewährte.

Am 10. October begann meine erste Excursion, welche den
Zweck hatte, möglichst viel von denjenigen Indianerorten zu besuchen, in denen der Quakult-Dialekt gesprochen wird. Es gehören hierzu alle Dörfer der Nordost- und Nordküste von Vancouver zwischen Comox und Quatsino-Sund, ferner alle zwischen
diesem Küstentheil und dem Festlande von British Columbien
gelegenen Inseln und die hinter diesen Inseln liegenden Fjord-
landschaften und Küstenstriche des Festlandes. Dieses Gebiet
repräsentirt einen jener Punkte der Erdoberfläche, wo geographische
Trennung mit ethnographischer Vereinigung zusammentrifft. Die
Hauptbeschäftigung der Bewohner, die Fischerei und Jagd auf
Seethiere, scheint hier das vermittelnde und verbindende Princip
gewesen zu sein. Die Einwohnerschaft gehört hier, und noch mehr
auf der fast total unbekannten Westküste von Vancouver zu den
wildesten und rohesten Menschen, die unsere Erde zur Zeit noch
trägt. Hier hat sich aus alter Vergangenheit noch eine Anzahl
von Formen erhalten, deren als Mord, Kannibalismus und andere
Grausamkeiten auftretende Kundgebungen nur durch das energische Auftreten der englischen Kanonenboote darniedergehalten
werden. Die Quakult-Indianer haben unter sich eine Reihe socialer
Rangstufen, deren bedeutendste die der sogenannten „Hametze",
d. h. Menschenfresser ist. Diejenigen, welche zu dieser Kaste gehören, bezeichnen sich mit Stolz als Hametze und geniessen als
solche hohe Ehren bei den übrigen Stammesgenossen. Freilich
ist für sie auch die gute alte Zeit vorüber, in der sie die Sclaven

oder Kriegsgefangenen schlachten und verzehren durften, ohne dass
Jemand sie daran hinderte; aber sie haben Mittel und Wege gefunden, sich auf andere, fast möchte man sagen, grässlichere Weise
zu entschädigen. Heutzutage verspeisen sie nämlich bei ihren
grossen Festlichkeiten menschliche Leichen, und zwar — so un-
glaublich es klingt — nicht etwa die Leichen jüngst Verstorbener,
sondern solcher Leute, welche bereits 1—2 Jahre todt sind.
Man darf jedoch den Kannibalismus in diesem Falle — wie
auch in den meisten anderen auf Erden vorkommenden — nicht
etwa als einen Akt der Befriedigung des Geschmacksbedürfnisses
oder als eine Stillung der Begierde nach der dem menschlichen
Körper so zuträglichen Fleischnahrung auffassen, denn die Quakult-Indianer sind bereits aus Nothwendigkeit Carnivoren, da ihnen
das Meer die wohlschmeckenden Seehunde, Fische, Muscheln und
Tintenfische, sowie Seevögel aller Art als wohlbesetzten Speisetisch
darbietet, dessen Bestandtheile nahrhafter als die irgend einem anderen
Volke auf Erden zur Verfügung stehenden sind. Menschenfleisch
zu essen gilt bei den Quakult-Indianern vielmehr als ein besonderes
und ausgezeichnetes Vorrecht, das nur solchen hervorragenden Personen eingeräumt wird, welche eine Reihe der schwierigsten Vorbereitungen und Kasteiungen durchgemacht haben. Ein aus ge-
wöhnlichem Geschlecht stammender Indianer wird von vornherein
gar nicht zugelassen, man muss schon der Abkömmling eines Häuptlings oder eines anderen berühmten Mannes sein, um als „Hametze"
eingeweiht zu werden. Die Vorbereitungszeit dauert vier Jahre
und erhält der Novize als besonderes und ehrendes Abzeichen ein
aus Cederbast gefertigtes Band, welches er über der linken Schulter
und unter dem rechten Arm während jener Periode trägt. Während der letzten vier Monate dieser Lehrzeit verlassen die künftigen Hametze ihr Haus und ihre Familie, um in stiller Wald-
einsamkeit und unter körperlichen Entbehrungen sich zur letzten
grossen Ceremonie vorzubereiten. Sie sind dann schon in den
Augen der übrigen Ortsinsassen Wesen höherer Art und mit leisem
Schauern geht ihnen jeder aus dem Weg, der im Gebüsch den
Ton ihrer Flöten und Pfeifen hört, mit dem sie namentlich Morgens ihre Anwesenheit in unmittelbarer Nähe des Dorfes kund-

geben. Endlich ist der Moment gekommen, wo sie Hametze in des Wortes ganzer Bedeutung werden sollen. Zu diesem Zwecke ist es nöthig, dass sie, zwar nicht Menschenfleisch, sondern nur Menschenblut vorher genossen haben. Der Act, wie dies geschieht, ist ganz charakteristisch: Der künftige Hametze springt eines Tages plötzlich aus dem Walde hervor, mitten in das Dorf hinein, stürzt sich auf einen der Anwesenden und beisst ihn in den Arm oder ins Bein, indem er zugleich etwas Blut aussaugt. Damit ist die Sache beendet.

Natürlicher Weise würde sich Niemand ohne Weiteres gefallen lassen, dass er gebissen wird; in Folge dessen wird der Schlussact stets unter dem Einverständniss beider Theile aufgeführt, d. h. der Hametze hat dem Gebissenen vorher so und so viele wollene Decken, oft bis zu 40 Stück dafür bezahlt, dass letzterer sich die Prozedur gefallen lässt. Ich habe verschiedene Personen gesehen, welche auf diese Weise gebissen worden sind, sie versicherten mir, und die sehr kleinen Narben bestätigten dies, dass die Bisse durchaus nicht besonders schmerzhaft seien; die Hametze nähmen wenig mehr als ein Stückchen Haut mit den Zähnen weg und verständen es, an der betreffenden Stelle so schnell und geschickt zu saugen, dass sie schon nach wenigen Augenblicken den Mund voll Blut hätten. Wie man also sieht, ist von jenem culturellen Weiheact nur noch die Andeutung der Ceremonie übrig geblieben.

Die Hametze geniessen nach jeder Richtung hin besondere Vorrechte. Ihre Tanzmasken, ihre Rasseln, ihre Kopf-, Hals-, Fuss- und Armringe sind besonders schön construirt und ornamentirt. Wenn ein Hametze an einem grossen allgemeinen Tanzfeste theilnehmen soll, so sind vier Häuptlinge nöthig, welche ihn viermal hinter einander einladen müssen, ehe er sein Erscheinen zusagt. Durch Hunger und Abgeschlossenheit in der dunkelsten Ecke des Hauses bereitet sich der Menschenfresser alsdann für das Fest vor, denn der Cultus schreibt es vor, dass ein Hametze blass und hager aussehe. Wenn er zu der Festlichkeit geht, so legt er erst vorher seinen gesammten Staat an. Hierauf verlässt er, unter Vorantritt der vier Häuptlinge sein Haus, und, mit

äusserster Langsamkeit einen Fuss vor den anderen setzend, gebraucht er einige Stunden, um auf der Dorfstrasse zu dem vielleicht höchstens hundert Schritt entfernten Hause, wohin er eingeladen ist, zu gelangen. Diese groteske Schneckenprozession
macht auf die übrigen Indianer einen tiefernsten Eindruck; die
jungen Leute, welche dem Hametzen unterwegs begegnen, bleiben
ehrfurchtsvoll mit gesenktem Haupte regungslos stehen, bis er mit
der Langsamkeit eines Stundenzeigers an ihnen vorüber gelangt
ist. Auch auf dem Feste bilden die Hametze den Gegenstand
allgemeiner Aufmerksamkeit und Hochachtung; sie selbst fühlen
sich auch im Bewusstsein der überstandenen, selbst auferlegten
Qualen gewissermassen als Wesen höherer Gattung und lassen
sich ruhig feiern.

Mit dem Trinken einer kleinen Quantität Menschenblut hat ein
Hametze indessen noch nicht den höchsten Grad seiner Würde erreicht,
denn er hat ja noch kein „Menschenfleisch gegessen". Die Ceremonie, bei welcher dies geschieht, wird unter den Hametzen allein
in tiefster Einsamkeit gefeiert und es erhält jeder Hametze für
die Betheiligung an einem solchen Kannibalenmahl das Recht, an
seiner Maske einen aus Holz geschnitzten Menschenschädel zu befestigen. Ich sah Hametze, welche nicht weniger als acht solcher
Schädel an ihrer Maske trugen. Wenn die Leiche, von der diese Leute
einige Bissen zu sich nehmen, genügend alt und mumifizirt ist, so
soll der Genuss unschädlich sein, dagegen ist es wiederholt vorgekommen, dass beim Genusse vom Fleische noch verhältnissmässig
frischer Cadaver einige Hametze durch Blutvergiftung ihr Ende
gefunden haben.

Vor kaum mehr als zwanzig Jahren waren die Verhältnisse
noch anders. Fort Rupert, welches 1830 von einem gewissen
Blankenshop, der jetzt Indianer-Agent ist, für die Hundsons-
Bay-Company angelegt worden war, hatte im ersten Menschen-
alter seines Bestehens einen schweren Stand gegen die umwohnenden Indianer, welche damals noch sehr zahlreich und kriegerisch
waren. Es war Sitte bei diesen Eingebornen, deren allein bei Fort
Rupert etwa Tausend wohnten, grosse Kriegszüge zu unternehmen,
viele Sclaven einzufangen und letzteren die Köpfe abzuschneiden.

Noch jetzt kann man in jener Gegend viele Skalpe von Menschen finden. Die Macht der Indianer war damals noch so gross, dass dieselben den weissen Leuten viel zu schaffen machten und sogar einstmals das Fort belagerten. Indessen die Hudsons-Bay-Company, welche überall das Bestreben zeigt, mit der Bevölkerung in gutem Einvernehmen zu stehen, schloss mit ihnen bald Frieden. Aber die Kämpfe der Indianer unter einander hörten darum nicht auf und hierbei spielten die Hametze eine grosse Rolle. Noch im Jahre 1859 oder 1860 sah der obengenannte Hr. Hundt es mit eigenen Augen an, dass ein von den Fort-Rupert-Indianern gefangener Sclave bei Gelegenheit eines grossen Festes an einen Pfahl gebunden und ihm der Leib aufgeschnitten wurde, worauf die Hametze ihre Hände mit dem hervorströmenden Blut füllten und letzteres tranken. Wahrscheinlich wurde der Sclave nachher gänzlich verzehrt. Zu jener Zeit aber war die am Südende von Vancouver gelegene Stadt Victoria bereits so mächtig, dass der Gouverneur derselben, als er die schreckliche Affaire erfuhr, ein Kanonenboot nach Fort Rupert schickte, um die Indianer zu bestrafen. Diese jedoch, im Gefühl ihrer Stärke, leisteten Widerstand, was zur Folge hatte, dass ihre sämmtlichen Häuser vernichtet und alle ihre Canoes verbrannt wurden. Die Indianer selbst flüchteten in den nahen Urwald, wie sie es stets bei solchen Gelegenheiten thun. Nachdem das Kanonenboot sich entfernt hatte, kamen die Eingeborenen allmählich wieder zum Vorschein, aber das Gefühl ihrer Ueberlegenheit war verloren und so wanderte der grössere Teil von ihnen nach einigen Fjorden des gegenüberliegenden Festlandes von British Columbien aus, während der Rest, etwa 250—300 Köpfe stark, das zerstörte Dorf wieder aufbaute. Seitdem fristen sie, faul und träge, frech und unverschämt gegen Fremde, ein bescheideneres Dasein als früher zur Zeit der blutigen Hametzenherrlichkeit.

Unser erster Ausflug mit der Schaluppe war nach dem Indianerdorf Nooette auf Hope Island, einer kleinen Insel nördlich von Vancouver, gerichtet. Hier blüht noch das alte Indianerthum in fast völliger Unberührtheit, weshalb die Leute auch nicht geneigt waren, mir ihre Tanzmasken, Rasseln etc. zu verkaufen.

Nur der grossen Ueberredungskunst meines Dolmetschers Georg Hundt, welcher bei allen Indianern weit herum sehr angesehen ist, gelang es, den Häuptling zu veranlassen, mir gegen gute Bezahlung eine Anzahl vortrefflicher ethnologischer Gegenstände zu verkaufen. Nach mehrstündigem Aufenthalte fuhren wir wieder ab, um uns nach dem tief in das Festland von British Columbien sich erstreckenden Knights Inlet zu begeben. Auf dem Wege dorthin mussten wir wieder an Fort Rupert vorüberfahren und gelangten am nächsten Tage nach Allert Bay, wo ich, wie am Schlusse des ersten Capitels erzählt ist, bereits auf der Hinreise mit Unterstützung des Hrn. Cunningham Einkäufe gemacht hatte. Es war jetzt nur noch eine kurze Nachlese zu halten, auch musste ich für Alles theure Preise bezahlen. In unmittelbarer Nähe dieses Indianerdorfes befindet sich ein alter Begräbnissplatz der Eingeborenen, zu dem ich mir unter Schwierigkeiten den Weg durch das dichte Buschwerk und Gestrüpp bahnte. Die kleinen Begräbnisskisten oder Begräbnisshäuser, welche auf Pfählen über der Erde stehen, waren sämmtlich fest vernagelt. Dies war nicht der einzige Grund, dass ich keine für das anatomische Rassenstudium werthvollen menschlichen Ueberreste daselbst mitnehmen konnte. Fast die ganze Einwohnerschaft hatte mir, vielleicht ahnend, dass ich auf Leichenraub ausgehen möchte, das Geleit bis mitten ins Dickicht gegeben.

Bald darauf segelten wir weiter unserem Ziele zu, konnten indessen Knights Inlet noch nicht erreichen, sondern blieben die Nacht über in Beaver Cove auf Vancouver vor Anker liegen. Am anderen Morgen wurde alsdann die Ueberfahrt über die Meerenge nach dem Eingange des eben erwähnten Fjordes ausgeführt und dort Nachmittags das Indianerdorf Mamelellika erreicht. Es lebt hier eine bösartige Einwohnerschaft, welche erst vor Kurzem den Versuch gemacht hatte, einen Handelsschooner auszuplündern, aber mit blutigen Köpfen von der gut bewaffneten Mannschaft heimgeschickt worden war. So oft bis jetzt weisse Leute den Versuch gemacht hatten, in Mamelellika Aufenthalt zu nehmen, war dies durch das Vorgehen der Einwohner vereitelt worden. Es hatte früher Jemand einen Verkaufsladen daselbst

errichtet, aber letzterer wurde bald ausgeplündert und der Eigenthümer in die Flucht gejagt. Zur Strafe wurde dann das Dorf
durch ein Kanonenboot bombardirt und abgebrannt, war aber
wieder aufgebaut worden. Auch ein katholischer Missionär hatte
versucht, die Leute zu bekehren, aber auch er musste sein Vorhaben aufgeben. Der einzige Fremde, den sie gegenwärtig in der
Nähe ihrer Ortschaft dulden, ist ein ehemaliger Bewohner der
Sandwichsinseln, der als Matrose von einem Schiffe desertirt und
hierher verschlagen ist.

Mein Dolmetscher schilderte mir die Bewohner von Mamelellika als die grössten Diebe, was ich später vollauf bestätigt
fand. Wir ankerten am Dorfe und gingen ans Land, um Einkäufe
zu machen. Wider Erwarten war der erste Empfang ganz gut
und ich erwarb einige Gegenstände, deren Werth jedoch in Bezug
auf Originalität nicht besonders gross zu sein schien, da diese
Indianer, wie mir Georg Hundt erzählte, ihre derartigen Gebrauchsgegenstände bei den Fort-Rupert- und Nooette-Indianern
erst einkaufen müssen. Ich ersuchte den Häuptling von Mamelellika, dass er ein Tanzfest geben möchte, da ich sehr von dem
Wunsche beseelt war, die Leute einen ihrer wilden malerischen
Tänze aufführen zu sehen. Aber jener machte mir begreiflich,
dass gegenwärtig, Mitte October, die alljährliche winterliche Tanz-
saison, an der alle Indianer festhalten, noch nicht gekommen sei.
Wenn er vor der gesetzmässigen Zeit tanzen liesse, so würden
die Bewohner der Nachbardörfer, sobald sie davon hörten, böse
werden und möglicherweise einen Krieg beginnen. Der nächst
dem Häuptling angesehenste Mann von Mamelellika war jedoch
anderer Meinung und sagte mir, dass er vor einem Kriege gar
keine Angst habe. Er wäre gern bereit, durch seine jungen Leute
einen Tanz aufführen zu lassen, wenn ich denselben dafür nur
etwas Tabak schenken wollte.

Dieses Geschäft kam zu Stande. Zunächst wurde das Haus
so gut wie möglich klar gemacht und in der Mitte ein grosses
Feuer angezündet. Ich liess einige von den Masken, welche ich
in Nooette gekauft hatte, herbeiholen und der Tanz begann. Man
führte jedoch keine Wintertänze auf, bei denen sich ein grösserer

Kreis von Mitwirkenden vereinigt, sondern Sommertänze, bei denen fast nur einzelne Personen auftreten. An der Hinterfrontwand des Hauses wurde die grosse hölzerne Trommel aufgestellt, und der Gesangleiter — deren jedes Dorf einen besitzt — placirte sich mit seinem bemalten Holzstabe daneben. Dann schlug er auf die Trommel, die einer gewöhnlichen bemalten viereckigen Kiste, an der der Deckel fehlt, glich, und stimmte gleichzeitig den Gesang an. Alle jungen Leute, die rings herum placirt waren, stimmten ein und schlugen gleichzeitig den Takt auf einem Holzbrett. Es machte den Eindruck, als ob Jeder bemüht war, so viel Lärm als möglich zu machen. Die an den Wänden befindlichen spinden-artigen Abtheilungen — für gewöhnlich die Schlafstätte einer

1. Alte Kriegskeule der Tschimsian-Indianer. 2. Geräth eines Selbstpeinigers.
3. Halsring eines Hametzen.

Familie — wurden, wie stets bei Tänzen, als Garderobenzimmer benutzt. Da trat denn solch ein Tanzkünstler, nachdem er ge-raume Zeit zur Vorbereitung gebraucht, aus der geöffneten Thür eines solchen Familienspindes heraus, und Aller Augen richteten sich auf ihn. Seine Schulter war bedeckt mit einer sogenannten Nord-Blanket, einer sehr theuren, aus dem Haar der Bergziege gearbeiteten Decke, deren Muster zahlreiche Figuren, namentlich Gesichter und Augen, kunstvoll eingewebt trug. Auf dem stolz und kühn erhobenen Haupte trug der Tänzer eine Holzmaske, die von den Tschimsian-Indianern stammte und mit Muscheln eingelegt war. Als besonders werthvoller und vielgesuchter Schmuck dieser Maske diente ein auf ihr befindliches Arrangement von Barthaaren des Seelöwen. Rasch hüpfte der Tänzer nach dem Takte der Musik — wenn man diesen Höllenlärm noch so be-zeichnen darf — bis mitten in den freien Raum und tanzte rings um das Feuer herum, in der rechten Hand eine geschnitzte

hölzerne Rassel schüttelnd, deren Hohlraum, mit kleinen Steinchen erfüllt, laute, castagnettenartige Töne erschallen liess. Auf
dem Kopf der Maske sah man auch einen Federaufputz und so
oft der Tänzer den Kopf schüttelte, flogen Adlerdaunen davon herab wie Schneeflocken. Es war ein wilder Tanz, den er
rings um das hell leuchtende Feuer aufführte, während das sehr
grosse Haus, an den Wänden halb in Dunkel gehüllt, mit Hunderten von Rothhäuten angefüllt war, deren roth und schwarz bemalte Gesichter, deren blitzende Augen und lebhafte Bewegungen,
deren ohrenzerreissendes Heulen und Lärmen so genau zu diesem
imponirenden Schauspiel passten, dass ich den eigenthümlich grossartigen Anblick nie vergessen werde. Es wurden verschiedene Tänze
aufgeführt, mitunter mehrere zugleich, auch wurde mit den von
mir geliehenen Masken getanzt, aber es war mir nicht möglich,

Geräth eines Selbstpeinigers. Knights Inlet, British Columbien.

die Aufführung von Wintertänzen zu veranlassen. Die Saison
dieser indianischen Originalfeierlichkeiten begann erst im Januar
und da ein solches Fest stets die Veranlassung für den Festgeber
ist, sich besonders hervorzuthun, durch Geschenke sein Ansehen
und die Zahl seiner Freunde und Anhänger zu vermehren, so
achten alle Indianer eifersüchtig darauf, dass Niemand vor der
bestimmten Zeit mit den Wintertänzen den Anfang macht. Es
war also die oben mitgetheilte Weigerung des Häuptlings eigentlich vollberechtigt gewesen. So verging der Abend und ein Theil
der Nacht in jauchzendem Festjubel, und die Tanzgenossen erwiesen uns, nachdem sie den ausbedungenen Tabak erhalten hatten,
die Ehre, uns bei Beleuchtung von Pechholz-Fackeln zur Schaluppe zu begleiten und in vollem Frieden für die Nacht von uns
zu scheiden.

Am anderen Morgen verwandelte sich unser Schiff in einen
Verkaufsladen. Von allen Seiten strömten die Einwohner von
Mamelellika herbei und brachten mir, was sie zu verkaufen hatten.

Aber dieses gute Einvernehmen dauerte nicht lange, denn die Indianer begannen, zuerst einige Kleinigkeiten und hernach werthvolle Gegenstände zu stehlen und wurden zuletzt so dreist, dass sie mir Alles vor meinen Augen wegnahmen. Leider befanden sich unter den geraubten Gegenständen auch zwei jener wundervoll geschnitzten hölzernen Todtenköpfe, die zum Schmuck einer Hametzen-Maske gedient hatten. Es wurde mir nur zu bald klar, dass die Wilden, welche sich ihrer grossen Übermacht wohl bewusst waren, die Absicht hatten, unser Schiff und uns selbst auszuplündern. Natürlich wurde ich darüber sehr böse, und da wir alle gut bewaffnet waren, so forderte ich mit dem Revolver in der Hand die gestohlenen Sachen zurück. Die Weiber und Kinder der Indianer fingen an zu schreien, sprangen in ihre Canoes und entflohen. Die Männer sprangen gleichfalls

Zwei Hametzen-Tanzmasken. (1. Rabe und 2. See-Ungeheuer.)

in die Fahrzeuge und ruderten unter Schreien und Toben dem nahegelegenen Ufer zu, indem sie laut drohten, dass sie mit allen Streitkräften wiederkehren würden. Nunmehr wurde aber mein Dolmetscher Georg Hundt ängstlich und lichtete den Anker, worauf er unter Segel ging. Das kleine Rencontre hatte weiter keine Folgen. Die Indianer tobten zwar gewaltig, aber sie waren jetzt machtlos und liessen uns ungehindert passiren.

Am nächsten Morgen landeten wir bei den Queka-Indianern. Dieser Name bedeutet: „Kopfabschneider", eine Bezeichnung, die sich jene Leute ehrlich verdient haben, weil sie früher die Gewohnheit hatten, alle nördlicher wohnenden Indianer, welche in ihren Canoes nach Victoria fuhren, in dem schmalen Meeresarm bei der Beaver Bay zu überfallen, und ihnen Leben und Eigenthum zu rauben. Diese Indianer, welche die grössten Piraten von British-Columbien sind, bewohnen das Dorf Klawitsches. Bei unserer Ankunft wurde daselbst ein grosses Fest gefeiert, an dem wir uns betheiligten. Eine Frau war im Begriff, ihres Vaters und ihrer Mutter Eigenthum als Erbtheil zu übernehmen. Es herrscht bei den meisten Küstenstämmen der Indianer die Sitte, dass nach dem Tode der Eltern die Söhne in absteigender Linie zuerst erben; sind solche nicht vorhanden, alsdann die Töchter, falls aber überhaupt keine Kinder der Verstorbenen existiren, so wird von dem ganzen Stamm einer der nächsten Verwandten als gesetzmässiger Erbe gewählt. Der Betreffende ist dann jedoch verpflichtet, ein öffentliches Fest zu geben und einen Theil der ererbten Gegenstände zu verschenken. Von diesem Augenblicke an darf Niemand mehr den Namen des Verstorbenen nennen, weil, wie sie sagen, der überlebende Erbe dadurch nur eine traurige Erinnerung haben würde. Wir erhielten gerade in diesem Dorfe einen Beweis der Heuchelei, die in der letztgenannten Bemerkung liegt. Die Indianer lassen ihre erkrankten oder sterbenden Verwandten durchaus Noth leiden und kümmern sich nicht im Geringsten um dieselben. Ich sah in Klawitsches während des Festes abseits in einer Ecke einen alten sterbenden Greis liegen, dessen wimmernde Klagen von Niemand gehört wurden und der buchstäblich verhungern und verdursten musste. So geht es dort allen Kranken, die von den Medizinmännern aufgegeben worden sind. Diese unwissenden Menschen, welche sich für grosse Zauberer halten, sind für die Gesundheit der Indianer überhaupt von verderblicherem Einfluss als alle Krankheiten. Man muss ihre rohen Manipulationen mit angesehen haben, wenn sie die Körper der Kranken schinden und peinigen oder auf dem Magen von Weibern und Mädchen knien, um keimendes Leben zu ersticken!

Das Fest in Klawitsches wurde ausschliesslich unter der Betheiligung von Männern gefeiert; die wenigen Frauen, welche anwesend waren, bedienten die Gäste. Die Männer sassen in einem grossen Kreise rings um das Feuer und hielten viele und lange Reden. Die oft gerühmte Fertigkeit der Indianer, in Versammlungen zu sprechen, trat hier voll und ganz zu Tage. Stolz aufgerichtet, in kühner Haltung, die wollene Decke so über die Schulter gelegt und mit einer Metallnadel festgesteckt, dass der rechte Arm frei bleibt, die Stimme bald laut und weithin vernehmbar erhebend, bald leiser herab dämpfend, klug und geschickt die Worte auswählend und mit lebhafter Gestikulation unterstützend, so eht der Indianer bei solchen Versammlungen da und redet de Kreis der Stammesgenossen an. Bei Betheuerungen, besonders feierlicher Natur wird auch der rechte Arm benutzt. um eine eideskr tige Versicherung

1. Kriegskeule aus Stein mit Holzgriff. 2. Steinhammer zum Einrammen v. Pfählen beim Fischfang.

1. Ein Steinhammer zum Holzspalten. 2. Ein Schädelbrecher aus Stein.

abzugeben, aber der Indianer hebt nicht den Finger wie zum Schwur in die Höhe, sondern er ergreift ein Stückchen Holz und wirft es zur Bekräftigung seiner Worte auf die Erde.

Nach Beendigung der Reden wurde ein Festessen bereitet, indem zwei fette Seehunde in der grossen hölzernen Trommel gekocht wurden. Es herrscht dort der eigenthümliche Gebrauch, die grosse Tanztrommel, möge sie nun aus einer gewöhnlichen viereckigen Kiste, oder aus einem geschnitzten hohlen Thierkörper bestehen, bei feierlichen Gelegenheiten als Kochtopf zu benutzen. Die Trommel wurde also zuerst mit Wasser gefüllt und alsdann glühendheisse Steine hineingeworfen bis das Wasser kochte. Hierauf legte man das Seehundsfleisch hinein und es dauerte gar nicht lange bis dasselbe gar gekocht war. Vor jedem Festtheilnehmer lag als Untersatz oder Teller eine kleine Matte, auf welche die Portionen hingelegt wurden. Der Antheil eines Jeden war so gross, dass sich daran eine ganze

Familie hätte sättigen können. Letzteres schien auch der Zweck der Gabe zu sein, denn später, nach Beendigung des Festmahles nahm Jeder den Rest seiner Mahlzeit sorglich in die Hände und ging damit nach Hause. Als Servietten wurden vor jeden Gast lange Stränge von Cederbast hingelegt, woran er sich nach dem Essen Mund und Hände sorgfältig abwischte. Alsdann wurde als Tafelgetränk ein mit klarem Wasser gefüllter Eimer hereingebracht, aus welchem Jeder trank. Gewöhnlich besteht die Hauptnahrung bei den Indianern aus getrocknetem Fisch, meistens Lachs, der in Oel getaucht wird; auch wird getrockneter Heilbutt und Codfisch in Menge verzehrt.

Es war noch früh am Tage, als ich mit dem Erbschafts-Essen und mit den wenigen Einkäufen, welche hier gemacht werden konnten, fertig war, weshalb ich unter Führung eines Indianers, den mir der Häuptling empfohlen hatte, noch ein wenig auf die Jagd ging. Wir paddelten einen schmalen Fjord hinauf und fuhren am Ende desselben einen kleinen Fluss eine Strecke stromaufwärts. Unterwegs wurden mehrere Enten erbeutet, während wir im Flussdelta eine Familie von fünf Waschbären überraschten, die über unser plötzliches Erscheinen so erschrocken waren, dass sie nicht zu entfliehen vermochten. Ich ergriff eines der Thiere lebendig, worauf es der Indianer ins Canoe trug und dort festband; die unglücklichen anderen Familienmitglieder aber fielen dem grausamen Jagdeifer als Beute. Im frischen Schnee fanden sich auch Spuren vom schwarzen Bär und Wapiti-Hirsch; es war jedoch schon zu spät, dieselben zu verfolgen.

Unsere Erkundigungen betreffs der in Knights Inlet wohnenden Indianer hatten leider ein schlechtes Resultat gehabt. Wir erfuhren, dass sämmtliche Fjordbewohner in dieser Jahreszeit weit landeinwärts auf Jagd und Fischerei gezogen waren, dass also die Möglichkeit, ihnen jetzt etwas abzukaufen, abgeschnitten war. Somit mussten wir uns entschliessen, wieder nach Fort Rupert auf Vancouver zurückzukehren, welchen Ort wir glücklich nach nur siebentägiger Abwesenheit wieder erreichten. Wir hatten einen vollen Tag damit zu thun, die gekauften Gegenstände zu ordnen und die von Georg Hundt, der der gründlichste Kenner aller dieser Sachen ist, gegebenen Erklärungen aufzuschreiben. In Fort Rupert selbst machte ich diesmal nur wenig Einkäufe.

Am 18. October beschloss ich, eine etwas anstrengende Fusstour quer durch den Urwald der nördlichen Halbinsel von Vancouver zu unternehmen und bei dieser Gelegenheit die nächstgelegenen Orte der Westküste, Koskimo und Quatsino zu besuchen. Ich engagirte wieder einen Halbblutindianer als Führer und Dolmetscher und brach mit ihm am nächsten Morgen auf. Die Strecke, welche wir zurückzulegen hatten, war etwa 20 englische Meilen lang. Es führt durch den Urwald eine Art „Fussweg", wenigstens wird er von den Indianern so genannt. Mir war, trotz mancher Erfahrung in verschiedenen Welttheilen ein solcher Weg noch gänzlich unbekannt; jedenfalls war es der schlechteste, den mein Fuss jemals betreten hat. Es ging theils quer über grosse Bäume hinweg, wahre Urwaldriesen, welche so dick waren, dass ein erwachsener Mann nicht darüber wegsehen konnte, und in welche die Indianer, um sie zu überschreiten, von beiden Seiten Stufen eingehauen hatten; theils musste man solche Bäume auf der ganzen Länge ihres Stammes entlangschreiten, wobei man jeden Augenblick in Gefahr gerieth, von der glatten, durch langdauernden Regen äusserst schlüpfrig gewordenen Rinde seitwärts hinab zu stürzen, theils wieder musste man an einigen Stellen unter einem Baume hindurchschlüpfen, wo er in gigantischer Krümmung sich hoch über den Erdboden erhob. Die Bäume des Urwaldes dienten auch als Brücken über kleine Bäche und Klüfte, sie spannten sich mitunter durch die Luft von Hügel zu Hügel als einziges Verbindungsglied dieser Punkte. Die Passage war für mich, der ich Schuhe trug, schwieriger, als für den Indianer, der sich mit seinen unbekleideten Füssen und den beweglichen Zehen viel besser anklammern und festhalten konnte. Ich stürmte indessen, da die Richtung des Weges gegeben war, in gewohnter Eile vorwärts, um möglichst schnell das Ziel zu erreichen. Je tiefer wir in den Wald hineinkamen, um so dichter wurde das Unterholz und um so mächtiger wurden die Cederbäume; mitunter schien es, als ob es gänzlich unmöglich sei, durch dieses Meer von rings aufsteigenden grünen Wogen, in denen man zu ersticken drohte, oder über die man hinwegschritt, hindurchzukämpfen. Die Zweige und das Dornengestrüpp schlugen mir ununterbrochen ins Gesicht und der stark durchweichte Boden war an vielen Stellen

so sumpfig, dass ich oft bis über die Mitte des Leibes durch
Schlamm watete. Ungefähr auf der Hälfte des Weges schien die
Wasserscheide der Halbinsel erreicht zu sein. Sie wurde durch
ein ausgedehntes Sumpfterrain gebildet. Die Bäume standen hier
weniger dicht und waren bedeutend kleiner. Beim Ueberschreiten
des Sumpfes war es nöthig, wie ein Seiltänzer über eine endlose
Reihe langer dünner Bäume zu gehen, wobei ich mein Gewehr als
Balancirstange gebrauchte. Mitten im Sumpfe brach plötzlich, wie
ich längst befürchtet hatte, der dünne verfaulte Baumstamm, auf
dem ich mich gerade befand und ich fuhr in den schlammigen
Grund bis über den Kopf hinein. Es war kein kleiner Kampf, sich
dieser Umhüllung zu entziehen, denn die Flüssigkeit, in der ich
steckte, war zum Schwimmen viel zu dick, dagegen, um darauf
zu stehen oder auch nur hindurchzuwaten, viel zu dünn. Hierzu
kam noch, dass ich beim Hinabstürzen in den Sumpf mein Gewehr
hatte fallen lassen. Da mein indianischer Führer sich etwa eine
englische Meile hinter mir befand, so war von ihm vorläufig wenig
Hilfe zu erwarten. Ich arbeitete mich vorwärts und erreichte bald
den nächsten Baumstumpf, auf den es, wenn auch mit nicht geringer
Mühe, mir gelang hinaufzukommen. Nachdem ich ihn zunächst als
terra firma unter meinen Füssen hatte, fischte ich mit einem gabelförmigen Zweige mein Gewehr wieder heraus und setzte die Fusstour über die dünnen Bäume fort bis an das Ende des Sumpfes,
wo ich wartete, bis mein Indianer ankam. Es war ein Glück für
mich, dass ich auf dieser Tour kein Papiergeld bei mir hatte, da
es sicherlich verdorben wäre. Erst gegen Abend gelangten wir nach
dem tief ins Land einschneidenden Fjord, an welchem unser nächster
Bestimmungsort liegt.

Da ein nicht unbedeutender Frost eintrat und ich noch vollständig durchnässt und fast steif vor Kälte war, so war es mir
nicht unlieb, unterwegs an einem kleinen, in den Fjord sich ergiessenden Flusse eine beim Lachsfang beschäftigte Indianerfamilie
anzutreffen, welche uns sehr freundlich aufnahm und uns in ihrer
provisorischen, aus wenigen Brettern bestehenden Zelthütte ein
warmes Feuer zum Trocknen meiner Sachen, ein gutes Abendbrod
und ein nothdürftiges Nachtlager anbot. Ich fror die ganze Nacht

hindurch jämmerlich, da ich nur eine einzige wollene Decke besass, um mich zuzudecken und alle meine Sachen, selbst das
Hemd, am Feuer trockneten. Am anderen Morgen miethete ich
ein kleines Canoe und fuhr nach Koskimo. Bevor wir aber dorthin kamen, trafen wir unterwegs eine alte Indianer-Grabstätte.
Da mein Führer ein Halbblut war und schon mehrere Jahre
unter den Weissen gelebt hatte, so machte ich ihm den Vorschlag,
dass wir die Grabstätte besuchen sollten, um, wenn möglich, einen
Schädel für die Wissenschaft zu retten. Mein Gefährte war damit einverstanden, weniger aus Gründen des anatomischen Rassen-
studiums, als weil ich ihm für sein Schweigen und seine Hilfe
eine klingende Belohnung versprach. Die Schädel hatten für mich
aus dem Grunde einen besonderen Werth, weil sie künstlich deformirt sind. Die Indianer von Nooette, Koskimo und Quatsino
pressen die Köpfe ihrer kleinen Kinder, besonders der Mädchen,
durch eine eigenthümliche Art von Binde so fest zusammen, dass
die Schädel allmählich die Form von Zuckerhüten annehmen.
Der Druck der Kopfpresse wird oft so sehr verstärkt, dass den
armen Säuglingen das Blut aus der Nase tritt. Es gelang uns,
der Grabstätte zwei solcher Langköpfe, einen männlichen und
einen weiblichen zu entnehmen. Ich verwahrte diese Funde in
einem Sack und hatte späterhin in Koskimo grosse Mühe, die
höchst neugierigen und zudringlichen Indianer, die mich selbst und
jedes Stück unseres Gepäckes aufs Genaueste untersuchten, davon
zurückzuhalten.

Wir kamen im genannten Orte Mittags an und wurden von
der gesammten Einwohnerschaft gut aufgenommen. Ich nahm
meine Wohnung bei dem alten Häuptling Negetze, der seinen
Namen nach einen grossen, gerade über dem Dorf befindlichen
Felsen erhalten hat. Negetze ist eine Art indianischer Weiser,
welcher über der Thür seines Hauses folgende merkwürdige Inschrift in einer Art Englisch angebracht hatte: „Negetze Chief
vont to be Frend of Wheit-Mand, thek in his Haus, he leik to
see you."

Nun, ich zog also in dieses Haus des Freundes vom weissen
Mann, der uns so liebt, und ich muss gestehen, dass Negetze,

und noch vielmehr sein Sohn und dessen Frau, die selber eine hohe Indianerwürde bekleidet, denn sie ist Oberhäuptling über Koskimo und Quatsino, uns ausserordentlich freundlich aufnahmen. Nachdem die nöthigen Einkäufe an ethnographischen Gegenständen gemacht worden waren, hörten wir Abends am Feuer im Häupt-

Der alte Oberhäuptling Negetze nebst Tochter, Oberhäuptlingin in Quatsino an der Westküste von Vancouver.

lingshause die Erzählung alter Kriegsgeschichten an, welche von meinem Führer wieder übersetzt wurden. Es ging aus diesen Mittheilungen hervor, dass die Koskimo-Indianer ein friedliches Volk sind, welche, wenn sie in Streitigkeiten geriethen, fast immer der angegriffene Theil waren. Ich sah jedoch aus einem Briefe, welchen Negetze mir zeigte, dass die Koskimo i. J. 1864 zwei Matrosen ermordet hatten; ich konnte aber nicht ausfindig machen,

ob Negetze selbst daran betheiligt war. Es ist neuerdings bei
den Indianern Mode geworden, dass sie sich von jedem weissen
Mann, für den sie eine Arbeit ausführen oder mit dem sie eine
Reise machen, eine schriftliche Bescheinigung geben lassen. Sobald
nun ein Reisender durch ein Dorf kommt, eilen die Besitzer solcher Papiere mit diesen ihren sorgfältig gehüteten Schätzen herbei
und präsentiren dieselben zur Durchsicht. In diesen Briefen
werden die armen Kerls aber oft genug als Spitzbuben, Diebe,
Idioten, als dumme Narren etc. geschildert, so dass man Mühe
hat, beim Lesen sein Lachen zu unterdrücken. Mitunter enthält
ein solches Schreiben, wie in diesem Falle auch historische Angaben. So wurde beispielsweise hier von dem Schreiber, einem
damaligen Indianeragenten angegeben, dass Negetze in jener Zeit
die Rolle eines Vermittlers in der fraglichen Angelegenheit gespielt habe, und dass die Mörder eine gewisse Zahl von wollenen
Decken als Strafe gezahlt haben.

Negetze's Schwiegertochter, die „Oberhäuptlingin" und mächtigste Person an der ganzen Nordwestspitze von Vancouver, nahm
mich unter ihren speciellen Schutz. Diese würdige Dame, welche
von den Spuren ihrer ehemaligen landesüblichen Jugendschönheit
nur noch einen zuckerhutartigen Schädel als einziges, die Stürme
der Zeit überdauerndes Merkmal aufzuweisen im Stande war, be-
thätigte diesen Schutz zunächst dadurch, dass sie mir ein vortreffliches Bett für die Nacht zubereitete. Dies that sie einfach dadurch, dass sie mir ihre eigene Lagerstatt anwies, die sie noch
mit vielen Extradecken sorglich ausstattete. Ich muss gestehen,
dass der Contrast gegen das kalte Bad am Tage vorher kaum
stärker sein konnte. Der junge Negetze, der Mann dieser berühmten Frau, gab mir den Rath, am anderen Tage nach Quatsino, welches einige Meilen mehr nach Westen an einem anderen
Fjord liegt, zu fahren, da ich daselbst möglicherweise einige der
sehr werthvollen und originellen, aus Cedernbast hergestellten
Decken würde kaufen können.

Natürlich befolgte ich diesen Rath, miethete ein grösseres
Canoe und nachdem meine hohe Gönnerin nebst ihrem Gatten,
dem jungen Negetze, sowie mein Dolmetscher und ich einge-

stiegen waren, segelten wir lustig los. Der Fjord ist bis zu seiner
Mündung in den Stillen Ocean an keiner Stelle breiter als 2 bis
3 Seemeilen und wird von ziemlich hohen Felsen eingeschlossen,
aus deren Spalten eine überaus üppige Vegetation emporspriesst.
Als wir nach der Mündung des Fjordes gelangt waren, trafen wir,
wie nicht anders zu erwarten war, einen starken Seegang an. Ich
paddelte so lange, bis mir meine Arme wehe thaten, um meine
zur Seekrankheit neigende Gesellschaft möglichst schnell aus der
wogenden See in den geschützten Fjord zu bringen. Bald ge-

Regenmantel aus Cedernbast mit Pelzsaum. West-Vancouver.

langten wir an den Eingang des kleineren Fjords, wo die Sommer-
niederlassung der Bewohner von Quatsino liegt. Zu meinem nicht
geringen Verdrusse war Niemand anwesend, da die Indianer
sämmtlich 5—6 Seemeilen weiter nach dem Ende der Bucht in
das „Winterdorf" gezogen waren. Wohl oder übel musste ich die
Arbeit mit den Paddeln wieder aufnehmen und so kamen wir endlich in sehr später Nachtstunde an, nachdem wir an demselben Tage
die respectable Anzahl von etwa 35 englische Meilen zurückgelegt
hatten. Jung-Negetzes Frau, die sich hier in ihrer Hauptresi-
denz befand, machte mit vollem Verständniss für die Situation
die Honneurs ihres Herrscherhauses dadurch, dass sie sich sofort
an den Kochtopf stellte und uns ein äusserst wohlschmeckendes
Gericht von Fischen und Kartoffeln bereitete.

Die Situation war eigenthümlich genug. Trotz der späten Nachtstunde fand sich die kupferfarbige Bevölkerung in dem Hause ihres weiblichen Oberhäuptlings ein und brachten, da sie von meinem Vorhaben Kenntniss erhalten hatten, alles Verkaufbare mit. Die wahrhaft paradiesischen Zustände der Bewohner der Westküste traten mir schon hier in Quatsino entgegen. Die guten Leute, namentlich die älteren Weiber und Männer schienen trotz der rauhen und stürmischen Herbstwitterung das Tragen von Kleidungsstücken als einen vollständigen Luxus anzusehen, welcher höchstens etwa bei Tanzfesten gestattet war; sie hockten deshalb gänzlich ungeniert ringsum das Feuer; etwas weniger natürlich zeigte sich die jüngere Welt, besonders die junge Weiblichkeit.

Die Gruppen der Anwesenden boten einen geradezu frappirenden Anblick dar, in Folge der wunderlichen Deformation ihrer Schädel.

Die dort herrschende, bereits erwähnte Sitte, den neugeborenen Kindern schon in der Wiege den Schädel mit Hilfe einer steifen Binde so stark zusammenzupressen, dass mitunter sogar das Blut aus Auge nnd Nase kommt, bringt, namentlich beim weiblichen Geschlecht so lange hohe und zugespitzte Köpfe hervor, dass man letztere nicht unpassend mit Zuckerhüten verglichen hat. Die guten Leute betrachteten mich auch ihrerseits als eine Art Wunderthier und erwiesen mir, besonders da ich unter dem Schutze ihrer mächtigen Herrscherin erschienen war, viel Freundlichkeit.

Das Handelsgeschäft ging glatt von Statten; ich kaufte eine Anzahl guter, seltener und origineller Gegenstände, darunter einige der so sehr geschätzten Decken aus Cedernbast, sowie eine der für noch werthvoller gehaltenen, aus der Wolle der Bergziege hergestellten Decken. Die ganze Einwohnerschaft von Quatsino betrug nicht mehr als 50 Köpfe; das Dorf besitzt nur sieben Häuser. Es machte auf mich einen auffallend angenehmen Eindruck, dass ich hier von der wahrhaft zudringlichen Bettelei, der man sonst in allen Indianerdörfern der Nordwestküste Amerikas ausgesetzt zu sein pflegt, befreit war.

Nach wenigen Stunden der Nachtruhe brachen wir am anderen Morgen auf und fuhren zurück nach Koskimo. Hatte mir schon

die Fahrt des vorhergegangenen Tages die Gefahren gezeigt, denen
ein kleines offenes Canoe hier an der Küste des stillen Oceans
selbst bei verhältnissmässig ruhigem Wetter in Folge des hohen
Seeganges ausgesetzt ist, so lernte ich heute die ungleich schlim-
meren Verhältnisse kennen, welche bei stürmischer Witterung daselbst herrschen. Nachdem wir uns gegen den Wind aus dem
Fjord von Quatsino hinausgepaddelt hatten, stellte sich uns ein
mächtig hoher, aus kolossalen Brechern bestehender Seegang entgegen. Die Indianer arbeiteten mit aller Macht, damit wir um
den Felsen herum und in den ˙etwas mehr geschützten Koskimo
Fjord gelangen konnten. Aber da es eine Eigenthümlichkeit der
Indianer ist, beim Paddeln im Boote zu knieen und dabei vorwärts zu schauen, so wurden meine Leute beim Anblick der uns
entgegenstürmenden Wogen furchtsam und wollten wieder umkehren. Da ich jedoch am Steuer sass, so zwang ich das Canoe,
den richtigen Cours zu halten, und so fuhren wir denn auch
bald glücklich an dem Vorgebirge vorüber. Am Abend langten
wir wieder in Koskimo an. Hier engagirte ich den jungen Negetze,
mit mir nach Fort Rupert zu gehen, da ich allein mit meinem
Führer nicht im Stande war, die vielen in beiden Dörfern gekauften Gegenstände durch den Urwald zu transportiren.

Wir gingen noch an demselben Abend nach jener Flussmündung, an der ich die erste Nacht nach der Abreise von Fort
Rupert zugebracht hatte. Die Hütte, welche schon damals fast
zu klein war um die dort fischenden Indianer und uns aufzu-
nehmen, musste jetzt als Nachtlager für zwei Personen mehr,
nämlich für den jungen Negetze und seine Frau, die uns bis
hierher das Geleit gab, ausreichen. Wir lagen buchstäblich
dicht aneinander gepresst, schliefen darum aber nach den vielen
Anstrengungen bald ein, bis uns das Heulen der Wölfe weckte,
die die ganze Nacht draussen herumstrichen. Diese Gegend ist
sehr fisch- und wildreich; der Besitzer der Hütte hatte am Tage
unserer Ankunft zwei schwarze Bären geschossen und ausserdem
hundert Silberlachse mit der Harpune erbeutet.

Am andern Morgen traten wir den Rückweg an. Ich hatte
etwa hundert Pfund Gepäck, mein Gewehr und den Proviantkessel

zu tragen, meine beiden Begleiter trugen jeder hundertfünfzig Pfund. Man kann sich denken, wie beschwerlich der Marsch durch den Urwald unter diesen Verhältnissen war. Unterwegs, bei dem sumpfartigen kleinen See trafen wir drei Indianer aus Fort Rupert an, welche uns erzählten, dass sie im Auftrage des bereits genannten Indianer-Agenten Blankenshop nach Koskimo gehen sollten, und daselbst Berichte über die Lage der dortigen Indianer zu sammeln. Nach Ueberwindung aller Schwierigkeiten und nachdem wir unzählige Male auf dem schlüpfrigen Terrain hingefallen waren, kamen wir gegen Abend in Fort Rupert an, wo mir der alte Blankenshop, der einer der genauesten Kenner indianischer Sitten und Gebräuche ist, viele werthvolle Auskünfte gab. Die nächsten Tage verbrachte ich damit, die gekauften Gegenstände mit den nöthigen Notizen zu versehen und sie für den weiten Transport nach Berlin sicher einzupacken, auch kaufte ich noch einige Gegenstände, die aber sehr theuer waren, weil die Indianer glauben, dass der Werth nur mit Gold aufgewogen werden könne. Um diese Zeit kehrte der erste Häuptling der Indianer von Fort Rupert von einer Seefahrt zurück und brachte die letzten Materialien zum Bau eines neuen Hauses mit, welches in den nächsten beiden Wochen fertig gestellt werden sollte. Es war für die Einweihung ein grosses Fest geplant worden, zu dem schon jetzt Einladungen an alle Indianerstämme bis hoch hinauf zum Königin Charlotte Archipel, und hinab in die Nähe von Victoria ergangen waren. Bei dieser Gelegenheit beabsichtigte der Oberhäuptling einen Beweis seines Ansehens und seines Reichthums dadurch zu geben, dass er 1600 Blankets zu Geschenken an die Gäste bestimmte. So leid es mir that, dass ich dieser gewiss orginellen Feierlichkeit nicht mehr beiwohnen konnte, so erfreut war ich, als am 31. October der Dampfer Prinzess Louise ankam und mich mit meinem vielen Gepäck nach Victoria brachte, wo wir am andern Tage anlangten.

V.

Ausstellung in Victoria. Dr. Powell. Absendung meiner Sammlungen nach Berlin. Die Zeit der Winterstürme. Mit Schooner „Thorenton" nach der Westküste. Sturm vor Barclay Sund. Eine fliegende Waschschüssel. Warrens Handelsstation in Eckult. Oheiaht. Der gute Pater Justus. Stationsvorsteher Loggen und Indianeragent Gilbert. Ansiedlung weisser Farmer. Sägemühlenetablissement in Alberni Kanal. Mr. Sproat. Die „Ahts"-Tribus. Umzug einer Dorfbevölkerung. Production von Leberthran. Seeschaht und Opettisaht. Eine alte schwertförmige Kriegskeule aus Walfischknochen. Tragikomisches Abenteuer. Abhärtung der Indianer. Barfuss im Schnee. Prozession mit Dampfwolken. Todte Fische. Im Urwalde verirrt. Rückfahrt durch Alberni-Kanal nach Barclay-Sund. Eckult. Weiterfahrt nach Jucklulaht. Klayoquaht. Endpunkt der Fahrt des Schooners. Frederik Thorenbeck. Der berüchtigte Häuptling Setta Canim. Ich engagire seinen Sohn und werde im Stich gelassen. Fahrt nach Tschilsomaht und Ahauset. Hesquiaht. Pater Brabant. Die Firma Spring & Frank. Eine alte knöcherne Kriegskeule. Frühere Unthaten der Bewohner. Weiterfahrt. Cap Estavan. Nootkasund. Esperanza Inlet. Ankunft in Kayokaht. Chawispa. Markaht. Ich hebe ein Indianerfest auf. Ein Kinderfest. Deep Inlet. Queka. Oales. Pater Nicolai. Grosse Einkäufe. Beginn der Rückreise. Bleiche Rothhäute. Hagelsturm und Nothhafen. Nutschatlitz am Eingang von Esperanza Inlet. Stürmische Tage. Meine Mannschaft entflieht. Verlassen. Zudringlichkeit der Einwohner. Fahrt durch die Fjorde von Esperanza Inlet und Nootkasund. Ehattesaht. Moaht. Cap Estavan. Schneesturm. Mangelndes Interesse der Indianer für das Berliner Museum. Ein Nothhafen. Reiskochen im hölzernen Kessel. Fahrt nach dem ersten Nothhafen. Eine zweite Gesellschaft vom Sturm Verschlagener. Ein Indianer tröstet mich. Wieder in Hesquiaht. Fahrt in den Fjord. Plötzlicher Sturm. Mein Indianer bezaubert die Wellen. Gemüthlicher Schiffbruch. Mein „Indianermuth". Schooner „Favorite".

In Victoria war gerade während meiner Anwesenheit eine kleine Ausstellung eröffnet worden, welche u. A. auch Indianersachen von den Haida, Tschimsian etc. enthielt. Der Aussteller der letzteren war Dr. Powell, welcher diese Gegenstände gesammelt und gekauft hatte. Es befand sich darunter vortreffliches Material, besonders einige sehr schöne, geschnitzte und bemalte Hauspfähle von jener Art, welche im Innern der Häuser die Dachbalken tragen, ferner einige geschnitzte Köpfe von Holz, einen Mann und ein Weib mit einem Lippenpflock darstellend; auch waren einige ethnographische Gegenstände aus Alaska vorgeführt. Mein Aufenthalt dauerte diesmal zehn Tage, während welcher Zeit ich die bereits stattlich angewachsene Sammlung der von mir für das Berliner Königliche Museum gekauften Sachen nach Europa expedirte. Nunmehr handelte es sich für mich darum, eine günstige Fahrgelegenheit nach der noch fast ganz unbekannten und von Reisenden in neuerer Zeit wenig besuchten Westküste von Vancouver zu finden. Es war dies in Anbetracht der jetzigen winterlichen Jahreszeit gar nicht leicht, denn die Zeit der Winterstürme war hereingebrochen, wovon die zahlreich einlaufenden Berichte über Unglücksfälle zur See den besten Beweis gaben. Da jedoch zwei Handelsfirmen in Victoria an verschiedenen Punkten der Westküste kleine Kaufmannsläden besassen und den Verkehr mit diesen, so gut es ging, aufrecht zu erhalten suchten, so fand sich auch bald eine Fahrgelegenheit für mich. Am 11. November reiste ich mit dem Schooner „Thorenton", Kapitain Billie, von der Firma Warren, ab, nachdem ich für 20 Dollar Proviant mit an Bord genommen hatte. Die Fahrt ging um die Südspitze von Vancouver herum, aber kaum hatten wir diesen Punkt passirt und waren im Begriff, in die Juan de Fuka-Strasse einzubiegen, als ein schwerer Weststurm uns zwang in Beecher Bai vor Anker zu gehen. Da ich keine Gelegenheit unbenutzt liess, um Einkäufe zu machen, so ging ich an Land. Die Bevölkerung besteht hier in diesem südlichsten Theile von Vancouver aus sogenannten Flatheads- (d. h. Flachkopf-) Indianern. Die Leute stehen hier schon zu sehr unter dem Einfluss der civilisatorischen Verhältnisse der nahegelegenen Hauptstadt Victoria, als dass sie ihre ursprünglichen Geräthschaften, Sitten und Gebräuche noch beibehalten hätten.

Am anderen Tage setzten wir die Fahrt durch die genannte Strasse fort und passirten im Laufe des Tages am Kap Flattery vorüber die Südwestküste von Vancouver, bis wir Abends acht Uhr den Feuerthurm vom Kap Beale am Eingang des grossen Barclay-Sundes erreichten. Es war inzwischen wieder so stürmisch geworden, dass wir uns nur mit äusserster Mühe mit dem Schooner halten konnten. Ausserdem brach die Nacht herein und es wurde bald so dunkel, dass fast nichts zu sehen war. Hierzu kam noch,

dass wir uns zwischen zahlreichen kleinen Inseln befanden, welche
den Eingang von Barclay-Sund beherrschen. Wir kreuzten zwischen
den Inseln herum, ohne indessen das Festland in Sicht zu bekommen. Der Orkan nahm dabei so sehr an Stärke zu, dass
plötzlich eine der heftigen Böen das Grosssegel zerriss. Die
ganze Besatzung des Schiffes bestand aus dem Kapitain, der am
Steuer stand, einem Matrosen und einem Maschinisten, ausserdem
waren ein Halbblut-Indianer und ich die einzigen Passagiere. Als
das Segel zerrissen war, trieben wir gerade auf eine Insel zu,
welche von verborgenen Klippen umgeben war, an denen sich die
See mit überaus grosser Gewalt brach. Es sah aus, als ob wir
in der nächsten Secunde umkommen müssten; der Sturm brüllte
so heftig, dass wir uns nicht einmal durch lautes Schreien unter
einander verständigen konnten. Das Fall zum Focksegel war ge-
platzt und der Matrose bemühte sich, eiligst ein neues Fall durch
die Blöcke zu scheeren. Während dem hatte ich beide Hintersegel
heruntergeholt und die zersplitterte Klaue wieder ausgebessert.
Gerade im letzten Moment, als wir ohne Segel und Steuerkraft
wehrlos gegen die Klippen geführt wurden, war der Matrose mit
seiner Arbeit fertig, das Segel wurde gesetzt, wir bekamen Gang
und der Kapitain steuerte auf gut Glück zwischen zwei von
hohen Brechern gekrönte Klippen. Dies war unsere Rettung, denn
wir gelangten hier auf die Leeseite einer Insel, wo wir Schutz
vor dem Winde hatten und Anker werfen konnten. Den ganzen
nächsten Tag über und auch die zweite Nacht hindurch tobte der
Orkan mit noch grösserer Heftigkeit; ich hätte es niemals für
möglich gehalten, dass eine solche Wuth der Elemente sich geltend machen könnte. Unser Schooner, welcher mit 20 Faden Kette
vor drei Ankern lag, wurde widerstandslos eine Strecke weit geschleppt. Der Sturm erlaubte sich eigenthümliche Scherze; Alles,
was nicht sehr fest angebunden war, riss er einfach in die Luft
empor; u. A. wirbelte er zum nicht geringen Erstaunen der Besatzung eine in einer Tonne befindliche Indianer-Waschschüssel
in die Höhe, so dass sie wie eine Feder davonflog.

Die Insel, in deren Schutz wir lagen, wird im Sommer von
den Bewohnern des Indianerdorfes Eckult bewohnt, während das

Winterdorf am östlichen Ende des Barclay-Sundes liegt. Da sich in Eckult eine Handelsstation der Firma Warren befindet, so war die Erreichung dieses Punktes unser nächstes Ziel, welches wir, sobald der Sturm ein wenig nachgelassen hatte, in vierstündiger Fahrt erreichten. Während der Kapitain hier die Angelegenheiten seiner Rhederei besorgte, engagirte ich zwei Indianer mit einem Canoe und fuhr nach dem etwas südlicher am Sund gelegenen Indianerdorfe Oheiaht. Es befindet sich dort eine katholische Missionsstation, der ein belgischer Priester, Pater Justus, vorstand. Ich muss gleich hier an dieser Stelle die ausserordentliche Unterstützung rühmend hervorheben, die mir von ihm und während des weiteren Verlaufes meiner Reise von allen seinen Glaubensgenossen, wo ich sie auch immer antraf, zu Theil wurde.

Nach einer freundlichen, persönlichen Aufnahme, die mir Pater Justus bereitete, ging er selbst mit mir in das Indianerdorf und half mir die geeignetsten Sachen aussuchen, wobei er die richtigen Erklärungen über Gebrauch und Verwendung der Gegenstände hinzufügte. Ich erwarb eine Menge Sachen und fuhr noch denselben Tag wieder zurück nach Eckult, weil ich eine günstige Fahrgelegenheit benutzen wollte, um mit dem Schooner nach dem sehr weit ins Land hinein sich erstreckenden Alberni-Kanal zu fahren. Da das Wetter am anderen Morgen sich zu ungünstig erwies, so blieb ich noch einen vollen Tag in Eckult, woselbst ich die Bekanntschaft des Stationsvorstehers Loggen und des zufällig dort anwesenden Indianer-Agenten Mr. Gilbert machte. Beide fassten den für mich hocherfreulichen Entschluss, diese Excursion, welche uns bis weit über die Mitte von Vancouver führen sollte, mitzumachen. Das Interessanteste war, dass sich gerade hier, am äussersten erreichbaren Ende der Wasserstrasse, die einzige Ansiedelung von Weissen, nämlich von vier Farmern, befand. Die Nähe dieses Punktes zur Ostküste von Vancouver ist so gross, dass es nur eines zweitägigen, wenn auch angestrengten Marsches durch den Urwald bedarf, um die letztere zu erreichen. In früherer Zeit hatte sich an der Stelle dieser Niederlassung eine grosse Sägemühle befunden, in welcher gegen 200 weisse Arbeiter mit dem Fällen des Holzes und anderen

Arbeiten beschäftigt waren. Nachdem diese Sägemühle abgebrannt
war, gerieth das Etablissement gänzlich in Verfall und wurde
nicht wieder aufgebaut. Hier war es, wo Mr. Sproat, der Leiter
dieser Mühle, vier Jahre seines Lebens zubrachte und eine Fülle
von Nachrichten und Erkundigungen über die dortigen Indianer
sammelte und dieses Material in seinem bekannten Werke: „Scenes
and Studies of Savage Live" niederlegte. Sproat fasste die
sämmtlichen Indianerstämme der Westküste von Vancouver, welche
zwischen der Gegend geradeüber Kap Flatery, also vom Ende der
Juan de Fuca-Strasse bis nördlich am Kap Cook wohnen, unter
der Bezeichnung die Athstribus zusammen. Die Ursache dieser
Benennung ist, wie es scheint, eine rein äusserliche, insofern, als
die Buchstabenendung „ath" in der Regel die Schlusssilbe der Dörfer-
namen bildet, welche zu diesen Indianern gehören. Die Bewohner
der Westküste von Vancouver bilden ein in sich abgeschlossenes,
ethnologisches Gebiet.

In der Nacht des 17. November gingen wir unter Dampf
den Alberni-Kanal hinauf, da der Wind sich etwas gelegt hatte.
Der Kanal ist an seinen breitesten Stellen kaum einige tausend
Schritt breit, an vielen Punkten hat er nur die Breite eines
Stromes, in Folge dessen er eine so reissende Strömung besitzt,
dass man mit Hilfe von Segeln allein nicht vorwärts zu kommen
vermag. Die Gewalt dieser Strömung wird noch dadurch ver-
mehrt, dass sich eine Anzahl schnell strömender Flüsse in ihn
ergiessen. Nachdem wir 20 englische Meilen weit in den Kanal
eingedrungen waren, bot sich uns ein interessanter Anblick dar,
indem wir etwa 20 beladenen und bemannten Canoes begegneten, welche, je zwei und zwei zusammengebunden, mit Brettern, Balken und allen übrigen Gegenständen des beweglichen
Eigenthums dahinfuhren. Es war wohl die Hälfte der Seeschaht-
Indianer, welche in landesüblicher Manier ihre Wohnungen wechselten, um sich ungefähr 16 englische Meilen weiter stromabwärts
während der Saison des Fanges der Katzenhaie niederzulassen.
Die Leber dieses Fisches wird auch hier, wie weiter nördlich im
Königin Charlotten-Archipel und an der ganzen Küste des Festlandes, zur Bereitung von Fischthran benutzt. Wegen der reichen

Gegenstände aus West-Vancouver. 1. Alte Kriegskeule aus Knochen. 2. Pfeil mit Knochenspitze. 3 u. 4. Knochenlanzen mit Holzgriff (früher in Canoe-Gefechten gebraucht). 5. Bogen für Jagd und Krieg.

Fischgründe der vielfach von Fjorden zerrissenen und tief eingeschnittenen Westküste von Vancouver produciren die Ahts-Indianer viel mehr von diesem Dogfischthran, als sie consumiren können, sie treiben deshalb mit den Nachbarstämmen und Händlern einen lebhaften Handel. Es war mir nicht sehr angenehm, dass wir die Seeschaht antrafen, da ich dadurch um die willkommene Gelegenheit kam, ihr Dorf zu besuchen und dort Einkäufe zu machen.

Wir näherten uns unserem Ziele wegen der starken Strömung nur langsam, so dass der Abend bereits hereingebrochen war, als wir in der Nähe der Brandstelle der ehemaligen Sägemühle vor Anker zu gehen, durch das seichte Wasser gezwungen wurden. Erst am anderen Morgen, als wieder Hochwasser herrschte, konnten wir die paar Meilen, die uns von unserem Endziel, der Niederlassung der Farmer, trennten, zurücklegen. Die Lage der vier Ansiedlungen befindet sich nahe der Mündung des Somaflusses; in unmittelbarster Nähe liegen die Indianerdörfer Seeschaht und Opettisaht. Unmittelbar nach unserer Landung machte ich diesen beiden Ortschaften einen Besuch, der aber leider aus dem oben angeführten Grunde keinen besonderen Erfolg hatte. Immerhin aber gelang es mir, u. A. einige werthvolle Blankets aus Cedernbast und eine sehr werthvolle, aus dem Knochen eines Wales gearbeitete, sehr alte Kriegskeule von schwertförmiger Gestalt zu erwerben. Diese Waffen sind heutzutage nicht im allgemeinen Gebrauch; sie ähneln sehr den Kriegskeulen der Maoris in Neuseeland. Ich fand auf der ganzen Westküste von Vancouver nur überhaupt drei Exemplare vor, welche ich sämmtlich kaufte.

Ein tragikomisches Abenteuer erlebte ich am zweiten Tage, als ich mit Herrn Loggen auf die Jagd ging. Das Delta ist belebt durch zahlreiche Schwärme von Gänsen und Enten, denen wir eifrig nachstellten. Im Eifer der Jagd wurde ich von meinem Gefährten getrennt und wanderte allein weiter. Wir hatten die Tour bei niedrigem Wasserstande begonnen und ich hatte keine Ahnung, bis wie weit das Hochwasser gewöhnlich hierselbst steigt. Der Weg, oder vielmehr das ganze Terrain war bald kniehoch mit Wasser überschwemmt, worauf ich nicht achtete, zumal ich hohe Gummistiefel zum Schutze gegen die Nässe trug. Doch das Wasser stieg höher und höher, bald reichte es mir bis an die Brust, wodurch ich verhindert wurde, die vielen kleinen Unebenheiten und Löcher, sowie die Wurzeln auf dem Erdboden zu sehen und zu vermeiden. Ich strauchelte deshalb mehr als ich ging und musste zuletzt fast schwimmen, was bei der unter dem Nullpunkt stehenden Frosttemperatur keineswegs zu den höheren Annehmlichkeiten zu rechnen war. Mit Mühe arbeitete ich mich, das Gewehr möglichst hoch in der Luft haltend, durch das überschwemmte Dickicht bis zum Flussufer durch, wo ich gegenüber dem einen Indianerdorf auf einen Baum kletterte und Signale machte, dass man mich abholen sollte. Während ein Canoe hinüber kam, schoss ich im Baum sitzend noch zwei Enten, die ich auch nachher auffischte.

Drüben im Dorfe, wohin das Wasser nicht dringen konnte, lag fusshoher Schnee, der während der Nacht gefallen war. Ich erhielt hier einen Beweis von der Abhärtung der Indianer: Alt und Jung lief mit blossen Füssen im Schnee herum; einer der Leute, welcher Holz geschleppt und sich dabei beschmutzt hatte, ging sogar gänzlich unbekleidet bis zur Brust ins Wasser, wusch sich dort ganz gemächlich, schritt dann heraus und hängte seine Decke um, aus welcher bald darauf durch die Verdunstung der Flüssigkeit sich eine Dampfwolke erhob. Wahrlich, wenn ein Volk auf Erden Kälte ertragen kann, so scheinen es diese Leute zu sein. Während ich meine Sachen trocknete, wurde ich von einem Indianer

aufgefordert, in ein anderes Haus zu kommen, um daselbst einige
ethnographische Gegenstände anzusehen. Ich dachte, das hier eine
Gelegenheit wäre, auch meine Abhärtung zu zeigen, und dass, wenn
die Indianer den ganzen Tag hindurch mit blossen Füssen im
Schnee herumliefen, ich es ihnen für diese kurze Strecke wohl nach-
machen könnte. Ich ging deshalb ohne Stiefel und Strümpfe durch
das Dorf, wobei ich indessen, um die Wahrheit zu gestehen, jämmerlich fror, mir aber nichts merken liess. Am Nachmittag dieses
Tages kam Mr. Loggen mit einem Indianer in das Dorf um mich
zu suchen, da er glaubte, dass mir ein Unglück passirt sei. Ich
ging mit ihm an Bord, zog trockene Kleider an, und ging wieder
auf Entenjagd, da das Delta inzwischen trocken geworden war.
Es waren sehr viele Enten da, an deren Jagd sich fast alle Indianer betheiligten.

Während der Nacht fiel wieder etwas Schnee. Dies hinderte
die Bewohner eines am Flussufer stehenden nahen Indianerhauses
nicht, am frühen Morgen gänzlich unbekleidet im Gänsemarsch
nach dem Flusse zu gehen, und Alt und Jung sich im Wasser
zu waschen. Dann hängten sie ihre Decken um, aus denen bald
dichte Dampfwolken aufstiegen, als die Procession wieder ins Haus
zurückkehrte.

Eine sonderbare Erscheinung bot das Flussbett dar. Das
Wasser war überall mit todten und verwesenden Fischen, den sogenannten Dog-Salmen angefüllt. Es wäre wünschenswerth, dass
Sachverständige dieses Vorkommniss erklärten; man sagte mir, dass
die Fische, welche um zu laichen den Alberni-Kanal hinauf-
gestiegen sind, und während ihres Aufenthaltes im süssen Wasser
wie alle Lachsarten nicht Nahrung zu sich nehmen, nach Beendigung des Laichgeschäfts nicht mehr in die See zurückkehren
und deshalb elend verhungern. Nach meiner Beobachtung waren es
nicht blos alte ausgewachsene Fische, die hier zu tausenden herum
lagen, sondern auch kleine und junge Exemplare.

Der Kapitain und ich waren von einem der Farmer, welcher
etwa eine englische Meile landeinwärts im Urwalde wohnte, eingeladen, den Abend bei ihm zuzubringen. Um den Weg etwas
abzukürzen, schlugen wir, trotzdem es schon dunkel war, eine

andere Richtung ein, wobei wir uns alsbald verirrten. Das Dickicht, welches wir auf ungetretenem Pfade durchkreuzten, wurde bald so stark, dass wir nicht die Hand vor Augen sehen konnten und unsere Vorwärtsbewegung sich schliesslich in eine Art Kriechen auf Händen und Füssen verwandelte. Die abgestorbenen Baumriesen, welche in allen möglichen Lagen das Terrain durchzogen, nöthigten uns, die schwierigsten Kletterparthieen auszuführen, wobei wir oft genug von dem schlüpfrigen Stamme hinabfielen und uns alsdann in einem Wasserpfuhle befanden; bald rannten wir gegen einen Stamm, bald schlug uns ein zurückschnellender Zweig ins Gesicht, kurz es war eine ganz verwickelte Geschichte. Dieses hinderte uns jedoch nicht im Geringsten, dem Humor der komischen Situation Rechnung zu tragen und oft genug laut aufzulachen. Um uns gruselig zu machen, erzählte Mr. Loggen, dass ein Jahr vorher ein Farmer gerade um dieselbe Zeit hier im Walde auf die Jagd gegangen sei und dass er trotz seiner Kenntniss der Gegend sich verirrt habe und niemals wieder zum Vorschein gekommen sei. Das Umhertappen in der rabenschwarzen Finsterniss brachte uns etwas auseinander; plötzlich schrie der Kapitain auf, dass er auf ein Thier, wahrscheinlich einen Wolf, gefallen sei. Es war indessen nicht so schlimm, denn bei näherer Untersuchung zeigte es sich, dass der angebliche Wolf nur ein verfaulter Baumstamm war. Endlich fanden wir durch Zufall einen Weg, der von Kühen getreten war; wir versuchten, ihm zu folgen, verloren ihn bei diesen Bestrebungen mehrere Male, fanden ihn jedoch eben so oft wieder. Endlich schimmerte von ferne durch den Wald als Hoffnungsstern ein Lichtschein, dem wir nachgehend zu unserem schon ungeduldig wartenden Gastgeber gelangten, der uns durch ein vortreffliches Abendessen für diese Irrfahrt reichlich entschädigte. Als wir Nachts nach Hause kehrten, hatten wir eine Strecke lang die Begleitung unseres Wirthes und da wir ausserdem sehr scharf auf den Weg achteten, so kamen wir gesund und wohlerhalten an Bord.

Unsere Rückkehr nach Barclay-Sund nahm einen vollen Tag in Anspruch, da wir wegen des herrschenden Gegenwindes dampfen mussten. Wir verbrachten die Nacht in Eckult und setzten am

Tage darauf die Fahrt fort. Wir erreichten an diesem Tage die in der Nähe von Barclay-Sund an der Westküste von Vancouver gelegene Handelsstation Jucklulaht, woselbst sich ein Verkaufsladen der Firma Spring & Frank in Victoria befindet. Der Schooner ankerte hier während der Nacht und fuhr am andern Morgen in nordwestlicher Richtung längs der Küste weiter. Etwa in der Mitte der Längsrichtung der Westküste befindet sich der Klayoquaht-Sund, vor dessen Einfahrt wir wegen starken Nebels bei einer kleinen Insel Halt machen mussten, gerade über dem Winteraufenthalt der Klayoquaht-Indianer. Hier befindet sich eine Handelsniederlassung der Firma Warren, welche von einem halben Landsmanne von mir, einem Dänen Namens Fredrik Thorenbeck, verwaltet wird. Hier war der Endpunkt der Fahrt des Schooners, so dass ich also genöthigt war, für die Fortsetzung der Reise Canoes und Indianer zu miethen. Wegen des sehr starken Nebels konnten wir bei unserer Ankunft nicht an Land gehen, dafür erhielten wir aber den Besuch einer Anzahl von Indianern, unter denen sich auch ein Sohn von Setta Canim, dem mächtigsten Indianerhäuptling und berühmtesten Kriegsführer der ganzen Westküste von Vancouver befand. Setta Canim hat, wie mir erzählt wurde, schon zahlreiche Menschen umgebracht, unter anderen auch einen weissen Händler; er ist der grösste Galgenvogel, den es auf der Insel geben kann. Dies erhöht natürlich seinen Rang und sein Ansehen ungemein, so dass jeder, der nach Klayoquaht kommt, mit ihm in Verbindung zu treten genöthigt ist. Auch ich musste mich dieser Einrichtung fügen und engagirte den jungen Setta Canim nebst drei anderen Indianern, mich in einem grossen Canoe nach Kayokaht zu fahren und auch mich wieder zurück zu bringen. Einstweilen brachte ich mein Gepäck von Bord in das Haus des Herrn Thorenbeck, woselbst ich Quartier nahm. Am anderen Tage wartete ich vergebens darauf, dass die von mir engagirten Indianer kommen sollten, diese Biedermänner hatten nur auf die Abfahrt des Schooners gewartet, um dann ganz nach ihrem Belieben mit mir zu verfahren. Nachdem der Schooner die Station verlassen hatte, nahm ich ein Canoe und uhr hinüber zu den Indianern, worauf sie mir mittheilten, dass

sie am anderen Tage die Fahrt antreten würden. Indessen auch
am anderen Tage erschien Niemand, dafür aber erhielt ich die
Nachricht, dass die Fahrt nur angetreten werden würde, wenn ich
mich dazu verstände, das Doppelte des ausbedungenen Lohnes zu
zahlen. Mein dänischer Wirth, der den Charakter dieser Indianer
nur zu genau kannte, wusste, dass es nach dieser Botschaft gänzlich überflüssig sein würde, den Indianern gegenüber auf Erfüllung
der ersten Abmachung zu beharren, da diese Leute sicherlich
überzeugt waren, dass ich lediglich auf ihre Gnade angewiesen sei.

Mein nächster Gedanke war nunmehr auf die Verbindung
mit den zuerst engagirten Leuten zu verzichten und wenn auch
nicht in ihrem Dorf, so doch in einem der Nachbarorte eine
andere Mannschaft zu heuern. Herr Thorenbeck war so freundlich, zu diesem Zwecke sich und sein ganzes Haus zu meiner
Verfügung zu stellen und so bestiegen wir denn, er nebst Frau,
Tochter, Schwägerin und ich sein Canoe und fuhren nach dem
vier Meilen nördlicher gelegenen Indianerdorfe Tschilsomaht. Aber
andere Leute waren eben so klug gewesen wie wir; die Klayoquahts hatten bereits vor uns ein Canoe nach Tschilsomaht geschickt mit der Ordre, dass man uns weder Mannschaft noch
ein Fahrzeug stellen solle. Somit war die schöne Spazierfahrt, die
wir uns geleistet hatten, resultatlos geblieben. Natürlich beruhigten wir uns hierbei durchaus nicht, sondern setzten unsere Fahrt
weiter fort nach dem nächsten Indianerdorfe Ahauset. Diesmal
aber fuhren wir nicht allein, sondern zugleich mit uns stiess ein
Indianer-Canoe von Tschilsomaht ab, dessen höhnisch grinsende
Insassen kräftig neben uns einher paddelten, indem sie mir zuriefen,
dass sie mir auch in Ahauset meine Pläne verderben würden.

In Ahauset traf ich den Schooner wieder, dessen Kapitain,
sowie der dortige Handelsverwalter, ein Däne, Herr Niels das
weisse Element erheblich gegenüber den Rothhäuten verstärkte.
Der Einfluss des letztgenannten Herrn brachte es denn auch zu
Wege, dass ich wenigstens für den Augenblick eine Mannschaft
miethen konnte, die am andern Tage mit mir aufzubrechen versprach. Aber am andern Tage fuhr der Dampfer und auf ihm
Herr Niels nach Victoria, ebenso kehrte Herr Thorenbeck mit

Familie nach seinem Laden zurück, so dass ich ganz allein auf mich und die etwaige Hilfe des mit den Verhältnissen unbekannten Ersatzmannes des Herrn Niels angewiesen war. Natürlich dachte keine einzige Rothhaut mehr daran, mit mir zu fahren, trotzdem alle Bedingungen am Tage vorher auf das Genaueste abgemacht worden waren. Erst nach sehr langem Parlamentiren gelang es mir, zwei Mann zu miethen, welche mich nach dem nahe gelegenen Indianerdorfe Hesquiaht bringen sollten, weil ich mit Hilfe des dort stationirten katholischen Missionärs einen grösseren Einfluss auf die Indianer ausüben zu können hoffte. Vorher machte ich noch in Ahauset einige Einkäufe, es waren jedoch wenig alte und werthvolle Sachen zu haben, da das Dorf erst seit kurzem wieder aufgebaut ist. Die verrätherischen Einwohner hatten im Jahre 1864 einen Fischereischooner in ihren Hafen hineingelockt, daselbst dessen Mannschaft überfallen und ermordet, worauf ein englisches Kriegsschiff abgesandt wurde, welches im Jahre 1864 das Dorf verbrannte.

Unsere Abfahrt nach Hesquiaht erfolgte Vormittags; um die Mittagszeit gelangten wir an eine Stelle, wo ein paar Indianerhäuser standen; hier vertauschte ich mein Canoe mit einem grösseren, da die inzwischen stattlich angeschwollene Menge der für das Museum gekauften Sachen dieses nothwendig machte. Die Wogen des Oceans gingen wieder wie gewöhnlich mächtig hoch, und mit günstigem Winde gelangten wir Abends nach Hesquiaht, wo ich von dem dortigen belgischen Missionär Pater Brabant auf das Freundlichste aufgenommen wurde und bei ihm Wohnung nahm. Es befindet sich an dieser Station gleichzeitig auch eine Geschäftsniederlassung der bereits schon mehrfach benannten Herren Spring & Frank, deren Verwalter ein geborener Hamburger war.

Die Reise nach Hesquiaht erwies sich als sehr erfolgreich für meine Zwecke, denn ich machte in dem Indianerdorfe viele und ausgezeichnete Einkäufe von Gegenständen der seltensten Art, darunter befanden sich zwei jener bereits früher genannten knöchernen · Kriegskeulen von schwertförmiger Gestalt, von welchen ich schon ein Exemplar im Alberni-Kanal gekauft hatte. Zahlreiche Gegenstände gehörten zu den Utensilien der Jagd und Fischerei, sowie zu den Hausgeräthen. Pater Brabant lebte hier in sehr angenehmen Verhältnissen, soweit es seine äusserliche Stellung betraf. Die Umgegend des Dorfes ist fruchtbar, so dass man in der Lage ist, 20 Kühe zu halten; diese Thiere kommen niemals in den Stall, ausser wenn sie Kälber haben, weil alsdann die jungen Thiere zu leicht den zahlreich herumstreichenden Wölfen zum Opfer fallen würden. Diese letztgenannten Raubthiere dringen sogar häufig Nachts in die Häuser ein und tödten die Hühner. Das Dorf Hesquiaht hat wie andere Dörfer jener Gegend sich in früherer Zeit gleichfalls an den Verbrechen gegen die Weissen betheiligt. Man erzählte mir, dass vor etwa 12—14 Jahren hierselbst ein Schiff Havarie erlitten habe, und dass die verrätherischen Wilden zuerst an der an die Küste getriebenen Frau des Kapitains scheussliche Frevelthaten verübten und hernach aus Furcht vor Bestrafung sie selbst, sowie den Kapitain und die gesammte Mannschaft tödteten. Man fand nachher die Leichen der Ermordeten ihrer Köpfe beraubt im Gebüsch nahe der Küste. Diesen Bericht erhielt ich von den Klayoquaht-Indianern, welche mir zugleich zwei noch heut lebende Individuen in Hesquiaht als die Hauptattentäter bezeichneten. Ich muss gestehen, dass der Anblick dieser Leute den Verdacht durchaus nicht Lügen strafte. Pater Brabant fasste die Sache in milderem Sinne auf, indem er mir als seine Ansicht mittheilte, dass die Schiffbrüchigen damals wohl durch den hohen Seegang beim Scheitern des Schiffes umgekommen sind. Die ganze Angelegenheit scheint überhaupt bis jetzt nicht recht aufgeklärt zu sein und ist wohl wenig Aussicht vorhanden, dass dieses noch geschehe. In Folge dieser Frevelthat war damals ein Kanonenboot nach Hesquiaht gesandt worden, welches fünf Indianer als Geisseln gefangen nahm und nach Victoria brachte, dort mit dem Tode bedroht, gaben sie als den Hauptfrevler einen in Hesquiaht lebenden Sclaven an; dieser wiederum bezeichnete, nachdem er gefangen genommen worden war, den Häuptling des Dorfes als den eigentlichen Anstifter der Frevelthat. Hierauf wurden beide, sowohl der Häuptling, wie der Sclave, hingerichtet. Die Indianer behaupten jetzt mit Bezug auf die beiden noch jetzt lebenden Attentäter, dass sowohl der Häuptling, wie sein Sclave wirklich unschuldig hingerichtet seien und dass sie sich, um ihr Dorf vor der Zerstörung zu retten, geopfert hätten, indem sie sich zur That bekannten.

Ich glaube, dass Pater Brabants überaus milder und menschenfreundlicher Charakter Veranlassung ist, dass er die Bewohner von Hesquiaht von der Schuld an dieser Frevelthat freisprechen will, sonst müsste er selber der erste sein, der von ihrer Schändlichkeit überzeugt ist, denn er selber trägt an seinem Körper die Spuren der unbändigen Mordgier der Hesquiaht-Indianer mit sich herum. Es sind erst drei Jahre verflossen, dass der damalige Häuptling von Hesquiaht einen meuchlerischen Ueberfall auf Pater Brabant ausführte und Letzterem zwei Ladungen Schrot in die Schulter und Arme schoss. Er that dies nicht etwa aus Feindschaft gegen den Priester, sondern weil er mit seinen Stammesgenossen in Uneinigkeit gerathen war und die ganze Einwohnerschaft ins Unglück stürzen wollte. Er kalkulirte nämlich so, dass, falls der Missionär stürbe, ein Kanonenboot erscheinen und ohne Gnade das Dorf zerstören würde. Aber der Priester starb nicht, sondern er wurde von den Einwohnern des Dorfes sorgsam gepflegt, bis ein Kanonenboot erschien und ihn nach Victoria brachte, woselbst er im Hospital soweit kurirt wurde, dass nur zwei Finger seiner rechten Hand steif blieben. Da das Motiv der That bekannt war und der verbrecherische Häuptling die Rache seiner Stammesgenossen mehr als alles Andere zu fürchten hatte, so war er gleich nach seiner Unthat ins Gebüsch entflohen, woselbst er wahrscheinlich verhungert ist, denn man fand später seine Leiche. Pater Brabant aber kehrte in sein Dorf zurück und widmete sich mit Eifer den Aufgaben seiner Mission, wobei er auch von Erfolg gekrönt wurde, indem sich mehrere Indianer taufen liessen. Das Dorf selbst blieb von jeder Strafe befreit.

Der herzgewinnende menschenfreundliche Charakter und der grosse Einfluss des Paters Brabant war auch mir für meine Pläne behilflich. Was aller Einfluss der weissen Händler und alle Bitten und Versprechungen nicht vermocht hatten, das gelang dem guten Pater, der für mich eine Mannschaft nach dem ersehnten Kayokaht miethete, wobei ich mich allerdings dazu verstehen musste, einen ziemlich hohen Preis zu zahlen. Hier muss ich freilich als Milderungsgrund für die Forderung der Leute hinzufügen, dass die Zeit, in welcher wir reisten, durchaus nicht die Reisesaison der Indianer ist und dass die durch die Eile meiner Fahrt gebotene Rücksichtslosigkeit auf meine und anderer Leute persönliche Bequemlichkeit es nothwendig machte, dass ich mitunter auch etwas waghalsige Touren ausführte, vor denen ich mich ohne die Flamme des Sammeleifers in meinem Busen unter anderen Umständen auch wohl gehütet haben würde.

Am Vormittag des 30. November reisten wir ab bei nördlichem Wind und hohem Seegang. Kaum aber hatten wir das wie einen mächtigen Haken nach Süden vorgeschobene Kap Estavan umfahren, als uns der Wind mit ausserordentlicher Heftigkeit entgegen wehte. Wir mussten deshalb die erste Tagereise schon hier beendigen und an einer Stelle ans Land gehen, wo einige verfallene Häuser, die im Sommer von Seehundsjägern bewohnt werden, standen. Um unsern Vorrath an Lebensmitteln zu vermehren, ging ich auf die Jagd und schoss einige Seevögel. Am Abend machte ich mir ein Bett aus einer Unterlage von dünnen Zweigen und gab einen Beweis höchst soliden Lebenswandels dadurch, dass ich schon um 8 Uhr schlafen ging.

Mit Kälte und hohem Seegang trat der Monat December am anderen Tage sein Regiment an. Meine Indianer begannen zu striken, indem sie vorgaben, dass es zum Reisen zu kalt sei und wir ausserdem Gegenwind hätten. Es kostete erst wieder eine Stunde Parlamentirens, bis sie sich dazu bereit erklärten, wenigstens einen Versuch zu machen. So erreichten wir, nachdem wir während der Fahrt uns tapfer hielten, gegen Abend ein Vorgebirge an der Nootka-Insel, Namens Bajo. Dort leben einige Familien aus Nootkasund, an welchem wir während des Tages vorbeigefahren waren. Ich besuchte die Häuser und machte einige Einkäufe, auch übernachteten wir bei den Leuten. Am anderen Tage wurde die Reise längs der Küste immer in der Richtung nach Nordwest fortgesetzt. Wir passirten Mittags Esperanza-Inlet ohne anzuhalten, fuhren bei günstigem Winde schnell weiter, erreichten Abends Kap Raget und bei Dunkelwerden das Ziel unserer Fahrt, das Indianerdorf Kayokaht.

Unter allen Küstenbewohnern herrscht die Sitte, dass die Mannschaft eines ankommenden Bootes mit lautem Geschrei von den Dorfinsassen empfangen wird und dass die Letzteren sämmtlich nach dem Ufer gelaufen kommen. Eine solche Aufnahme wurde auch uns zu Theil. Ich landete und nahm meine Wohnung bei dem dortigen Vorstand der Handelsniederlassung der Herren Spring & Frank in Victoria, einem Mr. Brawn, der mit einer weissen Frau verheirathet ist.

Kayokahtsund ist wie Barclaysund, Klayoquahtsund und Nootkasund einer jener Fjorddistrikte, die durch ihre langestreckten, schmalen Wasserstrassen, ihre schönen Ufer und ihren Reichthum an Fischen und Wild sich so recht als Populationscentren für eine in sich abgeschlossene Bevölkerung eignen. Die Einwohnerschaft solcher Distrikte pflegt häufig in Fragen wichtiger Art, wie Krieg und Frieden, Jagd und Fischerei, Feste und Feierlichkeiten, sowie Lebenserwerb gemeinschaftliche Sache zu machen. Die Bewohner von Kayokahtsund waren jetzt während des Winters nicht an der Seeküste zu finden, sondern wohnten weiter landeinwärts an den verschiedenen Fjordarmen.

Am anderen Morgen miethete ich ein Canoe und besuchte nach einander die Indianerdörfer Chawispa und Markaht, wo Einkäufe gemacht wurden. Im erstgenannten Dorfe wurde gerade ein grosses Fest gegeben und man tanzte eben in einem grossen Kreise rings um das Feuer, wobei die betheiligten Personen, etwa 30 Männer und Frauen mit schwarz bemalten Gesichtern und Federn auf dem Kopfe, herumsprangen. Mein Erscheinen brachte sichtbar eine grosse Verwirrung in das Fest, indem die wie ein Lauffeuer sich verbreitende Nachricht, dass ich ein Händler sei, die Leute veranlasste, nach Hause zu laufen und ihre zum Verkauf geeigneten Gegenstände herbeizuholen. Die Sucht nach Geld war so stark, dass schliesslich das ganze Fest für die Dauer meines Aufenthaltes aufgehoben wurde. Im zweiten Dorfe, Markaht, wiederholte sich beinahe dieselbe Scene. Auch hier wurde, und zwar in dem Hause des Häuptlings, während dessen Abwesenheit ein grosses Fest gefeiert, bei dem namentlich die Kinderwelt sehr stark in Action trat. Auch hier waren die Gesichter der tanzenden Kinder bemalt und auf den Köpfen Verzierungen von Federn angebracht. Es sah höchst possirlich aus, wie kleine Kinder von drei, vier bis sechs und acht Jahren in diesem Aufputz mit lustigem Springen herumtanzten, während grössere die hölzerne Trommel schlugen; ich hatte den Eindruck, als ob es sich hier geradezu um ein Kinderfest handle. Die Nacht brachten wir in Markaht zu. Am anderen Morgen wurde die Fahrt nach einem anderen Punkte des Sundes fortgesetzt und Deep Inlet mit den beiden Dörfern Queka und Oales besucht, Abends waren wir wieder in Kayokaht zurück, wo sich auf einer kleinen Insel, unter der Verwaltung des Paters Nicolai, eine Kirche und Schule, sowie die oben genannte Handelsniederlassung befinden. Der nächste Tag war einer kleinen, aber erfolgreichen Reise nach vier Wohnplätzen des nahegelegenen Festlandes gewidmet. Obgleich an jedem Punkte sich nur vier Häuser befanden, dauerte es doch bis Abends neun Uhr, ehe ich meine Einkäufe beendet hatte.

Es war nunmehr die Zeit herangekommen, wo ich wieder an die Rückkehr nach Victoria denken musste. Die Ortschaften waren besucht und alles für meine Zwecke Geeignete gekauft worden. Die Sammlung ethnographischer Gegenstände hatte bereits einen stattlichen Umfang angenommen und es war nothwendig, dass ich einen Tag dazu verwandte, um Alles einzupacken und zu bezeichnen. Alsdann machte ich mit Pater Nicolai's Hilfe mit vier Indianern einen Vertrag derart, dass sie mir ein grosses Canoe stellen und mich nebst meinem vielen Gepäck nach Victoria fahren sollten.

Die Rückreise begann am andern Morgen früh bei sehr hohem Seegang und strammer Brise. Meine Mannschaft fing bald an sich vor den Wellen zu fürchten, und als uns nun noch dazu unterwegs dicht vor Esperanza Inlet ein Hagelsturm mit heftigen Böen überfiel, wurden meine Rothhäute so bleich wie der Kalk und flehten mich auf das Inständigste an, dass ich einen Hafen aufsuchen möge. Da die Leute von ihrem Standpunkte aus Recht hatten, so willigte ich ein und es wurde nunmehr auf das Land zugesteuert, woselbst sich zwischen zwei Felsen, an denen das Wasser mit ungeheurer Kraft brandete, eine freie Stelle darbot,

nach deren Passiren wir in die Mündung eines kleinen, vom
Felsen herabkommenden Flusses einfuhren, die einen vortrefflichen
Hafen für das Canoe bildete. Während wir hier warteten, bis der
Hagelsturm vorüber war, harpunirten wir drei Lachse. Dann for-
derte ich meine Leute auf, wieder in See zu gehen, da der Wind
still geworden war, aber die See noch höher als vorher brandete.
Die guten Menschen wollten zuerst nicht recht gern in das nasse
Element hinein, aber nach einigem Zureden - bequemten sie sich
dazu. Es gelang uns kaum, wieder zwischen den umbrandeten
Felsen hindurchzukommen, aber als wir das hohe Wasser erreicht
hatten, wollten meine Indianer durchaus umkehren, da sie sagten,
dass es ganz unmöglich sei, Esperanza Inlet zu erreichen. Ich
bewies ihnen mit grosser Beredsamkeit, dass wir uns unmittelbar
vor Esperanza Inlet befanden und dass der Weg zurück nach
Kayokaht wohl zwanzigmal so weit entfernt sei. Einen grösseren
Effect als mit meinem Organ der Beredsamkeit erreichte ich mit
meinem Bootssteuer, welches ich ununterbrochen in der Richtung auf
Esperanza Inlet hielt und dabei mit aller Kraft mich am Paddeln
betheiligte. Nach fast unmenschlichen Anstrengungen gelangten
wir Abends sieben Uhr nach dem Indianerdorf Nutschatlitz, welches
am südlichen Eingang von Esperanza Inlet liegt. Hier befindet
sich eine Handelsniederlassung der Firma Spring & Frank, deren
Vertreter Herr Schmidt, ein Kanadier, mich freundlich aufnahm.
Schon während der Nacht bereiteten mich die heftigen Stösse
eines mit Regengüssen heraufkommenden Südsturmes darauf vor,
dass meine Indianer sich schwerlich zur Fortsetzung der Reise
geneigt zeigen würden. So kam es auch am anderen Morgen,
indem sie mir mittheilten, dass sie nach Hause zurückkehren
wollten. So berechtigt dieser Wunsch sein mochte, so wenig passte
er in meinen Plan, um so weniger, als ich die Ueberzeugung gewann, dass an der Weigerung meiner Leute auch die Bewohner
von Nutschatlitz Schuld hatten. Der immer heftiger werdende
Sturm aus Südost und die unaufhörlichen Regengüsse verhinderten
uns ausserdem an der Fortsetzung der Reise und stärkte die mir
feindlichen Elemente der Indianer. Umsonst versuchte ich meine
Ueberredungskunst in glänzendster Weise spielen zu lassen; diesmal

wurde ich nicht unterstützt dadurch, dass ich gleichzeitig am Steuer sass und die Leute in der Gewalt hatte. Gegen die einfache Logik der Thatsache, dass sie jetzt nur durch eine einzige Tagereise von ihrer Heimath getrennt seien, während die Stadt Victoria selbst unter günstigen Umständen kaum in acht Tagen zu erreichen gewesen wäre, war nicht anzukämpfen.

Um meine Sammlung vor den Unbilden der Witterung zu schützen, nahm ich sie aus dem Canoe heraus und verschloss sie im Hause des Herrn Schmidt. Die Indianer wurden immer dringender und verlangten von mir Zahlung für den zurückgelegten Theil der Fahrt. Hiergegen erhob ich natürlich energische Einsprache, indem ich darauf hinwies, dass sie ihren Vertrag nicht erfüllt hätten. Doch was ist bei einem Indianer dieses Schlages ein Vertrag? Sie schliessen einen solchen nur, um ihn zu brechen. Um allen weiteren Debatten aus dem Wege zu gehen, machte ich das Canoe, für welches ich den Miethsbetrag bis Victoria bereits bezahlt hatte, fest. So verging der Tag und es folgte ihm eine eben so stürmische Nacht. Während derselben aber hatten meine Leute ihr Canoe losgemacht und waren, was ich diesen Hasenfüssen niemals zugetraut hätte, mit demselben entflohen. Wie ich später erfuhr, hatten sie bei dem für sie günstigen Wind ihre Heimath bald glücklich erreicht.

So sass ich nun mitten im Winter, verlassen von Allen, auf einem der ödesten Punkte der sturmgepeitschten Küste des Stillen Oceans. Das unvermindert heftige Unwetter wüthete wiederum den ganzen Tag und hätte jede Fortsetzung meiner Reise verhindert, da ich gegen den Wind hätte fahren müssen. Doch ich hatte anderes zu thun, als meine Zeit mit unnützen Betrachtungen hinzuziehen; ich benutzte diesen Tag um in Nutschatlitz alles aufzukaufen was für meine Zwecke zu haben war.

Ich muss gestehen, dass ich an der Westküste nirgends so zudringliche und freche Bewohner angetroffen habe, als an diesem Orte. Die natürliche und erklärliche Aufregung, die sich bei jedem Besuch eines weissen Händlers in allen Indianerdörfern kundgiebt, veranlasste diese guten Leutchen hier zu Ovationen der seltsamsten Art, die sich bis zu Massenangriffen auf das Haus des Herrn

Schmidt, in welchem ich mich befand, steigerten. Den ganzen
nächsten Tag verbrachte ich in fruchtlosen Versuchen, eine neue
Mannschaft zu engagieren; die Unverschämtheit dieser Leute über-
stieg alle Grenzen. Ein wenig bescheidener wurden sie schliesslich,
als ich ihnen sagte, dass, wenn sie sich nicht beeilten, mich der in
einigen Tagen erscheinende Schooner an Bord nehmen würde, aber
nach Ansicht des Herrn Schmidt konnte dieser Schooner nicht vor
dem Monat Februar eintreffen.

Nach Regen folgt indessen auch auf Vancouver, wie überall
in der Welt, gewöhnlich Sonnenschein. So hatten wir auch am
fünften Tage, nach Beginn des Sturmes schönes Wetter und es
gelang mir, unter dem Eindrucke, den dasselbe machte, eine aus
vier Personen bestehende Mannschaft für die Tour nach Hesquiaht
zu engagieren, da die Leute sich nicht darauf verstehen wollten,
die ganze Tour nach Victoria auszuführen. Wir begannen unsere
Tour Vormittags und gingen nicht ausserhalb der Küste, sondern
landeinwärts durch die zusammenhängenden Fjorde von Esperanza
Inlet und Nootkasund um die Nootkainsel herum. Das erste Dorf,
welches wir unterwegs antrafen, war Ehattesaht am Espinoza-Arm.
Sehr gern wäre ich hier in diesem stillen verborgenen Winkel noch
rein erhaltenen Indianerthums an Land gegangen, aber ich fürchtete, dass meine Indianer dann wieder den Versuch machen würden,
den Contract zu brechen. Deshalb setzte ich die Fahrt fort und
kam in später Abendstunde nach dem Dorfe Moaht am hinteren
Eingange des Nootkasunds. Ich war sehr müde, denn ich hatte,
um einen Mann zu sparen, den ganzen Tag angestrengt gepaddelt.

Bei unserer Ankunft erhob sich wie gewöhnlich das laute
Bewillkommnungsschreien der Eingeborenen. Sie stürmten haufen-
weis ans Ufer, wobei einer dem andern das Wort: „Mammertla!
Mammertla!" d. h. „Ein Weisser! Ein Weisser!" zurief. Ich stieg
an Land, und verzehrte im Hause des Häuptlings mein Abendbrod, das ich mir selbst kochte, während sich gleichzeitig ein lebhafter Handel mit den Eingeborenen entwickelte. Die gesammte Ausbeute war indessen nicht bedeutend, namentlich fehlten die so werthvollen Gegenstände aus Stein und Knochen, woraus ich schliesse, dass
die Nootka-Indianer schon früher von Händlern besucht worden sind.

So lange wir uns im Nootkasunde befanden, war das Verhalten meiner Mannschaft ein gutes. Kaum aber hatten wir am andern Vormittag Moaht verlassen und am Ausgang des Nootkasunds die sogenannte „Freundliche Bucht" passirt und uns der gefährlichsten Stelle an der ganzen Küste, Kap Estavan genähert, als ein Sturm mit voller Heftigkeit hereinbrach, und das alte Leiden mit den Indianern wieder begann. Diesmal war es der Abwechselung wegen ein Schneesturm, der uns mit so dichten Schauern entgegen prasselte, dass an eine Segelführung überhaupt nicht zu denken war und wir kaum die Spitze unseres Canoes erblicken konnten. Wir mussten wieder einmal um unser Leben kämpfen, diesmal aber mit aller Anstrengung, deren wir fähig waren. Der Sturm machte die schönsten Anstalten, um uns gerade Wegs in die offene See hinaus zu treiben, wo wir natürlich verloren gewesen wären, ausserdem waren wir nicht einmal im Stande, selbst wenn wir gewollt hätten, nach der „Freundlichen Bucht" zurück zu kehren.

Andererseits aber konnten wir auch nicht um das gefährliche Kap herum gelangen, und so blieb denn nichts anderes übrig, als den Tag über sich den Schnee ins Gesicht peitschen zu lassen und mit einer der Sache würdigen Anstrengung gegen die hohen Wasserberge anzukämpfen. Es sah in der That schlimm genug aus; wir versuchten uns der Küste zu nähern, um vielleicht einen Landungsplatz zu erspähen, aber sowie wir dem Strande bis auf eine halbe englische Meile nahe gekommen waren, erhielten wir rings um unser Canoe so viele Brecher, dass meine Indianer ganz verzweifelt wurden und mir die heftigsten Vorwürfe machten, dass ich sie in diese Situation gebracht hatte. Die guten Leute hatten wieder einmal recht, denn sie besassen für das Berliner Museum wirklich nicht das mindeste Interesse, welches sie veranlasst haben könnte, in dieser Jahreszeit die so lebensgefährliche Fahrt zu unternehmen.

So lange der Mensch noch Vorwürfe machen kann, ist er noch nicht von der absoluten Hoffnungslosigkeit seiner Lage überzeugt, und da die Indianer sahen, dass ich selbst so angestrengt paddelte, dass ich kaum noch die Arme zu rühren vermochte, so folgten sie meinem Beispiel, und arbeiteten tüchtig darauf los.

Unsere ganzen Anstrengungen hatten den einzigen Effect, dass wir wenigstens nicht zurück getrieben wurden und uns im Grossen und Ganzen auf derselben Stelle zu halten vermochten. Gegen Abend, als es bereits dunkel geworden war, entdeckten wir seitwärts am Strande eine kleine Bucht, woselbst die See mit etwas geringerer Wuth brandete, und wo die Felsen und Klippen soweit vom Lande entfernt lagen, dass dadurch eine Art kleiner natürlicher Hafen gebildet wurde. Hierhin arbeiteten wir uns mit aller Gewalt durch und gelangten glücklich ans Land. Das Landungsmanöver ist in fast allen derartigen Fällen dasselbe. Wenn das Canoe sich dem Lande soweit genähert hat, dass es auf dem Kamm der nächsten Woge direkt auf den Strand geworfen würde, müssen alle Ruderer das Fahrzeug aufstoppen, und die nächsten Wellen, welche es sonst an dem Felsen zerschmettern würden, an sich vorüber stürmen lassen. Nach einer gewissen Anzahl hoher, dicht auf einander folgenden Brecher kommt gewöhnlich eine grosse Welle, hinter der eine kurze Strecke ruhiges Wasser herrscht. Diese Welle muss benutzt werden. Auf ihrem Kamm schiesst das Fahrzeug, durch die heftige Anstrengung aller Ruder getrieben, hoch hinauf aufs Land, aber noch ehe es den Grund berührt, springen schon alle Mann in die Brandung, ergreifen das Canoe und ziehen es noch weiter hinauf. Dieses Manöver muss ausgeführt werden während der wenigen Sekunden, die bis zum Branden der nächsten Woge verfliessen, so dass die Letztere das Boot nicht mehr in die See zurückreissen kann. Die Wellen, welche wir an diesem Tage mit unserem kleinen offenen Canoe zu überwinden hatten, schätze ich ungefähr 4—6 Faden hoch. Es gelang uns glücklich zu landen und alle unsere Sachen unversehrt auf den Strand zu tragen. Die Stelle, wo wir uns befanden, trug eine verfallene Hütte, welche zur Sommerzeit einigen Muschlaht-Indianern, die hier in der Nähe Kartoffeln bauen, zum Aufenthalte dient.

Mit grosser Freude nahmen wir von diesem Obdach Besitz, reparirten das Häuschen so gut es ging, machten ein Feuer an und waren dadurch wieder in den Besitz des Comforts gelangt, Nur eins fehlte uns, das Wasser, und die Indianer, welche barfuss im Schnee nach Wasser suchten, konnten keine Spur dieser edlen Flüssigkeit entdecken; ich war jedoch glücklicher und fand eine Quelle auf. Da wir keinen Kochkessel bei uns hatten, füllten wir einen hölzernen Eimer mit Wasser, warfen kleine heiss gemachte Steine hinein bis das Wasser brodelte und kochten uns Reis, der uns nach des Tages Last und Mühen gut schmeckte. Nachdem wir darnach unsere Sachen getrocknet hatten, schliefen wir die ganze Nacht sehr gut.

Am andern Morgen herrschte ein klein wenig besseres Wetter und ich beschloss den Versuch zu machen an diesem Tage diejenige Stelle wieder zu erreichen, an der ich schon einmal 14 Tage früher einen unfreiwilligen Nachtaufenthalt durchgemacht hatte, als ich mit der von Pater Brabant in Hesquiaht gemietheten Mannschaft nach Kayoquaht fuhr. Diese Stelle, in der Nähe von Kap Estavan gelegen, war in so fern günstiger, als man dort bei jeder Windrichtung gut vom Lande abkommen konnte, während wir an unserem gegenwärtigen Aufenthalte bei Westwind unmöglich hätten in See stechen können. Wir trugen deshalb unsere Sachen wieder in das Canoe und nach einigen Anstrengungen gelang es uns wieder durch die Brandung in die offene See zu kommen. Es herrschte immer noch ein heftiger Sturm, aber da die Strecke, welche zurückzulegen war, nur 2 englische Meilen betrug, so gelang es uns noch vor Abend den bezeichneten Nothhafen zu erreichen und glücklich zu landen. Unsere Freude war gross, als wir am Lande ein Canoe bemerkten, und eine zweite Gesellschaft Schiffsbrüchiger antrafen, bestehend aus 2 Männern, 2 Frauen und 2 Kindern, die schon seit 3 Tagen hierselbst des Sturmes wegen verweilten. Diese Leute hatten denselben Weg gemacht, den wir zuletzt zurücklegten, sie waren einige Tage vor mir in Moaht zum Besuch gewesen und wollten nun nach ihrem mir wohlbekannten Heimathsdorfe Hesquiaht zurückfahren.

Dieses war auch unser Ziel und so machten wir es uns als Leidensgenossen gegenseitig in dem verfallenen Hause so bequem wie möglich, und richteten uns auf einen mehrtägigen Aufenthalt ein. Den ganzen nächsten Tag verbrachten wir Männer auf der Jagd, schossen Enten und Möven, um den Proviant zu verstärken, während die Weiber die Mahlzeiten bereiteten. So ging es auch den nächsten und den darauf folgenden Tag, da wir wirklich ausser Stande waren, das nur 5 englische Meilen entfernte Hesquiaht zu erreichen. Die Indianer hatten es während dieser Zeit besser als ich insofern, als sie sich in ihrer Muttersprache unterhalten konnten, während ich zu gänzlichem Schweigen verurtheilt war und mich nur durch Zeichen und Geberden zu verständigen vermochte. Meine Isolirtheit nach dieser Richtung hin mochte wohl einen der Indianer, der wie viele seinesgleichen als Arbeiter sich schon an der Küste von British Columbien bewegt, und dabei wohl einige englische Worte aufgeschnappt hatte, rühren, denn er näherte sich mir eines Tages, als er mich wieder einsam am Strande sitzen und in die brüllende See hinausstarren sah, mit feierlicher Miene und rief mir in wahrem Grabeston drei Mal hintereinander im reinsten Pigeon-Englisch die Worte zu: „What is the Matter with you?" Diese durch die Indianeraussprache noch unverständlicher gewordenen Worte blieben mir vollkommen räthselhaft; ich glaubte deshalb aus der ernsten Miene des Indianers und seinem wunderlichen Benehmen schliessen zu dürfen, dass er vielleicht in einem Falle geistiger Aufregung etwas Feindseliges gegen mich beabsichtigte. Später jedoch hörte ich in Hesquiaht durch Pater Brabant, dass jener Indianer diese Worte in einer der Arbeitscolonien von Brittish Columbien als Redefloskel zwischen weissen Personen: „Was fehlt Ihnen?" öfter gehört und behalten hatte, sowie, dass er mir eine Extrafreude zu bereiten dachte, als er sich auf diese Weise im Nothhafen mit mir in meiner Muttersprache zu unterhalten bemühte. Unser Aufenthalt nahm am vierten Tage ein Ende, denn als der Sturm ein klein wenig nachliess, wagten wir uns wieder in die See und erreichten nach einer harten Paddeltour das fünf englische Meilen entfernte Hesquiaht, wo ich für die nächste Woche bei Pater Brabant Wohnung nahm.

Es dauerte volle sechs Tage, während welcher Zeit ich mich vergebens bemühte, eine Mannschaft zu bekommen. Die Leute waren sämmtlich in viel zu grosser Angst vor der stürmischen Witterung, und verlangten deshalb ganz exorbitante Preise, weshalb ich tiefer in den Fjord hineinzugehen beschloss, weil daselbst 10—12 Familien wohnten, von denen ich hoffte, eine Mannschaft erhalten zu können. Da das Wetter ein klein wenig besser geworden war, so nahm ich auf dieser Tour nur einen einzigen Indianer mit mir. Aber auch diesmal war alles vergebens, so dass ich schon am Nachmittag, als einziges Ergebniss meiner Reise zwei gekaufte Silberlachse mitbringend, wieder heimwärts fuhr.

Es wird im menschlichen Leben Jedem einmal ein Glück geboten, und so war denn auch für mich die Stunde gekommen, dass nach so vielen Unglückstagen ein freundlicherer Stern für mich aufging. Als wir uns mit aller Macht Hesquiaht zu nähern bestrebten, glaubte ich meinen Augen kaum trauen zu können, als ich weit in See die Umrisse eines sich nähernden grossen Fahrzeuges erkannte. Laut auf jubelte ich vor Freuden, denn es war kein Zwefiel, dass ein Schooner aus Victoria sich Hesquiaht näherte. Hierdurch war für mich die sonst kaum zu erhoffende Möglichkeit gekommen, dass ich nunmehr nach Victoria zurückkehren würde. Doch, als ob mir das Schicksal einen Streich spielen wollte, fast in demselben Augenblick, als ich den Schooner bemerkte, erhob sich ein Sturm, der plötzlich mit solcher Heftigkeit einlegte, dass unser Segel zerriss und das Boot sich halb mit Wasser füllte. Mein Indianer, der durchaus nicht solche Freude beim Anblick des Schooners hatte wie ich, gab sich mehr dem Ernst der Situation hin, und da ihm dieser höchst kritisch vorkam, so glaubte er, wie mir schien, seinen Göttern irgend eine Art Beschwörung oder etwas dem Aehnliches schuldig zu sein und er that dies auf folgende Weise. Jedesmal, wenn eine hohe Welle auf das Boot zurollte und ihn auf seinem Platz am Steuer zu verschlingen drohte, schüttelte er heftig das Haupt und spie auf Indianermanier — annähernd so, als wenn unsere Hausfrauen oder Tapezierer Gardinen einsprengen — in das Wasser, wobei er den lauten Ton „brr"! ausstiess. Da ich an dem Erfolg dieser Beschwörung zweifelte, so zog ich es vor, möglichst schnell das eingedrungene Wasser auszuschöpfen, sowie das zerrissene Segel zu repariren und wieder aufzuhissen. Eine Strecke lang ging nun

alles gut und schon glaubten wir, dass alle Gefahr vorüber sei,
als ein plötzlicher Windstoss aufs Neue das Segel ergriff, es
nochmals zerriss und die Fetzen in alle Winde führte. Der Wind
wehte mit heftigen Regenböen so stark, dass, obgleich wir Beide
hochbord sassen, das Canoe dennoch vielfach Wasser übernahm
und wir der Gefahr nahe waren, zu ertrinken. Wir versuchten die
Spitze gegen den Wind zu richten, aber dieses gelang nicht und
wir verloren jede Gewalt über unser Fahrzeug. Ich muss gestehen,
dass diese Erfahrung nicht dazu angethan war, meinen Glauben
an die Macht der Nationalgötter meines Gefährten zu erhöhen,
als ich es erleben musste, dass wir mit halbgefülltem Canoe als
armselige Schiffbrüchige unter dem Seitendruck des Windes machtlos etwa drei Meilen unterhalb Hesquiaht ans Ufer trieben und
mit donnerndem Gepolter von einem mächtigen Brecher seitlings
auf den dort glücklicherweise weichen sandigen Strand geworfen
wurden, wo das bis an den Rand mit der Salzfluth gefüllte Canoe
hilflos liegen blieb, und es erst einiger Taucherarbeit für mich
bedurfte, um mein Gewehr und die beiden Silberlachse wieder zu
erlangen. Die geretteten Gegenstände an den Busen drückend,
marschirte ich mit meinem trübselig blickenden Indianer, der sich
in diesem Augenblick vielleicht wieder erinnerte, dass er eigentlich
gar kein Heide, sondern sogar einer der glaubensfestesten aus der
Gemeinde des Paters Brabant war und allen seinen früheren
Götzen längst abgeschworen hatte, nach Hesquiaht zu, wo man
nicht wenig erstaunt war, uns ankommen zu sehen, weil man
glaubte, dass wir längst untergegangen seien, denn man hatte das
Verschwinden unseres Segels bemerkt. Mein Leidensgefährte hatte
die Güte, seinen Landsleuten eine grosse Rede zu halten, in der
er meinen, wie er es nannte, „Indianermuth" höchlichst pries.
Wichtiger war mir eine Unterhaltung mit Pater Brabant, in der
wir Beide lebhaft hin- und herriethen, was das wohl für ein
Schooner sein könne, der inzwischen an Hesquiaht vorbei nach
dem inneren Hafen gefahren war und dort ankerte. Am anderen
Morgen ging ich mit drei Mann wieder nach unserem gescheiterten
Canoe; wir schöpften das Wasser aus und strengten uns mit aller
Macht an, durch die hohe Brandung in das Fahrwasser zu

kommen und fuhren nach dem Schooner. Es stellte sich heraus, dass das Schiff der Schooner Favorite war, der der Firma Spring & Frank gehörte und von dem letztgenannten Kapitain Frank befehligt wurde. Es war dies dasselbe Fahrzeug, auf welches ich schon vor sechs Wochen in Victoria gewartet hatte, um mit ihm die Reise nach Vancouver zu machen. Kapitain Frank lebt gewöhnlich während des Winters in Jucklulaht am Barclay-Sund, wo er ein Haus besitzt, dem seine Frau, eine Halbblut-Indianerin, vorsteht. Er war zwei Tage nachdem ich Victoria verlassen hatte, in dieser Stadt angekommen und hatte inzwischen mit seinem Compagnon den Beschluss gefasst, eine neue Handelsstation auf der Nootkainsel zu errichten und zugleich nach den beiden anderen Stationen der Firma in Esperanza Inlet und Kayokaht Waaren zu befördern, die er von Victoria mitgebracht hatte. Hätte ich dieses vorher gewusst, so würde ich mir unendliche Mühe und Trübsal erspart und sehr viel weniger Geld ausgegeben haben. Es stand für mich keinen Augenblick in Frage, dass ich mir sofort einen Platz für die Reise des Schooners sicherte, denn wenn ich auch dadurch gezwungen wurde, noch einmal hinauf nach dem nördlichen Theil der Westküste zu gehen, so erreichte ich damit doch das Ziel meiner sehnsüchtigen Wünsche, die Hauptstadt Victoria.

VI.

Da der Wind noch immer heftig wehte, so sandte ich die drei Indianer mit dem Canoe allein zurück nach Hesquiaht und ging mit meiner wollenen Decke an Bord des Schooners „Favorit". Der gestrige Sturmtag war auch für dieses Fahrzeug ein wenig verhängnissvoll gewesen, indem dasselbe einen Anker mit 20 Faden Kette in Hesquiaht Inlet verloren hatte. Am andern Tage, als wir bei schönem Wetter nach der in der Nähe von Pater Brabants Wohnung belegenen Handelsniederlassung fuhren, hatten wir bei stillem Wetter das Glück den Anker nebst Kette wieder aufzufinden. Da der Verwalter der Station in Hesquiaht, der schon einmal erwähnte Hamburger Namens Charlie dazu designirt war, dem neuen Geschäft auf der Nootkainsel vorzustehen, so wurde er mit seiner beweglichen Habe an Bord geschafft, und sein Ersatzmann dafür ans Land gebracht. Zugleich musste auch mein sehr bedeutendes Gepäck, das bei Pater Brabant lagerte, aufs Schiff gebracht werden. Bevor letzteres geschah, machte ich noch einen letzten Versuch, um, wenn es ging, eine eigene Mannschaft zu erhalten, aber die Leute stellten ungeheuer grosse Forderungen, auf die ich unmöglich eingehen konnte. Der Grund hiervon ist der, dass die Indianer wegen der Witterung, überhaupt nicht in dieser Jahreszeit reisen, sowie dass sie zu dem im Frühjahr beginnenden Pelzrobbenfang sich in sehr ceremonieller Weise vorzubereiten pflegen.

Es ist vielleicht angebracht an dieser Stelle einige allgemeine Bemerkungen über den Pelzrobbenfang an der Westküste von Vancouver einzuschalten.

Schon seit sehr langer Zeit betreiben die Bewohner der West-küste vón Vancouver den Fang der pelztragenden Seethiere, namentlich der Pelzrobben und Seeottern. Die Jagd auf diese Thiere bildet einen so bedeutenden Theil der Gesammtthätigkeit dieser Leute, dass sich seit vielen Generationen gewisse kulturelle Gebräuche damit entwickelt haben. Fast ausschliesslich angewiesen auf das Meer und dessen Erzeugnisse, haben die Bewohner von West-Vancouver und auch weiter nördlich hinauf an der Küste des Festlandes diesen Haupterwerbszweig auf das Peinlichste geregelt und behandeln ihn sowohl wie die Fischerei bis ins kleinste Detail wie eine Art heiliger Ceremonie. Schon Kapitain Cook fand im vorigen Jahrhundert dieses Faktum bestätigt, und der grosse Kaufmann Meares nutzte es für seine Handelsbeziehungen aus. Heut zu Tage wird der Fang der marinen Pelzthiere von den Indianern der Westküste von Vancouver commerciell in ähnlicher Weise erledigt wie dieses an vielen Stellen unserer Erde geschieht; man lässt nämlich die Eingebornen in althergebrachter Weise jagen und fischen, während eine Anzahl Handelsleute mit ihren grösseren Fahrzeugen den Fang überwachen und die Beute an Ort und Stelle aufkaufen. Die beiden oben genannten Firmen Spring & Frank, sowie Warren in Victoria sind derartige Unternehmer, welche fast in jedem Indianerdorfe der Westküste einen kleinen Laden unterhalten, in dem die Eingeborenen für die Ergebnisse ihrer Fischerei und Jagd Gegenstände moderner Cultur, Lebensmittel, Decken, Gebrauchssachen für die Wirthschaft sowie baares Geld erhalten können. Mit ihren Schoonern, die mit einer kleinen Dampfmaschine versehen sind, unterhalten die genannten Firmen nicht nur einen fast ununterbrochenen Verkehr mit den Bewohnern der Westküste, sondern, was die Hauptsache ist, sie unterstützen diese Leute wesentlich bei der Seethierjagd.

Die Saison beginnt im Monat Februar und dauert bis zur Mitte des Sommers. Während dieser Zeit zieht fast die gesammte Bevölkerung aus ihren Winterdörfern, die sich meist tief landeinwärts am hinteren Ende der Fjorde und Meeresarme befinden, nach den Sommerdörfern, die auf den kleinen Inseln oder an der Küste liegen. Die Einrichtung der Sommerdörfer ist viel primitiver als die der Winterdörfer, weil in ihnen weder Festlichkeiten stattfinden noch auch sonst grössere Angelegenheiten berathen werden, sie vielmehr einzig dem Erwerbe dienen.

Monate lang vor Beginn der Saison unterziehen sich die Pelzrobbenjäger einer anstrengenden Vorbereitung. Täglich des Morgens reiben sie ihren Körper mit Sand und Steinen ab und sprechen dazu gewisse Gebete, welche die Bitte um günstigen Fang enthalten. Zu gleicher Zeit spielen ihre Medizinmänner und Medizinfrauen sowohl vor als bei der Eröffnung des Fanges eine nicht unbedeutende Rolle. Wie bedeutend diese zuweilen sein kann, geht beispielsweise daraus hervor, dass die Einwohner von Hesquiaht, welche früher sehr lebhaft den Walfischfang betrieben, letzteren gänzlich nur aus dem Grunde aufgegeben haben, weil sie glauben, dass die Medizin, welche ihnen von ihren Vorvätern überliefert worden ist, um günstige Erfolge im Walfange zu erzielen, nunmehr kraftlos und ausgenutzt ist. Die guten Leute sind auch nicht einmal in der Lage, dass sie sich eine neue Medizin verschaffen, denn eine solche besitzt nach ihrer Meinung nur der Donnervogel (Hotloksom) oder der Donner (Tootosch), und es hat sich bis jetzt noch Niemand gefunden, der die Medizin aus dieser Quelle holt.

Der Pelzrobbenfang geschieht gegenwärtig auf folgende Weise: Im Februar und März segeln verschiedene Dampfschooner aus Victoria sowie vom Kap Flattery nach den verschiedenen Dörfern und Häfen der Westküste, woselbst sich jeder mit etwa 30 bis 50 Indianern, die im Besitz von 15 bis 25 Canoes sind, liirt. Die Besatzung jedes Schooners beträgt nur drei bis vier Mann; hierzu nimmt jeder Schooner die oben genannte Anzahl von

Indianern sammt ihren Canoes an Bord. Bei günstigem Wetter wird ins offene Meer gesegelt, nicht selten bis auf Entfernungen von 200 engl. Meilen hinaus. Die Pelzrobben, welche gewöhnlich zu grossen Heerden vereint sind, pflegen bei stillem Wetter auf dem Meere schwimmend zu schlafen, es soll einen originellen Anblick gewähren, wenn sie dabei auf dem Rücken liegen und mit den Vorderflossen Gesicht und Augen zudecken. Leise, fast unhörbar nähert sich der Schooner, während die Wache vom Mastkorbe aus umherspäht und das Zeichen giebt, sobald die schlafende Heerde in Sicht kommt. Möglichst geräuschlos werden sodann die Canoes ins Wasser gelassen und mit je zwei bis drei Indianern bemannt. Die Ausrüstung zur Jagd besteht aus gabelförmigen, zehn bis zwölf Fuss langen, hölzernen Stangen, deren beide Gabelarme je eine Harpune, die theils aus Knochen, theils aus Eisen, theils aus einer geschliffenen Muschel besteht, tragen. An jeder dieser Harpunen ist eine lange starke, aus Cedernbast gedrehte Leine befestigt, deren anderes Ende mit dem Canoe verbunden ist. Sobald die Indianer im tiefsten Schweigen bis an die Heerde herangefahren sind und sich einem schlafenden Thiere bis auf 20 Schritte genähert haben, erhebt sich der am Vorderende des Canoes sitzende Indianer, ergreift die Doppelharpune und schleudert sie mit wohlgezieltem Wurf und grosser Sicherheit dem schlafenden Thiere in den Leib. Hierbei dringen beide Harpunen, oder auch nur eine von ihnen, durch das Fell in das Fleisch und stellen sich daselbst durch Widerhaken fest, während die hölzerne Gabel sich loslöst. Die getroffene Pelzrobbe ergreift in der Regel, auf das Heftigste erschrocken, die Flucht, wobei sie das Boot mit sich zieht. Abwechselnd untertauchend und wieder in die Höhe kommend, um Luft zu schöpfen, schwimmt sie mit Anstrengung aller Kräfte vorwärts, während der Indianer am Steuer sorgsam mit dem Paddel dieselbe Richtung des Canoes beibehält, und der Harpunierer den Augenblick erwartet, wo es ihm gelingt, das immer matter werdende Thier mit der Leine so nahe ans Boot heranzuziehen, dass er mit einem grossen und schweren Knittel der Robbe den Schädel einschlagen kann. Oft setzt sich das Thier, im äussersten Stadium der Verzweiflung, wenn es an das Boot herangezogen wird, oder auch schon vorher, sobald es getroffen ist, heftig zur Wehre und reisst mitunter mit seinem scharfen Gebiss grosse Stücke Holz aus der Bordkante des Canoes. Sobald die Pelzrobbe unter den heftigen Schlägen des Harpunierers ihr Leben ausgehaucht hat, wird sie mit grösster Anstrengung in das Canoe gezogen. Später an Bord des Schooners gebracht, wird dem Thiere das Fell abgezogen und letzteres gesalzen, um nach England transportirt zu werden. Das Fleisch der Pelzrobben wird sehr oft von den Indianern gegessen. Die als Pelzwerk sehr gesuchten Felle werden den Indianern mit fünf bis zwölf Dollar pro Stück bezahlt. Während alle Canoes eines Schooners die schlafende Heerde der Pelzthiere von verschiedenen Seiten angreifen und sich namentlich in der Verfolgung der Jagd oft weithin zerstreuen, hat der Schooner die Aufgabe, dem Gange der Ereignisse mit Aufmerksamkeit zu folgen, den einzelnen Canoes ihre Beute abzunehmen und bei heraufkommendem Sturm oder Nebel so schnell wie möglich alle kleinen Fahrzeuge mit ihrer Mannschaft wieder an Bord zu nehmen.

An der Nordwestküste von Vancouver werden in den Monaten November, December und Januar ohne Unterstützung durch Dampfschooner auch Seeottern gefangen. Diese Thiere kommen zu jeder Zeit nach den Klippen und kleinen Inseln, um dort Nahrung zu suchen, bei welcher Gelegenheit sie von den Indianern auf dem Lande durch Harpunen getödtet werden. Die Seeotterfelle sind bekanntlich sehr theuer und erhält der Jäger 30 bis 100 Dollar pro Stück. Im Vergleich zu früherer Zeit werden jedoch nicht mehr so viel Seeottern auf Vancouver gefangen.

Am Sonntag den 25. December lagen wir mit dem Schooner der Firma Spring & Frank im inneren Hafen von Hesquiaht, vor der Mündung des Flusses, der hier aus dem Innern der Insel hervorströmt. Das Weihnachtsfest war in meiner damaligen Lage für mich keineswegs ein grosses Freudenfest, da meine ursprüngliche Hoffnung um diese Zeit wieder bei einem meiner Landsleute, der in Victoria lebte, zurück zu sein und bei ihm die Feiertage zu verleben, vereitelt worden war. Statt dessen stand mir noch eine lange und beschwerliche Fahrt mit ziemlich

langem Aufenthalt bevor. Doch was half alles Klagen; es hiess
hier aus der Noth eine Tugend machen und sich den Verhältnissen anbequemen. Mit dem Schlusse des Festes hatte Kapitain
Frank die für Hesquiaht bestimmten Güter gelandet und sowohl
meine sämmtlichen Gepäckstücke, als auch eine von den Eingeborenen fabricirte grössere Quantität Fischthran an Bord genommen. Der Indianer, welcher mich zuerst nach Kayokaht gebracht hatte, kam mit seiner Frau und seinem Vater an Bord,
um einen Theil unserer Fahrt mitzumachen und Verwandte in
Muschlaht zu besuchen.

Am andern Morgen gingen wir mit starkem südöstlichen Wind
in See und segelten in schneller Fahrt nordwärts, die Westküste
hinauf. Bald genug erreichten wir die Nähe der „Freundlichen
Bucht" (Friendly Cove) und die Stelle, wo die Firma ihre neue
Handelsniederlassung zu begründen gedachte. Als wir uns dem
Ankerplatze näherten, flaute der Wind ab, und Kapitain Frank
beorderte ein Canoe mit vier Indianern, um uns zu bugsiren.
Kaum hatten diese Leute hiermit begonnen, als sich eine stramme
Brise plötzlich mit solcher Schnelligkeit erhob, dass der Schooner
direct auf das Canoe getrieben wurde und dasselbe unter seinen
Bug gerieth, während zugleich einer der Indianer im Canoe durch
den Anprall über Bord geschleudert wurde. Glücklicher Weise
kam das kleine Fahrzeug wieder frei vom Schooner, der Mann
wurde auch gerettet, und so erreichten wir um die Mittagszeit
die „Freundliche Bucht". Unmittelbar nach unserer Landung
wurde ein Canoe zu den beiden in Moaht wohnenden Häuptlingen,
bei deren einem ich während meiner neulichen Durchreise eine
Nacht zugebracht hatte, gesandt. Gegen Abend kamen die Leute
wieder zurück und zu gleicher Zeit auch die beiden Häuptlinge
von Moaht, mit denen sofort die Verhandlungen wegen des Ver-
kaufspreises des für die Handelsniederlassung benöthigten Terrains
begannen. Zu allseitiger Zufriedenheit wurde das Geschäft erledigt
und die Häuptlinge, sehr erfreut darüber, dass nun Moaht oder
Nootka auch eine Handelsniederlassung besässe, steckten den
Kaufpreis, der, wie ich glaube, 60 Dollars betrug, vergnügt ein.
Es ist ein sonderbarer Zufall, dass gerade dieser Punkt der Küste,

an welchem vor 100 Jahren zuerst ein weisser Mann, Kapitain Cook, geankert hatte, jetzt erst eine Niederlassung erhielt. Allerdings hatten nach Entdeckung von Vancouver die Spanier hier in dieser Gegend ein Fort gebaut und einen Handelsposten errichtet, nach einigen Jahren aber war letzterer aufgegeben und die Leute wieder abgeholt worden. In der Sprache der Indianer dieses Punktes der Küste haben sich seit jener Zeit einige spanische Worte erhalten; auch der Platz, auf dem damals die Spanier gewohnt hatten, trägt noch heute die Spuren einiger Cultur, indem dort wilde Mohrrüben und Kohlrabi wachsen. Erst kurz vor unserer Ankunft war hier ein Indianer gestorben, der in spanischer Sprache bis zehn zählen konnte; auch besitzen mehrere Einwohner, darunter besonders der zweite Häuptling, in ihren Gesichtszügen unverkennbare Spuren spanischer Abkunft. Der Ort, wo wir uns befanden, ist der Sommeraufenthalt der Bewohner von Moaht. Diese Leute wollen jetzt, wie die übrigen Küstenbewohner, sich auch am Pelzrobbenfang betheiligen, was sie bis dahin nur in geringem Maasse gethan hatten.

Da die Anlage der Station einige Zeit in Anspruch nahm, so hatte ich vortreffliche Gelegenheit, einige Ausflüge nach dem Innern des sehr weit verzweigten Nootkasundes anzustellen. Ich schloss mich deshalb dem bereits genannten Indianer an, der hier mit Frau und Vater unseren Schooner verliess, um nach dem etwa 20 englische Meilen entfernten Dorfe Muschlaht zu fahren. Es wehte von der offenen See her ein schwerer Wind in den Fjord hinein, als wir ein Canoe bestiegen und in fliegender Fahrt unsere Reise antraten. Die Wellen gingen sehr hoch und gefährdeten das Canoe in nicht geringem Maasse. Etwa auf der Mitte der Fahrt kam es zu einer kleinen Katastrophe, indem eine hohe Sturzsee sich in das Canoe ergoss und dasselbe mit Wasser anfüllte, so dass wir sämmtlich bis über die Brust im eiskalten Wasser sassen. Der alte Mann, welcher am Steuer sass, verlor die Courage und fing bitterlich zu weinen an. Ich selbst schöpfte mit meinem Hut so schnell wie möglich das Wasser aus und rief dem alten Indianer zu, er solle das Boot gerade vor dem Wind halten, weil uns alsdann die von hinten kommenden Wellen

keinen bedeutenden Schaden zufügen konnten. Aber der alte
Herr hatte alle Contenance verloren und steuerte gerade so, dass
uns der Wind und die Wellen von der Seite fassen konnten.
Natürlicherweise dauerte es nur wenige Secunden, und beim ersten
Windstoss neigte sich das Canoe seitwärts über und fing an, gerade
als ob wir noch nicht genug des Wassers gehabt hätten, zu sinken.
Bis dahin hatte ich die Segelschoot gehalten; nunmehr musste
ich sie springen lassen, worauf der sehr entschlossene junge Indianer
mit kräftigen Armen Mast und Segel hob und beide über Bord warf.
Hierdurch richtete sich das Canoe wieder bedeutend auf und ich
setzte die Arbeit des Wasserschöpfens mit ungeschwächten Kräften
so lange fort, bis das Canoe wieder flott war. Während dieser
ganzen Zeit sass das Indianerweib, obgleich ihr zuerst das Wasser
bis an den Hals ging, in musterhafter Ruhe und Ergebenheit still
da, ohne einen Laut der Furcht oder Klage hören zu lassen. Es
war ein Glück, dass sich während des Wasserschöpfens keine Welle
mehr über unser Canoe ergoss; wäre dies geschehen, so wären
wir sicherlich untergegangen. Wir kamen bald in schmaleres
Fahrwasser, woselbst alle Gefahr vorüber war. Es regnete den
ganzen Tag und aus Mitleid gab ich dem armen Weibe meinen
Regenmantel, bereute indessen nachher diese That aufrichtig, denn
der Weg war unendlich lang und der Regen strömte hernieder,
wie eine zweite Sintfluth. Ich kann nicht behaupten, dass der
Umstand den Regen weniger fühlbar für mich machte, dass ich
bereits von den Wellen total durchnässt worden war.

Endlich Abends, lange nach Dunkelwerden, kamen wir nach
Muschlaht, woselbst unsere kleine nasse Gesellschaft im Hause der
Verwandten des Indianers einkehrte und in landesüblicher Sitte
sich vor dem Feuer bald aller Kleidungsstücke entledigte, um dieselben zu trocknen. Natürlicher Weise blieb mir nichts anderes
übrig, als dieses gleichfalls zu thun und da auch meine einzige
mitgebrachte Schlafdecke total durchnässt war, so hätte ich gar
nichts zu meiner Bedeckung gehabt, wenn nicht meine Reise-
gefährtin in Anerkennung der ihr von mir geleisteten Dienste sich
revanchirt, und mir eine Decke geliehen hätte. So wenig dieses
auch war, es war immerhin etwas und verhinderte die übermüthige

junge Welt von Muschlaht, welche in paradiesischer Unbefangenheit meine weisse Haut befühlte und besichtigte, vor allzu gründlichen Untersuchungen.

Am andern Morgen machte ich die Runde im Dorfe, um in gewohnter Weise ethnographische Gegenstände für das Berliner Museum einzukaufen; es war aber hier, wie damals in Moaht, sehr wenig zu erhalten. Dieses Dorf ist von den Einwohnern der Nachbardörfer Klayoquaht und Moaht wiederholt erobert und ausgeplündert worden, obwohl die Einwohner von Muschlaht mehrere Jahre hindurch in einer Art Gefangenschaft gehalten wurden, insofern, als sie den Fjord, an dem sie wohnten, nicht verlassen durften und alle Handelsartikel der weissen Händler für theure Preise von den Indianern in Moaht kaufen mussten. Diejenigen von ihnen, welche den Versuch machten, den Fjord zu verlassen, wurden überfallen und gefangen genommen, worauf man sie als Sclaven nach Kap Flattery verkaufte.

Während der ersten Nacht, welche ich in Muschlaht zubrachte, befand sich das ganze Dorf in Unruhe wegen einer Affaire, die sich in dem Hause, in dem ich schlief, zutrug. Der Mann, bei welchem ich wohnte, hatte ein krankes Kind, welches er in die Behandlung einer indianischen Medizinfrau gegeben hatte.

Diese alte Hexe hatte das arme Wurm einer unmenschlichen Behandlung unterzogen. Während des ganzen Abends ertönte der schauerliche Medizingesang, wobei sie das Kind wie eine wilde Katze anblies und ihm gerade über der Herzgrube Blut aussog, indem sie wohl vermeinte, dass sie mit dem Blute zugleich die Krankheit aus dem Körper entfernte. Da ihre Kur wenig geholfen hatte und das kleine Wesen wie leblos dalag, so zahlte ihr der Hausherr das ärztliche Honorar aus, indem er zugleich auf die Fortsetzung der Kur verzichtete. Hierüber aufs äusserste ergrimmt und vielleicht noch mehr darüber in Wuth gesetzt, weil sie vernahm, dass bereits nach einem ihrer Hauptconcurrenten, einem Medizinmann in Moaht geschickt worden war, welcher die Kur fortsetzen sollte, fing die Alte an, grossen Lärm zu machen, indem sie von ihrem Schlafplatze hervorschrie, worauf ihr der Hausherr die Antwort nicht schuldig blieb. Dieser Lärm, an dem sich auch die übrigen Insassen des Hauses bald betheiligten, dauerte etwa bis 2 Uhr Morgens, bis ihm endlich einer der Indianer dadurch ein Ende zu machen suchte, dass er aufsprang und die Alte tüchtig durchprügelte. Nunmehr trat auch der würdige Ehegatte dieser Medizinfrau in Action, indem er, um das Gleichgewicht wiederherzustellen, das Weib desjenigen, der seine Frau geschlagen hatte, gleichfalls prügelte. Auf das Wehegeheul beider Weiber kamen noch mehrere Indianer von ihren Schlafplätzen hervor und bald wogte ein heftiger Wort- und Faustkampf rings um die Feuerstelle des Hauses. Der Lärm nahm bald solche Dimensionen an, dass die Sache für mich gefährlich schien und ich meinen geladenen Revolver und das Dolchmesser in die Hand nahm. Gerade als der Lärm am tollsten war, sprang ein junger Indianer auf, und goss mit einem Kübel Wasser das Feuer aus, so dass es stockfinster war. Das beendete den Streit, denn jeder zog sich jetzt wieder auf sein Lager zurück.

Am andern Morgen erschien der „berühmte" Medizinmann von Moaht. Er nahm die Krankheit in seiner Art energisch in Angriff und drückte, knetete und kniff das arme Kind während einer ganzen Stunde fast ununterbrochen, er saugte ihm verschiedene Male Blut aus dem Körper und schnitt dabei Fratzen aller Art. Während dieser Zeit hielt die Mutter, der man den Glauben an die wundersamen Künste des Medizinmannes ansah, das Kind auf den Knien und sang dabei ununterbrochen mit dumpf heulender Stimme eine Weise, in der man die Worte „Kjukwah" und „Claddai" unterschied. Es war dies, wie ich hörte, eine Bitte oder Aufforderung an den bösen Geist der Krankheit, sich aus dem Körper des Kindes zu entfernen. Während dieser ganzen Zeit wurde, um den Höllenlärm zu vermehren, auf eine grosse, mit einem Bärenfell bespannte Trommel geschlagen. Nachdem der Doktor seine Manipulationen beendet hatte, erhielt er vom Vater des Kindes drei Decken. Hierauf nahm die Mutter den kleinen Patienten wieder vor und setzte die Kur in der angefangenen Weise fort.

Es dürfte vielleicht angebracht sein, an dieser Stelle einige allgemeine Bemerkungen über die Medizinmänner auf Vancouver und an der Nordwestküste von Amerika anzureihen. Diese Leute behaupten, im Besitz übernatürlicher Kräfte zu sein. Im Allgemeinen glauben die Indianer daran, dass die Medizinmänner die Macht haben, Krankheiten zu heilen. Man unterscheidet, wie Sproat berichtet, zweierlei Arten von Medizinmänner, diejenigen zweiten Ranges, darunter auch Medizinfrauen, wie die oben angeführte, welche nur bei geringen Krankheiten berufen werden, und die Medizinmänner ersten Ranges, deren Hilfe man bei schwierigen Krankheitsfällen und schweren Gemüthserregungen beansprucht. Diese Medizinmänner unternehmen es oft, die Seele, welche einen Körper bereits verlassen hat, zu demselben wieder zurück zu bringen, die Seele umzutauschen, Träume zu deuten, Prophezeihungen auszulegen und besonders die Dämonen der Krankheiten aus den Körpern zu treiben. Selten bekleiden die Medizinmänner einen hohen Rang, sie besitzen aber eine bedeutende Macht und oft sehr weitgehenden Einfluss, der sich mit dem Vermögen, welches sie durch ihre Kuren erworben, vergrössert. Ich habe in Vancouver nicht bemerkt, dass die Medizinmänner daselbst eine eigene Sprache führen, wie man es bei anderen Wilden findet, die mitunter in Gegenwart aller eine Besprechung unter sich abhalten, ohne dass sie von Jemand verstanden werden. Eine gewisse Ausbildung zum Medizinmann findet jedenfalls statt, denn im Allgemeinen besteht jede Kur aus denselben Ceremonien, Bewegungen und Manipulationen. Jeder Doktor aber bildet seine Methode innerhalb dieses Rahmens subjectiv weiter aus und macht oft, um seinen Ruf als Zauberer und Beherrscher der Geister beizubehalten oder zu vermehren die absonderlichsten Anstrengungen. Je extravaganter die Medizinmänner bei ihren Kuren singen, heulen und gestikuliren, je mehr sie sich durch überraschende Taschenspiel-Kunststücke, die, wie wir später sehen werden, oft sehr plumper Art. sind, ein Ansehen zu verschaffen wissen, um so blinder ist das ˙Vertrauen auf ihre Macht. Es giebt übrigens nicht wenige Medizinmänner, welche den festen Glauben an ihre Macht besitzen und sich durch langes Fasten und Kasteien in einen überreizten Zustand zu versetzen pflegen, in welchem sie selber die treuesten Anhänger ihrer Methode sind. Die Medizinmänner sollen und wollen nicht blos leibliche, sondern auch Seelen-Aerzte sein. Die Sorgen und Bekümmernisse, welche der Indianer hat, wenn er einem Unternehmen gegenüber steht, dessen Ausgang vom Glück oder Zufall abhängig ist, vertraut er seinem Medizinmann an und Letzterer wird damit gebeten, Beschwörungen aufzusagen. So geht es beim Beginn der Fischerei, des Walfanges und der Jagd auf Pelzrobben, so geht es vor Antritt eines Krieges oder anderer grossen Unternehmen. Der Glaube an eine gute Gottheit, welche das günstige Geschick herbeiführen kann und die Furcht vor dem verderblichen Einfluss einer bösen dämonischen Macht sind beiderseits die Ursachen, dass die Indianer mit oder ohne Hilfe ihrer Medizinmänner viele abergläubische Gebräuche ausführen. Oft habe ich sie früh Morgens im Gebüsch angetroffen, wo sie laute Gebete zu dem guten oder bösen Geist emporsandten.

Am nächsten Morgen verliess ich Muschlath nach dieser eigenthümlichsten Sylvesternacht meines Lebens, und verbrachte den ersten Tag des Jahres 1882 damit, wieder an Bord des Schooners Favorit zu meinem Freunde Kapitain Frank zurückzukehren.

Die ersten Tage des neuen Jahres vergingen damit, dass die neue Handelsniederlassung errichtet wurde, während ich selbst meine Sammlung markirte und einpackte. Erst am 6. Januar waren wir so weit, dass wir den Nootkasund verlassen konnten und weiter nordwärts fuhren. Unser nächstes Ziel war wieder Esperanza Inlet, wo ich einen Monat früher gleichfalls verweilt hatte. Wir landeten an der Handelsniederlassung der Firma in Nutschatlitz. Ich miethete ein Canoe mit zwei Indianern, es waren zufällig dieselben, welche mich im December von hier nach Hesquiaht begleitet hatten, und fuhr mit ihnen tief in Esperanza Inlet hinein bis nach Ehattesaht.

Als wir dort in der Dunkelheit ankamen, fanden wir die Bewohner von Moaht zum Besuche anwesend, die sich an einem grossen Tanzfeste als geladene Gäste betheiligten, wodurch mir das seltene Vergnügen zu Theil wurde, wieder einmal einem Indianerfest ureigenster Art beizuwohnen. Die Tänze bei den Indianern der Westküste von Vancouver sind verschieden von den Tänzen der Indianer der Nord- und Ostküste; auch muss man einen

Unterschied zwischen Sommer- und Wintertänzen machen. Während ich im Herbst bei meinem ersten Besuch der Nord- und Ostküste von Vancouver und des Festlandes nur zwei bis vier Personen sich an den Tänzen betheiligen sah, tanzten hier an der Westküste in Ehattesaht stets zwanzig bis dreissig Personen auf einmal. Die Westküsten-Indianer sollen auch eine weit grössere Anzahl von Tänzen haben, als die Indianer der Nordküste; man erzählt, dass bei ihnen 53 verschiedene Tänze vorkämen. In Ehattesaht fungirte ein förmlicher Tanzmeister als Arrangeur der Aufführungen; es wurden sowohl Rundtänze als auch einzelne scenische Vorführungen gemacht.

Der Tanz- und Ceremonienmeister wies jedem einzelnen Tänzer seinen Platz an und gab für die einzelnen Tänze mit seiner Rassel das Zeichen für den Takt. Sämmtliche Tänzer waren aufs Festlichste geschmückt, die Männer im Gesicht schwarz und roth, die Weiber fast alle roth bemalt. Es wurden am Abend meiner diesmaligen Anwesenheit nur wenige Tänze mit Masken ausgeführt, unter den letzten aber wurde uns das sehenswerthe Schauspiel zu Theil, dass man den grossen Adler oder Feuervogel „Hotloxom", der den Donner „Tootosch" repräsentirt, vorführte. Der Kopf, der Schwanz und die beiden Flügel dieses Vogels bestanden aus Holz, der Körper, in welchem ein Indianer steckte, war mit Zeug bedeckt und das Ganze gewährte bei der matten Beleuchtung, die im Hause herrschte, einen täuschenden Anblick. Mit Vorführungen dieser Art wird immer das Gebiet der kulturellen Ceremonien berührt. Bemerkenswerth war ein anderer Tanz, welcher zugleich zeigte, wie wenig Vorbereitungen unter Umständen nöthig sind, um jene Indianer in Illusionen zu wiegen. Drei unbekleidete Indianer führten eine Gruppe vor, welche einen Wolf darstellte. Zu diesem Behufe hielt der Vorderste einen aus Holz geschnitzten, sehr gut angefertigten Wolfskopf in der Hand, während die beiden anderen sich mit einem Canoesegel bedeckt hatten, indem sie dabei ganz krumm gingen. Durch dieses Segel wurde der Leib des Wolfes dargestellt. Der dritte Mann, welcher mit unbedecktem halben Leibe sich am Ende des Segels befand, hielt in der Hand eine eiserne Handsäge, einen sogenannten Fuchsschwanz, die er hinten wie einen Schwanz an seinen Körper hielt und mit der er Bewegungen ausführte. Dieses Dreigespann von Indianern machte alle Bewegungen gleichzeitig, so dass ihre dunklen Beine wie diejenigen eines sechsbeinigen Thieres marschirten. Dieser Riesenwolf klappte seinen Rachen auf und zu und drang brüllend und heulend auf die Anwesenden ein, welche in erheuchelter Angst vor ihm fliehend durch das ganze Haus liefen.

Nach dieser Scene wurde ein anderer Tanz aufgeführt, welcher an die Greuel der kannibalischen Hametze im Norden und Osten von Vancouver erinnerte. Es wurde ein gänzlich unbekleideter Indianer, welcher einen Sclaven oder Kriegsgefangenen darstellte, rings um das Feuer geführt. Derjenige, welcher ihn leitete, hatte einen grossen Dolch in seiner Hand, mit dem er die Bewegungen ausführte, als wolle er jenem den Leib aufschlitzen. Der Sclave that sehr ängstlich und flehte um sein Leben, aber sein unerbittlicher Feind führte pantomimisch den verhängnissvollen Stoss aus und machte dann mit beiden zusammengehaltenen Händen die Bewegung als schöpfe er das aus dem Leibe seines unglücklichen Opfers hervorströmende Blut auf und tränke es in vollen Zügen. In dieser Aufführung heulten und tanzten

Frauen-Tanzmaske, einen Wolfskopf darstellend. West-Vancouver.

alle, die sich in dem Hause befanden. Nach Beendigung der Tänze machte ich den Ankauf verschiedener werthvoller Masken und Gegenstände, leider nicht zu billigen Preisen, da die Sachen hier für sehr werthvoll gehalten werden. Zu meinem Bedauern gelang es mir nicht die Utensilien des oben genannten Feuervogels zu erwerben.

Bei den Festen der West-Vancouverianer wird noch mehr auf Ceremonie gesehen, wie an der Nord- und Ostküste der Insel. Es werden zwar während des ganzen Jahres bei besonderen Gelegenheiten, z. B. beim Häuserbau, besondere Feste gefeiert; die eigentliche Festzeit dagegen dauert, wie schon erwähnt, vom November bis Ende Januar. Allgemeine Feste gewöhnlicher Art führen die Bezeichnung „Klooh-quahn-nah". Dieses Wort bedeutet nach einer mir von Herrn Georg Hundt in Fort Rupert gegebenen Erklärung soviel wie „plötzlich entstandener Reichthum", oder „Einer der plötzlich reich geworden ist". Die Eingeladenen werden beim Betreten des Hauses laut bei Namen genannt und einem jeden von ihnen sein bestimmter Platz angewiesen. Beim Eintritt in das Haus erhält jeder Gast ein Bündel weichen Cedern-bast, um daran die Füsse zu reinigen. Der Häuptling, sowie überhaupt die vornehmsten Gäste erscheinen zuletzt beim Feste. Nachdem alle Eingeladenen rings um das Feuer Platz genommen haben, wird das Essen gekocht. Dieses geschieht dadurch, dass man in eine grosse, mit Wasser gefüllte hölzerne Kiste heisse Steine hineinlegt, bis das Wasser ins Kochen geräth und alsdann die nöthigen Ingredienzen, namentlich das Fleisch hineinthut, wo-rauf dasselbe sehr schnell gar kocht. Es ist ganz dieselbe Mani-pulation wie ich sie schon früher bei den Quakultindianern be-schrieben habe. Vor Beginn der Mahlzeit wird vor jedem Gast eine kleine aus Baumrinde gefertigte Matte ausgebreitet. Der Gastgeber geht während des Essens herum und sieht zu, dass jeder Gast gut bedient wird, währenddem ist die Frau des Hauses mit einigen anderen Personen damit beschäftigt, den Gästen das Essen zuzutragen. Bei Tische wird nur wenig geredet, denn man hält das Sprechen während der Mahlzeit nicht für anständig. Ein jeder bekommt seine Portion auf die Matte hingelegt. Das Essen besteht gewöhnlich aus getrockneten Fischen oder Fleisch, oder frisch gekochten Fischen und Thran und wird in hübsch geschnitzten, mit vielerlei Figuren versehenen hölzernen Schaalen vorgesetzt. Frisch gekochte Fische isst man mit Hilfe eines hölzernen Löffels, die anderen Speisen werden vermittelst der Hand zum Munde geführt. Die Zähne dieser Indianer sind fast bis auf die Gaumen herab abgeschliffen; es rührt dies vielleicht von den stark mit Sand verunreinigten getrockneten Fischen her, welche das Haupt-nahrungsmittel der Bevölkerung bilden. Eine beliebte Speise bei Festlichkeiten ist der Speck der Walfische. Die Portionen, welche jeder Gast bekommt, sind gewöhnlich so gross, dass man nicht mehr als die Hälfte davon auf einmal verzehren kann, woher es kommt, dass Jeder die Ueberreste seiner Mahlzeit mit nach Hause nimmt. Nach der Mahlzeit erhält jeder Gast einen Streifen Cedern-bast, um die Finger und den Mund daran abzuwischen. Es er-folgen dann die üblichen Reden und Berathungen. Frauen werden selten zu den Festlichkeiten eingeladen; sie feiern aber unter sich ein besonderes Fest, zu welchem sie auch die Frauen der befreundeten Nachbarstämme einladen. Ausser den allgemeinen Festlichkeiten, bei denen es nicht so hoch hergeht, werden noch bei besonderen Gelegenheiten, wie schon erwähnt, Specialfeste gefeiert, bei denen sehr viel Geschenke vertheilt werden. Es geschieht dieses auf dieselbe Weise wie ich schon früher in Bezug auf das Festland berichtet habe.

Am andern Morgen kehrte ich von Ehattesaht nach Nutschatlitz zurück. Wir konnten indessen unsere Absicht, sofort unsere Reise mit dem Schooner nach Kayokaht fortzusetzen, nicht ausführen, sondern mussten des schlechten Wetters wegen an Ort und Stelle bleiben. An demselben Tage fand in Nutschatlitz abermals ein grosses Tanzfest statt, an dem wir theilnahmen, da wir Nachmittags von Bord gegangen und nach Nutschatlitz gekommen waren. Dieses Fest fand zu Ehren der Klayoquaht-Indianer statt, welche nebst den Bewohnern von Moaht, die ich am Abend vorher in Ehattesaht getroffen hatte, hierzu besonders eingeladen waren. An diesem Abend konnte ich besonders genau Acht geben auf das Fest, weil ich schon vor Beginn desselben erschienen war und nebst dem Kapitain gleichfalls eine Einladung erhalten hatte. Zur linken Seite des Eingangs war die ganze Längsseite des innern Hausraums mit den festlich geschmückten Klayoquaht-Indianern besetzt; ihnen gegenüber hatten auf der rechten Seite die ebenfalls festlich geschmückten Moaht-Indianer und diejenigen Bewohner von Nutschatlitz Platz genommen, welche sich nicht an dem Tanze betheiligten. Diese Korona der Zuschauer bestand aus etwa achtzig bis hundert Personen, einschliesslich der Weiber und Kinder. Da das Fest am Nachmittag begann, so brannte kein Feuer in der Mitte des Hauses, sondern der ganze innere Raum war schön sauber gefegt. Während die Versammlung im Hause vollzählig wurde, ordnete sich draussen unter dem Commando des Tanz- und Ceremonienmeisters der Zug der Tanzenden auf dem freien Platze vor der Thür. Die Tanzenden bestanden aus Männern und Weibern; die Männer fast sämmtlich schwarz bemalt, mit langen Federn in den Haaren, aber ohne Masken, die Weiber mit roth angestrichenen

Gesichtern, schwarze Decken über die Schultern tragend, das Haar über den Rücken aufgelöst herunterhängend, gleichfalls ohne Masken.

An der hinteren Querseite des inneren Raumes hatten sich die Sänger und Trommler postirt und führten ihren Gesang mit Trommelbegleitung in lebhaftem Tempo auf. Der Tanzmeister liess immer nur vier bis sechs Personen in das Haus eintreten. Diese kleine Schaar bewegte sich tanzend und sich drehend, sowie mit den Händen gestikulirend durch den Tanzraum und schloss einen Kreis, der einen kleinen Tanz aufführte. Als sie damit geendet, trat eine neue Schaar von vier bis sechs Personen ein und so fort, bis alle Tänzer im Hause versammelt waren. Hierauf wurden Reden gehalten und Decken, Gewehre, Canoes und Segel verschenkt, und alsdann wieder getanzt. Einer der sonderbarsten und überraschendsten Tänze, welche ich je gesehen habe, bestand darin, dass die ganze tanzende Gesellschaft, bestehend aus Männern, Frauen, Mädchen und jungen Männern sich mitten in einem grossen Rundtanz wiederholt auf ein gegebenes Zeichen in wildem Durcheinander auf die Erde warf, und dort eine chaotische wirre Masse bildete, in der man die einzelnen Personen unmöglich zu erkennen vermochte, da man nur hier und da einen Arm oder Fuss sich herausstrecken sah, der sich sofort zurückzog, um in der bewegten Masse zu verschwinden. Ich bemerkte hierbei zufällig, dass die Häuptlingstochter sich den Luxus erlaubte, eine kleine Decke in demselben Moment auf den Erdboden zu werfen, wo sie sich nach dem Kommando zu Boden stürzen musste. Eben so schnell sprangen dann alle wieder auf und tanzten weiter. Ich machte im Allgemeinen die Bemerkung, dass bei solchen Gelegenheiten, wie auch im gewönlichen Leben die Indianer die Gewohnheit haben, Fichtenharz zu kauen. Diese Sitte scheint über ganz Nordamerika verbreitet zu sein, da ich dieselbe auch bei den Eskimos von Labrador constatirte. Die Indianer beziehen dieses Harz auf dem Handelswege und bezahlen dasselbe oft sehr theuer.

Wir konnten wegen der nothwendigen Reisevorbereitungen das Ende des Festes nicht abwarten, da dasselbe erst gegen Mitternacht eintrat. Gegen Abend gingen wir an Bord und setzten am andern Morgen um 5 Uhr die Segel.

Ein günstiger Wind führte uns nach Kayokaht, welches wir schon am Nachmittag erreichten.

Wer begreift das Erstaunen der Einwohner von Kayokaht, als sie mich, den sie längst in Victoria oder auf dem Grunde des Meeres glaubten, plötzlich zurück kommen sahen. Kapitain Frank begann sofort, nachdem wir Anker geworfen hatten, die für die dortige Handelsstation bestimmten Güter auszuladen, während ein schwerer Sturm mit Schnee aus Süd und West heraufkam.

Am nächsten Tage erhielten wir einen Beweis, wie gefährlich die Bewohner dieser Gegend für den weissen Mann sind. Der Missionär Pater Nicolai, welcher in dem benachbarten Indianerdorfe Tschuklesaht einen Besuch gemacht hatte, kam von dort zurück und erzählte, dass die dortigen Indianer, welche zu den wildesten Bewohnern von West-Vancouver gehören, ihn mit Aexten und Messern bedroht hätten. Er war der schreienden und tobenden Menge, die sich mit Wuthgeheul auf ihn stürzte, um ihn zu ermorden, gefasst entgegen getreten, und hatte den Leuten, deren Sprache er kannte, mit ruhiger Stimme erklärt, dass sie ihn wohl tödten könnten, dass aber alsdann binnen kurzer Zeit ein Kanonenboot erscheinen würde, dessen Befehlshaber sicherlich die Hälfte der Einwohnerschaft von Tschuklesaht aufhängen lassen würde. Dieses half; die wilde Bande wurde stutzig und, da sie aus Erfahrung wohl wussten, dass sich, so oft von Seiten der Indianer eine Unthat verübt worden war, jedesmal ein englisches Kanonenboot prompt eingestellt und die Schuldigen bestraft hatte, so standen sie von der Ermordung des Paters Nicolai ab. Aber sie erklärten ihm, dass er ihr Gebiet sofort verlassen und sie mit seinen Bekehrungsversuchen verschonen solle, denn sie wären mit ihrer Religion vollkommen zufrieden.

Die Indianer dieser Gegend sind nicht nur gegen Fremde, sondern auch unter sich ausserordentlich grausam, wovon die Berichte über frühere Kriege der einzelnen Dörfer unter einander Zeugniss ablegen. Ich will hier die mir von vielen Seiten mitgetheilte Erzählung eines solchen Kriegszuges nach Sproat's Schilderung einschalten, in welcher der bereits genannte Kriegshäuptling Setta Canim von Klayoquaht eine grosse Rolle spielt.

Vor längerer Zeit, als dieser eroberungslustige und grausame Mann seinem unbesiegbaren Drang, den Ruhm seines Heimathsdorfes auf dem Kriegspfade zu vermehren, Ausdruck geben wollte, bot sich ihm in der zwischen seinen Klayoquahts und den nördlicher wohnenden Kayokahts gerade herrschenden feindseligen Stimmung hierzu eine geeignete Veranlassung dar. Monate lang schürte der schlaue und boshafte Häuptling bei jeder Gelegenheit das Feuer der Zwietracht und hielt Reden gegen die Kayokahts. Aber sein Stamm gab zu bedenken, dass die Gegner sehr zahlreich und muthig seien, und dass eine Besiegung derselben ausserordentlich schwierig sein würde. Nach sehr langen Debatten kam man zu dem Beschluss, dass man den Krieg unternehmen würde, wenn es gelänge, die Bewohner von Muschlaht und Moaht, deren

Zwei Indianer der Westküste von Vancouver, derjenige zur Rechten ist der Häuptling Setta Canim.

Gebiet zwischen beiden feindlichen Partheien liegt, zu Bundesgenossen zu gewinnen. Man schickte also zunächst ein Canoe mit den tüchtigsten Rednern des Stammes in diese Dörfer, um die dortigen Indianer für sich zu gewinnen. Dies gelang in überraschend günstiger Weise, und die drei verbündeten Dörfer beschlossen die Kayokahts durch einen Kriegszug zu vernichten.

Nachdem dieser Beschluss gefasst war, entstand eine grosse Aufregung im Dorfe Klayoquaht, denn jedermann rüstete sich zum Kampfe. Die Vorbereitungen zum Kriege wurden sehr eifrig betrieben, die Kriegscanoes in Stand gesetzt, Kriegspaddeln mit

langen spitzen Stacheln angefertigt und alles in besten Zustand gebracht, die Mannschaft der einzelnen Canoes bestimmt und die
Befehlshaberstellen vertheilt. Als alles fertig war brachen eines
Morgens 22 grosse Canoes, jedes mit 10 bis 15 Klayoquaht-
Kriegern bemannt, auf. Alle diese Leute waren nach Indianerart
im Gesicht schwarz bemalt, und verliessen ihre Heimath unter dem
lauten Gesange ihrer am Ufer stehenden Weiber, welche die Davon-
ziehenden beschworen, die Ehre des Stammes aufrecht zu erhalten
und als Sieger nach Vernichtung der Feinde heimzukehren.

Unter lautem Jubel ging die Fahrt unter Anführung Setta
Canim's nordwärts längs der Küste, bis man gegen Abend Hesquiaht erreichte, woselbst geankert und gelandet wurde. Setta
Canim benutzte natürlich diese Gelegenheit, um, unterstützt durch
seine grosse Kriegsmacht, seine Beredtsamkeit auf die Hesquiahts
einwirken zu lassen und sie zu Bundesgenossen zu gewinnen.
Während dieser Nacht schliefen die Klayoquahts in ihren Canoes
und am anderen Tage ging der Kriegszug weiter, bis man gegen
Abend Friendly Cove erreichte, woselbst die Bewohner von Moaht
bereits warteten.

Es wird berichtet, dass der Kriegszug unter dem lauten Gesang aller Krieger, welche ihre Schlachtgesänge vortrugen, sowie
unter dem weithin schallenden Ton der Kriegstrommel bis dicht
ans Land fuhr, und dass Setta Canim hierselbst, hochaufge-
richtet in seinem Canoe, nur mit einer rothen Decke bekleidet,
das Haar nach Kriegsweise in einem grossen Knoten oben auf
dem Kopfe zusammengebunden tragend, eine jener feurigen Reden
hielt, mit denen er, ein geborener Redner, seine Stammesgenossen
hinzureissen wusste. In der rechten Hand, mit welcher er gestikulirte, hielt er bei dieser Gelegenheit ein altes Dolchmesser.
Er verstand es, wie kein Anderer, seine Zuhörer davon zu
überzeugen, dass der Krieg, welchen sie vorhatten, wirklich nothwendig sei.

Nachdem er eine halbe Stunde lang geredet, wurde von den
am Ufer stehenden Moahts eine kurze Gegenrede und Begrüssung
des grossen Häuptlings und seiner Krieger geleistet, worauf alle
an Land stiegen. Es begann ein grosses Festmahl, bei welchem

die Moahts die Wirthe machten, und alles in äusserst feierlicher
Weise herging. Nach dem Essen nahmen die Reden und Berathungen ihren Anfang. Jeder Häuptling gab seine Ansicht
kund, wie man am besten den Feind angreifen könnte, und zuletzt versammelten sich alle auf dem flachen, sandigen Strand, auf
dem in rohen Zügen eine Karte des Hauptdorfes der Kayokahts
gezeichnet ward. Der Verfertiger dieser Karte war ein unter den
Anwesenden befindlicher Kayokaht-Indianer, welcher die Häuser
durch kleine Sandhäufchen bezeichnete. Besonders genau wurde
die Lage der Häuser des Oberhäuptlings Nancis und des Kriegs-
häuptlings Moschenik bezeichnet, damit jeder Krieger genau
wüsste, wo diese gefährlichsten beiden Feinde zu erreichen wären.
Bei Fortsetzung der Berathung gab jeder der Anwesenden seine
Ansicht darüber ab, wieviel Bewohner in jedem einzelnen Hause
von Kayokaht vorhanden seien.

Zuletzt wurde von Setta Canim folgender Kriegsplan ent-
worfen: Die 15 Canoes der Klayoquahts sollten das Centrum
bilden, die 14 Canoes der Muschlahts und Moahts sollten den
rechten Flügel übernehmen und noch einige Canoes der Klayoquahts sollten im Verein mit den Hesquiahts den linken Flügel
herstellen. Diese ganze stattliche Macht sollte nach Indianerweise
während der Nacht, wenn alles schlief, das Dorf Kayokaht überfallen und alle Einwohner niedermetzeln. Ausserdem war bestimmt, dass sämmtliche Häuser verbrannt werden sollten, zu
welchem Zwecke man harziges Holz mitgenommen hatte.

Nachdem der Feldzugsplan auf diese Weise festgesetzt worden war, machten sich die Bewohner von Moaht und Muschlaht
daran, ihre letzten Vorbereitungen eifrigst zu beendigen. Noch
während desselben Tages kam es zwischen zwei Häuptlingen der
Klayoquahts zu einem heftigen Streit darüber, wer von beiden den
gefürchteten Kayokaht-Häuptling Moschenik angreifen sollte.
Dieser Streit wäre fast zu Thätlichkeiten ausgeartet, wenn nicht
die alten und erfahrenen Krieger des Stammes sich vermittelnd
eingelegt hätten. Am Abend wurde wieder ein Festmahl eingenommen, und alsdann Boten an die Mannschaften der noch aus-
gebliebenen Canoes gesandt, mit der Nachricht, dass am nächsten

Morgen bei erstem Tagesanbruch die Weiterreise stattfinden würde.
Noch vor Sonnenaufgang fuhr der grosse Kriegszug bei herrlichstem Wetter weiter. Man paddelte unter dem Vortrag der Kriegs-
gesänge nach dem Takt der vom Trommelschläger gerührten
Trommel längs der Küste nach Nordwesten. Die Muschlaht-In-
dianer, welche unter der Anführung ihres riesengrossen und starken Häuptlings Nissend standen, betheiligten sich am Zuge mit
zwei Kolonnen, deren jede aus sieben Canoes bestand.

Als man sich Esperanza Inlet näherte, wurde Befehl gegeben, dass die Fahrzeuge sich möglichst nahe am Ufer halten
sollten, damit sie nicht entdeckt würden. Man landete beim Dorfe
Ehattesaht und sämmtliche Krieger schwärzten ihre Gesichter aufs
Neue. Die nächste Nacht war zur Ausführung des Ueberfalles
bestimmt, und es gelang den vereinigten Stämmen, in einer Bucht
an der Insel zu landen, wo sich das Hauptdorf der Kayokaht
befindet. Bis Mitternacht hielt sich Jedermann im Canoe, ohne
den geringsten Laut von sich zu geben. Der Angriff wurde dadurch erleichtert, dass während der Nacht kein Mondschein
herrschte. Als der Moment des Angriffes erschienen war, fuhren
die Canoes mit grosser Schnelligkeit auf das Dorf Kayokaht zu
und die in den Fahrzeugen befindlichen 400 Indianer sprangen
ans Land und stürmten unter Anführung ihrer Häuptlinge gegen
das Dorf. Es wäre um das letztere mit allen seinen Einwohnern
geschehen gewesen, wenn nicht ein Zufall die Entdeckung der
Feinde herbeigeführt hätte.

Zwei fischende Kayokaht-Indianer kamen nämlich um diese
Zeit früher als gewöhnlich mit ihrem Canoe zurück und wurden
gewahr, wie die Kriegsfahrzeuge sich in schneller Fahrt ihrem
Heimathsdorfe näherten. Augenblicklich sprangen diese beiden
Fischer in ihrem Fahrzeuge auf und schrieen mit gellender Stimme
den Warnungsruf ihres Stammes aus: „Weennah! weennah!" d. h.
„Fremde" oder „Gefahr". Mit Zauberschnelle wirkte dieser Ruf
und nach wenigen Sekunden, noch bevor die Canoes das Ufer
berührt hatten, ertönte das „Weennah!" von Haus zu Haus und
rief alle Kayokaht-Indianer zu den Waffen. Der Kampf begann
sofort, aber er traf die dort Wohnenden nicht ganz unvorbereitet

und sie vertheidigten sich mit aller ihnen zu Gebote stehenden
Energie und Tapferkeit. Bald mischte sich das knatternde Ge-
wehrfeuer mit dem Geschrei der Sterbenden und Verwundeten,
während einige Häuser angezündet wurden und das schreckliche
Schauspiel weithin beleuchteten. Die Kayokahts gaben einen Theil
ihres Dorfes preis und concentrirten sich beim Hause ihres Oberhäuptlings. Der Letztgenannte, wohl wissend, dass es sich um
seinen Kopf zuerst handelte, hatte sofort, nachdem der Lärm entstanden war, in der Eile sein Haus mit Allem verbarrikadiren
lassen, was geschwind aufzutreiben war, und Kisten und Kasten
an den Eingängen aufgehäuft. Von hier aus unterhielt er ein
starkes, wenn auch wenig schädliches Feuer auf die ins Dorf
eingedrungenen Feinde. Setta Canim, der die Situation sofort
übersah, stürmte in verzweifelter Wuth, unterstützt von seinen
beiden Gewehrträgern, auf das verbarrikadirte Haus seines ver-
hassten Feindes los, aber er war machtlos, da er hier die gesammte concentrirte Streitkraft seiner Gegner vereinigt fand. Der
linke Flügel drang zwar in einzelne Häuser ein und tödtete die
dort Zurückgebliebenen, aber der Gesammterfolg des ersten An-
griffs war doch ein verfehlter, weil die Ueberfallenen nicht im
Schlafe überrascht und getödtet worden waren.

Die Folgen hiervon zeigten sich denn auch bald, die Bewohner von Muschlaht zogen sich zuerst aus dem brennenden
Dorfe nach dem Strande zu ihren Canoes zurück und bezeigten
keine Lust, sich weiter am Kampfe zu betheiligen. Hierdurch
wurde das Ende des ganzen Ueberfalles herbeigeführt, denn bald
schlossen sich andere Gruppen an und das Dorf leerte sich allmählich von Feinden. Zwar versuchte Setta Canim noch einmal das Haus des Häuptlings zu erstürmen, aber er wurde zuletzt von seinen eigenen Leuten verlassen und musste sich gleichfalls zurückziehen.

Der stolzen Ausfahrt folgte eine traurige Heimkehr; die
Krieger jedes Dorfes fuhren in sehr gedrückter Stimmung schwei-
gend nach Hause, am niedergeschlagensten von Allen die Anstifter des ganzen Krieges, die Klayoquahts. Zwei Tage später
erreichten die Letzteren ihr Heimathsdorf wieder, sehnsüchtig er-

wartet von den auf dem felsigen Gestade ihrer harrenden Weibern. Aber als die Krieger in dumpfem Schweigen sich dem Ufer nahten und keinen Siegesgesang anstimmten, so wurde auch den Frauen klar, dass der Kampf für die Ihrigen unglücklich ausge- fallen war und sie stimmten laut heulend den Todtengesang an. Sie hatten hierzu wohl einige Ursache, denn der Verlust der Ihrigen belief sich auf elf Todte und 17 Verwundete, ein fast zu grosses Opfer für die 34 Köpfe erschlagener Kayokahts, die die Männer nebst 13 Sclaven als Siegesbeute heimbrachten.

Nachdem sie heimgekehrt waren, wurden zwar einige Sieges- feste gefeiert, die Feindesköpfe am Dorfgehege aufgestellt und späterhin die Skalpe der Erschlagenen an die Sieger vertheilt, es erfolgten auch Rangerhöhungen und Namensänderungen einzelner, besonders tapfer gewesener Krieger, aber das Siegesbewusstsein war doch verschwunden und an dessen Stelle Angst und Besorg- niss in das Dorf Klayoquaht eingezogen, denn man fürchtete, dass der sehr mächtige Stamm der Kayokahts den Ueberfall blutig rächen würde. Hierzu kam noch, dass sie sich mit den Muschlaht- Indianern, denen sie die Schuld an dem Ausfall des Krieges zu- schrieben, entzweiten. Täglich wurden Gerüchte ausgesprengt, dass die Kayokahts mit einer stattlichen Menge Canoes heranrückten, um das Dorf zu überfallen, und vor Allen war es Setta Canim, der aus Furcht, plötzlich ermordet zu werden, da ihn Jedermann als den einzigen Urheber des Krieges bezeichnete, sein Haus nicht zu verlassen wagte. Schliesslich ging man in der Furcht so weit, dass man rings um das Dorf eine Schutzwehr errichtete und einen Proviantvorrath herbeischaffte, um eine etwaige Belagerung aus- halten zu können. Es dauerte mehrere Jahre, bevor sich dieses allgemeine Gefühl der Furcht allmählich in Klayoquaht verlor.

Am 12. Januar traten wir unseren Rückweg an und er- reichten einige Tage darauf mit dem Schooner „Favorite" Barclay- Sund, woselbst ich noch einen letzten Abstecher nach dem In- dianerdorfe Juklulaht machte und dort viele Einkäufe besorgte. Drei Tage später landeten wir wieder in der Hauptstadt Victoria. Von dort aus kehrte ich nach San Francisco zurück und hatte somit den ersten Theil meiner Reise erledigt.

VII.

Nochmals nach Victoria. Auftrag, langköpfige Indianer (Longheads) für Herrn Hagenbeck zu engagiren. Mit Dampfer „Otter" nach Fort Rupert. Grosse Versammlung der Quakult-Indianer. Viele Indianerfeste. Eine Theaterbühne. Namengebung an ein Indianermädchen. Weibertanz. Tanz eines Medizinmannes aus Nakortok. Ein kranker Indianer. Zauberkunststücke. Der ins Herz geworfene Stein. Die Verwandlung von Cedernbast in eine Glaskugel. Ich gebe ein Indianerfest und erhalte einen Indianernamen. Eine Perrücke vom Pariser Maskenball als Indianerkopfschmuck. Die drei Dörfer der Longhead-Indianer: Nooette, Koskimo und Quatsino. Expedition mit Hrn. Hundt's Schaluppe. Nooette. Reicher Pelzrobbenfang. Fahrt um die Nordspitze von Vancouver. Guter Empfang bei Wachas, Negetze's Sohn in Koskimo. Meine Gönnerin, Wachas Gemahlin, lässt sich für Hrn. Hagenbeck engagiren. Ich fusche Gott Hymen ins Handwerk. Georg Hundt's Privathandelsgeschäfte. Ein Bote durch den Urwald nach Fort Rupert. Wachas verschenkt sein Eigenthum. Ich engagire fünf Langköpfe für Hrn. Hagenbeck. Eine Fisch- und Jagdpartie mit William Hundt. Ich rette drei Langschädel für die Wissenschaft. Der ganze Stamm ist gegen mich. Desertion des ersten Engagirten. Rückfahrt nach Quatsinosund. Georg Hundt als Solosänger und Tänzer. Achttägiger Südweststurm. William Hundt's liebevolles Eheweib. Feierlicher Abschied von Quatsino. Meine Gönnerin wird schwankend. Allgemeine Seekrankheit. Georg Hundt parlamentirt. Ich setze meinen Willen durch. Cap Scott. Rückkehr nach Fort Rupert. Aus der Scylla in die Charybdis. Neid der Fort Rupert-Indianer. Depesche aus Europa. Deputation aus Koskimo. Desertion des Ehepaares Wachas. Selbstauflösung der ethnologischen Expedition. 16. April 1882. Rückfahrt nach Victoria. Auftrag von Berlin, die Diomedes-Inseln in der Beringstrasse zu bereisen. Expedition längst der Ostküste von Vancouver. Cowichan. Quamichan. Kupferinsel. Pinalekaht. Missionär Robertson. Chimenes. Eine Decke aus Hundehaaren. Nanaimo. Alte Hornkeile. Juklutok. Indianischer Begräbnissplatz. Ein theurer Franzose. Comox. Steinerne Pfeilspitzen, beim Pflügen gefunden. Mein Hotelwirth Patrik. Zwei alte Indianerkirchhöfe. Schwierige Kletterei. Eine Leiche ohne Kopf. Aufbruch nach Bute Inlet. Eine muthige Seglerin. Clayamen. Malaspina. Gerüchte über grossartige Steinskulpturen. Umkehr. Insel Collap. Sechelt. Ein chinesischer Kaufmann. Ueber Victoria nach San Francisco.

Schneller als ich erwartet hatte, musste ich mich wieder nach dem Schauplatz meiner herbstlichen und winterlichen Reisen zurückbegeben, indem ich schon am 20. Februar von San Francisco wieder abfuhr und drei Tage darauf in Victoria landete. Es war mir der Auftrag ertheilt worden, den Norden von Vancouver noch einmal zu besuchen, und namentlich die in Koskimo und Quatsino lebenden langköpfigen Indianer näher kennen zu lernen. Wenn es gelang, eine Anzahl dieser Leute zu bewegen, mit nach Europa zu kommen, um daselbst dem Studium der anthropologischen und ethnologischen Kreise zugänglich zu sein, so sollte ich, wie mein Auftrag lautete, eine solche Gesellschaft auf Kosten des um die Wissenschaft hochverdienten Herrn Carl Hagenbeck in Hamburg engagiren. Dies hinderte natürlich nicht, dass ich meine bisherige Thätigkeit im Einkaufen ethnologischer Gegenstände aller Art in derselben Weise wie bisher fortsetzte. Der Dampfer Otter brachte mich nach Fort Rupert, woselbst mich meine indianischen Freunde

Doppelgesichtige Tanzmaske im geschlossenen Zustande, ein Seeungeheuer darstellend. Fort Rupert (Vancouver).

Doppelgesichtige Tanzmaske im geöffneten Zustande, die innere Ansicht ein Menschengesicht darstellend. Fort Rupert (Vancouver).

in herzlicher Weise begrüssten. Der Ort bot diesmal einen ganz andern Anblick dar als zur Herbstzeit, denn es hatte sich hierselbst fast der ganze Stamm der Quakult-Indianer versammelt, bei welcher Gelegenheit grossartige Tänze und Festlichkeiten gefeiert wurden. Bei dieser Stammesversammlung suchte es natürlich ein Häuptling dem andern zuvor zu thun und er befestigte sein Ansehen bei den Stammesgenossen dadurch, dass er sein gesammtes Hab und Gut vertheilte und verschenkte. So wanderten täglich hunderte, ja tausende von Decken aus einer Hand in die andere; gleichzeitig wurden Streitigkeiten geschlichtet, Klagen erledigt, Berathungen abgehalten u. s. w. Die Seele des

Ganzen war der Häuptling der Quakult-Indianer, welcher in Fort Rupert residirte.

Ich nahm natürlich bei meinem alten Freund und Wirth Herrn Hundt, dem Vorsteher des Handelspostens der Hudsons-Bay-Company wieder Wohnung, und miethete zu gleicher Zeit seine Schaluppe und engagirte seine beiden Söhne als Begleiter zur Fahrt nach Quatsino. Am Abend nach meiner Ankunft wohnte ich einem der grössten indianischen Tanzfeste bei, die ich je kennen gelernt habe. Es fand wie alle diese Feste unter vielen Ceremonien statt. Das gewöhnliche Volk erschien zuerst, später kamen die angesehenen Indianer und Häuptlinge und zuletzt der Oberhäuptling. An den Wänden befanden sich Bänke, die von der zuschauenden Menge besetzt wurden, in der Mitte des Raumes brannte ein grosses Feuer, welches alle Gegenstände und Personen lebhaft und grell beleuchtete. Gegenüber der Eingangsthür hatte sich wie gewöhnlich das Corps der Musiker und Sänger aufgestellt; es stand unter Leitung eines aufs festlichste geputzten und mit Federn im Haupthaar geschmückten Vorsängers, der die Worte vorsprach, welche der Chor sang. Die drei grossen Trommeln standen ausnahmsweise an der Eingangsthür. Nachdem der oberste Häuptling eingetreten war, wurde die grösste Trommel von zwei festlich geschmückten Indianer behutsam aufgehoben und langsam mit gravitätischen Schritten viermal rings um das Feuer getragen. Alsdann wurde sie vor die Front des Musikcorps gebracht und hier dreimal bis nah auf die Erde herunter gesenkt, das vierte Mal jedoch erst hingestellt.

An einer Stelle des Hauses war durch Aufhängen von Canoesegeln eine Art Vorhang hergestellt worden, welcher einen kleinen, bühnenartigen Raum abtrennte. Hinter dem Vorhang traten plötzlich zehn festlich geschmückte Indianerweiber hervor, welche einmal rings um das Feuer tanzten und alsdann wieder verschwanden. Nachdem dieses zweimal hinter einander geschehen war, wurde der Vorhang plötzlich heruntergelassen und nun bot sich unseren Augen ein wunderbares Schauspiel dar.

Eine grosse Gruppe mit Masken bekleideter Indianer stellte allerhand Thiere, Götter und Dämonen dar, welche mit einander

Tänze aufführten. Hier sah man einen Bären mit einem Ungeheuer tanzen, welches das mächtige Mundstück seines kolossalen
Kopfes fortwährend auf- und zuklappte, dort hielten sich ein Wolf
und ein Adler umfasst und drehten sich im Kreise. Es dauerte indessen nur einige Minuten, während deren uns dieser Anblick zu
Theil wurde. Sodann wurde der Vorhang wieder in die Höhe
gezogen, und ein für uns Alle unsichtbares Musikcorps, das inzwischen einen wahren Höllenspectakel mit hölzernen Pfeifen und
Flöten gemacht hatte, stellte für den Augenblick seine Thätigkeit ein.

Alsdann fiel der Vorhang wieder für einige
Minuten und die ganze Tanzgesellschaft,
welche, wie ich vernahm, dem Stamme der
Nemkis-Indianer angehörte, tanzte wieder
wie vorher nach den Tönen der unsicht-
baren Flötisten.

Der zweite Theil des Festes war den gewöhnlichen Indianertänzen gewidmet, bei
denen keine Masken verwendet wurden.
Hier verliess der Oberhäuptling die Gesellschaft, um sich nach seinem eigenen Hause
zu begeben, woselbst an diesem Tage gleichfalls ein grosses Tanzfest stattfand. Der
Oberhäuptling hatte mich eingeladen, diesem
Feste beizuwohnen, deshalb begab ich mich
zu ihm. Als seine Gäste waren in seinem

Tanzmaske mit beweglichem
Unterkiefer. Nemkis-Indianer.
(Nordostküste von Vancouver.)

sehr geräumigen Hause die auf dem Fest-
lande nördlich von Fort Rupert wohnenden Nakortok-Indianer anwesend, welche der Aufforderung ihres Wirthes gemäss mehrere
Tänze aufführten.

Bevor sie damit begannen, fand eine andere Ceremonie eigenthümlicher Art statt. Ein junges Mädchen aus Comox, einem
Indianerdorf etwa in der Mitte der Ostküste von Vancouver,
wurde vom Oberhäuptling veranlasst, einen Solotanz aufzuführen.
Sie that dies in jener eigenthümlichen Weise, welche die meisten
Tänze der Indianer auszeichnet. Der Tanz besteht nämlich
nicht in einem Drehen des Körpers, sondern einem hüpfenden

Schweben, abwechselnd auf einer der beiden Fussspitzen. Hierbei werden die Arme geradlinig ausgestreckt, gewöhnlich so, dass die rechte Hand schräg nach oben mit ausgestreckten Fingerspitzen bis über Kopfhöhe erhoben ist, während der linke Arm, geradlinig schräg nach hinten und unten in derselben Weise ausgestreckt wird. Die Kunst des Tanzens concentrirt sich, wenn man so sagen darf, in der Thätigkeit der Fingerspitzen, indem diese fortwährend in leise vibrirender Bewegung gehalten werden, gleichsam als wären sie von krampfhaftem Zittern befallen. Während das junge Mädchen diesen Tanz mit viel Geschick und Ausdauer aufführte, wurde sie von zehn tanzenden Quakult-Indianerinnen begleitet, welche indessen einen anderen Tanz aufführten. Nachdem diese Solo-Piece beendet war, erhielt das junge Mädchen von dem Oberhäuptling einen neuen Namen, den sie, wie man mir sagte, so lange zu tragen hätte, bis sie, vielleicht im nächsten Jahre schon, einen anderen Tanz aufführen würde, der von einer neuen Namengebung begleitet wird.

Erst jetzt begannen die Tänze der Nakortok-Indianer.

Zuerst führte wieder ein junges Mädchen einen Tanz auf, bei dem sie von verschiedenen Indianerfrauen begleitet wurde; späterhin folgten verschiedene allgemeine Tänze und zwischendurch Einzeltänze eines Hametzen und eines Medizinmannes aus Nakortok. Der letztgenannte, der, obgleich noch jung an Jahren, doch bei seinen Stammesgenossen in grossem Ansehen stand, besass in ungewöhnlicher Weise die Eigenschaft, durch Manipulationen aller Art sein Publikum zu fesseln; auch stand er in dem Rufe, bereits eine grosse Zahl vortrefflicher Kuren ausgeführt zu haben. Eine Probe seiner Fähigkeit gab er uns noch während des Festes.

Als die Tänze beendet waren, wurde ein kranker Indianer, der elend und hülflos auf einer Matte lag, hereingetragen und auf den Erdboden niedergelegt; diesen Patienten zu kuriren, übernahm nun der Medizinmann. Zu diesem Zwecke war es nothwendig, dass er nach Indianersitte seinen Zuhörern zuerst einen Beweis seiner Macht und seines Einflusses über die belebte und unbelebte Natur gebe, indem er einige Taschenspieler-Kunststücke à la Bosco ausführte. Er nahm einen kleinen Stein von der Erde auf und fragte, in welchen Gegenstand er denselben verwandeln solle. Der Eine wünschte dies, der Andere wünschte jenes, und der Medizinmann, ohne sich auf einen dieser Wünsche einzulassen, ging, das Steinchen zwischen beiden flachen Händen haltend und geheimnissvoll reibend, während er gleichzeitig eine Art Beschwörungsformel sang, immer rings um das Feuer. Es gelang ihm, einen Moment zu finden, wo er den Stein, ohne dass es Jemand merkte, heimlich auf die Erde fallen liess und gleichzeitig triumphirend seine leeren Hände im Kreise herumzeigte.

Tanzrassel eines Hametzen. Fort Rupert.

In demselben Augenblick hörte man, dass, jedenfalls durch einen verborgenen Gehülfen, von aussen ein Stein auf das hölzerne Dach des Hauses geworfen wurde, der mit lautem Gepolter herabrollte. Die Indianer stiessen erstaunte Rufe der Bewunderung aus und man merkte an ihren Gesichtern, dass sie sämmtlich die feste Ueberzeugung gewonnen hatten, dass der Medizinmann den Stein vermittelst Zauberkraft durch die Bretter des Daches hindurchgeworfen hatte.

So geringfügig dieses Kunststück an und für sich war, so bedeutete es doch in der Auffassung der Indianer ungeheuer viel, denn diese Leute glauben, dass ein Medizinmann die Gewalt besitzt, Jedermann, wer es auch sei, einen Stein bis mitten hinein ins Herz zu werfen und dass der also Getroffene unfehlbar sterben müsse. Dieser Glaube an die unfehlbare Macht der Medizinmänner ist bei den Indianern so gross, dass sie, wenn ein solcher Zauberer ihnen sagt: „Du wirst in so und so vielen Tagen sterben!" sich für unrettbar verloren halten und am gedachten Tage wirklich vor Angst sterben.

Der Missionär Mr. Crosby erzählte mir hiervon ein sehr eklatantes Beispiel. Ein junger, achtzehnjähriger Indianer aus dem Dorfe Nanaimo an der Ostküste von Vancouver, nördlich von Victoria, ein junger fleissiger Mensch, der in der Missionsschule tüchtig lernte und schon zum Christenthum übergetreten war, hatte eines Tages in scherzhafter Weise einen Medizinmann geneckt. Letzterer, hierüber ergrimmt, sagte zu dem jungen Indianer: „Du wirst in sechs Wochen sterben!" Der junge Mensch wurde hierüber so verzweifelt, dass er, ohne sich Jemand anzuvertrauen, immer stiller wurde und sich endlich hinlegte und erkrankte. Nach einigen Wochen erst gelang es dem Missionär, hinter den wahren Sachverhalt zu kommen, aber alle Versuche, welche er anstellte, um den jungen Indianer zu überzeugen, dass der Medizinmann keine Macht über Leben und Tod habe, scheiterten an der abergläubischen Furcht des Burschen, welcher vermeinte, dass der Zauberer ihm einen Stein ins Herz geworfen habe. Vielleicht hätte der Indianer von dieser Ansicht abgebracht werden können, wenn irgend ein angesehener Mann oder ein anderer Indianerdoctor ihm das Manöver vorgemacht hätten,

Halzring eines Medizinmannes.
Fort Rupert.

als ob er ihm den Stein aus dem Herzen zöge und ihm dann wirklich einen Stein gezeigt hätte. Aber dieses geschah nicht, und der arme Mensch starb wirklich, noch bevor die sechs Wochen vergangen waren, aus Angst.

Wir kehren nunmehr zu unserem Nakortok-Medizinmann zurück. Nachdem er die erste Probe seiner Macht abgelegt hatte, nahm er ein Stück Cedernbast in seinen Mund und zerkaute es, indem er es gleichzeitig Allen sichtbar zwischen den Lippen hin- und herbewegte. Alsdann benutzte er wieder einen Moment, um Allen unbemerkbar das Stück Cedernbast aus dem Mund zu nehmen und an seine Stelle eine kleine, durchsichtige Glaskugel zu bringen. Ich bin überzeugt, dass kein einziger von den Indianern eine Ahnung davon hatte, dass hier eine Vertauschung der beiden Gegenstände vorgenommen worden war. Deshalb ging wieder ein bewunderndes Gemurmel durch die Versammlung, als der Medizinmann statt des Stückes Cedernbast die Glaskugel aus dem Munde nahm. Es dauerte nicht lange, als der Zauberer die beiden genannten Gegenstände abermals umtauschte und wiederum das Stück Cedernbast producirte. Dieses letzte wurde nunmehr als Medizin gebraucht und dem Kranken als Heilmittel übergeben. Wie es schien, war dem Medizinmann sehr viel daran gelegen, mich persönlich von seiner grossen Zauberkunst zu überzeugen, denn jedes Mal, wenn er die Escamotage ausführte, blieb er direct vor mir stehen. Mittlerweile war es ziemlich spät geworden, und da der Kranke mit seiner Medizin hinausgeschafft worden war und ich beabsichtigte, mich am nächsten Morgen, wenn das Wetter gut war, auf die Reise zu begeben, so verliess auch ich die Gesellschaft. Ich habe späterhin nicht erfahren, ob der kranke Indianer wieder gesund geworden ist.

Am andern Morgen verhinderten Wind und Wetter die Ausfahrt. Der dadurch für mich frei gewordene Tag wurde in ganz eigenthümlicher Weise benutzt. Ich lebte schon so lange unter den Indianern, dass die letzteren nachgerade anfingen, mich halb und halb als einen der ihrigen zu betrachten. Längst schon hatten sie deshalb die Aufforderung an mich gerichtet, ich möchte doch auch einmal ein Indianerfest geben. Es versteht sich von selbst, dass dies nur eine Form der Bettelei war, um von mir auf irgend eine Weise Werthgegenstände zu erhalten. Für mich hatte dies indessen einen anderen Werth insofern, als mir wegen meines bevorstehenden ethnologischen Zuges sehr viel daran gelegen sein musste, unter den Indianern mich eines guten Namens zu erfreuen. Ich ergriff deshalb mit Freuden die sich mir darbietende Gelegenheit und kaufte zwei Kisten mit Schiffszwieback und einen Theil Melassezucker, da ich als weisser Mann natürlich verpflichtet war, ein meiner Würde entsprechendes Festmahl zu geben und die genannten Sachen die Lieblingsspeisen der Indianer beim Verkehr mit Weissen sind. Das Fest nahm seinen Verlauf wie jedes andere Fest, es wurde in üblicher Weise geschmaust und viel gesungen und getanzt. Ich selbst erlaubte mir den Scherz, mich als Indianer zu verkleiden, und es gelang mir mit Hülfe einer vor Jahren einmal auf einem Maskenball in Paris getragenen Perrücke, sowie unter dem Schutze einer echten Indianermaske, mich so sehr zur Vollblut-Rothhaut herauszustaffiren, dass mich selbst meine besten Freunde für einen Indianer aus irgend einem weit entfernten Küstendorfe hielten. Nach dem Feste wurde mit

mir eine feierliche Ceremonie vorgenommen, indem mir der Oberhäuptling von Fort Rupert einen indianischen Namen gab. Ich
hiess von nun an „Sull-qutl-ant", was so viel bedeutet, als: „Einer,
der von einem Stern zum andern läuft".

Der neu gebackene Indianer Sull-qutl-ant musste seine
Würde am andern Tage ziemlich empfindlich büssen, denn als ich
im Dorfe abermals Einkäufe machte, erhielt ich bei jedem guten
Stück, das ich erwerben wollte, eine Menge werthloser Sachen mit
in den Kauf und musste alles zusammen sehr theuer bezahlen.
Meine Abreise war erst am nächstfolgenden Tag möglich, da das
Wetter bis dahin schlecht war.

Doppelgesichtige Tanzmaske im geschlossenen   Doppelgesichtige Tanzmaske im geöffneten
    Zustande. Fort Rupert (Vancouver).   Zustande. Fort Rupert (Vancouver).

Es giebt nur drei Dörfer, in denen die sogenannten Langköpfe, oder Longheads wohnen, d. h. solche Indianer, deren Köpfe,
wie schon früher gesagt, bei der Geburt oder nach der Geburt
künstlich gepresst und dadurch deformirt werden. Es sind dies
die Dörfer Nooette, nordöstlich von Fort Rupert, und Koskimo und
Quatsino an der Westküste. Wir segelten demgemäss zunächst
nach der kleinen Insel, auf welcher das Dorf Nooette liegt. In
einigen Stunden war der Ort erreicht, aber es war kein einziger
Mann im Dorfe, da sämmtliche Indianer des schönen Wetters
wegen auf den Pelzrobbenfang ausgefahren waren. Gegen Abend
kamen sie zurück und hatten ziemlich viel Glück beim Fang gehabt; einige Canoes brachten bis zu vier Stück Pelzrobben nach
Hause. Meine Absicht in Nooette, viele ethnographische Gegenstände
zu kaufen, wurde nicht von Erfolg gekrönt, denn die Leute dieses

Ortes halten an ihren alten Sitten, Tänzen und Gebräuchen noch so fest, dass sie ihre Masken gar nicht zu verkaufen geneigt sind. Das Wenige was ich bei ihnen erwerben konnte, musste ich sehr theuer bezahlen.

Noch erfolgloser war meine Bemühung, einige der Leute zu bewegen, mit mir nach Europa zu kommen. Hier sowohl, wie in den andern beiden genannten Dörfern, sind namentlich die Frauen Langköpfe. Am andern Morgen setzten wir unsere Reise fort, passirten gegen Mittag die nordwestlichste Spitze von Vancouver „Cap Scott" und konnten am Abend bereits in der Nähe des Ein-

| Doppelgesichtige Tanzmaske im geschlossenen Zustande, einen Rehkopf darstellend. Nooette (Nord-Vancouver.) | Doppelgesichtige Tanzmaske im geöffneten Zustande, die innere Ansicht ein Menschengesicht darstellend. Nooette (Nord-Vancouver). |

gangs von Quatsino Inlet Anker werfen, da die gerade herrschende Ebbe das Einlaufen verhinderte.

Um ein Uhr Morgens gingen wir mit der Fluth, aber bei Gegenwind in das Inlet, und kreuzten fünf Meilen aufwärts, ankerten dann wieder und kreuzten abermals, bis wir gegen Abend dicht beim Dorfe Koskimo landeten, wo mich mein alter Freund, der Sohn des alten Negetze, der den Namen „Wachas" führt und seine liebliche Frau, die Oberhäuptlingin von Koskimo und Quatsino, freundlichst begrüssten und aufnahmen. Am andern Morgen war mein kleines Schiff überfüllt von Indianern, welche sämmtlich den Wunsch hatten, mir so schnell wie möglich alle nur irgend verkaufbaren Gegenstände gegen ganze, halbe und viertel Dollarstücke zu verkaufen. Im Grossen und Ganzen jedoch war die Ausbeutung nach dieser Richtung hin keine grosse, weil die Gegenstände an sich wenig werthvoll waren; die Masken namentlich sind ohne grosse Kunst geschnitzt. Es rührt dies daher, dass in Koskimo sich wenig hervorragende Tänzer befinden.

Dagegen gelang es mir eine andere hervorragende Acquisition zu machen, indem Wachas und sein Weib mir versprachen, dass sie bestimmt mit mir nach Europa gehen würden, und durch dieses Beispiel auch noch mehrere Andere veranlasst wurden, mir halb und halb zuzusagen, dass sie mitkommen würden. Da ich nur zu sehr daran gewöhnt war, dass die Indianer einen einmal gefassten Entschluss mindestens zehn Mal wieder aufgeben, so lag mir natürlich sehr viel daran, mit den Leuten baldigst das Dorf zu verlassen. Wachas erklärte mir, dass er einen Aufschub von vier Tagen gebrauche, da er inzwischen erst seine sämmtliche Habe verschenken müsse, bevor er seine Heimath verlassen könne. Dieser Gebrauch war natürlich auch für das Engagement der andern Leute vorgeschrieben und gereichte mir durchaus nicht zum Vortheil. Um auf gutem Fusse mit den Bewohnern stehen zu bleiben, musste ich viele Gegenstände kaufen, welche ich sonst meiner Sammlung nicht einverleibt haben würde. Am meisten lag mir daran, Frauen zu engagiren, da sich hauptsächlich unter ihnen die ausgeprägtesten Langköpfe befinden. Es waren nun mehrere junge Mädchen vorhanden, welche im heirathsfähigen Alter standen und sich gern mit jungen Rothhäuten ihrer Wahl aus demselben Dorfe verbunden hätten. Auch die jungen Männer hätten gerne geheirathet, aber es fehlte ihnen am Nöthigsten, an den paar Dollars, welche für die Mitgift an die Eltern der Braut bezahlt werden müssen. Es war genügende Aussicht vorhanden, dass ein junges verehelichtes Paar sich entschliessen würde seine Hochzeitsreise mit mir zusammen nach Europa zu unternehmen, und so fuschte ich denn Gott Hymen ins Handwerk und gab die nothwendige Summe für eine derartige legitime Verbindung her.

Das Häuflein der von mir Engagirten wuchs dadurch auf drei Männer und zwei Frauen an. Neben meiner Thätigkeit betrieb Georg Hundt Geschäfte für sich, indem er als ein Händler mit Manufacturwaaren agirte. In Folge meines Handels mit den Leuten in Koskimo waren einige hundert Dollars ins Dorf gelangt, und die Leute beeilten sich dieses Geld gegen Waaren umzutauschen. So

war der Vorrath bald verkauft und Georg Hundt sandte einen
Boten über Land, auf jenem schauerlichen Urwaldswege, den ich
wenige Monate vorher auch zweimal hatte passiren müssen, nach
Fort Rupert, um neue Waaren zu holen. Es war ein Wagestück,
einen solchen Auftrag zu ertheilen, denn bei diesem schlechten

Eine langköpfige Indianerin (Longhead) aus Koskimo (West-Vancouver).

Wetter, bei welchem ein Schneesturm dem andern folgte,
war der Urwald selbst für Indianer unpassirbar. Die Einwohner
von Koskimo hegten desshalb eine nicht geringe Besorgniss wegen
des Boten und drohten uns mit ihrer Rache, wenn der Mann unterwegs sein Leben verlieren würde. Glücklicher Weise kam es nicht
so weit, denn der Mann kehrte nach einer allerdings sehr beschwer-

9*

lichen Tour, die ihm zahlreiche Risse und Schrammen eingebracht hatte, zu unser aller Freude nach Koskimo zurück.

Inzwischen hatte Wachas alle seine Habe verschenkt, und meine fünf engagirten Langköpfe waren bereit, die Reise mit mir anzutreten. Bevor dieses geschah, machte ich noch mit William Hundt eine „Fisch- und Jagd-Parthie," deren Zweck und Ergebniss nicht Wildpret und Fische waren, sondern drei exquisite Langschädel, die ich einem alten indianischen Begräbnissplatz in der Nähe von Koskimo entnahm, um sie für die Wissenschaft zu retten. Bei der Eile, mit der wir agiren mussten, verletzte ich mir meine Hand am Skelet einer Mumie, so dass sie anfing heftig zu bluten. Kaum hatten wir die Schädel wohl verwahrt in unserem kleinen Canoe untergebracht, als sich uns im Dickicht zwei Indianer näherten, welche, wie dies häufig bei meinen Ausflügen geschah, mir aus Neugierde gefolgt waren, um zu sehen, was ich thäte. Ich aber, sie erblickend, knallte lustig darauf los und schoss nach Möven und anderen Seevögeln, wodurch ich die guten Indianer vollständig täuschte. Ebenso unentdeckt kamen wir mit unserer Beute an Bord.

Trotz der grossen Geldsummen, welche ich dem Dorfe zugeführt hatte und ungerechnet der vielen Geschenke, welche ich an meine fünf Engagirten gegeben hatte, war die Stimmung in Koskimo gegen uns durchaus nicht die freundlichste. Der ganze Stamm erklärte, dass eine so weite Reise, wie diejenige nach Europa für alle verhängnissvoll werden müsste. Sie glaubten nämlich, gestützt auf das Zeugniss eines Indianers, der schon einmal kurze Zeit an Bord eines grösseren Schiffes gewesen war, dass ich mit den Leuten um Cap Horn herumfahren müsste, wozu nach seiner Rechnung, da er doch nur die langsame Segelfahrt in Anschlag brachte, jahrelange Zeit erforderlich wäre. Die nächste Folge hiervon war, dass uns schon vor Antritt der Reise einer der engagirten Indianer weglief.

Am Freitag den 24. März trat ich mit meinem Doppelpaar von Langköpfen die Reise an, obgleich Gegenwind herrschte. Der Gesellschaft wegen und um so lange wie möglich bei ihren Kindern zu sein, befand sich der alte Negetze und seine Frau bei

mir an Bord. Kaum hatten wir die Anker aufgehoben, als ein
Canoe, welches ganz mit Indianern angefüllt war, sich uns näherte.
Die Männer stiegen zu mir an Bord und verlangten durchaus, dass
ich ihnen die zweite Frau überlassen sollte. Diese jedoch weinte
und hielt sich an ihrem jungen Gatten fest, den sie nicht verlassen wollte. Da die Indianer drohender wurden und uns bedrängten, so riss mir endlich die Geduld und ich befahl ihnen,
mein Schiff zu verlassen, widrigenfalls ich sie ins Wasser werfen
würde. Dieses wirkte, so dass wir bald von den Quälgeistern befreit waren und ungehindert unsere Kreuzfahrt fortsetzen konnten.
Abends ankerten wir, um besseres
Wetter abzuwarten, in einer kleinen
Bucht im Quatsinosund.

Georg Hundt suchte die immer
noch ängstlichen Indianer durch Singen und Tanzen aufzuheitern, was
ihm jedoch, um der Wahrheit die
Ehre zu geben, nur wenig gelang.
Am andern Tage segelten wir in eine
kleine, ziemlich tief ins Land sich
erstreckende Bucht, wo wir vor dem

Künstlicher Frauenkopf (Longhead), bei
Tanzfestlichkeiten gebraucht. Koskimo
(West-Vancouver).

Südweststurm einigermaassen geschützt waren und beschlossen, bis
zum Aufhören des schlechten Wetters daselbst zu bleiben. Unser
Proviant war in Folge der Gastfreundschaft, die wir in Koskimo
wiederholt der gesammten Einwohnerschaft erwiesen hatten, bedeutend geringer geworden; das Einzige, was wir noch davon besassen, war ein Vorrath von getrockneten Fischen, Thee und
Melassesyrup. Es war deshalb nöthig, den Proviant durch Jagd
und Fischerei zu vermehren, in Folge dessen wir am anderen Tage
abermals den Ankerplatz wechselten und uns vor die Mündung
eines grossen Flusses legten, woselbst wir Enten jagten und Schaal-
thiere sammelten.

An diesem Punkte wurden wir am achten Tage, nachdem
wir Koskimo verlassen, von den Eltern der jüngeren unserer beiden
engagirten Indianerweiber besucht, wobei die junge Person abermals requirirt wurde. Aber sie war durch rechtmässige Indianer-

ehe an den von mir gleichfalls — und zwar als Dolmetscher — engagirten Halbblutindianer William Hundt verheirathet und durchaus nicht gesonnen, ihr junges Eheglück jetzt schon zu opfern, vielmehr entschlossen, mit ihrem geliebten Gatten, wenn es sein müsste, bis ans Ende der Welt zu reisen. Sie machte also den Eltern gegenüber geltend, dass diese sieben schöne wollene Decken von William Hundt — allerdings auf meine Kosten — erhalten und als Hochzeitsgabe angenommen hätten und dass sie selber ihrem rechtmässigen Manne mindestens noch bis Fort Rupert folgen werde. Dann könnte ja, wenn durchaus eine Trennung nöthig sei, der kurze Weg durch den Urwald sie wieder ihrem nahen Heimaths-dorfe Koskimo zuführen.

Am andern Tage segelten wir weiter, aber nicht, wie ich gewünscht hatte, um die nördliche Halbinsel herum nach Fort Rupert, sondern nach dem äussersten Dorf des Sundes, nach dem nahegelegenen Quatsino. Es geschah dies auf Wunsch und Ver-anlassung derjenigen, die ich bisher als die stete Unterstützerin und Beförderin meiner Pläne kennen gelernt hatte, meiner wür-digen Gönnerin und ehemaligen Zeltgenossin, der Frau von Wachas, dem Sohn des alten Negetze. Auch sie, die ich bisher als die Unerschütterlichste von allen hielt, war etwas schwankend ge-worden, wozu wohl der achttägige Orkan, dessen tobende Wellen sich bis zu unserem Zufluchtsorte bemerkbar machten, das seinige beigetragen haben mag. Dame Wachas verlangte also nach Quat-sino geschafft zu werden, weil sie von ihren dortigen Verwandten feierlichst Abschied nehmen müsste.

Der Empfang, der ihr nach unserer Landung in Quatsino zu Theil wurde, war keineswegs geeignet, sie für unsere grosse Fahrt nach Europa noch mehr zu begeistern. Kaum hatte sie ihrem Onkel die Mittheilung gemacht, dass sie als die berühmteste Repräsentantin der Longheads das ferne Land der weissen Leute besuchen wolle, als derselbe aufsprang und ihr drohte, dass er sie todtschiessen werde, wenn sie dieses thäte. Nachdem Onkel Roth-haut einige Geschenke erhalten hatte, wurde seine Stimmung ele-gisch und er erklärte, sie möge immerhin reisen, er für seinen Theil würde sie ja doch nie wieder zu sehen bekommen.

Nach allen diesen Vorkommnissen wäre es sonderbar gewesen, wenn ich mit meinem Reiseführer Georg Hundt nicht auch noch einen kleinen Krawall hätte haben sollen. In der That verschaffte mir schon der nächste Tag dieses Vergnügen. Ich habe bereits wiederholt bemerkt, dass ich, von meinem individuellen Standpunkte aus, die Indianer für keine grossen Seehelden halte. Hiervon machte mein guter Georg, obgleich genug weisses Blut in seinen Adern rollte, keine Ausnahme. Dies zeigte sich, als wir am andern Morgen bei verhältnissmässig nur schwachem Wind von Quatsino aufbrachen und den Sund hinab nach der offenen See zu kreuzten. Hier trafen wir so hohen Seegang an, dass meine gesammte Reisegesellschaft seekrank wurde. Leute, welche hierin Erfahrungen durchgemacht haben, werden bestätigen, dass die Seekrankheit ein Uebel ist, bei dem sich alle Wünsche der dabei Betroffenen nur auf das Eine concentriren, möglichst schnell auszusteigen und an Land zu gehen. So hatte denn auch Georg Hundt und selbstverständlich auch die übrige Reisegesellschaft keineswegs das Verlangen, die mächtige Dünung des Oceans vor uns vielleicht noch Tage lang mit unserer kleinen Schaluppe wie auf dem Rücken eines riesigen Wiegepferdes immerfort auf und ab zu reiten, und er fing demzufolge an mit mir zu parlamentiren, da wir ja doch keine fahrplanmässige Tour hätten, dass wir uns vor dem ohne Zweifel drohenden Sturm, in dem wir Alle ganz sicher jämmerlich ertrinken müssten, in einen geschützten Hafen zurückziehen sollten.

Die ganze Gesellschaft vereinigte, so weit ihr dies bei der Seekrankheit möglich war, ihre Wünsche mit den seinigen. Das wurde mir aber denn doch zu arg, denn wir hatten doch wahrlich schon lange genug in schützenden Häfen gelegen, so dass eine Fortsetzung der Reise unter allen Umständen geboten schien. So setzte ich denn meinen Willen mit Gewalt durch, wobei ich freilich bei der Bedienung des Fahrzeuges auf mich allein angewiesen war.

Wir fuhren den ganzen Tag und die ganze nächste Nacht und passirten glücklich um drei Uhr Morgens Cap Scott, die drohende Nordwestspitze von Vancouver. Während wir mit dicht gerefftem Segel durch die öde Wasserwüste dahin fuhren, schlug

uns die See während der dunkeln Nacht ein kleines Canoe, das
wir an Bord führten, hinweg, sehr zur späteren Genugthuung Georg
Hundt's und seiner für jetzt willenlosen Leidensgefährten, die sich
nunmehr doch rühmen konnten, eine, wie sie meinten, wirklich gefährliche Fahrt ausgeführt zu haben. Der von meinem Führer
angekündigte Sturm trat am andern Morgen ausserdem wirklich
ein und zwang uns, als wir die schmale Nordküste von Vancouver
entlang fuhren, um neun Uhr Vormittags einen kleinen Hafen
aufzusuchen. Nachmittags, als der Sturm ein wenig nachliess,
und auch meine Gesellschaft wieder ein wenig Courage bekommen
hatte, gingen wir abermals unter Segel und gelangten bis zum
Abend nach einem kleinen Hafen in der Nähe von Nooette. Von
hier nach Fort Rupert war nur noch ein kurzer Weg, der am
andern Tage trotz eines aufgekommenen Südweststurmes fast spielend zurückgelegt wurde.

In Fort Rupert aber war ich aus der Scylla in die Charybdis gerathen. Meine Reisegesellschaft, obgleich durch eine fast
vierzehntägige Fahrt von ihrem Heimathsdorfe entfernt, war demselben näher als je, da der bekannte vielgenannte Urwaldsweg
dorthin führte. Diesen Umstand benutzten die Indianer von Fort
Rupert, um meine Engagirten auf die Leichtigkeit aufmerksam zu
machen, mit der sie desertiren könnten. Der Beweggrund zu dieser
Handlungsweise war der Neid, denn die glänzenden Anerbietungen
die ich meinen Langköpfen gemacht hatte, lockten die Einwohner
von Fort Rupert selber zu der Theilnahme an der Expedition
nach Europa. Ich für meinen Theil wäre mit einem Tausche
vielleicht zufrieden gewesen, wenn die guten Rothhäute auch die
künstliche Deformation der Schädel besessen hätten, wie meine
Longheads, was keineswegs der Fall war.

Die Fort Rupert-Indianer liessen es sich sehr angelegen sein,
mein Doppelpärchen, welches die Fahrt mit der Schaluppe leider
noch zu sehr in Erinnerung hatte, systematisch vor der grossen
Fahrt nach Europa graulich zu machen, indem sie ausmalten, wie
gefährlich es sei, beinahe ein ganzes Jahr lang ununterbrochen
von der hohen See geschaukelt zu werden, und eben so lange die
Eruptionen der Seekrankheiten zu erdulden. Was half es mir,

dass ich den Leuten erzählte, ich würde mit ihnen auf der Eisenbahn quer über das Festland von Nordamerika dampfen und alsdann noch nicht einmal zwei Wochen lang auf einem riesengrossen Schiffe, welches sich nur wenig von den Wellen bewegen lasse, mit ihnen fahren, um unsern Bestimmungsort zu erreichen; was half es, dass der alte Herr Hundt meine Worte nicht nur bestätigte, sondern auch seine eigene Beredsamkeit verschwendete.

Wie ein Deus ex machina erschien mir in dieser Lage am dritten Tage nach unserer Ankunft in Fort Rupert eine, mit dem Dampfer Otter mir zugehende telegraphische Anweisung aus Europa, welche auf das Engagement der Langköpfe verzichten hiess.

Mit ungleich grösserer Ruhe konnte ich jetzt dem Sturm entgegen sehen, der sich von Koskimo aus gegen mich erhoben hatte. Es trat nämlich eine Deputation von fünf Indianern dieses Dorfes plötzlich in Fort Rupert auf und erklärte, dass sie ihren Häuptling Wachas und sein Weib unter allen Umständen zurückführen müssten, da ganz Koskimo wegen der Abwesenheit dieser Beiden in Aufruhr gerathen sei. Schon die nächste Nacht überhob mich jeder Antwort, denn Freund Wachas und sein Ehegesponst empfahlen sich, ohne mir persönlich Adieu zu sagen. Auch ein anderer von den Engagirten hatte schon vorher sein Ziel in der Flucht gesucht, so dass mir nur noch das gute liebe langköpfige Weibchen blieb. Da sich die Expedition auf diese Weise selbst aufgelöst hatte, so konnte ich auch meinen Dolmetscher William Hundt nicht gebrauchen.

Meine nächste Sorge war nun darauf gerichtet, die sehr grosse Menge von ethnographischen Gegenständen, welche ich gekauft hatte, für das Berliner Museum einzupacken und mich mit ihnen an Bord des Dampfers Otter, der am 16. April Morgens 3 Uhr in Fort Rupert ankam, nach Victoria einzuschiffen. Am Tage darauf landeten wir wieder in Victoria.

Wenige Tage nach meiner Ankunft daselbst erhielt ich, während ich noch mit der Expedition der Sammlung nach Europa beschäftigt war, von Berlin aus die Ordre, mich an Bord eines Walfischfängers nach der Beringsee zu begeben und auf der Diomedesinsel zu sammeln. Ich telegraphirte sofort nach San Fran-

cisco und erhielt von dort die Auskunft, dass vor dem Monat
Juni kein Waler nach der Beringsee ausfahren werde, dass dagegen Händler noch vor dieser Zeit dorthin aufbrechen würden. Es
blieb mir somit noch eine kurze Frist, welche ich dazu benutzte,
um denjenigen Theil der Ostküste von Vancouver zu bereisen,
der die St. Georgstrasse begrenzt.

Am 2. Mai reiste ich von Victoria ab und gelangte gegen
Mittag desselben Tages nach der Cowichanbay und dem Dorfe
gleichen Namens, wo ich ausstieg. Unter den hier wohnenden
Indianern sind die bedeutendsten die Quamichan-Indianer. Ich
besuchte ihr Dorf, fand aber nur wenig ethnologische Gegenstände
vor, da von früheren Sammlern alles aufgekauft ist. Mein Führer
war der katholische Missionär. Beim Durchwandern des Dorfes
entdeckte ich im Besitz eines dortigen Händlers, eines Italieners,
eine schöne alte Steinwaffe, konnte dieselbe aber erst später in meinen
Besitz bringen, da für diesesmal ein zu hoher Preis dafür gefordert wurde. Nördlich von Quamichan liegt die kleine Kupferinsel, nach welcher ich noch an demselben Tage hinüberfuhr, und
bei dem dortigen Missionär Herrn Robertson sehr freundliche
Aufnahme fand. Am anderen Morgen besuchte ich das auf der
Insel liegende Dorf Pinalekaht, welches sehr bevölkert ist. Ich fand
indessen leider fast die gesammte Einwohnerschaft abwesend, da
sie sämmtlich ostwärts quer über die St. Georgstrasse nach der,
auf dem Festlande von British-Columbien am Fraser River gelegenen Stadt New-Westminster zu einem Indianerfest gefahren
waren. Die ethnologische Ausbeute wäre hierselbst ohnedem nicht
besonders gross gewesen, weil die Einwohner von Pinalekaht bereits
zum Christenthum übergegangen sind, und alles was sie an Masken bei früheren Tanzfesten gebraucht haben, nicht mehr benutzen.

Hier sowohl, wie in dem am Tage vorher besuchten Dorfe
Cowichan, sowie in Saanich, treiben die Indianer ein wenig
Landwirthschaft. Der Boden eignet sich hierzu auch sehr gut,
wenn der Urwald ausgerodet ist. Am Abend war ich wieder
in der Wohnung des Missionärs Herrn Robertson in Village
Bay, und brachte in der liebenswürdigen Gesellschaft dieses Herrn
einen sehr angenehmen Abend zu. Ein Versuch, den ich am

Nachmittag dieses Tages gemacht hatte, mit Hilfe einiger Indianer eine alte indianische Grabstätte auf Schädel und Beigaben zu erforschen, hatte zu keinem bedeutenden Resultate geführt.

Nordwestlich von der Kupferinsel liegt an der Ostküste von Vancouver das Indianerdorf Chimenes, wo ich am andern Mittag anlangte. Es erging mir hierselbst gerade wie in Pinalekaht, da auch hier fast sämmtliche Einwohner zu dem Feste nach New-Westminster gefahren waren. Ich kaufte hier eine Decke, welche aus Hundehaaren gearbeitet war; es war die erste dieser Art, die ich je gesehen habe. Nach mehrstündigem Aufenthalt setzte ich meinen Weg längs der Küste nördlich weiter fort und gelangte noch an demselben Tage nach dem Orte Nanaimo, woselbst ich ebenfalls wenig für meine Zwecke Geeignetes fand. Am andern Morgen gelang es mir in einigen Indianerhäusern am Nanaimo-River vier Stück jener alten Hornkeile oder Aexte, mit denen früher die Bäume gespalten wurden, zu erwerben. Eine kleine Strecke nördlich von Nanaimo liegt das Sommer-Indianerdorf Juklutok, doch auch hier war die Ausbeute sehr gering.

In der Nähe befand sich ein alter Begräbnissplatz der Indianer, den ich im Vorüberfahren bemerkt hatte. Ich engagirte einen hier wohnenden alten Franzosen, um mir beim Untersuchen der Gräber behilflich zu sein. Der gute Mann liess sich dafür sehr theuer bezahlen, that aber aus Furcht vor den Indianern fast garnichts. Die ganze Ausbeute bestand aus einigen geschnitzten Holzmasken, die auf einige Grabkisten aufgenagelt waren.

Ein kleiner in Nanaimo anfahrender Dampfer nahm mich am andern Tage mit nach Comox, welches etwa fünfzig englische Meilen nordwestlich an der Ostküste gelegen ist. Auch hier waren alle Indianer auf Reisen, und meine Hoffnung, hierselbst einige der früher von den Indianern dieser Küste gebrauchten steinernen Pfeilspitzen zu erhalten, wurde wieder einmal getäuscht. Man erzählte mir, dass die Farmer dieser Gegend sehr oft derartige Spitzen beim Pflügen in der Erde gefunden, dass sie dieselben aber als werthlos weggeworfen hätten. Da die ganze Ostküste von Vancouver schon sehr stark von der Kultur der weissen Leute beeinflusst ist, so findet man fast in jedem Dorfe einige weisse Ansiedler. In Comox bestand sogar ein Hôtel, dessen Wirth, Herr Patrik mich nicht nur freundlich aufnahm, sondern mich auch mit gar nicht hoch genug zu schätzender Liebenswürdigkeit in meinen Plänen aufs Beste unterstützte.

Comox ist der südlichste Vorposten, der von mir im Vorhergehenden oft genannten Quakult-Indianer, deren Hauptrepräsentation etwa einen Breitengrad nördlicher in Fort Rupert concentrirt ist. Es war mir desshalb von Interesse, zwei alte Indianer-Begräbnissplätze zu untersuchen, die sich hier bei Comox befinden. Mit Unterstützung des Herrn Patrik erlangte ich mehrere Schädel, fand aber sonst wenig in den Gräbern. Auf dem zweiten Kirchhofe waren die Grabkisten, der bei den Quakult-Indianern herrschenden Sitte gemäss, 20—60 Fuss hoch auf Bäumen angebracht. Die alten Indianer hatten hierbei die Vorsicht gebraucht, dass sie fast überall die Aeste und Zweige unterhalb der Grabkisten glatt abgehauen hatten, so dass der Stamm nicht zu erreichen war. Wir mussten uns in mehreren Fällen dadurch helfen, dass wir mittelst eines Bogens einen Pfeil mit daran befestigter Leine über den oberen Ast, welcher eine solche Grabkiste trug, hinüberschossen und alsdann an der Leine ein stärkeres Tau nachzogen, an welchem es möglich war hinaufzuklettern.

Einen eigenthümlichen Anblick gewährte zufälliger Weise eine Leiche dadurch, dass ihr der Kopf fehlte, sie aber dennoch alle Zeichen einer feierlichen Beisetzung besass. Es ist dieser Umstand wohl nur dadurch zu erklären, dass es sich hier um die Leiche eines Comox-Kriegers handelte, der in einem der blutigen Kämpfe, wie sie unter Anderen auch mit den Indianern von Alberni ausgeführt wurden, gefallen und seines Kopfes von dem triumphirenden Feinde beraubt worden war. Etwa 50 englische Meilen nördlich von Comox, auf der gegenüber liegenden Seite des St. Georg-Canals, liegt das tief in das Festland von British-Columbien einschneidende Bute-Inlet. Dasselbe liegt östlich von dem früher beschriebenen Knights-Inlet. Dorthin, nach Bute-Inlet, richtete ich meinen nächsten Ausflug.

Der Indianer, mit dem ich in einem grösseren Canoe die Fahrt über die hier ziemlich breite Wasserfläche unternahm, hatte seine ganze Familie bei sich, bestehend aus seinem Weib und vier Kindern, welche in einem kleineren Canoe neben uns her fuhren. Es herrschte eine frische nördliche Brise, welche zwar nicht gefahrdrohend war, aber für das kleinere Canoe immerhin bedenkliche Folgen haben konnte. Das Indianerweib zeigte sich als eine muthige und in jeder Weise der Situation gewachsene Person. Sie sass unbeweglich still am Steuer, das sie mit fester Hand hielt, während die Wogen und kleinen Sturzseeen sich über das winzige Fahrzeug ergossen. Ihr langes schwarzes Haar flatterte aufgelöst im Winde und von ihrem Gesicht und Körper rann unaufhörlich die salzige Fluth hinab. In stetiger Fahrt durchschnitt ihr Canoe die Wellen, und so oft die Letzteren die Gruppe der Kinder bedrohten, erhoben die Kleinen ein lautes Jammergeschrei, während das jüngste Kind, ein sechs Monate alter Säugling, der auf dem Rücken der Mutter getragen wurde, lautlos, mit aufgesperrtem Munde und weit aufgerissenen Augen in die Wellenberge starrte, die scheinbar das Canoe zu überfluthen drohten. Es war ein tapferes Weib, diese Indianermutter, welche während der ganzen Fahrt sich neben uns hielt, nachdem wir unsere Segel in Rücksicht auf sie etwas gekürzt hatten. Es wurde Abend bevor wir nach Clayamen, einem Indianerdorfe an der Küste des Festlandes von British-Columbien, gegenüber Comox, weit südlich von Bute-Inlet gelangten. Auch hier ging es mir wie überall, denn die hier wohnenden Indianer waren auf Jagd und Fischerei nach allen Himmelsrichtungen ausgeflogen.

Am andern Morgen wurde die Fahrt nordwärts längs der Küste des Festlandes fortgesetzt und am Abend das Indianerdorf Malaspina erreicht. Die ganze Ausbeute beschränkte sich hier auf eine Lanze und eine steinerne Pfeilspitze. Dagegen gab mir mein Canoeführer, der einige Worte englisch verstand, Auskunft über einige grossartige Steinsculpturen, sowie über ein Steinmonument in der Umgegend. Die Zeit drängte indessen sehr, da ich mit dem nächsten Dampfer nach „Frisco" — so lautet ganz allgemein die Abkürzung für San Francisco — abreisen musste. Ich gab deshalb sowohl den Besuch dieser Localitäten, welcher mehrere Tage gekostet haben würde, als auch die Reise nach

Bute-Inlet auf, und kehrte nach Clayamen zurück. Das Wetter war sehr schön aber es herrschte totale Windstille, so dass ich, in dem Wunsche vorwärts zu kommen, den ganzen Tag über angestrengt paddelte bis ich Abends, die Hände mit Blasen bedeckt, mein Ziel erreichte. In Clayamen befindet sich eine kleine katholische Kirche, welche für die Bewohner dieses Ortes und des benachbarten Indianerdorfes Clahus erbaut ist.

So schnell wie möglich setzte ich nunmehr die Rückreise durch die Sanct Georgstrasse fort und gelangte am nächsten Tage nach der Insel Collap, welche der Halbinsel Sechelt vorgelagert ist, und woselbst sich das Dorf der Sechelt-Indianer befindet. Die ganze Bewohnerschaft, welche ich antraf, bestand aus einigen alten Weibern; die übrigen waren ausgeflogen. Es war mir sehr interessant hierselbst den Laden und die Dschunke eines chinesischen Kaufmannes anzutreffen. Bei dem Letzteren hatte ich mich einer sehr freundlichen Aufnahme zu erfreuen. Zwei Tage darauf hatte ich über Nanaimo und Cowichan Victoria erreicht und befand mich am 23. Mai wieder in San Francisco.

VIII.

Im Hafen von San Francisco lag der Schooner „Tiurnen", welcher von einer Gesellschaft von Goldgräbern gechartert worden war, um eine Fahrt nach Alaska auszuführen. Auf diesem Schooner sicherte ich mir die Ueberfahrt bis zum Fort St. Michael, südlich von der Beringstrasse. Die Reise, welche ich vorhatte, konnte, wie ich wusste, im Jahre 1882 nicht mehr beendet werden; ich musste desshalb die Vorbereitungen für eine etwa eineinhalbjährige Abwesenheit treffen. Nachdem mir hierzu auf telegraphischem Wege die nöthigen Gelder von Berlin aus angewiesen worden waren, deponirte ich die grössere Hälfte dieser Summen bei der Alaska - Commercial - Company, wofür ich mir einen Creditbrief geben liess, das übrige nahm ich für die Ausrüstung und als Reisegeld mit mir.

Es war leider schon etwas spät im Jahre geworden, und der grösste Theil der Fahrzeuge, die nach Alaska gingen, hatte bereits San Francisco verlassen. Die Ausrüstung des Schooners „Tiurnen" zog sich noch bis gegen die Mitte des Monats Juni hin. Die Goldgräbergesellschaft mit der ich nach dem Norden zu reisen beabsichtigte, hatte ursprünglich aus zwei besonderen Parthien bestanden, deren eine von ihrem ursprünglichen Plane wieder abgekommen war und den Entschluss gefasst hatte, mit einem amerikanischen Schiff zu fahren, das im Monat Juli nach Point Barrow an der Nordküste von Nordamerika abgehen sollte, um daselbst eine derjenigen meterologischen Stationen anzulegen, durch deren Begründung und Unterhaltung sich die Vereinigten Staaten an dem grossen Plan der internationalen Polarforschung betheiligte. Die andere Parthie bestand aus fünf Goldgräbern, die einen Herrn Edward Scheffelien zum Führer hatten, der mit seinem Bruder, welcher sich gleichfalls bei der Expedition betheiligte, ein Vermögen von einer halben Million Dollars besass. Diese Goldgräber hatten sich eine Reihe von Jahren in dem südlicher gelegenen Staate Arizona aufgehalten und dort ihr grosses Vermögen erworben. Sie waren so sehr abgehärtet, dass ihnen der plötzliche Wechsel der Witterung und des Klimas gering erschien gegenüber .dem Eindrucke den das ihnen unbekannte Land Alaska durch seinen etwaigen Goldreichthum auf sie machte. Die Expedition der Goldgräber sollte ebenso, wie die meinige, vom Fort St. Michael aus beginnen und den mächtigen Yukonstrom hinaufgehen. Zu diesem Zwecke hatten sie einen eigenen kleinen, sehr flach gehenden Dampfer erbauen lassen, welcher bei 50 Fuss Länge einen Inhalt von zehn Tons und einen Tiefgang von zwei Fuss hatte. Dieses Fahrzeug besass eine einzige Welle, die hinter dem Schiff angebracht war. Der Zweck des Dampfers war, die Mitglieder der Expedition nebst allen ihren Ausrüstungsgegenständen und Vorräthen, die in einem besonderen Fahrzeug transportirt werden mussten, den Yukonstrom aufwärts zu schleppen. Hier war eine Gelegenheit für mich, das Boot, welches ich mir selber in Alaska für meine Expedition auszurüsten hatte, auf mühelose Weise gleichfalls den ziemlich reissenden Strom hinauf befördern zu lassen, indem ich es als letztes Fahrzeug schleppen liess. Der kleine Dampfer wurde an Bord des Schooners „Tiurnen" genommen und auf Deck gesetzt.

Unter den interessanten Bekanntschaften, welche ich in San Francisco während meines diesmaligen Aufenthaltes machte, war auch diejenige eines der beiden Gebrüder Dr. A. Krause aus Berlin. Beide Herren hatten im Auftrage der um die Polarforschung hochverdienten Geographischen Gesellschaft in Bremen während des Jahres 1881 eine durch grosse wissenschaftliche Erfolge ausgezeichnete Reise nach der Tschuktschen-Halbinsel gemacht und hierbei auf ihren kühnen Fahrten im offenen Walboot um das Ostcap von Asien und längs der übrigen Theile der sibirischen Küste der Beringstrasse ein umfassendes wissenschaftliches Material gesammelt; sie hatten alsdann den Winter über an der Nordwestküste von Amerika gelebt und sich nun getrennt, weil der Urlaub des einen Bruders abgelaufen war. Der andere Dr. A. Krause hatte sich nordwärts gewendet, um, soweit es seine Zeit noch erlaubte, seine wissenschaftlichen Untersuchungen fortzusetzen. Damals durfte ich hoffen, was sich indessen später nicht bewahrheitete, dass ich den letztgenannten Herrn möglichen Falls noch in Alaska antreffen würde.

Unsere Abreise von San Francisco fand am Dienstag, den 13. Juni 1882 in der Mittagstunde statt. Es hatte sich hierzu eine zahlreiche Menschenmenge am Hafenquai eingefunden, welche uns ihre Sympathieen im Moment der Abfahrt durch donnernde Hochrufe und Tücherschwenken kund gaben, ein Abschiedsgruss, den wir nach Kräften zurückgaben. Man hatte unser Schiff und den kleinen Dampfer auf Deck mit Blumen und anderen Beweisen der Aufmerksamkeit geschmückt, und freudige Hoffnung schwellte unsere Brust, als wir im Schlepptau eines Dampfers langsam und majestätisch durch den Hafen fuhren und Guldengate passirten: „Auf nach dem Yukon!" war unsere Losung.

Wenn uns jemand in der Stunde unserer Abfahrt gesagt haben würde, dass noch nicht einmal die nächsten drei Tage vergehen würden, ohne dass unsere lustige Goldgräbergesellschaft den Wunsch äussern würde, wieder zurück zu kehren, den würden wir ausgelacht haben; wenn uns aber von ihm prophezeit worden wäre, dass fast fünf volle Wochen verfliessen würden, bevor wir den

Fuss wieder auf festes Land setzen könnten, so würden wir ihn einfach für unsinnig gehalten haben.

Die weite Fläche des stillen Oceans war fast fortwährend im Laufe unserer Reise von einer mächtig rollenden See bedeckt, während die Winde uns entweder stürmisch entgegen wehten, so dass wir Wochen lang keinen Kurs steuern konnten, oder total still wurden, so dass wir absolut auf demselben Flecke hin und her schaukelten. Vielleicht kein Meer der Welt verdient so sehr das Prädikat, dass es die Seekrankheit erzeugt, als der Theil des Stillen Oceans, den wir zu passiren hatten. Bereits am Tage nach unserer Abfahrt waren sämmtliche Passagiere an Bord mehr oder weniger seekrank und es war nur ein sehr geringer Trost für sie, dass gleichzeitig mit uns noch vier andere Schiffe in der Nähe auf den langsam sich hebenden und senkenden rollenden Wasserbergen mit schlaff herunterhängenden Segeln hin- und herschaukelten und einen eben so hohen Prozentsatz Seekranker an Bord führten.

Nicht wenig trug auf unserm Schiff, welches keine Passagierkabinen besass, der Umstand zur Vermehrung der Seekrankheit bei, dass vier von uns im Schiffsraum schlafen mussten, der von dem Geruch des verfaulten Pumpenwassers angefüllt war. Es ist das Missgeschick, dass auf solchen fast unermesslichen Wasserflächen, wie diejenige des Stillen Oceans, irgend ein Sturm noch tagelang nach seinem gänzlichen Aufhören die Wasserwellen auf Tausende von Seemeilen Entfernung hin in rollende Bewegung bringt, ja dass dieselben Wellen von den Gestaden der Inseln und des Festlandes abprallend, ihren Weg in umgekehrter Richtung wieder zurück nehmen. Die noch so deutliche Erkenntniss dieses Umstandes vermochte unseren Goldgräbern nicht das Geringste von den Qualen ihrer Seekrankheit zu nehmen. So war es denn kein Wunder, dass sie trotz der ungeheuren Summen, die sie für die Expedition schon verausgabt hatten, das heftigste Verlangen zeigten, auszusteigen, oder nach San Francisco umzukehren. Beide Wünsche wurden natürlich nicht erfüllt und die guten Leute mussten sich geduldigen, bis wir am nächsten Tage, anstatt die Sturmwirkungen aus entlegener Ferne als Urquell der Leiden an Bord zu geniessen, selber einen frischen, fröhlichen Sturm bekamen, der uns zwang, mit dicht gerefften Segeln gegenan zu kämpfen, während noch dazu unsere beiden Vordersegel ihren Dienst versagten. Die Fortschritte, die wir machten, waren noch so gering, dass wir schon fast eine Woche unterwegs waren und erst eine Strecke von sieben bis acht deutsche Meilen zurückgelegt hatten.

Indessen jede Windstille und jede Seekrankheit muss einmal ein Ende nehmen. So geschah es auch bei unserem Schooner und bei unseren Goldsuchern. Der Sturm wendete sich einigermaassen günstig für uns, indem er aus Nordwest zu wehen begann und unsere Goldsucher wurden endlich seefest und der Muth übte in ihrer Brust wieder seine Spannkraft. Es war dies namentlich daran ersichtlich, dass sie bei der Annäherung eines kleinen Schooners, der etwas eigenthümliche Manöver machte, in den Glauben versetzt wurden, ein Seeräuberschiff nähere sich uns und zu ihren Revolvern und Gewehren griffen, um sich zu vertheidigen. Jedenfalls dachte die Besatzung des kleinen Schiffes mit keiner Silbe daran, welch schrecklichen Verdacht sie bei unsern allezeit sehr zur Vertheidigung bereiten tapfern Leuten hervorgerufen hatte.

An diesem Tage, wo wir die ersten eigentlichen Fortschritte während der Fahrt machten, hatte unser Schiff, das mit einer Geschwindigkeit von sechs englischen Meilen in der Stunde dahinsegelte, mehrere Stunden lang einen eigenthümlichen Reisebegleiter. Es war dies eine Pelzrobbe, welche mit fabelhafter Ausdauer in unserem Kielwasser schwamm und mit einem Seelöwen an Kraft, Gewandtheit und Schnelligkeit wetteifernd, sich förmlich wie eine Schraube durch das Wasser drehte und sogar mitunter über die Oberfläche der See emporsprang. Natürlich thaten wir, gefesselt durch das Wesen des Thieres, demselben nichts zu Leide, so schiesslustig auch sonst die Gesellschaft an Bord war. Schlimmer erging es einige Tage darauf einem Haifisch, der nach der gewöhnlichen Manier dieser Hyänen des Meeres sich zu uns gesellte und längsseit des Schiffes schwamm, vielleicht in stiller Erwartung, dass Jemand über Bord fallen und ihm zum Frühstück dienen würde. Darin hatte er sich nun erheblich getäuscht, denn kaum schwamm er neben dem Schiffe, als ihn auch schon ein wohlgezielter Schuss aus dem Riflegewehr eines unserer Goldmenschen

unterhalb der Kinnlade traf und so schwer verwundete, dass er
sich sofort auf die Seite legte. Aber nun hätte man sehen müssen,
wie aus zehn, zwanzig Revolvern und Gewehrläufen minutenlang
Schuss auf Schuss auf den Hai hinabdonnerte und die Kugeln in
seine Seite einschlugen. Es war, als ob sämmtliche an Bord Anwesende plötzlich ein wahres Jagdfieber bekommen hätten. Langsam begann der Hai mit dem Schwanze zuerst zu sinken, als ich
den Vorschlag und Versuch machte, ihn an Bord zu nehmen.
Hiergegen legte aber unser sonst so gemüthlicher Kapitain Lund,
mein Landsmann, entschieden Verwahrung ein, was mir leid genug
that, da ich schon früher Haifischfleisch gegessen und wohl-
schmeckend gefunden hatte. Den Grund seiner Weigerung gab
der Kapitain nicht an; möglich ist es, dass es sich um irgend
einen Aberglauben in Bezug auf ihn selbst, das Schiff oder unsere
Fahrt handelte. Wir trafen übrigens fast täglich Haie oder Del-
phine, Pelzrobben und verschiedene grosse Fische an, es gelang
uns jedoch nicht, einige davon zu fangen. Die Gegenwart der
Haifische in diesem Theil des Oceans hielt uns indessen nicht ab,
bei Windstille, wenn der Schooner ruhig auf dem Wasser lag, so
oft und so lange wir wollten, zu baden.

Der Fortschritt unserer Reise war so langsam, dass wir am
elften Tage nach unserer Abfahrt aus San Francisco erst hundert
deutsche Meilen zurückgelegt hatten. Der erste Juli war zugleich
auch der erste Tag, an welchem wir, vom Winde begünstigt,
unsern directen Cours steuern konnten, doch etwas Feindliches
trat uns jetzt noch entgegen, da wir eine himmelhohe See, die
uns gerade entgegenstand, zu überwinden hatten. Allmählich wurde
es jedoch Jedermann an Bord fühlbar, dass wir uns den nördlichen Gegenden näherten. Das Wetter wurde kalt und ungemüthlich und die Nebel, welche uns ohnehin schon während der Reise
mit einer Hartnäckigkeit belästigt hatten, die einer sehr viel
besseren Sache würdig gewesen wäre, wurden immer häufiger. Im
Ganzen war die Situation als ungemüthlich zu bezeichnen. Ich
gebe hier zwei Schiffspositionen während unserer Reise: Montag,
den 3. Juli, bei südöstlicher Brise mit bedecktem Himmel, befanden wir uns Mittags auf 42º 27′ n. Br. und 147º 15′ w. L.

von Greenwich. Sonntag, den 9.: Südwestlicher Wind, der Sturm
hatte nachgelassen, und befanden wir uns Mittags auf 52° 23'
n. Br. und 157° 44' w. L. von Greenwich.

Endlich am 10. Juli befanden wir uns in der Nähe des
Landes und zwar südlich von der Halbinsel Alaska bei den
Shumagin-Inseln. Der dichte Nebel verhinderte es, das Land
zu sehen. Erst am nächsten Tage klärte sich das Wetter ein
wenig auf, jedoch nur so viel, dass wir mit äusserster Anstrengung
eine Spur von Land auf einen kurzen Moment erblicken konnten.
Wir befanden uns damals etwa dreihundert englische Meilen von
der Insel Unalaska entfernt. Bei frischer Brise von Nordost
während eines dichten Nebels unseren Cours fortsetzend, gelangten
wir am anderen Abend ausserhalb Halibut-Insel, einem kleinen
Eiland, bekamen 24 Stunden später bei Sturm aus Nordwest und
starkem Nebel die Insel Tigalda in Sicht und mussten die ganze
Nacht zwischen dieser Insel und der Insel Unimak kreuzen, während ein starker Regen ununterbrochen seine Gewässer über unseren Schooner ergoss. Wieder verging ein Tag und Sturm und
Regen suchten uns heim, aber wir sichteten gegen Mittag die
Südostspitze von Akun und passirten glücklich, trotz des vielen
Nebels und Regens, noch an demselben Abend den Akutan-Pass
zwischen den Inseln Akutan und Unalaska. Es ist dieses die
gewöhnliche Passage für Schiffe, die aus dem Süden kommen
und nach der Beringsee fahren.

Da wir unser Schiff auf der amerikanischen Zollstation im
Hafen von Unalaska klariren lassen mussten, so war es nöthig,
am letztgenannten Punkte zu landen. Wer war froher, als unsere
Goldgräber, die nach dreiunddreissig Tagen ununterbrochener Seefahrt, während welcher Zeit sie dreimal den Weg zwischen Europa
und Amerika hätten zurücklegen können, nunmehr endlich am
Sonntag, den 16. Juli, Morgens 7 Uhr, das Gestade der Bay von
Unalaska als sicheres Zeichen, dass es auf der Erde doch auch
noch Land gebe, vor sich sahen. Unser Schooner Tiurnen war
noch vier Seemeilen vom Land entfernt, als drei von unseren un-
geduldigen Passagieren ihre Sehnsucht nach dem Lande nicht
mehr beherrschen konnten und das Boot hinabliessen, in welchem

sie voraus eilten, um wieder einmal festen Boden unter sich zu haben. Wir ankerten im Unalaska-Hafen um ein Uhr Nachmittags und gingen gleichfalls an Land, während die Zollangelegenheiten erledigt wurden. Unser erster Besuch galt der Handelsniederlassung der Western-Fur-Tradings-Company, deren Hauptagent, Mr. Stauff, uns freundlichst aufnahm. Späterhin machten wir dem Zollbeamten Herrn Schmidt unsere Aufwartung. Dieser Herr ist der einzige hier wohnende Beamte, der mit einer Amerikanerin verheirathet ist; die übrigen Beamten sind nicht verheirathet. Zuletzt machten wir der Handelsniederlassung der Alaska-Commercial-Company, deren Hauptagent, Herr Rudolf Neumann, uns in der liebenswürdigsten und entgegenkommendsten Weise aufnahm, eine Visite.

Wer beschreibt unsere Ueberraschung, als wir sämmtlich eine Einladung zu einem an demselben Abend stattfindenden Ball erhielten! Es war kein aussergewöhnlicher Ball, sondern ein Ball wie deren hierselbst an jedem Sonntag einer abgehalten wurde. Und die Damen? wird man fragen. Ja nun; die Damen waren in grosser Zahl und in festlichem modernen Staat, vollständig in europäischer Tracht, einige sogar mit Eleganz gekleidet, vorhanden. Sie trugen Blumen im Haar und auf den seidenen Kleidern und tanzten mit grosser Sicherheit und Ausdauer. Die Damen gehörten der aleutischen Bevölkerung an, welche besonders auf Unalaska sich mit den Russen vermischt hat. Als eine körperliche Eigenthümlichkeit der aleutischen Schönen fielen mir deren schmale abwärts gerichtete Schultern auf. Die beiden russischen Pastoren mit ihren Familien nahmen gleichfalls am Tanze Theil, was die Aleutinnen nicht im Mindesten hinderte in den tanzfreien Momenten ganz forsch ihre Cigarretten zu rauchen. Im Ganzen genommen kamen wir mit dem Tanzen gut aus, trotzdem unser Ballorchester, das aus einer Art Drehorgel mit Notenblättern aus Pappe bestand, widerholt auf zehn, fünfzehn Takte streikte, während sich die lustigen Paare ruhig im Kreise weiter drehten. Die Unterhaltung mit unseren Balldamen wurde in russischer Sprache geführt. Das Vergnügen, zu welchem wir so zufällig gekommen waren, dauerte bis Morgens ein Uhr.

Nördlicher Wind mit Regen verhinderte am andern Tage unser
Auslaufen, und die meisten von uns blieben nur zu gern an diesem
Grenzposten der Civilisation, weil sie wussten, dass sie schon nach
wenigen Tagen al-
len Zufälligkeiten
eines ungeregelten
und unbestimmten
Reiselebens in den
weiten Regionen
von Alaska ausge-
setzt sein würden.
Wir hatten an die-
sem Tage gezwun-
genen Verweilens
Gelegenheit den
Waarenhäusern der
genannten Gesell-
schaften ausführ-
liche Visiten abzu-
statten, und muss-
ten erstaunen über
die grosse Mannig-
faltigkeit der Ar-
tikel, welche hier
zu haben waren.
Man darf wohl be-
haupten, dass es
wenig Produkte mo-
derner Civilisation
giebt, welche hier
nicht vertreten wa-

Mr. H. D. W o o l f e, Correspondent des New-York Herald im
Eskimo-Anzuge.

ren. Man sagte mir, dass die Eingeborenen hierselbst viel Geld durch
den Fang der Seeottern und Pelzrobben verdienen, und dasselbe sofort
wieder, wovon uns auch der Ball einen Beweis gab, in europäischen
Waaren anlegen. Ich machte in Unalaska die Bekanntschaft eines
Correspondenten des New-York Herald, Mr. H. D. W o o l f e, eines

unterrichteten und weitgereisten Mannes, welcher schon in China gewesen war und auch bereits Alaska gesehen hatte. Eine Reise, wie ich, der „Ethnologist of the Royal Berlin Museum" auszuführen im Begriff stand, reizte seine Wanderlust in hohem Grade, und er machte mir den Vorschlag, dass wir die Expedition zusammen machen sollten. Ich willigte gern ein und hatte es in der Folge nicht zu bereuen, da Mr. Woolfe mir auf einem grossen Theil meiner mehrere tausend Meilen betragenden Reiseroute stets ein liebenswürdiger, unermüdlicher und nach Kräften hilfsbereiter Freund gewesen ist.

Am Dienstag, den 18. Juli, Morgens 5 Uhr verliessen wir bei südlichem Wind und schönem Wetter Unalaska, befanden uns jedoch gegen Abend immer noch in Sicht des Landes. Der Wind verwandelte sich am nächsten Tage in einen Sturm aus West und Nordwest, welcher uns durch die kalte und rauhe Witterung, die er mit sich brachte, einen Vorgeschmack der arktischen Hundstage brachte. Am nächsten Tage herrschte wieder Windstille, welche wir dazu benutzten, um zu fischen. Wahrscheinlich aber hatten wir die hierzu feierlichen Ceremonien nicht beobachtet, denn es biss auch kein einziger Fisch auf den Köder. Ich für meinen Theil nahm an dieser Stelle auf meine Weise vom Süden Abschied und leistete mir das Vergnügen eines Seebades, welches natürlich hier mitten in der Beringsee und in nächster Nähe der Beringstrasse etwas frostig ausfiel, und mich lebhaft an meine leichtsinnige Tour erinnerte, die ich im Winter vorher mit blossen Füssen durch die schneebedeckte Strasse eines Indianerdorfes auf West-Vancouver ausgeführt hatte. Kurz darauf passirten wir die St. Matthews- und am andern Tage die St. Lorenz-Inseln und befanden uns am 24. am Eingange des Nortonsunds in Sicht von Cap Nome, gegenüber dem Fort St. Michael und der südwestlich davon gelegenen Mündung des mehrere tausend Seemeilen langen Riesenstromes Yukon. Man erhält einen Begriff von der kolossalen Wassermenge, welche dieser merkwürdige und hochinteressante Fluss mit sich führt, wenn man sieht, wie die Gewässer des grossen breiten Nortonsundes mit der Schnelligkeit von ein bis drei Seemeilen per Stunde hinaus in die offene See strömen, wenn man beobachtet, welche

ungeheure Menge von Treibholz der Strom hinabschwemmt. Diese
Meeresströmung und die uns aus Südost entgegenstehende Brise war
die Ursache, dass wir wenige Meilen vom Ziele entfernt nur ausserordentlich langsam vorwärts kamen. Es war dieses eine um so
schlimmere Geduldsprobe für unsere Goldsucher, als das Wetter
ausnahmsweise, wahrscheinlich wegen der grossen Nähe des Landes
klar blieb, während die dunkle Nebelbank draussen über See lagerte.
So kreuzten wir denn am Eingange des Nortonsundes zwischen der
Galownin-Bay und Fort St. Michael auf und ab, bis uns endlich am
Nachmittag des 25. Juli der östliche Wind gestattete uns St. Michael mehr zu nähern und daselbst um sieben Uhr Abends im
Hafen vor Anker zu gehen. Somit war ich wieder einmal am Aus-
gangspunkte einer grossen Reise angelangt, die mich durch viele
öde und unbekannte Gegenden führen sollte.

IX.

Als wir uns dem Hafen von St. Michael näherten, bemerkten wir einen andern Schooner, welcher denselben Kurs steuerte wie wir. Es war der Schooner „Leo", der zehn Tage später als wir San Francisco verlassen hatte, aber in Folge günstigerer Winde schneller als unser Schooner gefahren war. Er ging nach Galownin-Bay westlich vom Nortonsund, um daselbst eine Anzahl Goldgräber abzusetzen und späterhin nach Point Barrow, welches die Nordspitze von Alaska bildet, um dort Mitglieder der von der Regierung der Vereinigten Staaten zu errichtenden Internationalen Polarforschungs-Station, wie ich bereits erwähnt habe, zu landen.

Es würde sich hier für mich eine günstige Gelegenheit gefunden haben, hoch hinauf nach Norden zu gelangen und die dortigen Küstenstämme zu besuchen, aber da Lieutenant Paul schon am andern Tage abfahren wollte, so wäre es unmöglich gewesen, mich in dieser kurzen Zeit reisefertig zu machen. Wir ankerten in St. Michael Abends 7 Uhr und gingen an Land, woselbst wir bereits alle Passagiere des Schooners „Leo" anwesend fanden. Wir machten zunächst die Bekanntschaft des zweiten

Agenten der Alaska-Commercial-Company, Herrn Neumann, da der Hauptagent Herr Lorenz mit dem Dampfer der Company, welcher während des Sommers den Yukon-River befährt, auf einer Tour nach dem oberen Theil des Stromes abwesend war.

Die Ankunft zweier Schiffe, wie die unsrigen, bringt in einem so entlegenen Punkte der Welt, wie St. Michael ist, naturgemäss eine grosse Aufregung hervor, denn die dort Wohnenden erhalten, wie auch in unserm Falle, erst auf diesem Wege Nachrichten über dasjenige, was seit Monaten in der Welt passirt ist. So war es denn nicht zu verwundern, dass die Mitternachtsstunde herangekommen war, bevor die nothwendigsten gegenseitigen Mittheilungen ausgetauscht waren. Ich kann nicht umhin ganz besonders zu betonen, wie angenehm mir persönlich die Aufnahme war, die mir selbst und meinen Plänen seitens des Vertreters der Alaska-Commercial-Company zu Theil wurde. Als wir uns um Mitternacht verabschiedeten, lud uns Herr Lieutenant Paul, der Führer der Expedition, ein, noch auf einige Stunden an Bord seines Expeditionsschiffes zu kommen, und den Abschied, den er damit für kurze Zeit von der civilisirten Welt nahm, mit ihm zu feiern. Die Sonne war bereits aufgegangen, als wir uns um zwei Uhr Morgens am 26. Juli nach zahlreichen Reden und Toasten von Lieutenant Paul und den Herren der Polarstation verabschiedeten und zu uns an Bord gingen. Nach kurzer Ruhe liess ich meine Sachen an Land bringen und traf einige schleunige Vorbereitungen für die Reise.

Inzwischen hatte die Goldgräbergesellschaft auch ihrerseits alle Einrichtungen getroffen, um ihre Reise in das Innere von Alaska baldmöglichst antreten zu können. Es war gelungen mit Hilfe von hydraulischen Maschinen den kleinen Dampfer vom Deck des Schooners wohlbehalten auf das Wasser hinabzulassen und alle Ausrüstungsgegenstände der Gesellschaft an Bord des Dampfers und eines grossen mit Fellen überzogenen Ruderbootes, das zu diesem Zwecke gekauft wurde, zu schaffen. Ich erhielt durch Herrn Neumann ein grosses Fellboot der Alaska-Commercial-Company geliehen, und engagirte als Dolmetscher und Arbeitskraft ein russisch-indianisches Halbblut Namens Petka, dem ich einen für dortige

Verhältnisse ziemlich hohen Lohn zahlen musste. Aber der Mann war brauchbar und mit der Gegend vertraut, da er bereits früher mit Herr Nielsen von Smithsonian Institution eine Reise ausgeführt hatte.

Um einen kleinen Vorgeschmack davon zu bekommen, wie sich das ethnologische Handelsgeschäft für mich entwickeln würde, kaufte ich von den hier wohnenden Eingebornen verschiedene Gegenstände und gewann den Eindruck, dass ich eine ziemlich günstige Ernte haben würde. Einige Tage nach unserer Ankunft in St. Michael wurden sämmtliche Gegenstände der Expedition geordnet und der Zug so arrangirt, dass Hr. Scheffelien und einige seiner Gefährten an Bord des kleinen Dampfers, die übrigen Goldgräber und der Lootse an Bord des ersten Fellbootes und Mr. Woolfe sowie ich mit meinem Dolmetscher Petka an Bord meines Fellbootes Platz nahmen und dass der ganze Zug durch den kleinen Dampfer geschleppt werden sollte. In dieser Reihenfolge hielten wir uns in der That später während der ganzen neunhundert englische Meilen langen Fahrt, die wir während des Monats August 1882 den Yukon-River hinauf ausführten.

Das Netz von Stationen und Handelsposten, mit denen die Alaska-Commercial-Company das Land Alaska und die dazu gehörende Inselwelt überzogen hat, gleicht im Ganzen und Grossen demjenigen, welches etwas südlicher die Hudsons-Bay-Company über British-Columbien etc. gelegt hat. Wie bereits erwähnt, befindet sich der Hauptsitz der Alaska-Commercial-Company in San Francisco und sind mehrere der Hauptmitglieder Deutsche. Diese Gesellschaft erhielt im Jahre 1868 das Monopol auf die Pelzrobbenjagd in Alaska gegen eine Vergütung, die sie für jedes gefallene Thier an die Regierung zu zahlen hat. Es ist ihr die Verpflichtung aufgelegt worden, dafür zu sorgen, dass die Pelzrobben nicht ausgerottet werden, es wird desshalb alljährlich nur eine bestimmte Zahl von Thieren getödtet. Die Inseln St. Paul und St. George im Beringmeer sind die einzigen, wohin die Pelzrobben in jedem Sommer kommen, um sich zu begatten. Dort findet alsdann durch besonders beauftragte Bewohner der Aleuten-Inseln der Fang statt. Neben dieser Jagd betreibt man dort oben im Norden

den Seeotterfang an sämmtlichen Aleutischen Inseln mit Vortheil. Die Alaska-Commercial-Company hat ihre Handelsstationen, ausser an der Westküste von Alaska, woselbst Fort St. Michael die Hauptstation ist, auch auf der Südseite von Alaska in Cooks-Inlet etc. errichtet. Auf dem ganzen Festlande wird auch ein bedeutender Handel mit Fellen betrieben, und es befinden sich am Yukon-River bis 1800 englische Meilen aufwärts acht Stationen der Alaska-Commercial-Company, zwischen denen zwei kleine Dampfer den Verkehr unterhalten; ferner liegen südlich davon am Kuskoquim-River zwei Stationen, am Nuschagak-River auf der Südküste zwei Stationen, in Cooks-Inlet auf der Südküste fünf Stationen, in Prinz Williamssund ebendaselbst eine Station. Für diese letztgenannten ist St. Paul auf der Insel Kadiak an der Südküste die Hauptstation; ausserdem befinden sich noch viele Stationen auf den Aleutischen Inseln mit der Hauptstation auf der von uns bei der Hinreise besuchten Insel Unalaska. An jeder dieser Stationen sind weisse Händler angestellt, um die Felle von den eingebornen Jägern einzutauschen und die übrigen Handelsgeschäfte zu vermitteln. Unter der Botmässigkeit dieser weissen Händler, die wie überall in Amerika den Namen Trader führen, stehen noch zahlreiche Mischlinge, die während der Wintermonate umherreisen und die Felle aus entferntliegenden Distrikten eintauschen, resp. auch sonst als Arbeiter verwendet werden. Die Alaska-Commercial-Company besitzt mehrere Segelschiffe und drei grössere Dampfer, welche alljährlich die Handelsartikel hinaufbringen und dafür Felle und sonstige Produkte nach San Francisco mit zurücknehmen. Neuerdings ist zu diesem grossen Einfluss der Gesellschaft noch derjenige einer auf der Insel Kadiak gegründeten Lachs-Conserven-Fabrik hinzugekommen. Unter den im Handel vorkommenden Fellen befinden sich solche von Renthieren, Elchen, einigen Marderarten, von Polar-, Roth-, Kreuz- und Schwarz-Füchsen, von Roth-, Schwarz- und Grisly-Bären, vom Luchs, Vielfrass, Biber, von Hasen, Ratten, Hermelin und anderen Nagethieren, Fischotter u. s. w. Die Mehrzahl dieser Felle geht auf den grossen Pelzmarkt von Europa, nach London. In neuerer Zeit werden auch noch andere Artikel aus Alaska exportirt, darunter Walrosszähne, gesalzene Lachse und

Heringe. Die Alaska-Commercial-Company besitzt ein sehenswerthes kleines ethnographisches und zoologisches Museum in ihrem
Hauptcentralpunkt in San Francisco. Die Aufstellung dieser Sammlungen ist dem grossen und regen Interesse für die Wissenschaft
zu verdanken, welches die Alaska-Commercial-Gesellschaft stets beseelt hat, ein Interesse, das sie auch durch thatkräftige Unterstützung der wissenschaftlichen Zwecke eines jeden Reisenden und
Sammlers jederzeit, und besonders auch mir erwiesen hat, wofür
ich ihr nochmals an dieser Stelle meinen Dank zu sagen mich
verflichtet fühle. Schliesslich erwähne ich noch, dass eine grosse
Zahl von Händlern und Agenten dieser Gesellschaft aus Deutschen
oder aus Skandinaviern besteht.

Nachdem ich meine Abschiedsbriefe nach Europa geschrieben
hatte, nahm ich noch vor dem Antritt meiner Reise in St. Michael
ein russisches Bad in landesüblicher Weise. Die Einrichtung dieser
Bäder ist auf allen Stationen der Gesellschaft, wie ich späterhin
fand, dieselbe; daher möge eine Beschreibung derselben gleich hier
Platz finden. Diese Häuser sind gewöhnlich nach Art der russischen
Badehäuser eingerichtet; die Gebäude sind vor Allem luftdicht gebaut, so dass kein Dampf daraus entweichen kann. In einer Ecke
des Baderaumes befindet sich ein grosser aus Steinen erbauter
Ofen, der beim Beginn des Badens mit einer Quantität Holz ge-
heizt wird. Auf das brennende Holz wird eine grössere Anzahl
faustgrosser Steine hingelegt, die durch die Flammen allmählich
glühend heiss werden. Nachdem das Holz gänzlich herunter ge-
brannt ist, und sich keine Gase mehr daraus entwickeln, wird die
Ofenklappe geschlossen und es kann nun nichts mehr nach aussen
hin von der Wärme entweichen. Nunmehr wird die Dampfent-
wickelung dadurch hervorgerufen, dass man auf die im Ofen liegenden Steine lauwarmes Wasser giesst, worauf der entwickelte
Dampf in mächtigen Wolken aus dem Ofenloch hervordringt und
den Baderaum vollständig erfüllt. Die im Raum anwesenden
entkleideten Personen nehmen in gewöhnlicher Weise auf Holz-
pritschen Platz und baden etwa eine halbe Stunde lang. Alsdann
begeben sie sich in das Nebenzimmer, wo sie ihre Kleider wieder
anlegen. Man befindet sich nach einem solchen Bade stets

frisch, so dass ich jede Gelegenheit benutzte, die sich mir auf meiner Reise darbot, ein Dampfbad zu nehmen. Ich glaube, dass diese Bäder viel dazu beitragen, dass die Bewohner von Alaska im Allgemeinen stark, kräftig und gesund sind, und dass man dort nicht viel von Krankheiten hört. Ein Patient würde auch eine traurige Rolle spielen in einem so weit ausgedehnten Lande, in dem man keine ärztliche Hilfe erhalten kann.

Um es gleich hier zu erwähnen, so besitzen die Einwohner von Nordwest-Alaska, welche aus verschiedenen Eskimostämmen bestehen, gleichfalls eine Art origineller Badeeinrichtung, bei der es aber mehr auf Entwicklung heisser Luft, als auf Dampferzeugung ankommt. Diese Bäder, welche eine gewisse Aehnlichkeit mit unseren bekannten Römischen Bädern haben, mögen in folgendem kurz beschrieben werden: Die Eskimos errichten derartige Bäder in der Regel in solchen Dörfern, in deren Nähe sich grössere Holzvorräthe, sei es Treibholz oder Baumwuchs, befindet. In den Eskimo-Ansiedlungen giebt es Tanz- oder Festhäuser, welche den Namen Kassigim oder Kassigit führen. Diese Gebäude sind ganz anders gebaut als die gewöhnlichen Wohnhäuser und dienen oft auch als Badehäuser. Die Kassigim oder Kassigit sind viel grösser als die gewöhnlichen Eskimohäuser und sind zur Hälfte unter dem Erdboden erbaut. Man betritt sie nicht durch eine oberhalb der Erde angebrachte Thüre, sondern durch einen grabenähnlichen tiefen Gang, der in den Erdboden einschneidend in einen grossen runden kellerartigen Raum unterhalb des mit Planken bedeckten Fussbodens des Hauses führt. Durch ein mitten im Fussboden angebrachtes rundes Loch steigt der Angekommene hinauf in den Fest- und Tanzraum. An den Wänden befindet sich eine, und, wenn die Gegend sehr holzreich ist, zwei Reihen Bänke, auf denen die Eskimos bei grösseren Festen Platz nehmen. Im Falle ein solches Fest gefeiert wird, so erleuchtet man den inneren Raum durch etwa zehn bis dreissig steinerne oder aus Thon gefertigte Lampen, deren jede einzelne, wie eine Laterne auf einem besonders für sie im Festraum errichteten Pfahl aufgestellt wird. Ganz anders dagegen ist die Verwendung des Hauses als Baderaum.

Wenn man ein Bad bereiten will, so wird zunächst der bewegliche

und leicht aufzunehmende aus Planken bestehende Fussboden aus dem
Hause gänzlich entfernt, so dass der dadurch freiwerdende Kellerraum
mit dem Innern des Gebäudes einen grossen zusammenhängenden
Raum bildet. Nachdem dies geschehen ist, wird auf dem Erdboden
des Kellers, welcher etwa vier Fuss tiefer liegt als der gewöhnliche
Erdboden, ein ziemlich grosses Feuer angezündet. Nunmehr entkleiden sich diejenigen, welche das Bad nehmen wollen und placiren sich. Als Badediener fungiren Eskimo-Weiber, welche jedem
Badenden eine Schüssel mit Schnee überreichen. Für zarte Naturen,
und für Solche, die an unsere europäischen Begriffe von Reinlich-
keit gewöhnt sind, ist der Anblick oder gar das Nehmen eines
solchen Bades durchaus nicht zu empfehlen. Aber für den Eskimo,
der durch seine Lebensweise auf und an seinem Körper so viele
Unreinigkeiten ansammelt, dass letztere mitunter wie eine Art Kruste
auf seiner Haut liegen, dürften die Manipulationen des Bades immerhin von sehr gesundheitsförderndem Einfluss sein, so wenig appetit-
lich sie auch nach unseren Begriffen sind. Der Eskimo gebraucht,
um die aus Schweiss, Fett und Schmutz bestehende obere Schicht
seines Körpers zu entfernen, Seife und Wasser. Da ihm Beides, und
namentlich die Seife nicht zur Verfügung steht, so benutzt er die
natürliche Flüssigkeit seines Körpers, den Harn, um den in der
Holzschüssel befindlichen Schnee damit theilweise zu schmelzen,
und wäscht sich alsdann mit dieser Mischung den ganzen Körper.
Beim Reiben der Glieder entsteht Schaum auf der Oberfläche
des Körpers, gerade als wenn zum Waschen Seife benutzt worden
wäre. Diese Manipulation, gegen die sich in hygienischer Beziehung nichts einwenden lässt, hat vor Allem den Effect, dass
die Haut einigermassen gereinigt und die verstopften Schweiss-
poren wieder eröffnet werden. Es tritt nunmehr die natürliche
schweisstreibende Wirkung der durch das Feuer stark erhitzten
Luft des Badehauses in Funktion; eine reichliche Transpiration
entwickelt sich und wirkt abspülend und reinigend. Die Badefrauen
gehen während dieser Zeit ungenirt ab und zu, ohne im Geringsten
daran Anstoss zu nehmen, dass die Badenden unbekleidet sind.
Bei den Letzteren gilt es freilich für ein Zeichen der Wohlan-
ständigkeit, sich einer Art „Badehosen" zu bedienen, die indessen

als das Minimum eines solchen Bekleidungsstückes zu bezeichnen ist, da sie nur aus einem fingerlangen Fädchen besteht, aber in ihrer Art ihren Zweck vollständig erfüllt. Sehr originell, und für uns in Europa vielleicht nachahmungswerth ist der Gebrauch der Eskimos, bei solchen heissen Bädern, zum Schutze gegen die Hitze, eine aus Vogelfell bestehende Mütze aufzusetzen. Noch interessanter ist eine andere prophylaktische Einrichtung, deren sich die Eskimos bei diesen Bädern bedienen. Dieselbe besteht — so sonderbar es auch klingt — aus einer Art Respirator, den die Leute in den Mund nehmen, damit der Rauch des Feuers nicht in ihre Lungen eindringe. Dieser Respirator wird aus einem Geflecht von feinem Gras hergestellt, welches durch einen kleinen hölzernen Pflock, der in den Mund gesteckt wird, festen Halt gewinnt. Rechnen wir hierzu noch die Verwendung von Büscheln feinen Grases als Handtücher, so hat man allen Comfort eines solchen Heissluftbades eines Eskimos an der Nordwestküste Amerikas aufgezählt.

Am letzten Tage des Monats Juli kam ein grosses Fellboot, eine Baidera mit zwanzig Personen beiderlei Geschlechts von Kings-Island in Fort St. Michael an und brachte viele für mich interessante ethnographische Gegenstände mit, welche ich sämmtlich kaufte. Die jungen Eskimoweiber trugen Ringe in der Nase, und hatten das Kinn nach Art der nordwestlichen Einwohner Alaskas tätowirt. Diesmal konnte ich meine Einkäufe noch mit baarem Gelde machen, während ich im Innern von Alaska mich der Tauschartikel bedienen musste. Zu diesem Zwecke hatte ich die gesammte für Einkäufe bestimmte Summe in Waaren umgesetzt, welche ich aus den reichen Vorräthen der Alaska-Commercial-Company ankaufte und bei deren Wahl mich der mit den Handelsverhältnissen vollkommen vertraute Herr Neumann aufs Beste unterstützte.

Unsere Abfahrt vom Fort St. Michael fand am 3. August Morgens 5 Uhr nach einem herzlichen Abschiede von allen, während unseres kurzen Aufenthaltes liebgewordenen Freunden statt. Der Weg bis zur Mündung des Yukon-River musste längs der Küste des Meeres zurückgelegt werden. Wir wandten uns zunächst westwärts durch einen langen Kanal zwischen der Küste und einer

Insel und machten am Ende des Kanals nach sechsstündiger Fahrt
Halt. Es war nämlich nothwendig, frische Brennmaterialien ein-
zunehmen. Da unser kleiner Dampfer, der ausser sich selbst die
schwere Last von zwei vollbepackten Fellbooten oder Baideras zu
schleppen hatte, die zur Heizung seiner Maschine nothwendigen
Materialien natürlich nicht, wie ein grosser Oceandampfer für die
ganze Dauer seiner Fahrt mit sich zu schleppen vermochte, ja
auch nicht einmal im Stande war, dasjenige, was im Laufe nur
eines einzigen Tages von ihm verbraucht wurde, mit sich zu führen,
denn sein Tiefgang betrug nur 24 Zoll, so war es nothwendig,
dass mehrmals täglich Station gemacht wurde, um Brennholz ein-
zunehmen. Steinkohlen wären freilich besser gewesen, da sie bekanntlich im Stande sind, bei demselben Gewicht eine viel grössere
Heizkraft zu entwickeln als Holz. Aber auf Kohlen darf man fast
überall nicht rechnen und so ist man von vornherein für die Heizung des Dampfkessels auf Holz angewiesen. In den öden und
wenig bewachsenen baumlosen Regionen der Küsten von Alaska
würde man vergebens nach einem so grossen Vorrath von Bäumen
suchen, welcher für die Bedürfnisse einer solchen Dampferfahrt
ausreichend wäre; dagegen findet sich in den oft mächtigen Lagern
von Treibholz an der Küste ein ausreichender Vorrath für diesen
Zweck. Fast sämmtliche nordischen Flüsse, welche aus dem Innern
des Landes kommen, führen Treibholz mit sich, welches durch
Luft und Meereswirkung fortgeführt, sich an der Küste aufspeichert
und von der Bevölkerung je nach Bedürfniss verwendet wird.

Das Holzschlagen wurde schon von den ersten Stunden unserer
Fahrt an unsere tägliche Beschäftigung. Bis zur Mündung des
Yukon-River und am unteren Theil dieses mächtigen Stromes, wo
das Treibholz noch in grossen Massen vorhanden war, wurde fast
regelmässig zweimal von uns gelandet, indem der kleine Dampfer
bis hart ans Ufer fuhr und dort festgelegt wurde. Wie auf gemeinsames Kommando ergriff dann jedermann von uns seine Axt und
bald erdröhnte die Luft von den Schlägen, mit denen das am Ufer
liegende Treibholz für die Maschine zerkleinert wurde. Niemand
von uns schloss sich von dieser Arbeit aus; das gemeinsame Interesse Aller verlangte gemeinsame Arbeitsleistung. Diejenigen, welche

mit der Axt nicht besonders umzugehen wussten, halfen in anderer Weise, so gut sie es vermochten; sie trugen Holz herbei oder schafften das zerkleinerte Holz an Bord des Dampfers, wo sich im Verlaufe von zwei, höchstens drei Stunden das Deck und der Schiffsraum bald mit dem Vorrath füllten.

Späterhin als der Vorrath des Treibholzes am Ufer geringer wurde, gelangten wir in Gegenden, in denen der oft recht kräftige Baumwuchs bis an den Strom herantrat. Hier suchten wir meist abgestorbene Bäume aus, die wir fällten, da sie zerkleinert besser brannten wie grünes Holz. Ich möchte hier eine Beobachtung einschalten, die sich mir beim Holzschlagen wiederholt aufdrängte: es fanden sich auffallend viele Bäume in einer Art von verkrüppeltem Zustande vor, der darin bestand, dass der Stamm an mehreren Stellen in einen grossen unförmigen Knoten verwandelt war. Ich bin über die Ursache dieser Erscheinung nicht unterrichtet und brachte einen kleinen Baum mit zwei dieser Knoten mit nach Berlin, damit diese Sache wissenschaftlich untersucht werden könnte. Das Holzschlagen führte übrigens für mich einen grossen und in meiner damaligen Lage unersetzlichen Verlust herbei. Eines Tages nämlich stürzte ein gefällter Baum in der Weise hinab, dass ein Theil davon auf meine Brust fiel, bei welcher Gelegenheit meine gute alte Taschenuhr, die mir lange Zeit treu gedient hatte, total zerdrückt wurde und ihre mechanische Thätigkeit für immer einstellte. Dieser Streik meines sonst so treuen Zeitmessers nöthigte mich, zu meiner sonstigen Lebensweise à la Eskimo während der ganzen Dauer meines Aufenthaltes in Alaska, also volle vierzehn Monate lang, mir auch noch die Eigenschaft anzugewöhnen, die Tages- oder Nachtstunden nach dem Stande der Sonne und der Gestirne, abzuschätzen, eine Eigenschaft, die während des langen arktischen Winters, dort oben in der Nähe des Polarkreises hinreichend Gelegenheit erhielt, sich zu entwickeln. Erst bei meiner Rückkunft nach San Francisco im Herbst 1883 konnte ich mich wieder in den Besitz einer Uhr setzen, da vorher keine Gelegenheit war, eine solche zu kaufen.

Nachdem wir am Ende des oben bezeichneten Kanals unsere erste Probe im Holzschlagen glücklich abgelegt hatten, gedachten wir die verhältnissmässig kurze Strecke, welche uns von der süd-westlich gelegenen Mündung des Yukon-River trennte, in aller Ruhe ohne jeden Unfall zu befahren. Aber der östliche Wind wehte uns die Wogen des Meeres gerade von hinten auf den Leib und unser kleiner Dampfer, der für solche frische Brisen auf offener See nicht eingerichtet war, und der ohnedem schon, wie sich späterhin herausstellte, wegen seiner hinten angebrachten Rad-welle nicht zu den besten Steuerern gehörte, wurde dadurch zu so eigenthümlichen Zick-Zack-Fahrten veranlasst, dass unser schwe-discher Lootse, Herr Pettersen, es für richtig erachtete, die Gold-gräber-Expedition dadurch vor dem Ertrinken zu retten, dass er mit den drei Fahrzeugen in die Mündung des kleinen Pikmik-talik River einlief, woselbst wir uns für mehrere Stunden wieder dem verdauungsbefördernden Vergnügen des Holzschlagens ergaben. Späterhin flaute der Wind etwas ab, wir liefen wieder aus und gelangten mit heiler Haut Abends neun Uhr nach Cap Romanzoff, und Nachts ein Uhr an die Barre des kleinen Flusses Pastoliak, wo uns die Ebbe den bösen Streich spielte, den kleinen Dampfer auf den Grund zu setzen.

Dieser unfreiwillige Aufenthalt, welcher sich trotz aller unserer Bemühungen, ihn abzukürzen, bis Morgens acht Uhr hinzog, wurde übrigens sowohl von uns, wie von den Bewohnern des nahe ge-legenen Eskimodorfes Pastoliak nach Kräften zur Anknüpfung und möglichsten Ausnutzung eines nicht unbedeutenden Handelsver-kehrs verwendet. Schon während der Nacht kamen einige Eskimos in ihren Kajaks herangerudert und offerirten uns frische Lachse, Weissfische, Enten und Gänse, die wir natürlich kauften. Anderer-seits aber war die Gelegenheit, als wir nunmehr endlich wieder flott wurden, viel zu günstig, als dass wir nicht hätten die Barre des Flusses überschreiten und an der Mündung des Pastoliak-River Holz schlagen sollen. Wir thaten dieses von 9—11 Uhr Vor-mittags und setzten dann unsere Fahrt fort, worauf wir eine Stunde später in die nordöstlichste der vielen Mündungen des Yukon-River einfuhren.

X.

Ein mehr als 2000 Meilen langer Strom. Die sechs Hauptmündungen des Yukon.
Flaches Wasser im Nortonsund. Der Kuskoquim River. Die Tundra. Kwik
Pak. Die Eskimostämme der Küste: Kwikpagemuten, Mallemuten, Kawiaremuten etc. Die Indianer oder Ingalik des Innern von Alaska. Meine neunhundert engl. Meilen lange Fahrt auf dem Yukon beginnt. Der Handelsposten
Kutlik an der Mündung. Drei Kwikpagemutendörfer. Gegen Mosquitos schützt
keine Philosophie. Die Vogelwelt am Küstensaum. Die Kaisergänse. Sturm
und hoher Wellengang. Seitenkanäle des Flusses. Unser Schleppzug geräth in
Unordnung. Unterirdische Eisschichten am Stromufer Geologische Bedeutung
des Eises. Der Eisgang ist eine Folge des Wasserdruckes. Die meteorologischen
Folgen dieses Vorganges. Die Wirkung des Winters auf die Eisbedeckung des
Polarmeeres. Das obere Ende des Yukon-Delta und der Tundra. Der Kusilwak.
Die Handelsstation Andrejewski. Einrichtung einer Handelstation. Die Handelsreisen der Agenten und Hilfshändler. Halbwilde Hunde. Der Leithund. Ge-
frässigkeit der Hunde. Unsere Fellboote werden getrocknet. Die Hunde fressen
die Boote an. Unser Lootse Pettersen kehrt zurück. Dorf Razbolniksky.

Der grösste Fluss Amerikas, welcher sich in den stillen Ocean,
respective in dessen nördlichsten Theil, das Beringmeer ergiesst,
ist der Yukon-River, dessen Länge nach Lieutenant Schwatka
2043 Statute miles (1 Statute mile = 1,62 Kilom.) beträgt. Er
hat sechs Hauptmündungen, von denen der Kusilwak die grösste
ist. Durch die ungeheuren Sandmassen, welche der Strom ununterbrochen mit sich führt, ist der Meeresgrund von Nortonsund
so sehr erhöht worden, dass es für Schiffe schwer ist, dort zu
passiren. Der nächstgrösste Fluss im Nordwesten von Alaska liegt
südlich vom Yukon und heisst Kuskoquim-River. Zwischen dem
unteren Laufe dieser beiden Ströme erstreckt sich die Tundra,
ein weites ebenes mit Wasserflächen und Wasseradern bedecktes
Gebiet, das am Ausfluss des Yukon in ein vollständiges Delta
übergeht.

Der Name Yukon-River wird weder von den Eingeborenen,
noch von den weissen Bewohnern Alaskas im Munde geführt; sie
nennen ihn einfach: „Grosser Strom" d. h. in ihrer Sprache: „Kwik
Pak." Die Namen der Einwohner eines jedes Gebietes enden

gewöhnlich mit den beiden Silben — muten. So heissen die Ufer-
bewohner des Unterlaufes des Kwik Pak oder Yukon die Kwikpagemuten. Nördlich von diesen zwischen Nortonbay und Kotzebue-
sund wohnen die Mallemuten; westlich von diesen wohnen auf
der Halbinsel Prince of Wales an der Beringstrasse die Kawiaremuten. Südlich vom Yukon-Delta und dem Unterlauf des Stromes,
also auch südlich von den Kwikpagemuten hausen die durch keinen
besonderen Namen ausgezeichneten Tundra-Bewohner. An sie
schliessen sich wieder zu beiden Seiten des Unterlaufes des Kuskoquim-River die Kuskoquimemuten an. Dies sind die Eskimostämme an der Westküste von Alaska, von der Beringstrasse hinab
bis zum Kap Newenham. Auf dieselbe Weise wird auch die Südküste von Alaska durch eine Anzahl von Eskimostämmen eingenommen. So folgen von Kap Newenham an gerechnet als die
östlichen Nachbarn der Kuskoquimemuten die südlich von dem
Binnensee Nuschagak wohnenden Nuschagagemuten, auf der Insel
Kodiak wohnen die Kikertagemuten, nördlich von Letzteren an
Cooks Inlet die Kenaiski. Von den Einwohnern der Halbinsel
von Alaska ist mir keine besondere Bezeichnung bekannt. Alle
diese Völkerschaften der Küsten von Alaska, und ohne Zweifel
auch die von mir nicht besuchten Bewohner der Nordküste legen
sich wie ein grosser Kranz um die indianischen Bewohner der
Mitte von Alaska, welche den Gesammtnamen Ingalik führen. Die
Grenzgebiete beider Rassen gehen an vielen Stellen in einander
über und werden von einer aus beiden Theilen gemischten Bevölkerung bewohnt.

Da ich den Entschluss gefasst hatte, die sich mir darbietende
Gelegenheit, mit Herrn Scheffelien neunhundert englische Meilen
weit ins Land hinein zu gelangen, zu benutzen, so war es nothwendig, dass diese stromaufwärtsgehende Fahrt ganz ohne jede
Rücksicht auf mein eigentliches Vorhaben ausgeführt wurde, dass
ich also, ohne anzuhalten, und ohne Einkäufe zu machen, in einer
Tour, wie es der Reiseplan der Goldgräbergesellschaft erheischte,
zunächst mit der gesammten Expedition dem entfernten Ziele, der
Station Nuklukayet am oberen Lauf des Yukon zustrebte. Von
dort aus wollte ich dann, wie ich es auch späterhin ausführte, den

Strom hinabfahren, und bei jedem Indianer- und Eskimodorf an-
legen und ethnographische Gegenstände erhandeln und einkaufen.
Unsere Einfahrt in den nordöstlichen Mündungsarm des Yukon
oder Kwik Pak, welcher Arm den Namen Upun führt, fand, wie
schon erwähnt, in der Mittagstunde des 4. August 1882 statt.
Um 3 Uhr Nachmittags desselben Tages passirten wir Kutlik,
einen an demselben Arm liegenden Handelsposten der Alaska-
Commercial-Company. Unter starkem Regen setzten wir unsern
Weg bis Nachts 12 Uhr fort, wobei wir an drei Kwikpagemuten-
Dörfern, deren jedes indess nicht mehr als zwei bis vier Häuser
besass, vorüber fuhren.

Der erste Abend und die erste Nacht am Yukon-River brachte
uns den Vorgeschmack einer Plage, die uns während des ganzen
Sommers verfolgen sollte, die Plage der Mosquitos. Es ist kein
Wunder, dass alle Reisenden gleich beredt sind in der Beschreibung der Qualen, welche ihnen, sei es in den Tropen, sei es hoch
oben im Norden, durch diese blutgierigen Stechmücken zugefügt
worden sind. Gefahren kann man als Mann mit kaltem Blute
gegenüber treten, gegen Ueberfälle kann man sich durch vergrösserte Wachsamkeit schützen, Unglücksfälle vermag man oft
durch Energie und rasches Handeln zu vermeiden oder zu mildern,
in widrigen Fällen aller Art kann man sich zum Herrn der Situation machen, aber gegen die ununterbrochene, unablässige Verfolgung, die im Wachen wie im Schlafen einem Manne durch die
Mosquitos zugefügt wird, gegen die millionenfache Ersetzung der
getödteten Feinde durch immer neue, hält Niemand Stand. Was
hilft es, wenn man Abends vor dem Schlafengehen das mit diesen
kleinen Quälgeistern gefüllte Zelt fast hermetisch verschliesst, wenn
man das untere Stück der Zeltleinewand in den inneren Raum
hineinzieht und den Saum ringsherum mit Steinen und anderen
schweren Gegenständen belastet, so dass man die absolute Gewissheit gewinnt, dass von aussen her keines dieser gefürchteten In-
sekten mehr hineindringen kann; was hilft es, frage ich, wenn man
vor dem Schlafengehen zwei bis drei Stunden damit zubringt, mit
einer durch das Gefühl der Rache gesteigerten Mordlust alle im
Zelte befindlichen Mosquitos bis auf das letzte Exemplar zu tödten,

und wenn man dann in den Schlaf sinkend nach kurzer Zeit von neuen Stichen wieder aufgeweckt wird und das Zelt wieder in derselben Weise mit Mosquitos angefüllt sieht wie gewöhnlich und die Oberfläche seines eigenen Körpers mit kleinen schmerzhaften Beulen bedeckt findet, die einem das Aussehen geben, als wäre man ein in Heilung befindlicher Pockenkranker. Ein Mosquito hört nicht eher zu saugen auf, als bis sein Körper mit Blut angefüllt ist. Die Quantität, welche er zu sich zu nehmen vermag ist so gross, dass das Zerdrücken des Thieres einen 1 Quadratcentimeter grossen rothen Fleck erzeugt. Gegen Mosquitos schützt keine Philosophie.

Wir setzten am andern Morgen früh um 6 Uhr unsere Fahrt stromaufwärts fort und machten unsere gewöhnliche Motion, indem wir von 9 bis 11 Uhr Holz schlugen. Da der Strom sehr breit ist, so wurde ein heraufkommender Sturm aus Südost für unseren Schleppzug gefahrdrohend und zwang uns, an einem wenig günstigen Platze beizulegen. Der Regen goss, um mich eines beliebten Ausdruckes zu bedienen, in Strömen und zwang uns, möglichst dicht unter unserm überdachten Bootszelt zusammen zu rücken. In dieser Lage konnten wir uns ungestört dem Hochgenusse hingeben, welchen uns der Wohlgeschmack der am Tage vorher bei dem Eskimodorfe Pastoliak gekauften Gänse, Enten und Lachse verschaffte. Die unbewohnte Küstenstrecke zwischen St. Michael und der Mündung des Yukon-River dient durch ihren sommerlichen Graswuchs Millionen von Vögeln, darunter besonders den seltenen und ausgezeichnet schmeckenden Kaisergänsen als Brutplatz, und lieferte uns an unserem gegenwärtigen Ankerplatze das willkommene Material der Unterhaltung. Am andern Morgen hatte sich die Situation nach keiner Richtung hin geändert. Es herrschte derselbe Sturm, derselbe hohe Wellengang und derselbe, wenn nicht sogar ein noch heftigerer Regen. Wir sahen ein, dass an ein Vorwärtskommen in bisheriger Weise nicht zu denken war. Da das Delta, sowie überhaupt der Yukon-River noch nicht den Vorzug einer genauen topographischen Aufnahme besitzt, eine solche auch von wenig Nutzen sein würde, da die starke Strömung die Breite, Tiefe und Richtung der zahlreichen kleinen Wasserarme in jedem Jahre

verändert, so mussten wir, gestützt auf die allgemeine Kenntniss
unseres Lootsen, den geeignetsten Weg in jedem Falle besonders
aufsuchen.

Wir beschlossen demgemäss, da an ein Vorwärtsgehen auf
dem breiten Wasserarm nicht zu denken war, denn die Wellen
würden unsere drei Fahrzeuge vollgeschlagen haben, wieder umzukehren, eine Strecke weit den Strom hinabzufahren und alsdann
einen schmalen Kanal, welcher in derselben Richtung wie der Fluss
strömte, hinaufzudampfen. Wir hatten das Glück, in dieser nicht
von Wellen bewegten Wasserstrasse einen Seitenarm des Yukon-River,
und nicht, was leicht der Fall hätte sein können, einen kleinen
Nebenfluss anzutreffen, der uns seitlich abgelenkt und schliesslich
zum Umkehren gezwungen haben würde.

Doch Beschliessen und Ausführen war in diesem Falle zweierlei, wir hatten die Rechnung ohne unsern kleinen Dampfer gemacht. Als wir stromabwärts fuhren, versagten die beiden kleinen
Steuerruder, welche hinten seitwärts von der Schaufelwelle angebracht waren, den Dienst und der Dampfer rannte wild gerade
aus. Um ihn nicht aufs Land laufen zu lassen, musste gestoppt
werden. So trieb denn unser Schleppzug in malerischer Unordnung stromabwärts, bis er die Mündung des oben genannten Seiten-
kanales erreicht hatte. Hier nun waren wieder einige besondere
Manöver nöthig, bis die drei Fahrzeuge in richtiger Reihenfolge wie
gewöhnlich im Strome lagen, worauf die Fahrt ungehindert durch
den Kanal vor sich ging. Das ganze Vergnügen dauerte indessen
nur drei Stunden, und war beendet, als wir um 7 Uhr Vormittags
wieder die sturmgepeitschte Fläche des breiten Stromarmes erreichten, woselbst wir bis zum andern Morgen bei unvermindert
heftig herabströmendem Regen Zeit genug erhielten, über die Situation nachzudenken und durch einen erfolglosen Vernichtungskrieg
gegen hunderttausende von Mosquitos uns in Bewegung zu halten.
Endlich um 3 Uhr Morgens des anderen Tages konnten wir
unsere Fahrt fortsetzen. Wir dampften ununterbrochen am linken
südlichen Ufer des Stromes entlang. Nach dem ersten Holzschlagen kamen wir an mehreren Punkten vorüber, an denen die
steile sandige Uferböschung vor nicht langer Zeit wahrscheinlich

in Folge von Hochwasser abgerissen und eingestürzt war. Hierdurch waren die Schichten, aus denen die Uferwand bestand, fast senkrecht durchschnitten, und man konnte an dem frischen Bruch ihre Stärke und Aufeinanderfolge erkennen. Es war wunderbar anzuschauen, dass an verschiedenen Stellen, vier bis acht Fuss unter der oberen Erdschicht, sich eine etwa eben so starke horizontale Eisschicht hinzog, unterhalb deren wiederum andere Erdschichten folgten. Man ersieht hieraus, dass im hohen Norden das Eis in geologischer Beziehung mitunter sogar eine schichtenbildende Rolle spielt. Ich lasse dahingestellt sein, inwieweit noch höher hinauf nach dem Pole zu diese geologische Bedeutung des Eises von Einfluss ist. Die Uferbank, welche diese Eisstreifen am Yukon-River trug, war übrigens durchaus nicht vegetationslos, sie trug vielmehr dem Charakter der Tundra und des Deltas entsprechend, kleine Weiden und andere Gebüsche. Es erhellt hieraus, dass die Eisschicht nicht vom letzten Winter her stammen konnte, dass sie vielmehr älter, vielleicht sogar sehr viel älter war, als die langjährige Vegetation des Uferrandes.

So seltsam diese Erscheinung ist, so ist sie doch vollkommen erklärlich, wenn man bedenkt, dass es sich dort oben wie fast überall um zwei meteorologische Haupteinwirkungen auf die Erdrinde handelt, um die erstarrende eisbildende Kälte des Winters und um die aufthauende Wärme des Sommers. Je nach dem Ueberschuss der Einen oder Anderen wird die Umbildung der Erdrinde vor sich gehen. Nicht die Sommerwärme würde alljährlich im Stande sein, die oft fünf bis sieben Fuss starke Eisdecke des Yukon-Stromes so frühzeitig im Jahre zu schmelzen, dass der Eisgang des Letzteren, wie es der Fall ist, schon im letzten Drittel des Monats Mai stattfinden kann. Die ungeheuren Wassermassen, welche tausende von Quellen, winzigen Wasseradern, die vielen Bei- und Nebenflüsse aus dem grossen und regenreichen Stromgebiete des Yukon dem Flussbette zuführen, bilden die unwiderstehlich brechende Gewalt, welche jene Eisdecke zertrümmert und sie mit Riesenkraft dem Meere zuführt. So entledigt sich der Strom durch eigene Macht der Fesseln und der Nachwehen des Winters und bietet der arktischen Junisonne und dem Polarsommer seine relativ warmen Wasserfluthen zur weiteren Temperatur-Erhöhung dar, während seine winterliche Eisdecke mit mächtigen Lagen von Treibholz, Schutt und Schlamm durch Nortonsund weit hinaus ins Meer treibt, und dort in der Beringsstrasse und im Beringsmeer die Eistrift vergrössern hilft.

Es entsteht hierdurch, wie man sieht, eine gewisse ungleichmässige Vertheilung der durch die winterliche Kälte erzeugten Eisdecken, eine Vertheilung, welche von meteorologischem Einfluss bis weit hinab in die gemässigten Zonen sein muss. Wie im Kleinen jeder arktische Fluss seine winterliche Eisdecke ins Meer schleudert, und sich dadurch von der Einwirkung des Frostes befreit, so bleibt auch die Eisbedeckung des Polarmeeres, und wäre sie noch so stark, nicht immer an der Stelle, wo sie sich gebildet hat. Zunächst sind es die grossen Meeresströmungen, welche das Eis fortbewegen. Die Hauptrichtung, in der dies geschieht, scheint im allgemeinen auf der Nordhälfte unserer Erde diejenige zu sein, welche die Strömungen beiderseits Grönlands hervorbringt. Eine sehr viel grössere Gewalt aber wird auf die gesammte Wasserfläche des Polarmeeres durch den Wind erzeugt. Der Wind hat als rein mechanisches Agens einen unendlich grösseren meteorologischen Einfluss in den arktischen Gegenden, als man gewöhnlich anzunehmen geneigt ist. Eine Eisfläche, welche überall volle hundert Fuss dick, dabei aber hundert deutsche Meilen lang und ebenso breit wäre, besitzt trotz ihrer Mächtigkeit ein relatives Verhältniss ihrer Stärke zur Oberfläche wie etwa ein dünnes Blatt Papier, sie wird deshalb von einem starken Winde, der über sie hinwegstreicht, leicht verschoben, aufgebrochen und zusammengepresst werden können. Je grösser die Meeresfläche ist, um so widerstandsloser wird die Eisbedeckung sein. Somit konzentriren die arktischen Winde das Kälteprodukt des Polarwinters, das Eis, je nach ihrer Durchschnittsrichtung alljährlich bald hierhin, bald dorthin, und bestimmen dadurch höchst wahrscheinlich die jeweilige Lage desjenigen Punktes der Erdhälfte auf dem „das grösste Quantum Kälte" aufgespeichert ist, wenn ich mich so ausdrücken darf. Es liegt auf der Hand, dass durch diese Verschiebung der Treibeismassen ein ungeheurer Einfluss auf die meteorologischen Verhältnisse der östlichen oder westlichen Halbkugel während des darauffolgenden Sommers geäussert werden kann; ein Einfluss, der bald die Bewohner des einen Erdtheils noch im Monat Juni zum Heizen ihrer Zimmer zwingt, während diejenigen eines andern Erdtheils vielleicht schon im Monat Januar oder Februar Blumen im Freien pflücken können. ·

Ganz anders verhält es sich mit dem festen Lande, wo die Sonnenwärme nur bis zu einer gewissen Tiefe in den Erdboden eindringt, und alles, was sich darunter befindet, sei es gefrorner Boden oder Schichten reinen Eises, unverändert bestehen lässt, wie wir dies an den Eisschichten des Ufers des Yukon-Stromes sahen.

Am Nachmittag des 7. August trafen wir wieder einen Seitenkanal des Yukon, der den Namen Tuenirok führt. Hier schlugen wir wieder in der Nähe eines Kwikpagemutendorfes Holz und traten bald darauf in eine etwas höher sich erhebende Uferlandschaft ein, welche etwa zehn englische Meilen unterhalb der Station Andrejewski beginnt und das Delta sowie die Tundra an dieser Stelle abschliesst. Während die Tundra durch einzelne Hügelreihen nur hin und wieder unterbrochen wird, u. a. durch den isolirt stehenden Kusilwak, südlich von der Hauptmündung, ferner durch die fünfzig englische Meilen südwestlich von Letzterem gelegenen fünf erloschenen Vulkane, die ich späterhin besuchte, sowie durch Cap Romanzoff und Cap Vancouver, treten die Hügelreihen, welche wir jetzt erreicht hatten, als eine zusammenhängende Erhöhung von etwa fünfhundert bis achthundert Fuss auf.

Um elf Uhr in der Nacht erreichten wir die Handelsstation Andrejewski. Wie die meisten Handelsstationen der Alaska-Commercial-Company, ist auch dieser Punkt schon von den Russen in der Zeit vor 1868, bis zu welchem Jahre sie die Herrschaft von Alaska besassen, errichtet worden. Ich darf vielleicht die allgemeine Einrichtung dieser Handelsposten hier kurz beschreiben.

Zu einer solchen Station gehören stets mehrere Häuser und Gebäude. Da ist zunächst der gut eingerichtete Laden, welcher die sämmtlichen Manufactur- und Kolonial-Waaren enthält, die als Tauschartikel beim Handel mit den Eingebornen verwendet werden, und in welchem sich auch die eingekauften Felle und andern Waaren befinden. Da ist ferner das Wohnhaus für den Agenten, welcher der Station vorsteht, sowie ein Wohnhaus für die Arbeiter, da ist sodann das in Alaska unvermeidliche, bereits beschriebene Badehaus und endlich ein nach Eskimoart auf hohen Pfählen errichtetes Vorrathshaus, in welchem sich getrocknete Fische, Futter für die Hunde, sowie die Schlitten und Hundegeschirre befinden. Die innern Räume dieses Hauses sind für die Hunde absolut unerreichbar. Um diese ganze Anlage war in früherer Zeit ein hoher hölzerner Zaun aus Pfählen als Schutz gegen nächtliche Ueberfälle feindlicher Eingebornen errichtet worden; neuerdings aber, wo sich die friedlichen Beziehungen zwischen der Bevölkerung und der Alaska-Commercial-Company vergrössert haben, sind in den Zäunen vielfach Lücken entstanden. Ausserhalb der Station siedeln sich gewöhnlich einige Familien von Eingeborenen an, welche sich mit den Abfällen von dem Tisch der weissen Leute begnügen.

Die Händler, welche solchen Stationen oder Handelsposten vorstehen, halten sich in der Regel zwei bis sechs Hülfshändler, welche meist Halbbluts aus Russen und Eingebornen sind. Gegen den Winter hin, wenn die Handelsreisen vor sich gehen, nachdem das Thermometer auf 40 und 60 Grad Kälte nach Fahrenheit gefallen ist, werden die halbwilden Hunde der Station gesammelt, in die Geschirre gesteckt und vor den Schlitten gespannt. Man beladet die Schlitten mit weissem und buntem Baumwollenzeug, Pulver, Blei und Zündhütchen, Tabak, Streichhölzern, Nadeln, Messern, Perlen u. s. w., kurz mit Allem, was das Herz eines Eskimos oder Indianers und seiner Schönen zu entzücken vermag. Nun geht die Fahrt los, gerade aus über die gefrorenen Binnengewässer, Meeresbuchten und Flüsse, über hart gefrorenen Sand und knisternden Schnee, bis man in einer Entfernung von fünfundzwanzig bis dreissig englischen Meilen nach dem nächsten Dorf kommt. Hier entwickelt sich alsdann ein lebhafter Handel, indem die Eingebornen die von ihnen erbeuteten Felle der Pelzthiere gegen europäische Waaren umtauschen. Während der Fahrt laufen gewöhnlich zehn bis zwölf Hunde, die an einer Hauptleine ziehen, vor dem Schlitten, so dass je zwei und zwei Hunde neben einander ziehen, der vorderste Hund geht allein und dient als Leithund.

Er dreht beim Laufen fortwährend den Kopf links und rechts nach dem Lenker des Schlittens herum, und achtet darauf, welches Zeichen ihm dieser dadurch giebt, dass er mit der Hand oder dem Peitschenstiel nach der nun einzuschlagenden Richtung zeigt. Ein guter Leithund ist sehr viel mehr werth als die gewöhnlichen Hunde; er versteht nicht selten sogar den Zuruf seines Herrn, und wirft nur hiernach sich richtend, den Zug der Hunde nach der gewünschten Richtung herum. Es giebt aber auch schlechte Leithunde, bei denen es nöthig ist, jede Aenderung der Schlittentour durch einen Hieb mit der weitreichenden Peitsche zu veranlassen.

Jeder Händler am Yukon-River besitzt etwa sechs bis zehn Schlitten und hierzu mitunter vierzig bis siebzig Hunde. Diese Thiere sind die sogenannten Wolfshunde, dieselben, welche auch in Laborador und Grönland zum Schlittenziehen verwendet werden. Man kann nicht behaupten, dass diese Thiere durch Leckerbissen verwöhnt werden. Sind schon die Eingebornen an sich wenig wählerisch in Bezug auf ihre Lebens- und Nahrungsmittel, so gestatten sie ihren Hunden erst recht nicht, sich zu Gourmands zu entwickeln. Die gewöhnliche Nahrung der Hunde während des Winters besteht entweder aus rohen gefrorenen Fischen oder, falls man die Hunde für eine weitere Reise kräftig machen will, aus einer Suppe von Fischen mit Thran und Seehundsspeck. Die Hunde sind sehr gefrässig, und es giebt beinahe keinen durch Zähne angreifbaren Gegenstand, über welchen sie nicht herfallen, wenn sie können. Man muss unausgesetzt auf die Hunde aufpassen, sonst fressen sie Alles, ihr Geschirr, die Fellboote, ja sie reissen sogar ihrem Herrn die Pelzkleider vom Leibe. Ich erwachte einmal in dem auf die Bootsreise folgenden Winter davon, dass mir auf einer Schlittenreise einer meiner Hunde die Stiefel von den Füssen abzufressen versuchte. Beim Vertheilen der Rationen an die Hunde muss man genau aufpassen, dass jeder von ihnen auch wirklich das ihm zuertheilte Quantum verzehrt und desselben nicht durch andere Hunde beraubt wird. Es giebt Räuber unter den Eskimo-Hunden, die so gefrässig sind, dass sie ihre Portionen in wenigen Sekunden verschlingen und sich dann auf die jüngsten Thiere stürzen, die ihnen ihre Mahlzeit widerstandslos überlassen müssen. Wenn der Herr des Schlittens nicht gut aufpasst, so sind die ihrer Nahrung beraubten schwächeren Hunde in kurzer Zeit unfähig, den Schlitten zu ziehen. Ich besass einmal auf einer späteren Schlittenreise, bei der es überhaupt sehr knapp herging, einen solchen räuberischen Hund, der noch ganz wohlgenährt einherlief, als alle seine Kameraden längst zu halben Skeletten abgemagert waren. Dieser Hund hatte noch ausserdem die Eigenschaft, dass er beim Schlittenziehen sich zu „drücken" versuchte. Ich traktirte ihn für beide Arten von Frevelthaten so oft und so nachdrücklich mit der Peitsche, dass er in meiner Gegenwart sich sehr zusammennahm und solche Furcht bekam, dass er heftig zitterte, wenn er meine Aufmerksamkeit auf sich gerichtet sah. Kaum aber hatte er, da seine Augen fortwährend auch während des Schlittenziehens nach meinem Gesichte gerichtet waren, einmal bemerkt, dass ich zufällig nach einer andern Stelle blickte oder auch nur so that, so verfiel er sofort wieder in seine alten Angewohnheiten.

Man kann auf Schlittenfahrten bei gutem Fahrgrund innerhalb 12 bis 16 Stunden eine Strecke von 30 bis 50 engl. Meilen zurücklegen, die Durchschnittslänge einer Tagereise beträgt indessen nur 20 bis 25 engl. Meilen.

Als wir auf unserer Dampferschleppfahrt in später Abendstunde uns der Station Andrejewski genähert hatten, empfing uns das wüthende Geheul der zur Station gehörenden Hunde. Wir mussten hier einen längeren Halt machen, nicht nur für diese Nacht, sondern auch für die nächsten zwei Tage, weil es nothwendig geworden war, unsere Fellboote aus dem Wasser zu ziehen. Diese Baideras sind ganz eigenthümliche Fahrzeuge. Ihr Gerüst besteht aus drei in der Richtung des Kiels sich erstreckende Längs- und einer grösseren Anzahl Querrippen sowie einem daran befestigten Bordkranz aus Holz. Ueber dieses Gerüst sind zusammengenähte Felle gespannt. Wenn man in solchen Baideras oder Fellbooten, die den grossen grönländischen Weiberbooten gleichen, längere Zeit hindurch, etwa eine volle Woche, auf dem Wasser gefahren ist, so erweichen sich allmählich die eingeölten Felle, und der ganze Ueberzug wird annähernd so elastisch wie eine Gummi-

decke. Tritt man dann während der Fahrt zufällig statt auf eines
der im Boot quer über die Rippen gelegten Bodenbretter auf den
Fellüberzug, so giebt dieser bis zu einem gewissen Grade nach,
und man fährt mit dem Fuss und dem Fell etwa 6 Zoll weit
aus dem Bootskörper heraus. Es erregt dieses Treten auf die
schlaff und nachgiebig gewordene Fellunterlage dasselbe eigenthümliche Gefühl, als wenn man nach einer Walfischjagd sich auf
dem abgelösten, neben einem Schiffe wie ein Floss auf dem Meere
schwimmenden Walfischspeck bewegt, der gleichfalls bei jedem
Schritte elastisch nachgiebt und auf und ab schwankt. Wenn die
Fellboote diesen Zustand angenommen haben, so ist es nothwendig,
sie an Land zu ziehen, zu entleeren, umzukehren, zu trocknen und
nachher einzuölen.

Wir entluden also zunächst unsere Boote, was bis Mitternacht
dauerte und uns tausende von Mosquitostichen zuzog. Dann legten
wir uns in unsere Zelte, die wir zum Schutz gegen die Quäl-
geister sogar zunähten und brachten einige Stunden im Halb-
schlummer zu. Am andern Tage, während die Boote trockneten,
machten wir einige nothwendige Verbesserungen und verstärkten
unseren Proviant. Gleichzeitig erhielt die Station Besuch von den
Insassen zweier stromabwärts gekommener Fellboote, die von dem
Handelsposten Nulato am mittleren Lauf des Yukon-River vor
zehn Tagen abgefahren und nach Fort St. Michael bestimmt
waren. Nachdem die Fellüberzüge unserer Boote getrocknet waren,
wurden sie sorgfältig mit Thran eingerieben und die Abreise für
den andern Tag festgesetzt. Aber als wir um 3 Uhr in der Frühe
die Fahrzeuge ins Wasser lassen wollten, zeigte es sich, dass wir
unsere Rechnung ohne die Herren Hunde gemacht hatten, welche
die Fellüberzüge angefressen hatten. Nachdem der Schaden ausgebessert war, rüsteten wir uns wieder zur Abreise, beluden die
Fahrzeuge und fuhren um 7 Uhr früh ab.

Unser Lootse, Herr Pettersen, begleitete uns nur noch
eine kurze Strecke und übergab dann das Kommando einem jungen
Halbblut. Unterwegs trafen wir eine verlassene Fischerhütte an,
welche wir aus Mangel an Brennholz zerschlugen und an Bord
des Dampfers brachten. Am Abend dieses Tages erreichten wir

Das Mündungsgebiet des Kwik Pak oder Yukon-Stromes
mit Angabe der Route des Cpt^n J. A. Jacobsen.

Der
ILIAMNA SEE
1 : 3 000 000.

Maßstab 1 : 3 000 000.

Verlag von Max Spohr in Leipzig.

das Dorf Razbolniksky, welches den Eskimonamen Ankasagemuten führt. Hier war die Mosquitoplage so ausserordentlich gross, dass wir uns mit unseren Fahrzeugen mitten im Strom vor Anker zu legen gezwungen sahen. Es kamen gegen Abend drei Bewohner des genannten Dorfes in ihren Kajaks zu uns an Bord und verkauften uns Enten, Gänse und Rennthierfleisch. Um 4 Uhr früh setzten wir die Reise bei Südweststurm und Regen fort und gelangten im Laufe des Vormittags in ein kleines Flüsschen, wo wir vor den Wellen geschützt liegen konnten. Beim Holzschlagen entdeckte ich am Ufer Spuren von Bären, welche ich, das Gewehr zur Hand nehmend, verfolgte, ohne dass es mir jedoch gelang, die Thiere aufzufinden.

XI.

Die Tundra ist wahrscheinlich Deltaland. Der Dampfer geräth auf Grund
Ruinen einer sagenhaften Eskimostadt „mit hundert Tanzhäusern" am Flussufer. Die Handelstation Mission. Ich mache grosse Einkäufe. Russische Missions-
bestrebungen am Yukon. Die erste Stromschnelle. Die beiden ersten Dörfer
der Ingalik oder Indianer. Ein kleines Abenteuer. Schwarze Erde am Ufer.
Veränderung der Vegetation. Coniferen-Wälder. Die Inselwelt des Kwik Pak
oder Yukonstromes. Handelstation Anwik. Ueberlandsweg von Anwik nach
Fort St. Michael. Mein Landsmann Frederiksen. Wir trocknen unser Boot. Ein-
töniges Reiseleben. Ein Goldsucher verletzt sich. Ingalikdörfer. Zweite Stromschnelle. Dampfer „Yukon" in Sicht. Hauptagent Mr. Lorenz und seine muthige
Gemahlin. Aus Fort St. Michael. Fort Reliance. Freude der Begegnung. Der
grosse Fussgänger Mayo. Mr. Leawitt. Mr. Woolfe verlässt mich. Handelsstation „Nulato". Die Western-Fur-Trading-Company. Mr. Greenfield in Fort
St. Michael. Eisgang in „Nulato". Heimtückische Indianer. Die Goldgräber wollen
einen Indianer lynchen. Lustige Indianerweiber. Dritte Stromschnelle. Das Steuerruder bricht. Geologische Eisschichten am Ufer. Treibholzmassen. Indianische
Fischerdörfer. Ein indianischer Zauberer verwünscht den Dampfer. Die hohe
Bergkette Hotlotulei. Fischerei am Yukon-River. Fang der Königslachse. Fischreichthum in Alaska. Walrosse und Weisswale. Seehundsfang. Getrockneter
Lachs ist das Hauptnahrungsmittel in Alaska.

Das Delta des Yukon-River hört eine kurze Strecke oberhalb
Andrejewski auf, da sich dort ein kurzer Ausfluss des Yukon befindet, welcher quer über die niedrige, flache ebene Tundra nach
Westen strömend zwischen Kap Romanzoff und Kap Vancouver
ins Meer fliesst. Es würde gewagt erscheinen, schon heute, bei
den noch wenig genau erforschten geographischen Verhältnissen von
Alaska die Behauptung aufzustellen, dass die ganze Tundra zwischen dem Yukon-River und dem Kuskoquim-River eigentlich nichts
weiter sei als Deltaland, welches im Laufe von Jahrtausenden durch
die gemeinsame Arbeit der beiden genannten Ströme entstanden ist,
die ursprünglich vielleicht sogar eine gemeinsame benachbarte Mündung gehabt haben. Die fortschreitende wissenschaftliche Forschung
wird hierüber wohl noch die nöthige Aufklärung geben. Die oro-
graphische Bildung der Mündungslandschaft beider Flüsse ist eine
solche, dass die Gebirgszüge auf dem rechten Ufer des Yukon und

auf dem linken Ufer des Kuskoquim-River beiderseits an die grossen
Wasseradern herantreten, während umgekehrt zwischen beiden Flüssen bis weit über ihren unteren Lauf hinaus flaches Land existirt.
Nach einer verhältnissmässig ruhigen Nacht gingen wir am
Freitag den 11. August Morgens 5 Uhr wieder weiter und fuhren
bis 10 Uhr Vormittags, worauf die bekannte Pause zum Holzschlagen gemacht wurde. Leider aber sollten wir unsern Weg
diesmal nicht ungehindert fortsetzen, denn kaum hatten wir den
Anker gehoben, als wir das Unglück hatten, dass unser Dampfer
auf Grund gerieth. Trotz unserer grössten Anstrengungen gelang
es uns nicht wieder, frei zu kommen, obgleich viele Einwohner eines
benachbarten Eskimodorfes herbei kamen und sich mit uns alle
erdenkliche Mühe gaben, indem sie ins Wasser stiegen, und durch
Schieben, Stossen etc. sich an der Arbeit betheiligten. Es blieb
nichts anderes übrig, als den Dampfer zu entladen, wodurch er wieder flott wurde und ihn wieder zu beladen, bevor wir unsere Reise
fortsetzen konnten. Im Ganzen genommen hielt uns dieser Unfall
einen vollen Tag auf. Bei Fortsetzung der Fahrt passirten wir am
rechten Ufer eine lange Bergkette, deren Abhang nach dem Flusse
zu zahlreiche Ueberreste ehemaliger Eskimowohnungen enthält.
Hier sollen früher einmal tausende von Eskimos gewohnt haben,
welche zu einer Art Flusspiraten vereinigt, ihre Macht und ihr
Ansehen dadurch vergrösserten, dass sie die Bemannung eines jeden
vorüberfahrenden Bootes gefangen nahmen, und zwangen, bei ihnen
Wohnung zu .nehmen. Ich gedenke späterhin, bei Beschreibung
der Rückreise, noch kurz auf diese merkwürdige Ruinenstadt zurückzukommen, in welcher, wie die Sage geht, allein die Zahl der Tanz-
und Festhäuser bis auf Hundert gegangen sein soll. Die Sage hat
sich überhaupt dieser Gegend bemächtigt und es gelang ihr, auch
mich irre zu führen, wovon ich späterhin berichten werde.

Nachdem wir bei Fortsetzung unserer Fahrt noch drei Dörfer
passirt hatten, gelangten wir Abends in die Nähe der Handelsstation der Alaska-Commercial-Company Mission, konnten aber
wegen Mangel an Holz unsern Weg nicht bis zu diesem Orte fortsetzen. Erst am andern Morgen landeten wir daselbst, und hatte
ich Gelegenheit, während meine übrigen Reisegefährten Holz

schlugen, bei den hier wohnenden Kwikpagemuten eine Menge
sehr interessanter ethnographischer Gegenstände, bestehend aus
Steinäxten, Speerspitzen, knöchernen Schnitzereien etc., zu kaufen.

Die Station Mission ist der Mittelpunkt der russischen Mis-
sions-Bestrebungen am Yukon und dadurch zugleich in Nordwest-
Alaska. Als die Russen sich in Alaska festgesetzt hatten, wurden
dorthin Geistliche berufen, zunächst zu dem Zwecke, um die seel-
sorgerische Arbeit für die Beamten der russischen Kolonien zu
leisten. Im Laufe der Zeit aber, und, jemehr sich die einheimische
Bevölkerung auf den Aleuten, in Cooks-Inlet, am unteren und
oberen Yukon, und am Nortonsund mit den Russen vermischte,
trat auch die russische Seelsorge für sie in Thätigkeit. Hiermit
war der Anfang gemacht, auch die heidnische Bevölkerung zu
bekehren, und allmählich überzog die russische Mission den grössten Theil von Alaska mit einem Netz von Stationen. Nachdem nun Alaska in den Besitz der amerikanischen Regierung gelangt war, zogen sich die russischen Beamten nach ihrer Heimath
zurück, die Missionäre dagegen, denen es im Lande sehr wohl gefiel, blieben sitzen und treiben heute noch unbehelligt von der
amerikanischen Regierung ihr Bekehrungswerk weiter, und es ist
ihnen auch grösstentheils zu verdanken, dass die Lebensweise der
Eskimos und Indianer in Alaska eine geregeltere geworden ist.
Sämmtliche Missionäre stehen unter einem russischen Bischof, welcher in San Francisco wohnt und alle Jahre eine Reise nach
Alaska macht, um die dortigen Missionäre zu inspiciren. Derselbe
ist von dem, der Alaska-Commercial-Company gehörenden Dampfer
St. Paul im Juli 1882 wenige Tage vor meiner Ankunft über
Bord gesprungen oder gefallen, man weiss es nicht genau, und wurde
späterhin seine Leiche im Nortonsund aufgefunden.

Eine Stunde oberhalb der Station Mission bildet das rechte
nördliche Flussufer ein ziemlich steiles Vorgebirge, welches hart
an den Fluss herantritt und daselbst die erste bedeutende Stromschnelle erzeugt, in der das Wasser mit etwa sechs Knoten Geschwindigkeit strömt. Unser kleiner Dampfer „New Racket" hatte
grosse Mühe, uns über dieses Hinderniss hinwegzubringen. Wir
hatten in der Station unsere Lootsen erneuert und fuhren denselben

Tag noch bis Abends 9 Uhr. Am andern Morgen früh um fünf ging es weiter und passirten wir im Laufe des Vormittag die beiden ersten Dörfer der indianischen Bevölkerung, welche, wie bereits bemerkt, von den Eskimos Ingalik genannt werden. In dem einen Dorf kauften wir eine alte Hütte, die wir zerschlugen und als Brennmaterial verwendeten.

Bei Fortsetzung der Fahrt ereignete sich ein kleines Abenteuer. Zwei Indianer hatten sich mit ihren birkenen Canoes an unsern Schleppzug angehängt, und hielten sich dicht hinter meinem Fellboot. Durch Unvorsichtigkeit beim Steuern geriethen die Canoes quer gegen den Strom und da sie an mein Boot angebunden waren, so schlugen sie in einem Augenblick voll Wasser und kenterten. Es gelang uns, die beiden Indianer zu retten, welche zu mir an Bord enterten, die Canoes jedoch mussten wir, wenn wir nicht selbst in Gefahr gerathen wollten, losschneiden. Wenig bekümmert um die Havarie machten es sich unsere fremden Gäste bei uns bequem und blieben an Bord bis zu dem nächsten Punkte, wo wir Holz schlugen. Da kam zufällig ein Landsmann und Stammesgenosse von ihnen, ein Ingalik, den Yukon-River mit mehreren leeren Canoes herab, welche er weiter unterhalb bei den Kwikpagemuten zu verkaufen beabsichtigte. Mit diesem Manne fuhren die beiden Schiffbrüchigen zurück und unterstützten ihn in der Lenkung seiner Fahrzeuge. Als wir am Abend 9 Uhr vor Anker gingen und unser Zelt im Boot errichteten, war die Mosquitoplage so gross, dass es kaum zum Aushalten war.

Am nächsten Tage änderte sich das landschaftliche Bild ein wenig. Nachdem wir zwei Ingalikdörfer passirt hatten, in deren jedem wir Holz kauften, und nachdem wir zu unserem nicht ganz sicheren Lootsen noch einen zweiten hinzugenommen hatten, wurde uns zum ersten Mal auf unserem Wege von der Mündung des Flusses an der Anblick schwarzer Erde zu Theil, und gleichzeitig trat eine entschiedene Veränderung in der Vegetation ein, indem sich Coniferenwälder längs der Ufer hinzogen. Der Fluss, dessen Breite hier etwa zwei bis drei englische Meilen beträgt, ist mit zahlreichen kleinen Inseln bedeckt; seine Strömung hat eine Geschwindigkeit von drei bis sechs Knoten und überall eine Tiefe, welche für einen

Dampfer von vier bis sechs Fuss Tiefgang vollkommen ausreichend war. Am Abend desselben Tages erreichten wir wieder eine Handelsstation der Alaska-Commercial-Company. Es war dies die hauptsächlich zum Zwecke des Tauschhandels mit den Ingalik gegründete Station Anwik. Hier mündet von Norden her der eine englische Meile breite Anwik-River. Da der Yukon-River in seinem ganzen unteren Laufe von der Spitze des Deltas an bis hinauf nach Nulato die Durchschnittsrichtung Südwest-Nordost besitzt, und die Richtung der Küste von Alaska zwischen Nortonbay und Kap Romanzoff ungefähr dieselbe ist, so befindet man sich in Anwik der Küste und besonders dem Fort St. Michael mindestens viermal so nahe, als es der weite Wasserweg vermuthen lässt. Die Alaska-Commercial-Company nutzt diesen Umstand während des Winters aus, indem sie in der Zeit der Schlittenfahrten eine Passage über Land von Anwik nach Fort St. Michael eingerichtet hat. Die Fahrt mit Hundeschlitten zwischen beiden Orten dauert nur zwei bis drei Tage. Der Vorstcher der Handelsstation Anwik war ein Landsmann von mir, ein Norweger Namens Frederiksen; wir trafen ihn indessen nicht zu Hause, da er mit dem Dampfer der Alaska-Commercial-Company nach dem oberen Laufe des Yukon gefahren war. Statt seiner machte seine liebenswürdige Frau, eine Halbrussin, welche die Schwester meines Dolmetschers und Reisegefährten Petka war, die Honneurs des Hauses. Abends erfrischten wir uns durch ein Dampfbad, in dessen Siedehitze sich glücklicherweise nur wenige Mosquitos bewegten.

Wir hatten wieder unser Boot entladen und es zum Trocknen hingelegt, indem wir zugleich die nothwendigen Ausbesserungen daran ausführten. Diesmal aber waren wir vorsichtiger wie in Andrejewski und stellten während der nächsten Nacht eine Wache auf, die das Boot vor den 50 oder 60 Hunden der Station zu beschützen hatte. Mein Versuch, in Anwik bei den dortigen Ingalik ethnographische Gegenstände zu kaufen, war von keinem grossen Erfolg begleitet, da diese Leute, welche überhaupt auf einer tieferen Stufe geistiger Ausbildung stehen als die Eskimos, nur sehr wenig von dergleichen Dingen besassen. Ich kaufte einige von ihnen gefertigte rohe Töpfe.

Die nächsten Tage gewährten ein ziemlich einfaches Bild der Reise. Ich beschränke mich darauf, in Bezug auf sie die betreffende Stelle meines Tagebuches hier mitzutheilen.

Donnerstag den 17. August. Wir beluden unsere Boote und waren um 6 Uhr Morgens reisefertig. Es regnete fast den ganzen Tag bei kaltem nordwestlichen Winde. Wir nahmen zweimal des Tages Holz ein und ankerten Abends in später Stunde am Ufer.

Freitag den 18. August. Fuhren früh Morgens ab. Es regnete immerfort. Wir legten bei mehreren Ingalikdörfern an, um Holz zu kaufen. Es scheint, als besitzen die hiesigen Indianer fast gar keine ethnographischen Gegenstände aus früherer Zeit, so dass ich unter ihnen wohl nur wenig werde sammeln können. Abends hatte einer von den Goldsuchern, Namens Charles Sauerbrei, das Unglück, seinen Fuss beim Holzhauen zu beschädigen, wodurch er für lange Zeit am Arbeiten verhindert wurde.

Sonnabend den 19. August. Fuhren Morgens 5 Uhr ab. Nahmen im Laufe des Tages dreimal Holz ein, so dass wenigstens sechs Stunden durch Holzschlagen verloren gingen. Weil hier kein Treibholz mehr am Ufer gefunden wird, so müssen wir oft das grüne Holz der Bäume schlagen. Passirten bei westlichem Wind und schönem Wetter die zweite Stromschnelle, mussten jedoch Abends frühzeitig anlegen, weil das Steuer des Dampfers beschädigt war, reparirten letzteres jedoch noch an demselben Tage.

Sonntag den 20. August. Schönes Wetter und warm. Kauften ein ganzes Indianerhaus als Brennholz und machten gute Fortschritte auf der Fahrt. Unser Dampfer bewährt sich vorzüglich, wenn wir gutes Holz haben; es wird aber schwer fallen, dieses stets zu bekommen.

Soweit das Tagebuch. Eine freudige Ueberraschung gewährte es uns am Abend dieses Tages, als wir mitten auf dem Strom dem Dampfer „Yukon" der Alaska-Commercial-Company begegneten. Am Bord desselben befand sich der bereits genannte Hauptagent aus Fort St. Michael, Hr. Lorenz, welcher von einer Handelsfahrt zurückkam, die sich 1800 englische Meilen den Yukon hinauf bis Fort Reliance erstreckt hatte. Es war dies die gewöhnliche Hauptfahrt des Jahres gewesen, auf der er die

Beziehungen seiner Gesellschaft zu allen ihren Stationen auf dem
Flusse in gewohnter Weise unterhalten hatte. Er kehrte jetzt nach
St. Michael zurück, um von dort, so lange als es die Jahreszeit
noch erlaubte, wiederum mit neuen Waaren nach dem unteren
Laufe des Yukon zurückzukehren und eine zweite Sendung Tauschartikel abzuholen, welche vor Eintritt des Winters noch bis Nuklukayet — dem Endpunkt unserer Expedition — geschafft werden
sollten. Der Dampfer „Yukon" sollte am letztgenannten Orte zugleich mit unserem Dampfer „New Racket" überwintern, was
späterhin auch der Fall war.

An Bord des Dampfers „Yukon" befand sich Frau Lorenz,
die hochgebildete liebenswürdige Gemahlin des Hauptagenten,
welche vielleicht als die erste weisse Dame ihrem Manne bis in
diese entlegene Gegend gefolgt war. Die Freude der Begegnung
war auf beiden Seiten gleich gross. Trotz der Eile, welche wir
Alle hatten, machten wir unsere beiden Dampfer am Gestade einer
kleinen Insel fest und verplauderten gemeinschaftlich den Rest der
Nacht. An Bord des Dampfers „Yukon" befanden sich mehrere
Händler und Agenten der Alaska-Commercial-Company, darunter
der schon genannte Hr. Federiksen aus Anwik und Hr. Mayo
aus Nuklukayet. Der Letztgenannte, welcher im Festlande von
Nordamerika, im Staate Kentucky geboren war, hatte eine interessante Vergangenheit erlebt. Er war vor Jahren aus seiner
Heimat aufgebrochen und hatte, immer zu Fuss wandernd, alle
möglichen Staaten und Städte im Nordwesten gesehen und vielfach sein Heil als Goldgräber versucht. So war er endlich auch
im Jahre 1881 nach Fort St. Michael gekommen und hatte dort
zum ersten Mal in seinem Leben ein grosses Segelschiff und die
offene See erblickt. Es befand sich auch an Bord der Signal
Service Officier in St. Michael Hr. Leawitt. Unsere Unterhaltung
war, wie man sich denken kann, eine sehr lebhafte, denn wir
selbst waren als die Ueberbringer der neuesten Nachrichten aus
der Welt den genannten Beamten hoch willkommen, und diese
wiederum wurden mir nicht minder lieb und werth durch die
ausserordentliche Freundlichkeit, mit der sie allen meinen etwaigen
Wünschen in Bezug auf meine Expedition entgegenzukommen

sich bereit erklärten. Eine Aenderung im Personenstand beider Gesellschaften hatte dieses Zusammentreffen jedoch zur Folge, eine Aenderung, die mich am meisten betraf, indem sich mein Reise-kollege, der Berichterstatter des New-York Herald, Hr. Woolfe, von mir trennte und an Bord des Yukon ging. Er hatte nämlich den Wunsch, möglichst früh wieder in Fort St. Michael zu sein, da er hoffte, dass der in der Beringsstrasse zur Verhütung des Schmuggel-handels stationirte amerikanische Zolldampfer ihm über die Ex-pedition des Schiffes „Rodgers", welches zur Aufsuchung des Polarschiffes „Jeannette" in der Richtung nach Wrangelland aus-gesandt worden war, bei seiner nächsten Landung in Fort St. Michael würde Mittheilung machen können. Wie der Erfolg lehrte, hatte Mr. Woolfe ganz richtig gerechnet, denn es gelang ihm, am Tage seiner Ankunft in Fort St. Michael Nachrichten über die betreffende Expedition von der Besatzung des Zolldampfers zu erlangen und als Telegramm an Bord desselben Schiffes nach San Francisco mitzusenden, von wo sie nach New-York befördert wurden. Ich trennte mich mit herzlichem Abschied von meinem Reisegefährten, dem ich späterhin wieder begegnete.

Am andern Morgen um 3 Uhr setzte Hr. Lorenz und seine Gesellschaft stromabwärts die Reise weiter fort, während wir einige Stunden später dasselbe stromaufwärts thaten. Um Mittag erreichten wir Nulato, eine Handelsstation der Alaska-Commercial-Company und gleichzeitig auch eine Station der damals noch existirenden Western Fur Trading-Company.

Es ist vielleicht hier der Ort, einige Bemerkungen über die letztgenannte Gesellschaft einzuschalten. Neben der Alaska-Com-mercial-Company bestand eine Concurrenz-Gesellschaft mit dem Hauptsitz in San Francisco, welche auf demselben Handelsgebiet dieselben Handelszwecke verfolgte. Es war dieses die Western Fur Trading-Company. So lange als beide Gesellschaften zu-gleich bestanden, erzielten die Eingeborenen für ihre Felle und sonstigen Tauschartikel sehr hohe Preise, da die Agenten sich gegenseitig überboten. Schliesslich jedoch blieb die Alaska-Com-mercial-Company Siegerin, während ihre Concurrentin nach einem Verlust von mehr als einer Viertelmillion Dollars vom Schauplatze zurücktrat. Letzteres geschah erst im Frühjahr 1883, woselbst die Alaska-Commercial-Company die Mehrzahl der Handelsstationen der Western Fur Trading-Company übernahm. Damals, als ich den Yukon bereiste, bestanden noch beide Gesellschaften neben einander, und muss ich lobend hervorheben, dass mehrere ihrer Vertreter, darunter Mr. Greenfield, in Fort St. Michael mir und anderen Reisenden das zuvorkommendste Benehmen und die freundlichste Unterstützung haben zu Theil werden lassen.

In Nulato hatte sich im Frühjahr 1882 in Folge des bei Hochwasser eingetretenen Eisganges das Unglück ereignet, dass die beiden Handelsstationen zerstört und ein dort überwinternder Dampfer beinahe zerdrückt wurde. Auch die Indianeransiedelung um die Station ging hierbei verloren. Die hier wohnenden Indianer sind sehr heimtückischer Natur, indem einer von ihnen in einer Aprilnacht des Jahres 1881 einen Händler der Alaska-Commercial-Company ermordet hatte. Unsere Goldgräbergesellschaft, welche davon gehört hatte, dass der Mörder noch in Nulato lebte und noch keine Strafe erhalten hatte, beschloss, ihn zu lynchen. Aber auch in Nulato, wie in Nürnberg, wird keiner eher gehängt, als bis er sich hat kriegen lassen. Die Wahrheit dieses Satzes wusste der indianische Mörder sehr zu beherzigen, denn jedesmal, seit dem Tage seiner Unthat, sobald er ein Dampfschiff herauf oder herunter kommen sah, entfloh er in den nahen Wald und hielt sich dort so lange verborgen, bis die Luft wieder rein war. So ging es auch während unserer Anwesenheit, wo er absolut unsichtbar blieb.

Am Morgen des 22. August setzten wir unsern Weg fort und nahmen von 11—1 Uhr in einem Indianerdorf Holz ein. Die Männer waren alle auf Jagd, und die Weiber des Dorfes, etwa zehn an der Zahl, zeigten sich durch unsere Anwesenheit nicht im geringsten genirt, sondern halfen uns unter Scherz und Lachen Holz an Bord schleppen und liessen sich die ihnen dafür gebotenen Bisquits gut schmecken. Eins der Mädchen machte sogar Anstalten, mit uns zu reisen; möglicher Weise hatte sie die Absicht, zum Besuch von Verwandten nach einem oberhalb belegenen Indianerdorfe sich zu begeben. Am Nachmittag dieses

Tages passirten wir die dritte Stromschnelle. Eine Stunde später hatten wir das Unglück, dass unser Dampfer gegen einen unter Wasser befindlichen Baumpfahl lief, wobei das rechte Ruder abbrach. Wir hatten bis zum andern Vormittag damit zu thun, den Schaden zu repariren. Am andern Tage erblickten wir bei Fortsetzung der Fahrt wieder an der steilen Uferböschung jene eigenthümliche Eisschicht mitten zwischen Erdschichten. Zugleich schwamm eine grosse Menge Treibholz, aus altem und grünem Holze bestehend, den Strom hinab. Es war, wie dies häufig zu geschehen pflegt, wahrscheinlich wieder eine grössere Uferstrecke eingestürzt und hatte ihre Sandmassen nebst dem darauf vom Hochwasser abgelagerten Treibholz sowie den natürlichen Baumbestand in die Fluten gestürzt. An diesem Tage mussten wir schon um 5 Uhr Station machen, da unser Brennmaterial ausgegangen war.

Am nächsten Tage passirten wir verschiedene indianische Fischerdörfer. Wir legten um 11 Uhr an, um Holz zu schlagen, fuhren um 2 Uhr weiter und ankerten Abends an einem Fischerdorf. Der nächste Ort, den wir am andern Vormittag passirten, war wieder ein Fischerdorf, welches uns dadurch in Erinnerung blieb, dass bei unserer Annäherung ein wunderlich aussehender Kerl, ein Indianer, wie toll und wild herumsprang und uns allerlei drohende Zeichen machte. Er tanzte in aufgeregtester Weise wie ein Verrückter, schwang seine Mütze, warf sie auf die Erde und trieb diese Dummheiten so lange, als er uns in Sicht war. Der indianische Lootse und Bootssteurer, den wir bei uns hatten, erklärte uns das sonderbare Gebahren dahin, dass der Indianer unsern Dampfer verzaubern wollte, damit derselbe in den Grund sinke. Aber unser „New Racket" ging auf diese Idee nicht ein, sondern führte uns in stolzer Fahrt noch an demselben Tage an der hohen Bergkette Hotlotulei vorüber, deren beschneiter Gipfel uns die ersten Vorboten des nahen arktischen Winters zeigte.

Die Fischerei am Yukon-River unterscheidet sich einigermassen von derjenigen der südlicher gelegenen Theile der Nordwestküste von Amerika. Gewöhnlich bauen die Eingeborenen aus Treibholz ein hölzernes Gehege, welches vom Ufer aus schräg in den Fluss hinein läuft. Die Fische, welche im Strome gegen dieses Gehege kommen, werden dadurch in die innere Parthie desselben geleitet und gelangen dort in die aufgestellten Reusen. Bei den Ingalik von Nulato sah ich ein anderes Verfahren, um Fische zu fangen. Es lagen dort unweit des Ufers auf dem Strome etwa 15—20 aus Birkenrinde angefertigte Canoes, auf deren jedem ein mit einem grossen Käscher versehener Indianer stand. Diese Käscher, deren Kranz wohl 6—8 Fuss Durchmesser hatte und die eine sehr lange Stange besassen, wurden auf den Boden des Flusses gesenkt und alsdann das Boot der Strömung überlassen. Während sich der Käscher auf dem Grunde stromabwärts bewegte, geriethen die stromaufwärts schwimmenden Lachse in das Netz des Käschers. Sobald sich ein solcher Fisch bemerkbar machte, wurde er schnell aber vorsichtig aufgehoben, ins Boot genommen und todt geschlagen.

Am unteren Yukon werden oft neben den Fischgehegen mit Reusen auch Netze zum Fischfang benutzt, die aus einer Art Nesselfasern bestehen. Diese Netze werden quer über den Strom senkrecht ins Wasser gestellt, dergestalt, dass ihre Oberkante durch Rindenstücke schwimmend erhalten wird, während die durch Netzsenker beschwerte Unterkante auf dem Flussbette ruht. Der Fischer bleibt nun oben beim Netz, und sobald er an demselben den Ruck fühlt, den ein grosser, dagegen schwimmender Königslachs hervorbringt, so zieht er schleunigst das Netz an der Stelle, wo sich der Fisch verwickelt hat, in die Höhe, nimmt den Lachs ins Boot und schlägt ihn todt. Doch diese Fische sind oft sehr starke Burschen, welche mitunter ein Gewicht von 80—90 Pfund erreichen, wenn sie auch durchschnittlich nur halb so schwer sind. Diese Lachse wehren sich heftig, und so kommt es oft vor, dass bei den Anstrengungen der Fischer, die Thiere zu überwältigen, die leichten Kajaks kentern. Im günstigen Falle ist ein Fischer im Stande, viele Lachse hintereinander zu fangen. Da die getödteten Lachse das kleine Fahrzeug bald übermässig beschweren würden, so werden sie ausserhalb desselben befestigt. Die Hechte werden meistens mit knöchernen Angelhaken gefangen oder auch mit Köderfischen aus Knochen angelockt und alsdann vom Fahrzeug

aus harpunirt. Im Winter, wo das Eis oft 5—7 Fuss stark
wird, ist es ein hartes Stück Arbeit, die Fischreusen täglich zu
leeren. Es werden in dieser Jahreszeit viele Weissfische, Lachse,
Quappen und Hechte gefangen, hin und wieder auch eine Lachs-
forelle. Die Bewohner der Tundra leben meistentheils von einer
kleinen Art schwarzer Sumpffische, welche in den zahlreichen
Binnenseen, Kanälen, Bächen und Sümpfen zu Millionen vorkommen. Diesen Fischen habe ich keinen Geschmack abgewinnen
können und sie nur als Futter für die Hunde benutzt. An der
Seeküste werden viele kleine Fische gefangen, welche zu den
Stinten gehören; es kommt dort auch eine Art vor, welche der-

Schlitten der Ingalik-Indianer am oberen Yukon.

jenigen gleicht, die in Norwegen den Namen Lodde führt. Letztere sind wegen ihres reichen Fettinhaltes sehr nahrhaft.

Die Küstenbewohner von Alaska leben während der eisfreien
Saison vom Fang der Seethiere. Im Mai und Juni werden viele
Walrosse gefangen, im Herbst, kurz bevor die Meeresbuchten zu-
frieren, werden viele Weisswale in mächtig grossen Netzen, deren
Maschen aus fingerdicken Riemen von Walrossleder gemacht sind,
gefangen. Diese Walart hat nämlich die Gewohnheit, sich mög-
lichst dicht am Land zu bewegen. Man benutzt dies, indem man
die Netze so in die See hineinstellt, dass der eine Flügel am
Lande an einen Felsen befestigt wird, während der andere etwa
20—30 Klafter weit in See so fest wie möglich verankert wird.
Die Seehundsnetze werden theils aus Sehnen, theils aus modernen
Gespinsten hergestellt und damit viele Seehunde gefangen. Wäh-

rend des Winters, im Januar und Februar, findet der Fang des
Maklak, welches eine Art Seehund ist, auf dem Eise mitunter
sehr weit vom Lande statt. Dieser Fang gilt deshalb für sehr
gefährlich, weil der Sturm oft die Eisdecke am Lande zerbricht
und letztere weit hinaus ins Beringsmeer treibt, wo die Leute
meistens ertrinken. Die Sage erzählt, dass die am Südende der
Beringstrasse liegende St. Lorenzinsel durch Eskimos besiedelt
worden sei, welche auf einem Eisfelde dorthin verschlagen worden
sind. Der Maklakfang geschieht theils mit Gewehren und Harpunen, theils mit Harpunen allein. Die Eskimos bedienen sich
bei diesem Fang der Kajaks, die sie auf kleine, besonders dazu
eingerichtete Schlitten setzen und dadurch sowohl die Eisfläche
wie auch die Wasserspalten im Eise überschreiten und den oft
ins Meer sich stürzenden Seehund heranholen. Das Hauptnahrungsmittel der gesammten Bevölkerung bleibt indessen der getrocknete
und ein wenig geräucherte Lachs, welcher in ungeheuren Mengen
zubereitet wird. Diejenige Familie, welche es versäumt, einen
Vorrath von diesem Nahrungsmittel, das den Namen Yukala führt,
zur richtigen Zeit zu beschaffen, wird während des Winters gewöhnlich durch Hungersnoth heimgesucht. So sind also die Alas-
kaner im eigentlichsten Sinne des Wortes Ichthyophagen, und
nicht nur sie allein, sondern auch ihre einzigen Hausthiere, die
Hunde. Unsere Fahrt von Nulato bis oberhalb der Bergkette
Hotlotulei ging verhältnissmässig langsam vor sich, nicht etwa
weil die Maschine des Dampfers weniger gut arbeitete als bisher,
sondern weil wir täglich fünf bis sechs Stunden lang dazu verwenden mussten, Holz zu schlagen. Am Sonntag den 27. August
Nachmittags 5 Uhr erreichten wir endlich unser Ziel, die Station
Nuklukayet, im Herzen froh darüber, dass die lange Schleppfahrt
nunmehr beendet sei.

XII.

Ankunft in Nuklukayet. Das Ende unserer Expedition. Abschied von der Goldgräbergesellschaft des Herrn Scheffelien. Beginn der neunhundert englische Meilen langen Rückfahrt auf dem Yukonstrom am 29. August. Das Dorf Klokare-leten. Gebirgslandschaft am Yukon-River. Dorf Nukakiet. Der Finnländer Kakeraien. Ein Riesenhecht von sechzig Pfund Gewicht. Ich rette einen Schädel für die Wissenschaft. Beerdigungsart der Ingalik. Offene Feindseligkeit der Indianer gegen mich. Mein Dolmetscher „Petka" bekommt Angst. Die Mündung des Kujikuk-River. Nulato. Schnellfahrt. Das Boot bekommt ein Leck. Armseligkeit der Ingalik an ethnographischen Gegenständen. Ausgrabung von Mammuthknochen. Unser Fellboot desertirt. Das Dorf Sakara. Die Leiche eines berühmten Schamanen. Eine epidemische Hustenkrankheit. Ein von Bären getödteter Indianer. Ein Grislybär mit weissem Kopf. Wir graben wiederum Mammuthknochen aus. Dampfbad in Anwik. Die ethnographischen Gegenstände der Ingalik. Schneeschuhe. Thongefässe der Ingalik. Kleidungsstücke. Kleider aus Fischhäuten. Strümpfe aus Gras. Canoes aus Birkenrinde. Der Dampfer „Yukon". Epidemische Krankheit. Eine Grabkiste des letzten Ingalikdorfes.

Nuklukayet, eine Station der Alaska-Commercial-Company, war, wie bereits erwähnt, derjenige Punkt, von welchem aus die Goldgräbergesellschaft des Hrn. Scheffelien ihre eigentlichen Unternehmungen zu beginnen beabsichtigte, nachdem sie hierselbst überwintert hatte. Vorher jedoch sollte, so lange es noch die Jahreszeit gestattete, der Dampfer „New Racket" dazu benutzt werden, einige Fahrten noch weiter oberhalb des Ortes auszuführen, damit sich die Theilnehmer der Expedition eine möglichst weitgehende Kenntniss des Landes zu verschaffen im Stande seien.

Ich selbst musste meinen Aufenthalt in Nuklukayet auf das allernothwendigste beschränken, da ich die 900 engl. Meilen lange Rückfahrt bis zum Fort St. Michael noch vor Eintritt des Herbstes zurückzulegen wünschte, indem ich auf diese Weise hoffen durfte, mit einem der letzten abgehenden Schiffe Nachrichten nach San Francisco resp. Europa senden zu können. Bevor ich indessen meine Rückfahrt antrat, war es nöthig, mein Fellboot zu entladen, dasselbe an Land zu ziehen und es so gut als möglich zu trocknen und einzuölen. Gleichzeitig liess ich ein Segel anfertigen und bereitete alles zur Rückfahrt vor. Während der Hinauffahrt hatte ich in jedem Dorfe der Kwikpagemuten und der Ingalik, wo wir gelandet waren, die Aufforderung erlassen, dass man alle zum Verkauf geeigneten ethnographischen Gegenstände bereit halten möchte, da ich bei der Rückkehr bei jedem Dorfe anlegen und Einkäufe machen würde. Gleich in Nuklukayet begann ich meinen Tauschhandel; die dort wohnenden Indianer besassen jedoch nur sehr wenig Gegenstände, welche ich für meine Zwecke gebrauchen konnte, und selbst diese Sachen liessen sie sich sehr theuer bezahlen. Der Grund hiervon ist der, dass die Leute hierselbst in einer an Pelzthieren reichen Gegend wohnen, und dass sie damals durch die hohen Preise, welche ihnen von den beiden oben genannten concurrirenden grossen Handelsgesellschaften für ihre Jagdbeute gezahlt wurden, sehr verwöhnt waren.

Am Dinstag den 29. August trat ich nach einem freundlichen Abschiede von Hrn. Scheffelien und seinen Gefährten den Rückweg an. Meine Mannschaft bestand aus meinem Reisegefährten Petka sowie aus einem Ingalik, welcher das Fellboot der Goldgräbergesellschaft auf der Hinfahrt gesteuert hatte. Da kein Wind wehte, so ruderten wir in der ziemlich starken Strömung des Yukon-River hinab und passirten gegen Mittag das Dorf Klokare-leten. Das rechte nördliche Ufer des Yukon-River von Nuklukayet bis etwa 20 englische Meilen oberhalb Nulato besteht aus einem ziemlich steil ansteigenden Gebirge von 1000—3000 Fuss Höhe, das linke südliche Ufer jedoch ist meist flach, mit Ausnahme der Gebirgskette des Ortes Nukakiet. Wir erreichten dieses Dorf erst spät Abends 10 Uhr und wurden von einem dort wohnenden Finnländer, Namens Kakeraien, sehr gut aufgenommen und bewirthet. Am andern Morgen $8^{1}/_{2}$ Uhr wurde die Reise fortgesetzt und das Dorf Delsanorvit erreicht. Es war dieses dasselbe, an dessen Ufer sich wenige Tage vorher jener indianische Schamane vergeblich bemüht hatte, unsern Dampfer in den Grund zu zaubern. Ich hatte hierselbst den seltenen Anblick eines kurz vorher gefangenen Riesenhechtes, welcher Fisch 50—60 Pfund schwer war. Weiterhin besuchten wir das Dorf Makkatmekettan, gingen jedoch trotz starken Gegenwindes nach ganz kurzem Aufenthalt wieder an Bord. Die Bevölkerung zeigte im Allgemeinen ein selbstbewusstes, wenig bescheidenes Benehmen, welches sich bis zur Unverschämtheit steigerte. Hierzu kam noch, dass, wie ich glaube, der Ingalik, welcher sich bei mir an Bord befand, seine Landsleute gegen mich aufstachelte. Wir waren nämlich unterwegs an einer indianischen Grabstätte vorbeigekommen, aus der ich für die Wissenschaft einen Schädel gerettet hatte, und unser Indianer mochte wohl seinen Landsleuten hierüber Mittheilungen gemacht haben, ohne dass wir seine Worte verstanden.

Die Ingalik sowohl wie die Kwikpagemuten pflegen ihre Verstorbenen auf folgende Weise zu beerdigen: Es werden vier Pfähle in die Erde getrieben, deren oberes Ende den Erdboden um etwa Mannshöhe überragt; auf diese Pfähle wird die Grabkiste gestellt. Diese Kiste besteht aus zwei rechtwinkligen länglichen Kisten, einer inneren und einer äusseren, zwischen denen sich eine luftabschliessende Schicht aus Lehm oder Thon befindet. Die innere Kiste enthält die Leiche, welche durch die Lehmschicht vor der Einwirkung der atmosphärischen Luft geschützt ist. Die äussere Kiste bildet das eigentliche Grabmonument und ist gewöhnlich mit rothen und schwarzen Figuren bemalt. Diese Malereien stellen Scenen der Jagd und des Fischfanges dar und illustriren die Thaten des Verstorbenen. Die rothe Farbe, welche zu diesen Zeichnungen benutzt wird, besteht aus einem in Alaska gefundenen Thon, die schwarze dagegen ist ein künstliches Produkt aus Lachsrogen, welcher als Klebemittel wirkt, und zerriebener Holzkohle. Am oberen Yukon zwischen Nuklukayet und Nulato habe ich auf indianischen Begräbnissplätzen auch solche Grabkisten gesehen, welche zur Hälfte in die Erde eingeschärrt waren, und auf deren oberem Deckel sich eine grosse Menge Holz befand. An den Begräbnissplätzen sieht man Waffen und Fischereigeräthe, bei den Grab-

Bogen der Ingalik am oberen Yukon.

kisten der Frauen Hausgeräthe und Bekleidungsstücke aufgehängt oder herumgelegt.

Bei Fortsetzung unserer Fahrt erreichten wir noch an demselben Tage die Dörfer Norraden-kulten und Belase-karat. Bei nördlichem Sturm und Gegenwind erreichten wir am andern Tage Mittags Nusaron und gegen Abend das Dorf Kommensita, ohne dass ich irgend welche Gegenstände durch Kauf erwerben konnte. In dem letztgenannten Dorfe befand sich viel Brennholz, von welchem wir eine kleine Quantität zum Kochen unserer Speisen an Bord nahmen. Während dieses geschah und ich ins Dorf ging, um Einkäufe zu machen, gingen die Indianer zu offener Feindseligkeit über. Es stürzten sich plötzlich sechs bis sieben Mann zu uns an Bord, rissen das bereits aufgeladene Brennholz wieder heraus und schleuderten es ans Ufer. Mein Dolmetscher Petka bekam grosse Angst, und rief zum eiligen Aufbruch, indem er meinte, die Indianer würden uns räuberisch überfallen und uns unseres für ihre Verhältnisse grossen Eigenthums berauben. Es war immerhin möglich, dass diese Leute, deren unverschämtes Wesen damals den höchsten Grad erreicht hatte, und die nicht wie die Bewohner von Vancouver unter dem Eindruck der Furcht vor rächenden Kanonenbooten standen, auf den Gedanken gekommen waren, uns zu erschlagen und unser Eigenthum an sich zu reissen. Möglicherweise wollten sie diese That unter dem Schutze der Nacht und auf den schweigsamen Wellen des Stromes ausführen, denn sie bemannten mehr als ein halbes Dutzend Fahrzeuge, mit denen sie uns folgten. Petka ruderte uns in einen weiter unterhalb beginnenden kleinen Seitenarm des Flusses, wo wir unbehelligt während der Nacht kampirten, während einzelne Regenschauer und stürmische Böen über unseren Häuptern hinzogen. Auch die Abreise am nächsten Morgen zog uns weiter keine Verfolgung zu, und wir fuhren stromabwärts, bis wir gegen Mittag abermals ein Indianerdorf antrafen und wenige Stunden darauf an der Mündung des Kujikuk-River vorüber fuhren. Der Wind ging hier mehr nach Nordosten herum, so dass wir das Segel gebrauchen konnten, umsomehr, als auch der Yukon hier in der Richtung nach Südwesten weiter strömt. Wir näherten uns nunmehr Nulato, oberhalb dessen wir an diesem Tage noch vier Dörfer besuchten. Unser Aufenthalt in Nulato selbst dauerte nur eine Stunde, worauf wir bei dem günstigen Winde und schönem klaren Wetter die Fahrt noch volle fünf Stunden bis Mitternacht fortsetzten. Die Nacht war klar, es herrschte jedoch auf dem uns unbekannten Strome zwischen den vielen kleinen Inseln eine so vollständige Dunkelheit, dass wir mehrere Male mit unserem Boote auf den Grund fuhren und zuletzt direkt am Ufer festsassen. Wir campirten an dieser Stelle im Boot.

Am 2. September Morgens 6 Uhr gingen wir wieder vorwärts, es stürmte stark von Nordost, so dass wir eine fliegende Fahrt machten. Es wurden zwei Dörfer besucht und einzelne Arbeiten aus Knochen, Muscheln und Perlen gekauft. Beim Landen am Ufer hatten wir das Unglück, dass in den Fellüberzug des Bootes ein Loch gestossen wurde. Wir hatten in Folge dessen während des ganzen Tages ununterbrochen damit zu thun, das eindringende Wasser auszuschöpfen. Ein Beweis, eine wie geringe Menge origineller Gegenstände die Eingeborenen hierselbst besitzen, möge in folgender Aufzählung gegeben sein. Bei den Indianern eines Dorfes, welches wir an diesem Tage Nachmittags besuchten, fanden wir nur birkene Canoes, hölzerne Schüsseln, Körbe aus Birkenrinde, Fischnetze und Fischreusen. Alle übrigen Gebrauchsgegenstände sind ihnen durch den Tauschhandel zugegangen und europäischen oder amerikanischen Ursprungs. Der Nordoststurm führte uns an diesem Tage eine grosse Strecke stromabwärts. Abends langten wir bei einem verlassenen Dorfe an, woselbst wir unser Boot sehr hoch ans Ufer zogen, damit kein Wasser hineindringen konnte.

Am nächsten Tage wurden schnell hintereinander vier Dörfer, Wetkelt-tokara, Kleitvit, Klaun-lokolte und Kokara passirt und in letzterem verschiedene Kleinigkeiten gekauft. Etwa sechs Meilen unterhalb bezeichnete unser Ingalik, den ich an Bord hatte, eine Stelle des hier 50—200 Fuss hohen Ufers, an welcher sich früher angeblich Mammuthknochen gefunden haben sollten. Wir machten Halt und durchsuchten das Terrain. Die Arbeit war von Erfolg gekrönt, denn im Laufe von zwei Stunden fanden wir ein grösseres Stück von dem Stosszahn eines Mammuth, drei Backenzähne, einen Rückenwirbel, Schenkelknochen u. s. w. Diese Knochen befanden sich nicht auf einem Punkte zusammen, sondern sie lagen in Zwischenräumen längs des Ufers, so dass es den Anschein gewann, als ob sie vielleicht von dem Absturz einer durch Hochwasser unterspülten Parthie des Ufers herrührten, deren einzelne Bestandtheile durch die Fluth zerstreut worden waren. Den inneren Kern des Stosszahnes fanden wir an der Mündung eines kleinen Baches, so dass auch angenommen werden konnte, dass diese Wasserader die Mammuthknochen thalwärts geführt habe. Ich bemerke, dass auf der Strecke zwischen Nulato und Anwik sowie weiterhin in vielen Theilen von Alaska durch die Rennthierjäger Mammuthknochen gefunden worden sind. Die Leute nennen diese Reste der Vorzeit „Tunrak saunek", d. h. Teufelsknochen. Auf dem rechten, ziemlich hohen Ufer des Stromes, welches aus weissem Sand besteht, stürzen täglich einzelne Theile hinunter, und während der Sand allmählich weggeschwemmt wird, bleiben die etwa darin vorhanden gewesenen Mammuthknochen liegen oder werden doch nur wenig weiter getrieben. So soll im Frühjahr 1882 in der Nähe der Stelle, wo wir uns eben befanden, ein grosser gut erhaltener Mammuthzahn zu sehen gewesen sein, wir konnten denselben jedoch nicht auffinden.

In der Eile und Aufregung, worin uns die Funde der Mammuthknochen versetzten, vergassen wir ganz, auf unser Fellboot zu achten und dasselbe am Ufer zu befestigen. Wer beschreibt unsern Schreck, als wir unser Boot plötzlich mitten im Strom treiben sahen. Da uns noch eine weite Entfernung von dem nächsten Dorf trennte, so war die Gefahr vorhanden, dass wir unser Fahrzeug gänzlich verlieren würden. Glücklicherweise aber kamen einige Indianer mit Birkencanoes den Fluss hinauf und brachten unser Fahrzeug wieder ans Land, wofür sie gut belohnt wurden.

Am Abend 7 Uhr erreichten wir das Dorf Sakara. Hier war ein berühmter Schamane gestorben und sollte in den nächsten Tagen beerdigt werden. Es hatten sich bereits viele Indianer versammelt, um an dem grossartigen Begräbnissfest theilzunehmen. Die Verstorbenen werden sowohl bei den Ingalik wie bei den Kwikpagemuten erst vier Tage nach dem Tode beerdigt und während dieser vier Tage wird keinerlei Arbeit geleistet. Es hängt dieses mit einer Sage zusammen, über welche ich späterhin berichten werde. Ich hatte den seltenen und unerwarteten Anblick, den Todten zu sehen. Er befand sich in voller Kleidung, in hockender Stellung auf einer Art Stuhl, der aus vier in die Erde geschlagenen Pfählen bestand. Gegen zwei dieser Pfähle lehnte er seinen Rücken, die beiden anderen unterstützten seine

Bei den Ingalik gebräuchlich.
1. Musikinstrument. 2. Knöcherne Keule zum Holzspalten etc. 3. Hölzerner Schöpflöffel. 4. Tabakspfeife mit Holzstiel und Metallkopf. 5. Eiserner Dolch. 6. Kinderwiege aus Birkenrinde. 7. Canoe aus Birkenrinde. 8. Schaber zur Reinigung der Felle mit hölzernem Griff und kupferner Spitze. 9. Knocherner Löffel. 10. Kamm aus Holz mit knöchernen Zähnen. 11. Holzlöffel. 12. Korb aus Birkenrinde. 13. Fellreiniger (Schaber), hölzerner Griff und eiserner Schaber.

Arme. Das Haus war sonst ganz leer gemacht, und es befanden sich in demselben nur die Weiber seiner Bekannten und Verwandten, welche mit grossen Mengen von Nahrungsmitteln hereinkamen und dieselben dem Todten respectvoll vorsetzten. Es hatte ganz den Anschein, als ob der Schamane, dessen Augen halb offen standen, wie die eines nachdenklich blickenden Mannes, noch am Leben war, und als ob er die vielen getrockneten Lachse, den Fischthran und die Beeren sich wohlschmecken lassen wollte. Während dieser Zeit durfte kein Mann das Sterbehaus betreten,

obgleich man mir dies nicht verwehrte. Die Indianer befanden
sich draussen vor dem Hause in gedrückter, feierlich ernster
Stimmung, Niemand lachte oder wagte ein lautes Wort zu sprechen.
Leider war meine Zeit so gemessen, dass ich den Leichenfeierlich-
keiten nicht beiwohnen konnte. Ein Versuch, den ich machte,
von den Leuten ethnographische Gegenstände zu kaufen, hatte
keinen Erfolg. Erst sagte man mir, man besitze nichts dergleichen,
sodann, dass man wegen des Todes des Schamanen keinen Handel
treiben dürfe. Alle klagten viel über eine gerade damals unter
den dortigen Einwohnern herrschende epidemische Krankheit, die mit
einem starken Husten verbunden war. Mehrere der von dieser
Krankheit Befallenen hatten sogar ihre Sprache bereits verloren.
Man verlangte allgemein von mir Medizin gegen dieses Uebel;
da ich aber überhaupt nichts dergleichen bei mir hatte, so konnte
ich auch dem Wunsche nicht entsprechen.

Wie es sich so häufig ereignet, dass ein Fall nicht allein
kommt, so war es auch diesmal, denn bei Fortsetzung unserer
Reise trafen wir an demselben Tage die Leiche eines zweiten
Indianers an. Wir waren in der Abendstunde bei einem Dorfe
gelandet, und hatte ich daselbst, wie gewöhnlich, eines der Indianerhäuser betreten, um Einkäufe zu machen, als ich wieder denselben
sonderbaren Anblick genoss, dass ein steif und unbeweglich in der
Mitte sitzender Mann von allerhand Speisevorräthen umgeben war,
welche von Frauen ab- und zugetragen wurden. Der Anblick war
so frappant und lebenswahr, dass ich unwillkürlich ganz nahe an den
Sitzenden herantrat, woselbst ich dann sofort entdeckte, dass das ganze
Hinterhaupt von einer blutrothen Wunde eingenommen war. Der
Aermste war von einem Grislybären getödtet worden, den er auf
einer Canoefahrt angetroffen und unvorsichtigerweise mit einem
Schrotschuss hatte erlegen wollen. Meister Petz hatte mit einem
Tatzenschlage das birkene Canoe umgeworfen und mit einem zweiten
den Mann tödtlich verwundet. Ein Indianer war alsdann dazu
gekommen, hatte den Bären todt geschossen und seinen verwundeten Freund, der unmittelbar darauf in seinen Armen starb,
nach Hause gebracht. Man erzählte mir als Merkwürdigkeit, dass
der Kopf des Bären ganz weiss gewesen sei.

Wir fuhren an demselben Abend noch fünf Meilen weiter, und da mein Reisekollege Petka dem Frieden mit den Indianern noch immer nicht recht traute, so kampirten wir wieder im Freien. Am andern Morgen 6 Uhr wurde die Fahrt fortgesetzt und in einem kleinen Dorfe gelandet, in welchem fast die gesammte Einwohnerschaft an derselben Krankheit litt wie in dem am Tage vorher besuchten Orte. Das Begehren nach Medizin wurde immer grösser. An diesem Orte habe ich auch den seltenen Fall angetroffen, dass daselbst ein Ingalik mit zwei Frauen lebte, während seine Stammesgenossen in der Regel nur je eine Frau besitzen. Eine Strecke unterhalb des Dorfes setzte ich meine beiden Leute ans Land, indem ich ihnen auftrug, längs des Ufers nach Mammuthknochen zu suchen. Ich selbst blieb im Boot sitzen und paddelte langsam stromab, stieg auch zuweilen ans Land, um mitzusuchen. Wir fanden einige Ueberreste des Mammuth, namentlich Backenzähne. Dieselben waren offenbar aus der Uferböschung herabgefallen, aus deren oberster, aus schwarzer Erde bestehender Schicht sie wohl stammten. Ich vermuthe dies deshalb, weil die Mammuthzähne mit derselben schwarzen Erde vereint gefunden wurden. Unser Indianer berichtete, dass die Western Fur Trading-Company im Frühling 1881 an dieser Stelle vier grosse wohlerhaltene Mammuthzähne hatte ausgraben lassen. Am Nachmittag desselben Tages erreichten wir Anwik, in welcher Station uns die Gattin des dortigen Vorstehers, Frau Frederiksen, die Schwester Petka's, wieder sehr freundlich aufnahm. Nachdem wir unser Boot entladen und zum Trocknen aufgestellt hatten, gestatteten wir uns am Abend den Genuss eines Dampfbades und den grossen Luxus, wieder einmal in einem Hause und in einem Bette zu schlafen.

Wie schon angedeutet, war die ethnographische Sammlung, welche ich bei den Ingalik zusammenbrachte, nur von bescheidenem Umfange, immerhin betrug sie jedoch etwa zweihundert Nummern. Unter den ethnographischen Gegenständen der Ingalik spielen Pfeil und Bogen, sowie eine mit starkem hölzernen Stiel versehene eiserne Lanze noch eine Hauptrolle, wenngleich auch Jagdgewehre modernen Ursprungs in Gebrauch sind. Unter den

von mir erworbenen Netzen waren die meisten aus Sehnen von
Renn- und Elenthieren gebildet, andere aus einer Art Nesselfaser.

Die Elenthiere werden im Winter bei tiefem Schnee, in welchem sie sich nur schwer
fortzubewegen vermögen, durch die auf
leichten Schneeschuhen ihnen nacheilenden
Indianer in grosser Anzahl erlegt. Die
Schneeschuhe, deren ich verschiedene kaufte,
besitzen eine Länge von drei bis fünf Fuss
und bestehen aus einem hölzernen Rahm-
stück mit zwei Querleisten, durch welche
die Fläche in drei Abtheilungen zerfällt;
diese Abtheilungen werden mit Sehnen von
Elen- oder Rennthieren kreuzweise über-
flochten und dienen zur Befestigung der
Schuhe, die mit ledernen Riemen an die
Füsse geschnallt werden. Von Hausgeräthen
erwarb ich ovale hölzerne Schüsseln, deren
Oberrand mosaikartig mit bunten Steinchen etc. verziert ist. Merkwürdiger Weise
bedienen sich bei den Ingalik wie bei
den Kwikpagemuten die Frauen sowohl
wie die Männer, jeder für sich besonderer
Essschüsseln. Bei den Ingalik findet man
auch viele Schüsseln aus Birkenrinde, sowie
hölzerne Wassereimer und Schöpflöffel eigener Gestalt. Die Eimer werden aus einem
Stück Holz geschnitten, welches in heissem
Wasser gebogen und mit Wurzeln fest zu-
sammengenäht wird, worauf man alsdann
den hölzernen Boden einsetzt. Diese Eimer
besitzen einen knöchernen oder hölzernen
Bügel. Die Schöpflöffel sind fast ebenso

Schneeschuh der Ingalik.

gearbeitet, nur bedeutend kleiner und an
der Seite mit hölzernem Stiel versehen.

Es wird bei den Ingalik viel Töpferei betrieben; die meisten

Thongefässe, welche sie anfertigen, dienen als Kochgeschirre oder Oellampen. Die Töpfe sind oft von ziemlicher Grösse und erreichen selbst den Umfang einer halben Heringstonne. Die Bearbeitung des graugefärbten Thones geschieht ohne Anwendung der Töpferscheibe, theils mit den Händen, theils mit Hilfe eines Steines oder Knochens. Fast sämmtliche fertigen Gefässe werden durch kleine Löcher, die von aussen und von innen in die Wandungen hineingestochen werden, ornamentirt. Die Ingalik kleideten sich früher gewöhnlich in Jacken von gegerbten Häuten der Elenthiere; man räucherte die Felle nach dem Gerben ein wenig, um ihnen eine rothbraune Farbe zu geben. Die Jacken der Ingalik wurden damals besonders hübsch mit Perlen und Muscheln verziert, welche Tauschwaaren die Ingalik früher aus Fort Yukon und Fort Selkirk durch

1. Strumpf aus Gras geflochten. 2. Jagdgehänge der Ingalik.

die Hudsonsbay-Compagnie oder von den Tschilkat-Indianern, welche mit ihren Handelswaaren bis zum Tananah-River am oberen Yukon kamen, bezogen. Gegenwärtig aber liefert die Alaska-Commercial-Company auch diese Artikel. Die übrigen Kleidungsstücke, die Hosen, Stiefel und Handschuhe der Ingalik sind nur wenig mit Perlen und Muscheln geschmückt. Die Bewohner zwischen Anwik und Nulato verfertigen sich Kleider aus Lachs- und anderen Fischhäuten. Diese Gegenstände der Toilette werden besonders bei nassem Wetter, im Herbst und Frühjahr getragen und haben die Eigenschaft, dass sie bei starker Kälte nicht hart werden. Aus dem feinen Grase, welches während des Sommers gesammelt wird, fertigen sich die Indianer eine Art von Strümpfen; ferner aus demselben Material auch Körbe und Matten. Ganz ausgezeichnet schön und praktisch sind die Canoes aus Birkenrinde, welche die Ingalik anfertigen. Ich habe einige Modelle dieser Canoes, welche für zwei Personen Tragfähigkeit besitzen, für das Berliner Museum angekauft.

Unser Fellboot hatte in Folge von Sturm und Regen am anderen Tage nicht viel Gelegenheit, in Anwik zu trocknen. Nichts desto weniger musste ich meine Reise fortsetzen und gab deshalb dem Fellüberzug den ihm zukommenden Oelanstrich. Alsdann kaufte ich alles auf, was an ethnographischen Gegenständen zu haben war. Es befanden sich darunter einzelne ziemlich gut er-haltene Steinäxte, mehrere hübsche Masken und ein mit Rennthier-zähnen verzierter Gurt. Der Ingalik, welchen ich von Nuklukayet mitgenommen hatte, ging hier ab, und engagirte ich an seiner Stelle einen anderen Mann für die Strecke bis Fort St. Michael.

Da der Sturm und die Regenschauer aus Westen und Süd-westen immer noch nicht nachlassen wollten, so verliess ich am 6. September Vormittags elf Uhr Anwik und erreichte bald darauf das Dorf Makkiem, dessen russischer Name Barnassella heisst. Hier kaufte ich verschiedene Sachen, namentlich Steinmesser, Stein-äxte, Messer und hölzerne Schüsseln, die letzteren waren mit Steinen ornamentirt, die von den Eingeborenen fälschlicher Weise für ver-steinerte Mammuthknochen ausgegeben wurden. Einige Meilen unterhalb dieses Dorfes trafen wir mitten auf dem Strom den Dampfer Yukon an, welcher sich bereits wieder, wie schon früher mitgetheilt ist, auf der Rückfahrt nach Nuklukayet befand. An Bord waren diesmal als Capitain mein Landsmann, Herr Frederiksen, sowie zwei andere Händler der Alaska-Commercial-Company, ferner eine Anzahl Halbbluts, und viele Indianer vom Tananah-River, der sich oberhalb Nuklukayet in den Yukon-River ergiesst. Diese Indianer hatten die weite Reise nach Fort St. Michael nur aus dem Grunde unternommen, weil sie den Wunsch hatten, einmal das grosse Salzwasser zu sehen. Sie verdienten sich jetzt ihre freie Rückfahrt dadurch, dass sie während der Dauer derselben unent-geltlich das zum Heizen der Maschine nöthige Brennholz schlugen. Herr Frederiksen, mit welchem ich mich eine halbe Stunde lang an Bord des Dampfers in freundlichster Weise unterhielt, wollte uns durchaus wieder zurück nach Anwik nehmen, was indessen mit Rücksicht auf unsere beschränkte Zeit nicht anging. Fast sämmtliche an Bord des Dampfers befindlichen Händler und Indianer hatten merkwürdiger Weise genau dieselbe epidemische Krankheit und dieselben Hustenanfälle, welche ich, wie schon erwähnt, oben am Strom unter der Bevölkerung angetroffen hatte. Wir verabschiedeten uns und fuhren an demselben Tage noch bis Dunkelwerden weiter, worauf wir am Ufer einer Insel unser Nachtlager wählten.

Das letzte Ingalikdorf von Bedeutung war Koserowsky, wo wir am anderen Mittag ankamen und woselbst ich verschiedene Ueberreste aus alter Zeit ankaufte. Eine Strecke unterhalb des Dorfes traf ich einen indianischen Begräbnissplatz, von welchem ich eine gute Grabkiste, die sich gegenwärtig im Berliner Museum befindet, meiner Sammlung hinzufügen konnte. In der inneren Kiste befand sich, eingehüllt in eine Matte aus geflochtenem Stroh, die Mumie einer weiblichen Person, deren Kopf mit einer Art Mütze von Glasperlen bedeckt war. Ein junger Indianer war zugegen, als wir diese Mumie unserer Sammlung einverleibten. Er erhob jedoch keinerlei Einwendungen gegen unser Thun. Kurz darauf verliess ich das Gebiet der Ingalik und gelangte wiederum in das Gebiet der Kwikpagemuten.

XIII.

Das erste Kwikpagemutendorf. Die Medizin des weissen Mannes. Grosse Einkäufe. Station Mission. Eine sagenhafte Gegend. Excursion nach dem Nest des
Riesenvogels. Wunderbare Aussicht auf die Tundra. Frische Bärenspuren. Die
vier englische Meilen lange Ruinenstadt der alten Eskimobevölkerung. Angriff der
Dorfhunde. Begräbnissart der Kwikpagemuten. Eskimosagen. Reiche Sammler-
ernte am untern Yukon. Drei gefälschte steinerne Aexte. Ein Rendezvousplatz
von Bären. Ein Grabmonument mit bildlichen Darstellungen. Station Andrejewski.
Schnelle Fahrt und Sturm. Orkan im Kusilwak, dem grössten Hauptarm des
unteren Yukon. Schiffbruch am rechten Ufer. Eine Sturmnacht am Ufer. Fortsetzung der Fahrt. Station Kutlik an der Yukonmündung. Fahrt längs der
Meeresküste. Sturm und Schiffbruch bei Kap Romanzoff. Unser Fellboot wird
eine Vergnügungsyacht. Rückkehr nach Fort St. Michael. Der Schooner „Leo".

In Alaska wird seitens der weissen Ansiedler der Stammes-
unterschied zwischen den im Innern des Landes wohnenden, fast
rein indianischen Stämmen und den der Eskimo-Bevölkerung an-
gehörenden Küstenbewohnern nicht strenge auseinander gehalten.
Man nennt vielmehr die gesammte Einwohnerschaft ganz allgemein
Indianer; will man jedoch einen Theil der Bewohnerschaft im
Gegensatz zu den Indianern bezeichnen, so nennt man diese Leute
nicht Eskimos, sondern je nach ihrer Special-Bezeichnung Kwikpagemuten, Mallemuten, Kuskoquimemuten u. s. w. Der Uebergang aus dem einen Gebiet in das andere kennzeichnet sich auf
dem Yukon-River durch die Namen der Ortschaften. So gelangten
wir am Nachmittage desselben Tages, an dem wir das letzte grosse
Ingalikdorf besucht hatten, in dem ersten Kwikpagemutendorf
Namens Kingerumuten an. Auch hier herrschte wiederum die
Epidemie, und das Verlangen nach Medizin wurde so stürmisch,
dass ich mich dem nicht länger entziehen konnte und von meinem
mitgenommenen Vorrath ein wenig Thee und Zucker opferte und
endlich auch in Ermanglung von etwas anderem, den Leuten schwarzen
Pfeffer gab, den sie mit heissem Wasser trinken sollten. Mit letzterem Rezept machte ich viel Furore nnd die Leute lobten meine

Medizin als ausserordentlich stärkend und erwärmend. Beim Arangiren meiner Sachen an Bord hatte ich an diesem Dorfe das Unglück, dass mir mein letzter Revolver, eine ausgezeichnete Waffe, über Bord fiel und nicht wieder aufzufinden war. Es war dies recht fatal, da ich einen andern Revolver schon vorher verloren hatte. Am Nachmittag desselben Tages kamen wir nach dem Dorfe Takkjelt-Pileramuten, in welchem ich nur wenig Einwohner anwesend fand, da die Mehrzahl auf Jagd gegangen war. Hier kaufte ich eine Menge sehr hübscher kleinerer ethnographischer Gegenstände.

Dagegen wollte man mir von den sehr interessanten Dingen die sich auf dem Begräbnissplatz in nächster Nähe des Dorfes befanden, leider nichts verkaufen. Auf mehreren Eskimogräbern waren hölzerne Statuen von Verstorbenen, Männern sowohl wie Frauen angebracht; die Mehrzahl dieser Statuen war reich mit Perlen geschmückt, besonders diejenigen weiblicher Personen. Man konnte an der Malerei der Grabkisten sehen, welche Hauptbeschäftigung der darin liegende Verstorbene bei Lebzeiten gehabt hatte. War er ein Fischer gewesen, so waren Scenen aus der Fischerei dargestellt, bei Jägern fand sich oft in drastischer Weise das Jagdwesen geschildert; ausserdem waren noch an den Grabkisten allerlei Masken von Thieren, Dämonen u. s. w. angebracht. Mit schwerem Herzen trennte ich mich von diesem Ort, der mir ein so vortreffliches Material für meine Sammlung hätte liefern können, wenn seine Bewohner nur ein klein wenig mehr — wissenschaftlich ethnologisch — veranlagt gewesen wären. An demselben Tage besuchte ich noch zwei kleine Dörfer und kampirte in später Abendstunde am Ufer.

Am Mittag des andern Tages kamen wir nach dem grossen Dorf Eparsluit, dessen russischer Name Gregori Schapka (Gregorshut) von einem sechs bis acht englische Meilen entfernten zuckerhutartig geformten Felsen gleichen Namens hergeleitet wird. Eine Stunde später passirten wir die oben beschriebene Station Mission, von wo wir nach kurzem Aufenthalt weiter gingen und um 5 Uhr Nachmittags das Dorf Nunalinak besuchten, in welchem ich verschiedene Steingeräthe kaufte. Gegen 7 Uhr

Abends gelangten wir an einen sagenhaften Punkt, woselbst es meinen Indianern gelang, mich zu einer kleinen Extratour seitwärts vom Fluss über Land zu veranlassen. Sie wiederholten hier die schon bei der Hinauffahrt erzählte märchenhafte Mittheilung, dass in unmittelbarer Nähe dieses Punktes einstmals eine Art Riesenvogel gehaust haben soll, welcher sogar erwachsene Menschen angriff und als Futter für seine Jungen in sein Nest trug. Man versicherte, dass auf dem Gipfel eines nahen Gebirgszuges noch die Ueberreste eines Nestes dieses Riesenvogels vorhanden seien und dass es dort sogar noch knöcherne Ueberbleibsel gebe, welche nothwendiger Weise von mir eingesammelt werden müssten. Ich wurde hierdurch so sehr angeregt, dass ich an der betreffenden Uferstelle unser kleines Nachtlager aufschlagen liess und einen jungen Indianer engagirte, der mich nach dem nächsten Dorf und dem Nest des Riesenvogels zu bringen versprach. Durch einen forcirten Marsch erreichten wir bald den etwa 1500—1800 Fuss hohen Gipfel, auf welchem wir schon aus einiger Entfernung ein thurmähnliches, steiles Gebilde erkannten. Als wir nahe herangekommen waren, zeigte es sich, dass es sich um einen hohen schmalen isolirten Felskegel handelte, der ringsherum wahrscheinlich in Folge früherer Einwirkungen von Gletschereis glatt abgeschliffen war. Es gelang mir, durch Anspannung meiner Kletterkünste auf das bastionartig geformte, 12—15 Fuss im Durchmesser haltende Scheitelstück des 30 Fuss hohen Felsens zu gelangen, welches das eigentliche Nest des Riesenvogels sein sollte. Aber es fand sich auch nicht die geringste Spur von irgend welchen Dingen auf dem nackten Felsen vor. Dagegen hatte ich einen anderen Genuss, der mich reichlich für die gehabte Mühe entschädigte. In wunderbarer Pracht, von purpurrother Gluth der Abendsonne bestrahlt lag, weithinaus nach Westen und Süden sich dehnend, die mächtige Fläche der Tundra in wahrhaft zauberhafter Schönheit vor meinen Augen, während im Osten eine Kette von Felsen höher und höher steigend den Lauf des Yukon begleitete. Ein unendlich feiner goldiger Nebelschleier lagerte über dem ganzen Land zwischen dem untern Lauf des Yukon und demjenigen des Kuskoquim, während die zahllosen kleinen Wasseradern, Kanäle und Binnenseen wie ein purpurnes metal-

lisches Netz die weite Ebene überlagerten und im Osten und Südosten sich der breite Silberstreifen des Kuskoquim-River vom Horizont abhob. Durch die Perspective begünstigt, konnte ich hier so recht
die zahllosen Biegungen und Krümmungen überblicken, welche der
Yukonstrom auf seinem Laufe ins Meer bildet, um seine gewaltigen
Wassermassen möglichst lange in diesem wunderbaren Landstriche
verweilen zu lassen.

Es dunkelte schon, als ich mich von diesem unvergesslichen
Anblick trennte und den Heimweg nach dem Boote am Ufer des
Stromes antrat. Meine Anwesenheit hatte, wie leicht erklärlich,
viele Bewohner aus der Nachbarschaft herbeigezogen, von denen
die Frage meiner misslungenen Fusswanderung eifrig discutirt
wurde. Die Behauptung, dass hierselbst ein Riesenvogel gehaust
habe, wurde nichts destoweniger mit vollem Ernste aufrecht erhalten,
und es fehlte auch nicht an den bekannten älteren Leuten, welche
steif und fest behaupten, in ihrer Jugend mit eigenen Augen diesen
wunderbaren „Riesenadler" — so nannten sie ihn — gesehen zu
haben. Auch wurde mitgetheilt, dass ein Eskimo die Beinknochen
eines ungewöhnlich grossen Vogels gefunden, und dieselben einem
gelehrten Reisenden übergeben habe. Dieser Mann soll, wie ich
späterhin gehört habe, Herr Nielsen geheissen und für Smithsonian Institution gesammelt habe. Auf unserem Rückwege vom
„Nest des Riesenadlers" nach dem Boot entdeckten wir übrigens
frische Bärenspuren, welche mich veranlassten, mein Gewehr während
des Marsches schussbereit zu halten, während der sehr ängstliche
Indianer seine Axt permanent in solcher Position hielt, als wolle er
jeden Augenblick einer wilden Bestie den Kopf spalten. Uebrigens
hinderte uns weder die Furcht vor dem Bären, noch die Fabeln
der Indianer daran, unsern ausgezeichneten Appetit an einem schon
knusperig gewordenen Gänsebraten, der am Zeltfeuer auf uns wartete,
zu stillen. Am andern Morgen setzten wir unsern Weg frühzeitig
fort und gelangten schon um 7 Uhr nach dem Dorfe Ka-krome,
woselbst mein Kaufgeschäft eine volle Stunde Zeit in Anspruch
nahm. Hier waren wir wieder an einem sagenhaften Punkt angelangt, da wir uns der merkwürdigen Ruinenstadt näherten, über
welche ich im Anfange des elften Kapitels Einiges mitgetheilt habe.

Man findet hier in der That längs der Uferfelsen, und oft sogar bis hinab zum Stromufer sich erstreckend, die Ueberreste zerfallener Häuser. Die Stadt, zu der diese Gebäude ehemals gehört haben, soll, wie man erzählt, vier englische Meilen lang gewesen sein. Wie dem auch sein mag, so viel steht fest, dass Alaska in früherer Zeit vielleicht fünfzigmal mehr bevölkert gewesen ist, als heutigen Tages. Ob die vielfach behauptete Ausdehnung jener alten Eskimostadt in Zusammenhang stand mit ihrer Lage in der Nähe des Grenzgebietes zwischen der Eskimo- und Indianerbevölkerung, wage ich nicht zu behaupten. Wir gebrauchten etwa eine Stunde Fahrt stromabwärts um zu einem Dorfe zu gelangen, welches gewöhnlich als untere Grenze der grossen Stadt bezeichnet wird. Ich machte auch hier verschiedene Einkäufe und gelangte weiterfahrend nach dem Dorfe Kjukkarremuten, dessen Bewohner auf die Rennthierjagd gegangen waren. Der Begräbnissplatz dieses Dorfes lieferte mir zwei Schädel für die Sammlung; die übrigen menschlichen Reste waren schon so alt, dass sie den Transport nicht ausgehalten hätten. Wenige Stunden später passirte ich das Dorf Ingerkarremuten, dessen Bewohner gleichfalls auf Jagd waren und die Bewachung ihres Ortes den zahlreichen Dorfhunden übertragen hatten. Diese erledigten sich dieser Aufgabe mit solcher Hingebung, dass sie uns zu zerfleischen Miene machten, als wir durchs Dorf gingen, und mich wiederholt zurückrissen, als ich in ein Haus hineinkroch, um die Bewohner zu suchen. Nachdem wir diese Dorfwächter mit Knütteln uns vom Leibe gehalten, bestiegen wir wieder unser Boot und segelten bei starkem Gegenwind und heftigem Gewitter weiter, bis wir müde und durchnässt um neun Uhr Abends oberhalb Dakketkjeremuten unser Lager aufschlugen.

Die Kwikpagemuten, sowie die ganze Tundra-Bevölkerung bis hinab zum Kuskoquim, begraben, wie bereits erwähnt, ihre Verstorbenen in ähnlicher Weise wie die Ingalik in Kisten, die auf vier Pfählen errichtet sind. Am unteren Yukon werden die Grabkisten meistens auf die Erde gestellt und mit Steinen oder Holz bedeckt, um zu verhindern, dass der Deckel herabfällt. Bei Cap Vancouver an der Westküste der Tundra sah ich späterhin verschiedene, zum Theil sehr hohe Grabmonumente errichtet, deren einzelne sich zwanzig bis dreissig Fuss über den Erdboden erhoben. Eines derselben trug oben auf seiner Spitze einen aus Holz geschnitzten Seehund, zum Gedächtniss daran, dass der Verstorbene bei einer Seehundsjagd ums Leben gekommen oder ertrunken war; ein anderes besass an seiner Spitze ein geschnitztes Rennthier, als ein Zeichen, dass der hier Ruhende ein auf der Jagd umgekommener Rennthierjäger war, nebenan waren kleine aus Holz geschnitzte menschliche Figuren angebracht, deren Augen und Mund aus Walrosszähnen angefertigt waren; zwei grosse Walrosszähne bildeten die Arme. Leider hatte ich späterhin niemals Gelegenheit, trotz vielfacher Bemühung, eine eigentliche Beerdigung Verstorbener mit anzusehen.

Die bereits angedeutete sagenhafte Ursache, warum bei den Ingalik und bei den Kwikpagemuten nach dem Tode einer Person eine Frist von vier Tagen verstreichen muss, bevor die Leiche beerdigt wird, ist folgende: In einem grösseren Dorfe am Unterlaufe des Yukon-River lebte einst ein mächtiger Mann, welcher nur eine Tochter hatte, die sich durch besondere Schönheit auszeichnete. Einstmals kam zu ihm ein Mann mit seiner Frau und seinem Sohne; die Angekommenen waren aus einem fremden Lande, man wusste nicht woher. Sie zeichneten sich durch ihre Zwerggestalt aus, es ging aber von ihnen der Ruf, dass der Sohn ein grosser Medizinmann sei. Dies bestätigte sich auch und der junge Mann setzte bald die ganze Gegend durch seine grossartigen Kuren und Zauberkünste in Erstaunen. Der mächtige Dorfbewohner war hiermit so wohl zufrieden, dass er dem jungen Zauberer seine Tochter zum Weibe gab. Es geschah aber ein grosses Unglück, denn schon in der Brautnacht starb das junge Weib. Der hierüber untröstlich gewordene Ehemann ordnete für die Beisetzung sehr feierliche Ceremonien an und bestimmte, dass in keinem Hause des Ortes volle vier Tage lang irgend welche Arbeit gethan werden dürfe. Nach dieser viertägigen allgemeinen Trauer wurde die Leiche beigesetzt und der junge Zauberer verliess mit seinen Eltern das Dorf auf Nimmerwiedersehen.

Am Morgen des 10. September früh 7 Uhr landeten wir bei nebligem Wetter in dem bereits genannten Dorfe Dakketkjere-

muten. Es begann jetzt für mich eine glückliche Zeit, denn die
Dörfer am unteren Yukon lieferten mir einen sehr reichlichen Beitrag zu meinen Sammlungen. Ich kaufte hierselbst viele Sachen,
besonders steinerne Messer und steinerne Aexte. Ein Beweis, dass
die Fälschung eine rein menschliche Untugend ist, welche sich
überall von selbst entwickeln kann, ohne importirt zu sein, führe
ich an, dass bei der Schnelligkeit des Einkaufens drei steinerne
Aexte an diesem Orte in meine Collection geriethen, welche sich
späterhin als gefälschte Kunstprodukte, als Schnitzereien aus wei-
chem Stein erwiesen. Die Eskimos hatten diese Aexte in Thran
gekocht, um ihnen ein altes Aussehen zu geben. Erheblich war die
Ausbeute, welche ich am Abend dieses Tages in dem Dorfe Ankasagemuten, russisch Rasboinska, machte.

Allmählich war mein Fellboot mit ethnographischen Gegenständen so stark angefüllt worden, dass es sich schon aus diesem
Grunde nicht empfahl, in unmittelbarster Nähe von irgend welchen
Ortschaften am Flusse die Nacht zuzubringen, da es nicht rath-
sam war, diese Gegenstände der Neugierde auszusetzen. Wir schliefen deshalb in der nächsten Nacht an einer Stelle des rechten
Yukonufers, in Bezug auf welche wir späterhin die Bemerkung
machten, dass dieselbe in der Nacht oder am Tage vorher ein
Rendezvousplatz sämmtlicher Bären von West-Alaska gewesen zu
sein schien, denn es fanden sich dort überaus zahlreiche ganz
frische Spuren dieser Thiere. Es war zu spät, als meine furcht-
samen Reisegefährten auf Grund dieser Entdeckung erklärten, dass
wir unmöglich hier kampiren könnten. Wir hüllten uns also in
unsere Decken und schliefen fest und gut trotz der Bären und
Wölfe. Bei Sonnenaufgang setzten wir während eines starken Gegenwindes die Reise fort und gelangten gegen Mittag in das Dorf
Kingerremuten, wo ich gleichfalls eine kleine Ernte hielt. Da das
Begegnen zweier Fahrzeuge auf dem Yukon immer ein Ereigniss
ist, so registrirt mein Tagebuch für diese Stelle folgende Notiz:
Wir begegneten hier einer Anzahl von Eingeborenen, welche vom
Kusilwak kamen, um am oberen Yukon Handel zu treiben. Um
1 Uhr Mittags begegneten wir unserem früheren Lootsen Charles
Pettersen, dem Stationsvorsteher von Andrejewski, welcher mit

seinem Schooner den Strom hinaufging, um die Materialien zu einem Hausbau zu transportiren; nach einer halben Stunde freundlicher Unterhaltung mit ihm fuhren wir weiter.

Der Sturm und Gegenwind war die Ursache, dass wir uns schon vor Sonnenuntergang vom vielen Rudern ermüdet zum Nachtlager festlegten. Wir hatten, wie so häufig, als Bootsplatz einen kleinen Seitenkanal des Yukon gewählt. Hier fanden wir ein Grabmonument, auf welchem als Jagdscene ein Bär dargestellt war, den ein Pfeil getroffen hatte, daneben war auf einem Pfahl ein imitirter Bogen angebracht. Auf dem Erdboden lag ein Stück von einem alten Steinkessel, welches noch Spuren von rother Farbe enthielt, und höchst wahrscheinlich als Malereigefäss fungirt hatte. Das Grab selbst war ein Kenotaphium, denn es fanden sich keine menschlichen Ueberreste darin, und ich nehme daher an,

Vom mittleren und unteren Yukon.
1. Holzschachtel zum Aufbewahren kleiner Geräthe. 2. Desgleichen. 3. Steinernes Fischmesser mit Holzgriff. 4. Steinerner Dolch. 5. Steinaxt. 6. Steinaxt in Horn gefasst mit Holzstiel. 7. Fellschaber mit hölzernem Schaft und Steinspitze. 8. Steinaxt. 9. Fellschaber aus Stein mit hölzernem Griff. 10. Steinaxt mit Rennthiergeweihstiel. 11. Desgleichen. 12. Schnupftabaksdose. 13. Steinaxt in Horn gefasst mit Holzstiel. 14. 15. u. 16. Steinäxte.

dass es zur Erinnerung an den durch einen Bären veranlassten Tod eines Eingeborenen aufgestellt ist. Da sich dieses Grabmonument in dem schönen neu erbauten Königlichen Museum für Völkerkunde zu Berlin sicherlich einer viel grösseren Zahl von Bewunderern zu erfreuen haben dürfte, als an dem menschenleeren, fast nie besuchten

14*

Ufer jenes kleinen Seitenkanals des Yukon-River, so glaubte ich, es seiner natürlichen Bestimmung „gesehen zu werden" nicht entreissen zu sollen und nahm es deshalb mit. Am anderen Morgen setzten wir trotz des immer noch starken Nordsturmes unseren Weg schon bei Sonnenaufgang fort und langten in Andrejewski um 10 Uhr Vormittags an. Weil aber hier keine Seele zu Hause war, so gingen wir gegen Sturm und Wellen weiter, besuchten im Laufe des Tages noch zwei kleine Dörfer am linken und eins am rechten Ufer und kampirten während der Nacht wieder in einem Seitenkanal.

Was uns der Gegenwind an den Tagen vorher geschadet hatte, das machte der günstige Wind des nächsten Tages wieder gut. Nachdem am frühen Morgen eine stramme östliche Brise mit Regenwetter entstanden war, mit der wir eine weite Strecke zurück legten, bis wir Mittags ein Dorf besuchten, entstand Nachmittags ein so heftiger Sturm aus Süd, dass unser breites schweres Fellboot mit ungeheurer Schnelligkeit zu laufen begann. Weit auf wühlte es das Wasser mit seinem Vordertheil, da der heftige Wind es mit dem Bug tief in die Fluth hineindrückte und beinahe auf den Kopf stellte. Wir befanden uns damals in der Zeit der unbeständigen Witterung, denn diese plötzliche Umänderung von Nordsturm in Ost- und Südsturm bedeutete sicherlich eine jener grossen meteorologischen Ausgleichungen, welche den Uebergang der beiden Hauptjahreszeiten so sehr charakterisiren. Wir sollten denn auch noch weitere plötzliche und nicht gerade erwünschte Veränderungen der Witterung erleben. Um 5 Uhr Nachmittags befanden wir uns im Eingang zum Kusilwak, bekanntlich dem grössten der vier Hauptarme des Yukon, welche das Delta des Stromes bilden. Um diese Zeit trat plötzlich Windstille ein. Wir besuchten hier das Dorf Nanowarogemuten, wo die ganze Bevölkerung durch zwei anwesende alte Weiber repräsentirt wurde. Es befindet sich hier die Ruinenstätte eines sehr alten Dorfes, welches unmittelbar am Ufer selbst in der Nähe des jetzigen Dorfes gelegen hat. Die alten Frauen brachten mir eine steinerne Axt und steinerne Pfeilspitzen, und erzählten, dass sie auf der betreffenden Ruinenstätte sehr oft dergleichen Gegenstände bemerkt

hätten. Da ich grosse Eile hatte, nach Fort St. Michael zu gelangen, so war es mir leider nicht möglich, hierselbst Ausgrabungen
zu machen; ich segelte deshalb weiter.

Grade als wir abfuhren, begann es wiederum zu wehen,
und zwar diesmal aus Nordwest, damit doch jeder Strich der
Windrose sein Theil bekäme. Es war ein förmlicher Cyklon,
welcher mit uns spielte. Der Abend näherte sich, und wir mussten
darauf bedacht sein, einen Bootsplatz für die Nacht zu suchen.
Wir segelten längs des rechten Ufers, welches überall durch einen
steilen Sandabsturz von 15—20 Fuss Höhe begrenzt war, während
das linke Ufer sich weithin ins Land flach und eben erstreckte.
Ich machte Petka den Vorschlag, dass wir nach dem linken
Ufer hinüber halten sollten, weil es für ein Fellboot stets gefährlich ist, sich in der Nähe einer steilen Böschung namentlich bei
Wellengang zu befinden. Gegenüber den Steinen und spitzen Balken, die oft auf dem Grunde oder am Ufer liegen, ist ein solches
Fellboot nur ausserordentlich wenig widerstandsfähig. Aber
Petka schlug vor, dass wir auf dem rechten Ufer bleiben sollten,
weil, wie er sagte, eine kurze Strecke weiterhin sich die Mündung
eines kleinen Nebenflusses befand, die sich als eine gute Stelle
zum Kampiren eignete. Unglückseligerweise folgte ich diesem Vor-
schlage, und so segelten wir noch einige Minuten lang am rechten
Ufer weiter. Plötzlich aber sprang eine orkanartige Sturmboe von
Westen auf, und obgleich wir, dies bemerkend, das Boot sofort
nach dem linken Ufer herüber gehalten hatten und von dem
letzteren nur noch etwa drei Bootslängen entfernt waren, so war
doch die Windsbraut so heftig, dass wir quer über den Strom auf
das hohe rechte steile Ufer getrieben wurden. Vergebens strengte
ich, die höchst gefährliche Situation wohl erkennend, meine ganze
Kraft an, um durch Rudern die Bootspitze gegen den Wind zu
bringen; der einzige Erfolg war der, dass das Ruder, so stark es
auch war, in meinen Händen zerbrach. Mit unwiderstehlicher
Gewalt schlugen die kurzen heftigen, vom Sturm gepeitschten
Springwellen uns entgegen und jagten uns hilflos quer über den
Strom. Vergebens versuchte ich ein letztes Mittel, indem ich ein
kleines Stückchen Segel aufsetzte, in der Hoffnung, dass mit seiner

Hilfe uns der Sturm stromaufwärts nach dem kurz vorher verlassenen Dorfe bringen würde, wo sich in der Mündung eines Baches stilles Wasser befand. Es war alles umsonst; dreimal zerriss die Segelschoot, und das Boot stürmte mit Riesenschnelligkeit dem steilen rechten Ufer zu. Es wehte so stark, dass es fast den Anschein hatte, als ob unser schweres Boot ganz und gar aus den Wellen gehoben werden sollte. Im letzten entscheidenden Momente ergriff ich das stärkste Bootsruder, welches wir noch besassen, und hielt es mit der Kraft der Verzweiflung gegen das steile Ufer, indem ich dadurch den Stoss abschwächte. Gleichzeitig versuchten meine beiden Indianer alle Kisten mit gekauften ethnographischen Gegenständen und mit Tauschartikeln an einem

Thontöpfe aus dem Yukongebiet.

grossen umgeworfenen Baum, welcher vom Ufer aus in das Wasser ragte, aufzustapeln. So schnell sie dies auch ausführten, so war der Sturm doch schneller, und es dauerte keine fünf Minuten, als er unser Boot bereits ganz voll Wasser geschlagen hatte. Gleichzeitig brach auch die Ruderstange, mit der ich unser Fahrzeug vom Lande abgehalten hatte. Zu unserem Glück war der Platz an dem umgeworfenen Baumstamme noch hinreichend gross für unser Boot.

Inzwischen war es Nacht geworden, und zu dem Umstande, dass uns das Tosen des Sturmes verhinderte, uns für unser Gehör verständlich zu machen, kam noch hinzu, dass wir nun auch kaum noch etwas sehen konnten. Dennoch musste etwas geschehen, um vor allem die ethnographische Sammlung zu retten. Wäre es am Tage gewesen, so hätten wir bei dem Anblick vielleicht laut auflachen müssen, den die zahlreichen Versuche gewährten, die wir nunmehr anstellten, einen von uns dreien auf das etwa 20 Fuss hohe, senkrecht abfallende Ufer hinauf zu bringen. Endlich gelang es, einen Indianer dorthin zu versetzen, und nunmehr war alles gewonnen. Mit Hilfe unseres ehemaligen Schlepptaues hissten wir alles, was gerettet worden war, zunächst hinauf. Alsdann begannen wir eine trotz der Dunkelheit von Erfolg gekrönte Fischerei auf die hölzernen Masken, Körbe, Schüsseln und andere Gegenstände, welche lustig im Wasser umherschwammen oder von den Wellen ans Ufer getrieben waren. Nachdem auch diese Sachen aufs Trockene gebracht waren, legten wir zwei starke Taue unter das Boot. Dies auszuführen, war keine Kleinigkeit, da die Mammuth-

1. Kochtopf vom Yukonstrom.　2. Thonlampe von eben daselbst.

knochen das Boot so schwer machten, dass es ziemlich fest auflag. Ich stieg jedoch bis zur Brusthöhe in das Wasser hinab, und es gelang mir, das Tau unter dem Boden durchzuführen. Nunmehr hoben wir mit vereinten Anstrengungen das Boot so hoch, als dies nur irgendwie anging. Mittlerweile war der grösste Theil der Nacht verflossen, so dass wir, durchnässt wie die Wasserratten, nun wohl auch einige Ansprüche daran machen durften, etwas für unsere eigene Bequemlichkeit besorgt zu sein. Wer es schon einmal versucht hat, bei einem Sturm, der einem jedes Wort, das man sprechen will, wieder in den Hals zurückweht, ein Zelt auf-zurichten, noch dazu in dunkler Nacht, der wird begreifen, welche Anstrengungen wir machen mussten. Indess es gelang nicht nur dies, sondern wir bekamen es sogar fertig, ein wärmendes Feuer anzuzünden, an dem wir uns, da es draussen durcheinander regnete und schneite, erst erwärmten und trockneten, bevor wir schlafen gingen. Unser Zelt hatten wir mitten zwischen den Bäumen eines kleinen Ufergehölzes errichtet; nur diesem günstigen Umstande schreibe ich es zu, dass es während der Nacht seine wiederholten Versuche, mit uns als Luftballon auf und davon zu gehen, nicht auszuführen vermochte.

Unser gegenwärtiger Zufluchtsort hatte uns viel zu gute Dienste geleistet, als dass wir ihn schon hätten am nächsten Morgen verlassen sollen. Wir blieben noch den ganzen nächsten Tag daselbst und versuchten in dem unaufhörlich herniederfallenden Regen und Schnee alles am Feuer so gut zu trocknen, als dies möglich war. Zu unserer Freude zeigte es sich, dass unser Fellboot trotz der etwas unsanften Behandlung in der letzten Nacht nicht ein einziges Loch bekommen hatte. Am nächsten Morgen, nachdem der Sturm ausgetobt hatte, brachen wir bei Sonnenaufgang auf, besuchten im Laufe des Tages drei Eskimodörfer und gelangten Abends spät nach Kutlik, dem schon oben genannten Handelsposten der Alaska-Commercial-Company, wo wir übernachteten. Am andern Morgen früh verliessen wir den Yukon und wandten uns rechts längs des Meeresufers nach dem nahegelegenen Kwikpagemutendorfe Pastolik. Es war mir nicht möglich, da das Wasser hier überall sehr seicht ist, bis zu dem Orte selbst heranzufahren, um dort einzukaufen. Auf eine Botschaft von unserer Seite aber kam eine Anzahl Einwohner in sechs Kajaks herbei und verkaufte uns steinerne Aexte, Lanzenspitzen u. s. w.

Von hier aus setzten wir unsere Fahrt fort und gelangten um 4 Uhr Nachmittags nach dem fast gleichnamigen Nachbardorfe Pastoliak. Nun bekamen meine Indianer, da sie sich so nahe dem Fort St. Michael wussten, plötzlich das Heimweh, und namentlich Petka drängte darauf hin, dass wir unsern Weg längs der Küste des Nortonsundes so schnell als möglich weiter fortsetzen sollten, um die Heimath zu erreichen. Leider gab ich ihm diesmal wieder nach, obgleich am fernen Horizonte ein Unwetter herauf kam und vor uns weit und breit kein Hafen an der Küste existirte. Wir brachen also auf. Schon nach einer Stunde hörten wir aus weiter Ferne das Heulen und Sausen des heraufkommenden Sturmes, welcher sich uns näherte. Zuerst zwar war der starke Wind für uns sehr vortheilhaft, denn unter seiner mächtigen Gewalt geberdete sich unser Fellboot wieder einmal wie ein durchgehender Walfisch, aber bald hörte die Sache auf, ein Vergnügen zu sein und begann dadurch kritisch zu werden, dass die Wogen der See immer höher und höher zu rollen begannen und unser armes Boot so sehr mit der Salzfluth überschütteten, dass wir kaum im Stande waren, so viel Wasser auszuschöpfen, als über Bord hineinschlug.

Was war zu thun? Das „ganze Beringsmeer" stand hinein nach Nortonsund, und wir selbst befanden uns nahe der Brandung des Strandes. Die Wellen stiegen immer höher, und bespülten uns, ohne Rücksicht auf die

Vom unteren Yukon und Koskoquim.

2. Zwei Jagdhüte vom unteren Yukon und Koskoquim. 8. Frauengurt mit Rennthierzähnen verziert. 9. Frauengurt aus Federkiel der Schneehühner gefertigt. 10. Eiskratzer zum Anlocken der Seehunde. 14 u. 15. Spitze zur Doppellanze mit Steinspitzen. 16. Desgleichen mit knocherner Spitze. 6 u. 1. Hülsen zu den obigen Spitzen. 17. Forellenspeer. 18. Schnupftabakdose aus Holz. 19. Angelhaken aus Holz. 20. Griff zum Transportiren von Seehundspeck. 21. Schnupftabaksdose in Form eines auf dem Rücken liegenden Walrosses.

Schönheit unserer Sammlungen zu nehmen. Weit voraus, als
drohender Punkt, ragte Cap Romanzoff ins Meer hinein und bot
uns die angenehme Perspective, dass wir dort zerschellen würden. Umzukehren oder auch nur zu wenden war einfach eine
Unmöglichkeit, an derselben Stelle zu bleiben, war unausführbar,
da der Orkan uns mit grosser Schnelligkeit weiter trieb. So
blieb denn nur noch ein einziges Mittel übrig, welches darin bestand, dass wir einfach Schiffbruch litten und unser Boot direkt
auf den Strand laufen liessen. Das schwerbeladene, tiefgehende
und nur durch den dünnen Fellüberzug geschützte Fahrzeug führte
dieses Manöver mit grösserer Geschicktheit aus, als ich ihm zugetraut hatte. Auf dem Kamm einer hohen Woge fuhren wir weit
hinauf auf den weichen Strand, und noch ehe das Boot lag, sprangen wir drei bis zur Mitte des Leibes ins Wasser, ergriffen das
Fahrzeug und zogen es mit Hilfe der auslaufenden Wellen so hoch
hinauf auf das Gestade, als dies nur irgend möglich war. Dann
sprangen wir möglichst schnell mit den Kisten der Sammlung ans
Ufer und trugen sie ausser den Bereich der Brandung. Doch auch
hier war, wie drei Tage vorher, das Wasser schneller als wir, und
im Umsehen war das Fellboot wieder vollgeschlagen, und die
schwimmbaren ethnographischen Gegenstände fingen an, über Bord
zu gehen und einen gegenseitigen Wettlauf anzustellen, wer von
ihnen zuerst Cap Romanzoff erreichen würde. Die Sache war diesmal gefährlicher als am Yukon, demzufolge kostete es uns auch
eine grössere Anstrengung, alles wieder in Sicherheit zu bringen,
als damals. Es gelang indessen ganz gut, und auch unser Zelt
bequemte sich endlich, bei uns zu bleiben, und seine Versuche da-
vonzufliegen aufzugeben, als wir es mit soviel Treibholz beschwert
hatten, dass es beinahe wie eine Blockhütte aussah. Alsdann wurde
Feuer gemacht und schliesslich wurde unsere Situation bei einer
Schaale Thee noch urgemüthlich.

Am anderen Morgen war die Luft klar, obgleich es immer
noch heftig von Süden stürmte. Die zahlreichen kleinen Wasser-
pfützen und Tümpel am Strande waren über Nacht zugefroren und
wir selbst hatten in unsern nassen Kleidern das Gefühl der Kälte.
Da mich die armen Indianer dauerten, so lieh ich ihnen aus

meinem Vorrath, damit sie wenigstens ihre Füsse vor dem Frost schützen konnten, einige Paar Strümpfe, von denen ich durch diesen Act der Wohlthätigkeit für immer Abschied nehmen musste. Der Wind stand an diesem Tage etwas mehr über Land, so dass wir keine Brandung hatten und unser Boot wieder beladen konnten. Ich kann nicht behaupten, dass uns durch die gerade herrschende Ebbe das Geschäft des Aufladens irgend wie erleichtert worden wäre. Das Ufer des Nortonsundes bot um diese Zeit einen Anblick dar, der für jeden Geologen und Geophysiker entzückend gewesen wäre, denn es waren hier auf das wunderschönste die grossartigen Naturgesetze zu studiren, welche bei der Bildung eines Deltas und der Ausfüllung ganzer Meeresbuchten durch herabgeschwemmte Erd- und Schlammmassen thätig sind. Für uns drei Schiffbrüchige dagegen hatten diese schönen Naturgesetze das Gestade in einen Schlammsumpf verwandelt, in welchen wir bis zur Mitte des Körpers versanken, so oft wir einen Gegenstand nach dem Boote trugen, das weichgebettet, gleichfalls im Schlamme lag. Ich hätte es kaum für möglich gehalten, dass es ein sumpfiges Meeresufer von solcher Beschaffenheit geben könne, dass ein erwachsener kräftiger Mensch, darin stehend, nicht im Stande ist, seine Beine zu bewegen, sondern sich beinahe so sehr festgehalten fühlt, wie eine Fliege am Leimstock. Die grossen Anstrengungen welche das Beladen des Bootes unter diesen Umständen erforderte, hatten den Erfolg, dass wir wenigstens nicht mehr so stark froren als vordem.

Nachdem diese Herkulesarbeit ausgeführt worden war, machte ich bei meinen Indianern die merkwürdige Entdeckung, dass dieselben nicht mehr Heimweh verspürten, trotzdem sich doch nicht gerade behaupten liess, dass wir uns an einem der schönsten Punkte von Alaska befanden. Die zweimalige Havarie hatte die Reiselust meiner beiden Leute erheblich abgekühlt und sie glaubten jedenfalls, dass sich die Geschichte noch einmal wiederholen würde, wenn wir jetzt in See gingen. Indessen, als uns das Hochwasser wieder einigermassen flott gemacht hatte, bestand ich darauf, dass wir wenigstens den Versuch machen sollten, um Cap Romanzoff herum zu fahren. Wir brachen also auf, setzten das

Segel mit zwei Reefen und, siehe da, unser Fellboot begann alsbald so schnell dahin zu schiessen wie eine Vergnügungsyacht.
Freilich schien es einige Male, als ob die Besorgniss meiner Indianer eine gewisse Berechtigung hätte, denn an dem Cap stand
eine ziemlich hohe See, die wir jedoch ohne Gefahr passirten.

Jenseit Cap Romanzoff aber wurde der Wind immer stärker
und bald sahen wir uns in die Lage versetzt, einen Kriegsrath zu
halten, ob wir an Land gehen wollten oder nicht. Wir beschlossen
zunächst bis zum Pikmiktalik-River zu segeln und alsdann das
Ende des Sturmes abzuwarten; aber als wir gegenüber der Mündung dieses Flusses waren, erschien es uns wieder als recht gut
möglich, dass unsere tolle Fahrt bis zum Eingang des Canales
von Fort St. Michael fortgesetzt werden könnte. Um die Wahrheit zu sagen, so hatte sich unser aller eine solche Sehnsucht nach
dem Endpunkte unserer Reise bemächtigt, dass wir auch am Eingange dieses Canales, welcher Fort St. Michael zur Insel macht,
nicht Halt machten, sondern seinen vielfachen Windungen folgend
ununterbrochen weiter segelten, und wo dies wegen seines vielfach
gekrümmten Laufes nicht anging, ruderten und das Boot an der
Leine zogen, dass wir noch an demselben Abend uns unserm Endziel bis auf zehn englische Meilen näherten. Am andern Morgen
herrschte vollkommene Windstille, was uns veranlasste, das Boot
den Canal entlang an der Leine zu ziehen. Gegen Mittag erreichten
wir endlich das ersehnte Ziel Fort St. Michael, wo uns Herr Lorenz
und Herr Neumann bestens aufnahmen, und woselbst im Hafen
ein Schooner lag, welcher kein anderer war als der „Leo“, der
von seiner glücklich beendeten Fahrt nach Point Barrow zurückgekehrt war.

XIV.

In Fort St. Michael war ich genöthigt, nunmehr für einige Zeit Wohnung zu nehmen, denn die nächste grössere Tour, welche ich auszuführen im Begriff stand, war eine Reise nach dem Norden, welche während der Wintermonate ausgeführt werden musste. Der Herbst ist nämlich für Alaska die am wenigsten geeignete Reisezeit, weil alsdann die zahlreichen Stürme, die heftigen Regengüsse, die vielen Schneegestöber und der unsichere Zustand des Terrains ein Vorwärtsbewegen weder zu Schlitten noch zu Boot gestatten. Mein nächstes Ziel sollte die Halbinsel Prince of Wales sein, woselbst ich bei dem Cap gleichen Namens die schmalste Stelle der Beringstrasse berühren, und alsdann versuchen wollte, den von weissen Reisenden noch nicht besuchten Kotzebuesund soweit nach Norden als möglich zu durchwandern. Zu diesem Zwecke hatte ich in Kutlik an der Yukon-Mündung eine Anzahl von Hunden bestellt, welche jedoch erst später ankommen konnten.

Die gegenwärtige Anwesenheit des Schooners „Leo" im Hafen von Fort St. Michael war mir für diese meine winterliche Exkursion insofern von grossem Nutzen, als dieses Schiff, bevor es nach St. Francisco zurückkehrte, noch eine Fahrt nach dem nördlichen Ufer des Nortonsundes, und zwar nach der tief in die Halbinsel Prince of Wales sich hineinerstreckende Golowninbay auszuführen hatte und einen Theil meiner Vorräthe mitnehmen konnte. Ich komme darauf noch zurück.

Wie Niemand ungestraft unter Palmen, so wandelt auch Niemand ungestraft unter Eskimos und Indianern. Hiervon hatte mir die 1800 Meilen lange Strecke der Yukonreise genug sichtbare und fühlbare Beweise gegeben. Jene kleinen Parasiten, welche den Naturmenschen wie auch unseren nächsten zoologischen Verwandten so häufig das Dasein verkürzen und deren Mussestunden ausfüllen, hatten auch mich nicht verschont und da sie, weit entfernt, gegen russische Bäder empfindlich zu sein, sich im Gegentheil einer freudigen Erregung über diese Manipulationen hinzugeben schienen, so hatten sie in dem Maasse Geschmack an meiner Gesellschaft gefunden, dass ich bei meiner Rückkehr in Fort St. Michael mich vor allem andern genöthigt sah, noch bevor ich den Fuss wieder über die Schwelle der Civilisation setzte, einen vollständig anderen äusseren Menschen anzuziehen. Nachdem dieses geschehen war, musste ich daran denken, so schnell als möglich meinen ersten kurzen Bericht über den immerhin stattlichen Erfolg meiner Yukonfahrt an Professor Bastian nach Berlin zu senden und auch sonst meinen vielen Freunden in der Heimath Nachricht von mir zu geben.

Am andern Morgen ging ich mit meinen Briefen an Bord des Schooners „Leo". Sowohl Lieutnant Paul als auch der Kapitain, welche ich beim besten Wohlsein antraf, beabsichtigten sobald als möglich abzufahren. Der Kapitain hatte eine für seine Verhältnisse sehr günstige Reise gemacht, indem er gegen gute Bezahlung die von der Regierung der Vereinigten Staaten abgesandte Expedition wohlbehalten und ohne sein Fahrzeug zu beschädigen —

trotzdem letzteres keine Eishaut hatte, — nach Point Barrow gebracht und unterwegs noch für circa 3000 Dollars Walroszähne und Walfischbarten durch Tauschhandel erworben hatte. Seine bevorstehende Fahrt nach Golowninbay hatte den Zweck, von dort Quarz abzuholen und denselben sowie einige der in jener Bay verweilenden Goldgräber nach San Francisco mitzunehmen. Das Schiff ging indessen noch nicht an diesem Tage ab, so dass ich noch schleunigst eine grosse Menge Proviant und andere Gegenstände an Bord schaffen und nach Golowninbay mitgeben konnte.

Nachdem diese Angelegenheit geordnet war, musste ich meine ganze Aufmerksamkeit der ethnographischen Sammlung widmen, welche sich in einem etwas bedauernswerthen Zustande befand. Waren auch die Gegenstände sämmtlich für das Klima von Alaska bestimmt und darnach gearbeitet, so war es ihnen doch nicht an der Wiege gesungen worden, dass sie zweimal mit mir Schiffbruch erleiden sollten, auch hatte ich ihnen nach diesen beiden Katastrophen aus Mangel an Zeit durchaus nicht diejenige konservirende Behandlung angedeihen lassen können, welche ihr Aussehen verdiente. Dieses letztere musste jetzt nachgeholt werden.

Die freundliche Aufnahme, welche mir wieder von den Vertretern der Alaska-Commercial-Company zu Theil wurde, gab mir zugleich Gelegenheit, die ethnographischen Gegenstände gehörig auszupacken, sie zu trocknen, zu säubern, aufzufrischen, und jeden Gegenstand nach seinem Namen und Gebrauch in ein Verzeichniss einzutragen. Hierbei unterstützte mich mein bisheriger Reisekollege Petka, welcher noch für kurze Zeit in meinen Diensten blieb. War er einerseits recht geschickt in der äussern Behandlung der Gegenstände, unter denen das Konserviren der Kleidungsstücke mir die grösste Sorge machte, und zeigte er sich auch beim Anfertigen der Kisten und darauf folgendem Einpacken zuverlässig und brauchbar, so war er leider nicht recht geeignet, die richtigen Namen und Bezeichnungen der bei den Ingalik gekauften Gegenstände anzugeben, da er eben nur ein Halbblut war. Leider war der wirkliche Ingalik, welchen ich ausser ihm noch an Bord gehabt hatte, unmittelbar nach unserer Ankunft in Fort St. Michael wieder in seine Heimath zurückgekehrt. Es machte sich indess schliess-

lich alles noch ganz gut, und die zeitraubende Arbeit wurde im
Laufe einer Woche beendet.

Es war jetzt die Zeit der herbstlichen Jagden gekommen und
Jedermann, Eingeborene sowohl wie Weisse, beschäftigten sich mit
der Jagd auf Gänse und Enten. Als ich am 28. September über
die Bay nach der nahe gelegenen Station der Western Fur
Trading-Company hinüber fuhr, hörte ich daselbst, dass der dort
wohnende Hauptagent Herr Greenfield eine grosse Jagdparthie
nach dem Kanal von Fort St. Michael für den nächsten Tag
arrangirt hatte, und dass auch seine Gemahlin sowie seine beiden
Kinder, welche allen Unbilden der nordischen Witterung trotzten,
sowie auch der bereits genannte Offizier des Signal-Service, Mr. Leawitt, daran Theil nahmen. Da ich augenblicklich nichts besseres
zu thun hatte, so beschloss ich, mich gleichfalls an dieser Jagd-
parthie zu betheiligen. Noch an demselben Tage miethete ich zwei
Kajaks, jene leichten, mit Fell überspannten Boote, welche hier
ebenso geformt sind, wie bei den Eskimos von Grönland und Labrador, nur mit dem Unterschiede, dass der Fellüberzug oben über
Bord bei den letztgenannten dachförmig, in Alaska aber eben ist.
Meine beiden Kajaks waren von verschiedener Grösse; das Hauptfahrzeug besass drei jener runden Löcher, aus denen der Oberkörper der Fahrenden hervorragt, das andere nur eine Einsteigeöffnung. Die Abreise begann Nachmittags. Wir fuhren bis zum
Anfang des Kanales, woselbst wir mit der Gesellschaft Mr. Greenfield's zusammentrafen und nach einer Art gemeinsamem Piknik
am Kanalufer in mehreren Zelten übernachteten.

Mit dem ersten Tagesgrauen erhob ich mich und lief mit den
drei von mir engagirten Indianern während des ganzen Morgens
durch die schlammige, morastige Ufergegend, ohne dass es uns
möglich war, auch nur eine Ente zu tödten. Der Grund davon
ist der, dass die Tundra allerorts mit jagenden Eskimos aus den
benachbarten Dörfern angefüllt ist, welche in den zahllosen kleinen
Binnenseen und Lagunen auf der Lauer liegen und dadurch die
Gänse, Enten und Schneehühner verscheuchen. Um 8 Uhr Vormittags kehrten wir zum gemeinsamen Frühstück zurück, brachen
alsdann unsere Zelte ab, und fuhren mit der andern Reisegesell-

schaft, welche ebenso wenig Glück gehabt hatte wie wir, den
Kanal weiter hinunter. Während Mr. Greenfield am anderen
Ende des Kanals kampirte, fuhr ich mit meinen beiden Kajaks
längs der mir nur zu wohl bekannten Küste einige Meilen weiter
nach Süden und landete an der Mündung eines kleinen Flusses.
Während der Abendstunden beschäftigten wir uns wieder mit der
Jagd, und hatte ich diesmal in dieser weniger von Menschen besuchten Gegend das Glück, fünf Enten zu schiessen. Wir kampirten ebendaselbst, während sich in der Nacht ein Sturm erhob,
der unser Zelt wieder einmal die Rolle eines Ballon captif
spielen liess.

Sturm, Regen und Jagdeifer liessen uns das Ende der Nacht
nicht abwarten, und so gingen wir schon vor Tagesanbruch wieder
dem edlen Waidwerk nach und lagen demselben, allen meteorologischen Hindernissen zum Trotz bis zur Mittagsstunde ob. Wir
hatten indessen auch diesmal nur einen bescheidenen Erfolg, denn
in der ringsum offenen und ebenen Gegend, in welcher unsere
Körper die höchsten Gegenstände waren, wurden wir viel eher von
den Gänsen und Enten bemerkt, bevor wir selbst die kleinen
Wasserspiegel, auf denen diese Thiere herumschwammen, zu Gesicht bekamen. Andererseits fehlte uns auch die Lust, zur Vermeidung dieses Uebelstandes, uns ununterbrochen schlangenartig
durch den nassen Sumpf und Morast zu winden, um weniger frühzeitig von dem scheuen Wilde erblickt zu werden. Wir beendeten
das „Vergnügen" an dieser Stelle vorläufig und fuhren nach dem
Kanal zurück, wobei es zuletzt die vom Sturm gepeitschten Wogen
des Nortonsundes beinahe wieder zu Stande gebracht hätten, unser
grosses Kajak zum Kentern zu bringen.

Gegen Abend gelangten wir wiederum nach der Mündung des
Kanals, wo wir, herzlich ermüdet von dem langen rechtwinkligen
Sitzen mit ausgestreckten Beinen im Kajak schnell das Zelt aufschlugen und die Nacht am Ufer zubrachten. Die zweite Jagdgesellschaft hatte sich bereits wieder heim gewendet. Wir jagten
am nächsten Morgen bis 8 Uhr Vormittags und traten alsdann
gleichfalls die Rückfahrt an.

Der Sturm hatte sich immer noch nicht gelegt; wir ersannen

deshalb ein Manöver um seine Kraft ohne Gefahr für uns auszunutzen; dieses vollführten wir in der Weise, dass wir beide Kajaks
neben einander legten und sie in dieser Situation durch Querbretter mit einander verbanden. Hierdurch wirkten beide gegenseitig, wie die schwimmenden Balken der Canoes der Südsee,
und es war dadurch die Gefahr des Kenterns ausgeschlossen.
Nunmehr wurde unser Zeltstock als Mast und meine Gummidecke
als Segel benutzt, und der Sturm ging so bereitwillig auf diese
neumodische Verwendung ein, dass er uns in fliegender Eile durch
den Kanal brachte.

Nur einen Umstand hatten wir nicht in Berechnung gezogen,
dass nämlich die Wellen neben unserm Körper in die runden
Oeffnungen der Kajaks hineinspritzen konnten, und dass wir nicht
in der Lage waren, aus den sonst rings herum verschlossenen Fahrzeugen das eingedrungene Wasser während des Segelns wieder auszuschöpfen. Zu einem richtigen Kajakfahrer fehlte uns ein Kleidungsstück, die sogenannte Kamelika. Es ist dies die bekannte
wasserdichte Jacke, welche ein Kajakfahrer über den Oberkörper
zieht, deren unteren Rand er über den Reifen der Kajaksöffnung
legt und dort wasserdicht festschnürt. So ausgestattet kann der
Kajakfahrer Wind und Wetter und hohem Wellengang trotzen,
und er thut dies auch in Grönland, Labrador und Alaska.

Da Niemand von uns eine Kamelika bei sich hatte, die Wellen
aber auf diesen Zustand nicht die geringste Rücksicht nahmen,
so waren unsere Oberkörper sehr bald ebenso nass, wie Felsenriffe in der wogenden See; und es rieselte die salzige Fluth unsern
Körper hinab auf den Boden der Fahrzeuge. Namentlich waren
die Spritzwellen, welche sich von vorn zwischen die beiden auseinander laufenden Vorderenden der Kajaks drängten, eine Quelle
vieler Douchen und Brausen, die wir während der Fahrt erhielten.
Gegen diese Uebergiessungen suchten wir uns dadurch zu schützen,
dass wir eine Tafel filzartigen Grastorfes von der Grösse einer
Tischplatte am Ufer losrissen und dieselbe quer über die Vorder-
theile der beiden Kajaks legten. Nunmehr verfing sich die Sturzsee
immer an der unteren Seite der Torfschicht. Im Uebrigen vollführten wir eine famose Segeltour, und wenn auch das Wasser

trotzdem Eingang fand in unsere Canoes, und letztere soweit anfüllte, dass wir gerade in demselben Moment ganz unter Wasser
zu versinken drohten, in welchem wir um die Mittagsstunde unter
dem lauten freudigen Zuruf der Bevölkerung in Fort St. Michael
landeten, so waren wir doch einig darüber, dass das Ende der
Jagdparthie höchst amüsant gewesen war. Wenn man sich stets
in frischer Luft bewegt, und von Jugend auf an Wind und Wetter
zu Wasser und zu Lande gewöhnt ist, so sind Strapazen wie diejenigen dieser Expedition durchaus nicht gesundheitsgefährlich und
ich persönlich durfte von dergleichen umsoweniger berührt werden,
als ich in meiner norwegischen Heimath, die mehr als viertehalb-
hundert englische Meilen nördlicher liegt, als Fort St. Michael,
ähnliche Dinge schon von frühester Kindheit an erlebt hatte. Das
Jagdresultat bestand aus 25 Enten und 5 Gänsen, von denen ich
etwa die Hälfte geschossen hatte. Eine warme Mahlzeit und
trockene Kleidung stellten uns bald wieder vollständig her.

Wir schrieben bereits den 9. Oktober, und ich feierte den
Beginn meines dreissigsten Lebensjahres in stiller Beschaulichkeit
und Zurückgezogenheit. Ich gedachte der fernen Heimath und
der schweren Pflicht, welche ich für das Berliner Museum übernommen hatte. Wieder einmal stand ich, wie so oft schon, vor
einer jener Episoden meines Lebens, deren Verlauf und Ende absolut nicht im Bereiche meiner Berechnung lag. Das Wetter war
nach dem heftigen Sturm wieder mild und ruhig geworden und
machte nicht die geringsten Anstalten, den so sehr ersehnten Frost
zu bringen. Bevor aber nicht Frost eintrat, konnten auch nicht
die von mir bestellten Eskimohunde aus der Station Kutlik an
der Mündung des Yukon herankommen. Somit war ich also auf
unbestimmtes, vielleicht wochenlanges Warten angewiesen, das
Schlimmste, welches es für einen an Thätigkeit gewöhnten Menschen giebt.

Am nächsten Tage machte ich eine kleine anthropologisch-
ethnologische Expedition, die mit einer Ausgrabung verbunden
war, nach der kleinen, in der Nähe von Fort St. Michael gelegenen
Walinsel, einem Felseiland, ähnlich wie Helgoland, an dessen einziger, zum Landen geeigneten Stelle sich die Ruinen eines alten

Dorfes befanden, das der Sage nach hierselbst vor 150 bis 200 Jahren bestanden hat. Die Ueberreste der alten Gebäude waren in zwei Reihen hintereinander in der Nähe des Strandes und Landungsplatzes deutlich erkennbar. Die Ausgrabung ergab Stücke von Töpfen und Lampen aus Thon, zerbrochenen Steinäxten, Lanzenspitzen, Steinmessern, knöchernen Pfeilen, sowie Knochen von verschiedenen Land- und Seethieren. Diese Gegenstände unterschieden sich nicht von denjenigen, die ich kurz vorher in der Umgegend gesammelt hatte. Links vom Dorfe vom Meere an aufsteigend, zog sich der Begräbnissplatz hin. Ich öffnete einige Gräber, fand aber die darin liegenden menschlichen Ueberreste so sehr zerfallen, dass es unmöglich war, namentlich in Rücksicht auf den weiten Transport nach Europa, Stücke davon mitzunehmen.

Am nächsten Tage beendete ein Brief meines ehemaligen Reisegefährten, Mr. Woolfe, meine unthätige Lebensweise. Dieser Herr hatte, nachdem es ihm, wie bereits mitgetheilt, geglückt war, Berichte über die Erforschung von Wrangelland u. s. w. an den New-York Herald zu senden, seinen Aufenthalt in Fort St. Michael, an der Südküste von Nortonsund, mit demjenigen in Orowignarak, an der Nordküste von Nortonbay, östlich von Golowninbay, vertauscht. Hier wohnte er bei einem sehr angesehenen Eskimo, Namens Eisak — die richtige Schreibart ist wohl Isaak —, welcher als Händler und Agent der Alaska-Commercial-Company die weitesten Touren nach Norden unternahm und regelmässig sogar den oben genannten Kotzebuesund besuchte. In Folge eines unglücklichen Zufalles war das Haus, in welchem Eisak mit seiner zahlreichen Familie und anderen Personen lebte, abgebrannt und bei dieser Gelegenheit hatte sich Mr. Woolfe einen Arm und eine Hand durch Feuer verletzt.

Das Schreiben theilte mit, dass ein neues Haus sofort erbaut worden sei und dass nunmehr Eisak um eine Uebersendung frischer Handelswaaren von Seiten der Alaska-Commercial-Company an Stelle der durch Brand zerstörten bitte. Hr. Lorenz beschloss, ein Boot mit den betreffenden Waarenvorräthen, dem Antrage des Schreibens gemäss, sofort nach Orowignarak zu senden und liess das Fellboot, welches ich auf der Yukonfahrt benutzt hatte, in Stand setzen.

Meine ursprüngliche Absicht, in Fort St. Michael zu bleiben, bis Frostwetter eintrat, wurde dadurch über den Haufen geworfen. Ich erbot mich, da ich ohnehin über Orowignarak meinen Weg nach Golowninbay nehmen musste, schon jetzt dorthin aufzubrechen und das Handelsgut der Compagnie sicher dort hinzuführen. Bei dieser Gelegenheit konnte ich zugleich, da sowohl Fort St. Michael, wie ein grosser Theil der Küste weiter nach Osten und Norden hinauf noch zum Gebiet der Kwikpagemuten gehört, meine ethnographische Sammlung unter diesem Stamme vervollständigen, so oft ich an einem dazu gehörenden Dorfe landete.

Mein Vorschlag wurde angenommen. Beinahe wäre ich jedoch noch vor der Abreise in die Lage gekommen, denselben gar nicht ausführen zu können, indem ich in eine ganz eigenthümliche Lebensgefahr gerieth. Im Hause des Herrn Lorenz war nämlich während der Sommermonate zur Versorgung der Familie mit frischer Milch eine aus San Francisco mit dem Schiffe gebrachte Kuh gehalten worden. Die mangelnde Nahrung für den Winter liess es räthlich erscheinen, dieses Thier zu schlachten, und es fiel mir hierbei die, in den Augen der Eskimos heldenmüthige Rolle zu, die Kuh zu tödten. Ich liess, Angesichts der staunenden Urbevölkerung, der die hörnertragende Wiederkäuerin stets als eine Art fürchterliches Ungeheuer erschienen war, das Thier durch einen Strick um den Hals, den ein Russe festhalten musste, fesseln. Als ich mich dem Schlachtopfer näherte, um ihm nach Art der spanischen Stierkämpfer den Genickfang zu geben, liess der Russe erschreckt los und die Kuh machte mit gesenkten Hörnern einen wüthenden Angriff auf mich. Noch zur rechten Zeit gelang es jedoch, ihr den tödtlichen Stich beizubringen, worauf wir uns am Abend dieses Tages an dem lange entbehrten Genuss saftiger Beefsteaks erquickten.

Als alles zur Reise vorbereitet war, engagirte ich einen jungen Eskimo Namens Kanojak, d. h. „Kupfer", und fuhr nach einem sehr herzlichen Abschiede von allen Freunden und Bekannten am 15. Oktober in meinem alten Fellboot, das mich schon einmal

1800 engl. Meilen weit getragen hatte, von Fort St. Michael ab.
Wir landeten am ersten Abend am Ufer des Nortonsundes in einem
Kwikpagemutendorf Namens Kikertaok, woselbst wir in dem öffent-
lichen Tanz- oder Festhause (Kassigit) übernachteten.

Am nächsten Morgen zwang mich die stürmische Witterung,
an diesem Orte zu verbleiben, und benutzte ich den Aufenthalt
um Einkäufe zu machen. Unter den hier erworbenen ethnographischen Gegenständen befanden sich auch einige jener eigenthümlichen Instrumente, welche die Eskimos in früherer Zeit zum
Feueranmachen gebrauchten; es sind die bekannten zwei Stücke
Holz, deren eines senkrecht gehalten durch einen Fidelbohrer mit
seinem Hirnende schnell in einer Oeffnung des zweiten brettartigen
Stückes hin- und herbewegt wird, bis sich in dem losgeriebenen
Holzpulver zuerst Rauch entwickelt und dann ein heller Funke
entsteht, welcher durch Holzkohle vergrössert und zur Flamme
angefacht wird. Ich machte nach meiner Rückkehr im Frühjahr
1884 in Berlin beim Auspacken meiner Sammlungen mit denselben Instrumenten auf Wunsch des Bearbeiters dieses Reise-
werkes, des Herrn A. Woldt, das Experiment nach und es gelang in der That hellbrennendes Feuer hervorzubringen, an welchem
wir unsere Cigarren anzündeten.

Unter anderen Gegenständen, die ich in Kikertaok erwarb,
befand sich zum erstenmale das räthselhafteste, für die anthropologische Forschung in allen Theilen der Erde so hoch interessante
Mineral Nephrit, eine Art Grünstein. Von diesen kostbaren
Steinen fand ich späterhin noch eine grössere Anzahl von Exemplaren in originellen, für das praktische Leben der Eskimos
brauchbaren Formen. Ich werde noch wiederholt auf Nephrit
zurück zu kommen nöthig haben. Unter den anderen Gegenständen, welche ich hier erwarb, nenne ich ausser zwei Grünstein-
Bohrerspitzen noch Steinäxte und Harpunen. Der lange Aufenthalt in einem solchen Dorfe ist übrigens nicht sehr vortheilhaft,
da die Eingeborenen die Anwesenheit eines Weissen zu den unverschämtesten Betteleien zu benutzen pflegen. Am anderen Tage
setzten wir unsere Tour fort, wobei ich zu einer kleinen Seiten-
excursion genöthigt wurde. Ich hatte nämlich ausser dem von mir

engagirten Eskimo Kanojak auch noch denjenigen Eskimo an Bord, welcher den Brief des Mr. Woolfe nach Fort St. Michael überbracht hatte, und die letzten Meilen seiner Tour marschirt war. Dieser hatte seinen Kajak in der Nähe des eben von uns verlassenen Dorfes Kikertaok gelassen und fanden wir das Fahrzeug bei einem Hause, in welchem eine Eskimo-Familie gerade ihr Quartier aufgeschlagen hatte, um daselbst dem oben beschriebenen Fang auf Maklak, einer Art grosser Seehunde, obzuliegen.

Am anderen Morgen setzten wir unseren Weg längs der Küste weiter fort. Dieselbe wendet sich an dieser Stelle in ziemlich scharfer Biegung links direkt nach Norden. Da der Wind fast ganz nachgelassen hatte, so bedienten wir uns ·wiederum des vielfach in Alaska angewendeten Mittels, das Fellboot an einer langen Leine vom Lande aus längs des Ufers durchs Wasser zu ziehen, auf diese Weise kamen wir schneller vorwärts, als wenn wir gerudert hätten, denn meine beiden Eskimos waren keine tüchtigen Ruderer. Ich näherte mich jetzt dem letzten Dorfe der Kwikpagemuten Namens Unalaklik. Etwa zehn Meilen von diesem Orte bemerkte ich ein bedeutendes Kohlenlager. In der Mittagsstunde begegneten wir dem mir von Fort St. Michael aus bekannten Eskimo Saxo, einem sehr angesehenen und der Alaska-Commercial-Company sehr befreundeten Mann. Saxo ist der beste Eskimohändler, der in dem Diensten der genannten Gesellschaft steht und macht nicht nur alle Jahre eine Handelsreise durch die Halbinsel Prince of Wales bis nach der Beringstrasse, sondern er setzt auch über diese Meerenge und besucht die jenseits auf dem Festlande von Asien wohnenden Tschuktschen, mit denen er Handel treibt. Saxo ist ein grosser starker kräftig gebauter Mann, ein Riese an Körperkraft, und einer der hübschesten Eskimos, die ich in Alaska kenne. Er ist ein Freund der weissen Leute, und durch seine Zuvorkommenheit und Hilfsbereitschaft gegen dieselben aufs beste bekannt. Nichts desto weniger hat Saxo, der sich eines grossen Ansehens erfreut, schon mehrere Menschen getödtet. Dies ging so zu.

Saxo, welcher in Sleeds oder Aziak Island am Südende der Beringstrasse geboren ist, zog seit Ende der siebziger Jahre mit

seinem jüngeren Bruder und einigen Verwandten nach Unalaklik
um sich dort dauernd niederzulassen. Hier wohnte damals ein
weithin berüchtigter Eskimo Namens Arnakpeik, welcher durch
seine Mordthaten und Grausamkeiten weithin Schrecken verbreitete.
Arnakpeik huldigte nämlich in maasslosester Weise dem Genusse des von Sibirien durch Schmuggelei herüber gebrachten
Branntweins und erschlug im Zustande der Trunkenheit nicht
selten Eskimos und Indianer. Um unbesiegbar zu sein, hatte
er sich unter den jungen Leuten in Unalaklik eine Art Leibwache gebildet, welche ihm blind ergeben war und alle seine grausamen Befehle ausführte. Um seine absolute Unbesiegbarkeit zu
beweisen, erschien Arnakpeik eines Tages mit einem eisernen
Kürass angethan, welchen er, wie es scheint, von irgend einem
Walfischfänger eingetauscht hatte. Er prahlte ganz fürchterlich
und forderte seine Leibwache auf, auf ihn zu schiessen. Dies geschah und Arnakpeik blieb in dem Panzer unverletzt. Hierdurch wurde er so kühn, dass er sich für die grösste Macht in
Alaska zu halten begann und sein Betragen darnach einrichtete.

Eines Tages war Arnakpeik aus irgend einem Grunde auf
die Alaska-Commercial-Company böse, und liess einfach sagen,
er werde nächstens nach Fort·St. Michael kommen, und die dortige
Handelsniederlassung durch Brand zerstören. Der damalige Vorsteher, Herr Rudolf Neumann, — es ist dies der in diesem
Werke bereits genannte jetzige Hauptagent auf der Insel Unalaska in den Aleuten, und ein Bruder des Herrn Henry Neumann, bei dem ich in Fort St. Michael gewohnt hatte — stellte
in Folge dieser Drohung Wachen aus, welche Tag und Nacht auf-
passten. Eines schönen Tages näherte sich in der That eine kleine
Flottille, in welcher sich Arnakpeik mit seinen Mordgesellen befand, dem Fort St. Michael. Als sie noch ausser Schussweite
entfernt waren, schickte ihnen Herr Rudolf Neumann einen
Eskimo im Kajak entgegen mit der Botschaft, wenn sie nicht
sofort umkehrten, so würde die grosse Kanone geladen und auf
sie abgeschossen werden. Arnakpeik versicherte, dass er nur
die allerreellsten Absichten habe, Handel zu treiben, kehrte jedoch
in Folge der Botschaft um.

Da er sich nicht mächtig genug fühlte, auf diese Weise den Sieg über die Alaska-Commercial-Company zu erringen, so beschloss er zunächst, seinen Namen dort viel gefürchteter zu machen, damit die Eingeborenen rings herum schon aus Angst vor seinen Verfolgungen sich zu ihm hielten und seine Bundesgenossen würden. Er fuhr deshalb in seiner wüsten grausamen Lebensweise ungehindert fort und verbreitete überall Schrecken. Eines Tages, als er wieder einmal nach seiner Gewohnheit vom sibirischen Whisky betrunken war, kehrten in Unalaklik einige reisende Ingalik ein, welche über Land nach ihrer Heimath zurückkehren wollten. Um den Erlös ihres Handels, den sie mit sich führten, an sich zu bringen, beschloss Arnakpeik, dass die Ingalik ermordet werden müssten, und da gerade Saxo, mit welchem er bis dahin in Frieden gelebt hatte, an jenem Abend in seinem Hause weilte, so wollte er diesen zum Theilnehmer seiner Mordthaten machen, da er alsdann von Saxo keinen Verrath zu befürchten haben würde. Er befahl deshalb dem Saxo, dass er die Ingalik ermorden solle, und als dieser sich weigerte, so drohte er, dass er ihn selber tödten würde. Da Saxo aus Erfahrung sehr wohl wusste, dass Arnakpeik Wort halten würde, so blieb ihm nichts anderes übrig, als zu seiner eigenen Sicherheit dem gegen ihn gerichteten Mordanschlage zuvor zu kommen. Er ging deshalb hinaus und kehrte mit einer scharf geschliffenen Axt zurück, mit welcher er Arnakpeik den Schädel spaltete. Die im Hause Anwesenden wagten sich nicht zu bewegen, nur der zwanzigjährige Sohn Arnakpeik's versuchte es, die Flucht zu ergreifen und das Haus zu verlassen. Da indessen nach den Blutgesetzen der Eskimos der Sohn verpflichtet ist, die Ermordung seines Vaters zu rächen, so sah Saxo ein, dass er über kurz oder lang von diesem Sohn getödtet werden würde und fasste den schnellen Entschluss, ihm zuvor zu kommen.

Schon hatte der junge Arnakpeik die Ausgangsöffnung erreicht und bückte sich, um durch den niedrigen Gang, welcher alle Eskimowohnungen nach Aussen verschliesst, zu entfliehen, als ihn die mit voller Gewalt von Saxo geschleuderte Axt erreichte und in seinen Rücken fuhr, so dass er augenblicklich todt niederstürzte. Hierdurch war Saxo Herr der Situation und blieb fortan gefürchtet und unbehelligt. Seit jener Zeit indessen haben die Verwandten des ermordeten Arnakpeik schon mehrfach versucht, Saxo zu überfallen, aber dieser ist eine Art Desperado geworden und äusserst wachsam, so dass er nie anders schläft als mit geladenem Revolver unter dem Kopfe. Da man ihm nicht zu Leibe kann, so hatte man im Winter vor meiner Ankunft versucht, einen Anschlag auf das Leben seines jüngeren Bruders auszuführen.

Diesem Saxo und seinem Bruder begegneten wir also, als dieselben in der Nähe von Unalaklik Seehundsnetze ausstellten. Nachmittags langten wir im genannten Dorfe an. Der Frost, welcher schon während der letzten Tage vor meiner Abreise einige Male eingesetzt und ziemlich starken Schneefall gebracht hatte, war inzwischen stärker geworden, so dass wir bei Unalaklik schon sechszölliges Eis antrafen. Es erschien gewagt, mit dem Fellboot die Reise für jetzt fortzusetzen und ich beschloss deshalb, die Handelswaaren am heutigen Tage im Orte zu lassen und dort auch zu übernachten. Unalaklik ist im Ganzen genommen ein unruhiger Ort, denn wir bekamen in der Nacht kaum eine Stunde Schlaf, da die verschiedenartigen Individuen, welche in dem Hausraume lagen, sich die Stunden der Ruhe ganz nach ihrem Belieben vertrieben, indem der Eine plötzlich anfing zu singen, der Andere sich laut mit seinem Nachbar unterhielt, viele in erschrecklicher Weise husteten, die Kinder fast ununterbrochen schrieen und weinten und die Weiber dieses alles zusammen auf einmal thaten. Ausserdem erhoben die Hunde von Zeit zu Zeit ein Geheul.

Am nächsten Morgen machte ich den Versuch, trotz der wenig gebesserten Eisverhältnisse die Tour fortzusetzen. Das sehr flache Wasser brachte uns indessen schon eine englische Meile hinter dem Dorf auf den Grund. Wir sassen auf einer Sandbank fest und arbeiteten vergebens mehrere Stunden lang, im eiskalten Wasser stehend, um unser Boot wieder flott zu machen. Als dies nicht möglich war, kehrte ich nach Unalaklik zurück, woselbst ich drei Kajaks entlieh, mit denen ich nach meinem Fahrzeug zurückkehrte. Es dauerte mehrere Stunden, bis die schwersten Gepäckstücke ausgeladen waren und das Fahrzeug wieder flott wurde. Meine Eskimos froren in der jämmerlichsten Weise, so dass ich ihnen schliesslich aus Mitleid einige Kleidungsstücke gab. Dazu schlugen die Wellen aus Osten in unser offenes Boot und benetzten uns reichlich. Dieses Wasser aber lief nicht wieder ab, sondern es verwandelte sich unter der Wirkung des Frostes sogleich in Eis, so dass unsere Bekleidung ganz steif wurde. Solchergestalt war der Abschied, den ich für diesmal vom Gebiete der Kwikpagemuten nahm, um in das Nachbargebiet der Mallemuten, die hauptsächlich, wie bereits bemerkt, zwischen dem Nortonsund und dem Kotzebuesund wohnen, einzutreten.

XV.

Nachdem wir die Hindernisse der Sandbank überwunden hatten, segelten wir bis etwa 4 Uhr Nachmittags längs der Küste und erreichten das erste Mallemutendorf Igawik. Wir durften uns wohl in Anbetracht der überstandenen kältereichen Stunden erlauben, an eine körperliche Erwärmung zu denken. Wir kochten deshalb Kaffee und fuhren, nachdem wir denselben eingenommen hatten, den günstigen Wind benutzend, gleich wieder ab, da es mir darauf ankam, mich bei dem immer heftiger werdenden Frost meinem Ziele so sehr wie möglich zu nähern.

Es war nur wenig Aussicht vorhanden, an diesem Tage noch ein Dorf zu erreichen, und die Küste war vielfach mit Thon und Steinfelsen besetzt. Abends nach Dunkelwerden wurde die Brandung so stark, dass es uns nur mit der äussersten Mühe gelang, in einer kleinen Meeresbucht zu landen. Wir kampirten daselbst

im Freien. Die Kälte war so empfindlich geworden, dass, trotzdem wir ein
grosses Feuer anzündeten und uns daran
fast die Vorderhälfte des Körpers versengten, unsere Rücken beinahe erfroren.

Unter diesen Umständen war es eine
Erleichterung für uns, am nächsten Morgen so frühzeitig wie möglich aufzubrechen.
Da der Wind mehr vom Lande kam, so
hatte der hohe Seegang aufgehört, und das
Einladen der Waaren ging leichter als
das Ausladen am Abend vorher. Wir legten uns wieder vor die Leine und zogen
das Fahrzeug längs des hier flacher werdenden Ufers. Der Strand war indessen
sehr steinig und brachte das Boot in Gefahr, aufzustossen und durchlöchert zu
werden. Dies nöthigte uns, unsere ganze
Aufmerksamkeit anzuwenden. Wie es gewöhnlich gegen Ende einer Expedition zu
geschehen pflegt, welche man allen entgegenstehenden Uebelständen zum Trotz
so weit als möglich ausdehnen will, so
häuft sich auch hier ein kleines Malheur
auf das andere, und es war vorauszusehen,
dass wir binnen ganz kurzer Zeit zum
vollständigen Aufgeben der Fahrt gezwungen sein würden. In der Nähe des
Mallemutendorfes Schaktolik kamen uns

Geräthe bei den Kwikpagemuten und Malemuten.

1. Lockfisch aus Mammuthknochen mit Holzgriff zum
Hechtfang. 2. Lanze mit steinerner Spitze. 3. Eisbrecher
aus Holz mit knocherner Spitze. 4. Schnupftabakdose
aus Holz. 5. Eisschöpfer, Holzstiel mit knöchernem
Ring und Netz aus Lederriemen. 6. Fischspeer. 7. Ruder
(Paddel). 8. Wurfspiess beim Spielen. 9—14. Fischangel
(11 mit zwei Spitzen). 15. Steinhammer mit knochernem
Stiel. 16. Desgleichen. 17. Fellschaber mit hölzernem
Griff und Steinspitze. 18. Steinaxt. 19. Schaber, knöcher-
ner Griff und Steinspitze.

zwei Eskimos entgegen, welche sich mit vor die Leine legten und ziehen halfen. Das Wasser war aber so flach, dass das Boot sich ziemlich weit in See halten musste und trotzdem fortwährend auf den Grund stiess. Eine englische Meile vor Schaktolik kamen mir die Bewohner dieses Dorfes, welche von meiner Ankunft gehört hatten, entgegen, um mir nach Eskimositte einen grossartigen Empfang und Bewillkommnungsgruss darzubringen, wobei sie zugleich Geschenke mitbrachten. Die Ceremonie ging vor sich, indem zunächst vor jeden von uns ein Brett mit einem darauf befindlichen Stückchen Eis hingelegt wurde. Alsdann wurden mir ein Paar Eskimo-Lederstiefel und einige Felle von Moschusratten übergeben. Da ich aus Erfahrung wusste, dass bei einer solchen Sache immer eine Bettelei im Spiele ist und man als Gegengeschenk den vielfachen Werth der Sachen geben muss, so verzichtete ich lieber auf die Ehre, die Geschenke anzunehmen. Indem wir vorwärts gingen, machten uns die Einwohner Mittheilungen, dass das Wasser nach ihrer Ortschaft hin immer seichter würde und wir dort nicht landen könnten. Es war ersichtlich, dass sie aus irgend einem Grunde wünschten, dass ich ihr Dorf nicht besuchen solle. Die Leute jener Gegend sind ungeheuer abergläubisch, und wie ich später erfuhr, handelte es sich in diesem Falle darum, dass sie glaubten, unsere Anwesenheit würde vielleicht für zwei kranke Kinder im Dorfe schädlich sein. Ich that ihnen gern den Gefallen und kampirte am Ufer bei Schaktolik; leider aber starben die beiden armen Kinder bald darauf trotz alledem. Der Frost, welcher bisher nur die Süsswasserflächen ergriffen hatte, trat nunmehr auch seine Herrschaft über die Meeresoberfläche an und bedeckte zunächst die Buchten mit Eis.

Vergebens wehrte ich mich gegen meine eigene und die Ansicht der Eskimos, dass unser Fellboot nunmehr ein Ende seiner ruhmvollen Fahrten gefunden haben sollte. Die Macht der Thatsachen war zu gross, als dass ich daran denken konnte, den leichten Fellüberzug den scharfen Kanten des Treibeises in Nortonbay auszusetzen. Ich musste mich also entschliessen, sämmtliche Waaren in das Dorf zu schaffen und daselbst in einer kleinen Niederlage der Alaska-Commercial-Company, deren Verwalter übrigens nicht anwesend war, zu deponiren. Ich entlieh nunmehr einen Schlitten und drei Hunde und machte mich bereit, den Rest des Weges nach Orowignarak zu Fuss zurückzulegen.

Am nächsten Morgen hatte ein nächtlicher Sturm alles Eis wieder aufgebrochen, so dass wir nicht einmal über den nahe gelegenen Fluss gelangen konnten. Ich ging deshalb auf Jagd und schoss an diesem Tage elf Schneehühner.

Endlich war es möglich, am dritten Tage an der Mündung des Flusses mit dem Schlitten zu passiren. Wir nahmen nur ein wenig Proviant und andere kleine Gegenstände mit und marschirten tapfer darauf los, den Strand entlang, bis wir ermüdet in abendlicher Dunkelheit nach Unaktolik gelangten. Ich hatte den oben genannten Eskimo Kanajak zur Bewachung der Sachen in Schaktolik zurück gelassen und reiste deshalb mit dem andern Eskimo, welcher den Brief des Mr. Woolfe überbracht hatte, allein.

In Unaktolik, wo man uns mit frischen Fischen bewirthet hatte, schliefen wir während der Nacht ganz gut; als wir aber am andern Morgen die Schlittenreise fortsetzen wollten, stellte es sich heraus, dass zwei von unseren drei Hunden fehlten. Erst nach mehrstündigem Suchen gelang es uns, indem wir die Spuren dieser Thiere im Schnee aufsuchten und verfolgten, der beiden Flüchtlinge, welche zusammengekauert im Gebüsch lagen und schliefen, habhaft zu werden. Nunmehr setzten wir unsere Reise längs der Küste fort und gelangten am Abend nach Iglotalik, wo wir gut empfangen und wieder mit frischen Fischen bewirthet wurden. Es ist Sitte bei den Eskimos, dass nach der Abendmahlzeit die Feuerbrände mitten im Hause durch das Loch im Dach hinausgeschleudert werden, damit sich der Rauch im Hausraum vermindere. Gewöhnlich fallen diese Brände in den auf dem Dache lagernden Schnee, woselbst sie erlöschen. An jenem Abend jedoch fing die Rasendecke an zu brennen, und wir hatten grosse Mühe, das Feuer zu löschen. In Iglotalik sah ich ein sehr schön gearbeitetes Amulet aus Nephrit am Halse eines Mannes, leider wollte der Besitzer es mir nicht verkaufen.

Man lieh uns hier zwei tüchtige Ziehhunde, und setzten wir unsere Fahrt während eines starken nördlichen Schneesturmes am andern Tage fort. Da hier die Ostküste von Nortonbay mit einer Biegung nach links in die Nordküste übergeht, so kürzten wir unsern Weg ab, indem wir quer über die nunmehr fest gefrorene Fläche der Nortonbay fuhren und dadurch schon zur Mittagszeit das Dorf Kuikak erreichten. Hier kochten wir für uns Thee und lieferten die geliehenen Hunde wieder ab. Nun trennte uns nur noch eine kurze Strecke von dem Dorfe Orowignarak, welches für längere Zeit mein Aufenthaltsort werden sollte. Der Weg bis dorthin führte um einige Vorgebirge herum, an denen das Eis vom Sturm aufgenommen und weggetrieben war. Es gelang uns jedoch, ungehindert hindurch zu kommen und um 5 Uhr Nachmittags das reich bevölkerte Haus Vater Eisak's zu erreichen.

Die Bewohner sowie mein früherer Reisekollege Mr. Woolfe empfingen mich in herzlichster freundschaftlichster Weise, und der Rest des Tages ging unter Austausch der Erlebnisse der letzten Monate dahin. Das neue Haus war, wie bereits mitgetheilt, im Grossen und Ganzen vollendet; es hatte das Aussehen eines norwegischen Bauernhauses, der innere Ausbau dagegen fehlte noch fast vollständig und gab Mr. Woolfe und mir für die nächste Zeit vollauf Beschäftigung. Eisak dagegen begann schon am nächsten Tage mit seinen Leuten die Hundegeschirre und Schlitten zu repariren, da die in Schaktolik zurückgelassenen Sachen nach Orowignarak geholt werden mussten.

Es ist mir immer räthselhaft erschienen, warum Eisak sich gerade an diesem Punkte angesiedelt hatte. Der Platz entbehrte nämlich der sonst für Eskimo-Wohnung nothwendigen Eigenschaften, zu denen vor allem eine für Jagd oder Fischerei ergiebige Umgegend gehört. In Orowignarak gab es aber weder Fleisch noch Fisch, und die nächste Nahrungsquelle war ein ziemlich entferntes westwärts gelegenes Flüsschen. Eisak war 40 Jahre alt und von Kotzebuesund gebürtig. Sein Eskimoname ist Kaleak, auf Deutsch „ein Schützer, ein Bedecker"; er nannte sich auch wie dies die Eskimos öfter thun, noch mit einem zweiten Eskimonamen, nämlich Alok. Er hatte in seiner Jugend in Kotzebuesund die Tochter eines grossen Schamanen entführt und war mit ihr hierher

geflüchtet. Es war dies seine Hauptfrau, welche den Namen Kiwaluk, d. h. auf Deutsch „Moschusratte", führte.

Ich darf vielleicht bei dieser Gelegenheit die in Eisaks Haus
wohnenden Personen aufzählen, da sich hierdurch die Gelegenheit
ergiebt, eine Hausliste der Eskimos mitzutheilen. Ausser den beiden
genannten Hauptpersonen, deren Ehe übrigens kinderlos geblieben
war, ist zunächst zu nennen Eisaks zweite Frau Arnalukkik.
Ferner sein Sohn Kikertaurok, auf Deutsch „Insel", seine erste
Tochter mit der zweiten Frau, genannt Marschan, d. h. „eine
essbare Wurzel", seine zweite Tochter Naunak. Es folgen ferner
eine unverheirathete Adoptivtochter Sernak, d. h. „Adlerschwanz",
eine verheirathete Adoptivtochter, die liebliche Mayok, d. h. „Steigerung oder Aufgang",
ein Adoptivsohn Kin-
juran, d. h. „der
Gefrässige", Eisaks
Cousine Kajulik,
d. h. „Quappe", ein
Adoptivsohn Kalu-
rak, d. h. „Hand-
netz", ein Adoptiv-
sohn Napaingak,

Aus dem Nordwesten von Alaska.
1. Lippenpflock aus Serpentin. 2. Desgl. aus Knochen.
3. Desgl. aus Nephrit. 4. Desgl. aus Knochen. 5. Desgl.
aus Serpentin.

d. h. „grade gewachsen", eine Adoptivschwester Awagarak, d. h.
„Hammer", eine Adoptivtochter Datluk, d. h. „Schneeschuhe",
eine Adoptivschwester Tunraorak, d. h. „Teufelsweib". Es folgt
Eisaks Schwiegermutter Kijanuk, deren beide Brüder Kograk
und Akpak, ein Mann Maktigelak, ausserdem noch sechs bis
acht Personen beiderlei Geschlechts. Man sieht, dass die Sache
unmöglich partriarchalischer eingerichtet sein konnte. Die Schwiegermutter Eisaks war übrigens eine sehr resolute Dame, welche
früher einmal eine Rivalin, an der ihr Gatte Gefallen fand, getödtet,
und dabei erklärt hatte, so würde sie es mit jeder Nebenbuhlerin
thun. Es ist begreiflich, dass die Ernährung einer so grossen Anzahl von Personen nicht leicht ist, und man begreift, warum verhältnissmässig so häufig Hungersnoth bei den Eskimos eintritt, da
es sehr schwer ist für die lange Dauer des Winters die nöthigen

Vorräthe zu sammeln oder bei oft meilenweit gefrorener See durch Seehundsjagd und Fischfang zu erlangen. Das aber muss ich hervorheben, dass meines Wissens niemals eine Eskimofamilie es unterlässt, ihre Vorräthe, selbst wenn dieselben noch so gering wären, mit ankommenden Gästen zu theilen, so lange noch etwas davon übrig ist. Im umgekehrten Falle wird dasselbe aber auch beansprucht und eben so ruhig als selbstverständlich hingenommen.

Am Tage nach meiner Ankunft gingen vier unserer jungen Eskimos mit zwei Schlitten und acht Hunden auf dem Wege, welchen ich gekommen war, zurück, um die in Schaktolik zurückgelassenen Sachen abzuholen. Inzwischen beschäftigte ich mich zunächst damit, für Mr. Woolfe und mich eine aus zwei Etagen bestehende Bettstelle zu bauen, da die Raumverhältnisse des Hauses ein Nebeneinanderschlafen nicht gestatteten. Die gewöhnliche Einrichtung der Eskimohäuser besteht darin, dass etwa sechs Fuss von den Wänden entfernt nach dem Innern des Hauses zu parallel mit den Wänden an drei Seiten Balken auf den Erdboden gelegt werden. Dadurch wird ein sechs Fuss breiter Gang rings herum an den Wänden geschaffen, dieser Gang wird mit Zweigen und getrocknetem Gras bedeckt und darauf Decken und Rennthierfelle gelegt, und dient als gemeinsame Schlafstelle für alle im Hause befindlichen Personen. Sie legen sich dann neben einander mit den Füssen gegen die Wände gerichtet und die Balkenlage als Kopfkissen benutzend. Während der Tagesstunden wird die Schlafunterlage wulstartig nach der Wand zu aufgerollt und dient als Sitz. Das Feuer wird in üblicher Weise in der Mitte des Hausraumes zwischen Steinen angemacht und die Speisen in grossen Kesseln zubereitet. Gewöhnlich schlägt die Flamme bis über den Kessel hinauf, so dass die einfachen Nahrungsmittel, namentlich die Fische sehr bald zubereitet sind. Das etwa einen Quadratmeter und darüber grosse Oberlichtfenster aus durchsichtigen und zusammengenähten Seehundsdärmen wird während der Zeit, wenn das Feuer im Hause brennt, abgenommen, damit der Rauch Abzug findet. Die Häuser sind meist aus Treibholz, das sich fast überall findet, errichtet.

Meine Arbeitslust und Arbeitsleistung wurde nicht wenig be-

einträchtigt durch ein sonderbares Verbot, welches man mir auferlegte und welches im Zusammenhang mit dem Aberglauben der
Leute stand. Es war nämlich während der ersten Tage meiner Anwesenheit Jedermann und auch mir verboten, eine Axt oder ein
anderes scharfes und schneidendes Geräth zu gebrauchen. Jedenfalls handelte es sich darum, die Ruhe irgend eines im Hause
anwesenden Eskimogötzen nicht zu stören, bevor dieser nicht seine
heilsame Wirkung auf den erkrankten Sohn des Eisak geäussert
hätte. Dieser junge Mensch, der sich wohl schon auf dem Wege
der Besserung befand, benutzte, wie ich bemerkte, als Kopfkissen
einen Sack, dessen Inhalt er sorgfältig vor Jedermanns Augen
hütete. In dem Sacke befand sich das Bild eines Götzen, welches
ihm durch einen Schamanen übergeben war, der seit einigen Tagen
still und ohne besondere Aufmerksamkeit zu erregen in Eisaks
Hause weilte. Von ihm war auch das Verbot ausgegangen, während
er sonst in jeder Beziehung freundlich und entgegenkommend war
und mir beim Arbeiten half. Der erkrankte Sohn Eisaks trug
um den Hals ein kostbares, etwa fünf Zoll langes pfriemenförmiges
Amulet aus Nephrit.

Eisaks Hauptfrau Kuwalik brach inzwischen mit einem
Schlittengespann nach dem oben bereits erwähnten Flusse auf,
um dort Fische zu fangen und sandte uns auch nach zwei Tagen
die von ihr gemachte Beute zu, währenddem versuchte sich Mr.
Woolfe in der Rolle eines Haushofmeisters und wirthschaftete mit
den jungen Eskimomädchen im Hause herum, indem er für die
Zubereitung unserer Tafelgenüsse sorgte und nebenbei die Eskimosprache fast spielend erlernte. Die Herstellung unserer kulinarischen Genüsse war nicht allzuschwer, denn es gab Morgens, Mittags
und Abends stets ein und dasselbe Gericht, da wir als einziges
Nahrungsmittel nur noch Mehl hatten. Dieses Gericht nannten
wir mit dem stolzen Namen Pfannkuchen, da zu seiner Herstellung
allerdings ausser dem Mehl noch eine Pfanne und etwas Fischthran nöthig war. In dieses Menu vermochte der Sack Fische,
welchen Mutter Kuwalik als das Resultat viertägiger Anstrengungen mit nach Hause brachte, nur eine geringe Abwechslung hineinzubringen. Ebensowenig gelang es mir, unsern Proviant durch

das Schiessen von Schneehühnern zu vermehren, da die Thiere hierselbst sehr scheu waren.

Meine häusliche Arbeit war inzwischen auch ohne Benutzung der Axt etc. soweit fortgeschritten, dass ich fünf Bettstellen zurecht gezimmert hatte und unser Haus jetzt vielmehr einem Wohnort meiner Heimath als einem Eskimohause glich.

Es war am vierten Tage nach unserer Ankunft, als der Geist über den Schamanen kam, und er in voller Familien-Versammlung während der Abendzeit seinen Götzen wirksam werden liess und dadurch die Kur an Eisak's Sohn vollendete. Der Medizinmann fing plötzlich an zu brüllen wie ein Seelöwe und zu heulen wie ein alter Hund und gestikulirte wild mit seinen Armen in der Luft. Es wurde ihm darauf eine sogenannte Kamelika, d. h. ein Hemd von zusammengenähten Seehundsdärmen überreicht. Zugleich nahm der Schamane das kostbare Stück Grünstein des Patienten und wickelte es in eine Rennthierjacke, welche er, damit sie befühlt werden konnte, rings im Kreise herumgab. Jeder konnte sich dabei überzeugen, dass der lange schmale Stein sich noch in der zusammengerollten Jacke befand.

Mit offenem Mund und Auge starrte die gesammte Familie Eisak auf die Wunder, welche da unten vor sich gingen, resp. noch gehen sollten. Mit geheimnissvoller Geberde schritt der Zauberkünstler im Kreise herum, und blies und biss auf die Rolle mit dem Stein. Zuletzt sagte er, er wolle den Stein biegen; dies that er, indem er den Stein selbst heimlich und unbemerkt im Innern der Rolle seitwärts schob und nun vor seinen Zuschauern das gerollte Stück Rennthierjacke hin und her bog und die gekrümmte Rolle von Jedermann befühlen liess. Es war ein kostbares Schauspiel, die athemlose Spannung zu beobachten, welche auf den Gesichtern aller Familienmitglieder lag, denn nach ihrem Glauben wäre auch die Lebenskraft des Patienten gebrochen worden, wenn sein Stein-Amulet bei dem Experiment zu Grunde gegangen wäre.

Glücklicher Weise richtete es der gute Schamane so ein, dass Alle rings herum wohl das krumm gebogene zusammengerollte Stück der Jacke fühlen konnten, dass aber späterhin, als er das

Kleidungsstück wieder aufrollte, und den Stein wieder an seine frühere Stelle schob, letzterer ohne die geringste Beschädigung zum Vorschein kam. Hierdurch war es der ganzen Familie Eisak klar geworden, dass der Patient mit dem Leben davon kommen würde und sie athmeten freudig auf. Eine kleine Beobachtung, die ich während dieser Scene machte, sei hier mitgetheilt: Ich bemerkte, dass alle Anwesenden sich durch das Gefühl davon überzeugten, dass der Stein gebogen sei; nur ein junges erwachsenes Mädchen durfte die Rolle nicht berühren und hielt sich auch von selbst davon zurück. Es handelte sich, wie ich späterhin erfuhr, um die Befolgung eines bei den dortigen Eskimos hoch entwickelten Reinlichkeitsgesetzes, welches den Frauen und erwachsenen Mädchen zu gewissen Zeiten eine Reserve auferlegt. Sie dürfen alsdann nicht mit den übrigen Hausbewohnern gemeinsam dieselben Speise- und Trinkgefässe benutzen und bedienen sich während dieser Tage besonderer Geschirre.

Nachdem unter zahlreichen Ausrufen der Verwunderung und des Erstaunens das Nephrit-Amulet des Patienten dicht an die Flamme der Lampe gehalten und bei sorgfältigster Unter-

Aus dem Nordwesten von Alaska.
1 u. 2. Steinerne Tabakspfeife mit hölzernem Rohr und knöchernem Reiniger. 3. Knöcherner verzierter Eimerhenkel. 4 u. 5. Knöcherne Geräthe auf Hüten. 6. Knöcherner Pfriem. 7. Eiserner Pfriem mit knöchernem Heft.

suchung nicht der geringste Sprung entdeckt worden war, begann der
Schamane mit dem in dem Pelzsack verborgenen hölzernen Eskimogötzen in Aktion zu treten. Er nahm zunächst die bis dahin verborgene Figur heraus, wobei es sich zeigte, dass dieselbe einen
Wolf mit einem Alligatorkopf darstellte. Diese Figur wurde in
die Kamelika gesteckt und durch die verborgen gehaltenen Hände
des Schamanen dergestalt vor und rückwärts geschoben, dass es
aussah, als ob das Thierbild bald vorwärts stürzen wollte, und
bald sich zurückzog. Hierzu stiess der Schamane wieder jene eigenthümlich brüllenden und grunzenden Töne aus, mit denen er schon
vorher seine Vorstellung begonnen hatte. Dann drückte er das
Götzenbild wiederholt und blies auf Kopf und Schwanz und liess
es endlich wieder in den Pelzsack verschwinden.

Nunmehr folgte der letzte Akt des Schauspiels, welcher nach
echter Schamanenart eine Scene aus dem Geisterreiche darstellte.
Der alte Zauberer ergriff den Regenmantel aus Seehundsdärmen
und schwang ihn im Kreise herum, indem er hierbei ein langgezogenes „Hui" ausstiess, gleichsam als ob ein Sturmwind durch
das Haus zöge. Nach dieser Einleitung gab er einige Bauch-
redner-Kunststücke zum Besten, indem er bald leise die Stimme
eines Entfernten nachahmte, bald laut darauf mit eigener Stimme
Antwort gab. Ich muss gestehen, dass diese letzte „Zauberei"
mit grosser Geschicklichkeit ausgeführt und wohl dazu angethan
war, den armen unwissenden Eskimos zu imponiren. Den Schluss
dieser Feierlichkeit machten einige allgemeine Gesänge, an denen
sich die ganze Familie betheiligte. Hiermit war zugleich das Verbot aufgehoben, eiserne Gegenstände bei Arbeiten im Hause zu
benutzen und es war nicht mehr nöthig, an jedem Morgen den
geheimnissvollen Pelzsack erst ins Freie zu tragen, um ungestört
arbeiten zu können und ihn am Abend wieder hinein zu schaffen.

Nur einem Manne, der lange Zeit krank gewesen war, wurde
auch jetzt noch der Gebrauch eiserner Werkzeuge verboten. Es
herrschte überhaupt kein sehr günstiger Gesundheitszustand in
unserm Patriarchenhause, denn alle jungen Leute und die Kinder
waren stark erkältet und litten am Stickhusten. Wie es mir
scheint, trägt die schwere Pelzkleidung der Eskimos durchaus nicht

dazu bei, die Leute gegen die rauhe Witterung ihrer Heimath abzuhärten; sie verweichlicht sie im Gegentheil und macht sie wenig
widerstandsfähig. In dieser Beziehung muss ich wie schon früher
gesagt, den Indianern der Nordwestküste Amerikas von allen Völkern des Erdballes, welche ich kenne, den ersten Preis in Bezug
auf ˙Abhärtung zuerkennen.

Die Umgegend von Orowignarak ist in geologischer Beziehung
sehr interessant. Eisak erzählte mir, dass nicht weit von seinem
Wohnorte entfernt sich heisse Quellen und Seeen befinden sollen,
auch Mr. Woolfe
machte Angaben,
welche darauf
schliessen liessen,
dass die Halbinsel
Prince of Wales
zwischen Norton-
sund und Kotzebue-
sund vulkanischer
Natur ist. Er wollte
sogar einige Wo-
chen vor meiner
Ankunft in der
Richtung nach Süd-

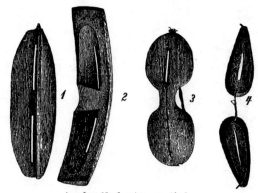

Aus dem Nordwesten von Alaska.
1—3. Schneebrillen aus Holz. 4. Desgl. aus Mammuthknochen.

westen eine feurige Erscheinung, welche mit dem Ausbruch eines
Vulkans identisch zu sein schien, beobachtet haben.

Mittlerweile war der Monat November herangekommen, und
ich fühlte mich in unserm neuen Hause, das nur wenig von den
Unbequemlichkeiten eines Eskimohauses besass, einigermassen gemüthlich, nachdem ich an Stelle eines der aus Seehundsdärmen
bestehenden Fenster, ein solches aus Glas eingesetzt hatte. Es
fand sich fortwährend Gelegenheit, interessante Beobachtungen zu
machen, sowie nöthige Arbeiten auszuführen; Mr. Woolfe sammelte
Eskimowörter und ich schrieb an meinem Tagebuche oder zimmerte
bald dieses, bald jenes zurecht. Jeden Abend sang uns Papa
Eisak mit seinen Weibern und jungen Leuten etwas vor. Das
einzig Unbehagliche in dieser Situation war, dass der arktische

Winter immer noch nicht kommen wollte. Ein Südsturm brach
das Eis auf und trieb es nordwärts, so dass an Reisen überhaupt
nicht zu denken war. Dennoch erschien kurz darauf ein Eskimo
aus Iglotalik mit einem Schlitten zum Besuch.

Dieser Mann hatte das Grab des im vorigen Jahre verstorbenen Vaters meines Wirthes Eisak nach dortiger Sitte gepflegt
und in gutem Zustande erhalten. Nunmehr erschien er, um die
hierfür fälligen Geschenke einzuheimsen. Zu diesem Zwecke schlug
er sein Quartier nicht in Eisak's Hause, sondern in demjenigen
der Frau Barbara, der Schwiegermutter Eisak's auf. Hierauf
zog unser Wirth, wie es die Sitte verlangte, seinen besten Pelz
an und legte einige Lachse, Beeren und Seehundsspeck auf zwei
Holzschüsseln. Desgleichen that seine Frau, und das Ehepaar
schritt mit dieser Last in würdevoller Prozession nach Frau Barbara's Haus. Zuerst ging die Frau hinein, überreichte die Speisen
und kam alsdann wieder heraus; hernach begab sich Eisak in
das Haus und that ebendasselbe. Der fremde Eskimo verzehrte
später die Speisen in aller Stille, jedoch nicht, ohne zuvor eine Art
Opfergabe zu erbringen, indem er kleine Stückchen der Speisen in
die Ecke warf und dazu die Lippen bewegte, als wenn er ein Gebet murmelte.

Mittlerweile war ich mit meinen häuslichen Arbeiten bis dahin
gekommen, den Fussboden des Gebäudes zu legen. Als Material
hierzu hätten sehr wohl die in der Nähe unseres Aufenthaltsortes
wachsenden ziemlich starken Coniferen dienen können; das Holz
derselben war jedoch zu frisch und saftreich, um verwendet werden zu können. Ich wählte deshalb das allgemein benutzte Baumaterial jener Gegenden, das Treibholz des Strandes, welches mir
von den Eskimos aufs bereitwilligste in grossen Quantitäten
herbeigeschafft wurde. Inzwischen begann sich die Noth an Lebensmitteln täglich fühlbarer zu machen und wir lebten nur noch
ausschliesslich von trockenem Brod, von gebackenem Mehlkleister,
den wir euphemistisch Pfannkuchen nannten, und Thee oder Kaffee.
Trotz des Schneesturmes und Schneegestöbers aus Südost machten
wir uns auf die Jagd nach Schneehühnern, aber diese Thiere,
welche in dieser Jahreszeit weiss von Farbe waren, liessen sich

nur schwer erkennen und waren ausserdem so scheu, dass wir nur
zwei Stück erbeuteten. Wir wünschten sehnlichst, dass unser
Schlitten mit den Lebensmitteln ankäme.

Der Schamane, welcher es sich nach glücklich ausgeführter
Kur in Eisaks Hause trotz der allgemeinen Hungersnoth noch
hatte wohl sein lassen, vielleicht weil dieser Heilige, trotzdem sein
braves Weib daheim ihn zu erwarten schien, es in unserem Kreise
recht unterhaltend fand, wurde nunmehr durch einen Eilboten abgeholt, der ihn zu einem Patienten brachte. Er ging ohne Widerrede mit, sah sich späterhin aber doch getäuscht, denn an Stelle
eines Patienten und eines ärztlichen Honorars erwartete ihn eine
Gardinenpredigt seiner eifersüchtigen Gemahlin.

Endlich kamen unsere Lebensmittel an. Wegen des schlechten
Wetters und des vom Winde zerrissenen Eises hatten unsere jungen
Leute volle zehn Tage auf der Heimreise zugebracht, dabei war
es ihnen nur gelungen, drei Schlitten mit der Hälfte der Sachen
fortzubringen. Hierdurch wurde meine Hoffnung, bald nach Golowninbay weiter reisen zu können, wieder in weite Ferne gerückt.
Trotz des Sturmes und Schnees hatte sich Mutter Kiwaluk, dieses
Prachtweib, wieder nach dem Flusse begeben, um zu fischen, das
schreckliche Wetter verhinderte aber, dass uns der Ertrag ihres
Fischfanges zu Gute kam. Es fing nunmehr an entschieden ungemüthlich in Orowignarak zu werden und wir verfielen auf allerhand Zeitvertreib, mit dem wir uns die Tage unseres gezwungenen
Aufenthaltes im Hause verkürzten. So gab es ein, besonders die
Eskimos entzückendes Schauspiel, als wir uns einen ganzen Tag
lang damit beschäftigten, sämmtliche Innenwände des Gebäudes
mit alten Nummern der illustrirten Zeitschriften „Whasp" aus San
Francisco, „Puck" und „Graphic" aus New-York und „Fliegende
Blätter" aus München zu bekleben. Hierbei fügte es sich zufällig,
dass Bismark's Bild neben dasjenige des grossen Indianerhäuptlings Sitting Bull, das eines Niggermädchens neben das eines wohlgenährten Mönches kam, über welche Zusammenstellung die guten
Naturmenschen wiederum mancherlei zu grübeln und zu lachen hatten.

Inzwischen hatte sich das Schneegestöber draussen zur Abwechselung in heftigen Regen umgewandelt, der noch mehr als

das bisherige Wetter dazu angethan war unsere ganze Gesellschaft und namentlich die Weiber vollständig in dolce far niente zu versenken. Es schien als ob in den Augen der Eskimo-Frauen und -Mädchen jede, auch die geringste Handreichung und Arbeit als eine unverzeihliche Kraftvergeudung betrachtet wurde; die Schönen liessen sich einfach von uns füttern und unterhalten. Trotzdem durften wir es mit der Gesellschaft nicht verderben, da wir uns vorgenommen hatten mit Eisak zu reisen, so mussten wir auch bis zum Eintritt des dauernden Frostes in seinem Wohnhause bleiben und durften uns nicht in die Lage bringen, plötzlich mitten im Winter in Folge irgend eines Streites mit den Hausbewohnern an die Luft gesetzt zu werden.

Am 10. November herrschte wieder schönes klares Wetter mit nördlicher Brise und ein wenig Frost. Ich legte an diesem Tage die letzte Planke des Fussbodens fest, wodurch der Innenraum des Hauses im Ganzen genommen wärmer wurde. Sodann machten wir uns daran, für mich einen Schlitten zu zimmern, da ich beabsichtigte, sobald als möglich nach Golowninbay aufzubrechen, um dort diejenigen Sachen abzuholen, welche der Schooner „Leo" seiner Zeit vom Fort St. Michael aus, wie noch erinnerlich sein wird, für mich dorthin gebracht hatte. An diesem Tage brachte auch die Jagd auf Schneehühner einigen Erfolg, so dass wir zum ersten Male wieder nach langer Zeit eine ordentliche Mahlzeit halten konnten. Die freudige Aufregung, welche sich hierdurch unserer schon traurig herabgestimmten Geschmacksorgane bemächtigte wurde noch ein wenig erhöht durch den Fischvorrath, welchen Mama Kiwaluk mitbrachte. Ein grösseres Glück aber als uns, gewährte diese Beute unseren Hunden, deren sichere Aussicht, verhungern zu müssen, dadurch wieder ein Wenig hinausgeschoben war.

Offenbar standen wir am Vorabend grosser Ereignisse. Um unseren Hausbau in angenehmer und nützlicher Weise abzuschliessen, machten wir dem „Eskimo-Baustil" die Concession, dass wir mit unsäglicher Mühe vor die Eingangsthür des Hauses eine kleine Vorhalle bauten, damit der Schnee doch nicht direct ins Innere dringen könnte. Gleichsam als Belohnung dafür wurden uns zwei grossartige Naturerscheinungen zu Theil, deren erste, ein

Sämmtliche Gegenstände von Nordwest-Alaska. 1. Wurfbrett zur Harpune 13, ebenfalls zu Harpune 12. 2. Lanze mit doppelter Spitze (die obere Spitze löst sich nach geschehenem Stoss von dem Stiel ab, während die untere knöcherne Spitze die eigentliche Lanze bildet. 3a. Seehundsharpune. 3b. Harpuneleine hierzu. 4. Vogelharpune auf der See im Gebrauch. 4a. Wurfbrett zu derselben. 5. Vogelharpune im Gebrauch auf dem Lande (wird nur mit dem Wurfbrett geschleudert). 6. Pfeil mit stumpfer Spitze zur Vogeljagd. 7. Desgleichen. 8. Pfeil für Bären, Rennthiere und andere grössere Thiere auf dem Lande. 9. Desgleichen. 10. Biberpfeil. 11. Pfeil für kleinere Seehunde. 12. Harpune mit doppelter Feder zur Jagd auf Seehunde. 13. Seehundsharpune mit daran befindlicher Luftblase. 14. Rückseite und 15. Vorderseite mit Saite zum Bogen. 16. Bogen aus dem Yukongebiet. 17. Entenschleuder. 18. Vogelpfeil mit knöcherner Spitze. 19. Zweispitziger Vogelpfeil. 20. Dreispitziger Vogelpfeil. 21. Seehundspfeil. 22. Bootshaken im Gebrauch auf den Kajaks.

prachtvolles Nordlicht, mich so recht an meine Heimath erinnerte. Die zweite dagegen, ein ziemlich starkes Erdbeben, war mir weniger geläufig und bekannt. Es fand am 12. November Abends $9^1/_4$ Uhr statt. Zuerst hörte man einen Laut, wie denjenigen eines weithin brausenden Sturmes, der sich von Nordwest her näherte und nach Südost fortpflanzte. Hierauf fing unser Haus an, während der Dauer einiger Sekunden zu zittern und in allen seinen Theilen zu schwanken. Alsdann herrschte wieder Ruhe wie zuvor und die Erscheinung war vorüber.

Eisak erzählte mir, dass sich in dieser Gegend „während des Winters" häufig derartige Erdbeben ereignen, während man im Sommer nichts davon hört oder sieht. Er fügte auch hinzu, dass unter den hier wohnenden Eskimos die Sage gehe, dass in alter Zeit ein Erdbeben mit einer starken Fluth über das Land gegangen sei, und dass nur einzelne Leute damals im Stande gewesen seien sich mit ihren Fellbooten auf den Gipfeln der höchsten Berge zu retten. So finden wir die Sage von der Sintfluth auch unter den Eskimos von Alaska wie bei so vielen Völkern der Erde verbreitet. Die Erdbeben in Alaska sollen, wie Eisak hinzufügte, mitunter so stark sein, dass die Eisbedeckung auf der Oberfläche der Flüsse davon zerbricht. Die Eingebornen nennen das Erdbeben: „Nunaaudlarok", was so viel heisst als „die Erde geht". Sie geben eine sehr naive Erklärung dieser Erscheinung ab, indem sie zugleich die vulkanischen Ausbrüche damit in Beziehung setzen. Sie glauben nämlich, dass sich die Felsen begatten und bezeichnen die vulkanischen Auswurfstoffe folgerichtig als „Kinder" der Felsen.

In der That war das Erdbeben sowie das Nordlicht für mich der Vorbote grosser Ereignisse, denn wenige Tage darauf brach ich auf zu einer Reise, die, Anfangs nur für eine kurze Entfernung geplant, mich im Laufe der nächsten Monate bis fast zu dem westlichsten Punkte der neuen Welt, Cap Prince of Wales an der Beringstrasse führen sollte.

XVI.

Beginn der Schlittenreise nach der Beringsstrasse. Längs des Gestades des Nortonsundes. Die Sage vom Cap Jungfrau. Das geviertheilte Mädchen. Ersteigung des
Ufergebirges. Auf Schneeschuhen. Grimmige Kälte. Mr. Woolfe verirrt sich. Die
Eskimos verbrennen die Schlittenbretter. Proviantmangel. Der „Bastian-See
und -Geiser". „Bennet-Lake". Ein Tagesmarsch ohne Nahrung. Tolle Schlittenfahrt hinab nach Golowninbay. Ankunft bei Mr. Hartz in Singek. Guter Empfang
und reichliche Mahlzeit. Grosses Eskimofest zu Ehren der Verstorbenen in Igniktok.
Zusammenströmen von 200 Eskimos. Schmausereien und Festlichkeiten. Ich
werde zum Fest eingeladen. Das Kassigit. Der Zuschauerraum. Die Garderobe
der Tänzer. Tanzhandschuhe aus Fischhaut. Adlerflügel als Ballfächer. Frauen-
tänze. Lobgesang auf die Todten. Die Festmahlzeit. Heisse Atmosphäre im Kassigit.
Niederjagd als Zeitvertreib. Hustenepidemie. Eigenthümlicher Gebrauch der
Wände. Speiseopfer. Beleuchtung. Das Vertheilen der Geschenke durch das Oberlichtfenster. Die Zahl 20 als höhere Zahleneinheit. Aufzählung der Geschenke.
Kurze Nachtruhe. Fortsetzung des Festes. Kulinarische Genüsse. Alles schwimmt
in Fischthran. Flüchtige Reinigung des Kassigit. Die Repräsentanten der Ver-
storbenen scheeren sich die Haare ab und entkleiden sich. Geschenke von unsicht-
barer Hand. Grosses Freuden- und Tanzfest. Rückkehr nach Golowninbay.
Abreise nach Cap Prince of Wales an der Beringstrasse 25. November 1882.
Sechszehnstündige Schlittentour bei starkem Frost nach Eratlewik. Epidemische
Hustenkrankheit. Zwei todte Eskimomädchen. Wilder Schmerz der Angehörigen.
Wir dürfen kein Holz schlagen. Viertägige Arbeitseinstellung nach Todesfällen.
Schamanenkur. Reinigungsprozedur der Festtheilnehmer in Igniktok. Fort-
setzung der Reise nach Nordwesten. Der Nerkluk-River. 40 Grad R. Kälte.
Das Uebersteigen der 2000 Fuss hohen Wasserscheide. Im Rennthierzelt auf dem
Gipfel. Die kälteste Nacht meines Lebens. Empfehlung des Rennthierzeltes für
arktische Schlittenreisen. Mangel an Proviant. Der Frost treibt uns Morgens
2 Uhr weiter. Der Dinineksee. Der Maknek-River. Unsere Hunde sind ausgenutzt. Wieder unter Menschen. Köstliches Obdach in einer kleinen Eskimohütte. Ein Nephrit-Amulet. Das weisse Wunderthier. Freiwilliges Geleit. Ankunft in Kawiarak. Eskimodankfest für die glückliche Reise. Empfangsfeierlichkeit im Kassigit. Drei Eskimos aus Port Clarence. Festessen aus rohen gefrorenen
Fischen etc. Zudringlichkeit der Bevölkerung. Fortsetzung der Reise. Der
Imarsaksee. Ich werde im Dorfe Tukkerowik feierlich begrüsst. Ankunft in
Singrak. Hütten von fünf Fuss Durchmesser. Wiederum ein Wunderthier. Die
naive Forellenköchin. Ich werde im Kassigit von Singrak grossartig empfangen.
Multebeeren in Fischthran. Mein Eskimo-Appetit. Kahlköpfigkeit der Eskimos.
Festtänze. Anklänge an die Tänze in West-Vancouver. Ein Accord-Musiker und
seine Buchführung. Mongoloider Typus der Bevölkerung in Singrak. Neue
Tänze. Fortsetzung der Reise nach Kingegan. Eistrift in der Beringsstrasse. Ich
werde zur Umkehr gezwungen.

Nach mehrtägiger Arbeit war es uns gelungen, meinen Reiseschlitten aus Birkenholz so weit zusammen zu stellen, als dies

ohne die dazu gehörenden ledernen Rieme, welche zum Zusammenbinden des Holzes gebraucht werden, die wir jedoch erst in
Golowninbay erhalten konnten, möglich war. Wir vollendeten nunmehr alle Vorbereitungen zur Reise nach Golowninbay und nachdem eine Nachricht aus Unuktalik angekommen war, dass das
Eis ziemlich gut halte, machten wir uns mit zwei Schlitten, vor
welche fünf, respective vier Hunde gespannt waren, auf den Weg.
Kaum hatten wir die Reise begonnen, als sich ein heftiges Schneegestöber erhob, welches uns bis 4 Uhr Nachmittags verfolgte, um
welche Zeit wir Kjuwaggenak am Quinekak-River erreichten. Hier
fanden wir Gelegenheit unsere nassen Kleider wieder zu trocknen
und die müden Körper auszuruhen. In Kjuwaggenak war der
Eskimo Orre, welcher von Fort St. Michael mitgekommen war, ansässig und ich engagirte denselben, weil unsere beiden Schlitten zu
schwach waren, um so viele Gegenstände durch den losen Schnee
zu schleppen, uns mit einem Schlitten und vier Hunden zu begleiten und unsere Last zu erleichtern. Das Haus in welchem
wir an diesem Abend schliefen, war nur 12—14 Fuss lang,
trotzdem brachten in demselben etwa 25 Personen die Nacht
zu und schliefen sämmtlich gut. Am nächsten Tage legten wir
nur zwei Meilen zurück, indem wir den Quinekak-River bis zu
seiner Mündung abwärts gingen, woselbst wir an einer Eskimohütte Halt machten. Hier traf uns ein Bote aus Orowignarak
mit der Nachricht, dass zwei Schlitten quer über die Landenge
von Kotzebuesund nach Eisak's Hause gekommen seien und dass
Letzterer zurück kommen möge.

Es gereichte mir zur Genugthuung, dass Eisak hierauf nicht
einging, sondern nur einen seiner Leute zur Erledigung der geschäftlichen Angelegenheiten zurück sandte. Unsere Expedition
bestand nunmehr aus sechs Männern nnd einer Frau. Wir blieben
während der Nacht noch an diesem Punkte, konnten indessen
nicht eine einzige Minute ruhigen Schlafes gewinnen, weil die
Kinder und die Hunde sehr grossen Lärm machten. Somit war
es uns denn eine Art Erholung, dass wir schon beim ersten Zeichen
des Tages aufbrechen konnten. Der Weg führte uns von hier in
der Richtung nach Westsüdwest längs des Gestades der Norton-

bay, und obgleich wir weit hinaus nach links die offene See sehen konnten, so war der Eisfuss am Ufer doch breit genug, um unserem Schlittenzuge eine ungehinderte Passage zu gestatten. Nach wenigen Stunden jedoch gelangten wir zu einem steilen Vorgebirge, welches in die See hineinragend unmittelbar vom Meere bespült wurde und kein Ufereis hatte. Hierselbst benutzten wir einige grössere Eisschollen als Fähren, indem wir mit je einem Schlittengespann darauf Platz nahmen und uns im seichten Wasser an dem Vorgebirge vorbeiruderten. Weiterhin waren wir einmal genöthigt, aus unsern Schlitten eine Brücke zu bilden. Es war schon gegen Abend geworden, bevor wir diese schwierige Stelle passirt hatten. Mir war die Rolle zuertheilt worden, immer voran zu gehen und das Terrain zu erforschen, bei welchem Geschäft ich einmal ins Wasser gefallen, und total durchnässt war. Die Kälte war stark und das Schneegestöber begann sich zu vergrössern. Somit waren wir froh, als wir gegen Abend ein verlassenes Haus erreichten, in welchem wir übernachteten.

Dieser Punkt, welcher nur während der Monate März, April und Mai zur Zeit der dann stattfindenden Seehundsjagd bewohnt ist, heisst Cap Jungfrau, d. h. in Eskimosprache Newiarsualok. Mit diesem Namen hat es folgende Bewandniss: Die Bewohner der Gegend von Schaktolik bis Golowninbay, also die eigentlichen Anwohner des innersten Theiles von Nortonsund, welcher, wie schon öfter erwähnt, Nortonbay heisst, sind vom Norden her, vom Kotzebuesund, eingewandert, und haben die früheren Bewohner theils nach Süden, theils nach Westen verdrängt. Hierdurch entstand Feindschaft zwischen den ehemaligen Bewohnern und den eingedrungenen Mallemuten. Das Ende vom Liede war, dass die Schaktolikmuten sich endlich aufrafften, alle ihre Krieger sammelten und die Newiarsualokmuten plötzlich überfielen. In dem hierbei entstehenden Kampfe wurden sämmtliche Newiarsualokmuten getödtet, mit Ausnahme eines jungen hübschen Mädchens. Dieses wurde von den grausamen und unmenschlichen Siegern dazu verurtheilt, ein viel grässlicheres Schicksal zu erdulden als alle ihre Landsleute. Nachdem sie in schändlicher Weise behandelt worden war, band man sie an Händen und Füssen zwischen

vier Kajaks, deren Mannschaften auf ein gegebenes Zeichen nach
verschiedenen Richtungen vorwärts fuhren, wodurch das unglückliche Wesen in grässlicher Weise geviertheilt worden sein soll.
Da dies gerade bei dem genannten Vorgebirge passirte, erhielt
dasselbe den Namen Cap Jungfrau.

Für uns wurde dieses Cap auch zu einem entscheidenden
Punkte für unsere Reise insofern, als das Wasser hierselbst vollkommen offen war und das Eis auf See sich in starker Bewegung
befand. Wir mussten uns daher entschliessen, anstatt den Weg
längs des Ufers fortzusetzen, über das hohe und steile Gebirge
zu gehen. Wir trafen durchaus kein günstiges Terrain an, denn
nachdem wir das hohe und steile Ufergebirge erstiegen hatten,
fanden wir oben auf der Höhe eine dichte Busch- und Waldbedeckung, welche mit losem Schnee hoch überschüttet war. Man
glaubt kaum, welche ungeheure Schwierigkeit es uns verursachte,
als wir mit drei Mann unter Zuhilfenahme von Aexten uns einen
Weg durch diese arktische Urwildniss zu bahnen gezwungen waren,
indem wir die Büsche niederschlugen und den Schnee feststampften.
So ging es bergauf und bergab. Nachmittags, als wir wieder
einen hohen Berg erstiegen, erhob sich ein so dichtes Schneegestöber, dass Mr. Woolfe, welcher an diesem Tage zum erstenmale Schneeschuhe trug, und deshalb etwas zurückblieb, uns aus
dem Gesicht verlor und sich verirrte. Wir mussten deshalb Halt
machen und hörten seinen lauten Ruf, der ihn wieder mit uns
vereinigte. Nach Dunkelwerden machten wir in einem Walde Halt
und bald brannte ein grosses Feuer, über welchem wir uns Fische
und Thee kochten. Unser Nachtlager bestand aus den trockenen
Aesten des Waldes nachdem wir den Schnee vom Erdboden weggeschaufelt hatten. Wir waren müde genug, um nach dem
Trocknen unserer Kleider ungewiegt zu schlafen.

Am anderen Morgen überzeugten wir uns davon, dass wir
uns am Tage vorher verirrt hatten, und dass ein grosser Theil
der von uns daselbst ausgeführten Arbeit unnöthig gewesen wäre.
Wir hätten unseren Marsch um vier Wegstunden abkürzen können.
Wir trösteten uns damit, dass geschehene Dinge nicht zu ändern
sind und setzten unseren Weg bis Nachmittag durch den Wald

fort, wobei wir es mit grosser Freude begrüssten, dass wir uns wenigstens nicht, wie am Tage zuvor, durchschlagen mussten. Gegen Abend erreichten wir im Westen, nachdem der Wald aufgehört hatte, den kahlen felsigen Abhang des Gebirges, welcher hinab nach Golowninbay führt. In den Thalschluchten und an den Ufern der kleinen Wasserläufe trifft man hier überall niedriges Weidengestrüpp an. An einer dieser Stellen kampirten wir beim Dunkelwerden. Aber das Gebüsch gab nicht das nöthige Brennmaterial her und da es für uns durchaus nothwendig war, uns zu erwärmen und unsere Speisen zu kochen, auch die Kälte immer grimmiger wurde, so rissen die Eskimos ohne Weiteres die Hälfte der Querbretter unserer Schlitten ab und entzündeten damit ein Feuer. Auch letzteres gelang erst nach vielen Anstrengungen, indem zwei von uns fortwährend ihre Schlafdecken über dem Feuer schwangen, um den nöthigen Luftzug zu erzeugen. Zuletzt gelang es uns einen warmen Thee zu erhalten, zu welchem wir als Zubrod eine kleine Quantität von rohem getrockneten Lachs verzehrten.

An diesem Tage passirten wir eine von Westen nach Osten laufende Gebirgskette, von deren Höhe aus wir in einem nordwärts gelegenen Thal eine Dampfwolke aufsteigen sahen. Es befand sich dort ein kleiner See nebst einer heissen Quelle, worüber mir die Eskimos schon mehrfach Mittheilungen gemacht hatten. Da ich der erste Weisse war, der dieses Naturwunder erblickte, so nahm ich mir die Freiheit, es zu Ehren des Directors des Königlichen Museums für Völkerkunde in Berlin zu benennen und ihm die Bezeichnung „Bastian-See und -Geiser" zu geben. Einen nordöstlich davon gelegenen mit warmen Quellen versehenen See hatte mein Reisegefährte kurz vorher „Bennett-Lake" genannt.

Ich hatte von Orowignarak aus dem Grunde nur sehr wenig Proviant mitgenommen, weil ich denselben für die spätere Reise schonen wollte, und auf diesem kleinen Ausfluge, der wie ich ursprünglich beabsichtigte, nur bis Golowninbay gehen sollte, Nahrungsmittel genug zu haben glaubte. Für die Rückreise dachte ich würden die drei Büchsen Bisquit, die vier Büchsen Mehl und verschiedene andere Sachen, welche Mr. Hartz von der Golownin-Mining-Company für mich durch den Schooner „Leo" erhalten und aufbewahrt hatte, ausreichen.

Die eisig kalte Nacht, welche wir hier zubrachten, war nicht dazu angethan, uns lange liegen zu lassen, und wir hatten um so weniger Lust, hierselbst zu verweilen, als wir wussten, dass das ersehnte Ende unserer Reise durch einen Tagesmarsch zu erreichen war. Lange vor Tagesanbruch standen wir daher auf, hielten uns indessen nicht damit auf, Thee zu kochen, weil uns dieses unter den obwaltenden Umständen mindestens drei Stunden Zeit gekostet haben würde, falls es uns überhaupt gelungen wäre, Feuer zu bekommen. Es war ein Glück für uns, dass der Schnee hier oben auf der Höhe des Ufergebirges glatt und fest lag, so dass wir unseren Marsch ziemlich schnell fortsetzen konnten. Gegen Mittag begann das Terrain sich allmälich nach Golowninbay hinab zu senken, und da sich unser Aller eine gewisse Unruhe bemächtigt hatte, so begannen wir erst langsam, dann immer schneller und schneller den Abhang hinabzugleiten, bis wir endlich mit der Gewalt eines Eisenbahnzuges die schluchtartige, schneebedeckte Einsenkung hinuntersausten und auch ins Fallen und Stürzen geriethen. Es war eine jener tollen Fahrten, wie sie bei derartigen Expeditionen nicht ganz vereinzelt dastehen und gewöhnlich ohne besondere Unfälle zu verlaufen pflegen. So erging es auch uns, und obgleich ich bei einem Falle unterwegs beinahe den Fuss brach, einer der Hunde unter den Schlitten kam und halb todtgedrückt wurde, so gelangten wir doch Alle um 3 Uhr Nachmittags nach Singek, dem Wohnorte des Mr. Hartz, am Ufer der Golowninbay.

Hierselbst wurden wir von zwei der anwesenden Amerikaner aufs Freundlichste empfangen und gut bewirthet, was uns, da wir an diesem Tage noch gar nichts gegessen hatten, sehr wohl that. Mr. Hartz war nicht zu Hause, da derselbe sich zu einem grossen Eskimofest nach Igniktok begeben hatte, welches unter ungeheurer Betheiligung der näher und entfernter wohnenden einheimischen Bevölkerung schon mehrere Tage gedauert hatte.

Die Gelegenheit, an einem dieser grossen, für die Völker-

kunde so wichtigen Feste theilzunehmen, war viel zu ver-
führerisch, als dass wir es uns
hätten versagen sollen, dieselbe zu benutzen. Da mein
Reisekollege Mr. Woolfe sehr
müde war, so entschloss ich
mich, am anderen Morgen
einen der in Singek wohnenden Amerikaner mit mir nach
Igniktok zu nehmen. Wir
fuhren bei einem scharfen
Nordwinde und Frost mit zwei
Schlitten und dreizehn Hunden ab und passirten die Ortschaften Singakloget und Oja-
ralik. Unterwegs, als wir über
den steilen Rücken eines Vorgebirges fuhren, begegnete
uns Mr. Hartz, der wieder
nach seinem Wohnorte zurückkehrte und interessante Mittheilungen über das Fest
machte. Um ein Uhr Nach-
mittags kamen wir in Igniktok an.

Selten mag es sich er-
eignen, dass in einer der nördlichen Ortschaften von Alaska
sich wie hier die grosse Anzahl von zweihundert Eskimos
vereint findet, um eine volle
Woche lang und darüber ihre
eigenthümlichen Schmause-
reien und Festlichkeiten abzuhalten. Schon allein die

Von der Halbinsel Prince of
Wales.

1. Geräth zum Gerademachen
von Geweihen, welche als
Pfeilspitzen bearbeitet werden.
2—3. Knöcherne Messer, in der
Hand gehalten bei Reden und
Ortsbeschreibungen. 4. Grosses
Messer zum Abschaben von
Schnee.

Ernährungsfrage so vieler Personen spielt hierbei eine wichtige Rolle, ferner aber auch die Frage des Unterkommens und Schlafens, so bescheiden auch in Bezug auf den letzten Punkt die Ansprüche jener Leute sind.

Wir wurden sofort bei unserem Ankommen eingeladen, am Feste theilzunehmen. Ich muss gestehen, dass ich erstaunt war, als ich in das Festhaus, das sogenannte Kassigit, trat. Rings an den Wänden waren wie in einem Amphitheater drei Reihen über einander befindlicher Plätze angebracht, wobei vermöge der eigenthümlichen Bauart der Eskimohäuser alle vier Seiten des Innenraumes ausgenutzt werden konnten. Bekanntlich befindet sich der einzige Eingang dieser Festhäuser etwa in der Mitte des Hauses und besteht aus einem kleinen runden Loch, welches nur so gross ist, dass von unten herauf ein Mann darin aufsteigen kann. Auf die untersten Platzreihen an den Wänden hatten sich die Eskimoweiber hingestellt, der mittlere Rang wurde von den erwachsenen Männern eingenommen und daselbst die Ehrengäste, unter Anderen mein amerikanischer Goldsucher und ich selbst, placirt. Auf der Gallerie über uns sass die zahlreiche, muntere, lebhaft schwatzende Kinderschaar, die jungen Mädchen und Knaben. Die Tänze fanden in dem viereckigen Mittelraum des Hauses, rings um die Eingangsöffnung statt.

Die Trommel bestand aus einem grossen, schmalen Holzreifen, der tamburinartig mit durchscheinendem Fell überspannt war; sie hatte einen Handgriff und wurde in der Art benutzt, dass mit dem Trommelstock nicht auf das Fell, sondern auf den Rand geklopft wurde. An diesem Tage begann das Fest mit einem einleitenden Gesang. Alsdann traten die Acteure, eine Anzahl erwachsener Eskimos, in den leeren Mittelraum und begannen sich vor den Augen sämmtlicher Zuschauer und Zuschauerinnen zu kostümiren, indem sie ihre Pelzkleidung gänzlich ablegten und dafür Kleidungsstücke, die aus weissem Callico bestanden, anzogen. Da bei den Eskimos jene eigenthümlichen Tanzrasseln, mit welchen die Indianer der Nordwestküste Amerikas bei ihren Festen den Takt der Gesänge und Tänze begleiten, nicht gebräuchlich sind, so ersetzen diese Leute dieselben in sinnreicher Weise durch

lange Handschuhe, welche aus Fischhaut angefertigt sind und
bis zur Schulter hinaufreichen. Diese Tanzhandschuhe sind mit
zahlreichen rothen Schnäbeln des Papageientauchers verziert, welche
beim Gestikuliren des Tänzers ein rasselndes Geräusch erzeugen.
Diese Handschuhe werden nicht zugeknöpft, sondern durch ein
gemeinsames Schulterband gehalten.

Einige der Tänzer trugen einen Kopfring mit ein oder zwei
Adlerfedern; ein besonders fescher Tänzer hatte sogar einen ganzen
Adlerschwanz an seinem Kopfring derartig befestigt, dass diese
Dekoration von der Stirn des Eskimos an aufwärts ragte. Als
Ballfächer dienten Adlerflügel, welche während der Pausen von
den Tänzern mit grosser Lebhaftigkeit bewegt wurden, während
sie beim Tanzen selbst auf der Brust der Leute ruhten.

Auch eine Anzahl von Frauen betheiligte sich am Tanz.
Diese Schönen Alaskas legten als Tanzkostüm baumwollene, vorn
geschlossene Kaputzenhemden an und trugen in jeder Hand eine
an einem Holzstiel befestigte Adlerfeder, die sie, wie nach dem
Commando: „Gewehr an!" zwischen Daumen und Zeigefinger trugen,
oder auch gelegentlich durch die Luft schwangen.

Das Fest war keine jener gewöhnlichen Feierlichkeiten, welche
sich häufig wiederholen, sondern es hatte eine seltene und wichtige
Veranlassung. Es fand zu Ehren einer Anzahl von Verstorbenen
statt und legte den Hinterbliebenen die Verpflichtung auf, an
diejenigen, welche die Gräber dieser Todten bis dahin in Ordnung
gehalten und gepflegt hatten, ihr Hab und Gut zu verschenken.
Nachdem sich die Geheimnisse der Garderobenkünste vor den Augen
des versammelten Volkes entwickelt hatten, gab der Trommelschläger ein Zeichen, worauf ein Gesang zu Ehren der Todten
angestimmt wurde. Es wurden in diesem Gesange die Helden-
thaten der Verstorbenen gepriesen und der Reihe nach aufgezählt,
in ähnlicher Weise, wie ich dieses auf den Indianerfesten in British-
Columbien gehört hatte. Nach dem Takte des Gesanges und begleitenden Trommelschlages begannen nun die Männer mit Armen
und Beinen zu manövriren, indem sie den Boden stampften und
die Arme in Fechterposition wechselseitig ausstreckten. Die Frauen
blieben beim Tanzen fast auf derselben Stelle stehen, indem sie

unablässig eine halbe Kniebeuge ausführten und mit den wagerecht gehaltenen Händen, in denen sie die Adlerfedern trugen, zitternde Bewegungen ausführten.

Nach drei Tänzen und begleitenden Gesängen trat eine Pause ein, welche mit einer Festmahlzeit ausgefüllt wurde. Die holde Weiblichkeit übernahm hierbei das Amt der Bedienung bei Tafel. Es wurden hölzerne Schüsseln hereingebracht, welche vollgepackt waren mit getrocknetem Lachs, schwarzen und rothen Beeren, Lachsrogen u. A. m. Wie immer bei solchen Festen herrschte in dem Hause eine ungeheure Hitze und ein in Anbetracht der Ausdünstung so vieler pelzbekleideter Menschen erklärlicher entsetzlicher Mangel an Wohlgeruch der Atmosphäre. Während das Essen hineingebracht wurde, ergaben sich die meisten Festgenossen einem ganz eigenthümlich originellen Privatvergnügen eigener Art, indem sie die Pelzbekleidung ihres Oberkörpers ablegten und — ich kann es nicht delikater ausdrücken — der Niederjagd oblagen. Man musste es wohl merken, dass man sich auf einem echten Eskimofeste befand, denn es fehlte auch nicht an anderen unsere Sinne aufs Höchste beleidigenden Vorkommnissen, die von dem naiven Reinlichkeitsgefühl jener Leute Zeugniss ablegten. Wie so häufig litt auch in dieser Versammlung der grösste Theil der Eingeborenen an starkem Husten, und da nun selbstverständlich Niemand ein Taschentuch besass und die dicht gedrängte Menge kaum Platz fand, um auf den Erdboden zu speien, so bediente man sich der Wände als Spucknäpfe. Die aufgetragenen Speisen wurden nicht ohne Weiteres in Angriff genommen, sondern, bevor man sie berührte, wurden kleine Stückchen davon gewissermassen als Opfer zu Boden geworfen, wobei sich die Lippen der Eskimos wie im leisen Gebet bewegten.

Die Erleuchtung des Kassigit (Festhauses) wurde durch etwa zehn Lampen hergestellt, welche auf hohen hölzernen Pfosten standen. Diese Lampen bestanden meistentheils aus unbrauchbar gewordenen alten eisernen Bratpfannen, deren Stiele abgebrochen waren; einige Lampen waren auch aus Thon gearbeitet und stammten wohl noch aus jener Zeit her, bevor die Amerikaner und Russen nach Alaska kamen und die Eingeborenen mit ihren Tauschartikeln versahen.

Nach Beendigung des Essens wurde das Oberlichtfenster in der Mitte des Daches herausgenommen und es begann ein Schauspiel ganz eigener Art, indem nunmehr der grosse Akt des Vertheilens der Geschenke sich abspielte. Man würde so viel Gegenstände, wie ich weiter unten aufzählen werde, kaum durch das gewöhnliche Einsteigeloch in der Mitte des Fussbodens haben hineinbringen können und versuchte dieses auch gar nicht, sondern wählte den Weg durch das Oberlichtfenster. Es bot eine hübsche Augenweide dar, als eine lange Leine von oben durch die Fensteröffnung hinabgelassen wurde, welche die Eskimos langsam herunterzogen. An dieser Leine befand sich alle paar Fuss einer der als Geschenk zu vertheilenden Gegenstände. Da die dortigen Eskimos nicht nach dem dekadischen Zahlensystem, sondern nach der Anzahl ihrer Finger und Zehen rechnen, so entspricht die höhere Zahleneinheit der Zwanzig. Die Geschenke waren deshalb auch immer in Gruppen zu 20 angeordnet. Während diese Gegenstände langsam hinabgezogen wurden und bald den Innenraum des Festhauses mit ihrer stattlichen Menge anfüllten, wurde ein gemeinsamer Gesang vorgetragen. Der Inhalt des letzteren besagte, dass nunmehr das Eigenthum der Verstorbenen vertheilt würde, und dass alle Anwesenden eingeladen seien, ihren Theil von der Erbschaft zu empfangen. Hierbei wurde der Verstorbene ausserordentlich gelobt, indem darauf hingewiesen wurde, dass er ein grosses Vermögen hinterlassen habe.

Es dürfte vielleicht angemessen sein, wenn ich die Geschenke hier anführe. Es wurden vertheilt:

20 Stück Nähtaschen aus Rennthierfell.
20 Stück Regenmäntel für Kinder.
20 Stück Tücher.
20 grosse Kamelikas, Regenmäntel aus Seehundsnetz.
20 Paar Stiefeln.
20 Paar kleine Seehundsblasen.
20 Faden buntes Baumwollenzeug.
20 Hemden von buntem Baumwollenzeug.
20 Matten für Kajaks.
20 Seehundsblasen.

20 Stück Unterhosen.

20 Paar Frauenstiefel.

20 Kamelikas.

20 Nähsäcke aus Lachshaut.

20 geschnittene Riemen aus Seehundsfell.

20 europäische Messer.

5 Stück grosse Maklak-(Seehunds-)Felle.

20 Bündel getrockneter Lachse.

20 Stück Fenster, respective die Seehundsdärme dazu.

20 Stück Nähtaschen aus Walroskehlen.

20 Paar wasserdichte Handschuhe.

20 Schwimmblasen zur Harpunenleine.

5 Stück Rennthierfelle.

20 Tabaksdosen.

20 Säcke aus Lachsfell.

20 Bogen und Pfeile für Kinder.

20 Paar Hundeschuhe.

2 0 Kamelikas.

20 Paar kleine Stiefeln.

20 Paar Kinderstiefeln.

20 Paar Stiefel für Erwachsene.

20 Vorspitzen für Harpunen.

20 Harpunen.

20 hölzerne Speiseschüsseln.

20 Vogelharpunen.

20 Blasen zu Vogelharpunen u. s. w.

Es dauerte einige Stunden, bevor die Sachen hinabgelassen waren und nahm fast die ganze Nacht in Anspruch, bevor alles an die Theilnehmer des Festes vertheilt worden war. Es war wohl Niemand in der Versammlung, der nicht seine Geschenke erhielt; auch ich bekam eine Kamelika, ein Paar Stiefel, eine Nähtasche aus Walrosskehle, eine Blase und ein Maklak-Seehundsfell. Leider wurden mir diese Gegenstände späterhin in Golowninbay sämmtlich gestohlen. Es war fast Morgen geworden, als ich ein Quartier aufsuchte, um wenigstens eine oder zwei Stunden lang zu schlafen. Da die wenigen Häuser in Igniktok von Eskimos überfüllt waren,

so war es nicht leicht, ein Unterkommen zu finden, es half mir
indessen die stets gegen die weissen Leute an den Tag gelegte
Bereitwilligkeit und das Entgegenkommen über diese Schwierigkeit hinweg.

Bereits in den ersten Vormittagsstunden begab ich mich wieder
ins Kassigit, woselbst die Festlichkeit wieder ihren Anfang genommen hatte. Man muss gestehen, dass die Eskimos, welche
schon fast vollzählig wieder versammelt waren, es verstanden, die
Festtage bis aufs Aeusserste auszunutzen. Der heutige Tag war
ausschliesslich den kulinarischen Genüssen gewidmet; ich bekam
dabei einen Beweis,
welche ungeheuren
Quantitäten Speise
und Trank bei sol-
chen Gelegenheiten
ein Eskimo zu sich
zu nehmen vermag.
Kolossale Mengen
von getrockneten
Lachsen, von schwar-
zen Beeren, Blaubee-
ren und Multebeeren,
sowie grosse Mengen

Von der Halbinsel Prince of Wales.
1—3. Kämme aus Mammuthzähnen. 4—5. Kämme zur Reinigung der Rennthierfelle.

von Seehundsspeck wurden herangeschafft; dazu kamen abgezogene
Seehundsfelle, die ganz mit Fischthran gefüllt waren. Die Mahlzeit dauerte ununterbrochen eine Reihe von Stunden, und namentlich imponirten mir dabei als tüchtigste Esser meine eigenen Leute,
welche auf unserer Herreise oben im Gebirge so sehr hatten hungern
müssen. Man schnitt den rohen Seehundsspeck in Streifen, steckte
diese in den Mund so weit es ging und schnitt sie mit einem der
breiten steinernen Eskimomesser dicht am Munde ab. Ich kann
übrigens aus eigener und dazu langjähriger Erfahrung versichern,
dass roher Seehundsspeck, besonders wenn er etwa 14 Tage in
Salz gelegen hat, ganz vorzüglich schmeckt, wenigstens habe ich
ihn in meiner Heimath, in der Nähe des Nordcaps während meiner Kinderjahre viel gegessen. Jeder, der sich an eins unserer vier

bis fünfstündigen modernen Festessen erinnert, wird wissen, dass die
Festtafel gegen Ende des Mahles selbst in unseren civilisirten
Gegenden nicht immer den schönsten Anblick gewährt. Man denke
nun aber, wie es bei den Eskimos aussah, wo nicht ein Heer von
hilfsbereiten Dienern die Spuren der einzelnen Gänge beseitigte.
Es dauerte gar nicht lange, so schwamm alles in Fischthran und
der Fussboden, die Holzpfeiler, die Sitzplätze, die Wände und
sämmtliches Speisegeschirr, sowie die Gesichter des starken und
schwachen Geschlechts glänzten so prächtig von Fett, als wären
sie soeben erst vermittelst eines Maurerpinsels mit Fischthran angestrichen worden.

Wie bei den Indianern der Nordwestküste Amerikas die
Speisen in überreicher Fülle aufgetragen werden, so geschah es
auch hier, und wie jene die Ueberreste der Mahlzeit mit nach
Hause nehmen, so thaten dies auch die Eskimos. Ganze Schüsseln
voll Esswaaren und Seehundsfelle voll Thran wurden aus dem
Kassigit geschleppt; als dann alles weggetragen war und der Raum
sich geleert hatte, wurde von den Festgebern eine Art oberflächlicher Reinigung des Innern vorgenommen, worüber es Abend
wurde. Die Gastgeber selbst gehörten, wie ich erfuhr, fünf verschiedenen Familien an, welche sich gemeinsam zu diesem Feste
vereinigt hatten, um das Andenken der fünf Verstorbenen zu
feiern. Im Namen jeder Familie fungirte ein Mitglied derselben
als Repräsentant beim Feste. Während das Kassigit gereinigt
wurde, ging mit diesen fünf Familien-Repräsentanten eine merkwürdige Veränderung vor, indem sie sich nämlich, als ein äusseres
Zeichen dafür, dass sie Alles zu Ehren der Verstorbenen verschenkt hatten, sämmtliche Haare des Körpers vollständig abschoren. Alsdann begannen diese fünf Vertreter, welche aus zwei
Männern, zwei Frauen und einem Jungen bestanden, sich dem
herrschenden Gebrauche bei diesen Feierlichkeiten gemäss zuletzt
auch noch des einzigen Besitzthums, ihrer Kleidung, zu entledigen
und warfen dieselben aus dem Kassigit hinaus. Nunmehr konnten
sie mit Fug und Recht behaupten, dass sie absolut gar nichts
mehr besässen. Diese bis aufs Aeusserste getriebene Entsagung
wurde sofort belohnt, indem von unsichtbarer Hand Kleidungs-

stücke geflogen kamen, welche die fünf Personen sofort anzogen. Als auf diese Weise die Angelegenheiten der Todten erledigt
waren, widmete man sich in einem Schlussakt der Feierlichkeit
den Lebendigen. Es wurde nunmehr unmittelbar darauf ein grosses
Freuden- und Tanzfest abgehalten, zu dem alle bisherigen Theilnehmer eingeladen wurden. Dieselben erschienen ganz neu gekleidet, und es nahmen die fröhlichen Gesänge mit Trommelschlag
und Tanz ihren Anfang. Die Männer, welche sich am Tanze betheiligten, waren an ihrem Oberkörper unbekleidet, die Frauen
hingegen trugen ihre gewöhnlichen Kleidungsstücke. In den Tänzen
selbst bemerkte ich keine Abweichung gegen früher; es war dasselbe Stampfen der Männer und dieselbe Kniebeugung der Frauen,
wie ich sie schon am Tage vorher gesehen hatte. Während des
Tanzes fiel einer der Männer zu Boden, worauf er sich schleunigst
aufraffte und das Kassigit verliess; es erinnerte mich dies sowie
einige andere Züge auf diesem Eskimofeste an Einzelheiten der
grossen Tanzfeste, welche ich in British-Columbien kennen gelernt hatte. So soll früher bei den Quakult-Indianern der Gebrauch
geherrscht haben, dass Jemand, welcher beim Tanzen hinfiel, sofort
von den anderen getödtet wurde, falls es ihm nicht gelang, sich
durch rasche Flucht zu retten. Es war bereits 1 Uhr Nachts, als
auch das Tanzfest in Igniktok sein Ende erreichte.

Obgleich wir seit mehreren Tagen und Nächten nicht geschlafen hatten, machten wir uns bei dem schönen hellen Mondschein bereit, nach Golowninbay zurückzukehren. Da Papa Eisak
es vorzog, noch hier zu bleiben, so musste ich mich mit einem
Schlitten allein auf den Weg machen. Mein Gepäck war nicht
schwer, denn ich hatte in Igniktok nur wenige ethnologische Gegenstände kaufen können. Das Wetter war hell und klar, der Schnee
hart gefroren, so dass die Reise ziemlich schnell von statten ging
und ich bereits um 5 Uhr Morgens den Wohnort des Hrn. Hartz
und der anderen amerikanischen Goldgräber, das Dorf Singek am
Ufer der Golowninbay, wieder erreichte.

Von den vielen Gästen in Igniktok war eine der für mich
interessantesten Persönlichkeiten ein Eskimo gewesen, welcher aus

dem Dorfe Kawiarak im fernen Westen der Prince of Wales-Halb-
insel stammte und die weite Reise nach Igniktok nur deshalb ausgeführt hatte, um am Feste theilzunehmen. Da er jetzt wieder
dorthin zurückkehrte, so war dies für mich eine geeignete Gelegenheit, um mit ihm zu reisen und seine Heimath kennen zu
lernen. Ich hatte mit ihm bereits in Igniktok Verhandlungen angeknüpft, und hatten wir verabredet, dass er bei der Rückfahrt
mich in Singek abholen sollte. Er erschien auch noch an demselben
Abend, so dass ich nur einen Tag bei den Amerikanern verweilte,
mit denen ich mich auf dem schönen glatten Eise der Golowninbay
mit Schlittschuhlaufen amüsirte. Als der Eskimo mit mir die
Verabredung getroffen hatte, dass wir bereits am andern Morgen
abfahren sollten, traf ich so schnell als möglich meine Vorbereitungen. Es war eigentlich ein gewagtes Unternehmen für mich, da
ich von Orowignarak nur zu einem flüchtigen Besuche nach Golowninbay aufgebrochen war und meine Vorräthe an Tauschwaaren,
welche ich auf dieser kleineren Tour mit mir führte, keineswegs für
die grössere und anstrengendere Tour nach Kawiarak ausreichen
konnten. Auch hatte ich immer noch nicht die von mir bereits seit
langer Zeit bestellten und sehnlichst erwarteten Hunde erhalten.

So sah ich mich denn genöthigt, die Freundschaft des Herrn
Hartz in Anspruch zu nehmen und von ihm dasjenige an Baarem,
was ich nicht besass, zu leihen, während ich gleichzeitig mich aus
den mit dem Dampfer „Leo" gebrachten Vorräthen mit dem Nöthigsten versah. Da ein Weisser bis jetzt noch nicht die Tour von
Golowninbay westwärts durch die Halbinsel Prince of Wales ausgeführt hatte, so verfehlte mein Unternehmen nicht, die Sympathien
der weissen Leute sowohl wie der Eskimos wachzurufen, und
man gab mir namentlich allseitig den guten Rath, unter keinen
Umständen nach dem Dorfe Kingegan am Cap Prince of Wales
unmittelbar an der Beringstrasse zu gehen, da dessen Bewohner in
dem schlechten Rufe stehen, die gefürchtetsten Piraten der Halbinsel zu sein.

Unser Expeditionsmaterial bestand aus einem schwer beladenen
Schlitten, welcher von sechs Hunden gezogen wurde. Wir standen
am andern Morgen — es war Sonnabend den 25. November 1882 —

sehr früh auf und machten uns bei prächtigem Mondschein und herrlichem Wetter reisefertig. Jedoch wir waren nicht die Einzigen, sondern es hatten sich von dem Feste in Igniktok noch fünf Schlitten eingefunden, deren Besitzer in Eratlewik, welches etwa auf dem dritten Theil des Weges nach Kawiarak liegt, wohnten und dorthin wieder zurückkehrten. Der Weg führte uns gemeinsam nach Nordwesten über die weite, langgedehnte, hartgefrorene Fläche der Golowninbay. Zwei von uns halfen den Schlitten ziehen, während einer, wie es hier Sitte ist, vorausging, um den Weg zu untersuchen. So ging es leidlich vorwärts, so dass wir bei Tagesanbruch bereits .die Golowninbay in ihrer ganzen Länge durchfahren hatten und uns an der Mündung des Fisch- oder Eratlewik-River befanden.

Der Fluss, auf dessen gefrorener Oberfläche wir uns bewegten, macht so viele Krümmungen, dass es nur langsam vorwärts ging. Um 1 Uhr Mittags langten wir bei einem verlassenen Sommerhause an, woselbst die Mannschaft von drei Schlitten in Anbetracht des grossen an diesem Tage zurückgelegten Marsches Nachtquartier machte. Meine Leute hatten den berechtigten Wunsch, dasselbe zu thun; dies stimmte aber durchaus nicht mit meiner Absicht überein, und wir setzten deshalb mit den beiden übrigen Schlitten die Reise fort. Es war dies ein hartes Stück Arbeit, denn als wir, um einen grossen Bogen des Flusses zu umgehen, quer über Land fuhren, mussten wir uns mühsam durch dichtes Gestrüpp und Buschwerk hindurch arbeiten. Es herrschte an diesem Tage ein ausserordentlich starker Frost, so dass sich unsere Augen jeden Augenblick mit Eis füllten und wir beim Abwischen desselben die Augenhaare mit herausrissen; in solcher Temperatur verwandelt sich ein langer Bart bald in einen schweren Eisklumpen, weshalb Jeder den Bart so kurz als möglich geschnitten trägt.

Es wurde bald dunkel, und da unser Ziel noch sehr weit war, so mussten wir unterwegs etwas von unserem schweren Gepäck ablegen. Erst gegen 9 Uhr Abends langten wir halb todt vor Ermüdung, denn wir hatten 16 Stunden lang helfen müssen, den Schlitten zu ziehen, in Eratlewik an. Hier trafen wir es für uns sehr ungünstig an, da hierselbst eine Art Epidemie herrschte, an welcher soeben zwei junge Mädchen gestorben waren, während eine Anzahl anderer lebensgefährlich erkrankt war. Das rein Menschliche, wie ich es so oft schon bei Naturvölkern in verschiedenen Theilen der Erde beobachtet hatte, trat auch hier wieder in dem Schmerz der Angehörigen so recht in den Vordergrund. Der wilde tiefe Gram, welcher sich der Einwohnerschaft bemächtigt hatte, trat uns gegenüber zunächst in der Beobachtung der eigenthümlichen bekannten Schamanen-Gesetze entgegen, indem uns nicht erlaubt wurde, mit einer eisernen Axt das für uns so dringend nothwendige Holz zum Feueranmachen zu schlagen. Aber wir waren seit Morgens früh 4 Uhr ohne Speise und Trank und erreichten zuletzt doch von den Eingeborenen so viel, dass wir uns Pfannenkuchen und Thee bereiten konnten. Nervöse Uebermüdung sowie der im Hause herrschende Lärm waren die Ursache, dass ich auch in dieser Nacht kein Auge schliessen konnte.

Am andern Tage waren wir genöthigt, noch in Eratlewik zu bleiben, da ich zunächst meine Leute aussandte, um die unterwegs zurückgelassenen Sachen abzuholen. Es ist hier Sitte, dass, sobald Jemand gestorben ist, während eines Zeitraumes von vier Tagen nicht gearbeitet werden darf, am wenigsten mit einer Axt, einer Nadel oder sonstigen Gegenständen von Eisen. Ich wurde hierdurch ganz besonders betroffen, da es in Folge dieses Verbotes nicht möglich war, dass meine am Tage vorher zerrissenen Schuhe reparirt wurden. Das Feuer, über welchem wir unsere Speisen zubereiteten, rührte von solchen Aesten her, die wir mit unseren Händen von den Bäumen zu brechen gezwungen waren. Wahrlich, man begreift in solchen Momenten, welch ein hochbedeutendes und wichtiges Kulturmaterial das Eisen ist!

Die Epidemie in Eratlewik bestand, wie diejenige, welche ich zwei Monate früher am unteren Yukon-Strom bei den dort wohnenden Kwikpagemuten angetroffen hatte, in einem, bei der ganzen Einwohnerschaft verbreiteten bösartigen Schnupfen und Husten. Gegen Abend kam ein Schamane ins Haus und begann eine eigenthümliche Kur mit einem der erkrankten jungen Mädchen. Während sie schwach und kraftlos dalag, band er einen Lederriemen um ihren Kopf, steckte einen Stock durch den Riemen und hob den Kopf mit jeder Minute hoch und senkte ihn wieder hinab. Dabei führte er ein ernstes Gespräch mit dem Tonrak (Teufel), indem er denselben bald heftig bedrohte, bald ihn flehentlich bat, die Patientin zu verlassen, indem er ihm zugleich „Tobaky" versprach.

Mein Wirth in Eratlewik war ein mir wohl bekannter Eskimo-Trader Namens Kingaseak, welcher für die Alaska-Commercial-Company thätig war und dessen Bekanntschaft ich in Fort St. Michael während des Sommers gemacht hatte. Unter den hier wohnenden Personen befand sich auch ein alter Mann, welcher vor vielen Jahren einen Kampf mit einem Bären bestanden hatte, bei welcher Gelegenheit ihm die Bestie ein Auge ausgerissen und sein Gesicht verstümmelt hatte. Der Eskimo war nur mit Bogen und Pfeil bewaffnet gewesen, zuletzt war es ihm aber doch gelungen den Bären zu erlegen. Ich kaufte in Eratlewik nur wenig eth-

Von der Halbinsel Prince of Wales.
1. Geräth zum Gerademachen der Rennthiergeweihe.
2—4. Nadelbüchsen aus Knochen.

nographische Gegenstände, da die Leute selbst sehr arm darin sind. Im Laufe des Tages nahmen alle diejenigen, Männer sowohl wie Weiber, welche an dem grossen Feste in Igniktok theilgenommen hatten, eine eigenthümliche Prozedur vor, indem sie sich den ganzen Körper mit Harn wuschen. Ich konnte nicht in Erfahrung bringen, ob sich diese Art der Reinigung auf das Fest oder auf die Todesfälle bezog. In der Nähe von Eratlewik befindet sich am Eratlewik-River die von den amerikanischen Goldgräbern in Golowninbay in Arbeit genommene Bleimine.

Als wir am andern Morgen unsern Weg in der Richtung nach Nordwest fortsetzten, gingen wir auf dem Eise des mit dem Eratlewik-River zusammenhängenden Nerkluk-River weiter. Dieser Fluss ist ziemlich tief und kann in der eisfreien Jahreszeit eine Strecke stromaufwärts bis zu einem Gebirgsrücken befahren werden, welcher die Wasserscheide zwischen ihm und dem nach Westen zu fliessenden Kawiarak-River, der sich bei Port Clarence in die Beringstrasse ergiesst, bildet.

Wir trafen den Nerkluk-River nicht an allen Stellen mit Eis bedeckt an, dagegen überlagerte eine dicke Schneedecke, welche sich durch den während des ganzen Tages fallenden Schnee noch mehr vergrösserte, rings umher die ganze Landschaft. Wir marschirten den ganzen Tag längs des mit kleinen Tannen dicht bestandenen Flussufers und erreichten gegen Abend, in dem wir hier von der Baumvegetation Abschied nahmen, das verlassene Sommerhaus Kelungiarak, welches Eigenthum eines Eskimo von Eratlewik ist.

Am andern Morgen bei Tagesanbruch marschirten wir weiter stromaufwärts, wobei die Vegetation, welche wir während des Nachmittags antrafen, aus Weidengebüsch bestand und erreichten Abends die verlassene Sommer-Fischerhütte Kaksertobage, wo wir gerade noch soviel Holz fanden, um Thee und Fische zu kochen. Wir konnten in der darauf folgenden Nacht vor Kälte nicht schlafen; die Haare unserer Rennthierfelle bedeckten sich dick mit Eis und meine Eskimos, welche sich vor Frost schüttelten, machten vergebliche Versuche sich durch Tanzen ein wenig zu erwärmen. Schliesslich zwang uns die bittere Kälte, welche ich auf etwa 40 Grad Reaumur schätzte, am andern Morgen schon um 4 Uhr unsern Marsch fortzusetzen. Anfangs ging es auf der festgefrornen Decke des Flusses ziemlich gut, aber bald trafen wir offene Stellen an, so dass wir wieder den mühsamen Kampf mit Busch und Gestrüpp aufnehmen mussten. Der Nerkluk-River kommt aus einem kleinen See, welchen wir kreuzten und uns nunmehr am Fusse der 1500 bis 2000 Fuss hohen, oben bereits erwähnten Wasserscheide befanden.

Wir begannen sofort den Aufstieg und erreichten gegen Dunkelwerden oben auf dem Gipfel eine mit etwas Buschwerk bedeckte Stelle, wo wir unser Rennthierzelt aufrichteten und kampirten. Es war ein Glück für uns, dass wir soviel Holz fanden, um Thee und Fische zu kochen, denn es herrschte auf dieser Höhe die stärkste Kälte, welche ich jemals erlebt habe. Hierzu kam noch, dass meine Stiefel total zerrissen und mit Schnee angefüllt waren. Um mich zu erwärmen, steckte ich meine Finger in das heisse Wasser, ich hatte jedoch nicht das Gefühl der Hitze. Bei dieser Gelegenheit kann ich nicht umhin ein gutes Rennthierzelt, wie wir ein solches benutzten, als das beste Hilfsmittel für eine arktische Schlittenreise zu empfehlen. Bei Tage dienen die Rennthierfelle als die unumgänglich nöthige Bedeckung für die Schlitten, bei Nacht benutzt man sie als Zeltbedeckung, und hat ausserdem den Vortheil, dass die Eskimohunde, welche sonst alles fressen, sich an Rennthierfellen nicht zu vergreifen pflegen. In besonders schlimmen Fällen, wie während dieser Nacht in dem unsrigen, wo es sich um sehr hohe Kältegrade handelt, reicht natürlich auch ein Rennthierzelt nicht aus; namentlich nicht, wenn ein durch wochenlange Strapazen geschwächter Körper von ihnen ausreichenden Schutz gegen den Frost verlangt.

Ich bediente mich als Schutz der Wärmeausstrahlung meines Körpers einer doppelten Rennthierdecke, meine Eskimos dagegen besassen jeder nur ein Rennthierfell. Die Folge war, dass wir auch in dieser Nacht nicht schlafen konnten und schon um 2 Uhr Morgens aufbrachen. Wir hatten nämlich die Besorgniss, dass wir bei unserm sehr geringen Proviant im Gebirge auch noch vom Sturm überfallen werden könnten, und benutzten deshalb die helle Mondscheinnacht, um möglichst eilig diese unwirthliche Gegend zu verlassen.

Der Weg führte uns zunächst über eine ebene Gegend, alsdann über den zehn bis zwölf englische Meilen breiten Dinineksee, hierauf wieder einige Meilen über ebenes Terrain in den Maknek-River. Dieser letztgenannte Fluss kommt aus dem südlichen Theile des Dinineksees und macht zuerst einen grossen Bogen nach Norden und wendet sich dann nach Westen. An diesem Wendepunkt erreichten wir den Maknek-River bei Tagesanbruch nach harter Arbeit. Unsere Hunde waren von dem geringen Futter, welches sie erhielten, und der harten Arbeit, welche sie leisten mussten, ganz ausgenutzt. Unsere Hoffnung, dass wir dem Laufe des Maknek-River stromabwärts folgend, uns unserem Ziele mit Leichtigkeit würden nähern können, war eine trügerische, denn dieser Fluss hatte eine so grosse Menge mäandrischer Krümmungen, dass wir einen grossen Umweg gemacht haben würden, wenn wir ihnen gefolgt wären.

Wir arbeiteten uns in Folge dessen wieder in der Richtung nach Kawiarak durch das schwierige Terrain und gelangten endlich bei Dunkelwerden wieder zu Menschen. Ich kann es nicht schildern, als ein wie köstliches Obdach uns diese kleine Eskimohütte, welche Napariaseluk hiess, erschien. Das war doch wieder ein Dach über dem Haupte und freundliche Menschen in der Hütte, das war doch wieder eine prächtig schmeckende Mahlzeit von frisch gekochtem Fisch und ein wirklich erwärmendes Feuer mitten in der Hütte. Wie freudig streckten wir armen, fast erfrorenen und verhungerten Menschenkinder uns zum ersten Male wieder auf das warme Lager aus, wie tief und fest schliefen wir in dieser Nacht! Dies Alles durfte mich indessen nicht verhindern, dem Hauptzweck meiner Reise, dem Einkauf von ethnographischen Gegenständen nachzukommen, was ich auch mit ziemlichem Erfolge that.

Bei Tagesanbruch marschirten wir weiter, immer in der Richtung des Maknek-Rivers, dessen viele Windungen wir durch angestrengte Touren über das Land abschnitten. Unterwegs kaufte ich an einem bewohnten Platze, der aus zwei Häusern bestand, ein prächtiges Amulet aus Nephrit, wie ich deren schon mehrere unterwegs bemerkt hatte, bisher aber nicht im Stande gewesen war, zu erwerben.

Wir waren nunmehr in eine Gegend gekommen, in welcher ich in den Augen der Bevölkerung die Rolle einer Sehenswürdigkeit oder eines Wunderthieres zu spielen begann. Noch niemals hatten diese guten Seelen hier mitten im Lande den Anblick eines weissen Mannes gehabt und so war es denn nicht zu verwundern, dass die Eskimos der von mir passirten Dörfer uns freiwillig das Geleit gaben und weite Strecken neben meinem Schlitten herliefen.

Das Gebirge, welches den Mittelrücken der Halbinsel Prince of Wales bildet und beim Cap gleichen Namens an die Beringstrasse herantritt, erstreckt sich etwa parallel der von mir eingeschlagenen Reiseroute, aber es bleibt von ihr mehr als eine gute Tagereise weiter nördlich entfernt und dacht sich zum Maknek-River mit niedrigen Hügeln und flachem Lande ab. Auf dem linken Ufer dagegen tritt ein Höhenzug, der im Allgemeinen in derselben Richtung verläuft und bei Port Clarence am südlichen Theil der Beringstrasse ausläuft, hart an die Flusswindungen heran. Die steilen, zerrissenen Spitzen dieses Gebirgszuges erreichen wohl Höhen von etwa 6000 Fuss.

Nachmittags drei Uhr erreichten wir unser Reiseziel, das aus fünf Häusern und einem Kassigit (Tanzhaus) bestehende Dorf Kawiarak. Man muss sich die ganze Summe der von uns seit der Abreise aus Golowninbay überstandenen Mühseligkeiten, Strapazen und Entbehrungen vergegenwärtigen, um das ausserordentliche Interesse zu begreifen, welches einen Bewohner dieses Ortes veranlassen konnte, an dem grossen Fest in Igniktok theilzunehmen. Die Eskimos, mit welchen ich reiste, schienen sich auch der gefährlichen Lage, in der wir Alle geschwebt hatten, bewusst zu sein, denn sie hielten sofort bei unserer Rückkehr eine Art Dankfest ab, bei welchem mein Führer die Trommel schlug und dazu sang und Reden wie ein Schamane hielt. Nicht zufrieden damit, benutzte man auch die Gelegenheit, um an diesem Abend im Kassigit noch ein besonderes Fest zu feiern, bei welchem gleichzeitig drei Eskimos, welche an diesem Tage von Port Clarence angekommen waren, empfangen wurden.

Da an Einschlafen vorläufig nicht zu denken war, so ging ich nach dem Kassigit, um der Empfangsfeierlichkeit der drei Eskimos beizuwohnen. Es dauerte wie gewöhnlich wieder mehrere Stunden, bevor das Fest seinen Anfang nahm. Die Ceremonie des Empfanges war folgende: Die drei Männer aus Port Clarence kamen einer hinter dem andern durch den unterirdischen Eingang bis in die Einsteigeöffnung in der Mitte des Kassigits. Alsdann streckte der erste seine Hand von unten durch die Oeffnung nach oben, zog sie aber sofort wieder zurück. Hierauf sprang er mit dem ganzen Körper so schnell, als ihm dies möglich war, durch die Oeffnung nach oben. Dasselbe thaten auch der zweite und dritte Mann. Jeder hielt in seinen Händen einen Stock, der eigens für den

18*

Abend geschnitzt worden war, wie eine Hellebarde. Hierauf kamen drei geschmückte Eskimos von Kawiarak gleichfalls durch die Oeffnung und tanzten nach dem Takte des Trommelschlages und eines Gesanges vor den Gästen. Es dauerte eine geraume Zeit, bevor der Tanz beendet war, so dass die Tänzer bis aufs Aeusserste ermüdet wurden. Plötzlich hörte der Gesang und Tanz auf und die drei Tänzer richteten an die Fremden eine Frage. Die Letzteren antworteten hierauf nichts. Alsdann nahmen die drei Eskimos von Kawiarak mit untergeschlagenen Beinen auf der Erde Platz.

Hierauf begann der zweite Theil der Ceremonie. Ein Eskimoweib aus Kawiarak stieg durch die Oeffnung auf und setzte einem der fremden Gäste eine Schüssel mit Essen vor, indem sie gleichzeitig die Kapuze seiner Pelzkleidung zurückschob, ihm den Handschuh der rechten Hand auszog und den Mann zum Essen einlud. Eine zweite Eskimofrau machte es mit dem zweiten Manne genau ebenso, desgleichen eine dritte mit dem dritten. Die fremden Gäste aus Port Clarence begannen zu speisen, sie thaten dies aber so langsam, dass es aussah, als ob sie kaum jemals damit fertig werden würden. Hierauf wurden die Reisesäcke der Fremden in das Kassigit hineingebracht und vor ihre Eigenthümer hingestellt. Nun stieg ein Schwarm junger Eskimos aus Kawiarak in das Kassigit und begann mit den Reisesäcken allerhand Scherze zu treiben. Sie entleerten die Säcke ihres Inhalts und breiteten unter lautem Lachen die einzelnen Gegenstände auf der Erde aus, während die ganze Gesellschaft aus Kawiarak mit in das Gelächter einstimmte. Nur die drei Eskimos aus Port Clarence blieben, wie es die Sitte verlangte, ernsthaft und stumm und liessen, ohne sich zu rühren, alle Scherze über sich ergehen. Das Essen, welches den Gästen vorgesetzt war, bestand aus rohen, gefrorenen Fischen, getrocknetem Lachs mit Fischthran und schwarzen Beeren. Nach einiger Zeit, als die Fremden ihre Mahlzeit beendigt hatten und Keiner sie zum Lachen bringen konnte, wurden die Reisesäcke wieder vollgepackt und die Empfangsfeierlichkeit hatte damit ihr Ende.

Ich begann mit den Leuten ein Handelsgeschäft, hatte aber

nicht besonders grossen Erfolg und wurde durch ihr Betteln und ihre zudringliche Neugierde, mit der sie mich körperlich untersuchten, sehr belästigt. Die Vorbereitungen zur Weiterreise erlitten eine Verzögerung insofern, als es aus irgend einem Grunde verboten war, während der nächsten Tage zu arbeiten, während doch unsere Reisestiefel sehr reparaturbedürftig waren. Wie ich nachträglich hörte, bezog sich das Arbeitsverbot auf die Beendigung unserer Reise, da die Eskimos, wenn sie von einer Tour zurückkehren, mehrere Tage lang nicht arbeiten dürfen. Da ich ohnehin schon auf die Leute wegen ihrer Unverschämtheit böse war und sie hart angelassen hatte, so kümmerte ich mich nicht im Geringsten um ihr Verbot, sondern flickte trotz der dringenden Proteste der Einwohner meinen zerrissenen Anzug. Da die Leute sahen, dass ich diesmal nicht nachgab, so liessen sie mir zuletzt meinen Willen. Mein Eskimo jedoch, welcher sehr ermüdet war, reparirte seine Sachen nicht und verzögerte dadurch unsere Abreise. Dies setzte mich in den Stand, auch die dringend nothwendige Arbeit des Waschens und Trocknens meines Hemdes auszuführen. Für alle diese unerhörten Frevelthaten wurde mir von der Bevölkerung mit vollem Ernste allerhand Unheil für die Fortsetzung meiner Reise prophezeiht.

Von der Halbinsel Prince of Wales. 1. Block aus Knochen zum Aufhissen der Segel 2. Messer gebraucht beim Anfertigen der Stiefel. 3. Geräth zur Bearbeitung der Lanzen-Pfeilspitzen aus Flint- oder Feuerstein. 4. Dasselbe wie 2. 5. Block aus Knochen zum Aufhissen der Segel.

Ich liess die Leute reden, was sie wollten und fuhr am andern Morgen um fünf Uhr mit fünf Hunden und demselben Schlitten, mit dem ich nach Kawiarak gekommen war, in der Richtung nach

Westen weiter in der Absicht, wenn es irgend möglich war, die Reise bis Cap Prince of Wales auszudehnen. Ich hatte den ältesten meiner früheren Reisebegleiter mit auf den Weg genommen, da dieser Eskimo, trotz seines Aberglaubens, sonst ein tüchtiger und brauchbarer Mann war. Kurz vor unserer Abreise kamen einige Eskimos aus der Nachbarschaft und boten Rennthierfleisch zum Kauf an, der Preis, welchen sie dafür verlangten, war indess so hoch, dass, obgleich mir beim Anblick des lange entbehrten Genusses das Wasser im Munde zusammenlief, ich in Anbetracht der geringen Geldmittel, welche ich bei mir führte, auf den Kauf verzichten musste.

Unser Weg führte uns über den etwa 25 englische Meilen langen Imarsoksee, welcher mit der Bay von Port Clarence in Verbindung stehend, halb süsses und halb salziges Wasser enthält. Es schneite fast den ganzen Tag und war so dunkel, dass wir kaum etwas sehen konnten. Wir mussten wie gewöhnlich angestrengt den Schlitten ziehen helfen. Gegen Abend gelangten wir an den Ausfluss des Sees ·nach der Bay, in das aus drei Häusern bestehende Dörfchen Tukkerrowik. Es wurde mir ein feierlicher Empfang· bereitet, indem mir ein Einwohner aus einem Dorfe in der Nähe von Prince of Wales eine Rede hielt. Der See, dessen Fläche wir passirt hatten ist sehr fischreich.

Der Ausfluss des Imarsoksees von der Bay nach Port Clarence besteht aus einem etwa 10 englische Meilen langen gewundenen Kanal, dessen Eisfläche wir entlang fuhren. Gegen Mittag passirten wir den Ort Sinaogak und befanden uns am Ufer der Bay, begleitet von drei Mann aus Tukkerrowik. Unser Führer leitete den Marsch so ausgezeichnet, dass wir trotz des Schnees ununterbrochen bis Abends 10 Uhr den Schlitten zogen, worauf wir sehr müde und sehr hungrig in Singrak in der Nähe von Cap Prince of Wales anlangten. Dieser Ort besteht aus drei kleinen Hütten, die einen inneren Durchmesser von kaum fünf Fuss hatten, trotzdem jede etwa sechs Personen als Schlaf- und Wohnstätte diente.

Obgleich es schon sehr spät war, wurden wir von der Einwohnerschaft mit grossem Jubel empfangen und alle stürzten in freudiger Aufregung herbei um mich zu sehen, zu befühlen und auf jede andere bekannte Art, in der man Wunderthiere belästigt, sich mir zu nähern. Ich kaufte einige Forellen und gab sie einer Eskimofrau, damit sie mir dieselben kochen sollte, denn ich hatte den ganzen Tag noch nichts genossen. Sie ging damit in ihre Hütte und es dauerte geraume Zeit, ohne dass sie mir die Mahlzeit brachte. Vom Hunger gequält, ging ich endlich zu ihr und fand, dass die gute Seele die Fische zwar gekocht, aber auch bereits aufgezehrt hatte. Glücklicher Weise hatte ich noch etwas Thee und Bisquit bei mir, so dass ich nicht ganz ohne Abendbrod zu Bette zu gehen gezwungen war. Obgleich ich ausserordentlich ermüdet war, so konnte ich in dieser Nacht wieder einmal keinen Schlaf finden, denn die Aufregung der Eskimos über meine Ankunft war so gross, dass sie während der ganzen Nacht einen wahren Höllenlärm vollführten. Diese Leute kennen überhaupt keine Tages- oder Nachtzeit, sondern jeder thut, wie bereits erwähnt, zu jeder Zeit was ihm beliebt.

Am andern Tage, den 6. December, wurde ich von den Einwohnern von Singrak in das Kassigit eingeladen, und in feierlicher Weise „empfangen". Man setzte mir vier verschiedene Schüsseln vor, unter Anderem Multebeeren, die in Fischthran gekocht waren. Da ich in der letzten Zeit sehr viel gehungert hatte und überhaupt auf Reisen in Bezug auf Speisen nicht sehr wählerisch bin, so entwickelte ich einen wahren Eskimo-Appetit, der meinen Zuschauern in jedem andern Lande imponirt haben würde. Erst als ich nicht weiter essen konnte, gab ich den Rest der Mahlzeit an meine Leute. Ich erinnere mich noch, dass es mich damals nicht im Geringsten störte, dass die Eskimo-Weiber, die mich bedienten, fast sämmtlich kahlköpfig waren. Sie theilten diese Eigenschaft mit den meisten Bewohnern dieses Theiles von Alaska.

Durch die Mahlzeit gut vorbereitet, konnte ich den festlichen Tanz der mir zu Ehren folgen sollte, nunmehr über mich ergehen lassen, wobei ich merkwürdiger Weise an diesem entlegenen Punkte des Nordens einige Anklänge an die Festlichkeiten von British-Columbien, namentlich von West-Vancouver auffand. Vor allem war es die Trommel, welche nicht wie sonst in Alaska aus einem mit Thierhaut überspannten Reifen, sondern aus einer viereckigen

Kiste bestand, die mich an meine Erlebnisse bei den nordwestlichen Indianern wieder erinnerte. Der Tanz wurde von drei
Männern begonnen, welche mit Mützen aus Adlerbälgen ihr Haupt
bedeckt hielten und die bekannten langen Handschuhe mit den
Schnäbeln des Papageitauchers trugen. Die Gesänge wurden von
einem alten triefäugigen Eskimo geleitet, welcher, wie es schien die
Ausführung derselben als Accordarbeit übernommen hatte. Er führte
während des Festes darüber Buch, indem er in der einen Hand
eine Anzahl Holzstäbchen hielt, von denen er nach jedem Gesange
ein Exemplar in die andere Hand nahm. Er schien es in seinem
langen Leben noch nicht recht bis zur Fertigkeit des Addirens
gebracht zu haben, denn er kontrolirte nach jedem Gesange unter
tiefem Nachdenken immer wieder die Zahl der Holzstäbchen in
jedem der beiden Packete.

Es fiel mir auf, dass die dortigen Bewohner nicht so ganz in
ihrem Aeusseren mit den übrigen Einwohnern von Alaska übereinstimmen. Mehrere Männer haben einen ziemlich starken Bart,
auch besitzen die Einwohner im Allgemeinen eine dunklere Hautfarbe, breite Backenknochen und kleine wenig geschlitzte Augen.

Am Abend desselben Tages wurde im Kassigit wieder ein
Fest gegeben. Es tanzten zu gleicher Zeit sechs Männer, auch
betheiligten sich zwei Frauen an dem Tanze. Die Kleidung der
Männer war eine andere als während meines Empfanges; sie trugen
jetzt Rennthierstiefel und Rennthierhosen, welche wie die grönländischen Weiberhosen bis zu den Knieen reichen. Die Oberkörper waren sonst unbekleidet, bis auf einige Hermelinfelle, welche
jeder der Tanzenden über Schulter und Brust gehängt hatte. Auf
dem Kopf trugen die Männer Streifen von Wolfsfellen, einer von
ihnen sogar die abgezogene Haut eines Wolfkopfes. Die Frauen
hatten sich nicht besonders zum Tanze geschmückt, sondern trugen
ihre alten schmierigen Fellkleider. Die Tänze dieser Eskimos
wurden ein wenig anders ausgeführt, als bei den Mallemuten. Die
Beine werden beim Tanzen gespreizt und die Oberkörper unter
lebhaften Gestikulationen nach vorn übergebogen. Eine Handtrommel wurde von Einem zum Andern gereicht, wobei jedesmal
derjenige, welcher sie empfing, einen Solotanz ausführen musste,

gleichviel ob er Tanzkleider trug oder nicht. Nach dem Tanze wurden Speisen in das Kassigit gebracht und zugleich in der Pause die Adlerfeder fleissig als Fächer benutzt. Nach der Mahlzeit setzten sich Alle auf den Fussboden nieder, zogen ihre Festkleider aus und legten ihre alten Kleidungsstücke wieder an. Den Beschluss des ganzen Festes machte eine gemüthliche Kneiperei, bei der indessen alle nüchtern blieben, da das Getränk aus Wasser bestand, welches die Weiber herbeigebracht hatten. An diesem Tage erhielt der Ort Besuch von der Mannschaft dreier Schlitten aus Amelirok, welches bei Port Clarence auf dem gegenüber liegenden Ufer der Bay sich befindet. Während des Abends fasste ich den Entschluss nach dem nahe gelegenen Orte Kingegan zu reisen, welches noch weiter westwärts bei Cap Prince of Wales liegt, obgleich die dortigen Einwohner einen schlimmen Ruf als Diebe und Räuber besitzen.

Am andern Morgen brachen wir noch vor Tagesanbruch unter Führung eines Eingeborenen von Kingegan in einem mit zehn Hunden bespannten Schlitten auf. Der Weg führte uns längs der Küste der Bay und des Beringmeeres in der Richtung nach Nordwesten. Der Gebirgszug, welcher, wie bereits erwähnt, nördlich von dem von mir eingeschlagenen Wege die Halbinsel von Osten nach Westen durchzieht, trat an der Stelle, welche wir jetzt passiren mussten, unmittelbar an das Meeresufer als steil aufragender Fels heran. Die einzige Möglichkeit, unseren Weg fortzusetzen, bestand darin, dass wir um diesen Felsenvorsprung der Beringstrasse herumfuhren und das Eis des Meeres passirten. Hier aber war an eine Schlittenfahrt nicht zu denken, denn so weit an diesem etwas trüben Tage das Auge zu blicken vermochte, war die ganze Beringstrasse mit einem Gewirr von unendlich zahlreichen treibenden Schollen bedeckt, die nicht einmal einen Menschen oder ein Kajak hätten passiren lassen.

Ich blickte hinüber nach Westen, wo die Küste Asiens in unmittelbarer Nähe lag, so dass ich sie bei hellem Wetter erblickt haben würde; jetzt war sie in Nebel gehüllt, während die steile Felswand vor mir wie eine unübersteigliche Mauer aufragte, die mit dem Schlittengespann an dieser Stelle nicht zu überschreiten

war. Die Aussicht, dass das Eis der Beringstrasse bald fest werden
würde, war nach Aussage meiner Begleiter entschieden nicht vorhanden, da das Eis vor Januar oder Februar selten zum Stehen
kommt. Hierzu kam noch, dass meine Tausch- und Handelsartikel
in Folge der unterwegs gemachten Einkäufe fast vollständig aufgebraucht waren, so dass ich ohnedem schon keine grossen ethnographischen Einkäufe hätte machen können. Von Tag zu Tag hatte
sich die ursprünglich kleine Expedition, welche ich von Orowignarak
nach Golowninbay ausführte, immer weiter nach Westen ausgedehnt,
so dass nunmehr endlich der Moment gekommen war, wo ich umkehren musste, falls ich mich nicht gänzlich von Mitteln entblössen,
und dadurch die bereits erworbenen Sachen der Gefahr des Verlorengehens aussetzen wollte. Wir kehrten deshalb wieder nach
Singrak zurück, wo ich noch einige Erwerbungen machte. Auch
kaufte ich dort einen Hund, da mein Eskimo nur fünf solcher
Thiere besass. Am Abend fand wieder ein Fest im Kassigit statt,
an welchem ich mich jedoch nicht betheiligte.

XVII.

Die Western Union Telegraph Company. Das verlassene Telegraphenhaus an der Beringstrasse. Armringe der Eskimofrauen aus Telegraphendraht. Bittere Kälte. Kampiren im Rennthierzelt bei heftigem Sturm und 40 Grad Kälte. Die Hunde versuchen sich durch die Zeltwand hindurch zu fressen. Mein Unglückshund. Ankunft in Golowninbay. Guter Empfang. Meine Eskimohunde kommen an. Hundefutter. Nördlicher Sturm und beissende Kälte. Rückkehr nach Orowignarak. Mein Schlitten bricht ein. Mein Schlitten ist mangelhaft gebaut. Unsere Schlitten gehen bergab mit uns durch. Grosses Fest der Seehundsjagd in Adnek. Die Frauen spielen die Hauptrolle. Bemalte Seehundsblasen. Das Fest der Damen. Der Höhepunkt des Festes. Weiterreise. Ein brüllender Schamane. Der Dieb Orre. Mein Schlitten zerbricht. Wieder in Orowignarak bei Eisak. Ankunft von Eskimos aus Kotzebuesund. Reine Naturkinder. Zweizöllige Lippenpflöcke. Ein ausgesetzter Irländer. Rückkehr des Mr. Woolfe von Fort St. Michael. Feindseligkeiten der Ingalik gegen mich. Ich interviewe Eisak. Aufbruch zur längst geplanten Reise nach Kotzebuesund.

Die Rückreise begann am andern Morgen und erreichten wir bis zum Mittag das Telegraphenhaus, welches im Jahre 1867 von einer Gesellschaft, die, wenn ich nicht irre, Western Union Telegraph Company hiess, hierselbst erbaut wurde. Man beabsichtigte damals eine Telegraphen-Verbindung von den Vereinigten Staaten aus über Land bis hierher herzustellen, alsdann die Beringstrasse mit einem Kabel zu belegen und die Telegraphenlinie durch Sibirien nach Europa weiter zu führen. Das Unternehmen wurde von der transatlantischen Concurrenz aufgekauft und blieb liegen. Das einsame Telegraphenhaus am Ufer der Beringstrasse ist bis auf die mangelnden Thüren und Fenster noch wohl erhalten, auch fand ich an mehreren Stellen in Alaska noch Telegraphenstangen aufgerichtet. Der Telegraphendraht dagegen ist von den kunstfertigen Eskimos zu Armringen für ihre Weiber verarbeitet worden. Wir machten in dem Telegraphenhause, das ich bei der Hinreise in der dunkeln Abendstunde nicht bemerkt hatte, Rast, um unsere Hunde zu füttern. Dann setzten wir unsere Reise fort und gelangten Abends nach Sinaogak, von dessen drei Häusern nur eins bewohnt ist.

Am andern Morgen wurde die Rückreise auf demselben Wege fortgesetzt, auf welchem ich gekommen war. Wir fuhren bei bitterer Kälte den Kanal hinauf und kreuzten den grossen See, auf welcher Tour meine Nase erfror. Abends langten wir wieder in Kawiarak an, wo ich diesmal mit dem freundlichen und zuvorkommenden Benehmen der Leute zufrieden zu sein alle Ursache hatte. Ich hatte den Eskimos nämlich eine Strafpredigt wegen ihrer Betteleien gehalten und merkte, dass sie zwar nicht die Worte, wohl aber die Gestikulationen verstanden hatten. Wir mussten eine zweitägige Ruhepause machen, welche zum Repariren der Kleider benutzt wurde.

Am 12. December setzten wir unsere Rückreise nach Golowninbay fort, nachdem ich das Gesammtresultat meiner Erwerbungen auf dieser Expedition zu mehreren hundert Gegenständen abschätzen konnte. Der Marsch ging nun wieder in der Richtung der Gegend des Maknek-Rivers weiter, wobei wir den Ort Errakwik besuchten. Einen heftigen Sturm aus Nord-Nordost hatten wir bei etwa 40 Grad Kälte in der zweitnächsten Nacht auszuhalten, als wir auf dem Maknek-River im Rennthierzelt kampirten. Wir mussten das Zelt fast im Schnee begraben, um uns gegen die Kälte zu schützen. Wir schliefen während der Nacht auf unserm Fischvorrath. Die Hunde bekamen hiervon Witterung und versuchten sich durch die Zeltwand hindurch zu fressen. Namentlich der in der Nähe von Cap Prince of Wales gekaufte neue Hund ging hierbei seinen Collegen mit bösem Beispiel voran.

Die nächtliche Kälte verwandelte unsern Athem im Zelt in Schnee und Reif, womit bald das Innere bedeckt war. Wir standen deshalb schon vor Tages Anfang auf und überstigen an diesem Tage das Gebirge, fuhren dann über den Dinineksee und erreichten wiederum jene verlassene Hütte, in der wir schon auf der Hinreise übernachtet hatten. Es war ein wunderbar gemüthlicher Aufenthalt hierselbst. Bald loderte ein wärmendes Feuer empor und wir kochten uns Fische und backten Kuchen in Seehundsthran. Zum ersten Mal seit langer Zeit befanden wir uns, ohne dass wir zu frieren brauchten, wieder in einem Hause, in welchem kein Kinder- und Weibergeschrei, kein Singen, Toben, Lärmen und dergleichen stattfand, wir schliefen infolge dessen gut — leider nur zu gut. Am andern Tage stellte es sich heraus, dass mein neugekaufter Hund, dieses Unglücksthier, ein paar Stiefeln und einen Sack aus Seehundsfell total aufgefressen hatte. Obgleich unser Vorrath an Lebensmitteln auf dieser Tour ziemlich knapp war, so hatten wir unsere Hunde, ohne sie Noth leiden zu lassen, bisher täglich ziemlich gut gefüttert. Aus Hungersnoth hätte also mein neugekaufter Hund diese beiden Gegenstände nicht zu verzehren brauchen. Es giebt indess einzelne Eskimohunde, welche die, wie es scheint, unbezähmbare Begierde besitzen, jeden Gegenstand, der aus Leder besteht, aufzufressen. Zu dieser Art gehörte ohne Zweifel mein neuer Hund. Das Wunderbarste bei dieser ganzen Affaire war, dass wir trotz eifrigsten Suchens am andern Morgen keine Spur von dem in den Stiefeln befindlichen Heu entdecken konnten, dass also meine neue Acquisition nicht nur ein Lederfresser, sondern auch ein Heufresser war.

Am nächsten Tage gingen wir weiter nach Osten und übernachteten in der verlassenen Sommerhütte Kelingiarak, wo wir bei dem Ueberrest unserer Fische und reichlichen Holzvorrath wie die Götter lebten. Bereits am nächsten Tage trafen wir schon Nachrichten aus der Gegend der Golowninbay. Wir trafen nämlich fünf Mann mit zwei Schlitten, welche von Eratlewik kamen. Diese Leute stammten aus dem von mir nicht besuchten Orte Kingegan an Cap Prince of Wales und schienen den schlechten Ruf, welchen die Bewohner ihres Ortes besitzen, rechtfertigen zu wollen. Sie hielten nämlich an, als wir uns näherten, erhoben ihre Gewehre, und einer von ihnen gab einen Schuss ab. Als wir jedoch heran gekommen waren, zeigten sich die Leute freundlich und unterhielten sich mit uns eine Zeitlang, bei welcher Gelegenheit ich von ihnen einige Kleinigkeiten erwarb, u. A. eine Entenschleuder von der Construktion der Patagonischen Bolas. Wie trennten uns als gute Freunde.

Es war 2 Uhr Nachmittags, kurz nach Sonnenuntergang, von dem wir aber eines herrschenden Schneegestöbers wegen nichts merkten, als wir in dem Orte Eratlewik unsern Einzug hielten.

Es war uns zu Muthe als ob wir in gradezu grossstädtische Verhältnisse kamen, als wir hier Gelegenheit erhielten, uns wieder einmal gründlich zu waschen und uns und unsere Kleider von andern Anhängseln des ungeregelten Eskimolebens zu befreien, als wir endlich sogar nicht nur Pfannkuchen, sondern auch köstliche Forellen von $1^1/_2$ Pfund Schwere erhielten, deren ich allein einige verzehrte, als wir endlich auch unsere Hunde mit einer tüchtigen Mahlzeit versorgen konnte. Am nächsten Morgen früh um 5 Uhr ging es von diesem Orte der Glückseligkeit weiter und legten wir durch einen angestrengten Tagemarsch die Strecke zurück, welche uns noch von Golowninbay und von Singek, dem Wohnorte der amerikanischen Goldgräbergesellschaft trennte. Da einer unserer Hunde unterwegs so matt geworden war, dass ich ihn auf den Schlitten werfen musste, so waren wir genöthigt besonders stark zu ziehen, so dass wir vor Uebermüdung unterwegs beinahe umgefallen wären.

Die Amerikaner nahmen uns wie gewöhnlich sehr freundlich auf und muss ich gestehen, dass mein ausgehungerter Magen sich noch niemals vorher so sehr an Bohnen mit Speck delektirt hatte wie an diesem Abend. Zugleich erhielt ich mancherlei Nachrichten aus der Nähe und Ferne, Briefe von Mr. Woolfe sowie von Hrn. Lorenz und Hrn. Neumann. Inzwischen waren auch die von mir im Herbst an der Yukonmündung bestellten zehn Eskimohunde sowie ein Schlitten in Singek angekommen; ein Eskimo hatte jedoch sechs meiner Hunde entliehen und war mit denselben nach Adnek gefahren, weil mein Schlitten zerbrochen war. Ich liess den letzteren sofort repariren, während ich einen Boten nach Adnek sandte, um meine Hunde wieder zu holen. Alsdann lohnte ich meinen Führer ab, welcher mich treu und gut begleitet hatte. Der Mann war mit einer Quantität Pulver, Blei, Zündhütchen und anderen Handelswaaren im Werthe von etwa 60 Mark als Bezahlung zufrieden.

Da Mr. Hartz, der Führer der Goldgräbergesellschaft, beabsichtigte, in einigen Tagen Leute mit Schlitten nach Fort St. Michael zu entsenden, um daselbst Handelsartikel und Proviant einzukaufen, so schrieb ich Briefe an die Herren Lorenz und Neumann.

Am 19. December kamen von der gegenüber liegenden Seite

der Golowninbay, aus Igniktok, welcher Ort mir wegen des grossen
Todten- und Erbschaftsfestes, dem ich daselbst beigewohnt hatte,
noch in guter Erinnerung war, zwei Schlitten nach Singek, wodurch ich Gelegenheit erhielt, eine Quantität des jetzt für meine
vierbeinigen Schlittenzieher so nothwendigen Hundefutters zu kaufen, das jetzt überall knapp war. Am nächsten Tage, als abermals drei Schlitten aus Igniktok ankamen, hatte ich Gelegenheit,
diese Einkäufe nochmals in grösserem Massstabe zu wiederholen.
Wir hatten jetzt nördlichen Sturm und beissende Kälte. Endlich
langten meine sechs Hunde aus Adnek an, noch rechtzeitig genug,
dass wir für den nächsten Tag unsere Abreise festsetzen konnten.
Meine armen Thiere kamen in einem entsetzlich verhungerten Zustande zurück, da der biedere Eskimo, welcher sie auf eigne Faust
entlehnt hatte, es nicht für nöthig gehalten zu haben schien, sie
auch zu füttern.

Wir bildeten eine stattliche kleine Schlittenkarawane, welche
am 22. December von Golowninbay aus nach Südosten zog. Ausser
den beiden Schlitten des Herrn Hartz betheiligten sich auch die
drei zuletzt aus Igniktok angekommenen Schlitten an der Reise.
Der Weg ging diesmal nicht wie bei meiner Herkunft quer über
das Land nach Cap Jungfrau, sondern, da jetzt das Eis hielt, in
Golowninbay hinaus. Mancherlei kleine Abenteuer zeichneten den
Beginn der Expedition aus. Zunächst vermisste ich bei der Abfahrt einen meiner Hunde, und da die Leute des Herrn Hartz
bereits vorausgezogen waren, so fuhr ich ihnen schleunigst nach,
in dem Glauben, dass das Thier sich bei ihnen befände. Dies
war nicht der Fall, deshalb entsandte ich einen Eskimo mit
einem Schlitten rückwärts, um den Hund aufzusuchen, während
ich mit meinem Schlitten und acht Hunden die Tour fortsetzte.

Das zweite Malheur hätte sehr schlimme Folgen haben können. Während das Eis im innern Theile der Golowninbay fest
war, hatte es, als wir uns dem äusseren Theile der Bay genähert
hatten, einige schwache Stellen, über deren eine ich mit meinem
schwer bepackten Schlitten hinüberfuhr. In demselben Augenblicke brach das Eis durch und ich hatte grade noch Zeit, vom
Schlitten wegzuspringen, als dieser bereits untersank und die Hunde

mit sich riss. Mein Ruf führte sofort die dicht vor mir befindlichen Leute des Herrn Hartz, welche diese Stelle ohne Unfall
passirt hatten, herbei, und gelang es uns, den Schlitten wieder
aufs Eis zu heben, nachdem zuvor die Thiere gerettet waren. Allerdings hatte ich bei diesem Unfall den Verlust eines Theiles meines
Proviants zu beklagen.

Da das Eis weiterhin noch schwächer wurde, so wandten wir
uns dem Ufer zu und setzten unsere Tour quer über die Felsen
der Halbinsel, welche Nortonbay von Nortonsund abschnürt, fort.
Nunmehr zeigte es sich, dass mein Schlitten nicht richtig gebaut
war, denn er fiel wiederholt während des Fahrens um und wurde
an mehreren Stellen beschädigt. Noch schlimmer aber wurde es,
als wir auf der anderen Seite des Berges über den hartgeforenen
Schnee hinabfuhren. Hier hatte ich oft die Aufwindung meiner
ganzen Körperkraft nöthig, um das Umfallen meines Schlittens zu
verhindern. Der Weg wurde immer steiler und jetzt drohte uns
Allen Unheil. Den Beginn machten diesmal die drei Amerikaner,
welche dicht vor mir fuhren und deren Schlitten so unglücklich
kenterte, dass einer der Leute mehrere Meter weit durch die Luft
flog und mit dem Kopfe zuerst unten ankam. Wir glaubten, dass
er das Genick gebrochen habe, er war indessen weniger verletzt
als der Schlitten. Ich sauste seitwärts neben meinem Schlitten
hängend, an ihnen vorüber, indem ich mit dem Fusse die heftigsten Stösse abwehrte, die ihn getroffen haben würden. Sehr bald
aber verletzte ich mir den Fuss und es blieb mir nichts anderes
übrig als willenlos mich von dem durchgehenden Schlitten bringen
zu lassen, wohin ihn das Gesetz der Schwere rief. Glücklicherweise dauerte es nicht lange als ein mit Schnee bedecktes Gebüsch für den Schlitten ein Hinderniss bot, welches er nicht zu
überwinden vermochte, sondern in welches er tief hineinfuhr. Ich
stand also still, ebenso wie die Amerikaner, und da für den
Augenblick mit dem beschädigten Schlitten die Fahrt nicht fortgesetzt werden konnte, so spannte ich meine Hunde aus, welche
nichts Eiligeres zu thun hatten, als spornstreichs dem nahe gelegenen Küstendorfe Adnek zuzulaufen. Da wir Hülfe erhielten, so
langten wir auch bald mit den Schlitten in Adnek an.

Hier fand ein grosses mehrtägiges Fest statt, von dem wir, durch das Repariren der Schlitten einige Tage lang aufgehalten, einen grösseren Theil kennen lernten. Dieses Fest wurde, wie alle Eskimofeste, unter starker Betheiligung zahlreicher Stammesgenossen gefeiert. Es war kein Tanzfest oder Fest der Geschenke, wie ich deren bereits so viele kennen gelernt hatte, sondern es bezog sich auf den Hauptnahrungszweig der Leute, den Seehundsfang. Dieses Fest wird alljährlich nur ein Mal gefeiert und zwar spielen hierbei die Frauen die Hauptrolle.

Während des ganzen Jahres wird die Blase eines jeden gefangenen Seehundes in den Eskimohäusern sorgfältig aufbewahrt, um zu diesem Feste schön mit Farben bemalt, zunächst nach dem Kassigit gebracht zu werden; dort hängt man sie vor Beginn der Festlichkeit auf. Die letztere beginnt damit, dass zunächst eine allgemeine Mahlzeit stattfindet, bei der die Männer von den Frauen bedient werden. Jedes männliche Wesen, welches ins Kassigit tritt, hat die Verpflichtung irgend einen Gegenstand, welcher zum Kajak gehört, also ein leichtes Ruder, einen Speer, eine Harpune und dergleichen mehr mitzubringen und in der Hand zu halten. Ein alter Mann war im Kassigit unmittelbar an der Thranlampe postirt und hielt ein Bündel getrockneter Pflanzenstengel — es war jene Pflanze, die wir in Norwegen Sloike (Bärenklau) nennen — gegen die Flamme. In der Nähe der Einsteigeöffnung war ein Pfahl angebracht, welcher mit einem Bündel Sloike umwickelt war. Jeder eintretende Mann musste mit dem mitgebrachten Kajakgegenstande zuerst das Feuer berühren, alsdann sämmtliche aufgehängten Seehundsblasen und zuletzt das Bündel Sloike, welches um den Pfahl gewickelt war. Nach Beendigung dieser Ceremonie mussten alle jungen Leute, welche im ungefähren Alter von 10—14 Jahren standen, sich vollständig entkleiden. Hierauf erschien eine Frau, welche ein Bündel mit rohen getrockneten Fischen trug, das sie auf die Erde warf. Auf diese Fische stürzten sich die entkleideten Jungen, indem jeder versuchte, so viel als möglich davon zu erhaschen. Bei dieser wilden Jagd herrschte grosse Aufregung, ein lautes Schreien und Toben; es schien als ob jeder soviel Lärm als möglich machte. Nachdem auf diese

Weise die Jugend abgefertigt war, wurde für die Erwachsenen
gesorgt. Man stellte einen Gegenstand auf, welcher als Ziel
dienen konnte und die Männer begannen mit kleinen Wurfspeeren darnach zu werfen. Diese Speere waren von eigenthümlicher Construction, sie bestanden aus einem hölzernen Schaft,
dessen vorderes Ende eine kleine Eisenspitze und dessen hinteres
Ende eine lange Mövenfeder trug. Derjenige Eskimo, welcher am
besten geschossen hatte, wurde mit lautem Jubel begrüsst. Das
Spiel dauerte bis 2 Uhr nach Mitternacht, indem dabei auch Gesänge und Tänze mit einander abwechselten.

Am nächsten Abend kamen die Damen an die Reihe. Die
stattliche Corona von Eskimo-Frauen und Mädchen hatte auf dem
Fussboden des Kassigit Platz genommen und sich in Reihen con-
centrisch um die Eingangsöffnung hingesetzt. Alsdann erschien
ein Mann nach dem andern an der Eingangsöffnung, richtete sich
indessen nur mit dem halben Oberkörper daraus hervor und trug
unter allerhand wunderlichen Geberden eine Rede oder einen Gesang
vor. Alsdann hob er ein Geschenk in die Höhe, rief laut den Namen
derjenigen Person, für welche er es bestimmt hatte und warf es
ihr schliesslich zu. Die Beschenkten zogen sich unter grossem
Jubel nach den Wänden des Kassigit zurück, wo sie triumphirend
die Gabe ihren Freundinnen zeigten, während die noch nicht beschenkten sich in die Nähe der Eingangsöffnung postirten. Nach
Schluss dieser Feier kamen dann auch die Männer ins Kassigit.

Die Schlussfeierlichkeit und der Höhepunkt des Festes fand
am nächsten Morgen statt, gerade als wir unsere Abreise fortsetzten. In unmittelbarer Nähe des Strandes versammelten sich
einige hundert Eskimo-Männer und Frauen, festlich angethan und
trugen die Seehundsblasen mit sich. Auf dem Eise brannte ein
Feuer, welches die Gegend und Gruppe malerisch beleuchtete. In
das Eis waren einige kleine Löcher gehauen, um welche sich die
Festtheilnehmer gruppirten. Nunmehr schritten die Frauen vor
und sprachen allerlei Zauberformeln und Gebete, worauf sie die
Seehundsblasen mit einem Stocke unter das Eis schoben. Diese
Ceremonie wurde mit grossem Ernste ausgeführt; sie hatte den
Zweck, dass mit den Blasen gewissermassen eine Art Opfer dem

grossen Seehund oder Maklak gebracht werden sollte. Es herrscht nämlich der Glaube, dass, wenn dies nicht geschieht, sich die Seehunde in Zukunft von der Küste fern halten würden und die Bevölkerung Hungers sterben müsste.

Wir setzten mit den Schlitten unsern Weg längs des Gestades der Nortonbay fort, aber das Eis wurde bald so schlecht, dass wir nur mit äusserster Mühe vorwärts kommen konnten. Mein Schlitten, welcher verhältnissmässig viel zu hoch gebaut ist, kenterte im Laufe des Tages nicht weniger als sechs Mal. Gegen Abend erreichten wir Newiarsualok oder Cap Jungfrau. Nachdem wir uns hier in einer Eskimohütte einquartirt hatten, kam plötzlich ein Schamane hinein, welcher ein langes Geheul und Gebrüll ausstiess und alsdann mit einem Male den Athem anhielt, bis er im Gesicht fast blau wurde und seine Augen mit Blut unterliefen. Dann schwenkte er plötzlich um und kroch zum Hause wieder hinaus. Ich habe niemals in Erfahrung bringen können, welche Ursache dieses sonderbare Benehmen haben könne, auch sahen wir diesen Mann später nicht wieder.

Einen Fall von Unredlichkeit seitens einer meiner Leute muss ich hier anführen. Der Eskimo Orre, derselbe welcher schon von Fort St. Michael aus mit mir gereist war, hatte mir bereits bei meiner letzten Anwesenheit in Singek Veranlassung zu Klagen gegeben, denn als ich ihn aussandte um meine durch einen andern Eskimo entliehenen sechs Hunde zurückzuholen, kümmerte er sich nicht im mindesten um diesen Auftrag, sondern er ging einfach zu einem Feste, nach irgend einem Nachbardorfe. Dieser selbe Mann nun versuchte es am heutigen Tage, den Amerikanern unseres Zuges einen Sack mit Bohnen zu entwenden, indem er denselben auf seinen Schlitten legte und mit gefrorenen Fischen bedeckte. So leid es mir that, so musste ich Orre deshalb entlassen, was ihm indessen sehr angenehm zu sein schien, da er sich hier in der Nähe seines Wohnortes befand.

Am ersten Weihnachtsfeiertage legten wir die kurze Strecke, welche uns noch von Orowignarak trennte, zurück. Fast schien es als ob der alte Schamane, welcher uns am Abend vorher mit so blutrothem Gesichte angezaubert hatte, mein Unglück herbeizuführen beabsichtigte, denn die Ereignisse des Tages entsprachen einer derartigen Voraussetzung ganz und gar. Obgleich ich vier Eskimos beauftragt hatte, zu beiden Seiten meines Schlittens während des Marsches einherzugehen, und darauf zu achten, dass derselbe nicht wieder umfalle, so passirte es uns doch schon nach den ersten zehn Schritten, dass mein Schlitten total zerbrach. Glücklicher Weise waren andere leere Eskimoschlitten vorhanden, so dass ich mein Gepäck darauf legen konnte und wohlbehalten um 3 Uhr Nachmittags wieder in Orowignarak anlangte.

Hier hörte ich zum ersten Male wieder Nachrichten aus der Aussenwelt. Mr. Woolfe war mit drei Schlitten nach Fort St. Michael gefahren, um Handelsartikel für Eisak zu holen. Mein Proviant war inzwischen von den Eskimos fast ganz aufgebraucht worden, so dass ich in der augenblicklich herrschenden Nothlage vielleicht am Besten gethan hätte, wenn ich sogleich nach Fort St. Michael aufgebrochen wäre, um Proviant zu holen. Eisak's Haus war noch angefüllt mit Eskimos, welche sich darin seit der Abhaltung eines grossen Festes befanden, welches Eisak während meiner Abwesenheit an alle diejenigen gegeben hatte, die seines Vaters Grab gepflegt hatten. Am zweiten Weihnachtsfeiertage gingen die Amerikaner mit ihren Schlitten weiter über das Eis der Norton-bay, während ich meinen zerbrochenen Schlitten am Tage darauf nach Unaktolik sandte, woselbst das geeignete Birkenholz war, mit dem er reparirt werden konnte. Um diese Zeit erschien bei uns in Orowignarak ein Eskimo von einem benachbarten Flusse und erzählte uns, dass eine Anzahl Mallemuten vom nördlichen Ufer des Kotzebuesundes in dem Orte Kikertarok angelangt sei.

Diese Leute erschienen am nächsten Morgen in unserm Hause, da sie beabsichteten, späterhin weiter südlich zu reisen, um an einen Feste in Schaktolik Theil zu nehmen. Es waren grosse, kräftige, schön gebaute Leute, welche Lippenpflöcke von etwa zwei Zoll Länge aus weissem Marmor trugen. Sie brachten trübe Nachrichten und berichteten, dass oben im Norden des Kotzebuesundes am Noatak-River unter den Eingebornen eine Hungersnoth herrsche, weil die Rennthiere, von denen sich jene Leute ernährten, ausgeblieben seien. Zu gleicher Zeit berichteten sie, dass im Laufe des

Sommers der Kapitain eines Walfängerschiffes, nördlich von der Beringstrasse an Cap Hope einen seiner Leute, einen Irländer, welcher sehr diebisch und bösartig war, ans Land gesetzt habe. Dieser Mann befand sich jetzt bei den Eskimos und wurde von ihnen ernährt und gekleidet, wofür er die Eingeborenen gleichfalls durch Diebstähle und Ungezogenheiten belohnte.

Die neu angekommenen Mallemuten waren von einer wunderbaren Kindlichkeit und Zutraulichkeit. Wärend ich meine auf der letzten Expedition gemachten Sammlungen ordnete, lehnten sich immer zwei oder drei von ihnen an meine Schulter, mein Thun und Treiben aufmerksam beobachtend, oder sie schauten verwundert in meine Rockärmel und stellten eine neugierige körperliche Untersuchung mit mir an. Mein ursprünglicher Wunsch Kotzebuesund zu besuchen, wurde noch mehr durch den Anblick dieser Leute, sowie durch ihre Berichte, dass dort oben viele ethnographische Gegenstände zu holen seien, bestärkt.

Am 1. Januar 1883 kam Mr. Woolfe von Fort St. Michael zurück und brachte mir als Neujahrsüberraschung die Nachricht, dass die Ingalik des mittleren Yukon, in deren Gebiet ich während meiner Septemberreise einige Schädel gesammelt hatte, darüber böse seien und den Händlern der Alaska-Commercial-Company deshalb Unannehmlichkeiten bereiten wollten. Auch verbreitete sich unter den Eskimos das Gerücht, dass diese Ingalik quer über Land nach Orowignarak kommen würden, um uns zu überfallen.

Wie ich von vornherein vermuthet hatte, beruhte dieses Gerücht hauptsächlich darauf, dass die Eskimos der Nachbarschaft in möglichst grosser Zahl meinen Proviant und meine Gastfreundschaft zu beanspruchen beabsichtigten und namentlich mit Pulver, Blei etc. versehen sein wollten, um zur Vertheidigung gegen einen Ueberfall bereit zu sein. Der ganze Vorrath an Proviant, welchen mir Mr. Woolfe mitbrachte, bestand aus einer Büchse Buisquit und Speck. Die Eskimos von Kotzebuesund verliessen uns an demselben Tage um nach Schaktolik weiter zu gehen.

Inzwischen suchte ich von Eisak soviel wie möglich über die Sitten und Gebräuche der Eskimos zu erfahren. Er erzählte mir u. A. auch, wie es unter seinen Landsleuten bei der Geburt von Kindern gehalten würde. Es wird eine kleine hölzerne Hütte errichtet, in welche sich die angehende Mutter begiebt, gleichviel ob es Sommer oder Winter ist. Sie erhält hierbei nur die Unterstützung von einer oder zwei Frauen, die von Zeit zu Zeit zu ihr kommen. In der Stunde der Geburt wird der Leib der Frau mit Seehundsriemen von oben nach unten spiralförmig zugeschnürt und oft noch, um die Pressung zu vermehren, ein Stock hindurchgesteckt. Die Mutter kniet, wenn das Kind geboren wird. Letzteres wird mit Harn gewaschen, und es gilt für ein günstiges Vorzeichen, dass das Kind ein sehr hohes Alter erreichen wird, wenn sein erstes Bad von einer recht alten Frau stammt. In schwierigen Fällen wird wie bei allen Krankheiten ein Schamane hinzugezogen. Die Eskimoweiber sind im Ertragen von Strapazen sehr stark; so erzählte mir Eisak, dass er auf einer Wanderung quer über das Gebirge habe Halt machen müssen, weil seine mitgekommene Frau plötzlich von der Geburt eines kleinen Töchterchens überrascht worden sei. Nachdem diese Angelegenheit erledigt worden war, wobei noch nicht einmal Feuer angemacht wurde, legten Eisak und seine Frau ihre Schneeschuhe wieder an, hüllten das neugeborene Kind in ihren Pelz und setzten die Reise weiter fort.

Noch einen anderen Eskimobrauch berichtete mir Eisak: Es ist Sitte, dass sowohl bei Sonnenaufgang wie bei Sonnenuntergang die Arbeit eine kurze Zeit lang, etwa während einer halben Stunde unterbrochen, nachher aber wieder aufgenommen wird, nachdem ich hierauf aufmerksam gemacht worden war, habe ich in der That wiederholt diesen Gebrauch bei den dortigen Eskimos bemerkt.

Am Dienstag, den 9. Januar 1883, kam endlich der für mich reparirte Schlitten aus Unaktolik wieder an, ohne dass ich gerade behaupten konnte, dass sich seine Construktion in hervorragender Weise verbessert hätte. Am Tage darauf kamen die Amerikaner bei stürmischer Witterung aus Fort St. Michael wieder zurück und brachten mir ein Schreiben von Mr. Lorenz. Zwei Tage darauf brach endlich auch ich auf, um die längst geplante Reise nach Kotzebuesund von Süden nach Norden quer über die Halbinsel Prince of Wales auszuführen.

XVIII.

Unsere Schlittenkarawane war nicht ganz klein; Eisak hatte
zwei Schlitten, Mr. Woolfe, welcher Handelsartikel für die Alaska-
Commercial-Company nach dem Norden zu bringen beabsichtigte,
hatte ebenfalls zwei Schlitten und auch ich hatte meine zehn Hunde
für zwei Schlitten vertheilt. Hierzu kam mein Führer Ningawakrak, ein hoher, schön gewachsener, kräftiger Eskimo aus Kotzebuesund, dessen Frau Allak und dessen 14 jährige Halbschwester
Sewugak, sowie ein Junge. Alles in Allem waren wir neun
Männer und zwei Frauen. Ich sah voraus, dass das Reisen in
einer so zahlreichen Gesellschaft bei dem notorischen Mangel an

Lebensmitteln auf dem von uns zurückzulegenden Wege ein verfehltes Unternehmen sein müsse; ich durfte mich in dieser Beziehung nicht der Sorglosigkeit der Eskimos anvertrauen, welche
nicht gewöhnt sind, weitaus in die Zukunft zu blicken und die
Noth der kommenden Tage in Berechnung zu ziehen. Diese Sorglosigkeit hatte mich schon in Orowignarak des grössten Theiles
meines Proviants beraubt, denn die Eskimos verzehrten davon ohne
jede Rücksicht auf meine bevorstehende Reise soviel als sie gerade
brauchten. Auch hatte ich wenig Vertrauen mehr auf Eisak, der
sich seit kurzer Zeit wenig geneigt zeigte, die Reise nach Kotzebue-
sund mit mir auszuführen, da der alte, schon einmal genannte
Schamane eines schönen Tages, als er uns in Orowignarak wieder
besuchte, prophezeit hatte, dass von uns dreien, nämlich Mr. Woolfe,
Eisak und mir nur zwei wieder lebend aus Kotzebuesund zurückkehren würden. Diese Prophezeihung traf allerdings buchstäblich
ein, denn Eisak zog es vor, wie ich weiterhin noch berichten
werde, sich lange bevor wir nach Kotzebuesund kamen, von uns
zu trennen.

Unser Weg ging von Orowignarak zunächst nach Osten in
die innerste Ecke von Nortonbay hinein, von wo aus wir uns dann
im rechten Winkel nach links nordwärts wandten. Gleich das
erste Nachtlager am Kwikak-River zeigte uns die Unbequemlichkeiten, welche eine so grosse Gesellschaft naturgemäss hervorruft.
Das Haus, in welchem wir schliefen, war ziemlich gross, aber die
Gesammtanzahl der Menschen betrug 40 Seelen. Wir lagen deshalb gedrängt neben einander, es wurde sogar auf der Feuerstelle
geschlafen, so dass kein Zoll breit Boden übrig blieb. Zu allem
Ungemach trat noch das hinzu, dass sich zufällig in diesem Hause
ein grosser Wurf junger Hunde befand, welche zwar Nachts hinaus
geworfen wurden, sich aber an der nur mit einem Lederriemen
geschlossenen Thür vorbeidrängten und Nachts auf unsern Gesichtern
und Körpern spaziren gingen.

Ich hatte zwei Eskimos engagirt, Tatmik aus Selawik und
Akommeran aus Nortonbay, mit denen ich am nächsten Morgen
nach der schlaflos verbrachten Nacht den Weg fortsetzte, während
Mr. Woolfe und Eisak noch hier blieben, um Hunde einzukaufen.

Ich erreichte an diesem Tage die Mündung des Kujuk-River, wo
wir in einem verlassenen Dorfe, dessen Einwohner auf Besuch gegangen waren, uns häuslich einrichteten. Kaum waren wir mit
dem Anzünden des Feuers fertig und hatten es uns in dem kleinen
erwählten Häuschen, das nur sechs Personen zu fassen vermochte,
gemüthlich gemacht, als von Norden her, von dem Orte Kajak am
Kangek-River in der Nähe des Kotzebuesundes ein Schlitten mit
neun Personen eintraf, welche es sich sofort bei uns bequem machten
und natürlich sämmtlich einen respektabeln Hunger und Durst
mitbrachten. Ich liess ihnen Thee und Pfannkuchen zubereiten,
welchen Hochgenüssen sie um so eifriger zusprachen, als sie den
ganzen Tag ihren Schlitten gezogen hatten, da sie im Ganzen nur
zwei Hunde besassen. Am nächsten Tage erwählten wir uns ein
anderes Haus des Dorfes und schaufelten den Schnee hinaus, um
es wohnlich zu machen. Kaum war dies geschehen, als Mr. Woolfe
und Eisak ankamen. Der Letztere hatte wieder einmal mit meinem
Theevorrath arg gewirthschaftet, während ich aufs Aeusserste bedacht sein musste, denselben zu schonen. Dies Verfahren hatte mich
mit Recht aufgebracht und ich erklärte daher dem Eisak, dass
ich, so lange ich leben würde, niemals ruhig zusehen würde, wenn
ein anderer mich ausplündern wollte. Eisak nahm diese Vorwürfe
stillschweigend hin.

Ein heftiges Schneegestöber fesselte uns auch noch am nächsten
Tage an diesen Winkel der Nortonbay; ich benutzte aber die Gelegenheit, um von einem eben angekommenen Dorfbewohner einen
kleinen Vorrath getrockneter Lachse zu kaufen, die wir zu Suppe
für unsere Hunde kochten. Späterhin kaufte ich auch Lachsrogen.
Dieses Produkt, welches sehr hart und fest ist, kann im getrockneten Zustande gar nicht gegessen werden, da es, wenn man darauf
beisst, die Zähne fest aufeinander klebt. Aber mit Wasser zu Suppe
gekocht, bildet es das gesuchteste Hundefutter jener Gegend.

An diesem Tage wurden wir daran erinnert, dass wir uns
eigentlich noch in nächster Nähe von Orowignarak befanden. Mit
unserer Entfernung von jenem Orte war nämlich für viele dort auf
Besuch befindliche Eskimos die Hauptnahrungsquelle versiecht und
so hatte eine Abtheilung dieser Leute es für das Richtigste erachtet

uns wie hungrige Wölfe zu verfolgen und sich ohne Weiteres hier am dritten Orte bei uns wieder in Pflege zu geben.

Ihre Bemühung war indessen nicht von grossem Erfolg begleitet, denn bereits am nächsten Morgen vor Tagesanbruch gingen wir nordwärts. Da der von uns eingeschlagene Weg meines Wissens noch von keinem Weissen ausgeführt worden ist, und da die Karten von Alaska fast allgemein falsche Angaben über die hydrographischen Verhältnisse zwischen Nortonbay und Kotzebuesund enthalten, so dürfte die Beschreibung unserer Expedition vielleicht einiges geographisches Interesse haben. Wir folgten zunächst dem Laufe des Kujuk-River stromaufwärts und übernachteten an diesem Tage in Itlauniwik, welcher Ort an der Einmündung des Eritak-River in den Kujuk-River liegt. Schon hier begann Eisak sich an die Prophezeiung des Schamanen zu erinnern und einige kleine Vorkehrungen zu treffen, die ihm das Verlassen unserer Gesellschaft erleichterten. Während wir ein leer stehendes Haus für unseren Nachtaufenthalt herrichteten, zog er es vor, ein anderes Haus für sich als Aufenthaltsort zu erwählen. Ich kaufte in diesem Dorfe, da ich jede Gelegenheit, Proviant zu erwerben, benutzte, eine Quantität arktischer Forellen für uns und Quappen für die Hunde. Da indessen der Vorrath an letzteren sehr gering war und sich auch am nächsten Tage nur sehr wenig vergrösserte, so war Gefahr vorhanden, dass unsere Hunde weiter nördlich hinauf sehr viel Hunger leiden würden.

Diesen Umstand benutzte Eisak, um seinem Wunsche, von der Fortsetzung der Reise abzustehen, Ausdruck zu geben. Er schützte vor, dass die Speisen für soviel Menschen und Hunde nicht ausreichen würden und fügte hinzu, dass uns auch sonst ein Unglück zustossen könnte, indem wir von Eskimos erschlagen würden etc. In jedem Falle, sagte er, würde ihn die Verantwortung treffen und er für unseren etwaigen Untergang Vorwürfe zu erleiden haben. Ich sah es ein, dass Eisak nicht bereit war, mit uns weiter zu reisen und willigte gern in die Trennung, weil ich dadurch mehrere Menschen und viele Hunde weniger zu ernähren hatte.

Die Nachrichten, welche wir hier in Itlauniwik über die Bewohner von Kotzebuesund erhielten, lauteten nicht gerade sehr günstig. Die dortigen Eskimos hatten, wie man erzählte, heftige Streitigkeiten untereinander, ferner sollte am Selawik-River, der sich in den östlichsten Theil des Kotzebuesundes ergiesst, ein Mordanfall vorgekommen sein und endlich berichtete man sogar, dass die westlicher wohnenden Kawiaremuten einige junge Leute aus Rache für eine ihrem Stamme vor einigen Jahren widerfahrene Beleidigung getödtet hätten.

Am nächsten Tage hatte ich mit meinem Führer Ningawakrak eine etwas ernsthafte Auseinandersetzung. Während ich nämlich ausser dem Hause beschäftigt war, ergab sich Mr. Woolfe im

Aus Kotzebuesund.

1. Thonlampe. 2. Instrument zum Verzieren von Thongeräthen. 3. Geräth zur Bearbeitung von Thongefässen. 4. Instrument zur Bearbeitung der inneren Seite der Thongefässe. 5. Desgleichen der äusseren Seite.

Innern desselben dem von ihm mit Vorliebe gewählten Amte eines Proviantmeisters, indem er am Feuer sass und stillvergnügt Pfannkuchen zubereitete. Bei diesem Geschäft rief er der Halbschwester Ningawakraks, der etwa vierzehnjährigen Sewugak, zu, sie möge ihm etwas Wasser, welches er zum Einrühren des Mehles gebrauchte, hereinholen, die verwöhnte Kleine kümmerte sich nicht im mindesten um diesen Auftrag, sondern that, als ob sie ihn gar nicht gehört hätte. Darauf sagte ihr Mr. Woolfe, dass, wenn sie kein Wasser hole, sie auch keinen Pfannkuchen erhalten werde. Diese traurige Aussicht machte einen grossen Eindruck auf das Mädchen, welches sofort ein brüllendes Geschrei erhob und Ningawakrak herbeirief. Dieser, der sich vielleicht in dem Glauben befand, dass dem kleinen Mädchen ein Unheil zugefügt worden sei, eilte sofort auf Mr. Woolfe zu, und da er gegen diesen ein Riese an Gestalt und Körperkraft war, so hob er ihn ohne Weiteres hoch und hielt ihn mit ausgestreckten Armen über das Feuer. Der total überraschte und gänzlich wehrlose Mr. Woolfe erhob ein lautes Geschrei, welches mich herbeiführte. Ich intervenirte sofort, noch bevor das Feuer die Kleidungsstücke ergriffen hatte, und drohte dem Ningawakrak, dass ich ihn energisch bestrafen würde, falls er noch einmal den geringsten Angriff wagte. Dieses Vorgehen half sofort und die Sache war damit beigelegt. Eisak, welcher immer noch unter uns weilte, nahm die Sache von der tragischen Seite und sagte, dass unsere Reise einen schlimmen Ausgang haben würde, deshalb würde er mit uns nicht weiterziehen.

In der That hielt er Wort, denn als wir am andern Tage weiterzogen, blieb er mit seinem Sohne zurück, um wieder nach Orowignarak zurückzukehren. In seiner Behauptung hatte er jedoch Unrecht, denn Ningawakrak kam niemals wieder mit uns in Konflikt und blieb, so lange wir mit ihm zusammen waren, ein treuer und umsichtiger Führer. Wir marschirten nunmehr mit vier Schlitten und 22 Hunden den von Norden kommenden Eritak River stromaufwärts. Da dieser Fluss viele Krümmungen macht und zu gleicher Zeit wegen des in den letzten Tagen eingetretenen Thauwetters nicht überall mit Eis bedeckt war, so kamen wir nur langsam vorwärts. Am Abend übernachteten wir in einer verlassenen Sommerhütte, aus welcher wir den Schnee ausschaufelten und zugleich einige Bäume fällten, auf die wir unsern Schlitten zum Schutz gegen die Hunde hinauf brachten. Am andern Morgen verliessen wir den Eritak River und überstiegen die Wasserscheide nach Kotzebuesund. Der nächste Wasserweg, den wir erreichten, war der in der Richtung nach Kotzebuesund fliessende Bach Pujulik, wir hatten hierselbst eine weite Aussicht über die Gebirge, welche sich von dem eben passirten Gebirgsstock aus nach verschiedenen Richtungen hinzogen.

Im Westen zeigte sich ein ungefähr 3—4000 Fuss hoher Gebirgszug, der wie unsere Wasserscheide unbewaldet war und sich in nördlicher Richtung nach Kotzebuesund erstreckte. Wie mir mein Führer mittheilte, befindet sich im Westen dieses Ge-

birges, parallel mit ihm laufend, der in den Kotzebuesund ein-
mündende Kogerok River. Nordöstlich von unserem Standpunkte
erstreckte sich ein langer Gebirgszug, auf dem neben vielen anderen auch der bereits erwähnte Selawik River, der sich in die
östlichste Ecke vom Kotzebuesund ergiesst, entspringt. Im fernen
Osten konnten wir unsern Blick bis zu jenem Gebirgszuge schweifen
lassen, auf dem der mir wohlbekannte Kujukuk River, welcher
sich in den mächtigen Yukonstrom oberhalb Nulato ergiesst,
entspringt.

Wir gelangten um vier Uhr Nachmittags nach einer nur für
fünf Personen ausreichenden Eskimohütte. Um für uns Alle ein
Unterkommen zu haben, errichteten wir neben ihr ein Zelt. Bei
dem allgemeinen Holzmangel dieser Höhenregion hatten wir nicht
weniger als drei Stunden damit zu thun, um die nöthigen Stellagen für unsere Schlitten herzustellen. Nichts ist auf solchen
Reisen, wie die unsrige, nothwendiger, als die Schlitten für die
Hunde unerreichbar zu placiren, da diese Thiere sonst ohne Weiteres
die Leinen auffressen, mit welchen die Schlitten zusammengebunden
sind und natürlich auch die übrigen Gegenstände auf dem Schlitten
nicht verschonen würden.

Am andern Tage früh folgten wir dem Laufe des Pujulikbaches und erreichten nach dreistündigem, beschwerlichen Marsche
einen stattlichen Fluss, welcher auf keiner Karte verzeichnet
ist und bisher auch wohl von keinem weissen Reisenden besucht
wurde. Diesen Fluss, dessen Lauf wir mit wenig Abschweifungen
ganz und gar bis zu seiner Mündung in den Kangek River nach
Norden folgten, habe ich Hagenbeck River genannt, der Eskimoname dieses Flusses heisst Unalitschok.

Die Schwierigkeit der Schlittenpassage war an diesem Tage
so gross, dass wir im Ganzen nicht mehr als 15 engl. Meilen
zurücklegten und am Abend drei Zelte aufschlugen und darin
campirten. Das Thal des Unalitschok ist eine gute halbe englische Meile breit mit Wald bedeckt; die seitlichen Berge dagegen
sind vegetationslos.

Am nächsten Morgen ging der Marsch weiter stromabwärts,
wobei wir wiederholt einige Biegungen des Flusses abschnitten.

Gegen Abend machten wir einen anderthalbstündigen Aufenthalt, den wir zum Theekochen benutzten, und marschirten alsdann in der Dunkelheit weiter, da der Mond, dessen Aufgehen wir erwarteten, an dem mit Wolken bedeckten Himmel nicht zum Vorschein kam. Beim Uebergang über den Fluss fiel ich ins Wasser, musste aber noch bis ein Uhr Morgens marschiren, ehe wir Kajak, welches am Unalitschok River liegt, erreichten. Wir wurden von den Bewohnern, die noch niemals einen weissen Mann gesehen hatten, gut empfangen, leider aber hatten die armen Leute selber nichts zu essen und konnten uns für unsere halbverhungerten Hunde keine Fische verkaufen. Die totale Erschöpfung aller zwei- und vierbeinigen Mitglieder der Expedition zwang uns, einen Ruhetag einzuschalten, der für meine Handelszwecke von Vortheil war, denn es gelang mir hierselbst, das erste wirklich schöne Stück aus Nephrit, einen Lippenpflock von etwa zwei Zoll Länge zu kaufen. Ich erwarb hierselbst auch einige Steinhämmer, die aus einem bis dahin geologisch unbekannten Mineral bestehen.

Auch am nächsten Tage war es mir noch nicht möglich, meine Leute zur Weiterreise zu bewegen, denn das Wetter war entsetzlich schlecht. Aber viel schlimmer war die Hungersnoth, der wir Alle zusammen unterlagen, denn die Fische waren aufgezehrt und unser sonstiger Proviantvorrath fast ganz verbraucht und wusste ich nicht, womit ich die Leute und Thiere ernähren sollte. Auch die Einwohner von Kajak, d. h. die Einwohner zweier Hütten — denn die dritte Hütte, welche noch zum Orte gehörte, war unbewohnt —, machten sich auf den Weg, um hoch oben auf die Gebirge zu steigen und zu versuchen, ob sie nicht wenigstens eines von den wenigen Rennthieren, die dort vorkommen, zu jagen im Stande wären.

Am andern Morgen verliessen wir Kajak und gingen über zum Kangek River, in welchen sich der Unalitschok ergiesst. Dieser Fluss macht unterhalb der Mündungsstelle einen grossen halbkreisförmigen, nach Nordost geöffneten Bogen, dessen Sehne wir auf einem gebirgigen Pfade kreuzten. Vor Hunger und Erschöpfung konnten unsere Hunde kaum noch durch den tiefen Schnee den Schlitten ziehen, ich legte mich deshalb selber so hart

in die Leine, dass dieselbe mir ins Fleisch schnitt; erst gegen
Dunkelwerden hatten wir den Kangek River wieder erreicht und
folgten nun seinem, von hier aus nach Norden gerichteten Laufe,
bis wir um acht Uhr Abends vollständig kraftlos den nächstliegenden Ort am Flusse, Makakkerak, erreichten. Einer meiner
Hunde war vor Schwäche umgefallen, so dass wir ihn mit uns
schleppen mussten. In Makakkerak befindet sich nur ein Haus,
in welchem wir jedoch Alle Platz fanden. Leider war auch hier
der Vorrath an vorhandenen Lebensmitteln so gering, dass ich
für meine armen Hunde nur eine kleine Quantität getrockneter
Fische erwerben konnte.

Ich hätte es kaum gedacht, dass die Hungersnoth, welche
uns hier im Distrikt von Kotzebuesund nun schon seit mehreren
Tagen verfolgte, wirklich so gross sein würde. Wie schön hätten
wir jetzt alle jene Vorräthe, welche durch Eisak und seine Gesellschaft im Laufe der letzten Monate aufgebraucht worden waren,
gebrauchen können! Trotz der Hungersnoth zwang uns ein Schneesturm, hier in Makakkerak einen vollen Tag zu verweilen und
gelang es mir, wenigstens eine kleine Quantität Stinte für die
Thiere zu kaufen. Ich beschloss, den erkrankten Hund bei den
gutherzigen Einwohnern in Pflege zu geben, da ich ihn während
der voraussichtlich ein bis zwei Wochen dauernden Tour nach
Kotzebuesund und zurück nicht brauchen konnte. Wie ich vernahm, herrschte im Norden des Kotzebuesundes am Noatak River
grosse Hungersnoth, so dass die dortigen Bewohner sogar alle ihre
Hunde verzehrt hatten. Diese Aermsten leben fast nur von
Rennthierjagd, welche, wie bereits erwähnt, gänzlich ertrags-
los war.

Am Montag den 29. Januar setzten wir unsere Reise strom-
abwärts den Kangek River entlang fort und marschirten den ganzen
Tag bis Dunkelwerden, wo wir das Wasser des Kotzebuesundes an
der Mündung des Kangek, welche den Namen Eschscholtzbay führt,
erreichten. Auf einer Landspitze dieser Bay befindet sich das
Eskimohaus Inuktok, woselbst unser Führer zu Hause gehört.
Wir hatten noch einen angestrengten Marsch über das Eis der
Bay zurückzulegen, so dass die Füsse unserer Hunde, wie fast

stets bei starkem Frost, heftig bluteten; bis wir um 7 Uhr Abends in Inuktok anlangten. Glücklicherweise fanden wir dort einen kleinen Vorrath von Fischen, so dass ich meinen Hunden wieder eine ordentliche Mahlzeit geben konnte. Auch am nächsten Morgen blieben wir noch hier, um den total erschöpften Thieren wieder einmal eine warme Suppe zu kochen, denn es ist nöthig, dass man ihnen bei harter Arbeit wenigstens einmal in der Woche diese Erquickung zukommen lässt.

Die Einwohner von Inuktok waren übrigens sich der Ehre, die sie durch unsern Besuch erhielten, so wohl bewusst, dass sie uns Preise abforderten, als wenn wir die grössten Herren gewesen wären. Ich begann mit ihnen ein Handelsgeschäft und kaufte ihnen einzelne interessante ethnologische Gegenstände, Lippenpflöcke u. s. w., ab. Sie schienen aber der Ansicht zu sein, dass sie von mir, dem ersten Weissen, welcher sie besuchte, gleich den ganzen Profit einheimsen müssten, den sie von den Leuten meines Stammes zu nehmen gedachten; wenigstens richteten sie ihre Forderungen darnach ein. Auch meine Verhandlungen wegen Ankaufs einer für drei Tage ausreichenden Ration für die Thiere scheiterte an den meine dermaligen Vermögensverhältnisse weit übersteigenden Anforderungen der Eskimos. Ich machte ihnen in ihrer Sprache begreiflich, dass ich alle weissen Reisenden vor ihnen warnen würde — was ich hiermit gethan haben will — erzielte aber damit augenscheinlich nicht den allermindesten Effekt.

Der Monat Januar schloss mit einem orkanartigen Wirbelsturm mit Schneegestöber, welcher sich während der Nacht erhob. Ich versuchte es am nächsten Morgen nach dem nur einige Schritte vom Hause entfernten Schlitten zu gehen, aber es war mir im Freien kaum möglich Athem zu holen und ich konnte in dem dichten Schneegestöber nur mit grösster Mühe das Haus wieder finden. Die Hunde hatten sich auf der dem Winde abgewendeten Seite des Hauses einschneien lassen und nur einzelne von ihnen ragten mit den Nasenspitzen aus der Schneedecke hervor. Wir gruben die Thiere sämmtlich aus und liessen sie als Beweis ganz besonderer Vergünstigung in den Vordergang des Hauses hinein. Ausser dem Sturm herrschte eine so bittere Kälte, zwischen Kotzebue Sund und Norton Bay und zwischen Kuskoquim Bay und Togiak Bay

Verlag von Max Spohr in Leipzig.

dass, wenn uns dieses Wetter unterwegs überrascht haben würde, unser Leben wohl kaum gerettet worden wäre.

Am nächsten Morgen hatte der Sturm so weit nachgelassen, dass wir bei Tagesanbruch die Eschscholtzbay nach Norden zu kreuzten und dadurch jene langgestreckte schmale Halbinsel erreichten, welche sich viele Meilen weit nach Nordwesten in den Kotzebuesund hinein erstreckt. Wir erreichten in der Mittagsstunde das kleine Flüsschen Arawingenak und brachten in einem kleinen Hause gleichen Namens den Rest des Tages zu. Mein Führer Ningawakrak befand sich hier unter Verwandten. Ich merkte dies daran, dass die alte Eskimofrau, welcher dieses Haus gehörte, bei seinem Anblick zu weinen begann. Die Stimme des menschlichen Herzens redet in allen Zonen und bei allen Völkern dieselbe Sprache! Die Sache verhielt sich folgendermassen: Der Mann dieser alten Frau hatte im letzten Herbst einen berühmten Schamanen des nur einige englische Meilen entfernten Dorfes Selawik erschossen. Kurze Zeit nach dieser That erkrankte er zufällig, und da er die abergläubische Furcht hegte, dass seine Krankheit eine Strafe für den Mord wäre und dass er nicht wieder gesund werden würde, so starb er in der That aus Angst. Der noch frische Schmerz seiner Wittwe über diesen Verlust wurde beim Anblick von Ningawakrak, welcher der Neffe des verstorbenen Mannes war, wieder erneut. Diese schmerzliche Erinnerung hinderte die gute Frau indessen nicht daran, uns nach Kräften gut zu bewirthen und uns ein gutes Lager für die Nacht zu bereiten.

Unter der Reihe von Punkten, welche wir im Gebiet von Kotzebuesund besuchen wollten, waren die wichtigsten diejenigen Ortschaften, welche in der Nähe des Selawik River lagen. Dieser Fluss, welcher wie bereits bemerkt, südöstlich von Kotzebuesund entspringt, ist reich bevölkert. Er ist durch ein sehr lang gestrecktes Inlet, das Hotham-Inlet, mit dem Kotzebuesund verbunden. Dieses Inlet steht landeinwärts in Verbindung mit dem Selawik-Inlet, eine Art Haff, oberhalb desselben befindet sich ein zweiter, noch auf keiner Karte verzeichneter See, den ich zu Ehren des Hilfskomites zur Beschaffung ethnographischer Sammlungen für das Königliche Museum in Berlin, nach dem Namen des

Vorsitzenden desselben als „J. Richter-See" bezeichnet habe. Unser
Weg führte uns am andern Morgen quer durch die langgestreckte
Halbinsel zunächst nach dem Selawiksee, auf dessen Eis wir ostwärts
bis zum Orte Tuklomare zogen, welcher zwischen diesem See und dem
J. Richter-See liegt. Die Bewohner zeigten sich als zudringliche
Bettler, welche uns stark bedrängten, so dass wir sogar kaum Platz
zum Schlafen hatten. Es gelang mir an diesem Ort, eine grössere
Quantität Heringe zu kaufen, so dass meine ausgehungerten Hunde
wieder einmal eine tüchtige Mahlzeit halten konnten.

Wir gingen am nächsten Morgen den Selawik River eine
kurze Strecke hinauf, bis wir zu einen leeren Hause kamen, um
von hier aus unsere Geschäfte zu betreiben. Da das Haus unter
Schnee begraben und mit Schnee angefüllt war, so hatten wir drei
Stunden lang zu thun, um es wohnlich herzurichten. Während
dies geschah, sandte ich einen Schlitten aus, welcher Zwergweiden
holen sollte, mit denen wir uns später ein gutes Feuer anzündeten.
Als wir diese Arbeiten vollendet hatten, füllte sich der Raum mit
Eskimos, welche sämmtlich den höchsten Wunsch hatten, den noch
nie gehabten Genuss von Thee und von Pfannkuchen, die in Fischthran gebacken waren, kennen zu lernen. Die Nachricht von unserer Ankunft hatte sich nämlich wie ein Lauffeuer verbreitet und
so wurde unser kleines Häuschen vollständig gefüllt mit Leuten.

Die nächste Sorge war, als wir heimisch geworden waren,
wieder die alltägliche prosaische Bemühung um das so dringend
nothwendige Futter für die Hunde. Wir entsandten deshalb zwei
Schlitten nach dem nächsten Ort Kajuktulik, und hatten die Freude,
dieselben am nächsten Abend vollbeladen mit Heringen zurückkommen zu sehen. Zugleich sandten wir Leute hinaus nach den
18 verschiedenen Ortschaften am Selawik River und in die Umgegend, mit der Nachricht, dass wir während der nächsten Tage
in unserm Hause verweilen würden und dass die Einwohner mir
ihre ethnographischen Gegenstände für das Berliner Museum und
Mr. Woolfe die Felle ihrer Jagdthiere für die Alaska-Commercial-
Company verkaufen sollten. Es entwickelte sich denn auch bald
ein lebhaftes Geschäft, aber gleich der erste Ankauf zeigte mir,
wie vorsichtig man der dortigen Bevölkerung gegenüber sein

musste. Ich kaufte eine hübsche Pfeife aus einer Art Grünstein, welcher jedoch nicht Nephrit war, und einem Lippenpflock, dessen Material ich in der Eile des Geschäfts für Stein hielt, das aber, wie sich später herausstellte, gefärbtes Glas war.

Die Einwohner waren zudringlich und forderten hohe Preise, auch brachten sie durchaus nicht so viele ethnographische Gegenstände zum Vorschein, als ich nach den früheren Berichten erwarten durfte. Wie ich hörte, lag dies daran, dass ein grosser Theil derartiger Sachen früher durch Eskimohändler aufgekauft und nach Fort St. Michael gebracht worden ist, woselbst es Mr. Nielson für Smithsonian-Institution erworben hat. Ich kaufte gegen Abend noch einige kleine Nephritmesser, Lippenpflöcke und andere Gegenstände.

Wir hatten den ganzen Tag damit zu thun, dass wir wenigstens die Zudringlichsten unter den Einwohnern aus unserer Hütte hinaustrieben. Mr. Woolfe kaufte verschiedene Fuchs- und Hasenfelle sowie ein paar Rennthierstiefeln. Am andern Tage kam der Eskimo, welcher ihm die Stiefel verkauft hatte, wieder und verlangte die Rückgabe derselben, indem er ihm die dafür erhaltenen Tauschartikel an den Kopf warf. Der an Körperkräften schwache Mr. Woolfe gab hierauf dem unverschämten Verlangen nach und machte den Kauf rückgängig. Das Auftreten des Eskimos ärgerte mich gewaltig, so dass ich aufsprang und mit drohender Geberde meinen Ledergurt umschnallte, in welchem ein Revolver und ein grosses Messer steckte. Sobald der Eskimo dieses sah, concentrirte er sich schleunigst rückwärts, verliess unser Haus, so dass wir ihn nicht mehr zu sehen bekamen.

Am andern Morgen war das Haus schon bei Tagesanbruch mit Eskimos gefüllt, so dass wir uns nicht rühren konnten. Da sie mehr des Bettelns als des Handels wegen gekommen waren, so nahm ich zwei Schlitten und fuhr damit nach Kajuktulik, um dort Fische einzukaufen. Das Wetter war an diesem Tage, den 6. Februar so mild, dass ich den ganzen Tag in Hemdsärmeln maschiren konnte. Um nach Kajuktulik zu gelangen musste ich den etwa fünf englische Meilen breiten „J. Richter-See" überschreiten. Dieser Tag war wieder für meine Zugthiere ein hoher Festtag, denn in dem genannten

Orte befand sich ein grosser Vorrath von Heringen, wovon ich meine
Hunde soviel fressen liess, als sie nur wollten. Die Thiere, welche
fast bis zum Skelett herabgemagert waren, sahen nach dieser Mahlzeit ordentlich dick und rund aus. Ich kaufte dann noch zwei
Schlitten voll Heringe und kehrte wieder nach unserm Aufenthaltsorte, dessen Eskimoname Potogroak heisst, zurück. Als ich unter
strömenden Regen meinen Einzug in unser Haus hielt, kehrte mit
mir zugleich ein Schlitten zurück, den wir einige Tage vorher nach
dem oberen Laufe des Selawik-River gesandt hatten, um die dortigen
Einwohner von unserer Ankunft zu benachrichtigen. Eine grössere
Anzahl von Eskimos waren mit ihren Fellen und ethnographischen
Gegenständen dem Schlitten gefolgt und wünschten nunmehr sofort
— es war 10 Uhr Abends — die Tauschgeschäfte zu eröffnen.
Wir vertrösteten die Leute auf den folgenden Tag.

Das Ergebniss des Handels war diesmal ein zufriedenstellendes.
Ich kaufte verschiedene Gegenstände aus Nephrit, Steinäxte, Lippenpflöcke, Messer u. s. w., auch andere Gegenstände, Schnitzereien
und Geräthe. Wir hatten bald die von uns mitgebrachten Tauschartikel fast ganz aufgebraucht. Nachdem wir unser Handelsge-
geschäft geschlossen hatten, kam zufällig ein Eskimohändler der
Western Fur Trading Company von Süden angereist, welcher,
da es nichts mehr zu kaufen gab, die Concurrenzfähigkeit seiner
Gesellschaft dadurch hervorhob, dass er hohe Preise für Felle bot.
Wäre er einige Tage früher gekommen, so hätte er allerdings
Mr. Woolfe sein Geschäft verderben können.

XIX.

Nachdem unsere Geschäfte erledigt waren, traten wir am Donnerstag den 8. Februar 1883 die Rückreise von Kotzebuesund nach Orowignarak und weiterhin nach Fort St. Michael an. Das Wetter war Anfangs schön, so dass wir von Potogroak über den Selawiksee nach der bereits genannten Landzunge eine gute Fahrt hatten. Da aber meine beiden Schlitten sehr viel schwerer beladen waren als diejenigen meines Reisegefährten, so blieb ich beim Ueberschreiten der Landzunge eine Strecke zurück und hatte einen harten Kampf mit einem von Süden heraufkommenden Sturm zu bestehen. Wir erreichten jedoch bei Dunkelwerden den Arawingenak-River und den Ort gleichen Namens, woselbst, wie bereits bemerkt, die trauernde Tante meines Führers Ningawakrak wohnte. Während der Nacht verwandelte sich der Sturm in einen Orkan mit heftigen Regenschauern, und da das Dach unseres Hauses durchlöchert war, so waren wir früh Morgens alle durchnässt. Ich musste die beiden Decken, unter denen ich geschlafen, ausringen.

Unsere Hunde hatten uns einen bösen Streich gespielt. Da nämlich auf der Halbinsel keine Bäume wachsen, so fehlte es uns an Material, um am Abend unserer Ankunft die nothwendigen Stellagen für die Schlitten zu errichten. Dieser Umstand sollte für uns verhängnissvoll werden, obgleich wir versuchten, eine Beschädigung der Schlitten und des Proviantes dadurch abzuwenden, dass wir die wildesten und bissigsten von unseren Hunden an die Schlitten banden, damit diese Thiere ihre hungrigen Gefährten während der Nacht zurückhalten sollten. Es bewährte sich indessen das bekannte Sprüchwort vom Bock, der zum Gärtner gemacht wird, auch in diesem Falle, denn beide Theile hatten gemeinschaftliche Sache gemacht und nicht nur die aus Segeltuch bestehenden Schlittendecken zerrissen, sondern auch eine grosse Menge Heringe verzehrt.

Dieser Tag war überhaupt ein Unglückstag für uns; der orkanartige Sturm aus Westen tobte mit voller Gewalt über die weite Fläche von Kotzebuesund und sandte seine wüthenden Windstösse mit lautem Sausen über die bergige Landzunge. Ungeachtet dieser Warnung brachen wir auf, indem wir uns als Tagesziel die Erreichung einer kleinen leeren Hütte vorsetzten, welche unmittelbar am Ufer von Eschscholtzbay steht. Unsere Hunde wollten durchaus nicht vorwärts, wir aber zwangen sie und arbeiteten uns mit äusserster Anstrengung über die hohe felsige Landzunge nach jener Hütte hindurch, welche während des Sommers als Fischerhütte dient.

Derselbe Anblick, den wir so oft schon des Abends genossen hatten, bot sich unseren Augen wieder einmal dar. Die Hütte war total mit fest angefrorenem Schnee gefüllt, so dass wir ihren hinteren Theil losbrechen mussten, um den Schnee entfernen zu können. Es war gegen Abend geworden, und das Sausen und Brausen des Sturmes mischte sich mit dem Krachen und Knirschen des Eises der Eschscholtzbay und des Kotzebuesundes, welches, soweit wir sehen konnten, aufgebrochen war. Als wir unsere schwierige Arbeit beendet hatten, nahmen wir in unserer Hütte, welche etwa 10 Fuss über dem Gestade der Bay auf einer kleinen inselartigen Erhöhung stand, Platz, zündeten ein erwärmendes Feuer an und bereiteten uns Thee und Pfannkuchen.

Ich war gerade damit beschäftigt, eine Blechtasse voll Thee zu trinken, und beabsichtigten wir uns unmittelbar darauf zum Schlafen niederzulegen, als mein Führer Ningawakrak, welcher zufällig auf einen Augenblick hinausgegangen war, plötzlich mit

dem Ruf hineinstürzte: „Das Wasser kommt!" Im Augenblick
sprang ich auf und eilte hinaus, schnell folgten die Anderen, und
in wenigen Minuten waren die Schlitten bespannt, während das
Wasser der Eschscholtzbay, von den wilden Stössen des Orkans
emporgewühlt, seine Schaummassen uns ins Gesicht spritzte. Es war
klar, dass in Folge des Sturmes eines jener springfluthartigen
Ereignisse eingetreten war, welche in spitz zulaufenden Meeres-
theilen, wie derjenige, an dessen Ufer wir uns befanden, gar nicht
zu den Seltenheiten gehören. Das Wasser war vom Meere aus
mindestens um 10 Fuss gestiegen, davon im Laufe der letzten
Stunde nicht weniger als 4 Fuss.

Wir waren alle davon überzeugt, dass nur die sofortige
schnellste Flucht uns retten konnte, eine Flucht, bei der die uns
zunächst bedrohende Naturgewalt, das Wasser, nur für den ersten
Moment in Betracht kam, während die beiden anderen Mächte,
der tobende Orkan und die sich in furchtbarster Weise fühlbar
machende Kälte eine absolute Lebensgefahr für uns brachten,
wenn es uns nicht gelang, sobald als möglich ein schützendes Obdach wieder zu erreichen. Der einzige Punkt, wo sich ein solches
für uns in dieser todesdunkeln Nacht finden liess, war die vier
Stunden entfernte Hütte Arawingenak, in welcher wir die vorige
regnerische Nacht zugebracht hatten. Ohne uns auch nur einen
Augenblick zu besinnen, stürmten wir in der Richtung aus der
wir am Tage vorher gekommen waren vorwärts, die steilen Felsen
hinauf über den klingend harten Schnee und hatten die Freude
in fliegender Fahrt, da uns der Sturm von hinten her mit gewaltiger Macht vorwärts trieb, unser Leben zu retten.

In später Nachtstunde erreichten wir fast erstarrt und erfroren Arawingenak. Wie köstlich erschien uns jetzt dieses Obdach,
von dem wir uns am frühen Morgen nur allzugern getrennt hatten!
Die Bewohner empfingen uns freundlich und mitleidig, und als
wir unsern Bericht abstatteten, konnten sich die „ältesten Leute"
dieser Gegend nicht erinnern, jemals etwas ähnliches erlebt zu
haben. Aber gerade weil dieses sich so verhielt, so schloss ihre
Eskimologik weiter, könnte dieses Ereigniss nicht mit rechten
Dingen zugegangen sein, sondern an dem grossartigen Natur-

ereigniss seien einzig und allein wir Unglücksvögel schuld, und wer könnte wissen, welches Malheur wir noch über Kotzebuesund und seine Bewohner bringen würden! Was vermochten wir beide dagegen zu thun? Es war ein unumstössliches Faktum, dass wir bei den guten Leuten erschienen waren, und dass sich bald nach unserer Ankunft heftige Naturereignisse abgespielt hatten. Beides mit einander in Verbindung zu bringen, dazu waren die Eskimos ebenso sehr berechtigt, wie Jemand der Donner und Blitz als Wirkung und Ursache bezeichnet.

In der vorigen Nacht hatte gleichzeitig mit uns ein Schlitten vom Selawik River, welcher nach Fort St. Michael gehen wollte, in Arawingenak sich eingefunden. Er hatte jedoch seinen Weg direkt nach Süden über das Land fortgesetzt und sich nach Makakkerak am Kangek River gewandt. Auf diese Weise hatten die Eskimos, denen der Schlitten gehörte, von dem plötzlichen Steigen des Wassers nichts gehört.

Ich bedauerte am nächsten Tage, wie so oft auf meiner Reise, dass ich kein Weingeistthermometer bei mir hatte. Ich hätte alsdann vielleicht konstatiren können, dass dieser Tag der kälteste von allen war, die ich auf meiner Reise durch Alaska erlebt hatte. Ich bin überhaupt der Meinung, dass diejenige Kälte, welche man auf derartigen Schlittenreisen mit Eskimos im arktischen Winter hoch oben in Alaska, namentlich beim Ueberschreiten von Gebirgen zu ertragen gezwungen ist, durchaus das Temperaturminimum überschreitet — d. h. an Kälte übertrifft, welches durch die Beobachtungen der meteorologischen Stationen konstatirt worden ist.

Die Kälte dieses Tages war so stark, dass wir den ganzen Tag über gezwungen waren in der Hütte Arawingenak Feuer zu halten, wobei uns das hier in grossen Massen vorkommende Buschwerk vortreffliche Dienste leistete. Es war nicht daran zu zweifeln, dass die vom Sturm aufgebrochene Eisfläche des Kotzebuesundes und der Eschscholtzbay sich wieder in die festeste Eisdecke verwandeln musste, wenn der Frost auch nur eine einzige Nacht noch in der Stärke anhielt.

Am zweiten Morgen brachen wir auf, nachdem der Wind

südlich gegangen war und der Himmel sich mit Wolken bedeckt
hatte. Wir hatten die in der Fluthnacht verlassene Hütte bald
wieder erreicht und machten eigens zu dem Zwecke Halt, um
uns zu überzeugen, wie hoch das Wasser nach unserer Flucht
noch gestiegen war. Die Wassermarke reichte fast bis ans Dach
hinan, so dass wir ohne Zweifel sämmtlich ertrunken wären, wenn
uns die Katastrophe im tiefsten Schlafe betroffen hätte. Jetzt war
das Wasser wieder niedrig und der Spiegel der Eschscholtzbay war
mit einer festen soliden Eisfläche bedeckt, über welche wir schnell
hinüber fuhren und bald darauf den Ort Inuktok erreichten. Hier
gab man uns mancherlei Berichte über die Wirkungen der Sturm-
fluth, u. a. erzählte man, dass ein schweres Boot, welches umgekehrt auf seiner Stellage am Lande gelegen hatte, vom Sturme
aufgehoben und hinab geworfen worden war.

Wir wären an diesem Tage noch weiter marschirt, wenn nicht
ein plötzlich eintretender Schneesturm dies verboten hätte. In
der darauf folgenden Nacht wurde uns wieder eines jener zahlreichen Aergernisse bereitet, zu denen die Hunde Veranlassung
gaben. Ich hatte den Eskimos in Inuktok, welche selber sehr arm
an Vorräthen für den Winter waren, einen von ihren beiden mit
Fischthran gefüllten Seehundssäcken abgekauft. Gegen Morgen
wurden wir durch einen furchtbaren Lärm unserer Hunde geweckt,
welche sich wüthend bissen und herum balgten. Wir untersuchten
sofort den Grund dieses Vorkommnisses und gewahrten zu unserm
grössten Schreck, dass die Hunde sich gewaltsam Eingang in
das Oelhaus verschafft und dass sie die beiden mit Thran an-
gefüllten Seehundsfelle angefressen hatten. Hierdurch war das Fett
heraus gelaufen und von den Hunden mit sammt dem Schnee,
in den es geflossen, verzehrt worden. So leid es mir that, dass
mein so überaus geringer Vorrath von Proviant auf so fatale
Weise verringert worden war, so musste ich fast noch mehr die
Eskimos bedauern, die hierdurch gezwungen waren, ihren Wohnort
zu wechseln. Wir zahlten ihnen eine geeignete Entschädigung
was ihnen soviel Freude zu bereiten schien, dass sie mir ein sehr
originell gearbeitetes Nephritmesser, das ich bei unserer ersten
Anwesenheit gar nicht zu sehen bekommen hatte, verkauften.

Dieses Messer ist eins der werthvollsten Stücke meiner Sammlung. Seine in einem hölzernen Heft befindliche Klinge ist geschliffen und hat die Gestalt der Klinge eines Taschenmessers, man kann mit ihr weiches Holz schneiden.

Trotzdem es am nächsten Tage noch fortwährend schneite, marschirten wir ab und wandten uns südwärts den Kangek-River hinauf. Es war sehr schwer vorwärts zu kommen, trotzdem gelang es uns noch vor Tagesende nach Makakkerak zu gelangen. Der Eskimohund, welchen ich hierselbst zurückgelassen hatte, war in Folge der guten Pflege und Schonung wieder gesund und wohlgenährt geworden, und trug seinem Pfleger eine gute Belohnung von mir ein. Der Schlitten vom Selawik-River, dessen Mannschaft mit uns in jener regnerischen Nacht in Arawingenak übernachtet hatte, war schon vor uns nach Makakkerak gekommen und wartete auf uns. Ich hatte jedoch über die Leute so nachtheilige Gerüchte gehört, dass ich mir schon vorher ihre Gesellschaft und Begleitung verbeten hatte. Man erzählte mir, dass der Besitzer dieses Schlittens ein Jahr vorher eine Handelsgesellschaft um eine grössere Menge Handelswaaren betrogen hatte. Nichtsdestoweniger beabsichtigte er jetzt wieder nach Fort St. Michael zu reisen. Welche verbrecherische Absicht ihn dabei leitete, darauf komme ich späterhin noch zurück.

In Makakkerak begannen endlich wieder die Tage der besseren Ernährung für uns. Wir kauften hier acht Schneehühner und bekamen einen guten Vorrath getrockneter Fische. Da wir Eile hatten, so setzten wir am nächsten Tage, obwohl der Schneesturm immer noch nicht aufgehört hatte, unsere Reise nach Süden weiter fort, verliessen nach zweistündigem Marsch den Kangek-River und passirten abermals seinen grossen nach Nordosten gerichteten Bogen in der Sehne. Auf dem Hochland war der Schnee etwas besser für den Schlitten als unten. Die kurze Strecke, welche uns, als wir den Kangek wieder erreicht hatten, noch von dem Orte Kajak am Unalitschok oder Hagenbeck-River trennte, schritten wir gleichfalls über Land, nachdem wir den Kangek passirt hatten. Als wir uns in der Dunkelheit Kajak näherten, hatte ich den Anblick eines seltenen Phänomens, indem ein strahlendes grünlich leuchtendes Meteor dicht vor uns niederfiel. Ich hatte den Eindruck, als ob der Ort des Falles sich noch vor einem nahe gelegenen Hügel befand. In Kajak fanden wir die Häuser verlassen, da sich alle Einwohner auf Rennthierjagd befanden. Wir benutzten dasselbe Haus, in welchem wir bereits auf der Hinreise übernachtet hatten. Auch der Schlitten von Selawik-River blieb hier bis zum andern Morgen, wo er südwärts weiter fuhr.

Wir schalteten jetzt einen Ruhetag ein, da es dringend nothwendig geworden war, für unsere abgetriebenen Hunde wieder einmal eine kräftige Suppe zu kochen. Auch hatten wir genug damit zu thun, unsere Stiefel und Handschuhe auszubessern. Einige Eskimos, welche ich auf die Jagd schickte, kehrten Abends mit einigen Schneehühnern wieder heim. Der Aufenthalt in diesem grossen und schönen Eskimohause war einer der angenehmsten, den ich seit langer Zeit hatte. Mein Reisekollege Woolfe erlebte hier eine Ueberraschung. Er hatte auf der Herreise hier im Hause das Fell eines Rothfuchses und einige Rennthierfelle gekauft, aber im Hause zurück gelassen, um sie bei unserer Rückkunft mitzunehmen. Die Felle waren aber nirgends zu finden, da sie der Verkäufer wohl wieder an sich genommen hatte. Auch in Inuktok war mein Reisekollege von einem Eskimo betrogen worden, indem letzterer ihm einige Felle verkaufte und sie ihm bis zu seiner Rückkunft aufzuheben versprach, inzwischen dieselbe Waare an einen Händler nochmals verkaufte, sich aber weigerte, Herrn Woolfe späterhin den Kaufpreis zurück zu zahlen. Ich erwähne diesen Umstand besonders deshalb, weil ich Reisende, welche einen schwächlichen Körperbau haben, davor warnen möchte, sich unter solche Naturvölker wie diese Eskimostämme sind, ohne besonderen Schutz zu begeben. Diese Eingebornen, welche stets in der Lage sind, ihre Körperkräfte stark anzuspannen und kein anderes Recht anzuerkennen, als das Recht des Stärkeren, nehmen nur zu leicht die Gelegenheit wahr, einen körperlich schwachen weissen Mann zu übervortheilen. Ich habe oft unter den Eskimos sowohl wie unter den Indianern den einzigen Schutz in meinem energischen persönlichen Auftreten gefunden. In British Columbien trat hierzu noch der gewaltige Respekt, den die Eingebornen vor den Kanonen der englischen Kriegschiffe haben. In Alaska haben die Beziehungen der Handelsgesellschaften auf friedlichem Wege etwas dem ähnliches geschaffen. Ich habe vielfach den Eskimos klar gemacht, wenn ich sah, dass sie mich übervortheilen wollten, dass ich, falls sie dies thäten, ihre schlechte Handelsweise sorgsam in mein Notizbuch verzeichnen und späterhin allen weissen Leuten zeigen würde, damit keiner von meinen Landsleuten mehr zu ihnen kommen und Handel treiben sollte. Wenn man ein derartiges Vorgehen durch energisches persönliches Auftreten, durch breite Schultern und kräftige Gliedmassen unterstützt, so erreicht man in vielen Fällen seinen Zweck und schützt sich vor Betrug.

Am nächsten Morgen setzten wir die Reise fort, wurden aber im Laufe des Tages, wie so häufig, durch einen uns entgegenkommenden Schneesturm überrascht, der uns zwang, bei Dunkelwerden uns in das dichte Gehölz zurück zu ziehen und dort aus unsern Schlittendecken Zelte zu machen, in denen wir die Nacht zubrachten. Trotz des schlechten Wetters enthielt unsere Speisekarte an diesem Abend das Menu Hasensuppe und Pfannkuchen. Während der Nacht legte sich der Sturm, so dass am andern Vormittage das schönste Wetter herrschte, als wir den Fluss verliessen und die Wasserscheide zwischen dem Gebiete des Kotzebuesundes und des Nortonsundes überstiegen. Wir erreichten wieder den Bach Pujulik und trafen jenseits der Höhe in der Nähe des nach Süden strömenden Eritak-Rivers dieselbe Hütte, in der wir vier Wochen früher übernachtet hatten. Wir hielten wieder eine gute Mahlzeit, mit Suppe von Schneehühnern und andern Genüssen, unsere armen Hunde jedoch, deren Futter stark auf die Neige ging, mussten sich diesmal mit einem bescheidenen Mahle begnügen. Unser unheimlicher Reisebegleiter, der Schlitten von Selawik-River blieb auch hierselbst während der Nacht.

Die grösste Tour, welche ich auf dieser Expedition in einem Zuge zurücklegte, folgte am zweitnächsten Tage, nachdem wir noch einmal im Dorfe Itlauniwik Halt gemacht hatten und für unsere erschöpften Zugthiere den Rest der Fische, die wir noch besassen, zu Suppe gekocht hatten. Wir benutzten alsdann den schönen Mondschein, brachen um 3 Uhr Morgens auf und gingen bei schönem Wetter und vom Nordwinde begünstigt den Kujuk-River stromabwärts, worauf wir die Mündung dieses Flusses und das gleichnamige Dorf am Ufer der Nortonbay um 11 Uhr erreichten. Gegen Abend wendeten wir uns westwärts, wo wir Eisaks Sohn beim Fischen antrafen und mit ihm die Nacht zubrachten. Am nächsten Mittag nahm uns dann wieder unser norwegisches Bauernhaus in Orowignarak in sich auf, nachdem wir zu unserer Reise nach Kotzebuesund und zurück im Ganzen 38 Tage gebraucht hatten. Eisak verdiente und empfing von uns Vorwürfe. Er hatte nämlich eine Büchse mit Bisquit, welche wir in Itlauniwik für unsere Rückkehr als Reserveproviant in Aufbewahrung gegeben hatten, geöffnet und zum grössten Theil für sich verwandt, als er nach seiner damaligen Trennung von uns durch den genannten Ort wieder nach Orowignarak zurückkreiste.

So ermüdet wir auch von der Tour waren, so durften wir Eisaks Haus doch nicht für längere Zeit zum Aufenthaltsorte wählen. Das einzige was wir uns gestatteten, war eine $1\frac{1}{2}$ tägige Rast, welche wir dazu benutzten, um die dringendsten Vorbereitungen für die endliche Rückkehr nach Fort St. Michael zu machen.

Eisak nebst Frau und Sohn sowie eine Anzahl anderer Eskimos begleiteten uns auf unserer Weiterreise nach Fort St. Michael und unsere Karawane vergrösserte sich allmählich bis auf acht Schlitten mit 25 Mann. Nach einem anstrengenden Tagesmarsche über das Eis von Nortonsund langten wir spät Abends in Schaktolik an. Um hier die höchst unangenehme und zum Betteln geneigte Reisegesellschaft los zu werden, welche sich mir angehängt hatte, ging ich mit meinem Reisegefährten in eine Eskimohütte, welche von ihren Einwohnern kurz vorher wegen des Todesfalles eines Kindes verlassen war. Trotz ihrer Sehnsucht nach Thee und Pfannkuchen folgten uns die mitgekommenen Eskimos hierhin nicht nach, da sie eine viel zu grosse abergläubische Furcht, wie alle ihre Landsleute, vor der Leiche hatten. Der Einzige, welcher mit uns im Hause schlief, war mein beherzter Führer Ningawakrak.

Am nächsten Tage tobte wieder einmal ein Schneesturm von solcher Stärke, dass man kaum 20 Schritte vor sich sehen konnte. Da wir an dergleichen Erscheinungen nachgerade gewöhnt waren, so machten wir uns mit allen Schlitten auf den Weg. Aber obgleich uns der Wind günstig war, so hatten wir doch einen harten Kampf zu bestehen, um hindurchzukommen. Unterwegs machte ich an einem kleinen Häuschen Halt, da ich wusste, dass daselbst ein Amulet aus Nephrit vorhanden war. Ich kaufte dasselbe, da es ein seltenes Stück war, für einen theuren Preis. Dann setzten wir den Weg längs der Küste fort, so dass wir uns nicht verirren konnten. An das Erkennen jedes anderen Weges wäre einfach nicht zu denken gewesen. Hätten wir nicht so grosse Sehnsucht gehabt, unsere Reise zu beendigen, so wäre wohl Niemand von uns bei diesem fürchterlichen Unwetter weiter gefahren.

Es war einer der schlimmsten Tage, die ich während meiner Reise erlebte. Um vier Uhr Nachmittags waren wir äusserst froh, als wir Eggawik, das letzte Mallemutendorf, als schützendes Obdach erreichten und bald bei einem erwärmenden Feuer und einer guten Tasse Thee die Strapazen des Tages vergassen. Auch unsere Hunde labten sich nicht wenig an getrockneten Lachsen, die wir hier kauften. Das Wetter wurde am nächsten Tage schön, so dass wir in der Nachmittagsstunde in Unalaklik ankamen, wo wir übernachteten. Alsdann mussten wir noch einmal und zwar in Kikertaok, bleiben, worauf wir am Montag, den 26. Februar in der Mittagsstunde, nach mehr als viermonatlicher Abwesenheit Fort St. Michael wieder erreichten.

XX.

Ich hatte jetzt während meines noch nicht halbjährigen Aufenthaltes in Alaska das grosse Land nach drei Hauptrichtungen bereist und dabei Fort St. Michael stets als Ausgangspunkt genommen. Nach Osten war ich 900 engl. Meilen landeinwärts vorgedrungen, nach Westen bis zur Beringstrasse und nach Norden bis zum Kotzebuesund gelangt und auf diesen drei Expeditionen etwa 7000 ethnographische Gegenstände für das Berliner Museum gesammelt. Es handelte sich nunmehr noch darum, eine grosse Tour nach Süden zu unternehmen, von der ich indessen, da sich im Süden leichter eine Gelegenheit bieten konnte, das Land zu verlassen, als in Fort St. Michael, nicht wieder zurückzukehren beabsichtigte.

Mein Aufenthalt dauerte diesmal in Fort St. Michael drei Wochen. Ich fand bei meiner Ankunft Alles unverändert und im alten Geleise und wurde wie gewöhnlich mit grosser Herzlichkeit empfangen. Der Umstand, dass ich weit oberhalb am Yukonstrom, wie ich berichtet habe, aus einem Indianergrabe einen Schädel für die wissenschaftliche Untersuchung entnommen hatte, war immer noch nicht vergessen, denn die Ingalik hatten ihn gegen die weissen Händler ausgebeutet und diese wieder beklagten sich darüber bei Mr. Lorenz in Fort St. Michael. Der letztgenannte Herr liess eine Anzahl von Ingalik aus Nulato, welche sich gleichfalls über mich beklagten, zu sich kommen, worauf ich ihnen durch einen Dolmetscher erklären liess, dass sich die betreffende Angelegenheit hundert Meilen und mehr stromaufwärts ereignet habe. Alsdann legte Hr. Lorenz den Ingalik ein medizinisches Werk mit Abbildungen von menschlichen Skeletten und Gliedern vor und erklärte ihnen, dass zur richtigen Kenntniss der für jeden Menschen geeigneten Medizin eine genaue Kenntniss seines Körpers nothwendig sei und dass die weissen Leute dieses Alles kennen lernen müssten. Er sagte ihnen, dass auch die Köpfe der weissen Leute zu demselben Zweck untersucht würden, und dass kein Einziger unter den weissen Leuten böse darüber sei, sondern dass sie die Medizinmänner in grossen Ehren hielten, deshalb sollten auch sie ruhig nach Hause gehen und den andern Ingalik sagen, dass sie nicht böse sein sollten.

Diese ethnographische Vorlesung hatte den gewünschten Erfolg und die Leute gingen beruhigt von dannen. Ich begann darauf meine Sammlung zu registriren und einzutragen, wobei mir der jüngere Bruder des oben genannten Eskimohändlers Saxo getreulich half. Auch lohnte ich meinen Führer Ningawakrak ab, indem ich ihm zugleich für eine neue Reise, die er in einer Gegend, nördlich von Kotzebuesund, ausführen wollte, eine Quantität Handelsartikel anvertraute, für welche er mir Waaren einkaufen sollte. Ich konnte dieses um so eher thun, als ihm die Alaska-Commercial-Company einen dreimal so grossen Credit als ich gegeben hatte.

Neben diesen Angelegenheiten spielte die Sorge für meinen Körper die Hauptrolle. Ich nahm die köstlichsten Dampfbäder und liess meine Kleidungsstücke reinigen und waschen, die Stiefel ausbessern und die Handschuhe repariren. Ferner gab ich meine Hunde in gute Pflege, damit sie sich von den Strapazen erholten, denn die Tour, welche ihnen noch bevorstand, war grösser als diejenige, welche sie bisher zurückgelegt hatten. Dann packte ich alle meine Sachen ein, damit sie im Sommer mit dem nächsten Schiffe nach Europa geschickt werden könnten, und schrieb Briefe und Berichte nach dort.

Als ich etwa eine Woche in Fort St. Michael weilte, kam

eines Tages Mr. Greenfield, der Hauptagent der Western Fur
Trading-Company, zu uns herüber in das Haus des Mr. Lorenz
und machte die Mittheilung, dass während der letzten Nacht sein
Waarenlager erbrochen und eine grosse Partie von Handelsartikeln daraus entwendet worden sei. Es stellte sich bald heraus,
dass von den zur Zeit in Fort St. Michael verweilenden Schlitten
einer fehlte; es war dies jener Schlitten vom Selawik River, der mit
uns die Reise von Kotzebuesund bis nach Nortonbay zusammen gemacht hatte, und der mit seinen beiden Führern, zwei Eskimos von
Kotzebuesund, während der Nacht verschwunden war. Mr. Leawitt,
der Offizier des Signal Service, erbot sich, falls man zur Verfolgung der Diebe eine Expedition ausrüsten wollte, daran Theil
zu nehmen, und als man sich entschloss, dies auszuführen, wurde
auch ich eingeladen, mitzugehen. Wie es sich später herausstellte,
wurde einer der beiden Eskimos in Fort St. Michael wieder aufgefunden und behauptete bei dem mit ihm vorgenommenen Verhör,
dass er an dem Diebstahl ganz unbetheiligt sei und dass er jenen
andern Eskimo nicht einmal dem Namen nach kenne.

Der Dieb mit dem vollgepackten Schlitten hatte einen Vorsprung von beinahe zwölf Stunden, als wir uns, gut bewaffnet,
auf mehrere leichte Schlitten setzten und die Verfolgung begannen.
In der Dunkelheit gelangten wir nach Kikertaok, wo wir die Nachricht erhielten, dass der Schlitten, welchen wir verfolgten, in der
Nachmittagsstunde vorbeipassirt sei. Wir fuhren sofort weiter, da
wir wussten, den Dieb nunmehr sicher in Golzowa, einem Eskimodorfe an der Golzowabay, anzutreffen. Es war so dunkel, dass
wir an dem Orte zuerst vorüberfuhren, ohne ihn zu bemerken;
als wir unsern Irrthum bemerkt hatten, kehrten wir wieder um.

In der Nähe des Ortes hielten wir einen Kriegsrath und da
wir wussten, dass der Dieb bewaffnet war, so betraten wir Alle
zugleich das nächste Haus. In dem Eingang trat uns ein alter
Eskimo entgegen, welcher auf unsere Frage, ob der Dieb in seiner
Hütte sei, verlegen antwortete, der Mann sei nach dem nahen
Kassigit gegangen, aus welchem Trommelschlag und Gesang durch
die Nacht ertönte. Wir stürmten sogleich dorthin und erfuhren
sofort, dass wir zuerst auf der richtigen Fährte gewesen. Wir liefen

wieder nach dem ersten Hause zurück, aber der Vogel war schon ausgeflogen, er hatte das Oberlichtfenster des Hauses hinweggeschoben
und war halb angekleidet aus dieser Oeffnung entflohen. Ich lief
auf das Dach, aber es war so dunkel, dass nichts zu erkennen war.

Ein Eskimo, welcher draussen bei unseren Schlitten als Wache
aufgestellt war, stand während dieser Zeit schussbereit da, sorgsam
auf jedes Geräusch achtend, welches sich erhob. Der Dieb, welcher
nicht wusste, wo die Schlitten standen, kam auf seiner eiligen
Flucht in der Nähe derselben vorbei und wurde von dem Eskimo
bemerkt, der seine Waffe erhob, um ihn an der Fortsetzung der
Flucht zu hindern. In demselben Augenblicke aber bemerkten
auch die Hunde den fremden Mann, und da sie gewöhnt sind,
hinterherzustürmen, sobald Jemand sich schnell bewegt, so zogen
sie plötzlich den Schlitten an. Hierdurch fiel der Eskimo nach
hinten zurück in den Schlitten und bevor es ihm gelang, die
Hunde zu zügeln und sich aufzuraffen, war der Dieb in der Dunkelheit verschwunden. Wie wir späterhin vernahmen, lief der arme
Kerl, aus Furcht, dass wir immer noch hinter ihm her seien, halb
angekleidet wie er war, zwei Tage und zwei Nächte lang nach
Nordwesten über das Eis des Nortonsundes, und als er zuletzt
nicht mehr laufen konnte, schlief er im Freien auf dem Eise.
In Folge dieser fast beispiellosen Leistung gelangte er so weit,
dass wir ihn in der That nicht eingeholt haben würden, selbst
wenn wir ihn verfolgt hätten. Wir dachten nicht daran, hinter
ihm herzufahren, sondern nahmen seinen mit vier prächtigen
Hunden bespannten Schlitten, welcher die ganze Diebesbeute enthielt, mit uns, nachdem zuvor der Mann, der uns seine Anwesenheit verheimlichte, eine Strafpredigt erhalten hatte.

Als wir am nächsten Abend todesmüde wieder in Fort St.
Michael anlangten, wurden wir von Mr. Lorenz und den übrigen
Anwesenden tüchtig ausgelacht, dass wir den Dieb nicht mitgebracht hatten. In Folge des angestellten Verhörs wurde bekannt,
dass die Ingalik, welche sich in Fort St. Michael aufhielten, vorher wohl gewusst hatten, dass der Einbruch verübt werden würde,
sie sagten aber, sie hätten nur darum keine Meldung davon gemacht, weil sie sich vor der Rache des Diebes gefürchtet hätten.

Dieser Vorfall, sowie die immer mehr überhand nehmende Unverschämtheit der Ingalik und der nördlich wohnenden Eskimos liessen die Stationsvorsteher der beiden grossen Handelsgesellschaften zu dem Entschlusse kommen, dass sie in Zukunft nicht mehr gegen einander concurriren, sondern dass abwechselnd einen Tag um den andern, heute diese, morgen jene Gesellschaft Handelsgeschäfte mit den Eingeborenen betreiben wollte. Eine fernere Bedingung dieses Abkommens war, dass allgemein die Preise für Felle heruntergesetzt wurden, sowie endlich drittens, dass der Zucker aus der Liste der Handelsartikel gestrichen wurde, damit die Mallemuten keine Gelegenheit mehr erhielten, sich davon Whisky zu bereiten. Dieser neue Bund wurde durch gegenseitige, je zwei Tage dauernde Besuche der Familien der beiden Stationsvorsteher besiegelt.

So verging die Zeit äusserst schnell und ich hatte meine Vorbereitungen zur Reise nach dem Süden bald getroffen. Nach herzlichem Abschiede von allen genannten Personen und auch von meinem Reisegefährten Mr. Woolfe begann ich am 18. März 1883 früh Morgens meine weite Reise. Mein Schlitten war sehr schwer beladen, denn er trug Proviant für zwei Monate und viele Handelsartikel. Er war mit 13 kräftigen Hunden bespannt, welche grosse Anstrengungen machen mussten, um ihn durch den tiefen Schnee zu ziehen. Wir gingen längs der mir sehr genau bekannten Küste des Nortonsundes nach der Mündung des Yukonstromes. Mein Führer, ein junger und träger Eskimo, klagte bald über allerhand Schmerzen, so dass es mir unmöglich war, ihn in der von mir gewünschten Schnelligkeit vorwärts zu bringen.

Wir mussten in einer verlassenen Eskimohütte übernachten und erreichten erst am andern Morgen, nachdem wir abermals eine Stunde lang marschirt waren, das Dorf Pikmiktalik, hier tauschte ich meinen Führer gegen einen andern um und setzte bei recht warmem Wetter die Reise bis über Cap Romanzoff hinaus, bis etwa nach jener Stelle fort, an der ich, auf meiner herbstlichen Reise, bei der Rückkehr vom Yukonstrom mit meinem vollbepackten Fellboot Schiffbruch gelitten hatte. Hier schlugen wir unser Zelt auf und übernachteten, während draussen sich wieder ein Sturm erhob. Mein körperlicher Zustand war nicht der beste, denn ich war trotz aller Vorkehrungsmassregeln fast vollkommen schneeblind geworden und litt heftige Schmerzen. Natürlich durfte dies die Reise keinen Augenblick aufhalten und so fuhren wir denn am nächsten Morgen gegen heftiges Schneegestöber und Südsturm weiter, bis wir Nachmittags in Pastolik anlangten. Hier widerfuhr mir ein neues Malheur.

Bei meinem Eintritt in das Kassigit trat ich fehl und fiel in den unglücklicher Weise sehr tief gelegenen Unterraum hinab. Zugleich schlug ich mit dem rechten Schienbein direkt auf den Stein, welcher unterhalb der Einsteigeöffnung angebracht ist. Es war ein Glück, dass meine Knochen den Fall aushielten und nicht zerbrachen, der Fuss schwoll mir unter grossen Schmerzen stark an und dauerte es späterhin bis zum Monat April, bis ich ihn wieder wie gewöhnlich gebrauchen konnte. Ich muss keineswegs einen empfehlenden Eindruck gemacht haben, als ich blind und lahm im Kassigit die Kwikpagemuten von Pastolik, welche noch vom Herbst her meine guten Freunde waren, um mich versammelte, um mit ihnen Handelsgeschäfte zu treiben. Ich kaufte hierselbst mancherlei Gegenstände, namentlich viele Tanzmasken.

Obwohl Sturm und Schnee am nächsten Morgen die Weiterfahrt verboten und auch mein körperlicher Zustand nicht grade besonders günstig war, so durften mich doch solche Umstände nicht davon abhalten, meinen Weg fortzusetzen, um so weniger, als ich nur eine kurze Strecke zu fahren hatte, um den viel genannten Ort Kutlik, den an der Mündung des Yukon gelegenen Handelsposten der Alaska-Commercial-Company zu erreichen. Da ich weder stehen noch gehen konnte, so liess ich mich auf den Schlitten legen und erreichte gegen Mittag den genannten Ort. Der Stationsvorsteher Herr Kammkoff, von welchem ich zehn Hunde meines Gespannes erhalten hatte, von denen die Mehrzahl den weiten Weg von hier aus nach Golowninbay und von dort mit mir zurück bis hinauf nach Kotzebuesund und dann wieder abwärts bis hierher zurückgelegt hatte, empfing mich mit ausserordentlicher Freundlichkeit und Biederkeit.

Mein Fuss wurde von ihm sofort in geeignete Behandlung

genommen und fleissig gebadet, wodurch ich eine geringe Besserung erfuhr. Da ich schon zwei Mal an Kutlik vorüber gefahren war ohne daselbst Einkäufe zu machen, so benutzte ich jetzt die sich mir darbietende Gelegenheit und erwarb eine Anzahl von ethnographischen Gegenständen, die ich meiner Sammlung hinzufügte. Die Collection war vom Fort St. Michael bis hierher schon ziemlich angewachsen, so dass ich sie als eine kleine Sendung zusammenstellen konnte, welche Herr Kammkoff im Frühjahr nach Fort St. Michael zu schicken versprach. Ich blieb theils dieser Besorgungen, theils meines angeschwollenen Fusses wegen, der sich unter der entsprechenden Behandlung überraschend schnell zu bessern begann, hauptsächlich aber des überaus schlechten Wetters wegen hier den ganzen nächsten Tag.

Mein freundlicher Wirth, welcher ausgedehnte Reisen in derjenigen Gegend gemacht hatte, welche ich zu besuchen im Begriff stand, gab mir eine lange Beschreibung der Sitten und Gebräuche der dortigen Bewohner. Leider aber trug er dieses Alles in russischer Sprache vor, von welcher ich nur sehr wenig verstehe. Seine Liebenswürdigkeit war mit seinen Mittheilungen noch nicht erschöpft, sondern als ich am zweitnächsten Tage aufbrach, gab er mir zur Begleitung einen seiner Schlitten und drei seiner Leute mit. Hierdurch erhielt ich den Vortheil, dass ich meinen Schlitten erheblich erleichtern konnte. Welchen Werth diese Begleitung für mich hatte, möge aus meinem unumwundenen Geständniss erhellen, dass ich glaube, dass wir uns in dem noch unverändert wüthenden Schneesturm, bei dem selbst die Hunde nur mit grösster Schwierigkeit vorwärts zu bringen waren, verirrt haben würden. Unser erfahrener Führer aber brachte uns wohlbehalten durch das Schneetreiben nach dem aus drei Häusern bestehenden Orte Nunapiklogak, wo wir wieder im Kassigit übernachteten.

Am nächsten Morgen setzten wir unsern Weg trotz des stürmischen Wetters fort. Die Schlitten sanken tief in den Schnee, und die Hunde waren selbst durch Schläge mit der Peitsche kaum zu bewegen, vorwärts zu gehen. Wir waren bald alle bis auf die Haut durchnässt und wurden froh, als wir Nachmittags den Nanuwarok River erreichten, woselbst wir in dem Dorfe gleichen

Namens von den Bewohnern sehr freundlich aufgenommen wurden. Ich kaufte eine Anzahl von Gegenständen für die Sammlung. Ich bemerkte hier, dass die Bewohner sich durch ein Spiel unterhielten, welches ich bereits in Golowninbay kennen gelernt hatte.

Vier Männer betheiligten sich an diesem Spiel. Zwei setzten sich links vom Eingang an die Wand, die beiden Andern rechts. Seitwärts von jeder Partie wurde oben an der Wand ein Brett mit einem darauf aus Kohle gezeichneten Kreis als Ziel angebracht. Jeder Spieler war mit einem nur 6—8 Zoll langen hölzernen Speer, der eine eiserne Spitze besass und am hinteren Ende eine grosse Vogelfeder trug, bewaffnet. Es spielten immer die beiden neben einander sitzenden der einen Wandseite gegen die der andern Wandseite. Jeder Mitspieler warf hintereinander seine beiden Speere nach dem gegenüber liegenden Ziele. Das Treffen des Kreises wurde durch kleine Holzstäbchen markirt. Ich bemerkte, dass einige der Mitspielenden es recht gut verstanden, das Centrum zu treffen. Dieses Spiel ist für die Einwohner in hohem Grade vortheilhaft, denn sie können die hierdurch erworbene Handfertigkeit aufs Beste beim Seehundsfang und auf der Vogeljagd verwerthen.

Ich blieb noch den nächsten Tag an diesem Orte, obgleich die Hütte, in der wir wohnten, so schadhaft war, dass wir sämmtlich durchnässt wurden. Herrn Kammkoff's Leute kehrten von hier nach Kutlik zurück, während ich hier am Orte drei Leute mit einem Schlitten miethete und mit ihnen den Marsch fortsetzte. Bei abscheulichem Wetter kamen wir am Mittag des 27. März nach Eratlerowik, wo wir bleiben mussten. Die Häuser waren hier halb angefüllt mit Schmutz und Wasser; auch die Bevölkerung liess viel zu wünschen übrig. Obgleich es hier viele Fische gab, so wurde mir doch ein hoher Preis für dieselben abverlangt. Ich kaufte hierselbst ein werthvolles Stück aus bearbeitetem Nephrit. Trotzdem der Aufenthalt hierselbst so unangenehm war, wie er überhaupt nur unter ähnlichen Umständen sein kann, so wurde ich doch durch den furchtbaren Sturm und das Unwetter genöthigt, einen Tag liegen zu bleiben und konnte erst am nächsten Tage den Weg fortsetzen.

Als wir uns wieder auf dem Marsche befanden, wollten meine

Leute fast in jeder Stunde Halt machen, um Thee zu kochen. Ich dagegen hatte den lebhaftesten Wunsch vorwärts zu kommen und lief deshalb jedesmal, so oft meine Eskimos nicht weiter gehen wollten, vorwärts, trotzdem mein Fuss mich noch sehr schmerzte. Mein Eifer wurde von Erfolg gekrönt, denn um 9 Uhr Abends langten wir in der Station Andrejewski am Yukonstrom an. Freilich waren wir inzwischen einmal durch das Eis gebrochen und wurden total durchnässt; auch erreichten wir nur mit zwei Schlitten die Station, während der dritte unterwegs liegen geblieben war und erst am andern Tage nachkam. Der Stationsvorsteher Herr Carl Pettersen, mein alter Freund, empfing mich sehr liebenswürdig und verbrachte mit mir die halbe Nacht in anregendem Gespräch.

Ich fasste hier in Andrejewski den Entschluss, den Lauf des Yukon zu verlassen und quer über die Tundra südwärts nach Cap Vancouver mich zu wenden. Mein Wirth, ein geborener Schwede, welcher schon sehr viele Reisen im Dienste der Alaska-Commercial-Company nach jener Gegend ausgeführt hatte, gab mir eine ausführliche Beschreibung des Landes und seiner Bewohner. Während im Sommer die weite ebene Fläche der Tundra durch zahllose Wasserspiegel von Seen und Teichen, sowie durch blinkende Silberbänder von Flüssen, Bächen und Wasseradern belebt ist und man sich dadurch sowohl, wie durch den Stand des Tagesgestirns beim Wandern zurecht finden kann, bedeckt zur Winterzeit eine einzige majestätische weisse Decke, überall gleichmässig den Rand des Horizontes abschliessend, wie ein gewaltiges Leichentuch auf hunderte von Meilen absolut ebenen Terrains Land und Wasser, während der Himmel meist in dichte Wolkenschleier gehüllt, sich wie eine einfarbige graue Glocke überall auf den Horizont auflegt. Keine Erhöhung rings umher im weiten Kreise entdeckt das Auge des Wanderers. Seine eigene Körperhöhe bildet den höchsten Aussichtspunkt über den er verfügt und gestattet ihm, nach den Gesetzen der Erdkrümmung, deshalb nach keiner Richtung hin weiter als einige englische Meilen zu sehen. Kein Baum, kein Strauch zeigt dem einsamen Reisenden den Weg, kein Haus und kein Hauswappenpfahl winkt ihm aus der Ferne freundlich zu. Nur um wenige Fuss überragen die flachen rundlichen Eskimohütten die Ebene, wenn sie nicht durch den Schnee einer Nacht, wie es oft genug vorkommt, gleichmässig überdeckt werden. Es gehört eine sehr genaue Ortskenntniss und eine ausgezeichnet ausgebildete Orientirungsgabe dazu, sich auf diesem Gebiete, wo oft die Schlittenspur des Wanderers, wie auf dem Meere das Kielwasser des Schiffes, die einzige Richtschnur für den Pfad bildet, zurecht zu finden, umsomehr, als selbst die kleine Aussichtsfläche über die das Auge bei klaren Wetter schweift, an sehr vielen Tagen durch ein undurchdringliches Schneegestöber bis auf einige Schritte rings um den Schlitten eingeschränkt wird. So kommt es nicht selten vor, dass der Reisende, welcher sich im Schneesturm auch nur auf einige Minuten von seinem Schlitten entfernt, denselben nicht wieder aufzufinden vermag. Die klugen Hunde, ihres Führers beraubt, pflegen sich dann zusammengerollt im Schnee niederzulegen und sich einschneien zu lassen, und der Reisende kann, — wie dieses einmal meinem Wirthe Herrn Carl Pettersen in Andrejewski passirt war — alsdann in ihrer unmittelbaren Nähe die ganze Nacht hindurch umher irren, ohne dass sie einen Laut von sich geben.

Nachdem ich den Entschluss gefasst hatte, über die Tundra zur Winterzeit zu gehen, versprach mir Herr Pettersen, dass er mir einen seiner Trader für einen grösseren Theil meiner Reise als Begleiter mit auf den Weg geben würde. Zugleich machte ich einige nothwendige Vorbereitungen, indem ich alle diejenigen Sachen meiner Sammlung, welche ich noch bei mir hatte, sowie diejenigen, welche mir mein Wirth schenkte, in eine Kiste packte, welche von Andrejewski aus mit der nächsten Gelegenheit nach Fort St. Michael geschickt werden sollte.

XXI.

Beginn der Schlittenreise über die Tundra, 2. April 1883. Abschied vom Yukon.
Landschaftliches Gepräge der Tundra. Kjokkaktolik. Der isolirte Kusilwakberg.
Mangel an Brennmaterial. Die Einwohner essen alles roh. Die fünf „Nordenskiöld's-Vulkane". Viele Polarfüchse. Kein Futter für die Hunde. Schwierigkeit sich zu orientiren. Ein bedeutendes Tundradorf von sechs Hütten. Eine
sehr ärmliche Gegend. Wir erreichen das Meer. Vancouverbay. Fortsetzung der
Schlittenreise längs des Strandes. Ein Wolf. Im Hungerdorfe wird uns ein Sack
mit Bohnen gestohlen. Ich kaufe einen Schlitten voll getrockneter Heringsköpfe
als Hundefutter. Epidemische Krankheit. Ausfall der winterlichen Tänze. Keine
Tanzmasken. Interessante Erwerbungen. Höchster Grad von Unsauberkeit. Sumpfige
Hütten. Schlammkrusten auf den Schlafdecken. Schöne Grabmonumente in Tununak. Schön geformte Kajaks. Junge Mädchen mit hölzernen Idolen. Zwei Wasser-
wege über die Tundra. Uebersteigung der Halbinsel des Cap Vancouver. Das
grosse Eskimodorf Kikertaurok. Nebensonnen. Südsturm mit Schnee. Unser
Führer verliert den Weg. Wir müssen bei Sturm im Freien kampiren. Horn-
fische für die Hunde. Ein neuer Sturm. Ich bin fast erblindet. Ein fremder
Hund bricht durch unser Dach. Perlenschmuck der Weiber. Tätowiren des Kinnes.
Weiterfahrt. Ein umgestülptes Boot als Winterquartier zweier Eskimofamilien.
Wir engagiren einen tüchtigen Führer. Weitermarsch gegen Kälte und Sturm.
Zwei sehr grosse Grabmonumente in Klekusiremuten. Wir erreichen die Kusko-
quimbay und den Kuskoquimfluss. Ueberschreiten des Stromes. Ohne Führer.
Ankunft in Mamtratlagemuten beim Stationsvorsteher Nicolai Kamalkowski.

Meine Schlittenreise über die Tundra begann früh Morgens
am 2. April 1883. Es war ein stattlicher kleiner Zug, den wir
bildeten. Voran mein grosser schwer bepackter, mit 14 Hunden
bespannter Schlitten, hierauf zwei Schlitten Pettersens mit insgesammt 16 Hunden bildeten die Karawane. Der erste war mein
Begleitschlitten, welcher einen Theil meines Gepäckes trug, der
zweite gehörte dem Trader, welcher in derselben Richtung reiste.

Der Schnee war hart und gut und das Wetter bei unserer
Abreise so günstig, wie wir es in dieser Jahreszeit nur wünschen
konnten. Wir fuhren zunächst den Kwikpak oder Yukonstrom,
von dem ich hiermit Abschied nahm, eine Strecke weit hinunter
und wandten uns alsdann einen kleinen Nebenfluss hinauf, dessen
Windungen wir indessen abschnitten. Die Tundra zeigte schon
hier jenes eigenthümliche landschaftliche Gepräge, die Bedeckung

war mit vielen kleinen Wasserspiegeln durchzogen; aber es war
uns sowohl hier wie bei Fortsetzung der Reise unmöglich, stets
genau zu wissen, ob wir uns grade über Land oder eisbedecktes
Wasser bewegten. Die Vegetation bestand hier in unmittelbarer
Nähe des Yukonstromes noch aus Nadelbäumen und Buschwerk.

Mittags 1 Uhr machten wir an dem kleinen Eskimodorfe
Kjokkaktolik, welches an einem Flüsschen gleichen Namens gelegen ist, Halt, um Thee zu kochen. Die Sorge, für unsere 30
Hunde Futter zu erhalten, liess uns' hier einen Eskimo engagiren,
welcher bei Fortsetzung unserer Reise eine Strecke weit mit uns
zog bis zu einem benachbarten Wasserlaufe, in welchem derselbe
einen Vorrath von Fischen aufbewahrte, den er uns verkaufte.

Hier standen wir am Rande der eigentlichen Tundra, welche
sich wie ein weiter See gleichförmig vor uns ausbreitete. Nur an
einzelnen Punkten, beispielsweise am Kusilwak-Fluss, beherrschte
ein hochragender isolirter Bergkegel die Gegend. Wir übernachteten in dem Orte Kaggan an der Südwestecke eines Sees desselben Namens. Es gelang uns nur mit äusserster Mühe, so viel
Brennmaterial zu erhalten, dass wir unsern Thee bereiten konnten.
Wir merkten es jetzt, dass wir uns einem Gebiete näherten, in
welchem die Eingeborenen selten oder nie Holz zum Kochen der
Speisen besitzen und letztere deshalb gewöhnlich roh verzehren.

Schon nach diesem ersten Tage zeigte es sich, dass keiner
meiner Leute und Reisebegleiter über die Richtung, in welcher
wir weiter reisen mussten, so genau orientirt war, dass er uns als
Führer dienen konnte. Wir nahmen deshalb am nächsten Morgen
einen ortskundigen Eingeborenen mit. Da es in einem so ebenen
Gebiet wie die Tundra als ein Ereigniss zu betrachten ist, wenn
man einen isolirten Berg oder Hügel aufragen sieht, so wandten
wir uns einer Gruppe von fünf Bergen zu, welche wir schon am
Tage vorher in südwestlicher Richtung bemerkt hatten. Als wir
uns diesen bis dahin unbekannten Bergen genähert hatten, entdeckten wir, dass es fünf zur Zeit unthätige Vulkane waren. Ich
erstieg einen der niedrigsten unter ihnen, der sich mit seinen
steilen Böschungen einige hundert Fuss über dem Erdboden erhob.
Der Kraterrand war ausgezackt wie ein Festungsthurm und um-

schloss einen Krater, welcher etwa 300 Fuss im Durchmesser besass und 150—200 Fuss trichterförmig hinabstieg. Der Boden des Kraters war mit Schnee bedeckt. Die übrigen vier Vulkane, welche im Umkreise von 4—5 engl. Meilen sich befanden, waren höher; der höchste mochte etwa 1000 Fuss über die Tundra empor ragen. Ich benannte diese Gruppe nach dem berühmtesten Polarforscher unseres Jahrhunderts die Nordenskiöldsgruppe.

Unser Weg führte uns mitten durch diese Gruppe hindurch, woselbst wir viele Polarfüchse fanden. Als wir uns wieder der Tundra anvertraut hatten, begann es zu schneien, und damit war jede Orientirung unmöglich. Nach der Versicherung unseres Führers befand sich glücklicherweise in der Nähe ein Haus, welches wir auch nach fleissigem Suchen fanden. Dieses nur von einer Familie bewohnte Haus, Namens Akulerpak, diente uns als Nachtquartier. Leider fanden wir hier kein Futter für unsere Hunde.

Am nächsten Morgen gingen wir trotz des Schneegestöbers wieder ab und wurden von unserem ortskundigen Führer mit grosser Sachkenntniss auf den richtigen Weg gebracht. Aber dieser Mann verliess uns sehr bald wieder und war durch kein Versprechen zu bewegen, länger bei uns zu bleiben. Somit mussten wir es denn auf eigene Faust versuchen, den richtigen Weg zu finden, und da ich glücklicherweise einen Taschencompass bei mir hatte, so schlugen wir mit dessen Hilfe diejenige Richtung ein, welche wir für die beste hielten. Hierbei gelang es uns, eine Schlittenspur aufzufinden, der wir folgend das Dorf Kajaluigemuten erreichten. Es ist dies ein für die Tundra bedeutender Ort von sechs Hütten und einem Kassigit. Wir machten hier Halt, um Thee zu kochen und einen Führer für die Weiterreise zu engagiren. Wir befanden uns hier offenbar in einer sehr ärmlichen Gegend, denn die Einwohner schienen dem Hungertode nahe zu sein. Es gelang uns trotzdem, gegen gute Bezahlung für unsere abgetriebenen Hunde einen kleinen Sack Fische zu kaufen. Nachdem ich einige ethnographische Gegenstände erworben hatte, gingen wir sofort wieder in südwestlicher Richtung ab.

Gegen Abend erreichten wir Jukkak, den verlassenen Wohnort eines Händlers, wo wir übernachteten. Dieser Ort liegt bereits im Gebiet der Westküste von Alaska, denn er befindet sich an der Ausmündung des Jukkak-River in der äussersten Spitze der Vancouverbay, welche sich vom Cap Vancouver aus tief in die Tundra hinein erstreckt. Von hier aus setzte ich dann auch meine Reise, einige Strecken weiterhin abgerechnet, fast ausschliesslich längs des Meeresufers fort.

Bevor wir Jukkak erreichten, bemerkten wir während der Schlittenfahrt einen Wolf, der vielleicht ebenso hungrig war wie wir oder unsere Zugthiere. Er hielt sich jedoch in so angemessener Entfernung, dass es nicht möglich war, ihn zu schiessen. Beim Auspacken unserer Schlitten in Jukkak bemerkten wir, dass uns in dem vorigen Hungerdorfe ein Sack mit gekochten Bohnen gestohlen war; so sehr uns dieser Verlust schmerzte, so gönnte ich den armen Leuten immerhin diese bescheidene Vermehrung ihres Lebensmittelvorrathes. Am unangenehmsten war uns jedoch der Umstand, dass wir auch in Jukkak kein Futter für unsere armen Hunde fanden. Es war unter diesen Umständen als ein grosses Glück zu betrachten, dass wir am andern Tage, bei Fortsetzung unserer Reise, in der Nähe von Vancouverbay einem Eskimo begegneten, dem wir einen ganzen Schlitten voll getrockneter Heringsköpfe abkauften, die gerade zu einer Mahlzeit für unsere Hunde ausreichten.

Der Weg führte uns jetzt längs des Nordufers vom Cap Vancouver, wo wir in dem Orte Nulleslugemuten den dort stationirten Händler der Alaska-Commercial-Company trafen, welcher soeben im Begriff stand, dieselbe Tour nach Andrejewski zurückzulegen. In diesem Dorfe waren im Laufe des letzten Winters fast alle Einwohner an epidemischen Krankheiten gestorben. Der Händler kehrte mit uns zurück nach der Ortschaft Tununak, woselbst wir um ein Uhr Mittags anlangten und genügend Futter für unsere Hunde fanden. Der Bergzug von Cap Vancouver ist unmittelbar am Cap etwa 2000 Fuss hoch und flacht sich 20 bis 30 Meilen landeinwärts allmählich bis zum Niveau der Tundra ab.

Meine Aussichten auf Erwerbung ethnographischer Gegenstände waren insofern nicht die günstigsten, als ich fast gar keine Tanzmasken erhalten konnte; in Folge der Ueberhandnahme der

Krankheiten hatten nämlich die Bewohner ihre winterlichen Tänze
nicht veranstaltet. Dagegen gelang es mir, andere hochinteressante
ethnographische Gegenstände zu erwerben; ich nenne darunter
nur einige Lippenpflöcke. Dieselben stammten wahrscheinlich
von der einige Meilen vom Festlande entfernten, nicht unbedeutenden Insel Nuniwak. Die Bewohner dieser Gegend zeigen
den höchsten Grad von Unsauberkeit, den ich bei irgend einem
Volke der Erde kennen gelernt habe. Abgesehen davon, dass sie,
wie bereits erwähnt, an den meisten Punkten der an Brennmaterial
überaus armen Tundra niemals Feuer anmachen und die Speisen
nicht kochen, wohnen sie in so elenden Hütten, dass namentlich
zur feuchten Frühjahrszeit das Innere derselben mehr einem Sumpf
und Morast, als einem Wohnorte von Menschen gleicht. Kaum
die Höhle eines Thieres kann einen schmutzigeren und unbehaglicheren Eingang haben, als die elenden Wohnungen dieser Menschen. Bis über die Knöchel und Handgelenke geräth man in
den tiefen, weichen Untergrund hinein, der den unterirdischen Eingang ihrer Hütten bedeckt. Das bei nur einigermassen feuchter
Witterung unablässig erfolgende Herabtropfen von der Höhe ihrer
Hütten auf die Schlafenden bewirkt es, dass man oft genug des
Morgens die Schlafdecken so durchnässt findet, dass dieselben
ausgerungen werden müssen. Ueberall, wo sich diese Decken auf
den Arm oder die Hand des Schlafenden zur Nachtzeit auflegen,
schlägt sich aus ihnen eine dicke, schwarze Rinde, eine Art
Schlammkruste nieder, welche beim Trocknen eine unangenehme
Rinde bildet. In diesem Zustande leben die Bewohner in elenden,
zerrissenen Fellkleidern einen grossen Theil des Jahres hindurch,
daher ist es kein Wunder, dass durch Krankheiten oft die Einwohnerschaft ganzer Dörfer hingerafft wird. Der Charakter der
Leute ist entsprechend dem ewigen Mangel und der Noth, womit
sie zu kämpfen haben, ein wenig energischer; sie sind scheu, feige
und furchtsam, kriechend und unterwürfig, wozu vielleicht die
Unterdrückung, welche sie früher von Seiten der Russen erfahren
haben, das ihrige beigetragen hat.

Nichtsdestoweniger finden sich unter ihnen auch Züge eines
ehemals höher entwickelten Volkslebens. Beispielsweise errichten

sie für die Verstorbenen oder Verunglückten Monumente eigenthümlicher Art. Ich sah deren mehrere in Tununak. Dieselben
bestehen aus roh gearbeiteten und mitunter auch bekleideten
Figuren. Die Arme einer dieser Figuren bestanden aus Walrosszähnen. Daneben befanden sich Modelle von Kajaks, von Bogen
und Pfeilen, von Seehunden und Rennthieren als eine Art Darstellung, dass der Verstorbene, dessen Andenken man hier feiere,
auf der Walross-, Seehunds- oder Rennthierjagd umgekommen sei.

Es fehlt auch sonst nicht an Zeichen einer gewissen Kunstfertigkeit unter diesen Leuten. Die Kajaks, deren sie sich hier
an der Süd- und Westküste von Alaska bedienen, sind von hübscher Form und tragen als Ornamente am vorderen Ende den
geschnitzten Kopf einer Schildkröte. Die Oberkante der grossen
Ummiaks oder Ruderboote liegt nicht, wie bei den nördlicher
wohnenden Eskimos, horizontal, sondern sie hebt sich, wie die
Spitze der Boote in British Columbien, schwungvoll in die Höhe.
Die zu Jagd und Fischfang gebrauchten Lanzen sind von vortrefflicher Gestalt und Ausführung. Einen sonderbaren Anblick
gewähren hier die jungen Mädchen, deren viele, an die Kapuze
ihres Pelzes festgenäht, ein hölzernes Idol mit sich herumtragen.
Es war mir jedoch nicht möglich, eines dieser Schnitzwerke zu
kaufen, wie man sagt, werden letztere oft viele Jahre lang getragen. Der Erfolg meines Kaufgeschäftes wurde auch dadurch
nicht wenig beeinträchtigt, dass schon vor mir Hr. Nielsen für
die Smithsonian Institution erhebliche Einkäufe gemacht hatte.

Ueber gewisse hydrographische Verhältnisse der Tundra erhielt ich hier in Tununak von dem daselbst wohnenden Trader
Aloska, welcher ziemlich gut englisch verstand, eine Mittheilung
bestätigt, welche mir schon Hr. Pettersen in Andrejewski gemacht hatte. Es existiren zwischen dem unteren Laufe des Yukon-
stromes und der Vancouverbay zwei Wasserwege über die Tundra.
Der eine soll ein Ausflussarm des Yukon sein, welcher in vielen
Windungen laufend, seine Gewässer dadurch verstärkt, dass er
durch einen See fliesst, der andere dagegen soll in fast gerader
Richtung verlaufen, nur dass man nöthig hat, zur Frühjahrszeit
an zwei Stellen und zur Sommerszeit, wenn das Wasser niedriger

steht, an vier Stellen eine Strecke über Land zu gehen. Der letztgenannte Wasserweg tritt aus dem Yukon einige Meilen oberhalb, der erstgenannte eben so viel unterhalb Andrejewski.

Nach eintägigem Aufenthalte setzte ich meinen Weg in südlicher Richtung fort. Damit ich nicht nöthig hatte, um das weit in die See vorspringende Cap Vancouver herumzufahren, machte ich mich daran, die von ihm gebildete Halbinsel zu übersteigen. Meine Leute entschlossen sich nach einigem Zögern, mitzugehen. Der Uebergang war recht leicht, der Schnee war gut und so gelangten wir gegen Abend nach dem Orte Ommekomsiuten. Es ist dies ein für die dortigen Verhältnisse bedeutender Ort, welcher zwei Kassigits besitzt. Ich begann sofort meine europäischen Tauschartikel gegen ethnographische Gegenstände umzutauschen, wobei namentlich Tabak und Nadeln stark begehrt wurden. Mit Ausnahme von hübschen Jagdgeräthen konnte ich indessen hier nur wenig erhalten. In dem Kassigit, in welchem ich mich niedergelassen hatte, drängten sich die Einwohner dergestalt, dass man sich kaum bewegen konnte. Diesen Umstand benutzten einige diebische Elemente, um unsern Bisquit zu entwenden.

Bekleidete knöcherne Puppe (Kinderspielzeug) vom Kuskoquim

Bei herrlichstem Wetter und schönstem Sonnenschein setzten wir am andern Tage unsern Weg längs der Küste fort und erreichten Peimilliagaremuten, wo wir, um Thee zu kochen und Einkäufe zu machen, anhielten. Bei Fortsetzung der Reise erblickte ich etwa von 2—3 Uhr Nachmittags das Phänomen der Nebensonne in der eigenthümlichsten Form, die ich jemals gesehen habe. Es lief ein feiner Ring von der Sonne, nicht wie gewöhnlich in senkrechter Richtung von oben nach unten, sondern horizontal. Diese Linie wurde durch andere Ringe von oben nach unten gekreuzt und dadurch zwei Nebensonnen gebildet. Diese letzten vertikalen Streifen hatten Regenbogenfarbe, während die

horizontale Curve wie ein feiner Silberfaden glänzte. Das ganze
gewährte einen grossartig schönen und seltenen Anblick, nicht
etwa dass Nebensonnen selten sind in jenen Gegenden, denn ich
sah sie sehr häufig, aber niemals hatte ich einen derartigen Anblick wie an diesem Tage. Die vielfach ausgesprochene Behauptung, dass die Erscheinung von Nebensonnen ein Vorbote für
südlichen Wind ist, hatte ich während des Verlaufes meiner Reise
schon wiederholt bestätigt gefunden, auch diesmal zeigte es sich
wieder, denn schon am Abend desselben Tages erschien ein heftiger Südsturm mit Schnee.

Wir gelangten im Laufe des Tages nach dem auf einer Landzunge gelegenen sehr grossen Eskimodorfe Kikertaurok, welches
von Weitem fast den Anblick einer kleinen Stadt gewährte, die
zahlreichen Hütten waren von Stangen umgeben, auf denen die zum
Fischfang gebrauchten Netze trockneten, was in der Entfernung
fast so aussah, als ob die Einwohner Flaggen aufgezogen hatten.
Das Dorf besitzt zwei Kassigits, darunter ein recht grosses. Es waren
indessen wenig ethnographische Gegenstände zu kaufen, da auch hier
bereits grosse Erwerbungen für Washington gemacht worden waren.

Der Sturm tobte die ganze Nacht hindurch aus Süden und
hinderte uns am andern Morgen daran zeitig genug abzureisen.
Erst gegen Mittag fuhren wir weiter, passirten zuerst Nogemuten
und gelangten gegen 3 Uhr Nachmittags nach Kjikjingemuten,
wo wir Thee kochten und nach dem zwei Stunden entfernten Pinjakpagemuten aufbrachen.

Es schneite und die ganze Landschaft, sowie das zum Theil
mit Eis bedeckte Meer verwandelte sich wieder in jene einsame
Fläche, auf der es nicht möglich war, sich zu orientiren. Unser
Führer verlor denn auch den Weg, sodass wir das genannte Dorf
nicht erreichten. Es war uns unmöglich ein Obdach aufzufinden
und wurden wir gezwungen, in Sturm und Schneegestöber im
Freien zu kampiren. Bei Tagesanbruch machten wir uns wieder
auf den Weg und es glückte uns trotz des immer noch herrschenden Schneegestöbers eine Schlittenspur aufzufinden, welche uns in
das aus zehn Hütten und zwei Kassigits bestehende stattliche
Dorf Pingakpagemuten nunmehr endlich hinbrachte.

Unsere ausgehungerten Hunde stärkten sich hier an dem uneingeschränkten Genuss zahlloser kleiner Hornfische. Trotzdem das
Kassigit schlecht gebaut war, sodass der Schnee fortwährend hineindrang, so machten wir hierselbst doch Nachtquartier, da sich aufs
neue die Zeichen eines heraufkommenden Sturmes bemerkbar
machten. Es war ein grosses Glück für uns, denn wenn uns das
Unwetter Abends im Freien überfallen hätte, so wären wir vielleicht einem sicheren Untergange anheimgefallen. Mein körperlicher Zustand bedurfte auch einigermassen der Schonung, denn
meine Augen schmerzten mich ausserordentlich und war ich trotz
des Gebrauches der blauen Brillen und der Eskimoschneebrillen
fast erblindet. In dem stattlichen Dorfe fand ich trotz eifriger
Nachfragen fast gar keine ethnographischen Gegenstände vor.

Während wir im Kassigit schliefen und der Sturm draussen
mit fürchterlicher Heftigkeit tobte, fiel ein fremder Hund, der sich
wohl verirrt hatte und auf das flache Dach unserer unterirdischen
Hütte gerathen war, durch das Oberlichtfenster derselben, deren
Seehundsgedärm er dabei zerriss, hinab in unser Kassigit, wobei
er sich gleichzeitig einen Fuss brach; sein Heulen vermischte sich
nun mit dem des Windes, während ein breiter Strom des Schnees
dem fallenden Hunde nachfolgte und das Gestöber ununterbrochen
auch in unsern Schlafraum drang. Da für den Augenblick nichts
dagegen zu machen war, so zog ich meine Decke über den Kopf
und schlief weiter.

Selbstverständlich war am andern Morgen an eine Fortsetzung
der Reise nicht zu denken, da bekanntlich derartige meteorologische Ausgleichungen der Athmosphäre in der Regel mehrere
Tage lang dauern. Ausserdem bestimmte uns zum längeren Verweilen auch noch der Umstand, dass unsere Hunde an diesem
Orte genügend Futter vorfanden.

Der weibliche Theil der Bevölkerung dieser Gegend entwickelt ein nicht geringes Verständniss, den Körper durch Perlen
zu schmücken. Die Frauen, die Mädchen und auch die Kinder
tragen Perlen fast überall, wo sich dieselben anbringen lassen, auch
in den Haaren werden Perlen getragen. Die Unterlippe der
jungen Mädchen ist an drei Stellen durchbohrt, in den beiden

Seitenlöchern steckt als Lippenpflock je ein kleiner krummer Knochen, dessen knopfförmiges stärkeres Ende sich im Innern des Mundes befindet und das Herausfallen des Knochens verhindert; das äussere Ende des Knochens ist mit Perlen geschmückt. Auch das Mittelloch der unteren Lippe trägt als Lippenpflock einen ganz kleinen Knochen mit Perlen. Die Nasenscheidewand der jungen Mädchen ist gleichfalls durchbohrt und trägt eine bis auf den Mund herabhängende Perlenschnur. Dieser Nasenperlenkranz findet sich auch bei den jungen Eskimoschönen am unteren Yukon, sowie weiter nordwärts bei den Mallemuten. Alle diese genannten Eskimos haben auch die Sitte gemeinsam, dass sie das Kinn tätowiren; nur mit dem Unterschiede, dass die beiden Tätowirungsstreifen im südlicheren Theile von Alaska breiter auseinander stehen als im nördlichen. Die Einwohner der Tundraküste lebten zu der Zeit, als ich sie besuchte, hauptsächlich von Horn- und Schwarzfischen. An Unsauberkeit wetteiferten sie mit den Bewohnern der inneren Tundra.

Da der Sturm sich im Laufe des Tages ein wenig legte, so rüsteten wir uns zur Abreise, ich weigerte mich jedoch aus guten Gründen den Weg ohne Führer fortzusetzen, da ich wohl wusste, dass wir allein auf uns angewiesen nicht durch das Land kommen würden. Zuerst fand sich niemand in der Bevölkerung der uns weiter führen wollte, als man indessen sah, dass ich ernsthaft darauf drang, einen des Weges kundigen Eingeborenen zu engagiren, meldete sich ein junger Mann, der sich bereit erklärte mitzugehen. Bei günstigem Wind und Wetter machten wir uns auf den Weg und passirten zunächst das Eskimodorf Kwikluk, welches an der Küste liegt. Von hier aus wandten wir uns in der Richtung nach dem zweiten grossen Hauptflusse von Alaska, den bereits mehrfach erwähnten Kuskoquim weiter.

Die nächste Ortschaft, welche wir etwa zur Mittagszeit erreichten, hiess Orrutoremuten. Die Einwohner hierselbst besassen keine ethnographischen Gegenstände von Bedeutung, mit einziger Ausnahme der vielen Perlendekorationen, mit denen sich die Frauen buchstäblich behängen. An demselben Tage passirten wir noch die drei Ortschaften Sintuleremuten, das etwas grössere Sewartlaremuten und endlich Amcoraremuten. In letztgenanntem Orte schliefen wir während der Nacht im Kassigit. Die vorgerückte Jahreszeit — wir schrieben schon den 12. April — trieb mich sehr zur Eile an. Dies war auch Veranlassung, dass ich am andern Morgen bei dem unsern Schlaforte gerade gegenüber liegenden Dorfe Quigiorremuten vorüber zog, ohne Einkäufe zu machen, erst in dem nächsten Orte Noksiaremuten machten wir Halt, ohne dass ich daselbst grosse Erwerbungen machen konnte. Ich traf am letztgenannten Orte zwei Eskimofamilien, welche aus Mangel an einem Hause den ganzen Winter über unter einem umgestülpten Boote zugebracht hatten. Die Leute schliefen auf Decken, die sie unter dem Boot auf der Erde ausgebreitet hatten; natürlicher Weise hatten sie, da ihnen der Rauchabzug fehlte, kein Feuer anmachen können, sie hatten auch hierzu wohl kein Bedürfniss gefühlt, da die Eskimos dieser Gegend wie gesagt fast alles roh essen.

An der Mündung des Kuskoquim.
1. Knöcherne Ohrringe mit Schwefelkies-Einlage. 2—3. Zierrathen an den Kajaks. 4. Knöcherne Puppe. 5—7. Knöcherne Nadelbüchsen. 8. Gehenk zur Nähtasche. 9. Zierrath zum Kajak. 10. Nadelbüchse. 11. Kajakzierrath.

Wir hatten einen sehr tüchtigen Führer engagirt, der uns mit grossem Geschick trotz eines heftigen Schneegestöbers weiter führte, wir passirten zunächst den grossen verlassenen Ort Kangerenaremuten, in dem sich das grösste Kassigit befand, das ich an der dortigen Küste gesehen habe. Von anderen Zeugen verschwundener Eskimoherrlichkeit erwähne ich hier die vielen Gräber, um welche Geräthe und Waffen aller Art, alte Gewehre, hölzerne Hüte, Harpunen, Lanzen, Pfeile und Bogen aufgestellt

22*

waren. Wir hatten unsere harte Noth, den Weg zu finden, und übernachteten in dem zur Zeit der Sommerfischerei bewohnten Dorfe Ilquigamuten.

Unter bitterer Kälte und Sturm kämpften wir uns am nächsten Tage weiter bis Kulewarewialeremuten, und obgleich uns hier unser tüchtiger Führer verliess, so gingen wir sofort weiter und erreichten Kukkaremuten und endlich auch mit vieler Mühe Klekusiremuten. Am letzten Orte mussten wir wegen des Sturmes bleiben. Ich sah hier zwei sehr grosse Grabmonumente aus Holz. Die Figuren stellten je einen Mann dar, dessen Körper roth bemalt war und dessen Mund und Augen aus Knochen bestanden. Hinter diesen Figuren war eine Holzwand errichtet, welche allerhand Grabbeigaben und Erinnerungszeichen trug. Die Bewohner dieses Theiles von Alaska leben während des Winters ausschliesslich in der Tundra; sie kommen aber im Frühling nach dem unteren Laufe des Kuskoquim River, um daselbst zunächst die Seehundsjagd zu betreiben. Späterhin im Jahre, wenn sich die grossen Lachszüge einfinden, betreiben die Einwohner in ausgedehntem Maassstabe den Fischfang.

Wir befanden uns jetzt schon seit mehreren Tagen am Gestade der trichterförmig nach Südwesten sich erweiternden Kuskoquimbay, deren nördliche Spitze durch die sehr breite Mündung des Kuskoquim River gebildet wird. Da uns unser Weg über diesen Fluss hinüberführte, und wir uns dem Eise der Bay in dieser Jahreszeit mit Sicherheit nicht mehr anvertrauen konnten, so sahen wir uns genöthigt, die Bay mehrere Tagereisen hinauf zu wandern. Von Klekusiremuten zogen wir am andern Morgen, trotzdem es noch stürmte, am linken Ufer des Kuskoquim hinauf und gelangten gegen Mittag an eine Stelle, wo wir zum ersten Male im Stande waren, in weiter Ferne östlich das linke Ufer zu erblicken. Hier setzten wir über das Eis der Flussmündung und fanden das Terrain jenseits mit kleinem Weidengestrüpp bewachsen, der ersten Vegetation, welche wir seit Verlassen des Yukonstromes wieder antrafen.

Der nächste Ort, den wir am andern Ufer trafen, hiess Joktjitleramuten, ein jetzt verlassener Sommerplatz von acht Fischer-

hütten. Hier verliess uns unser Führer und war in keiner Weise
zu bewegen, uns weiter zu begleiten. Beim Abschiede verkaufte
er mir einige gute Tanzmasken, die er besass. Allein und ohne
Führer setzten wir nun den Weg stromabwärts am linken Ufer
weiter fort. Es wehte ein so kalter Wind, dass mir wieder einmal meine Nase erfror. Wir bemühten uns so gut es ging, dem
Ufer des Hauptstromes zu folgen; da sich aber häufig Seitenarme
und kleinere Wasserstrassen nach links abzweigten, so verirrten
wir uns schliesslich und sahen uns endlich genöthigt, in der Nähe
eines kleinen Hügels zu kampiren.

Um uns nicht zwischen dem Gewirre der Wasseradern noch
mehr zu verlieren, beschlossen wir, am andern Morgen wieder den
Hauptstrom aufzusuchen, obgleich das Eis desselben stellenweise
recht rauh und namentlich hart am Ufer steil abgebrochen war.
Wir gingen also wieder zurück und erreichten nach zweistündiger
Fahrt den Hauptstrom des Kuskoquim. Hier engagirten wir im
nächsten Dorfe einen Führer, der uns bis zum Nachmittag dieses
Tages nach dem lang ersehnten Orte Mamtratlagemuten brachte,
woselbst sich eine Handelsstation der Alaska-Commercial-Company
befindet, und wo ich von dem dortigen Stationsvorsteher Herrn
Nicolai Kamelkowski einen Mischling, der halb Russe, halb
Ingalik ist, ausserordentlich gut empfangen wurde.

XXII.

Ausläufer der Rocky Mountains am Kuskoquim-River. Die Grenze der Tundra. Die Kuskoquimemuten. Die Fleischtöpfe Egyptens beim Stationsvorsteher Nicolai Kamelkowski. Eiliger Weitermarsch wegen der vorgerückten Jahreszeit. Die Südküste von Alaska. Das Einpacken und Registriren der Sammlung. Die besten Eskimoführer meines Lebens. Der Marsch über das Gebirge zwischen Kuskoquim und Togiak. Grosse Schwierigkeiten. Eskimos beim Fischfang. Vier verschiedene Arten von Lachsforellen. Ein unbekannter Fisch. Starker Südoststurm. Blutige Schlacht unserer Hunde. Nachtlager am Fusse des Gebirges Der Aufstieg. Der Tag hat 16 Stunden. Uebersteigen der ersten Bergkette. Zwei vulkanische Felsreihen. Ein langgestreckter See mit unbekanntem Namen. Wir ändern den Kurs. Ueberschreiten eines steilen Berggipfels. Tolle Hinabfahrt. Grossartige Aussicht. Eine Nacht am wasserreichen „Virchow-Fluss" oder Katzarak. Der Sturm aus Süden ist unser Führer. Fortsetzung des Aufstieges. Der „William Schönlank-River" oder Koggaklek. Schneidender Südsturm und wüthendes Schneegestöber. Wir dringen mit Gewalt vorwärts. Das Wetter klärt sich etwas auf. Uebersteigen einer Gebirgskette. Der Matlogakfluss. Das Katlarijok-Gebirge. Gefährliche Passage. Schwärme von Schneehühnern. Rothfüchse. Ich bin schneeblind. Passiren von vier Gebirgsflüssen. Der letzte Pass auf der Südseite des Gebirges. Verschwinden des Eises. Hinabstieg. Die Togiakbay. Dorf Togiak. Das Ende meiner 180 tägigen Schlittenfahrten in Alaska. Rührender Abschied von meinen Hunden. Wir segeln weiter nach der Handelsstation Togiak.

Der riesige Gebirgszug, welcher den Welttheil Amerika vom Süden bis zum Norden in seiner ganzen Länge durchzieht und im nördlichsten Theile Rocky Mountains heisst, entsendet seine äussersten Ausläufer westwärts durch Alaska und tritt mit einem derselben hart an das linke Ufer des Kuskoquim River heran. Die Tundra, das Produkt neuester geologischer Thätigkeit, das Schwemmland des Yukon und Kuskoquim schreitet, wie es scheint, unter dem gewaltigen Einflusse der dort oben ganz eminent wirksamen meteorologischen Verhältnisse langsam und allmählich wachsend, unaufhaltsam in das Meer weiter vor.

Mit dem Augenblicke, als mich mein Weg an das rechte Ufer des Kuskoquim führte, befand ich mich an der Grenze der Tundra und betrat das Gebiet der Kuskoquimemuten, eine Eskimobevölkerung, deren Existenz überwiegend von dem Strom, an dem sie wohnt, abhängt. Der Empfang, welchen mir der vortreffliche Stationsvorsteher Nicolai Kamelkowski bereitete,

erinnerte mich lebhaft an die Fleischtöpfe Egyptens, und führte
mich wieder in die lang entbehrten Genüsse: Butter, frisches Brod,
Braten von Elenthier u. s. w. ein.

Mein Aufenthalt an diesem Orte dauerte indessen nur zwei
Tage, da ich wegen der schon sehr vorgerückten Jahreszeit das
Schmelzen der Schnee- und Eisdecke jeden Augenblick erwarten
konnte. Eine Gelegenheit, von hier nach San Francisco zu gelangen, fand ich für den Augenblick nicht, auch schien es mir
richtig und nothwendig zu sein, dass ich meinen Aufenthalt in
diesen Gegenden, so lange dies das Wetter für Schlittenreisen gestattete, verlängerte.

Der glückliche Erfolg,
den ich bisher gehabt
hatte, spornte mich an,
nunmehr auch die Süd-
küste von Alaska, an
der ich mich jetzt be-
fand, zu besuchen. Es
erschien nicht allzu
gewagt, das hohe Ge-
birge, welches ostwärts
vom Kuskoquim auf-
steigt, in dieser Jahres-

Vom Kuskoquim.

1—2. Kämme aus Mammuth. 3. Kamm aus Walrosszähnen.
4. Desgleichen. 5. Kamm aus dem Huf eines Elenthiers.

zeit zu überschreiten, denn es war mit Sicherheit anzunehmen, dass
sich oben auf der Höhe noch hinreichend Schnee für die Schlittenfahrt finden würde. Der einzige Umstand, welcher mich vielleicht
von einer Tour über das Gebirge hätte zurückhalten können, dass
dasselbe nämlich noch niemals an dieser Stelle von einem weissen
Reisenden besucht worden war, war geeignet, mich eher zu der
Reise zu verleiten, als von ihr abzustehen.

Meine nächste Arbeit war, alle diejenigen Gegenstände, welche
ich bisher auf dem Wege über die Tundra erworben hatte, zu
registriren und sie einzupacken, da mein Wirth dieselben von hier
aus mit dem ersten Schiff nach San Francisco zu senden versprach. Hierdurch war mein Gepäck wesentlich erleichtert, so
dass ich mich, nachdem ich noch einige Briefe nach Europa

geschrieben hatte, am 18. April früh Morgens nach herzlichem Abschied auf den Weg machte.

Herr Kamelkowski hatte die Freundlichkeit gehabt, mir zwei seiner Leute als Führer mit auf den Weg zu geben, welche die Aufgabe übernahmen, mich vom Kuskoquim River in südöstlicher Richtung über das Gebirge bis zur Mündung des Togiak River nach der Küste zu begleiten. Wir hatten insgesammt 24 Hunde, von denen mir 15 gehörten. Wir gingen zunächst den Kuskoquim Fluss hinab und erreichten in schneller Fahrt bei Sonnenuntergang das verlassene Dorf Jotsitle, wo wir übernachteten. Am andern Tage wurde die Reise in derselben Richtung stromabwärts fortgesetzt und nach einander die Orte Agolaremuten, Kaoweangemuten, Semeriangemuten, Illintongemuten und Senneremuten erreicht. Am letztgenannten Ort befindet sich ein Waarenhaus, in welchem ein Handelsschooner, der alljährlich bis hier den Fluss hinabfährt, die von ihm mitgebrachten Waaren deponirt. Wir übernachteten in einer der beiden bewohnten Eskimohütten des letztgenannten Ortes.

Meine beiden Führer, welche übrigens weder in der gewöhnlichen Eskimosprache, noch in Englisch sich mit mir verständigen konnten, bildeten die beste Mannschaft, welche ich jemals auf meiner Reise gehabt habe. Gross und stattlich gewachsen, mit riesigen Körperkräften begabt, mit der ganzen Elastizität des beginnenden Mannesalters versehen, unermüdlich im Ertragen von Strapazen, geschickt und erfinderisch bei Ueberwindung von Schwierigkeiten, stets gut gelaunt und aufmerksam, waren sie so recht geeignet, den grossen Anforderungen zu entsprechen, welche die Tour über das Gebirge an jeden Einzelnen von uns stellte.

Am nächsten Tage ging es weiter stromabwärts, immer am östlichen Ufer des Kuskoquim entlang, wir passirten zunächst den Ort Oejak, wo ich wieder eines jener bereits beschriebenen Grabmonumente sah und gegen Mittag das Dorf Kwinnekaremuten. Der Weg auf dem Eise des Flusses war von hier ab nicht mehr passirbar, so dass wir uns entschlossen, von hier aus in das Gebirge einzudringen, indem wir zugleich einen ortskundigen Eingeborenen als Führer engagirten.

Der Weg führte zunächst über Tundra-Landschaft, auf der sich fast kein Schnee mehr befand. Glücklicher Weise aber waren die zahlreichen kleinen Seen und Teiche noch mit Eis bedeckt, so dass wir verhältnissmässig schnell genug vorwärts kamen. Wir gelangten an den Agalik River, welcher indessen schon offen war und auch am Ufer keine Schneebedeckung hatte. Hier bereits zeigte sich die Vortrefflichkeit meiner Mannschaft im besten Licht, denn diese beiden Kus-

koquimemuten entwickelten eine staunenswerthe Energie, als es galt, die schweren Schlitten einen nach dem andern über den mit tiefen Löchern bedeckten Boden fortzuschaffen. Wir brauchten volle drei Stunden Zeit, um die Strecke von einer englischen Meile zurückzulegen. Die Strapazen dieses Tages veranlassten indessen den im letztgenannten Dorfe engagirten Eingeborenen, uns in der darauf folgenden Nacht, als wir an einem Flussarm kampirten, heimlich zu verlassen.

Vom Kuskoquim.
1. Puppenkopf aus Rennthiergeweih einen Russen darstellend. 2—3. Zierrath aus Knochen an Frauenbeinkleidern. 4—5. Gehänge an Nähtaschen. 6. Puppenkopf aus Walrosszähnen. 7—8. Gehänge an Nähtaschen. 9. Netznadel aus Walrosszahn. 10. Gehänge an Nähtaschen.

Am andern Morgen setzten wir unsern Weg längs des Flusses fort. Zum Glück befand sich, obgleich das Wasser in der Mitte des Flusses sichtbar war, am Ufer ein schmaler Eisstreifen, welcher die Schlittenfahrt ermöglichte. Gegen Mittag trafen wir am Flusse eine Anzahl von Eskimos an, welche mit Fischfang beschäftigt waren. Da der Fluss von Fischen wimmelt, so war es erstaunlich zu sehen, welch eine enorme Beute die Eskimos gemacht hatten. Ich bemerkte unter den gefangenen Fischen wenigstens vier verschiedene Arten von Lachsforellen; auch sah ich einen mir bis dahin unbekannten Fisch, welchen die Eskimos Sullukbauk nannten. Die jüngeren Männer, welche zu der fischenden Eskimogesellschaft gehörten, befanden sich sämmtlich auf Jagd; da ich einen von ihnen als Führer über das Gebirge zu engagiren wünschte, so blieb ich bei den Fischern und schlug mein Zelt auf. Die Fische waren hier so billig, dass wir nicht nur selbst reichliche Mahlzeiten hielten, sondern dass wir auch unsere Hunde mit frisch gefangenen Lachsforellen fütterten. Gegen Abend kehrten die Jäger zurück und ich erhielt einen Führer.

Während der Nacht stürmte es stark aus Südost, so dass ich fast befürchtete, dass das Zelt uns auf den Kopf fallen würde. Auch sonst wurde die Nachtruhe gestört durch eine blutige Schlacht, welche unsere Hunde unter einander lieferten. Einer von ihnen sprang hierbei gegen das Zelt und da der Stoff desselben durch den langen Gebrauch sehr mürbe geworden war, so flog das Thier mitten hindurch und mir auf den Leib, was ihm eine Verwarnung zuzog. Am andern Morgen versahen wir uns mit einem reichlichen Vorrath von Fischen und brachen auf. Unser Nachtlager hatte sich unmittelbar am Fusse des Gebirges und zwar am unteren Eingang eines Gebirgsthales befunden. Wir gingen nunmehr den Fluss stromauf und stiegen allmählich immer höher. Die Eisdecke des Flusses wurde nach und nach fester, sodass wir nur an wenig Stellen gezwungen waren, die Schlitten über das Erdreich fortzuziehen. Da der Tag in dieser Jahreszeit schon volle 16 Stunden dauert, so legten wir eine ziemlich bedeutende Strecke zurück.

Im Laufe des Nachmittags verliessen wir das Flussthal und stiegen über die erste Bergkette hinweg, wo der Schnee ausgezeichnet hart und für die Schlittentour geeignet war. Unser Weg führte uns zwischen zwei vulkanische Felsreihen mit zerrissenen Spitzen und kraterartigen Vertiefungen hindurch. Auf dieser Strecke passirten wir einen langestreckten See mit unbekanntem Namen, — wie hier überhaupt alles unbekannt ist.

Von diesem See geht ein Ausfluss in der Richtung nach Südosten thalwärts. Da aber die Eisdecke der Strömung wegen aufgebrochen war, so mussten wir unsern Kurs ändern. Wir setzten über einen steilen, mehr als 4000 Fuss hohen Berggipfel, auf dem der Schnee für uns sehr günstig war. Als es wieder bergab ging, mussten wir die Hunde ausspannen, denn unsere Schlitten machten die steile Hinabfahrt allein, ohne jede Hülfe. Es war eine tolle Fahrt, bei der die Schlitten auch einige Male umschlugen und an einander geriethen; es ging jedoch wie gewöhnlich bei derartigen Thalfahrten ohne Gefahr vorüber.

Als wir uns oben auf dem höchsten Punkte befunden hatten, bot sich unserem Auge ein Anblick von entzückender Schönheit und Grossartigkeit dar. Vor uns lag ein grosses Thal mit vielen kleinen Gebirgsbächen und Flüssen, und weiterhin im Süden und Südosten zeigten sich am Horizont hunderte von zackigen Fels- und Bergspitzen.

Sämmtliche Gegenstände sind aus Knochen und stammen vom Koskoquim.

1—3. Thierfiguren darstellend. 4. Lachs. 5. Thierfigur. 6. Weisswalfigur. 7. Schnitzerei mit Menschengesichtern. 8. Figur einer schlafenden Seeotter. 9. Knöcherne Menschenfigur. 10. Schamans Idol. 11. Puppe aus Mammuthknochen. 12. Pflock zum Verschluss der Oeffnung an Fellen weiblicher Seehunde. 13—14. Pfeifenköpfe aus Knochen.

Nachdem wir das Thal hinabgefahren waren, hatten wir viel Mühe, ein kleines schnell fliessendes Gewässer mit steilem Ufer zu überschreiten. Wir folgten weiterhin dem Zuge des Thales und gelangten an einen stattlichen wasserreichen Fluss, welcher die zahlreichen Wasseradern dieser grossen Bodeneinsenkung in sich aufnimmt und sie südwärts weiter führt, wo er in der Nähe von Cap Newenham sich in die Kuskoquimbay, wie es scheint, ergiesst. Wir brachten die nächste Nacht am Ufer dieses Flusses zu, den ich mit dem Namen „Virchow-Fluss" bezeichnet habe. Die Eskimos nannten ihn Katzarak.

Während der Nacht liess der Frost etwas nach und es hatte den Anschein, als ob Schnee und südlicher Wind kommen würden. Am andern Morgen hatten wir in der That beides und gewann es fast den Anschein, als ob wir hier am Virchow-Flusse verbleiben sollten. Die dringende Rücksicht jedoch, welche wir auf unsern verhältnissmässig geringen Proviantvorrath zu nehmen hatten, die Nothwendigkeit, für unsere 24 Hunde Futter zu besorgen, zwang uns, trotz des Schneegestöbers und ohne dass wir in dieser Gebirgs-wildniss einen Anhalt über den einzuschlagenden Weg hatten, ab-zureisen. Der Sturm aus Süden war gewissermaassen unser einziger Führer, der uns immer wieder zwang, fast direct gegen ihn anzu-kämpfen. Er war es aber auch, der den frischen Schnee vom Erd-boden wegfegte, sodass wir gezwungen waren, jedem kleinen Bache oder älteren Schneestreifen zu folgen. So stiegen wir allmählich wieder bergan und überschritten zugleich einige Bergkuppen, jen-seits deren wir wieder in ein grösseres Thal gelangten.

Nachdem wir abermals eine Strecke hinab gewandert waren, führten uns die Wasseradern wiederum an einen stattlichen Fluss, dessen Lauf wir eine Strecke weit folgten. Er strömte zuerst nach Südost, später nach Südwest. Sein Wasser hatte fast überall die winterliche Eisdecke zerbrochen, so dass wir lange rathlos nach einer Stelle suchten, wo wir hinüber gelangen konnten. Endlich fanden wir eine Furth und kamen glücklich ans andere Ufer. Wie es scheint. sammelt dieser Fluss einen grossen Theil der Ge-wässer auf der Ostseite der in Cap Newenham endenden Halbinsel, sodass er sich östlich von diesem Cap in das Beringsmeer ergiesst. Ich habe diesem Fluss den Namen „William-Schönlank-River" gegeben. Die Eskimos nannten ihn Koggaklek.

Das Suchen nach dem Uebergang hatte uns ein wenig von der einzuschlagenden Richtung abgelenkt. Der Südsturm übernahm es nunmehr wieder, uns auf den richtigen Weg zu bringen. Wir wandten uns einem kleinen aus Südosten herabkommenden Seiten-fluss hinauf und erstiegen nunmehr wieder die Höhe des Gebirges. Es war dies jene Bergreihe, welche wir am Tage vorher beim Uebersteigen der ersten Gebirgskette am südlichen und südöstlichen Horizont erblickt hatten. So sehr ich auch an arktisches Un-wetter nicht bloss in Alaska, sondern seit meiner frühesten Jugend in meiner nordischen Heimath gewöhnt bin, und so sehr auch meine beiden Reisegefährten unter Sturm und Wind gross gewor-

den waren, so wurde uns die Fortsetzung des Weges das Gebirge
hinauf gegen den schneidenden Südsturm und das wüthende Schneegestöber fast unmög-
lich. Aber die drin-
gende Nothwendigkeit
vorwärts zu gelangen,
zwang uns unsern Weg
ununterbrochen über
Felsen und hohle Ge-
birgspässefortzusetzen.

Glücklicher Weise
klärte sich das Wetter
Nachmittags 2 Uhr
ein wenig auf, sodass
wir wenigstens unsern
Weg erkennen konn-
ten. Wir überstiegen
wieder eine Gebirgs-
kette und gelangten
an das Ufer eines
Flusses, den die Eski-
mos Matlogak nann-
ten. Im Südosten von
diesem Flusse steigt
das Gebirge wenig-
stens auf 6000—7000
Fuss an; die Eskimos
nannten es Katlarijok.
Wir folgten dem Laufe
des Flusses bis zum
Abend und marschir-
ten ununterbrochen
wobei wir an steilen
Stellen die Schlitten

Fast alle Gegenstände aus Knochen gefertigt sind vom Koskoquim.
1. Haarschmuck eines Mädchens. 2. Ohrringe nebst daran
befestigter Genick-Kette. 3. Knocherne Puppe. 4- 6. Lippen-
gehänge eines Mädchens. 7. Gelenk zur Harpunenleine. 8. Geschnitzter Eisbär. 9. Pflock zum Verschluss der Oeffnung an
Fellen weiblicher Seehunde. 10.Schnupftabakdose. 11.Puppe,
eine Frauenfigur darstellend. 12. Pfriem.

im Schnee öfter förmlich hinaufwinden mussten. Ich bin überzeugt,
dass ich ohne eine so vortreffliche Mannschaft, wie die meinige,

an diesem Tage nicht so weit gekommen wäre. In diesen fast
nie betretenen Thälern trafen wir während der Tage des Ueber-
ganges über das Gebirge grosse Schwärme, die oft Tausende von
Schneehühnern enthielten, an. Noch nie in meinem Leben habe
ich von diesen Thieren so viele Exemplare beisammen gesehen,
wie während dieser Expedition. Auch sonst ist die Gegend nicht
arm an Wild, namentlich trafen wir wiederholt rothe Füchse unterwegs an. Auf einen derselben machten unsere Hunde, da das
Terrain dies gerade gestattete, sofort Jagd: Meister Reinicke aber
floh geschickt den steilen Bergabhang hinauf, wohin ihm unsere
Hunde nicht nachkommen konnten. Rennthiere bemerkten wir
nicht unterwegs, obgleich unsere Hunde, welche öfter eine eigenthümliche Unruhe zeigten und kaum zu halten waren, dieselben
nach der Versicherung der Eskimos witterten. Bei diesem Reichthum an Wild musste ich auf das Vergnügen der Jagd verzichten,
da ich die höchste Eile hatte, vorwärts zu kommen. Wir blieben
während der nächsten Nacht an diesem Flusse und setzten am
andern Morgen unsere anstrengende Tour fort. Wir marschirten
den ganzen Tag über, ohne den geringsten Aufenthalt zu machen,
da es uns sehr erwünscht war, noch vor der Nacht die Station
Togiak an der Seeküste zu erreichen.

Ich war jetzt so schneeblind geworden, dass ich fast gar nichts
sehen konnte und an empfindlichen Augenschmerzen litt. Wir überschritten noch eine Reihe von Hügeln und Felsen und passirten
dabei vier Gebirgsflüsse. Um 11 Uhr Vormittags durchschritten wir
den letzten Pass auf der Südseite des Gebirges und hatten nun von
der Höhe desselben weit über das Land hinaus nach Süden eine
Aussicht auf die Südküste und auf die derselben vorgelagerte Insel
Hagemeister. Das Wetter war an diesem Tage prächtig gewesen,
aber viel zu warm für die Jahreszeit. Der Sturm der letzten Tage
hatte, wie es schien, das Eis auf dem Meere vollständig zertrümmert
und hinweggeführt, denn soweit unser Auge blickte, sahen wir
auf dem Meere keine Spur von Eis, sondern eine klare Wasserfläche. Wie es sich herausstellte, hatten wir während des Ueber-
gangs über das Gebirge den richtigen Weg verfehlt und hatten
uns nun auf gutes Glück hindurchschlagen müssen, wobei wir

an einem viel weiter nach Westen gelegenen Punkte herauskamen, als wir erwartet hatten.

Da glücklicher Weise der Schnee auf der Südseite des Gebirges noch nicht geschmolzen war, so wurde uns der Abstieg ziemlich leicht und wir erreichten nach sechsstündigem scharfen Marsche die Nordspitze des Fjordes in den sich die Togiakbay verjüngt. Hier trafen wir eine Gesellschaft fischender Eskimos, welche, da das Land hier zum Gebiet des Nuschegak-Flusses gehört, die Bezeichnung Nuschegagemuten führten. Ohne uns aufzu-

Vom Kuskoquim-Fluss.
1—2. Thierfiguren. 3—4 Fischfiguren. 5—7. Vogel. 8. Fisch. 9. Eisbär. 10—14. Menschliche Figuren darstellend. 15—16. Verzierte holzerne Löffel.

halten zogen wir an ihnen vorüber, gingen über den Togiakfluss, welcher in den Fjord mündet und gelangten um 7 Uhr Abends nach dem Orte Togiak. Die Handelsstation gleichen Namens liegt 4—5 englische Meilen weiter entfernt, aber der Schnee hörte hier auf und wir mussten deshalb unsere Sachen hier lassen. Ich konnte von Glück sagen, dass ich den arktischen Winter in Alaska so zu sagen von der ersten bis zur letzten Schneeflocke für Schlittenexpeditionen benutzt hatte. Volle sechs Monate hindurch, vom 23. October bis zum 24. April hatte ich den Schlitten benutzen können. Jetzt allerdings war der Fortsetzung der Fahrten unweigerlich Halt geboten.

Wir blieben während der Nacht am genannten Orte, da der Zustand meiner Augen sich durch die Strapazen des letzten Tagemarsches über das Gebirge so sehr verschlimmert hatte, dass ich fürchterliche Schmerzen ausstand, welche mich die ganze Nacht hindurch am Einschlafen verhinderten.

Ich musste nunmehr daran denken, meine Reise längs der Meeresküste fortzusetzen und Hunde und Schlitten hier lassen. Es war mir schmerzlich genug, ohne die Thiere meine Reise fortsetzen zu müssen, denn die Mehrzahl von ihnen gehörte noch zu jenem alten Stamme, der mich fast auf allen Schlittenfahrten begleitet hatte. Ueber Strecken von hunderten von englischen Meilen Länge hatten mich diese Thiere geführt, oft war Noth und Elend an uns herangetreten und gemeinschaftlich ertragen worden; wir hatten als gute Kameraden kennen gelernt, wie weit die Bedürfnisslosigkeit mitunter auf arktischen Schlittenreisen zu gehen genöthigt ist, und welch ein Maass von Frost, Sturm und Unwetter ein lebendes Wesen zu ertragen vermag. Plötzlich aufgehalten auf unserer fliegenden Fahrt durch das Schmelzen des Schnees, mussten wir uns nun hier von einander trennen.

So frei ich auch von jeder Sentimentalität bin, und so sehr ich auch während meiner Schlittenreisen meine vierbeinigen halbwilden Reisegenossen oft mit der Peitsche zu erhöhter Arbeitsleistung angetrieben hatte, so rührte es mich doch zu sehen, welche Anhänglichkeit diese Thiere gegen mich besassen. Wie aufmerksam folgten sie allen unsern Bewegungen, als wir am andern Morgen den grössten Theil meiner Sachen in fünf Kajaks, die ich gemiethet hatte, einluden! Ihnen war jedes Gepäckstück ebenso bekannt wie mir und sie begleiteten es bis hinab zu den Fahrzeugen, indem sie es berochen. Als ich sie dann alle heranrief und streichelte, denn mir wurde der plötzliche Abschied nicht ganz leicht, da sprangen sie an mir empor und leckten mir winselnd die Hände. Dann kam der schlimmste Augenblick, indem wir die Fahrzeuge bestiegen und sie zurückliessen, da setzte sich ein Theil der Hunde am Ufer nieder, sie hoben die Schnauzen senkrecht in die Höhe und heulten laut auf durch die Luft, andere geberdeten sich wie unsinnig und liefen laut bellend am Ufer entlang, während wir uns längs desselben in allmählich schneller werdender Fahrt entfernten. Wahrlich der Abschied von diesen unvernünftigen Thieren wurde mir schwerer als von manchen Menschen!

XXIII.

Ankunft in der Handelsstation Togiak. Fortsetzung der Reise auf drei Fahrzeugen längs der Südküste von Alaska nach Osten. Landschaftliche Schönheiten des Ufers. Tummelplätze der Seehunde und Walrosse. Die steinerne Frau Arningaktak. Unsere Opfergaben. Cap Constantine. Abenteuer mit einem Seehund. Der Frühling kommt. Schaaren von Vögeln. Landung in Fort Alexander am Nuschagak River. Der Stationsvorsteher Mr. Clarks. Pläne für die nächste Zukunft. Herr Kasernikoff. Ein Fischer-Schooner aus San Francisco. Fortsetzung der Reise in einem Fellboot. Wilde Rennthiere. Ein Paradies für Rennthierlappen. Die Mündung des Iliamna-Flusses. Die ersten Mosquitos. Ein Treidelweg durch Eiswasser. Der grosse Iliamna-See. Mangel an Lebensmitteln. Delicatessen der Eskimos. Fahrt über den See. Ein Sturm. Ein Eskimodorf mit vielen Lebensmitteln. Erneuter Sturm. „Cap Schleinitz". Die grosse Bai des Iliamnasees. Zahlreiche Inseln. „Le Coq's-Insel". Der Handelsposten Iliamna. Die Grenze zwischen der Eskimo- und Ingalikbevölkerung. Marsch über das Gebirge nach der Küste des nordpacifischen Oceans. Fortsetzung der Fahrt auf Booten. Entzückend schöne Uferlandschaft. Der Vulkan Iliamna. Braune Bären. Ein Eldorado für Jäger und Touristen. Die Insel Assik, ein Vogelfelsen. Wolken von schwärmenden Vögeln. Blumenteppich. Die indianischen Kenaiski. Der erste Königslachs des Frühjahrs. Construction der Wohnhäuser. Die Insel Kalgia. Fahrt in Cooks Inlet. Seehunde und Weisswale. Handelsstation Tagunak. Herr Dimidoff. Reicher Verdienst der Einwohner auf Jagd und Fischfang. Wilde Tänze der Einwohner. Fahrt nach Fort Kenai. Harter Kampf mit Wind und Wellen. Herr Wilson. Capitain Harendin von der Bark „Korea". Fred Kendall. Eine Fisch-Conserven-Fabrik. Mangel an Nachrichten aus der Heimath. Weiterfahrt nach Fort Alexander. Langentbehrte Genüsse. Erratische Blöcke im Meere. Kohlenlager. Versteinertes Pflanzenlaub. Wir harpuniren Heilbutten. Landung in Fort Alexander auf der Halbinsel Kenai. Handelsvorsteher Hr. Cohn aus Berlin.

Es war gegen Mittag, als wir mit unseren Fahrzeugen auf der Handelsstation Togiak anlangten; ich traf hier den Händler und Stationsvorsteher nicht zu Hause, er kam erst gegen Abend von einem Ausfluge heim und vermiethete mir drei kleine Fahrzeuge und besorgte eine Rudermannschaft von vier Köpfen. Nachdem ich meine beiden braven Eskimos abgelohnt und ihnen für ihr gutes Verhalten noch eine besondere Belohnung bezahlt hatte, auch durch Deponirung des entsprechenden Werthes für den nächsten Unterhalt meiner Hunde gesorgt hatte, brach ich auf, um meine Reise längs der Meeresküste nach Osten fortzusetzen.

Das Ufer ist hier stellenweise ziemlich steil und bietet dem

Auge den Anblick von Strandhöhlen und säulenartigen Felsbildungen dar. Die ganze Gegend scheint ein sehr beliebter Tummelplatz der Seehunde und Walrosse zu sein. Die Eskimos in Togiak hatten am Tage meines Aufenthalts sieben Seehunde und ein Walross gefangen, eine Beute, welche nach ihren gewöhnlichen Erfahrungen als eine bedeutende zu bezeichnen war. Während wir längs des Strandes fuhren, bemerkten wir hier und da Sommerhütten von Seehundsjägern errichtet an Stellen, wo das Landen ziemlich leicht war.

Nachdem wir einige grössere Buchten überschritten hatten, erblickten wir auf einer Uferklippe ein sonderbares Naturspiel, die aus Stein gebildete, etwa 15 Fuss hohe Figur einer Frau mit einer Haube auf dem Kopfe. Die Naturähnlichkeit war so gross, dass es fast schien, als ob Menschenhände ein wenig nachgeholfen hätten. Diese steinerne Frau wird von den Eskimos weit und breit verehrt, und Niemand versäumt es, wenn er vorüberkommt, hier anzuhalten und Opfer darzubringen. Auch wir landeten, um uns nach dieser Figur, welche von den Eskimos Arningaktak genannt wird, hinauf zu begeben. Einige meiner Leute brachten getrockneten Lachs mit, von dem sie ein Stück in die Erde vor der Figur und ein anderes hinter der Figur vergruben, ein drittes Stück wurde obenauf gelegt. Als Reste früherer Opfer erblickten wir rings um dies Steinbild die Knochen vieler Seethiere und Vögel.

Wir fuhren hierauf weiter und verbrachten die nächste Nacht am Ufer einer kleinen Bucht. Die nächsten beiden Tage brachten Wind und hohen Seegang, so dass wir Mühe hatten, Cap Constantine zu umfahren. In der Nähe dieses Punktes hatte einer meiner Leute ein drolliges Abenteuer mit einem kleinen Seehund. Er hatte nämlich vom Kajak aus bemerkt, dass dieses junge Thier auf den Strand gekrochen war. Er landete sofort und versuchte den Seehund an der Hinterflosse zu ergreifen. Das aufs Höchste erschrockene Thier krümmte sich indessen und trachtete darnach, seinen Feind zu beissen. So sprangen beide Theile zu unserem höchsten Ergötzen im Sande herum, und ich dachte unwillkürlich an das bekannte Volkslied vom Musikanten und dem Krokodil am Nil. Endlich gelang es dem Eskimo, den armen Seehund zu ergreifen und ihn lebend ins Kajak zu tragen. Hier aber biss das Thier so lebhaft um sich, dass es getödtet werden musste.

Der Frühling meldete sich jetzt mit Macht. Wir erblickten zum ersten Male wieder Gänse, Schwäne, wilde Enten, sowie viele Eidergänse und andere Seevögel. Interessant war es, jetzt zur Paarungszeit das Spiel einer Entenart von der Grösse der Eidergans zu beobachten.

Oestlich von Cap Constantine schneidet die Nuschagakbay tief ins Festland ein, während der Nuschagak-Fluss in ihre nordöstliche Ecke einmündet. Dort liegt Fort Alexander, einer der Haupthandelsposten der Alaska-Commercial-Company. Als ich hierselbst landete, wurde ich von dem dortigen Stationsvorsteher Mr. Clarks ausgezeichnet gut aufgenommen. Ich war körperlich total heruntergekommen, denn die Schneeblindheit hatte sich noch nicht gelegt, und meine Füsse schmerzten mich sehr von dem tagelangen rechtwinkeligen Sitzen im Kajak. Ich konnte kaum eine bessere Stelle in ganz Alaska finden, um mich während einiger Tage zu erholen, als diese Station. Mr. Clarks nahm mich in uneigennützigster Weise auf und gab mir Wohnung in dem Gebäude der meteorologischen Station, die zu Fort Alexander gehört. Diese Station war leider ohne Vorsteher, da derjenige, welcher dieses Amt bekleidete, Mr. Mackay, durch einen bedauerlichen Unfall auf der Jagd ertrunken war. In Fort Alexander befindet sich auch eine russische Kirche unter der Obhut eines Priesters und eines Diakonen.

Die ersten nothwendigen Einrichtungen waren bald gemacht, die Leute abgelohnt, meine in Togiak zurückgelassenen Hunde Herrn Clarks überwiesen, der sie späterhin abholen liess, und meine ethnographische Sammlung geordnet und eingepackt. Leider war es mir nicht möglich, an diesem Orte grössere Erwerbungen für das Berliner Königliche Museum für Völkerkunde zu machen, da der verstorbene Mr. Mackay bereits vor meiner Ankunft alles, was die Eingeborenen an diesen Gegenständen besassen, für die Smithsonian Institution aufgekauft hatte.

Es galt nunmehr, die Pläne für die nächste Zukunft festzusetzen. Fort Alexander befindet sich fast an der innersten Ecke

23*

jenes spitzen Winkels, mit dem die Beringsee in Süd-Alaska eindringt, während die grosse Halbinsel Alaska wie eine riesige langgestreckte Mauer vom Festlande nach Südwesten sich erstreckt und nicht nur das Beringmeer im Süden abschliesst, sondern auch mit ihrer Inselkette bis nahe an die alte Welt heranreicht. Wenn ich meine Reise ostwärts fortsetzen sollte — und dies war natürlich meine Absicht — so musste ich die Halbinsel Alaska überqueren. Da dieselbe indessen von hohen Gebirgsketten besetzt ist, so konnte dies nur an einem besonders günstigen Orte geschehen. Eine solche Stelle bot sich in sehr geeigneter Weise unmittelbar an der Basis der Halbinsel, da wo dieselbe zwischen Bristolbay und Kamischakbay aus dem Festlande von Alaska heraustritt. Dort wird nämlich diese Halbinsel durch den etwa 90 engl. Meilen langen Iliamnasee und durch eine Wasserverbindung, die derselbe mit Bristolbay besitzt, fast gänzlich vom Festlande abgeschnitten, so dass man, diesen Wasserweg benutzend, sich der Kamischakbay bis auf wenige Stunden Entfernung nähern kann und sich dann in der Nähe von Cooks Inlet befindet. Es blieb mir nichts anderes übrig, als diesen für mich vortheilhaften Weg zu wählen. Aber zu diesem Zwecke musste ich meinen Aufenthalt in Fort Alexander auf zwei Wochen verlängern, da das Eis des Iliamnasees noch nicht aufgegangen war. An diesem Orte lernte ich einen jungen Mann, Herrn Kasernikoff, kennen, dessen Vater einige Jahre vorher in der Handelsstation Nulato am Yukon ermordet worden war.

Einige Tage nach meiner Ankunft langte auf der Station ein Fischer-Schooner an, welcher am 7. April 1883 San Francisco verlassen hatte, also nur 32 Tage zur Fahrt hierher gebraucht hatte. Da die letzten Nachrichten von der Aussenwelt in Fort Alexander bis zum 7. August 1882 zurückreichten, so kann man sich denken, welche Freude uns die mitgebrachten Zeitungen bereiteten. Am Bord des Schooners befanden sich alle Vorkehrungen, um eine Ladung Lachse zu fangen und einzusalzen. Das Schiff war jedoch einige Tage zu früh gekommen, denn der Nuschagakfluss brach eben erst auf und die ersten Königslachse wurden nicht vor dem 17. Mai im Flusse getroffen.

Zwei Tage nach diesem Datum erfolgte auch meine Abreise und zwar in einem Fellboot, welches ich von dem russischen Diakon in Fort Alexander gemiethet hatte. Meine Mannschaft bestand aus drei Eskimos, sowie aus einem Mischblut mit Frau und Kind, der die Gelegenheit benutzte, um die Reise über die Halbinsel mitzumachen. Wir gebrauchten mehrere Tage, um in die Nordostecke von Bristolbay hineinzugelangen, denn das sehr seichte Meer setzte uns zur Ebbezeit stets aufs Trockene. In dieser Gegend bemerkte ich am Ufer wilde Rennthiere, deren es, nach Versicherung der Eingeborenen, eine ungeheure Menge hier geben soll. Die Thiere finden daselbst eine vortreffliche Weide, denn die ganze Landschaft ist dicht mit dem schönsten Rennthiermoos bedeckt. Diese Gegend würde für die Rennthierlappen meiner Heimath ein wahres Paradies sein.

Am 24. April erreichten wir die Mündung des Iliamna- oder Quitzakflusses, in welche wir hineinfuhren, indem ich gleichzeitig vom Beringsmeer Abschied nahm. Wir trafen hierselbst viele Eingeborene des Dorfes Mannek, welche sich mit dem Fang des Weisswales beschäftigten. Abends meldeten sich die ersten Mosquitos als Boten des herannahenden arktischen Sommers, auch bemerkte ich zum ersten Mal wieder einige kleine Weiden, welche begannen auszuschlagen, sowie grünes Gras.

Wir zogen unser Boot stromaufwärts und sammelten überall, wo es anging, Eier von Seevögeln, da unser Proviant fast ganz aufgebraucht war. Das warme Wetter hatte das Eis des nahen Iliamnasees aufgebrochen und führte es uns in grossen Massen entgegen. Glücklicher Weise war dieses Eis so morsch, dass es wie eine Art Brei auf dem Wasser schwamm und unser Fellboot nicht beschädigte. Meine Leute zogen tapfer an der Leine, wobei sie mitunter, wenn der Uferrand unpassirbar wurde, bis zur Brusthöhe im eisigen Wasser gingen.

Am 29. Mai erreichten wir den Iliamnasee, der den Anblick einer fast meerartigen Fläche darbot und augenblicklich in Folge eines Sturmes von hohen und mächtigen Wellen aufgewühlt wurde. Man hatte mich schon in Fort Alexander vor den Wellen dieses fast nie befahrenen Sees gewarnt und mir die Mittheilung gemacht, dass von den steilen Uferbergen oft Sturmwinde mit solcher Heftigkeit hinabstürzen, dass wenige Minuten nach ihrem plötzlichen Entstehen die Wellen sich hoch aufthürmen. In dem See, welcher an seiner westlichen Hälfte etwa 40 bis 45 engl. Meilen breit ist, sollen sich viele Fische, sowie gefleckte Seehunde, letztere oft von sechs bis sieben Fuss Länge, befinden.

Der Sturm nöthigte uns, beizulegen, obgleich wir fast gänzlich ohne Lebensmittel waren. Während der fünf Tage, die wir hier zubringen mussten, gelang es uns, nur eine geringe Ausbeute auf der Jagd zu machen, so dass bei uns wieder einmal Schmalhans Küchenmeister wurde. Endlich legte sich der Sturm und wir konnten bei schwachem Nordostwind am 2. Juni Morgens vier Uhr unsere Fahrt über den See beginnen. Nach siebenstündiger, angestrengter Arbeit gelangten wir zu einer Insel, auf der wir 120 Möveneier sammelten, die sämmtlich noch nicht angebrütet waren. Ich bemerke, dass die Eskimos beim Sammeln von Eiern sich nicht im Mindesten darum kümmern, ob dieselben angebrütet sind oder nicht, sie essen im Gegentheil von gekochten Eiern zuerst und mit Vorliebe das etwa darin befindliche, mehr oder weniger entwickelte junge Vögelchen. Wir verliessen die Insel so bald als möglich, kaum aber waren wir eine englische Meile davon entfernt, so erhob sich einer jener plötzlichen Stürme aus Nordost, und obgleich wir sofort dem nahe gelegenen Südufer des Sees uns zuwandten, war unser Boot im Augenblicke der Landung bereits halb mit Wasser angefüllt.

Wir paddelten nunmehr am Ufer entlang und fuhren eine kurze Strecke in die Mündung eines Flüsschens hinein, woselbst wir unsere ausgehungerten Leiber durch eine tüchtige Mahlzeit von gekochten Eiern erquickten. Darauf setzten wir den Weg am Seeufer weiter fort und trafen ein kleines Eskimodorf, in welchem ich reichlichen Proviant, zwei Keulen vom Elch, Forellen und Eier kaufte und somit Lebensmittel für mindestens acht Tage besass. Der Sturm nöthigte uns nachher, einige Meilen weiterhin am Ufer die Nacht zuzubringen.

Schon um zwei Uhr früh Morgens machten wir uns bei Windstille und nebliger Luft auf den Weg und umfuhren im

Laufe des Vormittags ein stolzes Felsencap, welches am südlichen Ufer kühn weit hinaus in die See tritt. Ich nannte dasselbe „Cap Schleinitz".

Bei Cap Schleinitz erweitert sich der Iliamnasee, indem er nach Süden eine grosse Bay bildet, welche mit hunderten von kleineren und grösseren Inseln bedeckt ist. Die grösste derselben, an der wir landeten, um Möveneier zu sammeln, benannte ich „Le Coq's-Insel".

Nicht weit davon, am Südufer des Sees, liegt das Eskimodorf Kaskanak, an welchem wir jedoch vorüberfuhren, da ich die grösste Eile hatte. Wir paddelten immer weiter, bis wir spät am Abend vollständig ermüdet waren und am Ufer übernachten mussten, nachdem wir an diesem Tage etwa 50 englische Meilen zurückgelegt hatten. Wie man sagt, soll es in dieser Gegend von Elchen, wilden Rennthieren und braunen Bären wimmeln.

Am andern Morgen wehte eine starke Brise aus Westen mit Regen vermischt. Wir setzten unser Segel und fuhren bis an das sich immer mehr verjüngende nordöstliche Ende des Sees, dessen beide Ufer mit hohen, steilen Felsen besetzt sind. Wir segelten an einer grossen Insel vorüber, welche noch keinen Namen besitzt, und erreichten in der Mittagsstunde das äusserste Ende des Sees und die Mündung des dort von Südosten her einströmenden Nusaktolikflusses, welchen die Russen Adematzensky nennen. Eine kurze Fahrt von fünf engl. Meilen stromaufwärts brachte uns gegen zwei Uhr Nachmittags nach dem Orte Iliamna, einem Handelsposten der Alaska-Commercial-Company. Ich erfuhr hier zu meinem grossen Bedauern, dass der alljährlich im Anfang Juni in der Nähe dieser Station landende Handelsschooner von der Kodiakinsel, welcher auf dem nahe gelegenen Ostufer die Iliamnabay besucht, von dort bereits seit drei Tagen wieder zurückgekehrt sei.

Die Station Iliamna besteht aus sechs Hütten und bezeichnet die Grenze zwischen der Eskimo- und der Ingalik-Bevölkerung. Südlich von hier und dem Iliamnasee längs der ganzen von mir passirten Küste bis Cap Newenham, wohnen die Nuschagagemuten, — nördlich davon die Ingalik.

Von der Küste des nordpacifischen Oceans trennte mich nun nur noch ein kurzer Marsch von einigen englischen Meilen, welcher über allmählich aufsteigendes Terrain nach einem steilen Gebirgspass führt, jenseits dessen man in das Thal der Iliamnabay hinabsteigt. Dort unten wurde ich von dem in der Sommerstation wohnenden Händler und einigen Goldgräbern, welche am 9. Mai aus San Francisco abgefahren waren, aufs Freundlichste empfangen.

Meine Sachen, welche von sechs Mann über das Gebirge getragen waren, wurden nunmehr wieder auf einige kleine Boote geladen und nach kurzer Nachtruhe setzte ich am anderen Tage längs der Südküste die Reise nach Osten fort. Der stille Ocean tritt hier weit ins Land hinein und bildet zwischen dem Festland von Alaska und der grossen Halbinsel Kenai das von Südwest nach Nordost sich erstreckende Cooks-Inlet. Dieses zu besuchen, war mein nächster Plan. Das Ufer ist hier hoch und steil und auf Strecken von mehreren Meilen Länge findet sich keine Gelegenheit zum Landen. Man darf deshalb mit kleinen Booten nur bei solchem Wetter in See gehen, dass man unterwegs nicht vom Sturm überrascht wird.

Die Uferlandschaft ist von entzückender Schönheit. Das Gebirge ist mit hohen spitzen Gipfeln gekrönt und tritt hart an das Meer heran. Wir konnten von hier in weiter Ferne den Rauch, welcher aus dem hohen Vulkan Iliamna hervordrang, bemerken. Der Schnee, welcher die höchsten Theile des Gebirges überall bedeckte, ging unterhalb in einzelne Gletscher über, während die Uferlandschaft selbst in frisches Grün gehüllt war. Ein herrlicher Geruch erfüllte die Luft von den in der Nähe des Gestades befindlichen Birken. Der felsige Strand war durch die gemeinsame Wirkung der Niederschläge und Wasserläufe, sowie der Wellen des Meeres zerrissen und zerklüftet und gewährte mit seinen Grotten, Säulen, Bogen und Schluchten einen malerischen Anblick.

Als wir die Saunitna-Bay passirten, sahen wir an drei Stellen unterhalb des Gipfel des Iliamna Rauch emporsteigen, zugleich war unterhalb des einen Kraters der Schnee von schmutziggrauer Farbe, als wenn unreines Wasser über ihn ausgegossen worden wäre. Um Thee zu kochen, fuhren wir gewöhnlich in die Mündung eines der vielen Flüsschen ein, welche sich hier ins Meer ergossen. Hierbei beobachteten wir fast überall die Spuren von braunen Bären; auch hatten wir wiederholt während der Fahrt, wenn wir in der Nähe des Strandes uns fortbewegten, den Anblick dieser Thiere. Die braunen Bären schienen durchaus nicht allzu sehr Furcht vor uns zu haben, denn an einer Stelle sahen wir zwei grosse Exemplare, welche sich auf einer Schneefläche am Felsabhang umherkugelten und mit einander spielten wie junge Katzen; an einer andern Stelle blieb Meister Braun eine Zeitlang ruhig stehen und schaute sich unsere Expedition an, bis er endlich durch das Gebüsch die Flucht ergriff.

Diese Gegend ist für Jäger und Touristen ein wahres Eldorado. Die landschaftlichen Reize, vulkanische Ausbrüche, Gletscher, romantische Felsbildungen, Wasserfälle, Grotten und Höhlen vereinigen sich mit einem Reichthum an Thieren, wie ich ihn selten gesehen habe. Die Flüsse wimmeln von Lachsen und anderen Fischen, das Meer bietet die Reize der Seehundsjagd; Bären, Elenthiere und Rennthiere trifft man in Mengen an, die Felsen sind an vielen Stellen bedeckt mit Millionen von Mövennestern, auf denen jetzt — als wir vorbei kamen — brütende Weibchen sassen, während die Männchen im sausenden Flug die Luft durchschnitten und dabei solchen Lärm machten, dass wir Menschen uns untereinander kaum verständigen konnten.

Namentlich die etwa 2000 Fuss hohe Insel Assik, zwischen der und dem Festlande wir fuhren, ist ein solcher Vogelfelsen, dessen höhere Theile fortwährend von einer Wolke von schwärmenden Vögeln umgeben ist, während die dem Strande näher gelegene Partie mit rothen und blauen Blumen bedeckt war, die mit dem saftigen Frühjahrsgrün vereint den Fuss des Felsgestades in einen Teppich verwandelten. Wir wurden hier von stürmischer Witterung gezwungen, gegenüber dieser Insel auf dem Festlande uns einen Tag lang aufzuhalten.

Eine Strecke weiter nach Nordosten passirten wir ein Ingalik-Dorf. Die indianische Bevölkerung, welche hier den Namen Kenaiski führt, unterscheidet sich in Körperbildung und Sprache durchaus nicht von den Ingalik, welche ich im Innern des Landes, am oberen und mittleren Laufe des Yukon angetroffen hatte. Ich kaufte hier den ersten Königslachs, den ich im Frühjahr 1883 erhielt; es war dies ein Zeichen, dass die Saison der Lachsfischerei nunmehr begonnen hatte.

Eigenthümlich sind die Wohnhäuser construirt, welche ich in dieser Gegend angetroffen habe. Sie repräsentiren einen Ueber-gang zwischen den regelrecht aus Holz erbauten Wohnstätten der südlicher lebenden Indianer und den mit Erde bedeckten Hütten der Eskimos. Ein solches Wohnhaus besteht aus einem grossen viereckigen Holzgebäude, dessen Wände aus senkrechten Planken gebildet sind. Dieses Gebäude bildet den Mittelpunkt der Anlage und enthält die gemeinsame Feuerstelle, den Arbeitsraum der Be-wohner bei Regenwetter und die Einrichtungen für die Lachs-räucherei. Seitlich von diesem Centralgebäude sind rechtwinklig von den Seiten abstehend, etwa 2—6 kleine Hütten von ca. $1\frac{1}{2}$ Meter Höhe errichtet; diese Nebenräume dienen als Schlaf- und Wohnstätten für je eine Familie; und sind oft von aussen mit Erde überdeckt. Die Civilisation ist in diesen Gegenden in Folge der Verbindungen mit San Francisco bereits so weit gediehen, dass die kleinen Wohnhäuser fast regelmässig mit Glasfestern versehen sind. Bei Fortsetzung meiner Reise nach Nordosten passirte ich die langgestreckte niedrige Insel Kalgia und landete in dem Dorfe Kastarnak, wo die Fischerei in vollen Gange war. Je tiefer wir in Cooks Inlet eindrangen, um so mehr Thiere des Meeres trafen wir an; eine grosse Bai, die wir nördlich von Kalgia kreuzten, wim-melte von Seehunden und Weisswalen, während die Fischerbe-völkerung aufs Eifrigste den Fang betrieb. In einem Orte traf ich bereits grosse Vorräthe von frisch geräucherten Königslachsen an.

Den Endpunkt meiner Fahrt bildete in Cooks Inlet die der Alaska-Commercial-Company gehörende Handelsstation Tagunak, deren Verwalter, ein Halbrusse, Herr Dimidoff mich sehr freund-lich aufnahm. Das Erwerben ethnologischer Gegenstände war auf der ganzen Südküste von Alaska nicht besonders erfolgreich ge-wesen, da die Nuschegamuten nur wenig originelle Geräthe be-sitzen. In Cooks Inlet, speciell in Tagunak, hatte ich einen etwas besseren Erfolg, denn ich konnte hier ausser verschiedenen interessanten Gegenständen, auch Kleidungsstücke aus Rennthier- und Elch-Leder, sowie hölzerne Bogen und Pfeile erwerben. Aber der Preis, welcher dafür gefordert wurde, war sehr bedeutend. Hierzu kam noch, dass Tauschwaaren und Handelsartikel, welche bis dahin das einzige Aequivalent für meine Erwerbungen gebildet hatten, in Cooks Inlet keinen Cours mehr besassen, und an ihrer Stelle Geld — und zwar recht viel Geld — mir abverlangt wurde. Die Einwohnerschaft verdiente jetzt viel mit Jagd und Fischfang, besonders mit dem Fang der Seeotter und war deshalb gerade um diese Jahreszeit schwer zugänglich für ethnologische Wünsche.

Am Abend des 12. Juni fand in Tagunak ein kleines Fest statt, an welchem ich mich betheiligte. Die Tänze hierselbst unterscheiden sich durchaus von den Tänzen der Eskimos; sie sind wilder und leidenschaftlicher, ebenso wie auch die Gesänge. Die Eskimogesänge haben meist eine einfache Melodie und enden stets auf die Silben: „Anga — jangah — jah!" Die Gesänge der indianischen Bevölkerung in Cooks Inlet dagegen hatten den Refrain: „Haah haah, heeh heeh, heih heih!" Während die Eskimos bei ihren Tänzen die Füsse nur wenig bewegen, bücken und drehen die hier wohnenden Ingalik ihre Körper beim Tanzen mit grosser Anstrengung und Lebhaftigkeit hin und her und springen vor- und rückwärts. Die Tänzer hatten hier ihr Gesicht schwarz gefärbt, statt des Federschmuckes der Eskimos trugen sie Taschentücher in ihren Haaren. Die Bewegungen der Tanzenden wurden schliesslich so wild und aufgeregt, dass ein Zuschauer auf den Gedanken kommen konnte, dass die Leute geradezu im Begriff standen, einander zu skalpiren. Jeder Tänzer hielt in jeder Hand eine Feder. Nach dem Tanze, bei dem fünf Männer gleichzeitig auftreten, wurden Geschenke ausgetheilt und empfangen, kurz, es erinnerte mich Vieles an die Tänze der südlicher wohnenden Indianer von British Columbien.

Da Herr Dimidoff am nächsten Tage die Station Tagunak für die Dauer des Sommers verliess, um sich nach dem am jenseitigen Ufer gelegenen Fort Kenai, auf der Halbinsel Kenai zu begeben, so machte ich dieselbe Reise in seiner Begleitung, trotzdem meine Leute sich zuerst weigerten, über das stürmisch

bewegte Cooks Inlet zu fahren. Wir sassen in geschlossenen Fellbooten, so dass die über unsere Köpfe sich ergiessenden Wellen
uns keinen Schaden thun konnten, denn die Einsteigeöffnungen
der Fahrzeuge waren durch unsere Oberkleider fest geschlossen.
Nach hartem Kampf mit Wind und Wellen erreichten wir um
2 Uhr Nachmittags das Ufer der Halbinsel und machten während
der Fluth in einem nahegelegenen Orte Halt. Abends 9 Uhr
brachen wir aufs Neue auf und erreichten um 3 Uhr Morgens
bei heftig stürmender See Fort Kenai.

Der Vorsteher des Handelspostens der Alaska-Commercial-
Company in Fort Kenai, Herr Wilson, ein Schotte von Geburt,
nahm mich freundlich auf. Ich machte an diesem Orte auch die
Bekanntschaft des Capitain Harendin, welcher die Bark „Korea"
führte, und mit seinem Schiff auf der Rhede lag, um die Lachse
einzuladen, welche eine dicht beim Fort Kenai gelegene Cannerie
der California-Packing-Company für den Transport zubereitet hatte.
Capitain Harendin lud mich ein, mit ihm diese Fisch-Conserven-
Fabrik zu besuchen, eine Einladung, welche einige Tage später
von Herrn Fred Kendall, dem Oberleiter der Cannerie wiederholt wurde. Ich folgte derselben gern und hörte, dass trotz der
kurzen Zeit, die seit Eröffnung der Fischerei erst verflossen war,
bis jetzt bereits 3000 Kisten mit Lachsconserven zubereitet und
eingepackt waren; Herr Kendall hoffte, dass er es insgesammt
bis auf 15—20,000 Kisten in dieser Saison bringen würde.

Die grösste Enttäuschung auf meiner ganzen Reise erlebte ich
in Fort Kenai. Länger als ein Jahr war ich bereits aus San
Francisco entfernt und befand mich während des ganzen Winters
in Alaska, ohne die geringste Nachricht aus der Heimath. In
einigen Briefen hatte ich Ordre gegeben, dass alle an mich gelangen-
den Schreiben, Telegramme etc. nach Fort Kenai gesandt werden
sollten. Um diesen Ort zu erreichen, hatte ich meine Reise aufs
Aeusserste beschleunigt, soweit dies die Erfüllung meiner über-
nommenen Pflichten zuliess; ich fand jedoch in Fort Kenai nicht
die mindeste Nachricht für mich. Wie es schien, hatte man die
für mich bestimmten Briefe nach Unalaska gesandt.

In Fort Kenai musste ich einen Entschluss fassen, auf welche

Weise ich meine Reise fortsetzen sollte. Da die Halbinsel Kenai an ihrer Basis, wo sie aus der Südküste von Alaska heraustritt, nur einige Meilen breit ist und dort leicht passirt werden kann, so lag der Gedanke nahe, dass ich noch einmal Cooks Inlet bis zur nordöstlichsten Spitze hinauffahren und von dort über Land nach Prinz Williams Sund gehen sollte. Aber Herr Wilson, welcher einer der besten Kenner der dortigen Verhältnisse ist, rieth mir entschieden von dieser Route ab, da ich, wie er versicherte, auf der Ostseite der Halbinsel keine Mannschaft erhalten könnte. Er wies auf das Beispiel des bekannten amerikanischen Reisenden Herrn Petroff hin, welcher auch an jener Landenge umzukehren gezwungen war. Herr Wilson rieth mir dagegen, nach dem im südlichsten Theile der Halbinsel Kenai gelegenen Fort Alexander zu gehen, von wo ich vielleicht eine Reisegelegenheit nach der grossen Insel Kadiak, welche der Halbinsel Alaska vorgelagert und von ihr durch die Shelikoff-Strasse getrennt ist, erhalten konnte. In Kadiak, versicherte er mir, würde ich leicht ein kleines Fahrzeug und eine Mannschaft erhalten, um damit nach dem südlichsten Theile von Alaska, nach Sitka reisen zu können. So wenig mir dieser Plan gefiel, da er mich zu einem grossen Umweg nöthigte, so sah ich mich doch veranlasst, ihn schliesslich zu dem meinigen zu machen.

Eine wesentliche Erleichterung meines Gepäckes wurde dadurch herbeigeführt, dass ich die für meine Zwecke nicht mehr nöthigen Handelswaaren an Herrn Wilson gab, da ich diejenigen ethnologischen Erwerbungen, welche ich während des letzten Theiles meiner Reise noch zu machen im Begriff stand, mit baarem Gelde bezahlen musste.

Nachdem ich herzlichen Abschied genommen, fuhr ich am 18. Juni aus Fort Kenai ab und folgte der Küste nach Südwesten. In wenigen Stunden befand ich mich in der am Kassiloff-Flusse belegenen Fischconserven-Fabrik, in der ich wieder einen sehr angenehmen Abend verbrachte, nachdem ich schon beim ersten Besuche gelegentlich der Feier eines Geburtstagsfestes die für mich ganz fremd gewordenen Genüsse Champagner und Kuchen wieder kennen gelernt hatte. Capitain Harendin und Herr Kendall schrieben in Eile einige Briefe, welche sie mir nach der Insel Kadiak mitgaben.

Vom Kassiloff-Flusse bis zu dem Dorfe Ninilschik, welches wir am anderen Tage nach siebenstündiger Fahrt erreichten, ist der Meeresgrund mit zahllosen erratischen Blöcken bedeckt, deren nicht wenige die Grösse eines europäischen Zimmers haben. Das Meer ist an dieser Stelle so seicht, dass ich einen dieser Steine noch in der Entfernung von etwa drei englischen Meilen vom Ufer über die Oberfläche des Wassers — allerdings zur Zeit der Ebbe — hervorragen sah. Ninilschik, eine Niederlassung der Russen in Alaska, bietet schon die Genüsse einer sesshaften, Landwirthschaft treibenden Bevölkerung. Ich erhielt hier von dem vornehmsten Bewohner, Herrn Alexius, Kuhmilch und frische Butter zum Imbiss vorgesetzt.

Längs der Nordwestküste der Halbinsel Kenai ist die steile Uferwand von einigern Kohlenlagern durchzogen, die mit Sand und Kiesschichten abwechseln. Das mächtigste Kohlenlager, welches ich erblickte, war an dieser Stelle 3—6 Fuss stark. Das Meergestade ist auf eine weite Strecke mit grossen Kohlenstücken bedeckt. Einzelne Stücke, welche dort lagen, waren nur halb verkohlt. Ich fand hier viele versteinerte Laubpflanzen, von denen ich einige Fundstücke mitnahm. Sie werden sich voraussichtlich bei näherer Untersuchung als instructives Material für die Beurtheilung der arktischen Flora in der letztvergangenen grossen geologischen Epoche herausstellen und die durch die zahlreichen Funde der Nordenskiöld-Expeditionen gewonnene Kenntniss für diesen Theil des circumpolaren Gebietes erweitern. Das Vorkommen früherer vulkanischer Eruptionen in dieser Gegend wurde durch mehrere Lager von Asche und vulkanischen Gesteinen am Ufer bewiesen.

Wir setzten noch an demselben Tage unsere Reise fort und gelangten zum Abend nach Anchor Point, einem Vorgebirge, welches die südlichste Spitze von Cooks Inlet bildet. Jenseits dieser Stelle biegt die Küste der Kenai-Halbinsel rechtwinklig nach links um, und erstreckt sich von Westen nach Osten. An diesem Theile der Halbinsel zieht sich die spitz nach Nordosten zulaufende Kachekmak-Bay tief ins Land hinein.

Wir übernachteten an Anchor Point oder Leida, woselbst eine grössere Anzahl von Seeotter-Jägern mit ihren Fellbooten gleichfalls die wenigen Stunden bis zum andern Morgen zubrachten. Früh um 3 Uhr verliessen die Jäger den Ort und ich weckte meine Leute gleichfalls, damit sie Thee kochen und Alles zur Abreise vorbereiten sollten. Während ich noch ein wenig ruhte, legte sich auch meine Mannschaft wieder hin und als wir erwachten, hatten wir die günstige Zeit der Abfahrt versäumt und mussten bis Mittag liegen bleiben. Die herrschende stürmische Witterung nöthigte uns, eine ziemlich weite Strecke in Kachekmak-Bay hineinzufahren, bevor wir diesen Meeresarm überfuhren, dann folgten wir wieder dem gegenüberliegenden Ufer nach Südwesten und erreichten als nächstes Nachtquartier den Ort Akedaknak in Saldovia-Bay, woselbst sich die Wohnhäuser der Seeotterjäger, die wir am Abend vorher getroffen hatten, befanden. Dieses Dorf besass bis wenige Wochen vor meiner Ankunft einen Handelsposten der Western-Fur-Trading-Company, der aber im Monat Mai 1883 aufgegeben wurde. Der Preis für ein gutes Seeotterfell ging dadurch im Orte selbst von 112 Dollar auf 35 Dollar hinunter.

Am nächsten Morgen setzten wir unsere Fahrt bei Windstille und günstiger Meeresströmung fort. Wir fuhren schnell und lautlos dahin und bemerkten verschiedene Heilbutten, welche oben auf der Meeresoberfläche spielend umherschwammen oder auf kleine Fische Jagd machten. Sofort erwachte in uns die Jagdlust und im Augenblick war die Harpune ergriffen und einer jener colossalen Plattfische im Gewicht von etwa 40 Pfund damit durchbohrt. Diese Thiere besitzen bekanntlich ein zähes Leben, so dass es Mühe kostete, unsere an Bord gezogene Beute zu tödten. Ein zweiter, noch grösserer Heilbutt entging der Harpune dadurch, dass er in demselben Augenblicke, als die letztere gegen ihn geschleudert wurde, in pompöser Krümmung untertauchte und sich mit mächtigen Schwingungen seines breiten Schwanzes in die Tiefe begab. Der gefangene Fisch war übrigens durchaus keiner der grössten seiner Art; ich habe in meiner norwegischen Heimath Heilbutten bis zum Gewicht von 250 Pfund gesehen und gefangen.

Bereits um 9 Uhr Vormittags landeten wir in Fort Alexander,

einem Handelsposten der Alaska-Commercial-Company, dessen Vorsteher Herr Cohn, gebürtig aus Berlin, ist. Dieser Herr, bei dem ich eine sehr freundliche Aufnahme fand, steht schon sehr lange in den Diensten der Handelsgesellschaft und hat sich in seiner Stellung durch Beobachtung der Natur eine Menge Kenntnisse erworben, welche mir während meines kurzen Aufenthaltes bei ihm zur genaueren Orientirung sehr vortheilhaft waren. Dieses Fort Alexander auf der Halbinsel Kenai ist nicht zu verwechseln mit dem gleichnamigen Ort an der Mündung des Nuschagak-Rivers.

XXIV.

Die Herren Sand und Frank. Die Ruinen des Indianerdorfes Soonroodna. Mehrtägige Ausgrabungen daselbst. Der Raub der Sabinerinnen. Leichenverbrennung in alter Zeit. Tanzmasken als Leichenbeigaben. Kochkörbe der alten Indianer. Leichengrotten. Ruinen eines Häuptlingshauses. Alte Culturschichten. Bearbeitete Walfischrippen. Rückfahrt nach Fort Alexander. Stationsvorsteher Cohns .Angaben über die Seeotter. Fahrt nach St. Paul auf der Insel Kadiak. Generalagent Macinture. Ich engagire Capitain Andersen und die Gebrüder Carlsen mit ihrem Schoner „Drei Brüder". Interessante Bekanntschaften in St. Paul. Der Reisende Ivan Petroff. Heirath eines Seeotterjägers. Russische Trauungsceremonie. Das Getränk „Kwas". Eine Katzenmusik in der Hochzeitsnacht. „Gurka!" Aufbruch nach Prince William-Sund 13. Juli 1883. Marmot Insel. Afognak Insel. Das erste Seebad. Cap Elisabeth. Pelzrobben. Zahlreiche Gletscher auf Halbinsel Kenai. Seal Rocks. Seelöwen und Albatrosse. Montague Insel. Knights Insel. Einfahrt in Prince William-Sund.

In Fort Alexander an der Südspitze der Kenai-Halbinsel fand ich einen Schooner von der Insel Kadiak, der unter Führung des Capitain Sand und eines Herrn Frank stand. Diese Herren beschäftigten sich hier damit, Lachse zu fangen und wollten nach etwa 14 Tagen mit Ladung nach der Insel Kadiak zurückkehren. Die gesammte Einwohnerschaft des Ortes war mit der Seeotterjagd beschäftigt, so dass es für mich sehr schwierig, wenn nicht unmöglich schien, eine Mannschaft zu engagiren. Aber auch, falls mir letzteres gelungen wäre, so hätte ich die Eingeborenen mit ihren nicht seetüchtigen Fellbooten kaum dazu vermocht, über die breite Meeresstrasse, welche Kadiak Insel von der Halbinsel Kenai trennt, zu fahren. Nur unter den günstigsten Verhältnissen wagen diese Leute sich über die Strasse; im anderen Falle bleiben sie lieber Wochen lang liegen und erwarten das geeignete Wetter.

Herr Frank machte mir am Tage nach meiner Ankunft die Mittheilung, dass tief im Innern der von mir durchkreuzten Kachekmak-Bay sich die Ruinen eines alten verlassenen Indianerdorfes Namens Soonroodna befänden, und dass es sich vielleicht lohnen würde, an diesem Orte, der von den Eskimos Hardak, auch Hardanak genannt wird, Ausgrabungen zu machen. Da ich auf die Abfahrt des Schooners noch länger als eine Woche warten musste, so beschloss ich, diese Zeit zu einer solchen Ausgrabung zu benutzen, obgleich ich wieder eine Strecke von etwa 30 englischen Meilen zurückfahren musste. Nachdem ich für theuren Preis einige Leute engagirt hatte, fuhr ich am 26. Juni mit ihnen von Fort Alexander ab und erreichte am Nachmittag desselben Tages wieder den Ort Akedaknak in Saldovia-Bay, woselbst ich einen alten Indianer, dessen Vorväter in dem verlassenen Dorfe gelebt hatten, als Führer miethete. Wir fuhren noch an demselben Tage weiter bis zu der kleinen Yukon-Insel, auf der wir zuerst Eier sammelten und Vögel schossen und alsdann in einem Hause, welches dem alten Indianer gehörte, übernachteten. Mein Wirth verkaufte mir einige alte Steinlampen und ein Paar Tanzrasseln.

Am andern Morgen umfuhren wir zunächst die Yukon-Insel, auf deren Ufer wir zehn Seepapageien, Alke u. a. m., sowie einen grossen gefleckten Seehund schossen, welche Jagdbeute unserem geschwächten Proviantvorrath sehr zu statten kam. Nach einigen Stunden schneller Fahrt gelangten wir endlich nach jener merkwürdigen Ruinenstätte, welche, wie bereits erwähnt, Soonroodna heisst. Diese Lokalität befindet sich unterhalb des dritten Eisgletschers am Südufer der Kachekmak-Bay.

Soonroodna war ein Dorf von grosser Ausdehnung, schon vor dem Jahre 1794, als die Russen hierher kamen. Kurze Zeit, nachdem die Letzteren Fort Kenai erbaut hatten, fuhren sie eines Tages mit vielen Booten nach Soonroodna und entführten hier — eine zweite Auflage des Raubes der Sabinerinnen — alle jungen Mädchen und Weiber, welche sie mit nach dem Fort nahmen und sich auf diese Weise Ehefrauen verschafften. In wilder Trauer verliessen die Indianer, welche sich gegenüber den Russen machtlos sahen, ihren Heimathsort und zerstreuten sich unter die von der Insel Kadiak hierher übergesiedelte Eskimobevölkerung.

Die alten Bewohner von Soonroodna verbrannten vor Ankunft der Russen ihre Todten und setzten die Ueberreste bei. Diese letzteren waren das Einzige, was im Dorfe zurückblieb, als die Einwohner dasselbe verliessen. Die als Leichenbeigaben dienenden

alten Tanzmasken wurden in einer Grotte verwahrt und blieben
daselbst als Gegenstände frommer Scheu für die Nachkommen
liegen. Jeder, der das verlassene Dorf besuchte, opferte diesen
Masken, die für die Geister der Verstorbenen gehalten wurden, irgend
einen Gegenstand, meistentheils Lebensmittel, auch wohl kleine
Körbe von jener ausgezeichneten Flechtart, dass die Einwohner
damals — und auch heute noch — darin mit Hilfe von heissge-
machten Steinen Wasser zum Kochen bringen konnten. Mein alter
indianischer Führer behauptete, eine Stelle zu kennen, woselbst
die alten Indianer ihre Todten und deren Grabbeigaben deponirt
hätten. Es war dies eine Grotte, welche wir aufsuchten. Aber
im Laufe der Zeit hatte sich die Felsdecke herabgesenkt und alle
Beigaben zerdrückt und verschüttet, wie wir deutlich sehen konnten.
Jede Bemühung, diese ungeheuren Eelsblöcke hinwegzuräumen,
war für uns vergebens; ich war nur im Stande, einige wenige
Ueberreste unter einem Steine hervorzuziehen.

Wir besuchten darauf eine andere kleine Grotte, welche, nach
dem Aufhören der Leichenverbrennung als Begräbnissplatz gedient
hatte. Dort fand ich einen Stock, wie dergleichen wohl bei Festtänzen gebraucht werden, ferner eine hölzerne Frauenbüste und ein
viereckiges, in der Mitte durchlöchertes Stück Holz von unbekannter Verwendungsart.

Nunmehr begannen wir unsere Ausgrabung an einer Stelle,
auf der sich nach Aussage meines alten Führers einstmals das
Wohnhaus eines mächtigen Häuptlings von Soonroodna befunden
hatte. Neben diesem Hause hatte sich, wie ich vernahm, ehemals
auch das Waarenlager des Häuptlings befunden. Dieses besteht
in jenem Gebiete aus einem kleinen, auf vier hohen Pfählen errichteten Hause, welches für die Hunde unzugänglich ist und zum
Aufbewahrungsort für die getrockneten Fische, für Fleisch, Felle etc.
benutzt wird.

Wir gruben mit fünf Personen bis zum späten Abend und
legten die Stelle bis in einer Tiefe von etwa fünf Fuss frei. Das
Ergebniss der Ausgrabung war folgendes: Der Untergrund bestand
aus festem Sand Hierauf folgte eine Schicht, die aus einem Ge-
misch von Muschelschaalen, Asche und Kohlen bestand, also offen-

bar das Ueberbleibsel der ersten Bewohnung des Ortes war. In dieser Schicht befanden sich als Beweis dieser Annahme kleine Stückchen von thönernen Kochgefässen von jener Art, wie sie am Yukonflusse heute noch in Gebrauch sind. Auch Knochenreste fanden sich daselbst und zwar vom Bär, Biber, Stachelschwein, Fuchs, von diversen Vögeln, dem Weisswal, Seehund, Seeotter etc. Diese Knochen waren offenbar sehr alt und zerbrachen leicht. Oberhalb dieser untersten Culturschicht lag eine 3—6 Zoll dicke Schicht aus reinem Sand und Kies, gleichsam, als ob eine grosse Ueberschwemmung für lange Zeit die Stätte bedeckt hätte. Hierauf folgte eine zweite Culturschicht, welche ebenfalls hauptsächlich aus den Schaalen von Seethieren bestand, und zwar aus solchen, welche besser erhalten waren, als diejenigen der untersten Schicht. Ausserdem wurden in dieser zweiten Lage verschiedene Pfeilspitzen und Harpunen aus Knochen gefunden. Oberhalb dieser Schicht befand sich eine gewöhnliche dunkle Erdschicht, welche mit Knochen und Asche vermischt war und in der ich u. A. eine eiserne Lanzenspitze, ein Stück eines hölzernen Lanzenschaftes, ein kleines Stück Kupfer, das wahrscheinlich als Messer gedient hatte, ein kleines eisernes Messer, eine blaue Glasperle, zwei knöcherne Harpunenspitzen, eine dreikantige Harpunenspitze, sowie endlich viele Knochen von verschiedenen Thieren auffand. Wie mir mein Führer erzählte, stand ehemals der Werth eines der kleinen eisernen Messer dem Werthe von zwei Sklaven gleich; derselbe Werth wurde auch durch hundert Marderfelle ausgedrückt.

Um die Ausgrabung nicht zu kostspielig zu machen, sandte ich am nächsten Tage, nachdem ich mich vorher genau orientirt hatte, meinen alten Indianer wieder zurück und setzte die Untersuchung mit meiner Mannschaft allein fort. An einer Stelle unterhalb des ersten Muschellagers fand ich zwei kurze Stücke einer Walfischrippe auf, welche mit einem scharfen Stein oder irgend einem anderen unvollkommenen Geräth geschnitten worden waren.

Nach Aussage meiner Leute waren diese Knochen ehedem dazu bestimmt, um als Pfeilspitzen weiter bearbeitet zu werden; wenigstens besassen sie die nöthige Länge derselben. Ferner wurden wieder verschiedene Stücke von Thongefässen, Speerspitzen,

eine steinerne Lanzenspitze, und etwa ein Fuss unterhalb der Erdoberfläche eine eiserne Axt, sowie abermals zahlreiche Thierknochen
aufgefunden.

Wir untersuchten am zweiten Tage noch eine Höhle, welche
früher als Aufenthaltsort von Jägern bekannt war. Ich liess den
Boden aufgraben und fand viele Spuren von Asche, Kohlen und
Knochen, sowie eine russische eiserne Axt. Auch machten wir
wieder einen Versuch, in jene Höhle einzudringen, welche ich oben
als Bestattungsort der verbrannten Leichen bezeichnet habe; es gelang uns jedoch nicht.

Ringsum auf den Hügeln entdeckte ich Spuren und Ueberreste ehemaliger menschlicher Wohnungen, namentlich an den
grossen Haufen von Muschelschaalen erkennbar. Es liess sich
hieraus der Schluss ziehen, dass das alte Soonroodna von recht
bedeutender Ausdehnung gewesen war.

Am dritten Tage setzten wir unsere Ausgrabung mit vereinten
Kräften fort. Nach allgemeiner Ansicht hatte sich der Haupttheil
des Dorfes wohl unten in der Nähe des Strandes, nicht, wie das
Häuptlingsgebäude etwa 10—12 Fuss über dem Wasserspiegel
befunden. Hier begannen wir nunmehr unsere Untersuchung.
Ich fand in der untersten Culturschicht: Stücke von alten
Thongefässen, eine Harpune für Seeotter- und Seehundsjagd, ein
Stück einer gut geschäfteten aber zerbrochenen steinernen Speer-
spitze, ein Stück Roheisen, ein gerades eisernes Messer von 5 Zoll
Länge, ein hufeisenförmig gekrümmtes eisernes Messer, dessen
Schneide sich an der Aussenseite befand, und das nach Aussage
meiner Indianer früher als Fischmesser benutzt wurde, bearbeitete
Knochen, die als Nadeln und Pfriemen gedient hatten, und viele
Thierknochen. Wir beendeten an diesem Tage unsere Ausgrabung
von Soonroodna.

Am nächsten Morgen traten wir wieder den Rückweg an.
Da der Wind nachgelassen hatte, so verstärkten wir unsern Proviantvorrath, indem wir uns der Jagd auf Murmelthiere und Seevögel ergaben. Als es darauf zu stürmen begann, gaben wir die
Jagd auf und fuhren weiter nach Saldoviabay, wo wir in Gesellschaft der beiden Amerikaner, Capitain Sand und Herrn Frank,

die Nacht zubrachten. Der Erstgenannte versprach mir, dass er mich im Laufe der nächsten acht Tage nach der Insel Kadiak bringen würde, falls es mir gelänge, einige Leute zur Bedienung des Schooners anzuwerben.

Nachdem ich am nächsten Nachmittag wieder in Fort Alexander angelangt war, ordnete ich zunächst meine Sammlung und engagirte alsdann zwei Eingeborene als Mannschaft für den Schooner. Dem oben genannten Stationsvorsteher der Alaska-Commercial-Company, Herrn Cohn in Fort Alexander, verdanke ich einige interessante Mittheilungen über die Lebensweise der Seeotter. Wie bekannt, nähren sich die Seeottern meist von Fischen, Schaalthieren und Seetang. Die Seeotter, deren Vorderpfoten mit Schwimmhäuten versehen sind, versteht es ausgezeichnet gut, unterzutauchen und holt oft aus einer Meerestiefe von 30 bis 40 Faden Muscheln und andere Crustaceen herauf. Die Schaalen öffnet sie auf eine eigenthümliche Weise. Sie legt sich nämlich auf den Rücken, so dass sie oben auf der Meeresfläche treibt und zerkleinert die Schaalen, indem sie sie auf die Brust legt und heftig mit der Vorderpfote darauf schlägt. Aus diesem Grunde haben die Seeottern an der betreffenden Stelle der Brust gewöhnlich keine Haare. Ist das Schaalthier zerkleinert, so schlägt die Seeotter im Wasser einen Purzelbaum, wodurch die schweren Stücke der Schaale zu Boden sinken, während das Fleisch zwischen Pfote und Brust eingeklemmt bleibt. Dann biegt sie, wieder auf dem Rücken liegend, sehr geschickt ihren Kopf und verzehrt die Beute.

Eine Lieblingsspeise der Seeotter bildet der Fischlaich, der gewöhnlich bei Hochwasser auf die Klippen in der Nähe des Strandes gelegt wird. Eine Seeotter, welche sich dieser etwas zeitraubenden Gourmandise ergiebt, ist auf den Genuss des Fischrogens so erpicht, dass sie sich häufig nicht einmal durch das Herannahen eines Bootes stören lässt. Auch die Seeigel sind Leckerbissen für die Seeottern. Eine vom Jäger plötzlich überraschte Seeotter ergreift nicht immer die Flucht. Der Anblick des Menschen ist ihr nicht fremd, ebenso wenig wie die feindliche Absicht, welche der Jäger gegen sie hegt. Sie legt sich alsdann in abwartender Stellung auf den Rücken, und erwartet den Pfeil des Jägers. Eine alte und erfahrene Seeotter soll es verstehen, mit ihren starken Vorderpfoten den gegen sie gerichteten Pfeil zu pariren und ihn im Momente, wo er sie treffen würde, seitwärts zu schlagen. Diese Mittheilung erinnert mich lebhaft an das Ge- bahren der alten männlichen Walrosse in dem Meere von Spitz- bergen. Auch hier passen diese fast ihr ganzes Leben lang ver- folgten Thiere genau auf die Mannschaft des Bootes auf, welches sie jagt. Sie erkennen den Harpunierer und wenden drohend den Kopf rückwärts, wenn er die Harpune erhebt. Sobald das Ge- schoss seiner Hand entfliegt, heben sie ihre mächtigen Hauer in die Höhe und schlagen die Harpune bei Seite. Auf diese Weise gehen den Jägern viele Walrosse verloren. Ich kannte indessen einen sehr tüchtigen Harpunierer im Spitzbergischen Meere, der mit solcher Riesenkraft begabt war und die Harpune so schnell und energisch zu schleudern verstand, dass er unfehlbar jedes Mal seinen Zweck erreichte.

Oft ereignet es sich, dass die Seeotter, wenn sie die Pfeile abwehrt, in die Vorderpfote getroffen wird. Sie zerbeisst dann den in der Wunde steckenden Pfeil und sucht sich durch Untertauchen zu retten, was ihr manchmal auch gelingt. Wird sie aber har- punirt, dann gelingt es dem Jäger fast jedes Mal sie zu fangen, da sie die Harpune nicht aus dem Fleische zu ziehen vermag. Bei den Aleutischen Inseln werden die Seeottern jetzt gewöhnlich geschossen oder in Netzen gefangen. Hierbei ist es rührend mit anzusehen, wie die Mütter nicht von der Seite ihrer Jungen wei- chen, während die Männchen oft genug die Flucht ergreifen. Nach Herrn Cohn's Mittheilungen sollen sich die Seeottern zu jeder Jahreszeit paaren. Die Seeottern leben in grossen Schaaren zu- sammen, wobei unter den männlichen Thieren oft blutige Kämpfe um den Besitz der Weibchen entstehen. Eine erwachsene See- otter wird bis 5 Fuss lang. Es betheiligen sich gegenwärtig in dem Meere bei Alaska auch viele weisse Leute am Seeotterfang.

Nachdem der Schooner der Herren Sand und Frank bei Springfluth flott gemacht worden war, segelten wir am 7. Juli Nachmittags 4 Uhr von Fort Alexander ab, passirten Barreninsel, fuhren am nächsten Tage zwischen den Inseln Afognak und Marmot hindurch und erreichten am dritten Tage früh um 8 Uhr den Hafen St. Paul an der Nordostküste der Insel Kadiak.

Den hier wohnenden Generalagenten Herrn Macinture traf ich in vollster Thätigkeit. Er war damit beschäftigt, verschiedene Schooner auszurüsten, welche Proviant und Fischgeräthe wegbrachten, nachdem sie eine Ladung gesalzener Lachse herangefahren hatten. Meine Hoffnung, von der Insel Kadiak aus eine schnelle Fahrgelegenheit nach San Francisco zu finden, wurde vereitelt, denn der genannte Herr machte mir die Mittheilung, dass vor dem Monat September kein Schiff dorthin fahren würde.

Somit hiess es denn wieder einmal für mich, Geduld zu fassen und den Umständen Rechnung zu tragen. Ich beschloss deshalb den übrigen Theil der Südküste von Alaska zu besuchen und namentlich die Gegend östlich von der Halbinsel Kenai, die Inselwelt des Prince Williamsunds und den Copperfluss behufs Erwerbung ethnographischer Gegenstände zu bereisen. Die Hauptaufgabe für mich war wiederum nur die, ein Fahrzeug aufzutreiben. Der einzigste Schooner, welchen die Alaska-Commercial-Company auf dieser Station besass, befand sich auf einer Fahrt nach dem Westen und somit musste ich abwarten, bis sich eine günstige Gelegenheit darbot. Dies fand glücklicher Weise schon am nächsten Tage statt, indem ein stattlicher kleiner, sehr tüchtiger Schooner, welcher das Eigenthum des Capitain Andersen und der Brüder Carlsen aus Schweden war und den Namen „Drei Brüder" führten, mit einer Ladung Lachse im Hafen anlangte. Ich machte den Versuch, dieses Schiff zu chartern und fand Capitain Andersen nicht abgeneigt, eine Fahrt nach Prince Williamsund zu unternehmen, zumal sich noch einige andere Interessen damit vereinigen liessen.

In St. Paul machte ich einige interessante Bekanntschaften. Zunächst lernte ich Herrn Fischer kennen, welcher hierselbst als Beamter der Coast Survay thätig ist und zugleich für Smithsonian Institution sammelt, ferner Herrn Wasburne, den Assistenten des Herrn Macinture, endlich Herrn Ivan Petroff, welcher durch seine vielen Reisen in Alaska bekannt ist, und dem wir eine der

besten grossen Karten von Alaska verdanken. Der letztgenannte
Herr, welcher vor einigen Jahren als Special-Agent des Tenth Census
thätig war, bekleidet jetzt die Stelle eines Kostum Hair's Officiers
auf der Insel. Seine Gemahlin war die einzige amerikanische
Lady in Kadiak. Ausser diesen Personen fand ich in St. Paul
eine nicht geringe Anzahl von Norwegern, die sich sämmtlich mit
dem Seeotterfang beschäftigten.

Am Tage nach meiner Ankunft verheirathete sich einer dieser
norwegischen Seeotterjäger mit einer in St. Paul geborenen Russin.
Ich wurde mit sämmtlichen Landsleuten dazu eingeladen und verfolgte mit Interesse die Trauungsceremonie, die in der russischen
Kirche vor sich ging. Ich gebe in Folgendem die Beschreibung
der Hochzeitsfeierlichkeit nach meinem Tagebuche. In den russischen Kirchen steht während der Dauer derartiger Ceremonien
die Gemeinde, was mitunter sehr ermüdend ist. Vor der Trau-
ung fand eine Messe statt. Zugleich wurde ein rothes Taschentuch vor Braut und Bräutigam hingelegt. Nach der Messe wurden
die Ringe auf die Finger gesteckt, und die Brautleute ein wenig
mehr nach der Mitte der Kirche geführt, woselbst ein Tisch aufgestellt war, auf welchen die Brautleute die Hände legten, während das Tuch darüber gedeckt wurde. Zwei Personen aus dem
Publikum nahmen darauf zwei messingene mit Glasperlen geschmückte Kronen und hielten sie mit ausgestreckten Händen über
die Köpfe des Paares. Während dieser Zeit fand wieder eine
sehr lange Messe statt, in welcher die, die Krone haltenden Männer
wiederholt durch andere aus dem Publikum abgelöst wurden.
Alsdann wurde durch den Prediger eine mit Portwein gefüllte
Schaale dem Bräutigam und der Braut gereicht und jeder von
beiden trank dreimal daraus. Es erfolgte hierauf noch eine kurze
Messe, wonach die Ceremonie beendet war.

Nach der Hochzeitsfeierlichkeit versammelten wir uns zu
einem festlichen Diner, bei welchem ich zum ersten Mal in meinem
Leben „Kwas“, eine Art russisches Bier, kennen lernte. Ein Tanz-
vergnügen, welches sich daran anschloss, dauerte bis 1 Uhr Morgens. Hierauf zog sich das Brautpaar zurück und begab sich
zur Ruhe. Die Hochzeitsgäste aber blieben noch beisammen, und

ich merkte wohl aus ihren Mienen, dass noch etwas Geheimniss-
volles geplant wurde. Nachdem sie den Neuvermählten eine kurze
Ruhe gestattet hatten, bewaffnete sich jeder Gast mit einem möglichst viel Geräusch machenden Instrumente; der Eine nahm ein
Nebelhorn, der Andere eine Blechbüchse, der Dritte eine leere
Petroleumkanne u. s. w., und auf ein gegebenes Zeichen bliesen,
klopften, hämmerten und paukten Alle darauf los und brachten
dem jungen Ehepaar eine höchst feierliche und laute Katzenmusik.
Es dauerte lange Zeit, bevor das Pärchen ein Lebenszeichen von
sich gab; der Rolle gemäss, die sie in herkömmlicher Weise bei
diesem Acte zu spielen nöthig hatten, durften sie erst nach einiger
Zeit aus ihrem tiefen Schlaf erwachen und sich dann mit halb
verdriesslichem Gesicht der Menge zeigen. Unser Brautpaar war
gut vorbereitet, und indem es sich stellte, als ob es gute Miene
zum bösen Spiel machte, lud es die Anwesenden ein, ein Fass
Bier auszutrinken, welches für diesen Zweck schon in Bereitschaft
gehalten wurde. Beim Trinken des Bieres ging die Neckerei weiter,
indem jeder Gast, bevor er trank, sein Glas dem Brautpaar hin-
hielt und das Wort „Gurka" ausrief. Dieses bedeutet „Sauer" und
bezog sich auf den Geschmack des Bieres. Regelmässig musste
sich dann das junge Ehepaar küssen, worauf das Bier dem betreffenden Gaste nicht mehr sauer, sondern süss schmeckte.

Am andern Tage besorgte ich einige geschäftliche Angelegenheiten, kaufte mehrere ethnographische Gegenstände ein und schrieb
Briefe nach San Francisco und Europa, welche Hr. Vanilius,
der Capitain eines zur Seeotterjagd benutzten Schooners, mit nach
den westlichen Inseln nehmen wollte, um zu sehen, ob er sie von
dort durch irgend eine Gelegenheit nach dem Süden senden könnte.
Ich hatte mit den Besitzern des Schooners „Drei Brüder" einen
Contract geschlossen, des Inhalts, dass sie mich nach Cross-Sund
im südlichsten Theil von Alaska bei Sitka fahren sollten. Vorher
jedoch, so war die Bedingung, sollten sie mit mir Prince William-
Sund besuchen und sämmtliche Ortschaften der Eingeborenen an
der Küste von Alaska bis hinab nach Cross-Sund besuchen. Das
Unternehmen, zu dem ich mich rüstete, schien nicht ungefährlich
zu sein, und wurde ich von allen Seiten vor dieser Reise gewarnt,

denn die Bevölkerung, zu der ich mich zu begeben beabsichtigte, besitzt so ziemlich den schlechtesten Ruf an der ganzen Küste von Alaska. Diese nördlichen Tlinkitindianer gleichen in dieser Beziehung den räuberischen Rothhäuten in West-Vancouver und British Columbien auf ein Haar. Es erschien deshalb notwendig, dass wir uns vor dieser Reise gut bewaffneten, was wir auch thaten. Wir fuhren am 13. Juli ab. An Bord befand sich Capitain Andersen, sowie einer der Gebrüder Carlsen, ferner mein Dolmetscher, ein Tlinkit-Indianer und unser Koch. Ich hatte einen grösseren Vorrath von Handelsgütern für den Tauschhandel mit an Bord genommen. Wir gelangten mit frischer Brise noch an demselben Tage nach der Marmot-Insel und am nächsten Vormittag nach der Sealbay, die eine Bucht an der Ostküste der Insel Afognak bildet. Hier befand sich damals der dritte Besitzer des Schooners, den wir benachrichtigen mussten, dass das Schiff während der nächsten fünf Wochen von Kadiak entfernt sein würde.

In unmittelbarer Nähe der Sealbay soll ehemals eine Ortschaft der Eingeborenen bestanden haben, und machte ich einen Versuch, hierselbst eine Ausgrabung von Ueberresten der Vorzeit zu veranstalten. Indessen in dem steinigen Boden zerbrachen unsere Schaufeln und Werkzeuge sehr bald, so dass wir von unserem Vorhaben Abstand nehmen mussten. Abends veranstalteten wir eine Jagd auf braune Bären, welche jedoch erfolglos ausfiel. Ungeachtet einer Contrebrise fuhren wir am andern Morgen weiter und waren fast den ganzen Tag damit beschäftigt, aus Sealbay her aus zu kreuzen. Der jüngere der beiden Brüder, Carlsen, schoss an diesem Tage vom Deck des Schiffes aus einen jungen Seehund, der uns ein vortreffliches Abendbrod lieferte. Da nunmehr fast ein volles Jahr verflossen war, seitdem ich zum letzten Mal, und zwar im Beringsmeer, etwa in derselben geographischen Breite gebadet hatte, so begann ich die Seebadesaison an diesem Tage in Sealbay. Das Wasser war nicht sehr kalt.

Wir übernachteten in einer kleinen Bay und segelten am andern Tage bei günstiger Brise nordwärts weiter. Bald war die Barreninsel passirt und wenige Stunden darauf Cap Elisabeth auf der Halbinsel Kenai. Wir bemerkten hier viele Pelzrobben, welche sich auf dem Meer umher tummelten. Die Halbinsel Kenai besitzt zahlreiche Gletscher, welche meist bis zum Meere hinabreichen. Der Wind brachte uns die Küste entlang nach Nordosten schnell weiter, so dass wir schon am andern Tage die weit in See liegenden Seal Rocks erreichten, in deren Nähe wir vielen Seelöwen und zahlzeichen Albatrossvögeln begegneten.

Bald darauf drehte sich der Wind, und es dauerte nicht lange, so wehte uns ein heftiger Ostwind entgegen. Wir befanden uns gerade in Sicht der Montague-Insel und kreuzten längere Zeit auf und ab, um noch vor dem Dunkelwerden einen günstigen Ankerplatz zu erreichen. Es gelang uns dieses indessen nicht, da der wahrscheinlich von den Gletschern abgeschliffene Grund des Meeres unmittelbar am Ufer sehr steil abfiel und der Anker nirgend haftete. So mussten wir denn, wohl oder übel, die ganze Nacht unter Segel zubringen, was bei dem ununterbrochen strömenden Regen und der tiefen Dunkelheit keineswegs angenehm war.

Sobald der Morgen graute, gingen wir weiter nördlich und erreichten die Knights-Insel um 9 Uhr Morgens. Nach Petroff's Karte befindet sich auf dieser Insel das Dorf Chenega. Wir suchten mehrere Stunden danach, ohne es zu finden. Endlich erschien ein Fellboot mit zehn Eingeborenen, welche uns benachrichtigten, dass das Dorf Chenega auf einer 2—3 engl. Meilen benachbarten Insel gleichen Namens liege. Wir fuhren dorthin und landeten um 4 Uhr Nachmittags. Somit hatte ich das nächste Ziel meiner Expedition, Prince William-Sund, erreicht.

XXV.

In Prince Williamsund bot sich mir zu meiner freudigen
Ueberraschung eine willkommene Gelegenheit dar, Ueberreste und
Reliquien aus alter Zeit kennen zu lernen. Nachdem wir in
Chenega gelandet waren, machte mir einer der Bewohner die Mit-
theilung, dass sich nur einige englische Meilen entfernt ein alter
Begräbnissplatz der Eingeborenen befände. Ich miethete deshalb
ein kleines Fellboot und fuhr mit meinem Dolmetscher und einem
Eingeborenen nach der bezeichneten Stelle. Leider aber zeigte es
sich, dass schon vor mir Jemand da gewesen war, welcher die
Reliquien gesammelt hatte. Das Einzige, was ich fand, waren
zwei zerbrochene Masken, die ich mitnahm. Am Abend kehrten
wir nach dem Dorfe zurück, in dem ich alle ethnographischen
Gegenstände kaufte, die zu haben waren. Die Bewohner dieses
Ortes gehören noch zu den Eskimovölkern und sprechen einen
ähnlichen Dialekt wie denjenigen, welchen ich am Nuschagakflusse
gehört hatte. Die ethnographischen Gegenstände, welche ich hier

kaufte, bestanden aus Steinäxten, hölzernen Tellern mit eingelegter
Perlenarbeit, grossen Steinlampen, Perlenarbeiten, Jacken aus Adler-
häuten u. a. m.

Nachdem wir unsere Angelegenheiten in Chenega geordnet
hatten, setzten wir unsere Reise mit dem Schooner fort. Nach
einigen Stunden trat jedoch Windstille und Gegenströmung ein,
wodurch wir gezwungen wurden, vor Anker zu gehen. Da wir
uns hier in der Nähe des am Tage vorher besuchten Begräbnissplatzes befanden, so begab ich mich mit Capitain Andersen und
meinem Dolmetscher noch einmal dorthin. Wir entdeckten diesmal
nach längerem Suchen die Mumien eines Erwachsenen und eines
Kindes. Dieselben waren jedoch bereits in hohem Grade dem
Verfalle nahe und konnte nur die eine von beiden unter Anwendung grösster Vorsicht an Bord gebracht werden, ohne dass
sie gänzlich zerfiel. Soweit sich erkennen liess, waren die Beine
des Leichnams heraufgezogen, so dass die Mumie eine hockende
Stellung besass. Darüber befand sich eine Bedeckung aus Fellen,
welche durch Riemen eingeschnürt war. Ausserhalb dieser Umhüllung war eine zweite Bedeckung aus Seehundsleder angebracht.
Die Mumien befanden sich in einer höhlenartigen Vertiefung, in
welcher sie gegen den Regen geschützt waren. Die Ueberreste
des Kindes waren bereits so sehr zerfallen, dass man sie nicht
transportiren konnte. Trotz dieses scheinbar hohen Alters der
Leichen durfte ich nicht annehmen, dass dieselben vielleicht schon
seit Jahrhunderten an Ort und Stelle lägen, denn ich fand bei
den Mumien ein mit einer Säge zerschnittenes Stück Holz vor.

Wir fuhren mit unserem Boot längs der hohen, steilen, fast
überhängenden und an vielen Stellen mit Uferhöhlen versehenen
Küste eine Strecke weiter und entdeckten bei dieser Gelegenheit
einen zweiten Begräbnissplatz, an welchem wir noch mehrere
Mumien auffanden. Auch diese waren in hohem Grade zerfallen,
so dass wir nur ein einziges kleines Exemplar retten konnten.
Dasselbe war auch mit Fellen umwickelt und lag auf einem
runden Holzreifen, der mit einem Schneeschuh aus Labrador Aehnlichkeit hatte und wohl eine Kinderwiege war. Glücklicherweise
fanden wir an dieser Lokalität einige recht gut erhaltene Schädel.

Wohl in Folge einer Ueberschwemmung oder Hochfluth war die See in die Begräbnisshöhlen eingedrungen und hatte hier einen grösseren Theil der menschlichen Ueberreste hinweggespült. Als Grabbeigaben fand ich einige Stücke von hölzernen Masken, dagegen keine Jagdgeräthe oder Waffen, wie dies sonst in dieser Gegend der Fall zu sein pflegt. Nach einem Abkommen, welches ich mit Capitain Andersen getroffen hatte, ging die Hälfte der Funde in den Besitz des Herrn Fischer in St. Paul über. Ohne eine derartige Abmachung würde ich wahrscheinlich gar nichts erhalten haben.

Capitain Andersen half bei diesen Höhlenuntersuchungen persönlich mit und arbeitete unverdrossen mit einem Feuereifer, als wenn er seit seiner Geburt Anthropologe und Ethnologe gewesen wäre. Wir fuhren im Boot noch einige Meilen weiter und entdeckten abermals einen Begräbnissplatz. Hier war das Dach der Höhle eingestürzt und auf die menschlichen Ueberreste herabgefallen, so dass wir zunächst grosse Aufräumungsarbeiten verrichten mussten, ehe wir an die Untersuchung der Gräber gelangten. Nach vieler Bemühung gelang es uns, einen gut erhaltenen Schädel zu bekommen. Wie es scheint, ist dieser Begräbnissplatz der älteste von denjenigen, die ich an dieser Küste sah, nicht sowohl wegen des Zustandes der Höhle, als besonders deshalb, weil die Leichen mit Holzstücken und Holzplanken bedeckt waren, die offenbar nicht mit unseren modernen Werkzeugen, Säge und Axt, sondern in alterthümlicher Art durch Keile bearbeitet und gespalten waren. Einige Leichen fand ich auch mit Tannenrinde bedeckt. Ich hatte den Eindruck, als ob die Gräber dieses letzten Platzes eine gewisse Aehnlichkeit mit den Gräbern der alten Bevölkerung von Labrador aufwiesen; allerdings unterscheiden sich die letzteren von ihnen dadurch, dass sich in ihnen viele Geräthe vorfinden, während sich andererseits keine Holzplankenbedeckung in dem an Holz überhaupt armen Labrador nachweisen lässt. Es sollen sich in der Nähe dieses alten Begräbnissplatzes der Chenegainsel noch einige grössere, mit Mumien angefüllte Höhlen befinden; wir konnten jedoch von den Eingeborenen keine nähere Auskunft darüber erhalten.

Am nächsten Tage fuhr ich mit Capitain Andersen und einem Eskimo hinüber nach der Knights-Insel, woselbst sich, wie ich erkundet hatte, gleichfalls ein alter Begräbnissplatz befand. Derselbe lag unter einem überhängenden Felsen. Wie auf dem, am Tage vorher besuchten letzten Platze, waren die Leichen in Kisten beigesetzt, welche aus rohen Holzplanken bestanden. Sämmtliche Ueberreste befanden sich in einem höchst verkommenen Zustande, so dass wir grosse Mühe hatten, aus zahlreichen Gräbern vier einigermassen erhaltene Mumien herauszufinden. Ausserdem sammelten wir an dieser Stelle sechs Schädel. In einem Grabe war die Leiche einer Frau mit derjenigen eines Kindes vereinigt; so gern ich auch den Inhalt dieses Grabes mitgenommen hätte, so gelang es mir doch nur, die Wiege und den Schädel der Frau unversehrt zu bekommen. Eine sehr grosse Schwierigkeit bereitete der Transport der Mumien und Skelettheile von der Höhe des steilen Ufers hinab nach dem Meeresufer. Sämmtliche Mumien waren in Thierfelle eingehüllt. Wir waren übrigens nicht die ersten Besucher dieses Platzes, sondern auch hier war uns der Sammler für Smithsonian-Institution zuvorgekommen.

Noch an demselben Tage fuhren wir mit unserem Schooner weiter und indem wir um die Spitze der Knights-Insel unseren Cours nahmen, wandten wir uns nördlich und gingen an der Ostseite dieser Insel hinauf, westwärts und nordwärts von der Greeninsel. Hier erblickten wir vom Bord des Schooners einen an der Meeresoberfläche schwimmenden grossen Fisch, den wir für einen Walfisch hielten. Wir liessen sofort das Boot in See und ich nöthigte meine Leute, mit mir hinzufahren und den Fisch zu verfolgen. Als wir näher kamen, entdeckten wir, dass das schwarze Ungeheuer ein mindestens 30 bis 35 Fuss langer Haifisch war. Wir schossen einige Kugeln in seinen Leib, worauf er plötzlich untertauchte und mit mächtigen Schlägen seines Schwanzes unseren Blicken entschwand.

Wir fuhren nördlich um die Montagueinsel herum und landeten an der Nordküste der Nuchekinsel an einer Handelsstation gleichen Namens, woselbst ich die Bekanntschaft des Stations-

vorstehers Herrn Lohr, von der Alaska-Commercial-Company
machte. Die Nachrichten, welche er mir in Bezug auf die Aus-
führbarkeit meines Planes gab, waren nicht sehr günstig und wie sich
später herausstellte, leider nur zu wahr. Er theilte mir mit, dass
sich auf der ungeheuren Küstenstrecke von beinahe zehn geographischen Längengraden zwischen der Mündung des Copperflusses
und Cap Spencer am Cross-Sund nur drei Ortschaften der Eingebornen befänden; dass ich also auf die Erwerbung einer reich-
haltigen Sammlung von vornherein verzichten müsse. Ausserdem
bemerkte er, dass die Witterungsverhältnisse in Prince Williamsund
und an der genannten Küstenstrecke für eine Reise nach Osten
und Südosten, wie ich dieselbe auszuführen beabsichtigte, hinder-
lich sein würden, denn es wehe gewöhnlich daselbst Gegenwind
aus Osten mit heftigem Regen, oder es herrsche Windstille.

Capitain Andersen hatte es übernommen, von der östlich von
Prince Williamsund weithinaus in See gelegenen Middletoninsel eine
Anzahl von Seehundsjägern abzuholen und begab sich dorthin.
Ich traf mit ihm die Verabredung, dass ich inzwischen an der
Nordostseite von Prince Williamsund die Küste des Festlandes und
die Mündung des Copperflusses besuchen würde. Dort wollte ich
bei Cap Martin so lange warten, bis er mich mit seinem Schooner
von der Middletoninsel aus nach Cap Martin fahrend, abholen würde.

Wir trennten uns also und ich miethete ein kleines Boot,
nachdem ich vorher durch meinen Dolmetscher und einen ortskundigen Eingebornen an einer etwas entfernten Stelle der Insel
eine kleine Ausgrabung hatte machen lassen, deren Resultat aus
15 alten meist zerbrochenen Steinäxten bestand.

Die Abfahrt von der Nuchekinsel fand am 27. Juli 1883
statt; ausser meinem Dolmetscher befand sich noch ein junger Tlinkitindianer an Bord. Ich hatte eine Quantität Handelsgüter, sowie
auf 4—5 Tage Proviant mitgenommen. An der Nordwestküste der
Nuchekinsel gelangten wir noch an demselben Tage bis zur Hawkinsinsel, woselbst wir eine schlaflose Nacht unter den zahllosen
Stichen der Mosquitos zubrachten.

Die Hawkinsinsel ist von dem Festlande nur durch eine
schmale Meerenge getrennt, welche wir am andern Morgen in den

ersten Tagesstunden überfuhren. Den nächsten Theil des Festlandes bildet eine nach Süden vorschiessende hohe steile Halbinsel, welche unmittelbar vor dem nach Osten sich daran schliessenden Delta des Copperflusses liegt. Um von Prince Williamsund, respective von der Hawkinsinsel nach dem Delta des Copperflusses zu gelangen, benutzen die Eingeborenen nicht die Passage zur See südlich um das steile Vorgebirge herum, sondern sie schneiden den Weg durch eine sogenannte Portage über Land ab. Die bezeichnete Halbinsel besitzt nämlich in ihrem innern Theile einen grossen Binnensee, dessen Westufer bis dicht an das Westufer der Halbinsel heranragt und der an seinem östlichen Ende durch einen Wasserarm mit dem Delta des Copperflusses unmittelbar verbunden ist. Dieser See heisst Konno und sein Ausfluss Konnofluss.

Als wir uns der Halbinsel genähert hatten, entdeckten wir am Westufer Feuer. Wir landeten dort und trafen die Mannschaft zweier hölzerner Canoes an. Diese Leute, mit denen wir in ein Gespräch geriethen, waren aus dem Dorfe Iggiak am Konnofluss. Wir folgten ihrer Weisung und fuhren noch eine kurze Strecke am Westufer der Halbinsel hinauf, bis wir eine kleine Bay mit flachem Strand erreichten. Hier wurde gelandet und das Boot hinaufgezogen, da hierselbst die Portage war. Zuerst zogen wir unser leeres Boot quer über das niedrige flache Land bis zu dem ungefähr eine halbe englische Meile entfernten Ufer des Konnosees und alsdann trugen wir die Waaren gleichfalls hinüber. Nachdem das Canoe beladen war, fuhren wir unter starkem Regen über den See und langten in der Mittagsstunde in Iggiak an. Dieser Ort besteht aus 10 Häusern und gehört zum Stamm der Tlinkit-Indianer. Die hier wohnenden Eingebornen sollen ursprünglich zu einem andern Stamme gehört haben, welcher einst sehr stark und mächtig war. Diesen Stamm hatten sowohl die Eskimos als auch die Tlinkit-Indianer, wie man erzählt, in verschiedenen Kriegszügen fast ganz aufgerieben, bis es endlich den Ueberlebenden gelang, sich durch Heirathen mit ihren Besiegern zu vermischen und sich dadurch vor dem gänzlichen Untergange zu retten.

In der That haben diese Leute auch einen andern Typus als die Eskimo oder Tlinkit, auch unterscheidet sich ihre Sprache so sehr von denen der genannten Völkerschaften, dass mein Dolmetscher nicht ein Wort davon übersetzen konnte. Auch ich muss gestehen, dass ich noch niemals eine unverständlichere Sprache gehört habe als die ihrige. Wir konnten uns mit den Leuten nur dadurch verständigen, dass einige unter ihnen zufällig auch die Eskimosprache verstanden.

Ich erwarb von den Leuten einige ethnographische Gegenstände, aber es gelang mir nicht, ihre aus Stein oder Knochen bestehenden Amulette, die sie um den Hals trugen, käuflich an mich zu bringen. Im Handel zeigten sich diese Leute wohlbekannt mit den Indianerkniffen, so dass ich Alles in Allem geneigt bin zu glauben, dass sie möglicherweise ihren Ursprung von einem der Indianerstämme des Innern von Nordamerika herleiten können. Es scheint, als ob die Vielweiberei unter ihnen nicht ganz selten vorkommt.

Wir verblieben die Nacht über in Iggiak, fuhren am andern Morgen den flachen Konnofluss hinab, dessen Mündung wir nach zweistündigem Paddeln erreichten. Die Mündung dieses Flusses fällt mit derjenigen des westlichen Hauptarmes des Copperfluss-Deltas zusammen, deshalb steigt auch die Fluth des nordpacifischen Oceans in beide Wasserstrassen weit hinauf. Die Deltamündung ist hier so breit, dass man kaum das jenseitige Ufer zu sehen vermag. Aber der Arm ist so seicht, dass man ihn zur Ebbezeit mit einem Boot fast gar nicht passiren kann.

Wir fuhren den Mündungsarm hinauf, wobei wir eine Strömung von 3—5 Seemeilen überwinden mussten. Nachmittags 4 Uhr erreichten wir das Dorf Allaganak, woselbst ich zu meinem grössten Erstaunen drei amerikanische Goldgräber antraf, welche von Sitka her gekommen waren und die Absicht hatten, den Copperfluss auf Metalle zu untersuchen. Sie waren bei Cap Martin, den östlichsten Hauptstrom des Deltas hinauf gefahren und hatten in dem Gewirr der zahlreichen Wasserstrassen und Kanäle, ohne es zu wissen, bereits den Hauptstrom passirt, waren in den westlichen Mündungsarm übergegangen und hatten kurz vor mir in Allaganak Halt gemacht, ohne dass sie jedoch im Stande waren, sich mit der Einwohnerschaft zu verständigen. Ihr Erstaunen und

25*

ihre Freude, als sie mich plötzlich in dieser fast noch nie von einem Weissen besuchten Einöde wie einen deus ex machina auftauchen sahen, wuchs noch mehr, als ich im Stande war, ihnen nicht nur den rechten Weg zu zeigen, sondern ihnen auch in Erinnerung einer mir vom Handelsagenten Lohr auf der Nuchekinsel gemachten Mittheilung eine Lokalität am Copperfluss bezeichnen konnte, wo am meisten Kupfer gefunden wurde. Mit Hilfe meiner Dolmetscher vermittelte ich dann noch für sie das Engagement eines ortskundigen Eingeborenen, welcher es übernahm, sie späterhin an die betreffende Stelle zu führen. Am meisten erstaunt von Allen waren übrigens die Einwohner von Allaganak. War es schon unerhört, dass plötzlich drei weisse Männer aus dem fernen Osten angefahren kamen, deren Thun und Treiben sie sich nicht enträthseln konnten, so war es jedenfalls im höchsten Grade eigenthümlich, dass fast zu gleicher Zeit direct vom Westen her ebenfalls ein weisser Mann plötzlich unter ihnen erschien und dass dieser mit Jubel von den übrigen weissen Männern begrüsst wurde. Dieser Letztgekommene, nämlich ich selber, war ausserdem noch dadurch vor den Andern ausgezeichnet, dass er einen Hirschfänger in seinem Leibgurt sowie einen Revolver trug. Ein solcher Mann, so schlossen die Eingeborenen, konnte natürlich nur ein Offizier der Vereinigten Staaten von Amerika sein, der vielleicht sich überzeugen wollte, welchen Eindruck bei ihnen die Erschiessung eines ihrer Landsleute hinterlassen hatte, der einige Jahre vorher zwei Weisse ermordete und dafür durch die Mannschaft eines Kanonenboots gefangen genommen und nach Portland gebracht worden war. Unser Erscheinen hatte zunächst die Folge, dass noch an demselben Abend eine Deputation der Eingeborenen an uns abgesandt wurde, welche uns durch Worte und flehentliche Geberden zu überzeugen suchte, dass die ganze Bevölkerung sehr ängstlich über unsere Gegenwart sei.

Man hätte meinen können, dass in Folge dieses Respects die Eingeborenen sich geneigt zeigen würden, die ethnographischen Gegenstände, welche sie besitzen, mir für einen geeigneten Preis zu verkaufen, sie thaten dies jedoch nicht, und so musste ich das Wenige, was sie mir überhaupt abliessen, enorm theuer bezahlen.

Die Concurrenz der beiden grossen mehrfach genannten Handelsgesellschaften hatte auch in dieser entlegenen Weltgegend die Ansprüche der Leute verwöhnt. Ich fand in der Bevölkerung viele aus Holz geschnitzte Gebrauchsgegenstände, welche ganz das Aussehen der in Britisch Columbien angetroffenen Gegenstände besassen. Uebrigens muss ich erwähnen, dass mir in der Nacht nach meiner Ankunft die besten von mir gekauften ethnographischen Gegenstände entwendet wurden. Ich wandte mich am nächsten Morgen mit einer energischen Beschwerde an den Häuptling des Ortes, welcher sich auch aufs Eifrigste bemühte, mir mein Eigenthum wieder zu verschaffen, leider aber keinen Erfolg hatte.

Am Mittag des nächsten Tages reisten wir ab. Wir fuhren zunächst stromaufwärts, den rechten Hauptmündungsarm hinauf und gingen alsdann stromabwärts auf den linken westlichen Hauptmündungsarm über. Bei dieser Gelegenheit hatten wir einen schweren Kampf gegen Wind und Fluth zu bestehen und schlugen endlich unser Nachtlager auf einer Insel auf. Ich ging sofort auf die Jagd und drang durch das dichte Gebüsch vorwärts, hatte jedoch das kleine Malheur, mich zu verirren und da ausserdem in Folge der grossen Nässe mein Gewehr versagte, so konnte ich keinen Signalschuss abgeben und fand erst nach mehrstündigem Suchen den Lagerplatz wieder auf.

Es begann nunmehr für uns eine unerquickliche Situation. Der mitgenommene Proviant war fast ganz verbraucht, die Gegend selbst war wildarm, auch keine Fische oder Vögel waren zu sehen, während der mit Regen vermischte fortwährende Nordoststurm unser Zelt, welches ohnehin schon alt und löchrig war, fast unter Wasser setzte. Am dritten Tage liess das Unwetter endlich nach, so dass wir den Mündungsarm hinab bis zur Küste fahren konnten, von dort erreichten wir ein wenig nach Osten weiter rudernd den von drei Familien bewohnten Ort Cap Martin, wo wir bei ziemlich hohem Seegang während des Landens fast in die Gefahr geriethen, zu stranden. Die Bewohner der bisher genannten Orte des Copperfluss-Delta, einschliesslich des östlich von Cap Martin liegenden Dorfes Tschilkat, bilden eine gemeinsame Gruppe, welche je nach der Jahreszeit vorwiegend bald in dem einen, bald in dem andern dieser Orte ihren Wohnsitz hat.

Aus diesem Grunde war die von mir angekündigte bevorstehende Ankunft des Schooners „Drei Brüder" Veranlassung, dass die Einwohner aller dieser Orte sich, um Tauschhandel zu treiben, für dies Mal nach Çap Martin begaben, wo sie kurz nach uns anlangten. Ich kaufte an diesem Orte verschiedene ethnographische Gegenstände, namentlich Masken, geschnitzte Knochen u. s. w. Glücklicherweise fand sich hier ein reichlicher Vorrath an Lebensmitteln, so dass wir hierselbst unsere ausgehungerten Körper wieder restauriren konnten.

Sturm und Regen aus Osten und die entsetzliche Mosquitosplage brachten uns während der nächsten Tage fast zur Verzweiflung, zumal es eine volle Woche dauerte, bis der Schooner von Middleton-Insel ankam. Während dieser Zeit hatte ich Gelegenheit, die interessanten Sitten und Gebräuche der Bewohner des Copperfluss-Deltas zu erkunden. Die Medicinmänner machen ihre Zaubermittel, oder die Einweihung der Amulets auf folgende Art. Der Schamane wirft sich zunächst in seine festliche Tracht, die aus einer Art Schürze besteht, die mit Vogelschnäbeln oder den Füssen der wilden Gebirgsziege behängt ist. Er bemalt sein Gesicht, bedeckt seinen Kopf mit einer Art Hut oder je nach der Medicin, welche er machen will, mit einer Maske und nimmt seine Rassel in die Hand. In der Mitte des Hausraumes wird ein grosses Feuer entzündet, um welches er in Gegenwart herbeigeströmter Einwohner seinen Tanz ausführt. Vorwiegend imponirt der Medicinmann seinen Zuschauern dadurch, dass er ihnen zeigt, dass die Hitze des Feuers ihm keine Beschädigungen zufügt. Zu diesem Behufe nimmt er wiederholt glühende Kohlen in die Hand und zeigt sie rings umher, auch wirft er sie durch die obere Dachöffnung, ohne dass er seine Finger hierbei verbrennt. Die Männer sitzen rings ums Feuer an den Wänden des Hauses. Jeder von ihnen hält einen Stock in der Hand, mit dem er den Takt auf einer hölzernen Planke schlägt. Ein älterer Mann übernimmt das Amt, die grosse Trommel zu schlagen. Alle betheiligen sich am

Gesang, wobei die Weiber ihre Stimme so laut als möglich er-
heben. Eigenthümlich ist der Gebrauch, dass die Frauen beim
Singen stets irgend einen beliebigen Gegenstand vor den Mund
halten, gleichsam als ob sie irgend einem Dämon den Eintrit in
denselben verhindern wollten.

Der Schamane macht allerhand kleine Kunststücke, um das
Publikum in Erstaunen zu setzen. Eins der beliebtesten Bravour-
stücke ist folgendes: Zwei Männer stellen sich je auf einer Seite
des Feuers auf und halten ein Tau aus Bast oder Leder unmittelbar über dem Feuer. Auf dieses Tau legt oder hängt sich
der Medicinmann und wird von den vier Trägern hin und her
geschwungen, so dass stets die Flamme unter ihm bleibt, oft fängt
das Tau Feuer und wird alsdann mit dem Mann hinweggenommen.
Ein anderes Hauptkunststück besteht darin, dass der Schamane
vor den Augen seiner Zuschauer einen langen Knochen verspeist
und den letzteren bald darauf zum Erstaunen der Anwesenden
aus seinem Halse wieder unversehrt herauszieht. Auch kommt es
häufig vor, dass die Zauberer ein eisernes Messer rothglühend
machen und es dann sowohl in die Hände nehmen, als auch an
der Klinge lecken, ohne dass dieses ihnen scheinbar etwas schadet.
Die Kunst des Bauchredens wird von manchem Schamanen mit
einer gewissen Virtuosität ausgeübt. Mitten im Gesang wird bei
solchen Gelegenheiten plötzlich eine Pause gemacht und der Schamane beugt sich zur Erde nieder, worauf ihm ein Dämon, der
tief unter dem Boden zu sein scheint, antwortet.

Da die Zeit der Tänze und derartigen Vorführungen nicht
in die Tage meines Aufenthaltes fiel, so habe ich einen Theil
dieser Mittheilungen durch Erkundigungen erfahren, namentlich verdanke ich dem Führer der Schaluppe „Drei Brüder",
Herrn Capitain Andersen, welcher früher ein volles Jahr lang in
dieser Gegend zugebracht hat, manches von dem, was ich hier
berichte.

Sobald ein Gesang beendet ist und ein neuer beginnen soll,
legt der Medicinmann einen andern Anzug oder Maske oder Kopf-
bedeckung an und streut Adlerdaunen auf sein Haupt etc. Das
Heilen von Krankheiten geschieht dadurch, dass der Schamane

dem Patienten die Krankheit einfach in der Gestalt, einer Hand
voll Daunenfedern oder einer lebendigen Maus hinwegnimmt und,
damit diese Krankheit nachher nicht einen anderen Menschen befallen möge, sie vor den Augen der Zuschauer verspeist. Der
Patient spielt hierbei eine passive Rolle, er muss sich vollständig
ruhig und theilnahmlos wie ein lebloser Körper verhalten und
wird, je nachdem es der Schamane für nöthig erachtet, entweder
hinter einen Vorhang, oder vor den Augen aller Zuschauer hingelegt.
Alsdann nähert sich ihm der Schamane, während die Sänger und
Trommelschläger die tiefste Stille beobachten und lautlos auf die
Orakelsprüche des Zauberers lauschen. Jedes Mal, wenn derselbe
einige Worte gesprochen hat, singt die ganze Versammlung als
Refrain: „A—h! A—h!"

Die Schamanen stehen bei den Eingebornen in grossem Ansehen. Capitain Andersen erzählte mir, dass er bei seiner früheren
Anwesenheit hierselbst einstmals auf die Ankunft eines Schooners
gewartet habe. Ein Schamane hätte sich darauf erboten, durch
seine Zauberkünste nachzuforschen, ob der Schooner bald kommen
werde oder nicht. Zu diesem Zwecke wurde eine allgemeine Versammlung anberaumt und der Zauberer machte zunächst wie gewöhnlich seine Kunststücke. Als er sich bei dieser Gelegenheit
über dem Feuer hin und her schwingen liess, verbrannte plötzlich
das Tau und der Medicinmann fiel in die lodernde Gluth hinein.
Mit Blitzesschnelle sprang er sofort auf und aus dem Feuer heraus;
diese eilige Flucht des sonst für unverbrennlich gehaltenen Mannes
machte jedoch einen so komischen Eindruck, dass viele der Anwesenden ein lautes Gelächter ausstiessen. Hierüber aufs äusserste
empört, wandte der Schamane seine ganze Wuth gegen den unglücklichen Schooner und rief aus, dass demselben ein Unglück zustossen
würde. Zufälliger Weise lief dieses Schiff noch in demselben Jahre
in der Nähe der Kadiak-Insel auf einen Felsen ausserhalb St. Pauls-
Hafen und das Ansehen des Schamanen, der „dieses Unglück"
prophezeit hatte, stieg hierdurch so sehr, dass er noch heute als
einer der bedeutendsten Medicinmänner jener Gegend verehrt wird.
Die Anzüge, Masken und Gegenstände eines Schamanen werden
nicht in einem Hause, sondern im Gebüsch aufbewahrt. Die Ein-

gebornen kennen diese Gegenstände, aber sie wagen es niemals sie zu berühren. Wenn einem Schamanen die Heilung eines Kranken gelingt, so erhält er dafür eine gute Belohnung in Blankets. Die Schamanen bereiten auch Amulets gegen gute Bezahlung, namentlich stellen sie Liebesgetränke oder Liebesamulets aus einer gewissen Wurzelart her und sie finden stets ein dankbares und gläubiges Publikum, namentlich unter den jungen Leuten. In jedem Dorfe befindet sich ein Schamane.

Es sei mir gestattet, noch einiges über die häuslichen und Familien-Verhältnisse der das Delta des Copper-Flusses bewohnenden Indianer mitzutheilen. Wie sämmtliche Indianer der Nordwestküste, so werden auch sie sehr jung verheirathet, respective versprochen. Wenn in einer Familie eine Tochter geboren wird, so wird sie oft schon am ersten Tage ihres Lebens versprochen, aber erst im 12. bis 14. Lebensjahr geheirathet. Wenn ihr Vater früher stirbt als bis sie heirathsfähig geworden ist, so muss ihr zukünftiger Gatte bis zu dem Momente ihrer Heirathsfähigkeit seine zukünftige Schwiegermutter zur Gattin nehmen. Wie bei vielen Naturvölkern wird der Eintritt der jungfräulichen Reife durch eine besondere Ceremonie und ein Fest begangen. Die jungen Mädchen werden bei dieser Gelegenheit von den übrigen Familienmitgliedern getrennt und in einen kleinen Raum des elterlichen Hauses eingesperrt. Hier müssen sie volle 30 Tage verweilen und erhalten während dieser Zeit von irgend einer weiblichen Verwandten eine nur spärliche Nahrung. Wenn sie sich niederlegen, so muss ihr Kopf nach Süden gerichtet sein. Nach Beendigung der Abgeschlossenheit dürfen sie wieder wie gewöhnlich im Hause wohnen und erhalten ein neues Kleid und andere festliche Geschenke von ihrem Vater oder nächstem Verwandten. Auch wenn sie, wie in der Regel bald nach diesem Termin geschieht, sich verheirathen, so bekommen sie sowohl als ihre Eltern Geschenke.

Eine eigenthümliche Art, die Bevölkerung von missgestalteten Personen frei zu halten besteht darin, dass Missgeburten unmittelbar nach der Geburt öffentlich verbrannt werden; dasselbe geschieht auch jedesmal mit der Nachgeburt. Diese Gesetze werden strenge beachtet und soll auf ihre Nichtbefolgung sogar der Tod stehen.

Sobald ein Kind geboren ist, wird seine Nasenscheidewand und jedes Ohr durchbohrt und durch die Oeffnungen ohne weitere Ceremonie Ringe gesteckt.

Kommt ein Todschlag vor, so bewaffnet sich der nächste Verwandte des Erschlagenen, nachdem zuvor ein Familienrath abgehalten worden ist und geht in das Haus dessen, der den Mord ausgeführt hat. Er verlangt von ihm ein Sühnegeld und wenn ihm dasselbe verweigert wird, so stellt er blutige Rache in Aussicht. Hierauf wird von beiden Seiten ein Familienrath zusammen berufen und in gemeinsamer öffentlicher Berathung über die Höhe der in so und soviel Blankets zu zahlenden Ablösungssumme discutirt. Bei diesen Berathungen geht es oft heiss her, namentlich wenn die Verwandten des Erschlagenen zu hohe Forderungen stellen, auf welche die Verwandten des Uebelthäters nicht eingehen können oder wollen. Es kommt oft vor, dass wenn das Lösegeld nicht bezahlt werden kann, sich einer oder mehrere junge Leute von der Familie des Mörders in die Sklaverei begeben und durch persönliche Dienste das Verbrechen sühnen. Es giebt viele Sklaven unter den Tlinkits, dieselben haben jedoch im Allgemeinen ein fast ebenso freies Leben als ihre Herren.

Am 8. August langte ein kleines Canoe von der Nuchek-Insel an, mit welchem die Nachricht kam, dass der von mir so sehnsüchtig erwartete Schooner „Drei Brüder" wegen des fortwährend herrschenden Sturmes zu vier verschiedenen Malen versucht hatte, die Reise nach Cap Martin anzutreten und dass er jedesmal von Wind und Wellen gezwungen war, wieder umzukehren. In den letzten drei Tagen hatte statt des Sturmes vollkommene Windstille geherrscht, welche es ihm gleichfalls unmöglich machte, die Ueberfahrt anzutreten. Diese Nachricht bestätigte mir, was ich schon längst befürchtet hatte, dass ich meine beabsichtigte Reise nach Cross-Sund vor Eintritt des Herbstes wohl schwerlich würde ausführen können. Ausserdem hatte ich gehört, dass auf der weiten Küstenstrecke östlich und südöstlich von Cap Martin bis zum Eingange von Cross-Sund nur wenig Gelegenheit sei, ethnographische Gegenstände zu sammeln. Dies bestätigten mir am Tage darauf, als der Schooner „Drei Brüder" endlich ankam, die Herren

Andersen und Carlsen. Sie waren wegen des stets herrschenden Unwetters in grosser Verzweiflung und boten mir eine bedeutende Abstandssumme für den Fall, dass ich sie von dem übrigen Theil ihrer Verpflichtung entbinden und die Rückreise nach St. Paul antreten lassen würde. Sie befürchteten nämlich mit Recht, dass sie die Vorbereitungen zur nächsten Fischerei-Saison nicht mehr rechtzeitig würden ausführen können und alsdann der gesammten zukünftigen Einnahmen verlustig gehen würden.

Ich erbat mir einige Tage Bedenkzeit und kaufte inzwischen soviel ethnographische Gegenstände auf, als zu erlangen waren, wobei ich das Glück hatte, dass unter den betreffenden Gegenständen sich auch solche befanden, die von der Küste von Alaska bis hinab nach Cross-Sund stammten.

Am 11. August 1883 trat wieder der von mir so sehr gefürchtete Ostwind mit Regen ein und so fasste ich denn nach einer längeren Debatte mit den Besitzern des Schooners „Drei Brüder" den Beschluss, die Reise nicht weiter nach Osten und Südosten fortzusetzen, sondern zunächst nach der Insel Kadiak zurück zu gehen und dort eine Fahrgelegenheit nach St. Francisco zu suchen. Unter den für mich günstigen Bedingungen, für welche ich die Rückreise antrat, befand sich auch diejenige, dass Capitain Andersen mir die ihm zustehende Hälfte der von uns gesammelten indianischen Mumien etc. abtrat.

Wir segelten um 10 Uhr Vormittags ab und erreichten am nächsten Tage Mittags den Hafen von Nuchek. Um einen Beweis davon zu geben, wie sehr ich mich in die Sitten und Gebräuche der Küstenbewohner eingelebt hatte und zugleich, um einen kleinen Scherz mit denjenigen zu machen, die mich vor einer Reise zu den Bewohnern der Mündung des Copper-Flusses gewarnt hatten, beschlossen wir, Capitain Andersen, Herr Carlsen und ich, dass ich mich in einen der Schamanenanzüge, den ich bei Cap Martin gekauft hatte, kleiden, und mein Gesicht nach Art eines Medicinmannes bemalen sollte, um in diesem Ausputz auf der Nuchek-Insel zu erscheinen.

Nachdem ich die Metarmophose ausgeführt hatte, kam der Stationsvorsteher von Nuchek, Herr Lohr, an Bord; während ich als Schamane verkleidet dasass. Seine erste Frage lautete: „Warum kommen Sie so schnell zurück, Sie wollten doch nach Cross-Sund fahren; wo ist Capitain Jacobsen?" Mit verstellter Miene zeigten Capitain Andersen und Carlsen auf mich und sagten, „wir bringen dort den Medicinmann, welcher Jacobsen getödtet hat." Mit wüthender Miene blickte Herr Lohr mich längere Zeit an, während ich anscheinend theilnahmlos dasass und die Uebrigen die Segel festmachten. Als er endlich unruhiger wurde, begann Carlsen zu lachen und klärte ihn zuletzt auf, dass die ganze Sache nur ein Scherz sei. Er wollte dies zuerst nicht glauben, bis ich ihn selber anredete und dadurch überzeugte. Erleichtert athmete er auf und theilte mir mit, dass es ein grosses Glück für mich und ihn gewesen sei, dass er keinen Revolver bei sich geführt habe, sonst hätte er mich in der ersten Erregung ohne Gnade erschossen. Ich wusste dies sehr wohl, und antwortete ihm, dass ich mich in diesem Falle wohl gehütet haben würde, den Scherz mit ihm zu treiben.

Nunmehr betheiligte sich Herr Lohr selber an dem Complott und rieth mir in dieser Verkleidung an Land zu gehen, um zu sehen, welchen Eindruck dies auf die Eskimobevölkerung der Insel Nuchek machen würde. Dies geschah, und als unter den Einge-bornen bekannt wurde, dass ich der Mörder des Capitain Jacobsen sei, geriethen die guten Leute in fürchterliche Angst und flohen vor mir überall, wo ich mich zeigte. Späterhin klärte sich die Sache zum allgemeinen Vergnügen dadurch auf, dass ich mich umkleidete und mich jedermann als Weisser zeigte.

Nachdem wir noch einige nothwendige Angelegenheiten erledigt hatten, brachen wir auf und setzten unsere Reise nach der Kadiak-Insel fort, woselbst wir nach sechstägiger Fahrt am Abend des 18. August im Hafen von St. Paul Anker warfen.

XXVI.

Heimkehr! Immer noch keine Nachrichten für mich aus Europa. Abschied von St. Paul. Fahrt nach Fort Kenai. Rückfahrt nach St. Francisco auf der Bark „Korea". Grossartiger Fischreichthum. Das chinesische Beschwörungsfest. Günstiger Wind. Ankunft in San Francisco 22. Sept. 1883. Briefe aus Europa. Auftrag, in Arizona zu sammeln. Abreise nach Fort Yuma. Die Yuma-Indianer. Maricopa. Station Gila. Eigenthümliche Verwendung alter Steinäxte. Lederne Schilder. Die Reservation der Pimos- und Maricopa-Indianer. Ein eigenthümlicher Telegraph. Die Reservation der Papajos-Indianer. Washington. New-York. Ankunft in Berlin 23. Nov. 1883.

Heimkehr, welch' herrliches Wort für den Reisenden, welcher seit Jahren in entlegenen Punkten der Erde weilt! Wie hebt sich sehnsuchtsvoll die Brust, wenn es gilt, der Heimath wieder die Schritte zuzulenken.

Im Hafen von St. Paul angekommen, erfuhr ich, dass während meiner fünfwöchentlichen Abwesenheit nach dem Copperflusse das Schiff „Marie Anne" aus San Francisco angekommen sei, ohne indessen Nachrichten oder Briefe für mich mitzubringen. Es sei indessen keine Aussicht, mit diesem Schiffe nach San Francisco zu fahren, weil dasselbe erst im Monat September zurücksegeln würde. Dagegen würde der mir bekannte Capitain Harendin mit der Bark „Korea" von der von mir besuchten Fischconserven-Fabrik am Kassiloff-Fluss, südlich von Fort Kenai in Cooks-Inlet binnen Kurzem nach St. Francisco fahren und sich bei dieser Gelegenheit für mich der Weg nach der Heimath eröffnen.

Ich packte sofort meine Sachen, markirte die ethnographischen Gegenstände und nach herzlichem Abschied von den Bewohnern von St. Paul fuhr ich mit dem Schooner „Kadiak" nach Fort Kenai, woselbst wir am 22. August eintrafen. Nach einigen Besuchen bei meinen alten Freunden in Fort Kenai und am Kassiloff-Flusse ging ich am 28. August an Bord der Bark „Korea".

Es waren im Ganzen gegen 100 Personen, darunter allein 64 Chinesen und acht italienische Fischer, welche die Heimreise nach St. Francisco mit diesem Schiffe antraten. Als Hauptfracht hatte dasselbe 15000 Kisten eingemachten Lachs, jede Kiste zu 48 Dosen geladen. Man ersieht daraus, wie auch schon aus meinen früheren Mittheilungen ersichtlich sein dürfte, dass Alaska mit seinem beispiellos grossartigem Fischreichthum sich in Zukunft als einer der bedeutendsten Fischdistrikte der Welt entwickeln wird.

Während der ersten Woche unserer Reise legten wir in Folge der meist widrigen Winde noch nicht ganz 100 englische Meilen zurück. Dies veranlasste die Chinesen eine Art Opfer- und Beschwörungsfest unter sich zu veranstalten, indem sie hofften, dass der chinesische Gott, an den sie sich wandten, alsdann günstigen Wind schicken würde. Sie breiteten demzufolge eine grosse Matte auf das Hinterdeck aus und stellten zwei Schaalen, die mit rohem Reis gefüllt waren, darauf hin. In diese Schaalen wurden von den Chinesen kleine chinesische Münzen geworfen, ferner wurden verschiedenfarbige Stücke Papier, auf welche kleine viereckige Stückchen Silberpapier geklebt waren, ausgebreitet; auch rothe und weisse Lichter angezündet, eine chinesische Urne mit chinesischem Branntwein gefüllt, ein Topf mit Theeaufguss placirt u. a. m., so dass die Matte zuletzt ganz bedeckt war. Sämmtliche Chinesen hatten ihre festlichen Kleider angelegt und liessen ihre sonst auf dem Haupte aufgebundenen Zöpfe frei über die Rücken hinunter hängen. Nachdem sich jeder einzelne Chinese dreimal feierlich vor dem Opfer verbeugt hatte, wurde ein Theil des bunten Papiers über Bord geworfen, auch wurde die Hälfte des Inhalts der Reisschaale über die Steuerbordseite, die andere über die Backbordseite in die See geworfen. Schliesslich hielt einer der Söhne des himmlischen Reichs eine Rede, indem er Zauber- oder Beschwörungsformeln vortrug. Alsdann wickelten die Chinesen ihre Zöpfe wieder auf und die Feier war beendet.

Es dauerte noch keinen vollen Tag, als die Aussichten auf eine günstige Windveränderung sich bemerkbar machte, wir hatten daher allen Grund uns darüber zu freuen, dass der chinesische

Gott das Opfer unserer bezopften Mitpassagiere gnädig aufgenommen hatte. Acht Tage nach diesem Opferfeste hatten wir
bereits 900 englische Meilen, etwa die Hälfte des Weges nach
San Francisco zurückgelegt. Abermals eine Woche später am
Sonnabend den 22. September Abends $^1/_2 8$ Uhr landeten wir in
der Hauptstadt des Westens in San Francisco. Ich ging sofort
ans Land und wurde von meinen Freunden aufs Beste empfangen.

Am andern Tage empfing
ich sämmtliche Briefe, die
während meiner Abwesen-
heit, seit April 1882, also
seit 18 Monaten an meine
Adresse gelangt waren. Aus
einem Briefe des Vorsitzenden
des Hilfskomites, Herrn
Banquier J. Richter in Berlin, ersah ich, dass ich noch
vor Antritt meiner Rück-
reise nach Europa eine ethnographische Expedition nach
Arizona ausführen sollte.
Ich verschaffte mir deshalb
Empfehlungsbriefe nach Ari-
cona und bereitete mich zur
Reise vor.

Nach herzlichem Ab-
schiede von allen Bekannten
reise ich am 11. October

Arizona.
Apaches-Kind in der Wiege.

früh von San Francisco wieder ab und erreichte am nächsten Abend
Fort Yuma, mein nächstes Reiseziel.

Fort Yuma am Colorado, etwa einen Breitegrad nördlich vom
Golf von Californien entfernt, ist die Eingangsstation zu Arizona.
Ich logirte dort im Eisenbahn-Hôtel und engagirte einen Dol-
metscher, welcher mich zunächst zu einem der bedeutendsten
Ansiedler von Yuma, in das Haus des Herrn Jäger, eines Deutsch-
Pennsylvaniers, führte. Da dieser Herr nicht anwesend war, so

hatte seine Frau und seine Tochter die Liebenswürdigkeit, mich nach der nächsten Ansiedlung der Yuma-Indianer zu begleiten. Wir fuhren im gemietheten Wagen dorthin und erreichten sie in der Mittagsstunde.

Die Yumas sind ein friedliebendes Völkchen von etwa 600 bis 1000 Seelen. Sie sind von hohem schlanken Körperbau und dunkler Hautfarbe. Die Frauen tragen vorn eine Art Schürze von Baumrinde. Diese Schürze reicht bis zur Mitte des Oberschenkels, während eine kleinere Schürze das Gesäss bedeckt. Die Oberkörper sind unbekleidet. Am Halse tragen die Frauen ein sehr breites Perlenhalsband. Die Männer trugen früher als einzige Körperbedeckung gleichfalls einige Schurze aus Baumrinden. Heutzutage tragen die Männer sowohl wie die Frauen, statt der Gegenstände aus Baumrinde baumwollene Tücher. Die Yumafrauen verstehen sich auch darauf, wollene Tücher herzustellen, welche sehr theuer sind.

Die Männer sowohl wie die Frauen tätowiren ihr Kinn. Die Männer tragen ihre langen Haare in Locken getheilt. Frauen und Männer verstehen es, ihre Gesichter mit grosser Kunstfertigkeit schwarz, roth und gelb zu bemalen. Die Frauen lassen ihr Haupthaar, welches vorn kurz geschnitten ist, frei herabhängen.

Als Waffen gebrauchen die Yumas Bogen und Pfeil. Zum Schiessen von Vögeln und kleineren Thieren werden Pfeile mit stumpfer Spitze, im Kriege dagegen solche mit Obsidianspitze gebraucht. Früher bedienten sich die Yumas auch hölzerner Kriegskeulen. Die Weiber besitzen die Fertigkeit, hübsche thönerne Gefässe herzustellen.

Mit gütiger Unterstützung meiner beiden liebenswürdigen Führerinnen traf ich unter den zum Verkauf vorgeführten Gegenständen eine Auswahl, musste jedoch alles ziemlich theuer bezahlen, wie dies immer der Fall ist, wenn man solche Erwerbungen in der Eile erledigen muss. Wieder zurückgekehrt, verbrachte ich noch eine Nacht in Fort Yuma, um die Gegenstände sicher einzupacken und reiste alsdann nach Maricopa weiter.

In Maricopa miethete ich einen Wagen und fand auch nach längerem Suchen einen Dolmetscher, mit dem ich nach der Station

Gila fuhr. Hier wanderte ich, von einer grossen Schaar lärmender junger Indianer begleitet, von Haus zu Haus und kaufte eine Anzahl Thongefässe und alte Steinäxte. Die letzteren, welche früher in Gebrauch gewesen waren, befanden sich fast durchgängig in defectem Zustande, indem die Bewohner sie heutigen

Alte Kirche in der Nähe von Tucson in Arizona.

Tages dazu benutzen, um die Innenseite ihrer Steinmörser damit rauh zu machen. Die Folge davon ist, dass sämmtliche Schneiden stumpf geworden sind. In Gila kaufte ich auch einige Exemplare jener alten ledernen Schilder, welche die dortigen Einwohner im Kampfe gegen die Apachen gebraucht haben. Bogen und Pfeile dagegen wollte mir Niemand überlassen, weil man im Allgemeinen Furcht vor einem plötzlichen Ueberfalle der Apachen hegt.

Aus diesem Grunde befinden sich auch die mit Pfeilen gefüllten Köcher und die Bogen neben jedem Hause, sodass sie sofort, wenn es nothwendig sein sollte, benutzt werden können.

An diesem Abend schlief ich im Hause eines weissen Mannes, der sich in Gila angesiedelt hat und mit den Indianern Handel treibt. Die Reservation der Pimos- und Maricopa-Indianer ist etwa 30 engl. Meilen lang, so dass man längere Zeit damit zu thun hat, wenn man alle Hütten besuchen will. Diese Indianer leben in Erdhütten, welche theils rund, theils oval erbaut und über dem Erdboden errichtet sind. Ausserhalb dieser Hütten befindet sich ein hölzernes, mit einem Dache versehenes Gerüst, auf dem gewöhnlich die Thongeräthe und andere Gegenstände des Hausgebrauchs aufbewahrt werden. Unter diesem Gerüst, im Schatten des Daches, werden die gewöhnlichen häuslichen Arbeiten ausgeführt.

Die Pimos sollen früher ein grosser und mächtiger Indianerstamm gewesen sein. Einer der ältesten weissen Ansiedler von Arizona erzählte mir, dass zu jener Zeit, als er ins Land kam, die Pimos noch ein mächtiger Stamm waren. Die Hütte des damaligen Oberhäuptlings stand mitten in dem umfangreichen Dorfe, und es wurden in ihr die gemeinsamen Berathungen abgehalten und Bestimmungen getroffen, welche grösseren gemeinschaftlichen Arbeiten von den Angehörigen des Stammes ausgeführt werden sollten. Wenn eine derartige Versammlung beendet war, so bediente man sich einer eigenthümlichen telegraphischen Methode, um die Beschlüsse schnell nach allen Richtungen hin bekannt zu machen. Es stand nämlich auf jedem der flachen Hausdächer eine Person; sobald nun der Beschluss vom Dache des Berathungshauses mit lauter Stimme verkündet war, so riefen ihn die Personen, die auf den nächstgelegenen Dächern postirt waren, abermals mit lauter Stimme aus, und die nächsten nach aussen hin trugen ihn weiter. Auf diese Weise verbreitete sich die Nachricht ringsum im Kreise wie die von einem Stein erregten Wellen über die Fläche eines Sees.

Man muss in der That erstaunen, wenn man die Ueberreste der grossartigen Bauten sieht, welche diese Indianer in früheren Zeiten ausführten; besonders auffallend sind die ehemaligen Wasserwerke, sowie die Ruinen grösserer Bauwerke.

Späterhin kamen die Maricopa-Indianer, welche von einem anderen Stamme bedrängt wurden, in das Gebiet der Pimos-Indianer. Da beide Stämme friedlicher Gesinnung waren, so entwickelte sich zwischen ihnen kein Krieg, sondern die Ankömmlinge erhielten an den Grenzen des Gebietes neue Wohnsitze angewiesen. Bald darauf unternahmen die kriegslustigen Apachen einen Feldzug gegen die vereinigten Pimos- und Maricopa-Indianer und tödteten von den letzteren, welche die Vorhut bildeten, eine beträchtliche Zahl Krieger, wurden jedoch durch ein geschicktes strategisches Manöver der Pimos-Indianer in die Flucht geschlagen.

Am nächsten Tage machte ich einen Ausflug nach dem 15 englische Meilen entfernten Phönix, woselbst ich von einem weissen Ansiedler eine grössere Anzahl ethnologischer Gegenstände kaufte.

Am 18. October fuhr ich weiter nach der Stadt Tucson, woselbst ich ein unerwartetes Zusammenkommen mit einem jener Goldgräber hatte, mit denen ich die Reise den Yukonstrom hinauf ausgeführt hatte. Neben dem Bahnhof in Tucson wohnte ein „Curiositäten-Händler", d. h. ein Mann, welcher ethnographische Gegenstände aller Art, deren Herkunft er in den meisten Fällen nicht kannte, an die Reisenden verkauft. Der Mann verlangte ganz exorbitante Preise für seine Sachen.

In Tucson miethete ich Pferd und Wagen, um nach der Reservation der Papajos-Indianer zu fahren. Hier befindet sich eine Kirche, welche von den Jesuiten im sechszehnten Jahrhundert erbaut wurde, und in der noch heutzutage Gottesdienst abgehalten wird.

Bei den Papajos-Indianern fand ich fast gar keine ethnographischen Gegenstände, mit Ausnahme einiger unscheinbaren Thongeräthe. Es wurde hier meine Aufmerksamkeit in einigen Häusern durch einen eigenthümlichen Gegenstand erregt, welcher jedoch auf mein Befragen von den Eingeborenen als unveräusserlich bezeichnet wurde. Sie thaten damit sehr geheimnissvoll und schlugen selbst einen verhältnissmässig hohen Preis aus, den ich ihnen dafür anbot. Dieser geheimnissvolle Gegenstand bestand aus einem länglich geformten, mit einem Deckel versehenen Korbe, welchem in sich, wie ich mich durch einen indiscreten flüchtigen Einblick

26*

überzeugte, ein mit Federn decorirter Kopfputz befand, wie deren etwa bei Tanzfesten u. s. w. gebraucht werden.

Von Tucson aus beabsichtigte ich die Reservation der Apachen zu besuchen; man rieth mir indessen aus mehreren Gründen davon ab, so dass ich hiervon Abstand nahm. Ich beendete deshalb hierselbst meine Thätigkeit und trat die Rückreise über Demming, El Passo, St. Louis und Washington nach New-York an, von wo aus ich Berlin am 23. November 1883 wieder erreichte.

ANHANG.

Lebensbeschreibung des Capitain J. Adrian Jacobsen.

Ich wurde geboren am 9. October 1853 auf der kleinen Insel Risö (70⁰ N. B. 16⁰ O. L. G.) in der Nähe der norwegischen Stadt Tromsö. Schon in meinen frühesten Jugendjahren machte ich die Bekanntschaft des Meeres, auf dem ich fast täglich zwischen den vielen kleinen Inseln mit unsern Booten umherfuhr, um zu jagen und zu fischen. In jedem Frühling gegen Ende April kommen die Seemöven, Gänse und Eidergänse zu Tausenden aus den südlicheren Gegenden an, um auf unseren Inseln ihre Neste zu bauen. Im Anfang Mai wird auf jeder Insel das Einsammeln der Seevogeleier betrieben und bildet einen nicht unbedeutenden Erwerb für die Inselbesitzer, denn es giebt Tage, an welchen bis 3000 Eier gesammelt werden. Letztere werden in der Stadt Tromsö, die circa acht bis zehn deutsche Meilen von Risö entfernt liegt, verkauft.

Mein Vater siedelte von der Stadt Tromsö am Ende der dreissiger Jahre nach Risö über, welche Insel er vorher angekauft hatte und engagirte einige junge Leute, mit welchen die Fischerei ausserhalb der Insel betrieben wurde. Die Hauptfischarten, welche bei uns vorkommen, sind im Winter der Dorsch und im Sommer ein diesem ähnlicher Fisch, genannt „Sei"; welche zu Tausenden in grossen Netzen, 1—3 Meilen ausserhalb der Insel gefangen werden. Einen guten Verdienst verschaffte uns das Sammeln der oben schon erwähnten Vogeleier, am meisten jedoch die Daunen der wilden Eidergänse, welche, nachdem sie gereinigt worden sind, für hohe Preise nach Russland verkauft werden. Unsere sämmtlichen Nachbarn, welche, wie wir, Inselbewohner sind, ernähren sich durch die

Fischerei. Neben der Fischerei, welche von den Männern betrieben wird, findet man auch Viehzucht vertreten und befinden
sich die Eigenthümer im Besitze von drei bis zehn Kühen, zehn
bis fünfzig Schafen, einigen Ziegen, Schweinen etc.

Während der neun Wintermonate, in welchen die Kühe in
den Ställen gefüttert werden müssen, besteht das Futter, da Heu
dann wenig vorhanden, fast nur aus gekochten Fischen und Fisch-
suppe, in den Monaten März, April, Mai wird als Viehfutter viel
Seetang verwendet.

Für einen Stadtbewohner in südlichen Ländern muss ein
Leben wie dasjenige in meiner Heimath grauenhaft erscheinen,
jedoch für diejenigen, die dort wohnen, ist das Leben erträglich
und giebt es vielleicht manche, die ihr freies Leben im hohen
Norden nicht mit demjenigen der Grossstädter Europas vertauschen möchten. Nur eins ist nachtheilig, dass wir Inselbewohner
wenig oder gar keinen Schulunterricht erhalten, während die
Stadtbewohner dort oben im Norden fast dieselbe Schulordnung
wie in Deutschland haben. Warum wir Inselbewohner so zurück-
standen in-unsern Schulkenntnissen, kam einfach daher, dass in
den neun Wintermonaten die Communikation zwischen den Inseln
und dem Festlande sehr erschwert war. In den drei Sommer-
monaten gehen schon Kinder von sieben Jahren mit ihren Eltern
auf den Fischfang aus, und ist somit keine Zeit und Gelegenheit für ihre anderweitige Ausbildung vorhanden. Es war damals im Jahre siebenwöchentlicher Schulunterricht für die Inselbewohner angeordnet, aber weil dieser im Frühling und Herbst
stattfand, so passirte es oft, dass die Eltern mit ihren Kindern
wegen Sturm und Unwetter gänzlich oder theilweise verhindert
wurden, die Insel zu besuchen, wo die Schule abgehalten wurde.
Was man in den Schulen damals lernte, war hauptsächlich: „Religion", Lesen, ein wenig Schreiben und Rechnen, und wenn man die
Schule bis ins 13. oder 14. Jahr besuchte, hatte man Gelegenheit, einen
kleinen Begriff von Geographie und Kirchengeschichte zu bekommen.
Ich will jedoch damit nicht sagen, dass unser hoher Norden sehr
zurücksteht gegen die südlichen Inselbewohner, welche viel bessere
Schulen haben, im Gegentheil habe ich bei den meisten meiner

Bekannten aus meiner Jugendzeit ebensoviel Intelligenz und Kenntnisse wie man es bei irgend einem vom Fischfang lebenden Volke
zu finden vermag, gefunden. Es kommt dies wohl daher, dass alle
unsere jungen Leute, wie schon oben erwähnt, auf allen ihren Fischerei-
fahrten, welche sie sowohl nach Süden wie bis zur Küste von Russland
im Nordosten ausdehnen, in Verkehr mit allerlei Leuten kommen
und dadurch ihre Kenntnisse erweitern. Die meisten Fischerleute
sind während der Hälfte des Jahres auf Reisen. Auch lesen die
Nordländer gern Zeitungen und fast jeder Fischer hält ein bis
drei verschiedene Blätter, wenn es auch Monate lang dauert, ehe sie
die Zeitungen aus den Städten oder nächsten Poststationen erhalten.
Jetzt neuerdings hat fast jede bedeutendere Fischerstation ihre
Post- und Telegraphenverbindung mit der Aussenwelt.

Soweit meine Erinnerung zurückgeht, kann ich nur Kämpfe
mit dem nassen Elemente, die mein Vater mit seinen Leuten auf
verschiedenen Fischer-Expeditionen durchzuführen hatte, erwähnen.
Wiederholt stand das Leben Aller auf dem Spiele durch wüthende
Winterstürme. Oft kamen Trauernachrichten von Nachbarn, deren
Boote durch Sturm umgeschlagen waren und deren Insassen entweder theilweise oder ganz in den Wogen ihr Grab gefunden
hatten. Ich glaube behaupten zu können, dass ein Drittheil
unserer männlichen Bevölkerung — ich meine hier die Inselbewohner — das Grab in den Wellen findet.

Mein ältester Bruder, welcher im 15. Lebensjahre zur See
ging und als Seemann alle Welttheile bereiste und von welchem
wir hin und wieder Briefe erhielten, bald aus den Vereinigten
Staaten, aus Peru, Australien, Java, China etc., regte früh auch
bei mir den Wunsch an, fremde Länder und Völker kennen zu
lernen. Mein Vater hatte sich einen Schulatlas angeschafft und
waren wir auf diese Weise im Stande, die verschiedenen Länder
und Städte, welche mein Bruder besuchte, kennen zu lernen. Ich
muss gestehen, dass sich mein Vater recht gute geographische
Kenntnisse dadurch erwarb. Durch rührige Thätigkeit und Spar-
samkeit hatten meine Eltern ein kleines Vermögen erworben und
als im Anfang der sechsziger Jahre das Amerikafieber ausbrach
und zwei unserer Nachbarn ihre Inseln am Eismeer gegen ein

wärmeres Heim in irgend einem amerikanischen Staat vertauschen
wollten, so kaufte ihnen mein Vater diese Inseln ab und da sie
mit unserer Insel in einer Gruppe befindlich waren, so vermehrte
sich unser Besitz dadurch beträchtlich.

Eines Tages im Frühling 1865, als ich mich mit anderen
jungen Burschen auf dem höchsten Punkte unserer Insel befand,
sahen wir plötzlich durch den vorübergehenden Nebel zwei grosse
Schiffe zwischen den äussersten Felsriffen herumkreuzen. Fast in
demselben Moment, als wir die Schiffe zu sehen bekamen, lief das
Eine, ein Barkschiff, auf einen unter dem Wasser befindlichen Felsen,
während das andere Schiff, in die See steuerte. Natürlich liefen wir
so schnell uns unsere Beine zu tragen vermochten, nach Hause,
augenblicklich wurde ein Boot ausgesetzt, in welchem mein Vater,
mein Schwager und zwei andere Leute Platz nahmen und nach
dem Wrack hinaus segelten. Von dem höchsten Punkte unserer
Insel konnten wir viele Fischerboote beobachten, die sich ebenfalls dem Schiffe näherten. Gegen Abend kehrte mein Vater
zurück und brachte den zweiten Steuermann und zwei Matrosen
mit, welche nach Tromsö gehen wollten, einen Schleppdampfer zu
engagiren, um damit das Schiff vom Felsen abzubringen. Das
Schiff war eine Bark von Dundée in Schottland, dasselbe war
neu, sehr gut eingerichtet und machte die erste Reise nach Ar-
changel. An demselben Abend begab sich mein Vater mit einem
unserer jungen Leute nach Tromsö, während die anderen elf Mann
der Schiffsbesatzung trotz allen Warnens meines Vaters das Schiff
nicht verlassen wollten. Am andern Morgen fing es an, heftig
zu stürmen und konnten wir schon früh die Nothsignale der
Schiffsbesatzung bemerken. Verschiedene Fischerleute versuchten
sich dem Wrack zu nähern, es war indessen nicht möglich, denn die
See war heftig erregt und umtobte die unter dem Wasser liegenden
Felsriffe, auf welche die Wellen jetzt mit kolossaler Gewalt schlugen
und konnte sich deshalb kein Boot dem Schiffe nähern. Es hatte
das Aussehen, als müsste die ganze Mannschaft des Schiffes zu
Grunde gehen. Die Wellen hatten bald die Boote, welche zum
Schiffe gehörten, zerschlagen. Die Masten waren über Bord gefallen und sahen wir ein, dass in wenigen Stunden keine Spur

vom Schiffe vorhanden sein würde. Meine Mutter und Schwestern, welche bisher Zuschauerinnen gewesen waren, baten mit Thränen in den Augen meinen jungen Schwager, welcher ein tüchtiger Seemann war, einen Versuch zu machen, die armen Schiffbrüchigen zu retten. Mein Schwager hatte nur einen jungen Mann zur Verfügung, indessen ein Versuch musste gemacht werden und nahm mein Schwager daher das grösste unserer Boote, mit welchem er dem Wrack zusegelte. Unsere Besorgniss, die wir als müssige Zuschauer dabei entwickelten, war ausserordentlich gross, da die Wogen auf eine halbe Meile im Umkreise des Schiffes sich brachen und wegen des Sturmes und hohen Seeganges das Schiff fast unnahbar war. Es gelang indessen meinem Schwager, die elf Schiffbrüchigen vom Schiff abzuholen und glücklich an Land zu bringen. Der Capitain war in Folge vielen Wasserschluckens besinnungslos, auch hatte die ganze Mannschaft durch eingeschlucktes Wasser sehr gelitten. Eine halbe Stunde später wäre Niemand mehr zu retten gewesen, da dann keine Spur mehr von dem Schiffe vorhanden war. Meine Mutter, sowie mein Schwager und der junge Mann, welche zur Rettung ausgefahren waren, erhielten später von der englischen Regierung durch den britischen Consul in Tromsö jeder einen grossen silbernen Aufgebelöffel mit folgender Inschrift „For Edel Doad" — d. h. „für edle Thaten".

Im Sommer 1866 kam mein älterer Bruder von seiner weiten Reise zurück. Die Freude des Wiedersehens war gross, denn er hatte acht Jahre hindurch seine Heimath nicht gesehen; es traf sich, dass er einige Tage nach seiner Ankunft einen Spaziergang nach dem höchsten Punkte unserer Insel machte, von wo aus man eine prächtige Aussicht über das Eismeer hat und nichts anderes als Himmel und Wasser von Südwest nach West und von Norden bis Nordost sieht.

Mein Bruder hatte ein Fernrohr mitgenommen, durch welches er meilenweit in der See grosse Gegenstände herumtreiben sah. Er eilte mit der Nachricht zurück, durch welche Alle in Aufregung geriethen, was dieses wohl sein könnte. Ein Boot wurde schleunigst bemannt, mein Vater, mein älterer Bruder und zwei Knechte steuerten noch denselben Abend in die See, um die Sache zu untersuchen. Ich war damals zwölf Jahre alt und kann mich besinnen, dass keiner von uns, ich sowohl wie meine Mutter und Schwestern, ein Auge während der Nacht geschlossen haben. Beim ersten Zeichen des Tageslichtes am andern Morgen begab ich mich mit meinen Schwestern und mit dem Fernrohr bewaffnet auf die höchst gelegene Spitze der Insel, von wo aus ich bald das Boot meines Vaters und im Schlepptau desselben einen grossen todten Walfisch entdeckte; das Ungeheuer sah aus wie eine kleine Insel, denn er war bereits durch entwickelte Gase aufgeschwollen. Ich lief schnell nach unserem Hause, und mit Hilfe meiner Schwestern und des Dienstmädchens liessen wir ein Boot ins Wasser, und da keine männliche Hilfe auf der Insel sich befand, so mussten zwei meiner Schwestern und das Dienstmädchen mit in das Boot gehen, mit welchem wir unserem Vater zu Hilfe zu gehen beabsichtigten, denn es fing an, stürmisches Wetter zu werden. Kaum waren wir in die offene See gekommen, so musste das Segel gerefft werden, bei welcher Gelegenheit meine Schwestern sich nicht gerade als tüchtige Seeleute bewährten, denn bei jeder Welle, die sich über uns ergoss, ertönte ihr Geschrei. Ich war so beschäftigt durch Aufpassen auf das Segel, Ausschöpfen des Wassers und Steuern des Bootes, dass ich mich mit ihnen nicht viel abgeben konnte; nach einer kurzen Fahrt erreichten wir unseres Vaters Boot und erhielten ein Tau zugeworfen, an welchem der Walfisch befestigt war, und nach einigen Stunden scharfen Segelns gelang es uns, auf einer Nachbarinsel unsere Beute und uns in Sicherheit zu bringen. Ich war nicht wenig stolz auf diese meine Bootsfahrt als selbständiger Führer.

Im Herbst desselben Jahres kaufte mein Vater ein kleines Schiff, welches mein älterer Bruder befehligte. Das Schiff war neu, ein guter Segler und war genannt nach Frithjofs berühmtem Schiff Elida. Das Schiff wurde ausgestattet, um Fische einzukaufen. Ich bekam von meinen Eltern die Erlaubniss, mitzugehen. Meine erste Beschäftigung an Bord des Schiffes war diejenige eines Cabinenjungen. Im März 1867 reisten wir von unserer Heimath ab und besuchten die grösseren Fischerstationen, wo wir

Fische theils kauften, theils selbst fingen. Indessen war der Fang
nicht sehr ergiebig, und machten wir daher keine grossen Geschäfte.
Ende Mai kehrten wir in unsere Heimath zurück, und wurde das
Schiff ausgerüstet, um nach Spitzbergen zu gehen. Ich bekam
aber keine Erlaubniss, diese Reise mitzumachen. Mein Bruder
machte auf Spitzbergen recht gute Geschäfte und kehrte Anfangs
September nach Norwegen zurück. Ende September wurde das
Schiff wieder ausgerüstet, um bei den Lofoten-Inseln Heringe einzukaufen. Ich ging mit; wir hatten aber wenig Glück, denn es
wurden in diesem Jahr nur wenig Heringe gefangen, und kehrten
wir daher nach Weihnachten in unsere Heimath zurück.

Im Februar 1868 ging unser Schiff wieder mit acht Mann
Besatzung und zwei Fischerbooten nach Finnmarken, um Fische
einzukaufen und einzufangen. Einige Tage, nachdem wir unsere
Heimath verlassen hatten, überfiel uns plötzlich ein Sturm, wobei
unsere Fischerboote von den Wellen gefüllt wurden und sanken.
Bei dieser Gelegenheit ertranken zwei von unseren Leuten, trotzdem wir uns Mühe gaben, dieselben zu retten. Einer dieser jungen
Leute war ein Freund von mir, und waren wir durch dieses Unglück sehr erschüttert. Ich musste zurückkehren, um neue Leute
zu engagiren. Dieses Jahr zeichnete sich durch viele Stürme aus.
Die Fischerei wurde von uns mit viel Glück an der russisch-
murmanischen Küste betrieben, und gingen deshalb viele von unseren norwegischen Fischerleuten mit Booten sowohl wie Schiffen
hinüber, um Fische einzufangen und zu kaufen. Wir hatten uns
vorgenommen, dorthin zu segeln, wurden aber durch Zufall hieran
verhindert. An der murmanischen Küste wie an der norwegischen
östlich vom Nord-Cap sind nur wenige gute Häfen, und es scheitern daher sehr viele Fischerboote und Schiffe in dieser von
Stürmen so sehr heimgesuchten Gegend. Auch dieses Jahr traf
ein orkanartiger Sturm ein, wobei viele Schiffe und Boote unter-
gingen. Viele unserer Bekannten ertranken bei dieser Gelegenheit.

Wir befanden uns während des Orkans in einem Hafen der
norwegischen Seite und waren so glücklich, unser Schiff zu 'erhalten. Diejenigen, welche der Sturm verschonte, wurden von den
dort wohnenden Russen ausgeplündert. Im Anfang Juni kehrten

wir wieder in unsere Heimath zurück. Mein älterer Bruder, welcher eine Stellung in Hamburg angenommen hatte, reiste dorthin ab; ein Capitain, dessen Schiff im schon erwähnten Sturm verloren ging, erhielt den Befehl über unser Schiff. Mitte Juni segelten wir nach Spitzbergen ab. Nach ein paar Tagen trafen wir Polareis in der Nähe der Bären-Insel an. Hier wären wir fast verloren gewesen, indem wir vor Nebel die Insel nicht sehen konnten, kamen aber ohne Schaden davon.

Wir kreuzten an der Westseite von Spitzbergen den ganzen Sommer herum und landeten oft in einem der tiefen Fjorde, wo die Rennthierjagd sehr ergiebig ist. Diese Jagd ist äusserst interessant und aufregend, wenn auch mit vielen Strapazen verbunden, denn man muss die erlegten Thiere manchmal 2—4 deutsche Meilen weit vom Gebirge bis zur Küste hinabschleppen. Trotzdem ich noch sehr jung war, habe ich mich mit vielem Eifer an der Jagd betheiligt, und wenn wir nach erlegter Beute Abends bei dem Feuer sassen und unsere Rennthierstücke schmorten, fühlte ich mich freier und glücklicher wie irgend ein Mensch. Vor dem Schlafengehen wurde das Boot umgekehrt und diente Nachts als Zelt. Auf Spitzbergen werden hauptsächlich Robben, Walross, Weisswal, Polarbären und viele Leberhaie, die sogenannten Haakjerring, welche eine Länge von 8—15 Fuss erreichen, gefangen, sowie Eiderdaunen gefunden; neuerdings werden auch viele Dorsche gefangen. Das Land hat wenig Vegetation, so wenig, dass man sich oft frägt, wovon die Rennthiere eigentlich leben. Es giebt auf Spitzbergen viel Steinkohle, sie ist nur von geringer Qualität.

Die Jagd auf Spitzbergen wird jetzt nur von Norwegern betrieben, während früher die Holländer, die Engländer und auch Russen dort Stationen errichtet hatten. Von diesen Leuten sind noch manche Ueberreste da und bestehen dieselben meistens aus gebleichten Gebeinen, denn viele Männer sind dort am Skorbut gestorben.

Die folgenden Jahre bis zum Herbst 1869 ging ich während des Sommers nach Spitzbergen und wanderte jedesmal im Herbst nach Norwegen zurück. Ich hatte mich in diesen drei Jahren als Seemann ausgebildet, so dass ich eben dieselben Arbeiten auszuführen vermochte wie alte Seeleute. Im Winter 1879 wanderten viele Leute aus Tromsö und Umgegend nach Queensland in Australien und unter anderen auch unser bisheriger Capitain. Es war gerade Mangel an Capitainen und war mein Vater sehr besorgt, einen Schiffsführer zu erhalten, welcher die Interessen unseres Hauses gehörig wahrnehmen würde. Eines Tages, als wieder die Rede davon war, sagte ich meinem Vater, dass ich diesen Posten übernehmen würde. Mein Vater meinte zwar, ich sei hierzu noch zu jung, um selbständig ein Schiff zu führen, Leute zu befehligen, indessen, ich beharrte bei meinem ausgesprochenen Wunsch und wurde schleunigst nach Tromsö gesandt, um die dortige Navigationsschule zu besuchen. Gleichzeitig mit mir gingen Hans und Sören Johansen mit anderen jungen Leuten, welche sich später als Polarreisende Ruhm erworben haben (Hans Johansen machte wie bekannt später als Capitain des Dampfers „Lena" mit Nordenskiöld eine Fahrt nach Sibirien). Im April 1870 hatte ich nach vieler Mühe endlich die Mannschaft zusammengebracht, da man zu mir, damals sechszehnjährigem Jüngling, nur wenig Vertrauen hatte, auch wollte die Assecuranz wegen meiner Jugend die Versicherung des Schiffes nicht übernehmen. Am 19. April segelten wir ab, hielten uns auf den grossen Banken zwischen Spitzbergen und Norwegen auf und muss ich bekennen, dass ich vom Glücke recht begünstigt wurde, denn schon im Anfang Juni desselben Jahres war ich mit einem recht bedeutendem Fange in meine Heimath zurückgekehrt. Wir löschten schleunigst und segelten Ende Juli abermals ab, diesmal aber nach Spitzbergen. Mitte September kehrten wir zurück mit voller reicher Ladung, zu welcher die mitgenommenen Fässer nicht ausreichten, so dass die von den Robben gewonnene Beute: Speck, Häute u. s. w. in Säcke verpackt werden musste. Schon ausserhalb der norwegischen Küste erhielten wir die Nachricht von dem Kriege zwischen Deutschland und Frankreich, von der für Frankreich verhängnisvollen Schlacht bei Sedan, sowie Napoleon's Gefangennahme etc. Diesen Herbst kam mein ältester Bruder von Hamburg nach Hause zum Besuch und bei seiner Abreise nach einem Aufenthalte von einem Monate spürte ich grosse Lust ihn zu begleiten. Indessen meine Zeit erlaubte es damals nicht.

Im Jahre 1871 brachte ich ebenfalls den Sommer auf Spitzbergen zu. Im Sommer 1872 ging Nordenskiöld, wie bekannt,
nach Spitzbergen, wo er überwinterte. Dieses Jahr war für viele
Schiffer unserer Gegend verhängnissvoll, denn sechs unserer kleinen
Schiffe mit ca. 60 Mann Besatzung wurden vom Eise eingeschlossen.
Ende November gelang es ein Schiff, worin sich 40 Mann befanden, vom Eise zu befreien und kam die Besatzung im November
desselben Jahres halb verhungert nach Norwegen zurück. 20 Mann,
welche in eine andere Gegend gezogen waren, starben im Laufe
des Winters am Skorbut. Ich war diesen Sommer im südlichen
Theil von Spitzbergen und entging auf diese Weise der Katastrophe,
da im Süden verhältnissmässig nur wenig Eis vorhanden war.
1873 und 1874 verlebte ich ebenfalls an den Banken zwischen
Spitzbergen und Norwegen, wo wir Haifische fingen, die in
diesem Jahre sehr zahlreich waren. Mein Schwager hatte ein
Schiff gekauft und machte sehr gute Geschäfte. Nach meiner
Zurückkunft von Spitzbergen im Herbst 1874 entschloss ich mich,
meinen Bruder in Hamburg zu besuchen, reiste im Anfang October
von Norwegen ab und traf am 26. October in Hamburg ein.
Mein Bruder rieth mir, in sein kaufmännisches Geschäft einzutreten, ich that dies, schrieb an meinen Vater nach Norwegen,
dass ich nicht mehr zurückkommen würde und wurde deshalb unser Schiff verkauft. Ich blieb also den Winter über in
Hamburg, wo ich die deutsche Sprache einigermassen erlernte.
Im Sommer 1875 fühlte ich, dass mein Beruf nicht der kauf-
männische wäre, denn ich hatte Sehnsucht nach dem Wasser und
nach Reisen und so sah ich mich danach um, irgend einen fremden Welttheil zu bereisen. Ein norwegischer Capitain, der mit
seinem Schiffe im Herbste in Hamburg lag, rieth mir, mit ihm
nach Süd-Amerika zu gehen und da ich nichts anderes vor hatte,
so entschloss ich mich, ihn zu begleiten. Wir reisten am 13. Januar
1876 von Hamburg ab und langten am 14. Mai wohlbehalten in
Valparaiso an. Nachdem ich von meinem Landsmann, Capitain
Olsen, herzlichen Abschied genommen, nahm ich in Ermangelung
anderweitiger Entfaltung meiner Thätigkeit als Steuermann auf der
Barke „Emilie" aus Valparaiso Stellung; indessen ich muss ge-

stehen, dass dieses die unangenehmste Stellung meines Lebens war, denn die Chilenen als Matrosen sind für Europäer unbrauchbar und ein Umgang mit diesen Leute fast unmöglich. Ich gab daher meinen Posten als Steuermann bald auf und trat jetzt in den Dienst eines schwedischen Bäckers, welcher sein Hauptgeschäft in Iquique (Peru) hatte und in Valparaiso eine Filiale besass, welcher ich als Aufseher vorstand. Ich hatte gleich bei meiner Ankunft in Chili gesehen, dass das Meer sehr fischreich war und entschloss mich dort ein Fischerei-Geschäft zu etabliren. Ich kaufte ein Fischerboot nebst den dazu gehörenden Geräthen und engagirte einen Schweden und einen Dänen als Partner. Indessen unser Unternehmen sollte nicht nach unserem Wunsche ausfallen, die Regierung machte uns gleich von vornherein dadurch Schwierigkeiten, dass wir als Fremde den Eingeborenen den Erwerb durch Fischerei nicht schmälern durften und was noch schlimmer war, wir durften den Hafen wegen der Zollgesetze von Sonnenuntergang bis Sonnenaufgang nicht verlassen, bei Tage aber ist der Fischfang nur gering, daher verloren meine beiden Collegen bald den Muth, kauften sich jeder einen Maulesel und setzten über die Cordilleren, während ich das Boot und die Fischerei-Geräthe verkaufte, resp. verschenkte und mich nach anderer Beschäftigung umsah. Valparaiso ist, wie bekannt, der grösste Seehafen Chiles; alle Schiffe, welche westseits Cap Horn Havarie leiden, müssen nach Valparaiso, um dort ausgebessert zu werden. Daselbst befinden sich zur Aufnahme der zu reparirenden Schiffe mehrere Docks und schloss ich mit den Capitainen der havarirten Schiffe Verträge ab behufs Ausführung der Maler- und Anstreicherarbeiten etc., engagirte als Arbeiter Matrosen aus dem dortigen Verdingshause, wenn dieselben keine andere Beschäftigung hatten, und verdiente bei diesem Geschäft täglich 5—6 Dollars. Im November 1876 kam ein norwegisches beschädigtes Schiff nach Valparaiso, dessen Capitain und Steuerleute ich kannte. Das Schiff war nach Hamburg bestimmt und entschloss ich mich, mit nach Europa zu gehen.

Wir segelten im November ab und landeten in Hamburg Mitte Februar. Mein ältester Bruder hatte sich während meines Auf-

enthaltes in Chile zum zweiten Male verheirathet, und lud er und
seine Frau mich ein, bei ihnen einige Wochen als Gast zu verweilen. Ich nahm dieses Anerbieten an. Eines Tages hörte ich
von einem Landsmanne, welcher damals in Hamburg sechs Eis-
bären verkauft hatte, dass Herr Carl Hagenbeck einem Capitain
den Auftrag gegeben hatte, womöglich eine Collection ethnographischer Gegenstände mit sammt einer Eskimo-Familie aus Grönland nach Europa mitzubringen. Da ich nun ganz bestimmt wusste,
dass der Capitain, welcher nach Nowaja-Sémlja ging, nicht Eskimos bringen konnte, so dachte ich, es wäre Gelegenheit für mich,
diese Leute zu holen, ging zu Herrn Hagenbeck, stellte mich
demselben vor und bewarb mich um diesen Auftrag. Herr Hagenbeck meinte, dass wenn ich irgend welche Aussicht hätte Eskimos
zu bringen, so wäre er gern bereit, mir den Auftrag zu ertheilen.
Ich begab mich also denselben Abend nach Kopenhagen, weil ich
wusste, dass von hier die einzigste Gelegenheit nach Grönland sein
würde. Zunächst ging ich zu der Kriolith-Compagnie-Direction.
Ich theilte dem Director meinen Plan mit, der rieth mir aber
entschieden ab, und sagte, es dürften ohne Erlaubniss der Regierung
keine Leute in Grönland landen. Ich ging also zu der Königlich
Dänisch-Grönländischen-Handels-Direction, dessen Director damals
der berühmte Grönlandsforscher Herr Rink war und legte ihm
unseren Plan vor. Derselbe sagte, dass Herr Hagenbeck einen
Antrag an die Dänische Regierung deshalb zu machen habe, weil
es für wissenschaftliche Zwecke bestimmt war, so wäre es möglich,
dass die Regierung meinen Vorschlag genehmigen würde. Herr Rink
schien nicht Lust zu haben, eine Grönländer-Familie herkommen zu
lassen. Ich begab mich gleich nach Hamburg zurück und theilte
Herrn Hagenbeck das Resultat mit. Letzterer schrieb sogleich an
die Dänische Regierung und nach drei Wochen erhielten wir die Erlaubniss. Ich rüstete mich gleich aus zur Reise und ging im April
nach Kopenhagen, um mich von dort aus mit einem der Königlich Dänischen Handelsschiffe nach West-Grönland zu begeben.
Anfang Mai 1877 segelte ich von Kopenhagen mit einer alten
Dänischen Brigg, der „Walfisch" genannt, der damals seine 84. Reise
nach Grönland machte, ab. Wir hatten viel Gegenwind, so dass wir

erst Mitte Juni die Westküste von Grönland und erst am 6. Juli
die Handelsstation Omenak erreichten. Ich machte sofort ethnographische Sammlungen bei den dort wohnenden Eskimos, eine
Familie nach Europa zu engagiren, war mir indess hierselbst
nicht möglich. Am 12. Juli traf ich den Gouverneur, oder wie
er dort genannt wird, Inspektor; ich legte ihm meine Legitimationspapiere vor und ersuchte ihn, mich in meiner Angelegenheit
zu unterstützen, er schien jedoch wenig Lust hierzu zu verspüren,
besonders da ich die Leute nach Deutschland befördern wollte.
Am 17. Juli ging ich mit der Bark „Thorwaldsen" nach Diskobay
weil ich sah, es sei ein Ding der Unmöglichkeit, von hier aus
Leute zu erhalten. Am 20. Juli langten wir in Godhavn an, wo
der Inspektor, welcher uns bis hierher begleitet hatte, an Land
stieg. Am 22. Juli langten wir in Jacobshavn an. Hier machte
ich die Bekanntschaft eines Dr. von Haven, sowie des dortigen
Missionairs Rasmussen und des dortigen Kaufmanns Fleischer;
diese drei Herren zeigten sich sehr freundlich und versprachen mir
Unterstützung meiner Pläne. Die ersten acht Tage hatte ich wenig
Aussicht auch von hier Leute zu erhalten, aber nachdem ich mit den
Eskimos mehr bekannt geworden war, wurden auch die Aussichten
günstiger. Als ich die Gewissheit erhalten hatte, dass ich Leute
von dort nach Europa bekommen würde, fing ich an ethnographische
Gegenstände zu beschaffen, kaufte grosse und kleine Fellboote,
Zelte, Hunde, Schlitten, Jagd- und Fischereigeräthe, Schmuckgegen-
stände, Kleider, Wirthschaftsgeräthe etc. Am 15. August langte
die alte Brigg „Walfisch" in Jacobshavn an und sicherte ich mir
sofort Plätze für mich und meine hier engagirten sechs Eskimos.
Der Inspector war mit dem „Walfisch" gekommen und schloss die
Contracte für die Eskimos ab. Am 21. August hatte ich alle
meine Sachen an Bord und unter Begleitung einiger Hundert Eskimos, die ihre Brüder bis zum letzten Augenblick sehen wollten,
bugsirten wir unser Schiff zwischen den mächtigen Eisbergen, welche
bis 300 Fuss den Meeresspiegel überragen, auf die See hinaus.
Meine Eskimos waren so betrübt beim Abschied, dass sie fast Lust
hatten, wieder umzukehren. Am 26. September langten wir wohlbehalten in Kopenhagen und drei Tage später in Hamburg an.

Wir hielten uns in Hamburg vom 29. September bis 23. October auf, wo wir viel Erfolg hatten, indem Tausende von Hamburgern die Gelegenheit benutzten, Eskimos zum ersten Male in Europa zu sehen. Am 26. October langten wir in Paris an, wo wir Engagement fanden im Jardin d'Acclimatation. Auch hier erregten wir Aufsehen, besonders wurden die Eskimos beim Fahren mit ihren Hundeschlitten, sowie in ihren kleinen Fellbooten bewundert. Niemals war eine so vollständige ethnographische Sammlung in Paris gezeigt worden. In Paris blieben wir bis zum 17. Januar und gingen dann nach Brüssel. Hierauf besuchten wir die Städte Cöln a. Rh., Berlin, Dresden, Hamburg und Kopenhagen. Die Eskimos hatten einen Ueberschuss von 600 Kronen aufgespart, und übertraf dieser Betrag ganz und gar ihre Erwartungen. Am 14. Mai des nächsten Jahres gingen sie von Kopenhagen nach ihrer Heimath ab, wo sie Mitte Juli desselben Jahres wohlbehalten eingetroffen sind.

Am 14. Juni begab ich mich im Auftrage des Hrn. Hagenbeck nach Lappland, um von dort eine ethnographische Sammlung nebst Rennthieren und Lappländern nach Deutschland zu bringen. Am 26. Juni langte ich in meiner lieben Heimath Tromsö an; nach einem Aufenthalte daselbst von zwei Tagen begab ich mich nach den Stätten, wo sich viele Lappländer mit ihren Rennthieren aufhalten, schloss Contracte mit den Lappländern, mir 40 Rennthiere zu überlassen, welche ich bei meiner Rückkehr aus dem Norden abholen wollte. Ich besuchte meine Heimath Risö am 2. Juli und verweilte daselbst zwei Tage. Mein Schwager begleitete mich nach Hammerfest, wo wir am 8. Juli eintrafen. Dort habe ich bis zum 15. Juli auf eine passende Gelegenheit gewartet, um nach dem tief sich ins Land schneidenden Fjord Porsanger, von wo aus der kürzeste Weg nach zwei Lappländerdörfern, nämlich Karasjok und Kautokeino sich befindet, zu gelangen. Am 16. Juli langte ich in Fjord Porsanger an und machte dort sogleich Station an einer Stelle, wo eine Telegraphenstation errichtet war. Von hier aus machte ich Streifzüge nach allen Richtungen, wo Lappländer ihre Lager aufgeschlagen hatten, kaufte, sammelte und bestellte verschiedene Modelle, Kleidungsstücke u. s. w.

Ende Juli traf ich oben in den Gebirgen ein grosses lappisches Lager, wo ich zur Reise nach Deutschland neun Personen engagirte; es befanden sich hierunter drei Frauen, vier erwachsene Männer und zwei Knaben. Am 16. August hatte ich sämmtliche Leute und die ethnographische Sammlung bei mir und bestieg den Küstendampfer.

Am 26. August langte ich in Bergen an. Hier war grade ein Circus (Leonhardt), und beschloss ich, meine Lappländer Abends in den Circus zu führen. Die Lappländer blickten sich verwundert um, und da sie so viele Menschen sahen, so nahmen sie ihre Mützen ab, denn sie glaubten, sie befänden sich in einer Kirche. Als ein Schimmel in die Manege hineingesprungen kam, bekamen die Lappländer Angst und brachen sich durch das Zuschauerpublikum einen Weg bis zur Gallerie hinauf, wobei sie sich umwandten, um nachzusehen, ob der Schimmel sie bis dahin verfolgt habe. Als sie aber sahen, dass das Pferd nicht nachkam, beruhigten sie sich, freuten sich insbesondere über die Leistungen der Clowns, welchen sie auf ihre Art den lebhaftesten Beifall spendeten, wodurch natürlich das Publikum mehr Auge und Ohr für die an solche Genüsse nicht gewöhnten Lappländer, als für die Künstler hatte.

Am 31. August Abends langte ich in Hamburg an und besuchte mit den Lappen später die Städte Hannover, Paris, Lille, Brüssel, Düsseldorf, Berlin, Dresden. In Dresden erhielt ich von Hrn. Hagenbeck Ordre, nach Hamburg zu kommen, um von dort aus nach Havre zu reisen, wo er drei Patagonier, Mann, Frau und Kind, mit einem deutschen Dampfer erwartete. Mit diesen besuchte ich Hamburg, Dresden, Berlin, und kehrten die Leute bald darauf nach ihrer Heimath zurück. Als ich mit den Patagoniern nach Hamburg kam, traf ich gleichzeitig meine Lappländer, welche auf ihrer Heimreise waren. Bei der Begegnung der Lappländer und Patagonier fand eine drollige Scene statt. Unser Patagonier behauptete nämlich, er kenne die Lappländer, und habe sie in den Cordilleras gesehen, verlangte vor den Häuptling dieses Volkes geführt zu werden, um ihn zu begrüssen. Ich that dies, und sofort machten unsere guten Patagonier

27*

die bei ihnen gebräuchlichen Begrüssungsceremonien, welche mehr
als zehn Minuten durch die verschiedenartigen Beugungen und
Krümmungen des Körpers erforderten. Die Lappländer, welchen
dieses Verfahren, jemand zu begrüssen, ganz neu war, sahen die
Patagonier verwundert an. Der älteste und intelligenteste der
Lappländer übernahm es, nachdem der Patagonier seine Begrüssung
beendet hatte, dieselbe zu erwiedern. Er ahmte hierbei scherzweise
dieselben Gesichtszüge und Bewegungen nach, von welchen der
Patagonier, nicht ahnend, dass die Lappländer ihn zum Besten
hielten, annahm, dass diese Begrüssungsform bei diesem Volke
gebräuchlich war. Nach der Begrüssung gaben sich Beide die
Hände, und hiermit wurde die Sitzung, in welcher Einer den
Andern nicht verstanden hatte, geschlossen.

Seit Jahren war es Hrn. Hagenbeck's und mein Plan
gewesen, ein eigenes kleines Schiff zu besitzen, um damit Reisen
in alle Weltgegenden zum Zwecke des Einsammelns ethnographischer Gegenstände zu unternehmen, und ging ich Mitte November
nach Norwegen, wo ich December 1879 ein Schiff kaufte. Da
wir als Ziel unserer ersten Reise Grönland und die Nordostküste
von Amerika bestimmt hatten, so liess ich das Schiff zu einer
Polarfahrt einrichten.

Am 27. April segelten wir von Hamburg ab, hatten aber am
Anfange viel Gegenwind und ging die Reise nur langsam vorwärts. Wir hatten Robben- und Walfänger an Bord, indem wir
hofften, bei Grönland uns an dem Robbenfang betheiligen zu können.
Ich wurde unterwegs, schon längere Zeit mich unwohl fühlend,
ernstlich krank und bekam kaltes Fieber. Am 29. Mai sahen wir
die nordwestliche Küste von Grönland, und ein paar Tage später
trafen wir mit der norwegischen Robbenschläger-Gesellschaft, aus
etwa 20—30 Dampfern und Segelschiffen bestehend, zusammen.
Ich war so krank, dass ich kaum wusste, was vorging. Hierzu
kamen heftige Stürme und Nebel, so dass wir beim Robbenfang
ein nur geringes Resultat erzielten. Am 21. Juni befanden wir
uns vor der Ostküste von Grönland und hatten uns ihr auf etwa
vier deutsche Meilen genähert, als wir durch einen plötzlich herauf-
gekommenen dichten Nebel, sowie starkes Eis verhindert wurden,

unsere Reise fortzusetzen. Vom Schiffsmast konnte ich einige
kleine Inseln sehen sowie einen Fjord, der sich landeinwärts erstreckte. Ende Juni segelten wir nach Nordwest-Grönland und
langten am 6. Juli in Jacobshavn an, von wo ich von 1877 zu
78 die Eskimofamilie nach Europa brachte. Ich wurde von den
Eingeborenen mit grossem Jubel begrüsst, besonders von denen,
welche bereits die Rundreise mit mir in Europa gemacht hatten,
und waren sie sehr bereit, wieder nach Europa zu gehen. Als
jedoch der dortige Inspektor dies untersagte und sogar meine
ethnologische Sammlung beschränkte, war ich gezwungen, am
20. Juli wieder abzusegeln und wandte meinen Cours nach dem
Grönland gegenüberliegenden Cumberland. Indessen die Eisverhältnisse erlaubten es nicht zu landen, und schlugen wir uns
durch Eis und Stürme herum bis 8. August. Dann gab ich es
auf, die Nordostküste von Cumberland zu erreichen und wandte
mich nach Labrador, wo ich am 11. August im Hafen von Hebron,
einer Missionsstation der Herrenhuter Brüdergemeinde, landete.
Hier sammelte ich unter den eingeborenen Eskimos verschiedene
ethnographische Gegenstände, besonders machte ich reiche Grab-
funde. Eine Familie nach Europa zu engagiren war indess nicht
möglich, indem die dortigen deutschen Missionäre, welche mir
sonst freundlich entgegenkamen, die Eskimos abredeten, nach
Europa zu gehen. Es gelang mir jedoch, einen jungen intelligenten
Eskimo als Lotse und Dolmetscher zu engagiren, und segelten
wir am 16. August die Küste entlang nordwärts. Nach vieler
Mühe hatte ich den Erfolg, eine heidnische Eskimofamilie aus
dem Norden zu engagiren, und da nun mein Lotse mir versprochen
hatte, mit seiner Familie mich nach Europa zu begleiten, so kehrte
ich nach Hebron zurück; der Eskimolotse holte seine Frau, zwei
Kinder und eine Bekannte und konnte nun die Heimreise angetreten werden. Wir hatten günstigen Wind und langten schon
am 24. September in Hamburg an. Wir machten unsere erste
Ausstellung in Hamburg, verweilten dort bis zum 27. October
und gingen dann nach Berlin. Hier producirten wir uns im
zoologischen Garten bis 15. November, gingen dann nach Prag,
wo wir uns bis 29. November aufhielten. Sowohl in Hamburg

wie in Berlin und Prag erregten unsere Eskimos grosses Aufsehen. Am 30. November siedelten wir nach Frankfurt a. M. über, wo wir uns bis zum 13. December aufhielten, besuchten dann später Darmstadt und Crefeld und gingen nach Paris, wo wir im Januar 1881 eintrafen. Die Unglücksfälle und Krankheiten, welche unserer Expedition betrafen, sind wohl bekannt, dass eine Erwähnung derselben unnöthig erscheint. Auch ich war so krank, dass ich bis 16. März in Frankreich verweilen musste, kehrte am 17. März nach Hamburg zurück, von wo ich mehrere Geschäftsreisen für Hrn. Hagenbeck nach England unternahm. Von unserem Schiffe konnten wir keinen richtigen Gebrauch machen, und erbot ich mich, für das königliche ethnographische Museum in Berlin eine Sammlungsreise zu unternehmen. Mein Anerbieten wurde angenommen, und so reiste ich mit den Instructionen des königlichen Museums im Auftrage des „Hilfscomités" vom Sommer 1881 bis Ende 1883 nach Nordwestamerika und Alaska. Von dort zurückgekehrt, war ich mit dem Registriren meiner aus 6—7000 Nummern bestehenden Sammlung und der Bearbeitung meiner Reisetagebücher während einiger Monate thätig und befinde mich nunmehr wieder in demselben Auftrage auf der Reise durch Europa und Asien, um die Amurländer zu besuchen und dort ethnographische Sammlungen zu machen.

Alphabetisches Namens-Verzeichniss.

Uebersichts-Karte
über die Reise
des
Cptn. J. A. Jacobsen
an der
NORDWESTKÜSTE AMERIKA'S
in den Jahren 1881–1883.

Massstab 1: 11 500 000.

QUEEN CHARLOTTE INSELN.
1 : 4 800 000.

VANCOUVER INSEL
1 : 4 800 000

Gez. von L. von der Vecht.

Lith. Inst. v. F. Winckler Berlin.

Verlag von Max Spohr in Leipzig.

Unter den Alaska = Eskimos

Erlebnisse und Forschungen

von

Kapitän J. Adrian Jacobsen

Im Verlag Ullstein / Berlin

Inhaltsübersicht

6

Zur Einführung

Der Norden Europas hat unsern Tagen eine Reihe kühner Entdecker und Erderforscher gegeben, die gleichsam den Ruhm der alten Wikinger erneuerten und in ihrer Bedeutung für die Erdkunde nur noch mit den großen spanischen, holländischen und englischen Erdumseglern des „Zeitalters der Entdeckungen" verglichen werden können. In der Reihe der Nordenskiöld, Nansen, Sven Hedin, Amundsen hat auch J. Adrian Jacobsen Recht auf einen Platz: dafür sind vollgewichtige Zeugen seine den entlegensten Erdgebieten entstammenden, umfangreichen völkerkundlichen Sammlungen, die ein kostbarer Schatz und eine Zierde des Berliner Völkerkunde-Museums sind.

Der jetzt 71 jährige Jacobsen, der erst kürzlich von erfolgreicher Forschungs- und Jagdexpedition in das Nördliche Eismeer nach Deutschland zurückkehrte, entstammt dem höchsten Norden. Er ist 1853 auf der kleinen Insel Risö bei Tromsö geboren und führte bereits in seinem sechzehnten Lebensjahre selbständig ein Schiff nach Spitzbergen. Ein Zufall vermittelte seine Bekanntschaft mit dem Hamburger Tierhändler Karl Hagenbeck, der den wagemutigen jungen Norweger zu bestimmen wußte, nach Grönland zu gehen und eine kleine Gruppe von Eskimos

7

als die ersten ihrer Art nach Europa (1877) zu bringen. Jacobsens Erfolg lenkte die Aufmerksamkeit Adolf Bastians auf ihn, und als es sich für das Berliner Völkerkunde-Museum im Jahre 1881 darum handelte, eine Expedition nach Britisch-Kolumbien und Alaska zu entsenden, um „in letzter Stunde" unter den dortigen, bis dahin nur wenig bekanntgewordenen, in ihrem urtümlichen Besitze aber von der rasch vordringenden Kultur arg bedrohten Indianern und Eskimos völkerkundliches Material zu sammeln, wurde Jacobsen mit ihrer Leitung betraut.

Er hat diese schwierige, abenteuerreiche Aufgabe, die ihn oft in äußerste Lebensgefahr brachte — sind doch die europäerfeindlichen Indianer Nordwestamerikas noch Kannibalen; mußte er doch bei der Erforschung des völlig polaren Alaska 180 Tage lang auf dem Hundeschlitten zubringen! — aufs glänzendste gelöst. Sein Tagebuch, das davon in eindringlicher Schlichtheit, ohne jede Pose erzählt, gehört als Quellenwerk zum unangreifbaren Bestand der völkerkundlichen Literatur. Unser Neudruck bringt daraus die Schilderung der Expedition zu den Alaska-Eskimos. Jacobsen hatte als Ausgangspunkt und „Operationsbasis" dafür das in einer Bucht des Norton-Sunds (Beringsmeer) gelegene, von der Alaska-Commercial-Company besetzte Fort St. Michael (vgl. die Karte) gewählt.

Doch mag der Forscher nunmehr selbst das Wort nehmen.

Überſichtskarten der bereiſten Gebiete.

Spezialkarte für das südliche Reisegebiet.

Spezialkarte für das nördliche Reisegebiet.

Von Fort St. Michael zu den Kwikpagemuten und Mallemuten

In Fort St. Michael am Norton-Sund (Berings-meer) war ich genötigt, für einige Zeit Wohnung zu nehmen; denn die nächste größere Expedition, welche ich durchzuführen im Begriff stand, war eine Reise nach dem Norden, die während der Wintermonate ausge-führt werden mußte. Der Herbst ist nämlich für Alaska die am wenigsten geeignete Reisezeit, weil alsdann die zahlreichen Stürme, die heftigen Regengüsse, die vielen Schneegestöber und der unsichere Zustand des Terrains ein Vorwärtsbewegen weder zu Schlitten noch zu Boot gestatten. Mein nächstes Ziel sollte die Halbinsel Prince of Wales sein, woselbst ich bei dem Kap gleichen Namens die schmalste Stelle der Beringstraße berühren und als-dann versuchen wollte, den von weißen Reisenden noch nicht besuchten Kotzebue-Sund so weit nach Norden wie möglich zu durchwandern. Zu diesem Zwecke hatte ich in Kutlik an der Yukon-Mündung eine Anzahl von Hunden bestellt, die jedoch erst später ankommen konnten.

Daß damals gerade der Schoner „Leo" im Hafen von Fort St. Michael vor Anker lag, war mir für diese meine winterliche Exkursion insofern von großem Nutzen, als dieses Schiff, bevor es nach San Francisco zurück-

11

kehrte, noch eine Fahrt nach dem nördlichen Ufer des Norton-Sundes, und zwar nach der tief in die Halbinsel Prince of Wales sich hineinerstreckenden Golownin-Bai, auszuführen hatte und einen Teil meiner Vorräte mitnehmen konnte. Ich komme darauf noch zurück.

Wie niemand ungestraft unter Palmen, so wandelt auch niemand ungestraft unter Eskimos und Indianern. Hiervon hatte mir die 1800 Meilen lange Strecke der Yukonreise genug sichtbare und fühlbare Beweise gegeben. Jene kleinen Parasiten, die den Naturmenschen wie auch unseren nächsten zoologischen Verwandten so häufig das öde Dasein verkürzen, die Mußestunden ausfüllen, hatten auch mich nicht verschont. Da sie, weit entfernt gegen russische Bäder empfindlich zu sein, sich im Gegenteil einer freudigen Erregung über diese Manipulationen hinzugeben schienen, hatten sie in dem Maße Geschmack an meiner Gesellschaft gefunden, daß ich bei meiner Rückkehr in Fort St. Michael mich vor allem anderen genötigt sah, noch bevor ich den Fuß wieder über die Schwelle der Zivilisation setzte, einen vollständig anderen äußeren Menschen anzuziehen. Nachdem dies geschehen war, mußte ich daran denken, so schnell als möglich meinen ersten kurzen Bericht über den immerhin stattlichen Erfolg meiner Yukonfahrt an Professor Bastian, den Direktor des Völkerkundemuseums, nach Berlin zu senden und auch sonst meinen vielen Freunden in der Heimat Nachricht von mir zu geben.

Am anderen Morgen ging ich mit meinen Briefen an Bord des Schoners „Leo". Sowohl Leutnant Paul als auch der Kapitän, die ich beim besten Wohlsein antraf, beabsichtigten sobald als möglich abzufahren. Der Kapitän hatte eine für seine Verhältnisse sehr günstige Reise gemacht, indem er gegen gute Bezahlung die von der

12

Regierung der Vereinigten Staaten abgesandte Expe=
dition wohlbehalten und ohne sein Fahrzeug zu be=
schädigen — trotzdem letzteres keine Eishaut hatte —
nach Point Barrow gebracht und unterwegs noch für
zirka dreitausend Dollars Walroßzähne und Walfisch=
barten durch Tauschhandel erworben hatte. Seine be=
vorstehende Fahrt nach Golownin=Bai hatte den Zweck,
von dort Quarz abzuholen und diesen sowie einige der in
jener Bai verweilenden Goldgräber nach San Francisco
mitzunehmen. Das Schiff ging indessen noch nicht an
diesem Tage ab, so daß ich noch schleunigst eine große
Menge Proviant und andere Gegenstände an Bord schaf=
fen und nach Golownin=Bai mitgeben konnte.

Nachdem diese Angelegenheit geordnet war, mußte ich
meine ganze Aufmerksamkeit der ethnographischen Samm=
lung widmen, die sich in einem etwas bedauernswerten
Zustande befand. Waren auch die Gegenstände sämtlich
für das Klima von Alaska bestimmt und danach gear=
beitet, so war es ihnen doch nicht an der Wiege ge=
sungen worden, daß sie zweimal mit mir Schiffbruch
erleiden sollten, auch hatte ich ihnen nach diesen beiden
Katastrophen aus Mangel an Zeit durchaus nicht die=
jenige konservierende Behandlung angedeihen lassen kön=
nen, die ihr Aussehen verdiente. Dies mußte jetzt nach=
geholt werden.

Die freundliche Aufnahme, die mir wieder von den
Vertretern der Alaska=Commercial=Company zuteil wurde,
gab mir zugleich Gelegenheit, die ethnographischen Ge=
genstände gehörig auszupacken, sie zu trocknen, zu säu=
bern, aufzufrischen, und jeden Gegenstand nach seinem
Namen und Gebrauch in ein Verzeichnis einzutragen.
Hierbei unterstützte mich mein bisheriger Reisekollege
Petka, der noch für kurze Zeit in meinen Diensten blieb.

War er einerseits recht geschickt in der äußeren Behand=
lung der Gegenstände, unter denen das Konservieren der
Kleidungsstücke mir die größte Sorge machte, und zeigte
er sich auch beim Anfertigen der Kisten und dem darauf
folgenden Einpacken zuverlässig und brauchbar, so war
er leider nicht recht geeignet, die richtigen Namen und
Bezeichnungen der bei den Ingalik=Indianern erworbenen
Gegenstände anzugeben, da er eben nur ein Halbblut war.
Leider war der wirkliche Ingalik, den ich außer ihm noch
an Bord gehabt hatte, unmittelbar nach unserer Ankunft
in Fort St. Michael wieder in seine Heimat zurückge=
kehrt. Es machte sich indes schließlich alles noch ganz gut,
und die zeitraubende Arbeit wurde im Laufe einer Woche
beendet.

Es war jetzt die Zeit der herbstlichen Jagden gekommen,
und jedermann, Eingeborene wie Weiße, beschäftigte sich
mit der Jagd auf Gänse und Enten. Als ich am 28. Sep=
tember über die Bay nach der nahegelegenen Station der
Western=Fur=Trading=Company hinüberfuhr, hörte ich, daß
der dort wohnende Hauptagent, Herr Greenfield, eine
große Jagdpartie nach dem Kanal von Fort St. Michael
für den nächsten Tag arrangiert hätte, und daß auch
seine Gemahlin und seine beiden Kinder, die allen Un=
bilden der nordischen Witterung trotzten, sowie auch der
mir bekannte Offizier des Signal=Service, Mr. Lea=
witt, daran teilnahmen. Da ich augenblicklich nichts
Besseres zu tun hatte, beschloß ich, mich gleichfalls an
dieser Jagdpartie zu beteiligen. Noch an demselben Tage
mietete ich zwei Kajaks, jene leichten, mit Fell über=
spannten Boote, die hier ebenso geformt sind, wie bei
den Eskimos von Grönland und Labrador, nur mit dem
Unterschiede, daß der Fellüberzug oben über Bord bei
den letztgenannten dachförmig, in Alaska aber eben ist.

14

Meine beiden Kajaks waren von verschiedener Größe; das Hauptfahrzeug besaß drei jener runden Löcher, aus denen der Oberkörper der Fahrenden hervorragt, das andere nur eine Einsteigeöffnung. Die Abreise begann nachmittags. Wir fuhren bis zum Anfang des Kanals, wo wir mit der Gesellschaft Mr. Greenfields zusammentrafen und nach gemeinsamem Picknick am Kanalufer in mehreren Zelten übernachteten.

Mit dem ersten Tagesgrauen erhob ich mich und lief mit den drei von mir engagierten Indianern während des ganzen Morgens durch die schlammige, morastige Ufergegend, ohne daß es uns möglich war, auch nur eine Ente zu töten. Der Grund war der, daß die Tundra allerorts mit jagenden Eskimos aus den benachbarten Dörfern angefüllt war; sie lagen in den zahllosen kleinen Binnenseen und Lagunen auf der Lauer und verscheuchten dadurch die Gänse, Enten und Schneehühner. Um 8 Uhr vormittags kehrten wir zum gemeinsamen Frühstück zurück, brachen alsdann unsere Zelte ab, und fuhren mit der anderen Reisegesellschaft, die ebensowenig Glück gehabt hatte wie wir, den Kanal weiter hinunter. Während Mr. Greenfield am anderen Ende des Kanals kampierte, fuhr ich mit meinen beiden Kajaks längs der mir nur zu wohl bekannten Küste einige Meilen weiter nach Süden und landete an der Mündung eines kleinen Flusses. Während der Abendstunden beschäftigten wir uns wieder mit der Jagd, und ich hatte diesmal in dieser weniger von Menschen besuchten Gegend das Glück, fünf Enten zu schießen. Wir kampierten dort, während sich in der Nacht ein Sturm erhob, der unser Zelt wieder einmal die Rolle eines Ballon captif spielen ließ.

Sturm, Regen und Jagdeifer ließen uns das Ende der Nacht nicht abwarten, und so gingen wir schon vor Tages-

15

anbruch wieder dem edlen Weidwerk nach und lagen ihm, allen meteorologischen Hindernissen zum Trotz, bis zur Mittagsstunde ob. Indessen hatten wir auch diesmal nur einen bescheidenen Erfolg; denn in der ringsum offenen und ebenen Gegend, in der unsere Körper die höchsten Gegenstände waren, wurden wir viel eher von den Gänsen und Enten bemerkt, als wir selbst die kleinen Wasser= spiegel, auf denen diese Tiere herumschwammen, zu Ge= sicht bekamen. Andererseits fehlte uns auch die Lust, zur Vermeidung dieses Übelstandes, uns ununterbrochen schlan= genartig durch den nassen Sumpf und Morast zu winden, um weniger frühzeitig von dem scheuen Wilde erblickt zu werden. Wir beendeten das „Vergnügen" an dieser Stelle vorläufig und fuhren nach dem Kanal zurück, wobei es zuletzt · die vom Sturm gepeitschten Wogen des Norton= Sundes beinahe wieder zustande gebracht hätten, unser großes Kajak zum Kentern zu bringen.

Gegen Abend gelangten wir in die Mündung des Ka= nals, wo wir, herzlich ermüdet von dem langen rechtwink= ligen Sitzen mit ausgestreckten Beinen im Kajak, schnell das Zelt aufschlugen und die Nacht am Ufer zubrachten. Die zweite Jagdgesellschaft hatte sich bereits wieder heim= gewendet. Wir jagten am nächsten Morgen bis 8 Uhr vor= mittags und traten alsdann gleichfalls die Rückfahrt an.

Der Sturm hatte sich immer noch nicht gelegt; wir ersannen deshalb ein Manöver, um seine Kraft ohne Ge= fahr für uns auszunutzen. Das vollführten wir in der Weise, daß wir beide Kajaks nebeneinander legten und sie in dieser Situation durch Querbretter miteinander ver= banden. Hierdurch wirkten beide gegenseitig, wie die schwimmenden Auslegerbalken der Südseekanus, und es war dadurch die Gefahr des Kenterns ausgeschlossen. Nunmehr wurde unser Zeltstock als Mast und meine

16

Gummidecke als Segel benutzt, und der Sturm ging so bereitwillig auf diese neumodische Verwendung ein, daß er uns in fliegender Eile durch den Kanal brachte.

Nur einen Umstand hatten wir nicht in Berechnung gezogen, daß nämlich die Wellen neben unserem Körper in die runden Öffnungen der Kajaks hineinspritzen könnten, und daß wir nicht in der Lage waren, aus den sonst ringsherum verschlossenen Fahrzeugen das eingedrungene Wasser während des Segelns wieder auszuschöpfen. Zu einem richtigen Kajakfahrer fehlte uns ein Kleidungsstück, die sogenannte „Kamelika". Es ist dies eine wasserdichte Jacke, die der Kajakfahrer über den Oberkörper zieht, während er ihren unteren Rand über den Reifen der Kajaksöffnung legt und dort wasserdicht festschnürt. So ausgestattet kann der Kajakfahrer Wind und Wetter und hohem Wellengang trotzen, und er tut dies auch in Grönland, Labrador und Alaska.

Da niemand von uns eine Kamelika bei sich hatte, die Wellen aber auf diesen Mangel nicht die geringste Rücksicht nahmen, so waren unsere Oberkörper sehr bald ebenso naß wie Felsenriffe in der wogenden See, und „es rieselt die salzige Flut unsern Körper hinab auf den Boden des Fahrzeugs". Namentlich waren die Spritzwellen, die sich von vorn zwischen die beiden auseinanderlaufenden Vorderenden der Kajaks drängten, eine Quelle vieler Duschen und Brausen, die wir während der Fahrt erhielten. Gegen diese Übergießungen suchten wir uns dadurch zu schützen, daß wir eine Tafel filzartigen Grastorfes von der Größe einer Tischplatte am Ufer losrissen und quer über die Vorderteile der beiden Kajaks legten. Nunmehr verfing sich die Sturzsee immer an der unteren Seite der Torfschicht. Im übrigen vollführten wir eine famose Segeltour. Wenn auch das Wasser trotzdem

Eingang fand in unsere Kajaks, und diese so weit an=
füllte, daß wir gerade in demselben Moment ganz unter
Wasser zu versinken drohten, als wir um die Mittags=
stunde unter dem lauten freudigen Zuruf der Bevölke=
rung in Fort St. Michael landeten, so waren wir doch
einig darüber, daß das Ende der Jagdpartie höchst amü=
sant gewesen war. Wenn man sich stets in frischer Luft
bewegt und von Jugend auf an Wind und Wetter zu
Wasser und zu Lande gewöhnt ist, sind Strapazen wie
diejenigen dieser Expedition durchaus nicht gesundheits=
gefährlich, und ich persönlich wurde von dergleichen um
so weniger berührt, als ich in meiner norwegischen Hei=
mat (Insel Risö bei Tromsö), die mehr als 450 englische
Meilen nördlicher liegt als Fort St. Michael, ähnliche
Dinge schon von frühester Kindheit an erlebt hatte. Das
Jagdresultat bestand aus 25 Enten und 5 Gänsen, von
denen ich etwa die Hälfte geschossen hatte. Eine warme
Mahlzeit und trockene Kleidung stellten uns bald wieder
vollständig her.

Wir schrieben bereits den 9. Oktober, und ich feierte den
Beginn meines dreißigsten Lebensjahres in stiller Be=
schaulichkeit und Zurückgezogenheit. Ich gedachte der fer=
nen Heimat und der schweren Pflicht, die ich für das Ber=
liner Museum übernommen hatte. Wieder einmal stand
ich, wie sooft schon, vor einer jener Episoden meines
Lebens, deren Verlauf und Ende absolut nicht im Be=
reiche meiner Berechnung lagen. Das Wetter war nach
dem heftigen Sturm wieder mild und ruhig geworden und
machte nicht die geringsten Anstalten, den so sehr ersehn=
ten Frost zu bringen. Bevor aber nicht Frost eintrat, konn=
ten auch nicht die von mir bestellten Eskimohunde aus
der Station Kutlik an der Mündung des Yukon heran=
kommen. Somit war ich also auf unbestimmtes, vielleicht

18

wochenlanges Warten angewiesen, das Schlimmste, das
es für einen an Tätigkeit gewöhnten Menschen gibt.

Am nächsten Tage machte ich eine kleine anthropolo-
gisch-ethnologische Expedition, die mit einer Ausgrabung
verbunden war, nach der kleinen, in der Nähe von Fort
St. Michael gelegenen Walinsel, einem Felseiland, ähnlich wie Helgoland, an dessen einziger zum Landen geeigneter Stelle sich die Ruinen eines alten Dorfes befanden, das der Sage nach hierselbst vor 150 bis 200
Jahren bestanden hat. Die Überreste der alten Gebäude
waren in zwei Reihen hintereinander in der Nähe des
Strandes und Landungsplatzes deutlich erkennbar. Die
Ausgrabung ergab Stücke von Töpfen und Lampen aus
Ton, zerbrochene Steinäxte, Lanzenspitzen, Steinmesser,
knöcherne Pfeile, sowie Knochen von verschiedenen Land-
und Seetieren. Diese Gegenstände unterschieden sich nicht
von denjenigen, die ich kurz vorher in der Umgegend gesammelt hatte. Links des Dorfes, vom Meere an aufsteigend, zog sich der Begräbnisplatz hin. Ich öffnete
einige Gräber, fand aber die darin liegenden menschlichen
Überreste so sehr zerfallen, daß es unmöglich war, namentlich in Rücksicht auf den weiten Transport nach
Europa, Stücke davon mitzunehmen.

Am nächsten Tage beendete ein Brief meines ehemaligen Reisegefährten, Mr. Woolfe, meine untätige
Lebensweise. Dieser Herr hatte, nachdem es ihm geglückt
war, Berichte über die Erforschung von Wrangelland usw.
an den New York Herald zu senden, seinen Aufenthalt in
Fort St. Michael, an der Südküste von Norton-Sund, mit
demjenigen in Orewignarak, an der Nordküste von Norton-
Bai, östlich von Golownin-Bai, vertauscht. Hier wohnte
er bei einem sehr angesehenen Eskimo, namens Eisak
— die richtige Schreibart ist wohl Jsaak —, der als

19

Händler und Agent der Alaska-Commercial-Company die weitesten Touren nach Norden unternahm und regelmäßig sogar den obengenannten Kotzebue-Sund besuchte. Infolge eines unglücklichen Zufalles war das Haus, in dem Eisak mit seiner zahlreichen Familie und anderen Personen lebte, abgebrannt, und bei dieser Gelegenheit hatte sich Mr. Woolfe einen Arm und eine Hand durch Feuer verletzt.

Das Schreiben teilte mit, daß ein neues Haus sofort erbaut worden sei, und daß nunmehr Eisak um eine Übersendung frischer Handelswaren von seiten der Alaska-Commercial-Company an Stelle der durch Brand zerstörten bitte. Herr Lorenz beschloß, ein Boot mit den betreffenden Warenvorräten, dem Antrage des Schreibens gemäß, sofort nach Orowignarak zu senden, und ließ das Fellboot, das ich auf der Yukonfahrt benutzt hatte, instandsetzen.

Meine ursprüngliche Absicht, in Fort St. Michael zu bleiben, bis Frostwetter einträte, wurde dadurch über den Haufen geworfen. Ich erbot mich, da ich ohnehin über Orowignarak meinen Weg nach Golownin-Bai nehmen mußte, schon jetzt dorthin aufzubrechen und das Handelsgut der Kompanie sicher dort hinzuführen. Bei dieser Gelegenheit konnte ich zugleich, da sowohl Fort St. Michael wie ein großer Teil der Küste weiter nach Osten und Norden hinauf noch zum Gebiet der Kwikpagemuten gehört, meine ethnographische Sammlung unter diesem Stamme vervollständigen, so oft ich an einem dazu gehörenden Dorfe landete.

Mein Vorschlag wurde angenommen. Beinahe wäre ich jedoch noch vor der Abreise in die Lage gekommen, ihn gar nicht ausführen zu können, indem ich in eine ganz eigentümliche Lebensgefahr geriet. Im Hause des Herrn Lorenz war nämlich während der Sommermonate zur

20

Versorgung der Familie mit frischer Milch eine aus San Francisco mit dem Schiffe gebrachte Kuh gehalten worden. Die mangelnde Nahrung für den Winter ließ es rätlich erscheinen, dieses Tier zu schlachten, und es fiel mir hierbei die (in den Augen der Eskimos heldenmütige) Rolle zu, die Kuh zu töten. Ich ließ, angesichts der staunenden Urbevölkerung, der die hörnertragende Wiederkäuerin stets als eine Art fürchterliches Ungeheuer erschienen war, das Tier durch einen Strick um den Hals, den ein Russe festhalten mußte, fesseln. Als ich mich dem Schlachtopfer näherte, um ihm nach Art der spanischen Stierkämpfer den Genickfang zu geben, ließ der Russe erschreckt los, und die Kuh machte mit gesenkten Hörnern einen wütenden Angriff auf mich. Noch zur rechten Zeit gelang es jedoch, ihr den tödlichen Stich beizubringen, worauf wir uns am Abend dieses Tages an dem lange entbehrten Genuß saftiger Beefsteaks erquickten.

Als alles zur Reise vorbereitet war, engagierte ich einen jungen Eskimo namens Kanojak, d. h. „Kupfer", und fuhr nach einem sehr herzlichen Abschiede von allen Freunden und Bekannten am 15. Oktober in meinem alten Fellboot, das mich schon einmal 1800 englische Meilen weit getragen hatte, von Fort St. Michael ab. Wir landeten am ersten Abend am Ufer des Norton=Sundes in einem Kwikpagemuten=Dorf namens Kikertaok, woselbst wir in dem öffentlichen Tanz= oder Festhause (Kassigit) übernachteten.

Am nächsten Morgen zwang mich die stürmische Witterung, an diesem Orte zu verbleiben, und ich benutzte den Aufenthalt, um Einkäufe zu machen. Unter den hier erworbenen ethnographischen Gegenständen befanden sich auch einige jener eigentümlichen Instrumente, welche die

21

Eskimos in früherer Zeit zum Feueranmachen gebrauchten: es sind die bekannten zwei Stücke Holz, deren eines senkrecht gehalten durch einen Fiedelbohrer mit seinem Hirnende schnell in einer Öffnung des zweiten brettartigen Stückes hin und her gequirlt wird, bis sich in dem losgeriebenen Holzpulver zuerst Rauch entwickelt und dann ein heller Funke entsteht, der durch Holzkohle vergrößert und zur Flamme angefacht wird.

Unter anderen Dingen erwarb ich hier auch zum ersten Male das rätselhafte, für die anthropologische Forschung in allen Teilen der Erde so hochinteressante Mineral Nephrit, eine Art Grünstein. Von diesen kostbaren Steinen fand ich späterhin noch eine größere Anzahl von Exemplaren in originellen, für das praktische Leben der Eskimos brauchbaren Formen. Ich werde noch wiederholt auf den Nephrit zurückzukommen nötig haben. Der lange Aufenthalt in einem solchen Dorfe ist übrigens nicht sehr vorteilhaft, da die Eingeborenen die Anwesenheit eines Weißen zu den unverschämtesten Betteleien zu benutzen pflegen. Am anderen Tage setzten wir unsere Tour fort, wobei ich zu einer kleinen Seitenexkursion genötigt wurde. Ich hatte nämlich außer dem von mir engagierten Eskimo Kanojak auch noch denjenigen Eskimo an Bord, der den Brief des Mr. Woolfe nach Fort St. Michael überbracht hatte und die letzten Meilen seiner Tour marschiert war. Dieser hatte seinen Kajak in der Nähe des eben von uns verlassenen Dorfes Kikertaok gelassen, und wir fanden das Fahrzeug bei einem Hause, in dem eine Eskimofamilie gerade ihr Quartier aufgeschlagen hatte, um den Fang auf „Maklak", eine Art großer Seehunde, obzuliegen.

Am anderen Morgen setzten wir unseren Weg längs der Küste weiter fort. Sie wendet sich an dieser Stelle in

22

ziemlich scharfer Biegung links direkt nach Norden. Da
der Wind fast ganz nachgelassen hatte, bedienten wir uns
wiederum des vielfach in Alaska angewendeten Mittels,
das Fellboot an einer langen Leine vom Lande aus längs
des Ufers durchs Wasser zu ziehen. Auf diese Weise
kamen wir schneller vorwärts, als wenn wir gerudert
hätten; denn meine beiden Eskimos waren keine tüchtigen
Ruderer. Ich näherte mich jetzt dem letzten Dorfe der
Kwikpagemuten namens Unalaklik. Etwa 10 Meilen von
dem Orte bemerkte ich ein bedeutendes Kohlenlager. In
der Mittagsstunde begegneten wir dem mir von Fort
St. Michael aus bekannten Eskimo Saxo, einem sehr
angesehenen und der Alaska-Commercial-Company sehr
befreundeten Mann. Saxo ist der beste Eskimohändler,
der in dem Dienste der genannten Gesellschaft steht, und
macht nicht nur alle Jahre eine Handelsreise durch die
Halbinsel Prince of Wales bis nach der Beringstraße,
sondern er setzt auch über diese Meerenge und besucht die
jenseits auf dem Festlande von Asien wohnenden Tschuktschen, mit denen er Handel treibt. Saxo ist ein großer,
starker, kräftig gebauter Mann, ein Riese an Körperkraft, und einer der hübschesten Eskimos, die ich in Alaska
kennen lernte. Er ist ein Freund der weißen Leute, und
durch seine Zuvorkommenheit und Hilfsbereitschaft gegen
diese aufs beste bekannt. Nichtsdestoweniger hat Saxo,
der sich eines großen Ansehens erfreut, schon mehrere
Menschen getötet. Das ging so zu.

Saxo, der in Sleeds oder Aziak Island am Süd-
ende der Beringstraße geboren ist, zog Ende der siebziger
Jahre mit seinem jüngeren Bruder und einigen Verwand-
ten nach Unalaklik, um sich dort dauernd niederzulassen.
Hier wohnte damals ein weithin berüchtigter Eskimo
Arnakpeik, der durch seine Mordtaten und Grausam-

23

keiten weithin Schrecken verbreitete. Arnakpeik huldigte
nämlich in maßlosester Weise dem Genusse des von
Sibirien durch Schmuggelei herübergebrachten Brannt=
weins und erschlug im Zustande der Trunkenheit nicht
selten Eskimos und Indianer. Um unbesiegbar zu sein,
hatte er sich unter den jungen Leuten in Unalaklik eine
Art Leibwache gebildet, die ihm blind ergeben war und
alle seine grausamen Befehle ausführte. Um seine abso=
lute Unbesiegbarkeit zu beweisen, erschien Arnakpeik
eines Tages mit einem eisernen Küraß angetan, den er
offenbar von irgendeinem Walfischfänger eingetauscht
hatte. Er prahlte ganz fürchterlich und befahl seiner
Leibwache, auf ihn zu schießen. Dies geschah, und
Arnakpeik blieb in dem Panzer unverletzt. Hierdurch
wurde er so kühn, daß er sich für die größte Macht in
Alaska zu halten begann und sein Betragen danach ein=
richtete.

Eines Tages war Arnakpeik aus irgendeinem Grunde
auf die Alaska=Commercial=Company böse, und ließ ein=
fach sagen, er werde nächstens nach Fort St. Michael
kommen und die dortige Handelsniederlassung durch Brand
zerstören. Der damalige Vorsteher, Rudolf Neumann,
stellte infolge dieser Drohung Wachen aus, die Tag und
Nacht aufpaßten. Eines schönen Tages näherte sich in der
Tat eine kleine Flottille, in der sich Arnakpeik mit sei=
nen Mordgesellen befand, dem Fort St. Michael. Als
sie noch außer Schußweite entfernt waren, schickte ihnen
Neumann einen Eskimo im Kajak entgegen mit der
Botschaft, wenn sie nicht sofort umkehrten, so würde die
große Kanone geladen und auf sie abgeschossen werden.
Arnakpeik versicherte darauf, daß er nur die aller=
reellsten Absichten habe, nämlich Handel zu treiben,
kehrte jedoch infolge der Botschaft um.

24

Da er sich nicht mächtig genug fühlte, auf diese Weise den Sieg über die Alaska-Commercial-Company zu erringen, beschloß er zunächst, seinen Namen dort viel gefürchteter zu machen, damit die Eingeborenen ringsherum schon aus Angst vor seinen Verfolgungen sich zu ihm hielten und seine Bundesgenossen würden. Er fuhr deshalb in seiner grausamen Lebensweise ungehindert fort und verbreitete überall Schrecken. Eines Tages, als er wieder einmal nach seiner Gewohnheit vom sibirischen Whisky betrunken war, kehrten in Unalaklik einige reisende Ingalik ein, die über Land nach ihrer Heimat zurückkehren wollten. Um den Erlös ihres Handels, den sie mit sich führten, an sich zu bringen, beschloß Arnakpeik, die Indianer zu ermorden, und da gerade Saxo, mit dem er bis dahin in Frieden gelebt hatte, an jenem Abend in seinem Hause weilte, wollte er diesen zum Teilnehmer seiner Mordtaten machen. Er befahl deshalb dem Saxo, die Ingalik zu ermorden, und als dieser sich weigerte, drohte er, daß er ihn selber töten würde. Da Saxo aus Erfahrung sehr wohl wußte, daß Arnakpeik in solchen Dingen Wort zu halten pflegte, blieb ihm nichts anderes übrig, als zu seiner eigenen Sicherheit dem gegen ihn gerichteten Mordanschlage zuvorzukommen. Er ging deshalb hinaus und kehrte mit einer scharf geschliffenen Axt zurück, mit der er Arnakpeik den Schädel spaltete. Die im Hause Anwesenden wagten sich nicht zu bewegen, nur der zwanzigjährige Sohn Arnakpeiks versuchte es, die Flucht zu ergreifen und das Haus zu verlassen. Da jedoch nach den Blutgesetzen der Eskimos der Sohn verpflichtet ist, die Ermordung seines Vaters zu rächen, sah Saxo ein, daß er über kurz oder lang von diesem Sohn getötet werden würde, und faßte den schnellen Entschluß, dieser Gefahr zu begegnen.

25

Schon hatte der junge Arnakpeik die Ausgangsöffnung erreicht und bückte sich, um durch den niedrigen
Gang, der alle Eskimowohnungen nach außen verschließt,
zu entfliehen, als ihn die mit voller Gewalt von Saro
geschleuderte Axt erreichte und in seinen Rücken fuhr,
so daß er augenblicklich tot niederstürzte. Hierdurch war
Saro Herr der Situation und blieb fortan gefürchtet
und unbehelligt. Seit jener Zeit haben die Verwandten des ermordeten Arnakpeik schon mehrfach versucht, Saro zu überfallen. Aber dieser ist eine Art
Desperado geworden und äußerst wachsam, so daß er
nie anders schläft als mit geladenem Revolver unter
dem Kopfe. Da man ihm nicht zu Leibe konnte, hatte
man im Winter vor meiner Ankunft versucht, einen Anschlag auf das Leben seines jüngeren Bruders auszuführen.

Diesem Saro und seinem Bruder begegneten wir
also, als sie in der Nähe von Unalaklik Seehundsnetze
ausstellten. Nachmittags langten wir im genannten Dorfe
an. Der Frost, der schon während der letzten Tage vor
meiner Abreise einige Male eingesetzt und ziemlich starken
Schneefall gebracht hatte, war inzwischen stärker geworden, so daß wir bei Unalaklik schon sechszölliges Eis
antrafen. Es erschien gewagt, mit dem Fellboot die Reise
für jetzt fortzusetzen, und ich beschloß deshalb, die Handelswaren am heutigen Tage im Orte zu lassen und dort
auch zu übernachten. Unalaklik war im ganzen genommen ein etwas unruhiger Ort. Wir bekamen in der
Nacht kaum eine Stunde Schlaf, da die verschiedenartigen
Individuen, die in dem Hausraume lagen, sich die
Stunden der Ruhe ganz nach ihrem Belieben vertrieben,
indem der eine plötzlich anfing zu singen, der andere sich
laut mit seinem Nachbar unterhielt, viele in erschreck-

26

licher Weise husteten, die Kinder fast ununterbrochen schrien und weinten, und die Weiber das alles zusammen auf einmal taten. Außerdem erhoben die Hunde von Zeit zu Zeit ihr Geheul.

Am nächsten Morgen machte ich den Versuch, trotz der wenig gebesserten Eisverhältnisse die Tour fortzusetzen. Das sehr flache Wasser brachte uns indessen schon eine englische Meile hinter dem Dorf auf den Grund. Wir saßen auf einer Sandbank fest und arbeiteten vergebens mehrere Stunden lang, im eiskalten Wasser stehend, um unser Boot wieder flott zu machen. Als dies nicht möglich war, kehrte ich nach Unalaklik zurück, wo ich drei Kajaks entlieh, mit denen ich zu meinem Fahrzeug zurückkehrte. Es dauerte mehrere Stunden, bis die schwersten Gepäckstücke ausgeladen waren, und das Fahrzeug wieder flott wurde. Meine Eskimos froren in der jämmerlichsten Weise, so daß ich ihnen schließlich aus Mitleid einige Kleidungsstücke gab. Dazu schlugen die Wellen aus Osten in unser offenes Boot und durchnäßten uns reichlich. Dies Wasser aber lief nicht wieder ab, sondern es verwandelte sich unter der Wirkung des Frostes sogleich in Eis, so daß unsere Bekleidung ganz steif wurde. Solchergestalt war der Abschied, den ich für diesmal vom Gebiete der Kwikpagemuten nahm, um in das Nachbargebiet der Mallemuten einzutreten, die hauptsächlich zwischen dem Norton-Sund und dem Kotzebue-Sund wohnen.

Nachdem wir die Hindernisse der Sandbank überwunden hatten, segelten wir bis etwa 4 Uhr nachmittags längs der Küste und erreichten das erste Mallemutendorf Igawik. Wir durften uns wohl in Anbetracht der überstandenen kältereichen Stunden erlauben, an eine körperliche Erwärmung zu denken. Wir kochten und tran-

27

ken deshalb Kaffee und fuhren dann, den günstigen Wind benutzend, gleich wieder ab, da es mir darauf ankam, mich bei dem immer heftiger werdenden Frost meinem Ziele so sehr wie möglich zu nähern.

Es war nur wenig Aussicht vorhanden, an diesem Tage noch ein Dorf zu erreichen, und die Küste war vielfach mit Ton und Steinfelsen besetzt. Abends nach Dunkelwerden wurde die Brandung so stark, daß es uns nur mit der äußersten Mühe gelang, in einer kleinen Meeresbucht zu landen. Wir kampierten daselbst im Freien. Die Kälte war so empfindlich geworden, daß, trotzdem wir ein großes Feuer anzündeten und uns daran fast die Vorderhälfte des Körpers versengten, unsere Rücken beinahe erfroren.

Unter diesen Umständen war es eine Erleichterung für uns, am nächsten Morgen so frühzeitig wie möglich aufbrechen zu können. Da der Wind mehr vom Lande kam, so hatte der hohe Seegang aufgehört, und das Einladen der Waren ging leichter als das Ausladen am Abend vorher. Wir legten uns wieder vor die Leine und zogen das Fahrzeug längs des hier flacher werdenden Ufers. Der Strand war indessen sehr steinig und brachte das Boot in Gefahr, aufzustoßen und durchlöchert zu werden. Dies nötigte uns, unsere ganze Aufmerksamkeit anzuwenden. Wie es gewöhnlich gegen Ende einer Expedition zu geschehen pflegt, die man allen entgegenstehenden Übelständen zum Trotz so weit als möglich ausdehnen will, häufte sich auch hier ein kleines Malheur auf das andere, und es war vorauszusehen, daß wir binnen ganz kurzer Zeit zum vollständigen Aufgeben der Fahrt gezwungen sein würden. In der Nähe des Mallemutendorfes Schaktolik kamen uns zwei Eskimos entgegen, die sich mit vor die Leine legten und

28

ziehen halfen. Das Wasser war aber so flach, daß das Boot sich ziemlich weit in See halten mußte und trotzdem fortwährend auf den Grund stieß. Eine englische Meile vor Schaktolik kamen mir die Bewohner dieses Dorfes, die von meiner Ankunft gehört hatten, entgegen, um mir nach Eskimositte einen großartigen Empfang und Bewillkommnungsgruß darzubringen, wobei sie zugleich Geschenke mitbrachten. Die Zeremonie ging vor sich, indem zunächst vor jeden von uns ein Brett mit einem darauf befindlichen Stückchen Eis hingelegt wurde. Alsdann wurden mir ein Paar Eskimo-Lederstiefel und einige Felle von Moschusratten überreicht. Da ich aus Erfahrung wußte, daß bei einer solchen Sache immer eine Bettelei im Spiele ist, und man als Gegengeschenk den vielfachen Wert der Sachen geben muß, verzichtete ich lieber auf die Ehre, die Geschenke anzunehmen. Indem wir vorwärts gingen, machten uns die Einwohner Mitteilungen, daß das Wasser nach ihrer Ortschaft hin immer seichter würde, und wir dort nicht landen könnten. Es war ersichtlich, daß sie aus irgendeinem Grunde wünschten, daß ich ihr Dorf nicht besuchen solle. Die Leute jener Gegend sind ungeheuer abergläubisch, und, wie ich später erfuhr, handelte es sich in diesem Falle darum, daß sie glaubten, unsere Anwesenheit würde vielleicht für zwei kranke Kinder im Dorfe schädlich sein. Ich tat ihnen gern den Gefallen und kampierte am Ufer bei Schaktolik; leider aber starben die beiden armen Kinder trotzdem bald darauf. Der Frost, der bisher nur die Südwasserflächen ergriffen hatte, trat nunmehr auch seine Herrschaft über die Meeresoberfläche an und bedeckte zunächst die Buchten mit Eis.

Vergebens wehrte ich mich gegen meine eigene und die Ansicht der Eskimos, daß unser Fellboot nunmehr das Ende seiner ruhmvollen Fahrten gefunden haben sollte. Ich konnte nicht daran denken, den leichten Fellüberzug den scharfen Kanten des Treibeises in der Norton-Bai auszusetzen. Ich mußte mich also entschließen, sämtliche Waren in das Dorf zu schaffen und in einer kleinen Niederlage der Alaska-Commercial-Company, deren Verwalter übrigens nicht anwesend war, zu deponieren. Ich entlieh nunmehr einen Schlitten und drei Hunde und machte mich bereit, den Rest des Weges nach Orowignarak zu Fuß zurückzulegen.

Am nächsten Morgen hatte ein nächtlicher Sturm alles Eis wieder aufgebrochen, so daß wir nicht einmal über den nahe gelegenen Fluß gelangen konnten. Ich ging deshalb auf die Jagd und schoß an diesem Tage elf Schneehühner.

Endlich war es möglich, am dritten Tage die Mündung des Flusses mit dem Schlitten zu passieren. Wir nahmen nur ein wenig Proviant und andere kleine Gegenstände mit und marschierten tapfer darauf los, den Strand entlang, bis wir ermüdet in abendlicher Dunkelheit nach Unaktolik gelangten. Ich hatte den oben genannten Eskimo Kanojak zur Bewachung der Sachen in Schaktolik zurückgelassen und reiste deshalb mit dem anderen Eskimo, der den Brief des Mr. Woolfe überbracht hatte, allein.

In Unaktolik, wo man uns mit frischen Fischen bewirtet hatte, schliefen wir während der Nacht ganz gut. Als wir aber am anderen Morgen die Schlittenreise fortsetzen wollten, stellte es sich heraus, daß zwei von unseren drei Hunden fehlten. Erst nach mehrstündigem Suchen gelang es uns, indem wir die Spuren dieser Tiere im Schnee aufsuchten und verfolgten, der beiden Flüchtlinge, die zusammengekauert im Gebüsch lagen und

30

schliefen, habhaft zu werden. Nunmehr setzten wir unsere
Reise längs der Küste fort und gelangten am Abend
nach Jglotalik, wo wir gut empfangen und wieder mit
frischen Fischen bewirtet wurden. Es ist Sitte bei den
Eskimos, daß nach der Abendmahlzeit die Feuerbrände
mitten im Hause durch das Loch im Dach hinausgeschleudert werden, damit sich der Rauch im Hausraum
vermindere. Gewöhnlich fallen diese Brände in den auf
dem Dache lagernden Schnee, woselbst sie erlöschen. An
jenem Abend jedoch fing die Rasendecke an zu brennen,
und wir hatten große Mühe, das Feuer zu löschen. In
Jglotalik sah ich ein sehr schön gearbeitetes Amulett
aus Nephrit am Halse eines Mannes; leider wollte der
Besitzer es mir nicht verkaufen.

Man lieh uns hier zwei tüchtige Ziehhunde, und wir
setzten unsere Fahrt während eines starken nördlichen
Schneesturmes am anderen Tage fort. Da hier die Ostküste der Norton-Bai mit einer Biegung nach links in
die Nordküste übergeht, kürzten wir unseren Weg ab,
indem wir quer über die nunmehr fest gefrorene Fläche
fuhren und dadurch schon zur Mittagszeit das Dorf
Kuikak erreichten. Hier kochten wir für uns Tee und
lieferten die geliehenen Hunde wieder ab. Nun trennte
uns nur noch eine kurze Strecke von dem Dorfe Orowignarak, das für längere Zeit mein Aufenthaltsort werden sollte. Der Weg bis dorthin führte um einige Vorgebirge herum, an denen das Eis vom Sturm aufgenommen und weggetrieben war. Es gelang uns jedoch,
ungehindert hindurch zu kommen und um 5 Uhr nachmittags das reich bevölkerte Haus Vater Eisaks zu erreichen.

Die Bewohner sowie mein früherer Reisekollege Mr.
Woolfe empfingen mich in herzlichster, freundschaftlich-

31

ster Weise, und der Rest des Tages ging unter Austausch der Erlebnisse der letzten Monate dahin. Das neue Haus war, wie bereits mitgeteilt, im großen und ganzen vollendet; es hatte das Aussehen eines norwegischen Bauernhauses. Der innere Ausbau dagegen fehlte noch fast vollständig und gab Mr. Woolfe und mir für die nächste Zeit vollauf Beschäftigung. Eisak dagegen begann schon am nächsten Tage mit seinen Leuten die Hundegeschirre und Schlitten zu reparieren, da die in Schaktolik zurückgelassenen Sachen nach Orowignarak geholt werden mußten.

Es ist mir immer rätselhaft erschienen, warum Eisak sich gerade an diesem Punkte angesiedelt hatte. Der Platz entbehrte nämlich der sonst für Eskimowohnungen notwendigen Eigenschaften, zu denen vor allem eine für Jagd oder Fischerei ergiebige Umgegend gehört. In Orowignarak gab es aber weder Wild noch Fische, und die nächste Nahrungsquelle war ein ziemlich entferntes, westwärts gelegenes Flüßchen. Eisak war vierzig Jahre alt und vom Kotzebue=Sund gebürtig. Sein Eskimoname ist Kaleak, auf Deutsch „ein Schützer, ein Bedecker"; er nannte sich auch, wie dies die Eskimos öfter tun, noch mit einem zweiten Eskimonamen, nämlich Alok. Er hatte in seiner Jugend im Kotzebue=Sund die Tochter eines großen Schamanen entführt und war mit ihr hierher geflüchtet. Es war dies seine Hauptfrau, die den Namen Kiwaluk, d. h. auf deutsch „Moschusratte", führte.

Ich darf vielleicht bei dieser Gelegenheit die in Eisaks Haus wohnenden Personen aufzählen, da sich hierdurch die Gelegenheit ergibt, eine Hausliste der Eskimos mitzuteilen. Außer den beiden genannten Hauptpersonen, deren Ehe übrigens kinderlos geblieben war, ist zunächst zu nennen Eisaks zweite Frau Arnalukkik. Ferner sein

32

Sohn Kikertaurok, auf deutsch „Insel", seine erste Toch=
ter mit der zweiten Frau, genannt Marschan, d. h. „eß=
bare Wurzel", seine zweite Tochter Naunak. Es folgen
ferner eine unverheiratete Adoptivtochter Sernak, d. h.
„Adlerschwanz", eine verheiratete Adoptivtochter, die lieb=
liche Mayok, d. h. „Steigerung oder Aufgang", ein Adop=
tivsohn Kinjuran, d. h. „der Gefräßige", Eisaks Kusine
Kajulik, d. h. „Quappe", ein Adoptivsohn Kalurak, d. h.
„Handnetz", ein Adoptivsohn Napaingak, d. h. „gerade
gewachsen", eine Adoptivschwester Awagarak, d. h. „Ham=
mer", eine Adoptivtochter Datluk, d. h. „Schneeschuhe",
eine Adoptivschwester Tumraorak, d. h. „Teufelsweib". Es
folgt Eisaks Schwiegermutter Kijanuk, deren beiden
Brüder Kograk und Akpak, ein Mann Maktigelak,
außerdem noch sechs bis acht Personen beiderlei Ge=
schlechts. Man sieht, daß der Hausstand unmöglich patri=
archalischer eingerichtet sein konnte. Die Schwiegermutter
Eisaks war übrigens eine sehr resolute Dame, die früher
einmal eine Rivalin, an der ihr Gatte Gefallen fand,
getötet und dabei erklärt hatte, so würde sie es mit
jeder Nebenbuhlerin tun. Es ist begreiflich, daß die Er=
nährung einer so großen Anzahl von Personen nicht leicht
fällt, und man versteht, warum bei den Eskimos ver=
hältnismäßig so häufig Hungersnot eintritt, da es Mühe
macht, für die lange Dauer des Winters die nötigen
Vorräte zu sammeln oder bei oft meilenweit gefrorener
See durch Seehundsjagd und Fischfang das Nötige zu
erlangen. Das aber muß ich hervorheben, daß meines
Wissens niemals eine Eskimofamilie es unterläßt, ihre
Vorräte, selbst wenn diese noch so gering wären, mit
ankommenden Gästen zu teilen, solange noch etwas da=
von übrig ist. Im umgekehrten Falle wird aber auch das
gleiche beansprucht und als selbverständlich hingenommen.

Am Tage nach meiner Ankunft gingen vier unserer jungen Eskimos mit zwei Schlitten und acht Hunden auf dem Wege, den ich gekommen war, zurück, um die in Schaktolik zurückgelassenen Sachen abzuholen. Inzwischen beschäftigte ich mich zunächst damit, für Mr. Woolfe und mich eine aus zwei Etagen bestehende Bettstelle zu bauen, da die Raumverhältnisse des Hauses ein Nebeneinanderschlafen nicht gestatteten. Die gewöhnliche Einrichtung der Eskimohäuser besteht darin, daß etwa sechs Fuß von den Wänden entfernt nach dem Innern des Hauses zu parallel mit den Wänden an drei Seiten Balken auf den Erdboden gelegt werden. Dadurch wird ein sechs Fuß breiter Gang rings herum an den Wänden geschaffen und mit Zweigen und getrocknetem Gras bedeckt. Darauf kommen Decken und Renntierfelle, die als gemeinsame Schlafstelle für alle im Hause befindlichen Personen dienen. Sie legen sich dann einer neben den anderen, mit den Füßen gegen die Wände gerichtet und die Balkenlage als Kopfkissen benutzend, zur Ruhe nieder. Während der Tagesstunden wird die Schlafunterlage wulstartig nach der Wand zu aufgerollt und dient als Sitz. Das Feuer wird in üblicher Weise in der Mitte des Hausraumes zwischen Steinen angemacht und das Essen in großen Kesseln zubereitet. Gewöhnlich schlägt die Flamme bis über den Kessel hinauf, so daß die einfachen Nahrungsmittel, namentlich die Fische, sehr bald zubereitet sind. Das etwa einen Quadratmeter und darüber große Oberlichtfenster aus durchsichtigen und zusammengenähten Seehundsdärmen wird während der Zeit, da das Feuer im Hause brennt, abgenommen, damit der Rauch Abzug findet. Die Häuser sind meist aus Treibholz errichtet, das sich fast überall findet.

34

Meine Arbeitsluft und Arbeitsleiftung wurde nicht wenig beeinträchtigt durch ein fonderbares Verbot, das man mir auferlegte, und das im Zufammenhang mit dem Aberglauben der Leute ftand. Es war nämlich während der erften Tage meiner Anwefenheit jedermann und auch mir verboten, eine Axt oder ein anderes fcharfes und fchneidendes Gerät zu gebrauchen. Jedenfalls handelte es fich darum, die Ruhe irgendeines im Haufe anwefenden Eskimogötzen nicht zu ftören, bevor er nicht feine heilfame Wirkung auf den erkrankten Sohn des Eifak geäußert hätte. Diefer junge Menfch, der fich wohl fchon auf dem Wege zur Befferung befand, benützte, wie ich bemerkte, als Kopfkiffen einen Sack, deffen Inhalt er forgfältig vor jedermanns Augen hütete. In dem Sacke befand fich das Bild eines Götzen, welches ihm durch einen Schamanen übergeben war. Diefer weilte bereits feit einigen Tagen ftill und ohne befondere Aufmerkfamkeit zu erregen in Eifaks Haufe. Von ihm war auch das Verbot ausgegangen, während er fonft in jeder Beziehung freundlich und entgegenkommend war und mir beim Arbeiten half. Der erkrankte Sohn Eifaks trug um den Hals ein koftbares, etwa fünf Zoll langes, pfriemenförmiges Amulett aus Nephrit.

Eifaks Hauptfrau, Kuwalik, brach inzwifchen mit einem Schlittengefpann nach dem oben bereits erwähnten Fluffe auf, um dort Fifche zu fangen, und fandte uns auch nach zwei Tagen die von ihr gemachte Beute zu. Währenddeffen verfuchte fich Mr. Woolfe in der Rolle eines Haushofmeifters und wirtfchaftete mit den jungen Eskimomädchen im Haufe herum, indem er für die Zubereitung unferer Tafelgenüffe forgte und nebenbei die Eskimofprache faft fpielend erlernte. Die Herftellung unferer kulinarifchen Genüffe war nicht allzufchwer; denn

es gab morgens, mittags und abends stets ein und dasselbe Gericht, da wir als einziges Nahrungsmittel nur
noch Mehl hatten. Dieses Gericht nannten wir mit dem
stolzen Namen Pfannkuchen, weil zu seiner Herstellung
allerdings außer dem Mehl noch eine Pfanne und etwas
Fischtran nötig war. In dieses Menu vermochte der Sack
Fische, den Mutter Kuwalik als das Resultat viertägiger
Anstrengungen mit nach Hause brachte, nur eine geringe
Abwechslung hineinzubringen. Ebensowenig gelang es mir,
unseren Proviant durch das Schießen von Schneehühnern
zu vermehren, da die Tiere hier sehr scheu waren.

Meine häusliche Arbeit war inzwischen auch ohne Benutzung der Axt usw. so weit fortgeschritten, daß ich fünf
Bettstellen zurechtgezimmert hatte, und unser Haus jetzt
viel mehr einem Wohnort meiner norwegischen Heimat
als einem Eskimohause glich.

Es war am vierten Tage nach unserer Ankunft, als
der Geist über den Schamanen kam, und er in voller
Familienversammlung während der Abendzeit einen
Götzen wirksam werden ließ und dadurch die Kur an
Eisaks Sohn vollendete. Der Medizinmann fing plötzlich
an zu brüllen wie ein Seelöwe und zu heulen wie ein
alter Hund und gestikulierte wild mit seinen Armen in
der Luft. Es wurde ihm darauf eine „Kamelika", ein
Hemd von zusammengenähten Seehundsdärmen, überreicht. Zugleich nahm der Schamane das kostbare Stück
Grünstein des Patienten und wickelte es in eine Renntierfelljacke, die er, damit sie befühlt werden konnte, rings
im Kreise herumgab. Jeder konnte sich dabei überzeugen,
daß der lange schmale Stein sich noch in der zusammengerollten Jacke befand.

Mit offenem Mund und Auge starrte die gesamte
Familie Eisak auf die Wunder, die da vor sich gingen

36

bzw. noch gehen sollten. Mit geheimnisvoller Gebärde schritt der Zauberkünstler im Kreise herum und blies und biß auf die Rolle mit dem Stein. Zuletzt sagte er, er wolle den Stein biegen; dies tat er, indem er den Stein selbst heimlich und unbemerkt im Innern der Rolle seitwärts schob und nun vor seinen Zuschauern das gerollte Stück Renntierfelljacke hin und her bog und die gekrümmte Rolle von jedermann befühlen ließ. Es war ein kostbares Schauspiel, die atemlose Spannung zu beobachten, die auf den Gesichtern aller Familienmitglieder lag; denn nach ihrem Glauben wäre auch die Lebenskraft des Patienten gebrochen worden, wenn sein Steinamulett bei dem Experiment zugrunde gegangen wäre.

Glücklicherweise richtete es der gute Schamane so ein, daß alle ringsherum wohl das krumm gebogene, zusammengerollte Stück der Jacke fühlen konnten, daß aber späterhin, als er das Kleidungsstück wieder aufrollte, und den Stein wieder an seine frühere Stelle schob, letzterer ohne die geringste Beschädigung zum Vorschein kam. Hierdurch war es der ganzen Familie Eisak klar geworden, daß der Patient mit dem Leben davon kommen würde, und sie atmeten freudig auf. Eine kleine Beobachtung, die ich während dieser Szene machte, sei hier mitgeteilt. Ich bemerkte, daß alle Anwesenden sich durch das Gefühl davon überzeugten, daß der Stein gebogen sei; nur ein junges, erwachsenes Mädchen durfte die Rolle nicht berühren und hielt sich auch von selbst davon zurück. Es handelte sich, wie ich späterhin erfuhr, um die Befolgung eines bei den dortigen Eskimos hoch entwickelten Reinlichkeitsgesetzes, das den Frauen und erwachsenen Mädchen zu gewissen Zeiten Reserve auferlegt. Sie dürfen alsdann nicht mit den übrigen Hausbewohnern gemeinsam dieselben Speise= und Trinkgefäße benutzen und bedienen sich während dieser Tage besonderer Geschirre.

Nachdem unter zahlreichen Ausrufen der Verwunderung und des Erstaunens das Nephritamulett des Patienten dicht an die Flamme der Lampe gehalten und bei sorgfältigster Untersuchung nicht der geringste Sprung entdeckt worden war, begann der Schamane mit dem in dem Pelzsack versteckten hölzernen Götzen in Aktion zu treten. Er nahm zunächst die bis dahin verborgene Figur heraus, wobei es sich zeigte, daß sie einen Wolf mit einem Alligatorkopf darstellte. Sie wurde nun in die Kamelika gesteckt und durch die verborgen gehaltenen Hände des Schamanen dergestalt vor= und rückwärts geschoben, daß es aussah, als ob das Tierbild bald vorwärts stürzen wollte, und bald sich zurückzöge. Hierzu stieß der Schamane wieder jene eigentümlich brüllenden und grunzenden Töne aus, mit denen er schon vorher seine Vorstellung begonnen hatte. Dann drückte er das Götzenbild wiederholt und blies auf Kopf und Schwanz und ließ es endlich wieder in den Pelzsack verschwinden.

Nunmehr folgte der letzte Akt des Schauspiels, der nach echter Schamanenart eine Szene aus dem Geisterreiche darstellte. Der alte Zauberer ergriff den Regenmantel aus Seehundsdärmen und schwang ihn im Kreise herum, indem er hierbei ein langgezogenes „Hui" ausstieß, gleichsam als ob ein Sturmwind durch das Haus zöge. Nach dieser Einleitung gab er einige Bauchrednerkunststücke zum besten, indem er bald leise die Stimme eines Entfernten nachahmte, bald laut darauf mit eigener Stimme Antwort gab. Ich muß gestehen, daß diese letzte „Zauberei" mit großer Geschicklichkeit ausgeführt und wohl dazu angetan war, den armen, unwissenden

Eskimos zu imponieren. Den Schluß der Feierlichkeit machten einige allgemeine Gesänge, an denen sich die ganze Familie beteiligte. Hiermit war zugleich das Verbot aufgehoben, eiserne Gegenstände bei Arbeiten im Hause zu benutzen, und es war nicht mehr nötig, an jedem Morgen den geheimnisvollen Pelzsack erst ins Freie zu tragen, um ungestört arbeiten zu können, und ihn am Abend wieder hineinzuschaffen.

Nur einem Manne, der lange Zeit krank gewesen war, wurde auch jetzt noch der Gebrauch eiserner Werkzeuge verboten. Es herrschte überhaupt kein sehr günstiger Gesundheitszustand in unserem Patriarchenhause; denn alle jungen Leute und die Kinder waren stark erkältet und litten am Stickhusten. Wie es mir scheint, trägt die schwere Pelzkleidung der Eskimos durchaus nicht dazu bei, die Leute gegen die rauhe Witterung ihrer Heimat abzuhärten; sie verweichlicht sie im Gegenteil und macht sie wenig widerstandsfähig. In dieser Beziehung muß ich den Indianern der Nordwestküste Amerikas von allen Völkern des Erdballs, welche ich kenne, den ersten Preis in bezug auf Abhärtung zuerkennen.

Die Umgegend von Orowignarak ist in geologischer Beziehung sehr interessant. Eisak erzählte mir, daß nicht weit von seinem Wohnorte entfernt sich heiße Quellen und Seen befinden sollen. Auch Mr. Woolfe machte Angaben, die darauf schließen ließen, daß die Halbinsel Prince of Wales zwischen Norton-Sund und Kotzebue-Sund vulkanischer Natur ist. Er wollte sogar einige Wochen vor meiner Ankunft in der Richtung nach Südwesten eine feurige Erscheinung, die mit dem Ausbruch eines Vulkans identisch zu sein schien, beobachtet haben.

Mittlerweile war der Monat November herangekommen, und ich fühlte mich in unserem neuen Hause, das

nur wenig von den Unbequemlichkeiten eines Eskimo=
hauses besaß, einigermaßen gemütlich, nachdem ich an
Stelle eines der aus Seehundsdärmen bestehenden Fen=
ster, ein solches aus Glas eingesetzt hatte. Es fand sich
fortwährend Gelegenheit, interessante Beobachtungen zu
machen sowie nötige Arbeiten auszuführen. Mr. Woolfe
sammelte Eskimowörter, und ich schrieb an meinem Tage=
buche oder zimmerte bald dieses, bald jenes zurecht.
Jeden Abend sang uns Papa Eisak mit seinen Weibern
und jungen Leuten etwas vor. Das einzig Unbehag=
liche in dieser Situation war, daß der arktische Winter
immer noch nicht kommen wollte. Ein Südsturm brach
das Eis auf und trieb es nordwärts, so daß an Reisen
überhaupt nicht zu denken war. Dennoch erschien kurz
darauf ein Eskimo aus Iglotalik mit einem Schlitten
zum Besuch.

Dieser Mann hatte das Grab des im vorigen Jahre
verstorbenen Vaters meines Wirtes Eisak nach dortiger
Sitte gepflegt und in gutem Zustande erhalten. Nun=
mehr kam er, um die hierfür fälligen Geschenke einzu=
heimsen. Zu diesem Zwecke schlug er sein Quartier nicht
in Eisaks Hause, sondern in demjenigen der Frau Bar=
bara, der Schwiegermutter Eisaks, auf. Hierauf zog
unser Wirt, wie es die Sache verlangte, seinen besten Pelz
an und legte einige Lachse, Beeren und Seehundsspeck
auf zwei Holzschüsseln. Desgleichen tat seine Frau, und
das Ehepaar schritt mit dieser Last in würdevoller Pro=
zession nach Frau Barbaras Haus. Zuerst ging die Frau
hinein, überreichte die Speisen und kam alsdann wieder
heraus; hernach begab sich Eisak in das Haus und tat
dasselbe. Der fremde Eskimo verzehrte später die Spei=
sen in aller Stille, jedoch nicht, ohne zuvor eine Art
Opfergabe darzubringen, indem er kleine Stückchen der

40

Speisen in die Ecke warf und dazu die Lippen bewegte, als wenn er ein Gebet murmelte.

Mittlerweile war ich mit meinen häuslichen Arbeiten bis dahin gekommen, den Fußboden des Gebäudes zu legen. Als Material hierzu hätten sehr wohl die in der Nähe unseres Aufenthaltsortes wachsenden, ziemlich starken Koniferen dienen können; ihr Holz war jedoch zu frisch und saftreich, um sich dazu verwenden zu lassen. Ich wählte deshalb das allgemein benutzte Baumaterial jener Gegenden, das Treibholz des Strandes, das mir von den Eskimos aufs bereitwilligste in großen Mengen herbeigeschafft wurde. Inzwischen begann sich die Not an Lebensmitteln täglich fühlbarer zu machen, und wir lebten nur noch ausschließlich von trockenem Brot, von gebackenem Mehlkleister und Tee oder Kaffee. Trotz des Schneesturmes und Schneegestöbers aus Südost machten wir uns auf die Jagd nach Schneehühnern; aber diese Tiere, die in dieser Jahreszeit weiß von Farbe sind, ließen sich nur schwer erkennen und waren außerdem so scheu, daß wir nur zwei Stück erbeuteten. Wir wünschten also sehnlichst, daß unser Schlitten mit den Lebensmitteln ankäme.

Der Schamane, der es sich nach glücklich ausgeführter Kur in Eisaks Hause, trotz der allgemeinen Hungersnot, noch hatte wohl sein lassen, vielleicht weil er, trotzdem sein braves Weib daheim ihn zu erwarten schien, es in unserem Kreise recht unterhaltend fand, wurde nunmehr durch einen Eilboten abgeholt, der ihn zu einem Patienten rief. Er ging ohne Widerrede mit, sah sich aber, wie wir späterhin erfuhren, doch getäuscht; denn statt eines Patienten und eines ärztlichen Honorars erwartete ihn eine Gardinenpredigt seiner eifersüchtigen Gemahlin.

41

Endlich kamen unsere Lebensmittel an. Wegen des schlechten Wetters und des vom Winde zerrissenen Eises hatten unsere jungen Leute volle zehn Tage auf der Heimreise zugebracht; dabei war es ihnen nur gelungen, drei Schlitten mit der Hälfte der Sachen fortzubringen. Hierdurch wurde meine Hoffnung, bald nach Golownin-Bai weiter reisen zu können, wieder in weite Ferne gerückt. Trotz des Sturmes und Schnees hatte sich Mutter Kiwaluk, dieses Prachtweib, wieder nach dem Flusse begeben, um zu fischen; das schreckliche Wetter verhinderte aber, daß uns der Ertrag ihres Fischfanges zugute kam. Es fing nunmehr an, entschieden ungemütlich in Orowignarak zu werden, und wir verfielen auf allerhand Zeitvertreib, mit dem wir uns die Tage unseres gezwungenen Aufenthaltes im Hause zu verkürzen suchten. So gab es ein besonders die Eskimos entzückendes Schauspiel, als wir uns einen ganzen Tag lang damit beschäftigten, sämtliche Innenwände des Gebäudes mit alten Nummern der illustrierten Zeitschriften „Whasp", „Puck", „Graphic" und „Fliegende Blätter" zu bekleben. Hierbei fügte es sich zufällig, daß Bismarcks Bild neben dasjenige des großen Indianerhäuptlings Sitting Bull, das eines Niggermädchens neben das eines wohlgenährten Mönches kam, über welche Zusammenstellung die braven Naturmenschen wiederum mancherlei zu grübeln und zu lachen hatten.

Inzwischen hatte sich das Schneegestöber draußen zur Abwechslung in heftigen Regen umgewandelt, der noch mehr als das bisherige Wetter dazu angetan war, unsere ganze Gesellschaft und namentlich die Weiber in ein vollständiges dolce far niente zu versenken. Es schien, als ob in den Augen der Eskimofrauen und -mädchen auch die geringste Handreichung und Arbeit als

42

eine unverzeihliche Kraftvergeudung betrachtet würde; die Schönen ließen sich einfach von uns füttern und unterhalten. Trotzdem durften wir es mit der Gesellschaft nicht verderben. Da wir uns vorgenommen hatten, mit Eisak zu reisen, so mußten wir auch bis zum Eintritt des dauernden Frostes in seinem Wohnhause bleiben und durften uns nicht in die Lage bringen, plötzlich mitten im Winter, infolge irgendeines Streites mit den Hausbewohnern, an die Luft gesetzt zu werden.

Am 10. November herrschte wieder schönes klares Wetter mit nördlicher Brise und ein wenig Frost. Ich legte an diesem Tage die letzte Planke des Fußbodens fest, wodurch der Innenraum des Hauses, im ganzen genommen, wärmer wurde. Sodann machten wir uns daran, für mich einen Schlitten zu zimmern, da ich beabsichtigte, sobald als möglich nach Golownin-Bai aufzubrechen, um dort diejenigen Sachen abzuholen, die der Schoner „Leo" vom Fort St. Michael aus für mich dorthin gebracht hatte. An diesem Tage hatte auch die Jagd auf Schneehühner einigen Erfolg, so daß wir zum ersten Male wieder nach langer Zeit eine ordentliche Mahlzeit halten konnten. Die freudige Aufregung, die sich hierdurch unserer schon traurig herabgestimmten Geschmacksorgane bemächtigte, wurde noch ein wenig erhöht durch den Fischvorrat, den Mama Kiwaluk mitbrachte. Ein größeres Glück aber als uns gewährte diese Beute unseren Hunden, deren sichere Aussicht, verhungern zu müssen, dadurch wieder ein wenig hinausgeschoben war.

Offenbar standen wir am Vorabend großer Ereignisse. Um unseren Hausbau in angenehmer und nützlicher Weise abzuschließen, machten wir dem „Eskimobaustil" die Konzession, daß wir mit unsäglicher Mühe vor die Eingangstür des Hauses eine kleine Vorhalle bauten, damit der

Schnee nicht direkt ins Innere dringen könnte. Gleichsam als Belohnung dafür wurden uns zwei großartige Naturerscheinungen zuteil, deren erste, ein prachtvolles Nordlicht, mich so recht an meine Heimat erinnerte. Die zweite dagegen, ein ziemlich starkes Erdbeben, war mir weniger geläufig und bekannt. Es fand am 12. November, abends 9¼ Uhr, statt. Zuerst hörte man einen Laut, wie denjenigen eines weithin brausenden Sturmes, der sich von Nordwest her näherte und nach Südost fortpflanzte. Hierauf fing unser Haus an während der Dauer einiger Sekunden zu zittern und in allen seinen Teilen zu schwanken. Alsdann herrschte wieder Ruhe wie zuvor, und die Erscheinung war vorüber.

Eisak erzählte mir, daß sich in dieser Gegend „während des Winters" häufig derartige Erdbeben ereignen, während man im Sommer nichts davon höre oder sehe. Er fügte auch hinzu, daß unter den hier wohnenden Eskimos die Sage gehe, daß in alter Zeit ein Erdbeben mit einer starken Flut über das Land gegangen sei, und daß nur einzelne Leute damals imstande gewesen seien, sich mit ihren Fellbooten auf den Gipfeln der höchsten Berge zu retten. So finden wir die Sage von der Sintflut auch unter den Eskimos von Alaska, wie bei so vielen Völkern der Erde, verbreitet. Die Erdbeben in Alaska sollen, wie Eisak hinzufügte, mitunter so stark sein, daß die Eisbedeckung auf der Oberfläche der Flüsse davon zerbricht. Die Eingeborenen nennen das Erdbeben „Nunaaudlarok", was soviel heißt als „die Erde geht". Sie geben eine sehr naive Erklärung dieser Erscheinung, indem sie zugleich die vulkanischen Ausbrüche damit in Beziehung setzen. Sie glauben nämlich, daß sich die Felsen begatten und bezeichnen die vulkanischen Auswurfstoffe folgerichtig als „Kinder" der Felsen.

In der Tat waren das Erdbeben, sowie das Nordlicht
für mich Vorboten großer Ereignisse; denn wenige Tage
darauf brach ich zu einer Reise auf, die, anfangs nur für
eine kurze Entfernung geplant, mich im Laufe der nächsten
Monate bis fast zu dem westlichsten Punkte der neuen
Welt, Kap Prince of Wales an der Beringstraße, führen
sollte.

Schlittenreise zur Beringstraße

Nach mehrtägiger Arbeit war es uns gelungen, meinen Reiseschlitten aus Birkenholz so weit zusammenzustellen, als dies ohne die dazu gehörenden ledernen Riemen, die zum Zusammenbinden des Holzes gebraucht werden, die wir jedoch erst in Golownin-Bai erhalten konnten, mög= lich war. Wir vollendeten nunmehr alle Vorbereitungen zur Reise nach Golownin-Bai, und nachdem eine Nach= richt aus Unuktalik angekommen war, daß das Eis ziem= lich gut halte, machten wir uns mit zwei Schlitten, vor die fünf bzw. vier Hunde gespannt waren, auf den Weg. Kaum hatten wir die Reise begonnen, als sich ein hef= tiges Schneegestöber erhob, das uns bis 4 Uhr nach= mittags verfolgte, um welche Zeit wir Kjuwaggenak am Quinekak-River erreichten. Hier fanden wir Gelegenheit, unsere nassen Kleider wieder zu trocknen und die müden Körper auszuruhen. In Kjuwaggenak war der Eskimo Orre, der von Fort St. Michael mitgekommen war, ansässig, und ich engagierte ihn, weil unsere beiden Schlitten zu schwach waren, um so viele Gegenstände durch den losen Schnee zu schleppen, uns mit einem Schlitten und vier Hunden zu begleiten und unsere Last zu erleichtern. Das Haus, in dem wir an diesem Abend schliefen, war nur 12 bis 14 Fuß lang; trotzdem brachten

46

in ihm etwa 25 Personen die Nacht zu und schliefen sämtlich gut. Am nächsten Tage legten wir nur 2 Meilen zurück, indem wir den Quinekak-River bis zu seiner Mündung abwärts gingen, woselbst wir an einer Eskimohütte haltmachten. Hier traf uns ein Bote aus Orowignarak mit der Nachricht, daß zwei Schlitten quer über die Landenge von Kotzebue-Sund nach Eisaks Hause gekommen seien, und daß letzterer zurückkommen solle.

Es gereichte mir zur Genugtuung, daß Eisak dieser Aufforderung nicht Folge leistete, sondern nur einen seiner Leute zur Erledigung der geschäftlichen Angelegenheiten zurücksandte. Unsere Expedition bestand nunmehr aus sechs Männern und einer Frau. Wir blieben während der Nacht noch an diesem Punkte, konnten indessen nicht eine einzige Minute ruhigen Schlafes gewinnen, weil die Kinder und die Hunde sehr großen Lärm machten. Somit war es uns denn eine Art Erholung, daß wir schon beim ersten Zeichen des Tages aufbrechen konnten. Der Weg führte uns von hier in der Richtung nach Westsüdwest längs des Gestades der Norton-Bai, und obgleich wir weit hinaus nach links die offene See sehen konnten, war der Eisfuß am Ufer doch breit genug, um unserem Schlittenzuge eine ungehinderte Passage zu gestatten. Nach wenigen Stunden jedoch gelangten wir zu einem steilen Vorgebirge, das, in die See hineinragend, unmittelbar vom Meere bespült wurde und kein Ufereis hatte. Hier benutzten wir einige größere Eisschollen als Fähren, indem wir mit je einem Schlittengespann darauf Platz nahmen und uns im seichten Wasser an dem Vorgebirge vorbeiruderten. Weiterhin waren wir einmal genötigt, aus unseren Schlitten eine Brücke zu bilden. Es war schon gegen Abend geworden, bevor wir diese schwierige Stelle passiert hatten. Mir war die

Rolle zuerteilt worden, immer voranzugehen und das Terrain zu erforschen, bei welchem Geschäft ich einmal ins Wasser gefallen und total durchnäßt war. Die Kälte war stark, und das Schneegestöber begann zuzunehmen. Somit waren wir froh, als wir gegen Abend ein verlassenes Haus erreichten, in dem wir übernachteten.

Dieser Punkt, der nur während der Monate März, April und Mai zur Zeit der dann stattfindenden Seehundsjagd bewohnt ist, heißt Kap Jungfrau, in der Eskimos Sprache „Newiarsualok". Mit diesem Namen hat es folgende Bewandtnis. Die Bewohner der Gegend von Schaktolik bis Golownin=Bai, also die eigentlichen Anwohner des innersten Teiles vom Norton=Sund, der, wie schon öfter erwähnt, Norton=Bai heißt, sind vom Norden her, vom Kotzebue=Sund, eingewandert und haben die früheren Bewohner teils nach Süden, teils nach Westen verdrängt. Hierdurch entstand Feindschaft zwischen den ehemaligen Bewohnern und den eingedrungenen Mallemuten. Das Ende vom Liede war, daß die Schaktolikmuten sich endlich aufrafften, alle ihre Krieger sammelten und die Newiarsualokmuten plötzlich überfielen. In dem hierbei entstehenden Kampfe wurden sämtliche Newiarsualokmuten getötet, mit Ausnahme eines jungen hübschen Mädchens. Dieses wurde von den grausamen und unmenschlichen Siegern dazu verurteilt, ein viel gräßlicheres Schicksal zu erdulden als alle ihre Landsleute. Nachdem sie in schändlicher Weise behandelt worden war, band man sie an Händen und Füßen zwischen vier Kajaks, deren Mannschaften auf ein gegebenes Zeichen nach verschiedenen Richtungen vorwärts ruderten, wodurch das unglückliche Wesen in gräßlicher Weise geviertheilt worden sein soll. Da dies gerade bei

48

dem genannten Vorgebirge passierte, erhielt es den Namen Kap Jungfrau.

Für uns wurde dieses Kap auch zu einem entscheidenden Punkte für unsere Reise insofern, als das Wasser hier vollkommen offen war und das Eis auf See sich in starker Bewegung befand. Wir mußten uns daher entschließen, anstatt den Weg längs des Ufers fortzusetzen, über das hohe und steile Gebirge zu gehen. Wir trafen durchaus kein günstiges Terrain an; denn nachdem wir das hohe und steile Ufergebirge erstiegen hatten, fanden wir oben auf der Höhe eine dichte Busch- und Waldbedeckung, die mit losem Schnee hoch überschüttet war. Man glaubt kaum, welche ungeheure Schwierigkeit es uns verursachte, als wir mit drei Mann unter Zuhilfenahme von Äxten uns einen Weg durch diese arktische Urwildnis zu bahnen gezwungen waren, indem wir die Büsche niederschlugen und den Schnee feststampften. So ging es bergauf und bergab. Nachmittags, als wir wieder einen hohen Berg erstiegen, erhob sich ein so dichtes Schneegestöber, daß Mr. Woolfe, der an diesem Tage zum ersten Male Schneeschuhe trug und deshalb etwas zurückblieb, uns aus dem Gesicht verlor und sich verirrte. Wir mußten deshalb haltmachen und hörten seinen lauten Ruf, der ihn wieder mit uns vereinigte. Nach Dunkelwerden machten wir in einem Walde halt, und bald brannte ein großes Feuer, über dem wir uns Fische und Tee kochten. Unser Nachtlager bestand aus den trockenen Ästen des Waldes, nachdem wir den Schnee vom Erdboden weggeschaufelt hatten. Wir waren müde genug, um nach dem Trocknen unserer Kleider ungewiegt zu schlafen.

Am anderen Morgen überzeugten wir uns davon, daß wir uns am Tage vorher verirrt hatten, und daß ein

49

großer Teil der von uns ausgeführten Arbeit unnötig gewesen wäre. Wir hätten unseren Marsch um vier Weg= stunden abkürzen können. Wir trösteten uns damit, daß geschehene Dinge nicht zu ändern sind, und setzten un= seren Weg bis Nachmittag durch den Wald fort, wobei wir es mit großer Freude begrüßten, daß wir uns wenig= stens nicht, wie am Tage zuvor, durchschlagen mußten. Gegen Abend erreichten wir im Westen, nachdem der Wald aufgehört hatte, den kahlen, felsigen Abhang des Gebirges, der hinab nach Golownin=Bai führt. In den Talschluchten und an den Ufern der kleinen Wasserläufe trifft man hier überall niedriges Weidengestrüpp an. An einer dieser Stellen kampierten wir beim Dunkel= werden. Aber das Gebüsch gab nicht das nötige Brenn= material her, und da es für uns durchaus notwendig war, uns zu erwärmen und unsere Speisen zu kochen, auch die Kälte immer grimmiger wurde, so rissen die Eskimos ohne weiteres die Hälfte der Querbretter un= serer Schlitten ab und entzündeten damit ein Feuer. Auch letzteres gelang erst nach vielen Anstrengungen, indem zwei von uns fortwährend ihre Schlafdecken über dem Feuer schwangen, um den nötigen Luftzug zu erzeugen. Zuletzt aber erhielten wir einen warmen Tee, zu dem wir als Zubrot eine kleine Quantität von rohem, getrock= netem Lachs verzehrten.

An diesem Tage passierten wir eine von Westen nach Osten laufende Gebirgskette, von deren Höhe aus wir in einem nordwärts gelegenen Tal eine Dampfwolke auf= steigen sahen. Es befand sich dort ein kleiner See nebst einer heißen Quelle, worüber mir die Eskimos schon mehr= fach Mitteilungen gemacht hatten. Da ich der erste Weiße war, der dieses Naturwunder erblickte, so nahm ich mir die Freiheit, es zu Ehren des Direktors des Museums

50

für Völkerkunde in Berlin „Bastian-See und -Gei=
ser" zu benennen. Einen nordöstlich davon gelegenen
mit warmen Quellen versehenen See hatte mein Reise=
gefährte kurz vorher „Bennett=Lake" getauft.

Ich hatte von Orowignarak aus dem Grunde nur sehr
wenig Proviant mitgenommen, weil ich diesen für die
spätere Reise aufsparen wollte, und für den kleinen Aus=
flug, der, wie ich ursprünglich beabsichtigte, nur bis
Golownin=Bai gehen sollte, Nahrungsmittel genug zu
haben glaubte. Für die Rückreise, dachte ich, würden die
drei Büchsen Biskuit, die vier Büchsen Mehl und ver=
schiedene andere Sachen, die Mr. Hartz von der Golow=
nin=Mining=Company für mich durch den Schoner „Leo"
erhalten und aufbewahrt hatte, ausreichen.

Die eisigkalte Nacht, die wir hier zubrachten, war nicht
dazu angetan, uns lange ruhen zu lassen, und wir hatten
um so weniger Lust, hier zu verweilen, als wir wußten,
daß das ersehnte Ende unserer Reise durch einen Tages=
marsch zu erreichen war. Lange vor Tagesanbruch erhoben
wir uns, hielten uns indessen nicht damit auf, Tee zu
kochen, weil uns das unter den obwaltenden Umständen
mindestens drei Stunden Zeit gekostet haben würde, falls
es uns überhaupt gelungen wäre, Feuer zu bekommen.
Es war ein Glück für uns, daß der Schnee hier oben auf
der Höhe des Ufergebirges glatt und fest lag, so daß wir
unseren Marsch ziemlich schnell fortsetzen konnten. Gegen
Mittag begann das Terrain sich allmählich nach Golownin=
Bai hinabzusenken, und da sich unser aller eine gewisse
Unruhe bemächtigt hatte, begannen wir erst langsam,
dann immer schneller und schneller den Abhang hinab=
zugleiten, bis wir endlich mit der Geschwindigkeit eines
Eisenbahnzuges die schluchtartige, schneebedeckte Einsenkung
hinuntersausten und auch ins Fallen und Stürzen ge=

51

rieten. Es war eine jener tollen Fahrten, wie sie bei derartigen Expeditionen nicht ganz vereinzelt dastehen und gewöhnlich ohne besondere Unfälle zu verlaufen pflegen. So erging es auch uns, und obgleich ich bei einem Falle unterwegs beinahe den Fuß brach, einer der Hunde unter den Schlitten kam und halbtot gedrückt wurde, so gelangten wir doch alle um 3 Uhr nachmittags nach Singek, dem Wohnorte des Mr. Hartz, am Ufer der Golownin=Bai.

Hier wurden wir von zwei der anwesenden Amerikaner aufs freundlichste empfangen und gut bewirtet, was uns, da wir an diesem Tage noch gar nichts gegessen hatten, sehr wohl tat. Mr. Hartz war nicht zu Hause, da er sich zu einem großen Eskimofest nach Igniktok begeben hatte, das unter ungeheurer Beteiligung der näher und entfernter wohnenden einheimischen Bevölkerung schon mehrere Tage gedauert hatte.

Die Gelegenheit, an einem dieser großen, für die Völker= kunde so wichtigen Feste teilzunehmen, war viel zu ver= führerisch, als daß wir es uns hätten versagen sollen, sie zu benutzen. Da mein Reisekollege Mr. Woolfe sehr müde war, entschloß ich mich, am anderen Morgen einen der in Singek wohnenden Amerikaner mit mir nach Ig= niktok zu nehmen. Wir fuhren bei einem scharfen Nord= winde und Frost mit zwei Schlitten und dreizehn Hunden ab und passierten die Ortschaften Singakloget und Oja= ralik. Unterwegs, als wir über den steilen Rücken eines Vorgebirges fuhren, begegnete uns Mr. Hartz, der wie= der nach seinem Wohnorte zurückkehrte und interessante Mitteilungen über das Fest machte. Um 1 Uhr nachmittags kamen wir in Igniktok an.

Selten mag es sich ereignen, daß in einer der nörd= lichen Ortschaften von Alaska sich wie hier die große An=

52

zahl von zweihundert Eskimos vereint findet, um eine volle Woche lang und darüber ihre eigentümlichen Schmausereien und Festlichkeiten abzuhalten. Schon allein die Ernährungsfrage so vieler Personen spielt hierbei eine wichtige Rolle, ferner aber auch die Sorge um das Unterkommen und Schlafen, so bescheiden auch in bezug auf den letzten Punkt die Ansprüche jener Leute sind.

Wir wurden sofort bei unserem Ankommen eingeladen, am Feste teilzunehmen. Ich muß gestehen, daß ich erstaunt war, als ich in das Festhaus, das sogenannte „Kassigit", trat. Rings an den Wänden waren wie in einem Amphitheater drei Reihen übereinander befindlicher Plätze angebracht, wobei vermöge der eigentümlichen Bauart der Eskimohäuser alle vier Seiten des Innenraumes ausgenutzt werden konnten. Der einzige Eingang dieser Festhäuser befindet sich etwa in der Mitte des Hauses und besteht aus einem kleinen runden Loch, das nur so groß ist, daß von unten herauf ein Mann darin aufsteigen kann. Auf die untersten Platzreihen an den Wänden hatten sich die Eskimoweiber hingestellt, der mittlere Rang wurde von den erwachsenen Männern eingenommen und daselbst die Ehrengäste, unter anderen mein amerikanischer Goldsucher und ich selbst, placiert. Auf der Galerie über uns saß die zahlreiche, muntere, lebhaft schwatzende Kinderschar, die jungen Mädchen und Knaben. Die Tänze fanden in dem viereckigen Mittelraum des Hauses, rings um die Eingangsöffnung, statt.

Die Trommel bestand aus einem großen, schmalen Holzreifen, der tamburinartig mit durchscheinendem Fell überspannt war; sie hatte einen Handgriff und wurde in der Art benutzt, daß mit dem Trommelstock nicht auf das Fell, sondern auf den Rand geklopft wurde. An diesem Tage begann das Fest mit einem einleitenden Gesang.

53

Alsdann traten die Akteure, eine Anzahl erwachsener Eskimos, in den leeren Mittelraum und begannen sich vor
den Augen sämtlicher Zuschauer und Zuschauerinnen zu
kostümieren, indem sie ihre Pelzkleidung gänzlich ablegten und dafür Kleidungsstücke, die aus weißem Ka-
liko bestanden, anzogen. Da bei den Eskimos jene eigentümlichen Tanzrasseln, mit denen die Indianer der Nordwestküste Amerikas bei ihren Festen den Takt der Gesänge und Tänze begleiten, nicht gebräuchlich sind, ersetzen die Leute diese in sinnreicher Weise durch lange
Handschuhe, die aus Fischhaut angefertigt sind und bis
zur Schulter hinaufreichen. Diese Tanzhandschuhe sind
mit zahlreichen roten Schnäbeln des Papageientauchers
verziert, die beim Gestikulieren des Tänzers ein rasselndes Geräusch erzeugen. Sie werden nicht zugeknöpft, sondern durch ein gemeinsames Schulterband gehalten.

Einige der Tänzer trugen einen Kopfring mit ein
oder zwei Adlerfedern; ein besonders fescher Tänzer hatte
sogar einen ganzen Adlerschwanz an seinem Kopfring
derartig befestigt, daß diese Dekoration von der Stirn
des Eskimos an aufwärts ragte. Als Ballfächer dienten
Adlerflügel, die während der Pausen von den Tänzern
mit großer Lebhaftigkeit bewegt wurden, während sie
beim Tanzen selbst auf der Brust der Leute ruhten.

Auch eine Anzahl von Frauen beteiligte sich am Tanz.
Diese Schönen Alaskas legten als Tanzkostüm baumwollene, vorn geschlossene Kapuzenhemden an und trugen in jeder Hand eine an einem Holzstiel befestigte
Adlerfeder, die sie, wie nach dem Kommando: „Gewehr
an!", zwischen Daumen und Zeigefinger trugen oder auch
gelegentlich durch die Luft schwangen.

Das Fest war keine jener gewöhnlichen Feierlichkeiten,
die sich häufig wiederholen, sondern es hatte eine seltene

54

und wichtige Veranlassung. Es fand zu Ehren einer An=
zahl von Verstorbenen statt und legte den Hinterbliebenen
die Verpflichtung auf, an diejenigen, die die Gräber der
Toten bis dahin in Ordnung gehalten und gepflegt hat=
ten, ihr Hab und Gut zu verschenken. Nachdem sich die
Geheimnisse der Garderobenkünste vor den Augen des ver=
sammelten Volkes entwickelt hatten, gab der Trommel=
schläger ein Zeichen, worauf ein Gesang zu Ehren der
Toten angestimmt wurde. Es wurden in diesem Ge=
sange die Heldentaten der Verstorbenen gepriesen und der
Reihe nach aufgezählt, in ähnlicher Weise, wie ich das
auf den Indianerfesten in Britisch=Kolumbien gehört hatte.
Nach dem Takte des Gesanges und begleitenden Trommel=
schlages begannen nun die Männer mit Armen und
Beinen zu manövrieren, indem sie den Boden stampften
und die Arme in Fechterposition wechselseitig ausstreckten.
Die Frauen blieben beim Tanzen fast auf derselben Stelle
stehen, indem sie unablässig eine halbe Kniebeuge aus=
führten und mit den wagerecht gehaltenen Händen, in
denen sie die Adlerfedern trugen, zitternde Bewegungen
ausführten.

Nach drei Tänzen und begleitenden Gesängen trat eine
Pause ein, die mit einer Festmahlzeit ausgefüllt wurde.
Die holde Weiblichkeit übernahm hierbei das Amt der
Bedienung bei Tafel. Es wurden hölzerne Schüsseln her=
eingebracht, die vollgepackt waren mit getrocknetem Lachs,
schwarzen und roten Beeren, Lachsrogen u. a. m. Wie im=
mer bei solchen Festen herrschte in dem Hause eine un=
geheure Hitze und ein in Anbetracht der Ausdünstung
so vieler pelzbekleideter Menschen erklärlicher entsetzlicher
Mangel an Wohlgeruch der Atmosphäre. Während das
Essen hineingebracht wurde, ergaben sich die meisten
Festgenossen einem ganz eigentümlichen Privatvergnügen,

55

indem sie die Pelzbekleidung ihres Oberkörpers ablegten und — ich kann es nicht delikater ausdrücken — der Niederjagd oblagen. Man mußte es wohl merken, daß man sich auf einem echten Eskimofeste befand; denn es fehlte auch nicht an anderen, unsere Sinne aufs höchste beleidigenden Vorkommnissen, die von dem naiven Reinlichkeitsgefühl jener Leute Zeugnis ablegten. Wie so häufig litt auch in dieser Versammlung der größte Teil der Eingeborenen an starkem Husten, und da nun selbstverständlich niemand ein Taschentuch besaß und die dichtgedrängte Menge kaum Platz fand, um auf den Erdboden zu speien, so bediente man sich der Wände als Spucknäpfe. Die aufgetragenen Speisen wurden nicht ohne weiteres in Angriff genommen, sondern, bevor man sie berührte, wurden kleine Stückchen davon gewissermaßen als Opfer zu Boden geworfen, wobei sich die Lippen der Eskimos wie im leisen Gebet bewegten.

Die Erleuchtung des Kassigits wurde durch etwa zehn Lampen hergestellt, die auf hohen hölzernen Pfosten standen. Diese Lampen bestanden meistenteils aus unbrauchbar gewordenen alten eisernen Bratpfannen, deren Stiele abgebrochen waren; einige Lampen waren auch aus Ton gearbeitet und stammten wohl noch aus jener Zeit her, bevor die Amerikaner und Russen nach Alaska kamen und die Eingeborenen mit ihren Tauschartikeln versahen.

Nach Beendigung des Essens wurde das Oberlichtfenster in der Mitte des Daches herausgenommen, und es begann ein Schauspiel ganz eigener Art, indem nunmehr der große Akt des Verteilens der Geschenke sich abspielte. Man würde so viel Gegenstände, wie ich weiter unten aufzählen werde, kaum durch das gewöhnliche Einsteigeloch in der Mitte des Fußbodens haben hineinbringen

56

können und versuchte dieses auch gar nicht, sondern wählte den Weg durch das Oberlichtfenster. Es bot eine hübsche Augenweide, als eine lange Leine von oben durch die Fensteröffnung hinabgelassen wurde, die die Eskimos langsam herunterzogen. An dieser Leine befand sich alle paar Fuß einer der als Geschenk zu verteilenden Gegenstände. Da die dortigen Eskimos nicht nach unserem Zahlensystem, sondern nach der Anzahl ihrer Finger und Zehen rechnen, so entspricht die höhere Zahleneinheit der Zwanzig. Die Geschenke waren deshalb auch immer in Gruppen zu zwanzig angeordnet. Während diese Gegenstände langsam hinabgezogen wurden und bald den Innenraum des Festhauses mit ihrer stattlichen Menge anfüllten, wurde ein gemeinsamer Gesang vorgetragen. Sein Inhalt besagte, daß nunmehr das Eigentum der Verstorbenen verteilt würde, und daß alle Anwesenden eingeladen seien, ihren Teil an der Erbschaft zu empfangen. Hierbei wurde der Verstorbene außerordentlich gelobt, indem darauf hingewiesen wurde, daß er ein großes Vermögen hinterlassen habe.

Es dürfte vielleicht angemessen sein, wenn ich die Geschenke hier anführe. Es wurden verteilt:

20 Stück Nähtaschen aus Renntierfell.

20 Stück Regenmäntel für Kinder.

20 Stück Tücher.

20 große Kamelikas, Regenmäntel aus Seehundsdarm.

20 Paar Stiefel.

20 Paar kleine Seehundsblasen.

20 Faden buntes Baumwollenzeug.

20 Hemden von buntem Baumwollenzeug.

20 Matten für Kajaks.

20 große Seehundsblasen.

20 Stück Unterhosen.

20 Paar Frauenstiefel.

20 Kamelikas.

20 Nähsäcke aus Lachshaut.

20 geschnittene Riemen aus Seehundsfell.

20 europäische Messer.

  5 Stück große Maklak=(Seehunds=)Felle.

20 Bündel getrocknete Lachse.

20 Stück Fenster, respektive die Seehundsdärme dazu.

20 Stück Nähtaschen aus Walroßkehlen.

20 Paar wasserdichte Handschuhe.

20 Schwimmblasen zur Harpunenleine.

  5 Stück Renntierfelle.

20 Tabaksdosen.

20 Säcke aus Lachsfell.

20 Bogen und Pfeile für Kinder.

20 Paar Hundeschuhe.

20 Paar kleine Stiefel.

20 Paar Kinderstiefel.

20 Paar Stiefel für Erwachsene.

20 Vorspitzen für Harpunen.

20 Harpunen.

20 hölzerne Speiseschüsseln.

20 Vogelharpunen.

20 Blasen zu Vogelharpunen usw.

Es dauerte einige Stunden, bis die Sachen hinab=
gelassen waren, und nahm fast die ganze Nacht in An=
spruch, bis alles an die Teilnehmer des Festes verteilt
worden war. Es war wohl niemand in der Versamm=
lung, der nicht seine Geschenke erhielt; auch ich bekam
eine Kamelika, ein Paar Stiefel, eine Nähtasche aus
Walroßkehle, eine Blase und ein Maklak=Seehundsfell.
Leider wurden mir diese Gegenstände späterhin in Go=
lownin=Bai sämtlich gestohlen. Es war fast Morgen ge=

worden, als ich mir ein Quartier suchte, um wenigstens eine oder zwei Stunden lang zu schlafen. Da die wenigen Häuser in Igniktok von Eskimos überfüllt waren, so war es nicht leicht, ein Unterkommen zu finden; doch halfen mir die stets gegen die weißen Leute an den Tag gelegte Bereitwilligkeit und das Entgegenkommen der Eskimos über diese Schwierigkeit hinweg.

Bereits in den ersten Vormittagsstunden begab ich mich ins Kassigit zurück, wo die Festlichkeit wieder ihren Anfang genommen hatte. Man muß gestehen, daß die Eskimos, die schon fast vollzählig von neuem versammelt waren, es verstanden, die Festtage bis aufs äußerste auszunutzen. Der heutige Tag war ausschließlich den kulinarischen Genüssen gewidmet; ich bekam dabei einen Beweis davon, welche ungeheuren Quantitäten Speise und Trank bei solchen Gelegenheiten ein Eskimo zu sich zu nehmen vermag. Kolossale Mengen von getrockneten Lachsen, von schwarzen Beeren, Blaubeeren und Multebeeren, sowie große Mengen von Seehundsspeck wurden herangeschafft. Dazu erschienen abgezogene Seehundsfelle, die ganz mit Fischtran gefüllt waren. Die Mahlzeit dauerte ununterbrochen eine Reihe von Stunden, und namentlich imponierten mir dabei als tüchtigste Esser meine eigenen Leute, die auf unserer Herreise oben im Gebirge so sehr hatten hungern müssen. Man schnitt den rohen Seehundsspeck in Streifen, steckte diese in den Mund, so weit es ging, und schnitt sie dann mit einem der breiten steinernen Eskimomesser dicht am Munde ab. Ich kann übrigens aus eigener und dazu langjähriger Erfahrung versichern, daß roher Seehundsspeck, besonders wenn er etwa vierzehn Tage in Salz gelegen hat, ganz vorzüglich schmeckt, wenigstens habe ich ihn

59

in meiner Heimat, in der Nähe des Nordkaps, während meiner Kinderjahre oft und viel gegessen. Jeder, der sich an eins unserer vier= bis fünfstündigen modernen Fest= essen erinnert, wird wissen, daß die Festtafel gegen Ende des Mahles selbst in unseren zivilisierten Gegenden nicht immer den schönsten Anblick gewährt. Man stelle sich nun aber vor, wie es bei den Eskimos aussah, wo nicht ein Heer von hilfsbereiten Dienern die Spuren der einzelnen Gänge beseitigte. Es dauerte gar nicht lange, so schwamm alles in Fischtran, und der Fußboden, die Holzpfeiler, die Sitzplätze, die Wände und sämtliches Speisegeschirr sowie die Gesichter des starken und schwachen Geschlechts glänzten so prächtig von Fett, als wären sie soeben erst vermittelst eines Maurerpinsels mit Fischtran angestrichen worden.

Wie bei den Indianern der Nordwestküste Amerikas die Speisen in überreicher Fülle aufgetragen werden, so geschah es auch hier, und wie jene die Überreste der Mahlzeit mit nach Hause nehmen, so taten dies auch die Eskimos. Ganze Schüsseln voll Eßwaren und Seehunds= felle voll Tran wurden aus dem Kassigit geschleppt. Als dann alles weggetragen war, und der Raum sich geleert hatte, wurde von den Festgebern eine Art oberflächlicher Reinigung des Innern vorgenommen, worüber es Abend wurde. Die Gastgeber selbst gehörten, wie ich erfuhr, fünf verschiedenen Familien an, die sich gemeinsam zu diesem Feste vereinigt hatten, um das Andenken von fünf Verstorbenen zu feiern. Im Namen jeder Familie fungierte ein Mitglied derselben als Repräsentant beim Feste. Während das Kassigit gereinigt wurde, ging mit diesen fünf Familienrepräsentanten eine merkwürdige Verände= rung vor, indem sie sich nämlich, als ein äußeres Zeichen dafür, daß sie alles zu Ehren der Verstorbenen

60

verschenkt hatten, sämtliche Haare des Körpers voll=
ständig abschoren. Alsdann begannen diese fünf Ver=
treter, die aus zwei Männern, zwei Frauen und einem
Jungen bestanden, sich dem herrschenden Gebrauche bei
solchen Feierlichkeiten gemäß zuletzt auch noch des ein=
zigen Besitztums, ihrer Kleidung, zu entledigen, und
warfen diese aus dem Kassigit hinaus. Nunmehr konnten
sie mit Fug und Recht behaupten, daß sie absolut gar
nichts mehr besäßen. Diese bis aufs äußerste getriebene
Entsagung wurde sofort belohnt, indem von unsichtbarer
Hand Kleidungsstücke geflogen kamen, die die fünf Per=
sonen sofort anlegten.

Als derart die Angelegenheiten der Toten erledigt
waren, widmete man sich in einem Schlußakt der Feier=
lichkeit den Lebendigen. Es wurde nunmehr ein großes
Freuden= und Tanzfest abgehalten, zu dem alle bis=
herigen Teilnehmer eingeladen wurden. Sie erschienen
ganz neu gekleidet, und die fröhlichen Gesänge mit
Trommelschlag und Tanz nahmen ihren Anfang. Die
Männer, die sich am Tanze beteiligten, waren an ihrem
Oberkörper unbekleidet, die Frauen hingegen trugen ihre
gewöhnlichen Kleidungsstücke. In den Tänzen selbst be=
merkte ich keine Abweichung gegen früher; es war das=
selbe Stampfen der Männer und dieselbe Kniebeugung
der Frauen, wie ich sie schon am Tage vorher gesehen
hatte. Während des Tanzes fiel einer der Männer zu
Boden, worauf er sich schleunigst aufraffte und das
Kassigit verließ. Das, sowie einige andere Züge auf
diesem Eskimofeste erinnerten mich an Einzelheiten der
großen Tanzfeste, die ich in Britisch=Kolumbien kennen=
gelernt hatte. So soll früher bei den Kwakiutl=Indianern
der Gebrauch geherrscht haben, daß jemand, der beim
Tanzen hinfiel, sofort von den anderen getötet wurde,

61

falls es ihm nicht gelang, sich durch rasche Flucht zu retten. Es war bereits 1 Uhr nachts, als auch das Tanzfest in Igniktok sein Ende erreichte.

Obgleich wir seit mehreren Tagen und Nächten nicht geschlafen hatten, machten wir uns bei dem schönen hellen Mondschein bereit, nach Golownin-Bai zurückzukehren. Da Papa Eisak es vorzog, noch hierzubleiben, mußte ich mich mit meinem Schlitten allein auf den Weg machen. Mein Gepäck war nicht schwer, denn ich hatte in Igniktok nur wenige ethnologische Gegenstände kaufen können. Das Wetter war hell und klar, der Schnee hart gefroren, so daß die Reise ziemlich schnell vonstatten ging, und ich bereits um 5 Uhr morgens den Wohnort des Herrn Hartz und der anderen amerikanischen Goldgräber, das Dorf Singek am Ufer der Golownin-Bai, wieder erreichte.

Von den vielen Gästen in Igniktok war eine der für mich interessantesten Persönlichkeiten ein Eskimo gewesen, der aus dem Dorfe Kawiarak im fernen Westen der Prince-of-Wales-Halbinsel stammte und die weite Reise nach Igniktok nur deshalb ausgeführt hatte, um am Feste teilzunehmen. Da er jetzt wieder dorthin zurückkehrte, war dies für mich eine geeignete Gelegenheit, mit ihm zu reisen und seine Heimat kennenzulernen. Ich hatte mit ihm bereits in Igniktok Verhandlungen angeknüpft, und zwar hatten wir verabredet, daß er bei der Rückfahrt mich in Singek abholen sollte. Er erschien auch noch an demselben Abend, so daß ich nur einen Tag bei den Amerikanern verweilte, mit denen ich mich auf dem schönen glatten Eise der Golownin-Bai mit Schlittschuhlaufen amüsierte. Als der Eskimo mit mir die Verabredung getroffen hatte, daß wir bereits am anderen Morgen abfahren sollten, traf ich so schnell als möglich

62

meine Vorbereitungen. Es war eigentlich ein gewagtes Unternehmen für mich, da ich von Orowignarak nur zu einem flüchtigen Besuche nach Golownin-Bai aufgebrochen war und meine Vorräte an Tauschwaren, die ich auf dieser kleineren Tour mit mir führte, vielleicht nicht für die größere und anstrengendere Tour nach Kawiarak ausreichen konnten. Auch hatte ich immer noch nicht die von mir bereits seit langer Zeit bestellten und sehnlichst erwarteten Hunde erhalten.

So sah ich mich denn genötigt, die Freundschaft des Herrn Hartz in Anspruch zu nehmen und von ihm dasjenige an Barem, was ich nicht besaß, zu leihen, während ich gleichzeitig mich aus den mit dem Dampfer „Leo" gebrachten Vorräten mit dem Nötigsten versah. Da ein Weißer bis jetzt noch nicht die Reise von Golownin-Bai westwärts durch die Halbinsel Prince of Wales ausgeführt hatte, verfehlte mein Unternehmen nicht, die Sympathien der weißen Leute wie der Eskimos wachzurufen, und man gab mir namentlich allseitig den guten Rat, unter keinen Umständen nach dem Dorfe Kingegan am Kap Prince of Wales, unmittelbar an der Beringsstraße, zu gehen, da dessen Bewohner in dem schlechten Rufe standen, die gefürchtetsten Piraten der Halbinsel zu sein.

Unser Expeditionsmaterial bestand aus einem schwer beladenen Schlitten, der von sechs Hunden gezogen wurde. Wir waren am anderen Morgen — es war Sonnabend, der 25. November 1882 — sehr früh auf und machten uns bei prächtigem Mondschein und herrlichem Wetter reisefertig. Jedoch waren wir nicht die einzigen, die aufbrachen, sondern es hatten sich von dem Feste in Igniktok noch fünf Schlitten eingefunden, deren Besitzer in Eratlewik, das etwa auf dem dritten Teil des Weges

nach Kawiarak liegt, wohnten und dorthin wieder zurück=
kehrten. Der Weg führte uns gemeinsam nach Nord=
westen über die weite, langgedehnte, hartgefrorene Fläche
der Golownin=Bai. Zwei von uns halfen den Schlitten
ziehen, während einer, wie es hier Sitte ist, vorausging,
um den Weg zu untersuchen. So ging es leidlich vor=
wärts, so daß wir bei Tagesanbruch bereits die Golownin=
Bai in ihrer ganzen Länge durchfahren hatten und uns
an der Mündung des Fisch= oder Eratlewik=River be=
fanden.

Der Fluß, auf dessen gefrorener Oberfläche wir uns
bewegten, macht so viele Krümmungen, daß wir nur
langsam vorwärts kamen. Um 1 Uhr mittags langten wir
bei einem verlassenen Sommerhause an, wo die Mann=
schaft von drei Schlitten in Anbetracht des großen an
diesem Tage zurückgelegten Marsches Nachtquartier machte.
Meine Leute hatten den nicht unberechtigten Wunsch,
dasselbe zu tun. Das stimmte aber durchaus nicht mit
meiner eigenen Absicht überein, und wir setzten deshalb
mit den beiden übrigen Schlitten die Reise fort. Ein
hartes Stück Arbeit, denn wir mußten, um einen gro=
ßen Bogen des Flusses zu umgehen, quer über Land
fahren und uns mit den Schlitten mühsam durch dichtes
Gestrüpp und Buschwerk hindurcharbeiten. Es herrschte an
diesem Tage ein außerordentlich strenger Frost, so daß sich
unsere Augen jeden Augenblick mit Eis füllten und wir
beim Abwischen die Augenhaare mit herausrissen. Bei
solcher Temperatur verwandelt sich ein langer Bart
bald in einen schweren Eisklumpen, weshalb jeder den
Bart so kurz als möglich geschnitten trägt.

Es wurde bald dunkel, und da unser Ziel noch sehr
fern war, mußten wir unterwegs etwas von unserem
schweren Gepäck ablegen. Erst gegen 9 Uhr abends langten

64

wir halbtot vor Ermüdung — wir hatten sechzehn Stun=
den lang den Hunden helfen müssen, den Schlitten zu
ziehen — in Eratlewik an. Unglücklicherweise herrschte hier
eine Art Epidemie, an der soeben zwei junge Mädchen
gestorben waren, während eine Anzahl anderer lebens=
gefährlich erkrankt war. Das rein Menschliche, wie ich
es sooft bei den Naturvölkern in verschiedenen Teilen
der Erde beobachtet hatte, trat auch hier in dem Schmerz
der Angehörigen so recht in den Vordergrund. Der wilde,
tiefe Gram, der sich der Einwohnerschaft bemächtigt hatte,
äußerte sich uns gegenüber zunächst wieder in der Beob=
achtung der eigentümlichen Schamanen=Gesetze, nach denen
uns nicht erlaubt wurde, mit einer eisernen Art das für
uns so dringend notwendige Holz zum Feuermachen zu
schlagen. Aber wir waren seit morgens früh 4 Uhr ohne
Speise und Trank geblieben und erreichten zuletzt doch
von den Eingeborenen so viel, daß sie uns gestatteten,
Pfannkuchen und Tee zu bereiten. Nervöse Übermüdung,
sowie der im Hause herrschende Lärm waren die Ursache,
daß ich auch in dieser Nacht kein Auge schließen konnte.

Am anderen Tage waren wir genötigt, noch in Erat=
lewik zu bleiben, da ich zunächst meine Leute aussenden
mußte, die unterwegs zurückgelassenen Sachen abzuholen.
Es ist hier Sitte, daß, sobald jemand gestorben ist, wäh=
rend eines Zeitraumes von vier Tagen nicht gearbeitet
werden darf, am wenigsten mit einer Art, einer Nadel
oder sonstigen Gegenständen von Eisen. Ich wurde hier=
durch ganz besonders betroffen, da es mir infolge dieses
Verbotes nicht möglich war, meine am Tage vorher
zerrissenen Schuhe zu reparieren. Das Feuer, über dem
wir unsere Speisen bereiteten, rührte von solchen Ästen
her, die wir mit unseren Händen von den Bäumen zu
brechen gezwungen waren. Wahrlich, man begreift in

solchen Momenten, welch ein hochbedeutendes und wich=
tiges Kulturmaterial das Eisen ist!

Die Epidemie in Eratlewik bestand, wie diejenige, die
ich zwei Monate früher am unteren Yukonstrom bei den
dort wohnenden Kwikpagemuten angetroffen hatte, in
einem durch die ganze Einwohnerschaft hin verbreiteten,
bösartigen Schnupfen und Husten. Gegen Abend kam
ein Schamane ins Haus und begann eine eigentümliche
Kur mit einem der erkrankten jungen Mädchen. Während
sie schwach und kraftlos dalag, band er einen Leder=
riemen um ihren Kopf, steckte einen Stock durch den
Riemen und hob damit den Kopf alle Minuten etwas
hoch und senkte ihn dann wieder. Dabei führte er ein
ernstes Gespräch mit dem Tonrak (Teufel), indem er ihn
bald heftig bedrohte, bald ihn flehentlich bat, die Patien=
tin zu verlassen, wobei er ihm zugleich „Tobaky" (Tabak)
versprach.

Mein Wirt in Eratlewik war ein mir wohlbekannter
Eskimohändler namens Kingaseak, der für die Alaska=
Commercial=Company tätig war, und dessen Bekanntschaft
ich in Fort St. Michael während des Sommers gemacht
hatte. Unter den hier wohnenden Personen befand sich
auch ein alter Mann, der vor vielen Jahren einen Kampf
mit einem Bären bestanden hatte, bei welcher Gelegen=
heit ihm die Bestie ein Auge ausgerissen und sein Ge=
sicht verstümmelt hatte. Der Eskimo war nur mit Bogen
und Pfeil bewaffnet gewesen, zuletzt war es ihm aber
doch gelungen, den Bären zu erlegen. Ich kaufte in
Eratlewik nur wenig ethnographische Gegenstände, da die
Leute selbst sehr arm daran sind. Im Laufe des Tages
nahmen alle diejenigen, Männer sowohl wie Weiber,
die an dem großen Feste in Igniktok teilgenommen hatten,
eine eigentümliche Prozedur vor, indem sie sich den

66

ganzen Körper mit Harn wuschen. Ich konnte nicht in Erfahrung bringen, ob sich diese Art der Reinigung auf das Fest oder auf die Todesfälle bezog.

Als wir am anderen Morgen unseren Weg in der Richtung nach Nordwest fortsetzten, gingen wir auf dem Eise des mit dem Eratlewik=River zusammenhängenden Nerkluk=River weiter. Dieser Fluß ist ziemlich tief und kann in der eisfreien Jahreszeit eine Strecke stromaufwärts bis zu einem Gebirgsrücken befahren werden, der die Wasserscheide zwischen ihm und dem nach Westen zu fließenden Kawiarak=River bildet.

Wir trafen den Nerkluk=River nicht an allen Stellen mit Eis bedeckt an. Dagegen überlagerte eine dicke Schnee= decke, die sich durch den während des ganzen Tages fallenden Schnee noch mehr vergrößerte, ringsumher die ganze Landschaft. Wir marschierten den ganzen Tag längs des mit kleinen Tannen dicht bestandenen Fluß= ufers und erreichten gegen Abend, zugleich von der Baumvegetation Abschied nehmend, das verlassene Sommer= haus Kelungiarak, das Eigentum eines Eskimos von Eratlewik ist.

Am anderen Morgen bei Tagesanbruch marschierten wir weiter stromaufwärts und erreichten abends die ver= lassene Sommerfischerhütte Kakfertobage, wo wir gerade noch so viel Holz fanden, um Tee und Fische kochen zu können. In der darauffolgenden Nacht vermochten wir vor Kälte nicht zu schlafen. Die Haare unserer Renntier= felle bedeckten sich dick mit Eis, und meine Eskimos, die sich vor Frost schüttelten, machten vergebliche Versuche, sich durch Tanzen ein wenig zu erwärmen. Schließlich zwang uns die bittere Kälte, die ich auf etwa 40 Grad Reaumur schätzte, am anderen Morgen schon um 4 Uhr unseren Marsch fortzusetzen. Anfangs ging es auf der festgefrorenen Decke des Flusses ziemlich gut, aber bald trafen wir offene Stellen an, so daß wir wieder den mühsamen Kampf mit Busch und Gestrüpp aufnehmen mußten. Der Nerkluk-River kommt aus einem kleinen See, den wir kreuzten, womit wir uns nunmehr am Fuße der 1500 bis 2000 Fuß hohen, oben bereits erwähnten Wasserscheide befanden.

Wir begannen sofort den Aufstieg und erreichten gegen Dunkelwerden oben auf dem Gipfel eine mit etwas Buschwerk bedeckte Stelle, wo wir unser Renntierfellzelt aufrichteten und kampierten. Es war ein Glück für uns, daß wir so viel Holz fanden, um Tee und Fische kochen zu können; denn es herrschte auf dieser Höhe die stärkste Kälte, welche ich jemals erlebt habe. Hierzu kam noch, daß meine Stiefel total zerrissen und mit Schnee angefüllt waren. Um mich zu erwärmen, steckte ich meine Finger in das heiße Wasser und hatte dabei nicht das geringste Gefühl von Hitze. Bei dieser Gelegenheit kann ich nicht umhin, ein gutes Renntierfellzelt, wie wir solches benutzten, als das beste Hilfsmittel für eine arktische Schlittenreise zu empfehlen. Bei Tage dienen die Renntierfelle als unumgänglich nötige Bedeckung für die Schlitten; bei Nacht benutzt man sie als Zeltbedeckung, was noch den Vorteil hat, daß die Eskimohunde, die sonst alles fressen, sich nicht daran zu vergreifen pflegen. In besonders schlimmen Fällen, wie während dieser Nacht, wo es sich um sehr hohe Kältegrade handelte, reicht natürlich auch ein Renntierfellzelt nicht aus. Namentlich nicht, wenn ein durch wochenlange Strapazen geschwächter Körper von den Fellen ausreichenden Schutz gegen den Frost verlangt.

Ich bediente mich als Schutz vor der Wärmeausstrahlung meines Körpers einer doppelten Renntierdecke,

meine Eskimos dagegen besaßen jeder nur ein Renntierfell. Die Folge war, daß wir auch in dieser Nacht nicht
schlafen konnten und schon um zwei Uhr morgens aufbrachen. Wir hatten nämlich die Besorgnis, wir könnten
bei unserem sehr geringen Proviant im Gebirge auch
noch vom Sturm überfallen werden, und benutzten deshalb die helle Mondscheinnacht, um möglichst eilig diese
unwirtliche Gegend zu verlassen.

Der Weg führte uns zunächst über eine ebene Gegend,
alsdann über den zehn bis zwölf englische Meilen breiten
Dininek-See, hierauf wieder einige Meilen über ebenes
Terrain in den Maknek-River. Dieser letztgenannte Fluß
kommt aus dem südlichen Teile des Dininek-Sees und
macht zuerst einen großen Bogen nach Norden und wendet
sich dann nach Westen. An diesem Wendepunkt erreichten
wir den Maknek-River bei Tagesanbruch nach harter
Arbeit. Unsere Hunde waren von dem geringen Futter,
das sie erhielten, und der harten Arbeit, die sie leisten
mußten, ganz ausgepumpt. Unsere Hoffnung, daß wir
dem Laufe des Maknek-River stromabwärts folgend, uns
unserem Ziele mit Leichtigkeit würden nähern können,
erwies sich als trügerisch; denn dieser Fluß hatte eine
so große Menge mäandrischer Krümmungen, daß wir
einen großen Umweg gemacht hätten, wenn wir ihnen
gefolgt wären.

Wir arbeiteten uns infolgedessen wieder in der Richtung nach Kawiarak durch das schwierige Terrain und
gelangten endlich bei Dunkelwerden wieder zu Menschen.
Ich kann es nicht schildern, als ein wie köstliches Obdach
uns diese kleine Eskimohütte, die Napariaseluk hieß, erschien. Das war doch wieder ein Dach über dem Haupte
und freundliche Menschen in der Hütte; das war doch
wieder eine prächtig schmeckende Mahlzeit von frisch

gekochtem Fisch und wirklich wärmendes Feuer mitten in der Hütte. Wie freudig streckten wir armen, fast erfrorenen und verhungerten Menschenkinder uns zum ersten Male wieder auf dem warmen Lager aus, wie tief und fest schliefen wir in dieser Nacht!

Bei Tagesanbruch marschierten wir weiter, immer in der Richtung des Maknek=Rivers, dessen viele Windungen wir durch angestrengte Touren über das Land abschnitten. Unterwegs kaufte ich an einem bewohnten Platze, der aus zwei Häusern bestand, ein prächtiges Amulett aus Nephrit, wie ich deren schon mehrere unterwegs bemerkt hatte, bisher aber nicht zu erwerben vermocht hatte.

Wir waren nunmehr in eine Gegend gekommen, in der ich in den Augen der Bevölkerung die Rolle einer Sehenswürdigkeit oder eines Wundertieres zu spielen begann. Noch niemals hatten diese Leute hier mitten im Lande den Anblick eines weißen Mannes gehabt, und so war es denn nicht zu verwundern, daß die Eskimos der von mir passierten Dörfer uns freiwillig das Geleit gaben und weite Strecken neben meinem Schlitten herliefen.

Nachmittags 3 Uhr erreichten wir unser Reiseziel, das aus fünf Häusern und einem Kassigit (Tanzhaus) bestehende Dorf Kawiarak. Man muß sich die ganze Summe der von uns seit der Abreise aus Golownin=Bai überstandenen Mühseligkeiten, Strapazen und Entbehrungen vergegenwärtigen, um das außerordentliche Interesse zu begreifen, das einen Bewohner dieses Ortes veranlassen konnte, an dem großen, oben geschilderten Fest in Igniktok teilzunehmen. Die Eskimos, mit denen ich reiste, schienen sich auch der gefährlichen Lage, in der wir alle geschwebt hatten, bewußt zu sein; denn sie hielten sofort bei unserer Rückkehr eine Art Dankfest ab, bei welchem mein Führer

die Trommel schlug, dazu sang und Reden wie ein
Schamane hielt. Nicht zufrieden damit, benutzte man auch
die Gelegenheit, um an diesem Abend im Kassigit noch
ein besonderes Fest zu feiern, mit dem gleichzeitig drei
Eskimos, die an diesem Tage von Port Clarence ange=
kommen waren, empfangen wurden.

Da an Einschlafen vorläufig nicht zu denken war,
ging ich zum Kassigit, um der Empfangsfeierlichkeit der
drei Eskimos beizuwohnen. Es dauerte wie gewöhnlich
wieder mehrere Stunden, bevor das Fest seinen Anfang
nahm. Die Zeremonie des Empfanges war folgende: Die
drei Männer aus Port Clarence kamen einer hinter dem
anderen durch den unterirdischen Eingang bis in die Ein=
steigeöffnung in der Mitte des Kassigits. Alsdann streckte
der erste seine Hand von unten durch die Öffnung nach
oben, zog sie aber sofort wieder zurück. Hierauf sprang
er mit dem ganzen Körper so schnell, als ihm dies
möglich war, durch die Öffnung nach oben. Dasselbe
taten auch der zweite und dritte Mann. Jeder hielt in
seinen Händen einen Stock, der eigens für den Abend
geschnitzt worden war, wie eine Hellebarde. Hierauf
kamen drei geschmückte Eskimos von Kawiarak gleich=
falls durch die Öffnung und tanzten nach dem Takte
des Trommelschlages und eines Gesanges vor den Gästen.
Es dauerte geraume Zeit, bis der Tanz beendet war, so
daß die Tänzer aufs äußerste ermüdet wurden. Plötzlich
hörte Gesang und Tanz auf, und die drei Tänzer richteten
an die Fremden eine Frage. Die letzteren antworteten hier=
auf jedoch nicht. Alsdann nahmen die drei Eskimos von Ka=
wiarak mit untergeschlagenen Beinen auf der Erde Platz.

Hierauf begann der zweite Teil der Zeremonie. Ein
Eskimoweib aus Kawiarak stieg durch die Öffnung auf
und setzte einem der fremden Gäste eine Schüssel mit Essen

71

vor, indem sie gleichzeitig die Kapuze seiner Pelzkleidung zurückschob, ihm den Handschuh der rechten Hand auszog und den Mann zum Essen einlud. Eine zweite Eskimofrau machte es mit dem zweiten Manne genau ebenso, desgleichen eine dritte mit dem dritten. Die fremden Gäste aus Port Clarence begannen zu speisen, taten dies aber so langsam, daß es aussah, als ob sie kaum jemals damit fertig werden würden. Hierauf wurden die Reisesäcke der Fremden in das Kassigit hineingebracht und vor ihre Eigentümer hingestellt. Nun stieg ein Schwarm junger Eskimos aus Kawiarak in das Kassigit und begann mit den Reisesäcken allerhand Scherze zu treiben. Sie entleerten die Säcke ihres Inhalts und breiteten unter lautem Lachen die einzelnen Gegenstände auf der Erde aus, während die ganze Gesellschaft aus Kawiarak mit in das Gelächter einstimmte. Nur die drei Eskimos aus Port Clarence blieben, wie es die Sitte verlangte, ernsthaft und stumm und ließen, ohne sich zu rühren, alle Scherze über sich ergehen. Das Essen, das den Gästen vorgesetzt war, bestand aus rohen, gefrorenen Fischen, getrocknetem Lachs mit Fischtran und schwarzen Beeren. Nach einiger Zeit, als die Fremden ihre Mahlzeit beendigt hatten und keiner sie zum Lachen bringen konnte, wurden die Reisesäcke wieder vollgepackt, und die Empfangsfeierlichkeit hatte damit ihr Ende.

Ich begann mit den Leuten ein Handelsgeschäft, hatte aber nicht besonders großen Erfolg und wurde durch ihr Betteln und ihre zudringliche Neugierde, mit der sie mich körperlich untersuchten, sehr belästigt. Die Vorbereitungen zur Weiterreise erlitten eine Verzögerung insofern, als es aus irgendeinem Grunde verboten war, während der nächsten Tage zu arbeiten, während doch unsere Reisestiefel sehr reparaturbedürftig waren. Wie ich nachträglich hörte, bezog sich das Arbeitsverbot auf die Beendi-

72

gung unserer Reise, da die Eskimos, wenn sie von einer Tour zurückkehren, mehrere Tage lang nicht arbeiten dürfen. Da ich ohnehin schon auf die Leute wegen ihrer Unverschämtheit böse war und sie hart angelassen hatte, kümmerte ich mich nicht im geringsten um ihr Verbot, sondern flickte, trotz der dringenden Proteste der Einwohner, meinen zerrissenen Anzug. Als die Leute sahen, daß ich diesmal nicht nachgab, ließen sie mir meinen Willen. Mein Eskimo jedoch, der sehr ermüdet war, reparierte seine Sachen nicht und verzögerte dadurch unsere Abreise. Dies setzte mich wiederum in den Stand, auch die dringend notwendige Arbeit des Waschens und Trocknens meines Hembes auszuführen. Für alle diese unerhörten Freveltaten wurde mir von der Bevölkerung mit vollem Ernste allerhand Unheil für die Fortsetzung meiner Reise prophezeit.

Ich ließ die Leute reden, was sie wollten, und fuhr am anderen Morgen um 5 Uhr mit fünf Hunden und demselben Schlitten, mit dem ich nach Kawiarak gekommen war, in der Richtung nach Westen weiter, in der Absicht, wenn irgend möglich, die Reise bis Kap Prince of Wales auszudehnen. Ich hatte den ältesten meiner früheren Reisebegleiter mit auf den Weg genommen, da dieser Eskimo, trotz seines Aberglaubens, sonst ein tüchtiger und brauchbarer Mann war. Kurz vor unserer Abreise kamen einige Eskimos aus der Nachbarschaft und boten uns Renntierfleisch zum Kauf an. Der Preis, den sie dafür verlangten, war indes so hoch, daß ich, obgleich mir beim Anblick des lange entbehrten Genusses das Wasser im Munde zusammenlief, in Anbetracht der geringen Geldmittel, die ich bei mir führte, auf den Kauf verzichten mußte.

Unser Weg führte uns über den etwa 25 englische Meilen langen Imarsok-See, der, mit der Bai von Port Cla-

rence in Verbindung stehend, halb süßes und halb sal=
ziges Wasser enthält. Es schneite fast den ganzen Tag
und war so dunkel, daß wir kaum etwas sehen konnten.
Wir mußten, wie gewöhnlich, angestrengt den Schlitten
ziehen helfen. Gegen Abend gelangten wir an den Aus=
fluß des Sees in die Bai und in das aus drei Häusern
bestehendeDörfchenTukkerrowik. Es wurde mir ein feierlicher
Empfang bereitet, indem mir ein Einwohner aus einem
Dorfe in der Nähe von Prince of Wales eine Rede hielt. Der
See, dessen Fläche wir passiert hatten, ist sehr fischreich.

Der Ausfluß des Jmarsok=Sees von der Bai nach Port
Clarence besteht aus einem etwa 10 englische Meilen
langen gewundenen Kanal, dessen Eisfläche wir entlang=
fuhren. Gegen Mittag passierten wir den Ort Sinaogak
und befanden uns nun am Ufer der Bai, begleitet von
drei Mann aus Tukkerrowik. Unser Führer leitete den
Marsch so ausgezeichnet, daß wir trotz des Schnees un=
unterbrochen bis abends 10 Uhr den Schlitten zogen, wor=
auf wir sehr müde und sehr hungrig in Singrak in der
Nähe von Kap Prince of Wales anlangten. Dieser Ort
besteht aus drei kleinen Hütten, die einen inneren Durch=
messer von kaum 5 Fuß hatten, trotzdem jede etwa
sechs Personen als Schlaf= und Wohnstätte diente.

Obgleich es schon sehr spät war, wurden wir von der
Einwohnerschaft mit großem Jubel empfangen, und alle
stürzten in freudiger Aufregung herbei, um mich zu
sehen, zu befühlen und auf jede andere bekannte Art, in
der man Wundertiere belästigt, sich mir zu nähern. Ich
kaufte einige Forellen und gab sie einer Eskimofrau, da=
mit sie mir diese kochen sollte; denn ich hatte den ganzen
Tag noch nichts genossen. Sie ging damit in ihre Hütte,
und es dauerte geraume Zeit, ohne daß sie mir die Mahl=
zeit brachte. Vom Hunger gequält, ging ich endlich zu

74

ihr und fand, daß die brave Frau die Fische zwar ge=
kocht, aber auch bereits verspeist hatte. Glücklicherweise
hatte ich noch etwas Tee und Biskuit bei mir, so daß ich
nicht ganz ohne Abendbrot zu Bette zu gehen gezwungen
war. Obgleich ich außerordentlich ermüdet war, konnte
ich in dieser Nacht wieder einmal keinen Schlaf finden;
denn die Aufregung der Eskimos über meine Ankunft
war so groß, daß sie während der ganzen Nacht einen
wahren Höllenlärm vollführten. Diese Leute kennen über=
haupt keine Tages= oder Nachtzeit, sondern jeder tut, wie
bereits erwähnt, zu jeder Zeit, was ihm beliebt.

Am anderen Tage, dem 6. Dezember, wurde ich von den
Einwohnern von Singrak in das Kassigit eingeladen und
in feierlicher Weise „empfangen". Man setzte mir vier
verschiedene Schüsseln vor, unter anderem Multebeeren,
die in Fischtran gekocht waren. Da ich in der letzten
Zeit sehr viel gehungert hatte und überhaupt auf Rei=
sen in bezug auf Speisen nicht sehr wählerisch bin,
entwickelte ich einen wahren Eskimoappetit, der meinen
Zuschauern in jedem anderen Lande imponiert haben
würde. Erst als ich nicht weiter essen konnte, gab ich
den Rest der Mahlzeit an meine Leute. Ich erinnere mich
noch, daß es mich damals nicht im geringsten störte, daß
die Eskimoweiber, die mich bedienten, fast sämtlich kahl=
köpfig waren. Sie teilten diese Eigenschaft mit den
meisten Bewohnern dieses Teiles von Alaska.

Durch die Mahlzeit gut vorbereitet, konnte ich den fest=
lichen Tanz, der mir zu Ehren folgen sollte, nunmehr
über mich ergehen lassen, wobei ich merkwürdigerweise
an diesem entlegenen Punkte des Nordens einige An=
klänge an die Festlichkeiten von Britisch=Kolumbien, na=
mentlich von West=Vancouver, auffand. Vor allem war
es die Trommel, die nicht wie sonst in Alaska aus einem

mit Tierhaut überspannten Reifen, sondern aus einer viereckigen Kiste bestand, was mich an meine Erlebnisse bei den nordwestlichen Indianern erinnerte. Der Tanz wurde von drei Männern begonnen, die mit Mützen aus Adlerbälgen ihr Haupt bedeckt hielten und lange Handschuhe mit Papageitaucherschnäbeln trugen. Die Gesänge wurden von einem alten triefäugigen Eskimo geleitet, der, wie es schien, die Ausführung als Akkordarbeit übernommen hatte. Er führte nämlich während des Festes gewissermaßen darüber Buch, indem er in der einen Hand eine Anzahl Holzstäbchen hielt, von denen er nach jedem Gesange ein Exemplar in die andere Hand nahm. Er schien es in seinem langen Leben noch nicht recht zur Fertigkeit des Addierens gebracht zu haben; denn er kontrollierte nach jedem Gesange unter tiefem Nachdenken immer wieder die Zahl der Holzstäbchen in jeder der beiden Hände.

Es fiel mir auf, daß die dortigen Bewohner nicht so ganz in ihrem Äußeren mit den übrigen Einwohnern von Alaska übereinstimmen. Mehrere Männer hatten einen ziemlich starken Bart, auch besaßen die Einwohner im allgemeinen eine dunklere Hautfarbe, breite Backenknochen und kleine, wenig geschlitzte Augen.

Am Abend desselben Tages wurde im Kassigit wieder ein Fest gegeben. Es tanzten zu gleicher Zeit sechs Männer, auch beteiligten sich zwei Frauen an dem Tanze. Die Kleidung der Männer war eine andere als während meines Empfanges; sie trugen jetzt Renntierfellstiefel und =hosen, die wie die grönländischen Weiberhosen bis zu den Knien reichten. Die Oberkörper waren sonst unbekleidet, bis auf einige Hermelinfelle, die jeder der Tanzenden über Schulter und Brust gehängt hatte. Auf dem Kopf trugen die Männer Streifen von Wolfsfellen, einer von ihnen sogar die abgezogene Haut eines Wolfskopfes.

76

Die Frauen hatten sich nicht besonders zum Tanze ge=
schmückt, sondern trugen ihre alten schmierigen Fellkleider.
Die Tänze dieser Eskimos wurden ein wenig anders aus=
geführt als bei den Mallemuten. Die Beine werden beim
Tanzen gespreizt und die Oberkörper unter lebhaften Ge=
stikulationen nach vorn übergebogen. Eine Handtrommel
wurde von einem zum anderen gereicht, wobei jedesmal
derjenige, der sie empfing, einen Solotanz ausführen
mußte, gleichviel, ob er Tanzkleider trug oder nicht. Nach
dem Tanze wurden Speisen in das Kassigit gebracht
und zugleich in der Pause die Adlerfeder fleißig als Fächer
benutzt. Nach der Mahlzeit setzten sich alle auf den Fuß=
boden nieder, zogen ihre Festkleider aus und legten ihre
alten Kleidungsstücke wieder an. Den Beschluß des ganzen
Festes machte eine gemütliche Kneiperei, bei der indessen
alle nüchtern blieben, da das Getränk lediglich aus Wasser
bestand, das die Weiber herbeigebracht hatten. An diesem
Tage erhielt der Ort Besuch von der Mannschaft dreier
Schlitten aus Amelirok. Während des Abends faßte ich
den Entschluß, nach dem nahegelegenen Orte Kingegan zu
reisen, das noch weiter westwärts bei Kap Prince of
Wales liegt, obgleich die dortigen Einwohner einen schlim=
men Ruf als Diebe und Räuber besitzen.

Am anderen Morgen brachen wir noch vor Tagesan=
bruch unter Führung eines Eingeborenen von Kingegan
in einem mit zehn Hunden bespannten Schlitten auf. Der
Weg führte uns längs der Küste der Bai und des Berings=
Meeres in der Richtung nach Nordwesten. Der Gebirgs=
zug, der die Halbinsel von Osten nach Westen durchzieht,
trat an der Stelle, die wir jetzt passieren mußten, un=
mittelbar an das Meeresufer als steil aufragender Fels
heran. Die einzige Möglichkeit, unseren Weg fortzusetzen,
bestand darin, daß wir um diesen Felsenvorsprung der

77

Beringstraße herumfuhren und das Eis des Meeres passierten. Hier aber war an eine Schlittenfahrt nicht zu denken. Denn so weit an diesem etwas trüben Tage das Auge zu blicken vermochte, war die ganze Beringstraße mit einem Gewirr von unendlich zahlreichen treibenden Schollen bedeckt, die nicht einmal einen Menschen im Kajak hätten passieren lassen.

Ich blickte hinüber nach Westen, wo die Küste Asiens in so unmittelbarer Nähe lag, daß ich sie bei hellem Wetter hätte erblicken können. Jetzt war sie in Nebel gehüllt, während die steile Felswand vor mir wie eine unübersteigliche Mauer aufragte, die mit dem Schlittengespann an dieser Stelle nicht zu überschreiten war. Aussicht, daß das Eis der Beringstraße bald fest werden würde, war nach Aussage meiner Begleiter entschieden nicht vorhanden, da das Eis vor Januar oder Februar selten zum Stehen kommt. Hierzu kam noch, daß meine Tausch= und Handelsartikel infolge der unterwegs gemachten Einkäufe fast vollständig aufgebraucht waren, so daß ich ohnedem schon keine großen ethnographischen Einkäufe hätte machen können. Von Tag zu Tag hatte sich die ursprünglich kleine Expedition, die ich von Orowignarak nach Golownin=Bai ausführte, immer weiter nach Westen ausgedehnt, so daß nunmehr endlich der Moment gekommen war, wo ich umkehren mußte, falls ich mich nicht gänzlich von Mitteln entblößen und dadurch die bereits erworbenen Sachen der Gefahr des Verlorengehens aussetzen wollte. Wir kehrten deshalb wieder nach Singrak zurück, wo ich noch einige Erwerbungen machte. Auch kaufte ich dort einen Hund, da mein Eskimo nur fünf solcher Tiere besaß. Am Abend fand wieder ein Fest im Kassigit statt, an dem ich mich jedoch nicht beteiligte.

Rückkehr nach Orowignarak am Norton=
sund

Die Rückreise begann am anderen Morgen, und wir
erreichten gegen Mittag das Telegraphenhaus, das im
Jahre 1867 von einer Gesellschaft, die, wenn ich nicht
irre, Western=Union=Telegraph=Company hieß, hier erbaut
wurde. Man beabsichtigte damals, eine Telegraphenver=
bindung von den Vereinigten Staaten aus über Land bis
hierher herzustellen, alsdann die Beringstraße mit einem
Kabel zu belegen und die Telegraphenlinie durch Sibirien
nach Europa weiterzuführen. Das Unternehmen wurde je=
doch von der transatlantischen Konkurrenz aufgekauft
und blieb liegen. Das einsame Telegraphenhaus am Ufer
der Beringstraße ist aber bis auf die mangelnden Türen
und Fenster noch wohlerhalten; auch fand ich an mehre=
ren Stellen in Alaska noch Telegraphenstangen aufge=
richtet. Der Telegraphendraht dagegen ist von den kunst=
fertigen Eskimos zu Armringen für ihre Weiber verar=
beitet worden. Wir machten in dem Telegraphenhause,
das ich bei der Hinreise in der dunkeln Abendstunde nicht
bemerkt hatte, Rast, um unsere Hunde zu füttern. Dann
setzten wir unsere Reise fort und gelangten abends nach
Sinaogak, von dessen drei Häusern nur eins bewohnt war.

Am anderen Morgen wurde die Rückreise auf demselben
Wege fortgesetzt, auf dem ich gekommen war. Wir fuhren

79

bei bitterer Kälte den Kanal hinauf und kreuzten den
großen See, auf welcher Tour meine Nase erfror. Abends
langten wir wieder in Kawiarak an, wo ich diesmal mit
dem freundlichen und zuvorkommenden Benehmen der
Leute zufrieden zu sein alle Ursache hatte. Ich hatte den
Eskimos nämlich eine Strafpredigt wegen ihrer Betteleien
gehalten und merkte, daß sie zwar nicht die Worte, wohl
aber die Gestikulationen verstanden hatten. Wir mußten
eine zweitägige Ruhepause machen, die zum höchstnotwen=
digen Reparieren der Kleider benutzt wurde.

Am 12. Dezember setzten wir unsere Rückreise nach
Golownin=Bai fort. Der Marsch ging nun wieder in
der Richtung des Maknek=Rivers weiter, wobei wir
den Ort Errakwik besuchten. Einen heftigen Sturm aus
Nordnordost hatten wir bei etwa 40 Grad Kälte in der
zweitnächsten Nacht auszuhalten, als wir auf dem Mak=
nek=River im Renntierfellzelt kampierten. Wir mußten
das Zelt fast im Schnee begraben, um uns gegen die
Kälte zu schützen, und schliefen während der Nacht auf
unserem Fischvorrat. Die Hunde bekamen hiervon Witte=
rung und versuchten, sich durch die Zeltwand hindurchzu=
fressen. Namentlich der in der Nähe von Kap Prince of
Wales gekaufte neue Hund ging hierbei seinen Genossen
mit bösem Beispiel voran.

Die nächtliche Kälte verwandelte unseren Atem im Zelt
in Schnee und Reif, womit bald das Innere bedeckt war.
Wir standen deshalb schon vor Tagesanfang auf und
überstiegen an diesem Tage das Gebirge, fuhren dann
über den Dininek=See und erreichten wiederum jene ver=
lassene Hütte, in der wir schon auf der Hinreise über=
nachtet hatten. Es war ein wunderbar gemütlicher Auf=
enthalt hierselbst. Bald loderte ein wärmendes Feuer,
und wir kochten uns Fische und buken Kuchen in See=

80

hundstran. Zum erstenmal seit langer Zeit befanden wir uns, ohne daß wir zu frieren brauchten, wieder in einem Hause, in dem kein Kinder= und Weibergeschrei, kein Singen, Toben, Lärmen und dergleichen stattfand, wir schliefen infolgedessen gut — leider nur zu gut. Am anderen Tage stellte es sich heraus, daß mein neugekaufter Hund, dieses Unglückstier, ein Paar Stiefel und einen Sack aus Seehundsfell vollständig aufgefressen hatte. Obgleich unser Vorrat an Lebensmitteln auf dieser Tour ziemlich knapp war, hatten wir doch unsere Hunde, ohne sie Not leiden zu lassen, bisher täglich ziemlich gut ge= füttert. Aus Hungersnot hätte also mein neugekaufter Hund diese beiden Gegenstände nicht zu verzehren brauchen. Es gibt indes einzelne Eskimohunde, die jene, wie es scheint, unbezähmbare Begierde besitzen, jeden Gegen= stand, der aus Leder besteht, aufzufressen. Zu dieser Art gehörte ohne Zweifel mein neuer Hund. Das wunderbarste bei dieser ganzen Affäre war, daß wir trotz eifrigsten Suchens am anderen Morgen keine Spur von dem in den Stiefeln befindlichen Heu entdecken konnten. Meine neue Akquisition war also nicht nur ein Leder=, sondern auch ein Heufresser.

Am nächsten Tage gingen wir weiter nach Osten und übernachteten in der verlassenen Sommerhütte Kelingia= rak, wo wir bei dem Überrest unserer Fische und reich= lichem Holzvorrat wie die Götter lebten. Bereits am nächsten Tage erreichten uns schon Nachrichten aus der Gegend der Golownin=Bai. Wir trafen nämlich fünf Mann mit zwei Schlitten, die von Eratlewik kamen. Diese Leute stammten aus dem von mir nicht besuchten Orte Kingegan am Kap Prince of Wales und schienen den schlechten Ruf, den die Bewohner ihres Ortes be= sitzen, rechtfertigen zu wollen. Sie machten, als wir uns näherten, halt, erhoben ihre Gewehre, und einer von ihnen gab einen Schuß ab. Als wir jedoch herangekommen waren, zeigten sich die Leute freundlicher und plauderten mit uns eine Zeitlang, bei welcher Gelegenheit ich von ihnen einige Kleinigkeiten erwarb, unter anderem eine Kugelriemenschleuder für Enten von der Konstruktion der patagonischen Bolas. Wir trennten uns als gute Freunde.

Es war 2 Uhr nachmittags, kurz nach Sonnenuntergang, von dem wir aber eines herrschenden Schneegestöbers wegen nichts merkten, als wir in dem Orte Eratlewik unseren Einzug hielten. Es war uns zumute, als ob wir in geradezu großstädtische Verhältnisse kämen. Wir hatten hier Gelegenheit, uns wieder einmal gründlich zu waschen und uns und unsere Kleider von anderen Anhängseln des ungeregelten Eskimolebens zu befreien, wie wir endlich sogar nicht nur Pfannkuchen, sondern auch köstliche Forellen von eineinhalb Pfund Schwere erhielten, deren ich allein einige verzehrte, wie wir endlich auch unsere Hunde mit einer tüchtigen Mahlzeit versorgen konnten. Am nächsten Morgen früh um 5 Uhr ging es von diesem Orte der Glückseligkeit weiter, und wir legten durch einen angestrengten Tagemarsch die Strecke zurück, die uns noch von Golownin-Bai und von Singek, dem Wohnorte der amerikanischen Goldgräbergesellschaft, trennte. Da einer unserer Hunde unterwegs so matt geworden war, daß ich ihn auf den Schlitten werfen mußte, waren wir genötigt, besonders stark zu ziehen, so daß wir vor Übermüdung unterwegs beinahe umgefallen wären.

Die Amerikaner nahmen uns wie gewöhnlich sehr freundlich auf, und ich muß gestehen, daß mein ausgehungerter Magen sich noch niemals vorher so sehr an Bohnen mit Speck delektiert hatte wie an diesem Abend.

82

Zugleich erhielt ich mancherlei Nachrichten aus der Nähe und Ferne. Inzwischen waren auch die von mir im Herbst an der Yukon-Mündung bestellten zehn Eskimohunde, sowie ein Schlitten in Singek angekommen. Ein Eskimo hatte jedoch sechs meiner Hunde entliehen und war mit ihnen nach Abnek gefahren. Mein Schlitten war zerbrochen, und während ich einen Boten nach Abnek sandte, um meine Hunde wiederzuholen, ließ ich ihn reparieren. Alsdann lohnte ich meinen Führer ab, der mich treu und gut begleitet hatte. Der Mann war mit einer Quantität Pulver, Blei, Zündhütchen und anderen Handelswaren im Werte von etwa sechzig Mark als Bezahlung zufrieden.

Am 19. Dezember kamen von der gegenüberliegenden Seite der Golownin-Bai, aus Igniktok, welcher Ort mir wegen des großen Toten- und Erbschaftsfestes, dem ich dort beigewohnt hatte, noch in guter Erinnerung war, zwei Schlitten nach Singek, wodurch ich Gelegenheit erhielt, eine größere Menge des jetzt für meine vierbeinigen Schlittenzieher so notwendigen, aber überall knappen Hundefutters zu kaufen. Am nächsten Tage, als abermals drei Schlitten aus Igniktok ankamen, hatte ich Gelegenheit, diese Einkäufe nochmals in größerem Maßstabe zu wiederholen. Wir hatten jetzt nördlichen Sturm und beißende Kälte. Endlich langten meine sechs Hunde aus Abnek an, noch rechtzeitig genug, daß wir für den nächsten Tag unsere Abreise festsetzen konnten. Meine armen Tiere kamen in einem entsetzlich verhungerten Zustande zurück, da der biedere Eskimo, der sie sich auf eigene Faust geliehen hatte, es nicht für nötig gehalten zu haben schien, sie auch zu füttern.

Wir bildeten eine kleine, aber ganz stattliche Schlittenkarawane, die am 22. Dezember von Golownin-Bai aus nach Südosten zog. Außer den beiden Schlitten des Herrn

Hartz, des Führers der Goldgräbergesellschaft, beteiligten sich auch die drei zuletzt aus Igniktok angekommenen Schlitten an der Reise. Der Weg ging diesmal nicht wie bei meiner Herkunft quer über das Land nach Kap Jungfrau, sondern, da jetzt das Eis hielt, in die Golownin=Bai hinaus. Mancherlei kleine Abenteuer zeichneten den Beginn der Expedition aus. Zunächst vermißte ich bei der Abfahrt einen meiner Hunde, und da die Leute des Herrn Hartz bereits vorausgezogen waren, fuhr ich ihnen schleunigst nach, in dem Glauben, das Tier befände sich bei ihnen. Dies war aber nicht der Fall. Deshalb entsandte ich einen Eskimo mit einem Schlitten rückwärts, um den Hund aufzusuchen, während ich mit meinem Schlitten und acht Hunden die Tour fortsetzte.

Das zweite Malheur hätte sehr schlimme Folgen haben können. Während das Eis im inneren Teile der Golownin=Bai fest war, hatte es, als wir uns dem äußeren Teile der Bai genähert hatten, einige schmale Stellen. Über eine fuhr ich mit meinem schwerbepackten Schlitten hinüber. Im Augenblicke brach das Eis, und ich hatte gerade noch Zeit, vom Schlitten wegzuspringen, als dieser bereits untersank und die Hunde mit sich ins Wasser riß. Mein Ruf führte jedoch die dicht vor mir befindlichen Leute des Herrn Hartz, die diese Stelle ohne Unfall passiert hatten, herbei, und es gelang uns, den Schlitten wieder aufs Eis zu heben, nachdem zuvor die Tiere gerettet waren. Allerdings hatte ich bei diesem Unfall den Verlust eines Teiles meines Proviants zu beklagen.

Da das Eis weiterhin noch schwächer wurde, wandten wir uns dem Ufer zu und setzten unseren Weg quer über die Felsen der Halbinsel, welche die Norton=Bai vom Norton=Sund abschnürt, fort. Nunmehr zeigte es sich, daß mein Schlitten nicht richtig gebaut war; denn er schlug wieder=

84

holt während des Fahrens um und wurde an mehreren Stellen beschädigt. Noch schlimmer aber wurde es, als wir auf der anderen Seite des Berges über den hartgefrorenen Schnee hinabfuhren. Hier hatte ich oft die Aufwendung meiner ganzen Körperkraft nötig, um das Umschlagen meines Schlittens zu verhindern. Der Weg wurde immer steiler, und jetzt drohte uns allen Unheil. Den Beginn machten diesmal die drei Amerikaner, die dicht vor mir fuhren, und deren Schlitten so unglücklich kenterte, daß einer der Leute mehrere Meter weit durch die Luft flog und mit dem Kopfe zuerst unten ankam. Wir glaubten, daß er das Genick gebrochen habe; er war indessen weniger verletzt als der Schlitten. Ich sauste, seitwärts neben meinem Schlitten hängend, an ihnen vorüber, indem ich mit dem Fuße die heftigsten Stöße abwehrte, die ihn zu treffen drohten. Sehr bald aber verletzte ich mir den Fuß, und es blieb mir nichts anderes übrig, als willenlos mich von dem durchgehenden Schlitten dahin bringen zu lassen, wohin ihn das Gesetz der Schwere rief. Glücklicherweise dauerte es nicht lange, bis ein mit Schnee bedecktes Gebüsch dem Schlitten ein Hindernis bot, das er nicht zu überwinden vermochte, sondern in das er tief hineinfuhr. Ich stand also still, ebenso wie die Amerikaner, und da für den Augenblick mit dem beschädigten Schlitten die Fahrt nicht fortgesetzt werden konnte, spannte ich meine Hunde aus, die nichts Eiligeres zu tun hatten, als spornstreichs dem nahegelegenen Küstendorfe Abnek zuzulaufen. Da wir von dort Hilfe erhielten, langten wir auch selber bald mit den Schlitten in Abnek an.

Hier fand ein großes mehrtägiges Fest statt, von dem wir, durch das Reparieren der Schlitten einige Tage lang aufgehalten, einen größeren Teil kennenlernten. Dieses Fest wurde, wie fast alle Eskimofeste, unter starker Beteiligung zahlreicher Stammesgenossen gefeiert. Es war kein Tanzfest oder Fest der Geschenke, wie ich deren bereits so viele kennengelernt hatte, sondern es bezog sich auf den Hauptnahrungszweig der Leute, den Seehundsfang. Dieses Fest wird alljährlich nur einmal gefeiert, und zwar spielen hierbei merkwürdigerweise die Frauen die Hauptrolle.

Während des ganzen Jahres wird die Blase eines jeden gefangenen Seehundes in den Eskimohäusern sorgfältig aufbewahrt, um zu diesem Feste schön mit Farben bemalt und zunächst nach dem Kassigit gebracht zu werden. Dort hängt man sie vor Beginn der Festlichkeit auf. Diese beginnt damit, daß zunächst eine allgemeine Mahlzeit stattfindet, bei der die Männer von den Frauen bedient werden. Jedes männliche Wesen, das ins Kassigit tritt, hat die Verpflichtung, irgendeinen Gegenstand, der zum Kajak gehört, also ein leichtes Ruder, einen Speer, eine Harpune und dergleichen mitzubringen und in der Hand zu halten. Ein alter Mann war im Kassigit unmittelbar an der Tranlampe postiert und hielt ein Bündel getrockneter Pflanzenstengel — es war jene Pflanze, die wir in Norwegen Sloike (Bärenklau) nennen — gegen die Flamme. In der Nähe der Einsteigeöffnung war ein Pfahl angebracht, der mit einem Bündel Bärenklau umwickelt war. Jeder eintretende Mann mußte mit dem mitgebrachten Kajakgegenstande zuerst das Feuer berühren, alsdann sämtliche aufgehängten Seehundsblasen und zuletzt das Bündel Bärenklau, das um den Pfahl gewickelt war. Nach Beendigung dieser Zeremonie mußten alle jungen Leute, die im ungefähren Alter von 10 bis 14 Jahren standen, sich völlig entkleiden. Hierauf erschien eine Frau, die ein Bündel mit rohen, getrockneten Fischen trug und auf die Erde warf. Auf diese Fische stürzten sich die ent-

86

kleideten Jungen, indem jeder versuchte, so viel als mög=
lich davon zu erhaschen. Bei dieser wilden Jagd herrschte
große Aufregung, lautes Schreien und Toben. Es schien,
als ob jeder so viel Lärm als möglich machen müßte.
Nachdem auf diese Weise die Jugend abgefertigt war,
wurde für die Erwachsenen gesorgt. Man stellte einen
Gegenstand auf, der als Ziel dienen konnte, und die
Männer begannen mit kleinen Wurfspeeren danach zu
werfen. Diese Speere waren von eigentümlicher Konstruk=
tion: sie bestanden aus einem hölzernen Schaft, dessen
vorderes Ende eine kleine Eisenspitze, und dessen hinteres
Ende eine lange Möwenfeder trug. Derjenige Eskimo, der
am besten geschossen hatte, wurde mit lautem Jubel begrüßt.
Das Spiel dauerte bis 2 Uhr nach Mitternacht, indem
dabei auch Gesänge und Tänze miteinander abwechselten.

Am nächsten Abend kamen die Damen an die Reihe.
Die stattliche Korona von Eskimofrauen und =mädchen
hatte auf dem Boden des Kaſſigits Platz genommen
und sich in Reihen im Kreise um die Eingangsöffnung
hingesetzt. Alsbald erschien ein Mann nach dem anderen
an der Eingangsöffnung, richtete sich mit dem halben Ober=
körper daraus hervor und trug unter allerhand wunder=
lichen Gebärden eine Rede oder einen Gesang vor. Dann
hob er ein Geschenk in die Höhe, rief laut den Namen der=
jenigen Person, für die er es bestimmt hatte, und warf
es ihr schließlich zu. Die Beschenkten zogen sich unter
großem Jubel an die Wände des Kaſſigits zurück, wo
sie triumphierend die Gabe ihren Freundinnen zeigten,
während die noch nicht Beschenkten sich in die Nähe der
Eingangsöffnung postierten. Nach Schluß dieser Feier
kamen auch die Männer ins Kaſſigit.

Der Abschluß, der zugleich der Höhepunkt des Festes
war, fand am nächsten Morgen statt, gerade als wir uns

zur Abreise rüsteten. In unmittelbarer Nähe des Strandes versammelten sich, festlich angetan, einige hundert Eskimomänner und -frauen, die die Seehundsblasen mit sich trugen. Auf dem Eise brannte ein Feuer, das die Gegend und Gruppe malerisch beleuchtete. In das Eis waren einige kleine Löcher gehauen, um die sich die Festteilnehmer gruppierten. Nunmehr schritten die Frauen vor und sprachen allerlei Zauberformeln und Gebete, worauf sie die Seehundsblasen mit einem Stocke unter das Eis schoben. Diese Zeremonie wurde mit großem Ernste ausgeführt; sie hatte den Zweck, daß mit den Blasen gewissermaßen eine Art Opfer dem großen Seehund oder Maklak gebracht werden sollte. Es herrscht nämlich der Glaube, daß, wenn dies nicht geschieht, sich die Seehunde in Zukunft von der Küste fernhalten würden und die Bevölkerung dann Hungers sterben müßte.

Wir setzten mit den Schlitten unseren Weg längs des Gestades der Norton-Bai fort; aber das Eis wurde bald so schlecht, daß wir nur mit äußerster Mühe vorwärtskommen konnten. Mein Schlitten, der verhältnismäßig viel zu hoch gebaut war, kenterte im Laufe des Tages nicht weniger als sechsmal. Gegen Abend erreichten wir Newiarsualok oder Kap Jungfrau. Nachdem wir uns hier in einer Eskimohütte einquartiert hatten, kam plötzlich ein Schamane herein, der ein langes Geheul und Gebrüll ausstieß und alsdann mit einem Male den Atem anhielt, bis er im Gesicht fast blau wurde und seine Augen mit Blut unterliefen. Dann schwenkte er plötzlich um und kroch zum Hause wieder hinaus. Ich habe niemals in Erfahrung bringen können, welche Ursache dieses sonderbare Benehmen haben könne; auch sahen wir diesen Mann später nicht wieder.

Einen Fall von Unredlichkeit seitens einer meiner Leute muß ich hier anführen. Der Eskimo Orre, derselbe, der schon von Fort St. Michael aus mit mir gereist war, hatte mir bereits bei meiner letzten Anwesenheit in Singek Veranlassung zu Klagen gegeben. Als ich ihn damals aussandte, meine durch einen anderen Eskimo entliehenen sechs Hunde zurückzuholen, kümmerte er sich nicht im mindesten um diesen Auftrag, sondern ging einfach zu einem Feste nach irgendeinem Nachbardorfe. Jetzt versuchte Orre nun, den Amerikanern unseres Zuges einen Sack mit Bohnen zu entwenden, indem er ihn auf seinen Schlitten legte und mit gefrorenen Fischen bedeckte. So leid es mir tat, mußte ich Orre deshalb entlassen, was ihm indessen sehr angenehm zu sein schien, da er sich hier in der Nähe seines Wohnortes befand.

Am ersten Weihnachtsfeiertage legten wir nur die kurze Strecke zurück, die uns noch von Orowignarak trennte. Fast schien es, als ob der alte Schamane, der uns am Abend vorher mit so blaurotem Gesicht angezaubert hatte, mein Unglück herbeizuführen beabsichtigte; denn die Ereignisse des Tages entsprachen einer derartigen Voraussetzung ganz und gar. Obgleich ich vier Eskimos beauftragt hatte, zu beiden Seiten meines Schlittens während des Marsches einherzugehen und darauf zu achten, daß er nicht wieder umfalle, passierte es uns doch schon nach den ersten zehn Schritten, daß mein Schlitten vollständig zerbrach. Glücklicherweise waren andere leere Eskimoschlitten vorhanden, so daß ich mein Gepäck darauflegen konnte und wohlbehalten um 3 Uhr nachmittags wieder in Orowignarak anlangte.

Hier empfing ich zum ersten Male wieder Nachrichten von der Außenwelt. Mr. Woolfe war mit drei Schlitten nach Fort St. Michael gefahren, um Handelsartikel für

Eisak zu holen. Mein Proviant war inzwischen von den Eskimos fast ganz aufgebraucht worden, so daß ich in der augenblicklich herrschenden Notlage vielleicht am besten getan hätte, wenn ich sogleich nach Fort St. Michael aufgebrochen wäre, um Proviant zu holen. Eisaks Haus war noch angefüllt mit Eskimos. Sie hielten sich darin seit dem Feste auf, das Eisak während meiner Abwesenheit allen denjenigen gegeben hatte, die seines Vaters Grab gepflegt hatten. Am zweiten Weihnachtsfeiertage gingen die Amerikaner mit ihren Schlitten weiter über das Eis der Norton-Bai, während ich meinen zerbrochenen Schlitten am Tage darauf nach Unaktolik sandte, wo das zu einer Reparatur geeignete Birkenholz war. Um diese Zeit traf bei uns in Orowignarak ein Eskimo von einem benachbarten Flusse ein und erzählte uns, daß eine Anzahl Mallemuten vom nördlichen Ufer des Kotzebue-Sundes in dem Orte Kikertarok angelangt sei.

Diese Leute erschienen am nächsten Morgen in unserem Hause, da sie beabsichtigten, späterhin weiter südlich zu reisen, um an einem Feste in Schaktolik teilzunehmen. Es waren große, kräftige, schön gebaute Leute, die Lippenpflöcke von etwa zwei Zoll Länge aus weißem Marmor trugen. Sie brachten trübe Nachrichten und berichteten, daß oben im Norden des Kotzebue-Sundes am Noatak-River unter den Eingeborenen eine Hungersnot herrsche, weil die Renntiere, von deren Jagd sich jene Leute ernährten, ausgeblieben seien. Zu gleicher Zeit berichteten sie, daß im Laufe des Sommers der Kapitän eines Walfängerschiffes, nördlich von der Beringstraße am Kap Hope, einen seiner Leute, einen Irländer, der sehr diebisch und bösartig war, ans Land gesetzt habe. Dieser Mann befand sich jetzt bei den Eskimos und wurde von ihnen

90

ernährt und gekleidet, wofür er die Eingeborenen gleich=
falls durch Diebstähle und Bübereien belohnte.

Die neu angekommenen Mallemuten waren von einer
wunderbaren Kindlichkeit und Zutraulichkeit. Während
ich meine auf der letzten Expedition gemachten Samm=
lungen ordnete, lehnten sich immer zwei oder drei von
ihnen an meine Schulter, mein Tun und Treiben auf=
merksam beobachtend, oder sie schauten verwundert in
meine Rockärmel und stellten eine neugierige körperliche
Untersuchung mit mir an. Mein ursprünglicher Wunsch,
Kotzebue=Sund zu besuchen, wurde noch mehr durch den An=
blick dieser Leute sowie durch die Berichte, daß dort oben
viele ethnographische Gegenstände zu holen seien, bestärkt.

Am 1. Januar 1883 kam Mr. Woolfe von Fort
St. Michael zurück und brachte mir als Neujahrsüber=
raschung die Nachricht, daß die Ingalik des mittleren
Yukon, in deren Gebiet ich während meiner September=
reise einige Schädel gesammelt hatte, darüber erzürnt
seien und den Händlern der Alaska=Commercial=Company
deshalb Unannehmlichkeiten bereiten wollten. Auch ver=
breitete sich unter den Eskimos das Gerücht, daß diese
Ingalik quer über Land nach Orowignarak kommen
würden, um uns zu überfallen.

Wie ich von vornherein vermutete, beruhte dieses
Gerücht hauptsächlich darauf, daß die Eskimos der Nach=
barschaft in möglichst großer Zahl meinen Proviant und
meine Gastfreundschaft zu beanspruchen beabsichtigten und
namentlich mit Pulver, Blei usw. versehen sein wollten,
um zur Verteidigung gegen einen Überfall bereit zu sein.
Der ganze Vorrat an Proviant, den mir Mr. Woolfe
mitbrachte, bestand aus einer Büchse Biskuit und Speck.
Die Eskimos von Kotzebue=Sund verließen uns am selben
Tage, um nach Schaktolik weiterzugehen.

Inzwischen suchte ich von Eisak so viel wie möglich
über die Sitten und Gebräuche der Eskimos zu erfahren.
Er erzählte mir u. a. auch, wie es unter seinen Lands=
leuten bei der Geburt von Kindern gehalten würde. Es
wird eine kleine hölzerne Hütte errichtet, in die sich die
angehende Mutter begibt, gleichviel, ob es Sommer oder
Winter ist. Sie erhält hierbei nur die Unterstützung von
einer oder zwei Frauen, die von Zeit zu Zeit zu ihr
kommen. In der Stunde der Geburt wird der Leib der
Frau mit Seehundsriemen von oben nach unten spiral=
förmig zugeschnürt und oft noch, um die Pressung zu ver=
mehren, ein Stock hindurchgesteckt. Die Mutter kniet,
wenn das Kind geboren wird. Letzteres wird mit Harn
gewaschen, und es gilt für ein günstiges Vorzeichen dafür,
daß das Kind ein sehr hohes Alter erreichen wird, wenn
dieses erste eigenartige Bad von einer recht alten Frau
stammt. In schwierigen Fällen wird wie bei allen Krank=
heiten ein Schamane hinzugezogen. Die Eskimoweiber
sind im Ertragen von Strapazen sehr widerstandsfähig. So
erzählte mir Eisak, daß er auf einer Wanderung quer über
das Gebirge habe haltmachen müssen, weil seine mit=
gekommene Frau plötzlich von der Geburt eines kleinen
Töchterchens überrascht worden sei. Nachdem diese An=
gelegenheit erledigt worden war, wobei noch nicht einmal
Feuer angemacht wurde, legten Eisak und seine Frau ihre
Schneeschuhe wieder an, hüllten das neugeborene Kind in
ihren Pelz und setzten die Reise weiter fort.

Noch einen anderen merkwürdigen Eskimobrauch be=
richtete mir Eisak: Es ist Sitte, daß sowohl bei Sonnen=
aufgang wie bei Sonnenuntergang die Arbeit eine kurze
Zeitlang, etwa während einer halben Stunde, unter=
brochen, nachher aber wieder aufgenommen wird. Nach=
dem ich hierauf aufmerksam gemacht worden war, habe

92

ich in der Tat wiederholt diesen Brauch bei den dortigen Eskimos beobachtet.

Am Dienstag, dem 9. Januar 1883, langte endlich der für mich reparierte Schlitten aus Unaktolik wieder an, ohne daß ich gerade behaupten konnte, seine Konstruktion hätte sich in hervorragender Weise verbessert. Am Tage darauf kamen die Amerikaner bei stürmischer Witterung aus Fort St. Michael wieder zurück. Zwei Tage darauf brach endlich auch ich auf, um die längst geplante Reise nach Kotzebue-Sund von Süden nach Norden quer über die Halbinsel Prince of Wales auszuführen.

Expedition zum Kotzebue-Sund

Unsere Schlittenkarawane war nicht ganz klein. Eisak hatte zwei Schlitten, Mr. Woolfe, der Handelsartikel für die Alaska-Commercial-Company nach dem Norden zu bringen beabsichtigte, hatte ebenfalls zwei Schlitten, und auch ich hatte meine zehn Hunde auf zwei Schlitten verteilt. Hierzu kam mein Führer Ningawakrak, ein hoher, schön gewachsener, kräftiger Eskimo aus Kotzebue-Sund, dessen Frau Allak und dessen vierzehnjährige Halbschwester Sewugak sowie ein Junge. Alles in allem waren wir neun Männer und zwei Frauen. Ich sah voraus, daß das Reisen in einer so zahlreichen Gesellschaft, bei dem notorischen Mangel an Lebensmitteln auf dem von uns zurückzulegenden Wege, ein verfehltes Unternehmen sein müsse. In dieser Beziehung durfte ich mich nicht der Sorglosigkeit der Eskimos anvertrauen, die nicht gewöhnt sind, weit in die Zukunft zu blicken und die Not der kommenden Tage in Berechnung zu ziehen. Diese Sorglosigkeit hatte mich schon in Orowignarak des größten Teiles meines Proviants beraubt; denn die Eskimos verzehrten davon ohne jede Rücksicht auf meine bevorstehende Reise so viel, als sie gerade brauchten. Auch hatte ich wenig Vertrauen mehr auf Eisak, der sich seit kurzer Zeit wenig geneigt zeigte, die Reise nach

94

Kotzebue-Sund mit mir auszuführen, da der alte, schon einmal genannte Schamane eines schönen Tages, als er uns in Orowignarak wieder besuchte, prophezeit hatte, daß von uns dreien, nämlich Mr. Woolfe, Eisak und mir, nur zwei wieder lebend aus Kotzebue-Sund zurückkehren würden. Diese Prophezeiung traf allerdings buchstäblich ein; denn Eisak zog es vor, wie ich weiterhin noch berichten werde, sich, lange bevor wir nach Kotzebue-Sund kamen, von uns zu trennen.

Unser Weg ging von Orowignarak zunächst nach Osten, in die innerste Ecke der Norton-Bai hinein, von wo aus wir uns dann im rechten Winkel nach links nordwärts wandten. Gleich das erste Nachtlager am Kwikak-River zeigte uns die Unbequemlichkeiten, die eine so große Gesellschaft naturgemäß hervorruft. Das Haus, in dem wir schliefen, war ziemlich groß; aber die Gesamtanzahl der Menschen betrug vierzig Seelen. Wir lagen deshalb gedrängt nebeneinander, es wurde sogar auf der Feuerstelle geschlafen, so daß kein Zollbreit Boden übrigblieb. Zu allem Ungemach kam noch hinzu, daß sich zufällig in diesem Hause ein großer Wurf junger Hunde befand, die zwar abends hinausgejagt wurden, sich aber an der nur mit einem Lederriemen geschlossenen Tür vorbeidrängten und nachts auf unseren Gesichtern und Körpern spazierengingen.

Ich hatte zwei Eskimos engagiert, Tatmik aus Selawik und Akommeran aus Norton-Bai, mit denen ich am nächsten Morgen nach der schlaflos verbrachten Nacht den Weg fortsetzte, während Mr. Woolfe und Eisak noch hierblieben, um Hunde einzukaufen. Ich erreichte an diesem Tage die Mündung des Kujuk-River, wo wir in einem verlassenen Dorfe, dessen Einwohner auf Besuch gegangen waren, uns häuslich einrichteten. Kaum waren

95

wir mit dem Anzünden des Feuers fertig und hatten es uns in dem kleinen erwählten Häuschen, das nur sechs Personen zu fassen vermochte, gemütlich gemacht, als von Norden her, von dem Orte Kajak am Kangek-River in der Nähe des Kotzebue-Sundes, ein Schlitten mit neun Personen eintraf, die es sich sofort bei uns bequem machten und natürlich sämtlich einen respektablen Hunger und Durst mitbrachten. Ich ließ ihnen Tee und Pfann-kuchen zubereiten, welchen Hochgenüssen sie um so eifriger zusprachen, als sie den ganzen Tag ihren Schlitten gezogen hatten, da sie im ganzen nur zwei Hunde besaßen. Am nächsten Tage erwählten wir uns ein anderes Haus des Dorfes und schaufelten den Schnee hinaus, um es wohnlich zu machen. Kaum war dies geschehen, als Mr. Woolfe und Eisak ankamen. Der letztere hatte wieder einmal mit meinem Teevorrat arg gewirtschaftet, während ich aufs äußerste bedacht sein mußte, ihn zu schonen. Dies Verfahren hatte mich mit Recht aufgebracht, und ich erklärte daher dem Eisak, daß ich, solange ich lebte, niemals ruhig zusehen würde, wenn ein anderer mich ausplündere. Eisak nahm diese Vorwürfe stillschwei-gend hin.

Ein heftiges Schneegestöber hielt uns auch noch am nächsten Tage in diesem Winkel der Norton-Bai fest. Ich benutzte die Gelegenheit, um von einem eben angekom-menen Dorfbewohner einen kleinen Vorrat getrockneter Lachse zu kaufen, die wir zu Suppe für unsere Hunde kochten. Späterhin kaufte ich auch Lachsrogen. Dieses Produkt, das sehr hart und fest ist, kann im getrockneten Zustande gar nicht gegessen werden, da es, wenn man darauf beißt, die Zähne fest aufeinander kleben läßt. Aber mit Wasser zu Suppe gekocht, bildet es das ge-suchteste Hundefutter jener Gegend.

96

An diesem Tage wurden wir daran erinnert, daß wir uns eigentlich noch in nächster Nähe von Orowignarak befanden. Mit unserer Entfernung von jenem Orte war nämlich für viele dort auf Besuch befindliche Eskimos die Hauptnahrungsquelle versiegt, und so hatte eine Abteilung dieser Leute es für das Richtigste erachtet, uns wie hungrige Wölfe zu verfolgen und sich ohne weiteres hier am dritten Orte bei uns wieder in Pflege zu geben.

Ihre Bemühungen waren indessen nicht von großem Erfolg begleitet; denn bereits am nächsten Morgen vor Tagesanbruch gingen wir nordwärts. Da der von uns eingeschlagene Weg meines Wissens noch von keinem Weißen ausgeführt worden ist, und da die Karten von Alaska fast allgemein falsche Angaben über die hydrographischen Verhältnisse zwischen Norton=Bai und Kotze=bue=Sund enthalten, dürfte die Beschreibung unserer Expedition vielleicht auch einiges geographisches Interesse haben. Wir folgten zunächst dem Laufe des Kujuk=River stromaufwärts und übernachteten an diesem Tage in Jtlauniwik, welcher Ort an der Einmündung des Eritak=River in den Kujuk=River liegt. Schon hier begann Eisak, sich an die Prophezeiung des Schamanen zu erinnern und einige kleine Vorkehrungen zu treffen, die ihm das Verlassen unserer Gesellschaft erleichterten. Während wir ein leerstehendes Haus für unseren Nachtaufenthalt herrichteten, zog er es vor, ein anderes Haus für sich als Aufenthalts=ort zu erwählen. Ich kaufte in diesem Dorfe, da ich jede Gelegenheit, Proviant zu erwerben, benützte, eine Anzahl arktischer Forellen für uns und Quappen für die Hunde. Da indessen der Vorrat an letzteren sehr gering war und sich auch am nächsten Tage nur sehr wenig vergrößerte, war Gefahr vorhanden, daß unsere Hunde weiter nördlich hinauf oft Hunger leiden würden.

Diesen Umstand benutzte Eisak, um seinem Wunsche, von der Fortsetzung der Reise abzustehen, Ausdruck zu geben. Er schützte vor, daß die Speisen für so viel Menschen und Hunde nicht ausreichen würden, und fügte hinzu, daß uns auch sonst ein Unglück zustoßen könnte, indem wir von Eskimos erschlagen würden. In jedem Falle, sagte er, würde i h n die Verantwortung treffen, und er für unseren etwaigen Untergang Vorwürfe zu erleiden haben. Ich sah ein, daß Eisak nicht gesonnen war, mit uns weiter zu reisen, und willigte schließlich nicht ungern in die Trennung, weil ich dadurch mehrere Menschen und viele Hunde weniger zu ernähren hatte.

Die Nachrichten, die wir hier in Itlauniwik über die Bewohner von Kotzebue-Sund erhielten, lauteten nicht gerade sehr ermutigend. Die dortigen Eskimos hatten, wie man erzählte, heftige Streitigkeiten untereinander. Ferner sollte am Selawik-River, der sich in den östlichsten Teil des Kotzebue-Sundes ergießt, ein Mordanfall vorgekommen sein, und endlich berichtete man sogar, daß die westlicher wohnenden Kawiaremuten einige junge Leute aus Rache für eine ihrem Stamme vor einigen Jahren widerfahrene Beleidigung getötet hätten.

Am nächsten Tage hatte ich mit meinem Führer Ningawakrak eine etwas ernsthafte Auseinandersetzung. Während ich nämlich außer dem Hause beschäftigt war, ergab sich Mr. Woolfe in dessen Innern dem von ihm mit Vorliebe gewählten Amte eines Proviantmeisters, indem er am Feuer saß und stillvergnügt Pfannkuchen zubereitete. Bei diesem Geschäft rief er der Halbschwester Ningawakraks, der etwa vierzehnjährigen Sewugak, zu, sie möge ihm etwas Wasser, das er zum Einrühren des Mehles gebrauchte, hereinholen. Die verwöhnte Kleine kümmerte sich nicht im mindesten um diesen Auftrag,

sondern tat, als ob sie ihn gar nicht gehört hätte. Darauf
sagte ihr Mr. Woolfe, daß sie, wenn sie kein Wasser
hole, auch keinen Pfannkuchen erhalten werde. Diese
traurige Aussicht machte einen großen Eindruck auf das
Mädchen. Es erhob sofort ein brüllendes Geschrei, das
Ningawakrak herbeirief. Dieser, der sich vielleicht in dem
Glauben befand, dem kleinen Mädchen sei ein Unheil
zugefügt worden, eilte sofort auf Mr. Woolfe zu, und
da er gegen diesen ein Riese an Gestalt und Körperkraft
war, hob er ihn ohne weiteres hoch und hielt ihn mit
ausgestreckten Armen über das Feuer. Der total über=
raschte und gänzlich wehrlose Mr. Woolfe erhob nun
seinerseits ein lautes Geschrei, das mich herbeiführte.
Ich intervenierte sofort, noch bevor das Feuer die Klei=
dungsstücke ergriffen hatte, und drohte dem Ningawakrak,
ihn energisch zu bestrafen, falls er noch einmal den
geringsten Angriff wagte. Dieses Vorgehen half sofort,
und die Sache war damit beigelegt. Eisak, der immer
noch unter uns weilte, nahm die Sache von der tragischen
Seite und prophezeite, daß unsere Reise einen schlimmen
Ausgang haben würde, weshalb er mit uns nicht weiter=
ziehen würde.

In der Tat hielt er Wort; denn als wir am anderen
Tage weiterzogen, blieb er mit seinem Sohne zurück, um
wieder nach Orowignarak zurückzukehren. Mit seiner Be=
hauptung hatte er jedoch unrecht; denn Ningawakrak kam
niemals wieder mit uns in Konflikt und blieb, solange
wir mit ihm zusammen waren, ein treuer und um=
sichtiger Führer. Wir marschierten nunmehr mit vier
Schlitten und zweiundzwanzig Hunden den von Norden
kommenden Critak=River stromaufwärts. Da dieser Fluß
viele Krümmungen macht und zu gleicher Zeit wegen des
in den letzten Tagen eingetretenen Tauwetters nicht

überall mit Eis bedeckt war, kamen wir nur langsam vorwärts. Am Abend übernachteten wir in einer verlassenen Sommerhütte, aus der wir den Schnee schaufelten. Zugleich fällten wir einige Bäume, auf die wir unseren Schlitten zum Schutz gegen die Hunde hinaufbrachten. Am anderen Morgen verließen wir den Eritak-River und überstiegen die Wasserscheide nach Kotzebue-Sund. Der nächste Wasserweg, den wir erreichten, war der in der Richtung nach Kotzebue-Sund fließende Bach Pujulik. Wir hatten hier eine weite Aussicht über die Gebirge, die sich von dem eben passierten Gebirgsstock aus nach verschiedenen Richtungen hinzogen.

Um 4 Uhr nachmittags gelangten wir zu einer nur für fünf Personen ausreichenden Eskimohütte. Um für uns alle ein Unterkommen zu haben, errichteten wir neben ihr ein Zelt. Bei dem allgemeinen Holzmangel dieser Höhenregion hatten wir nicht weniger als drei Stunden damit zu tun, uns die nötigen Schutzgestelle für unsere Schlitten herzustellen. Nichts ist auf solchen Reisen notwendiger, als die Schlitten für die Hunde unerreichbar zu placieren, da diese Tiere sonst ohne weiteres die Leinen auffressen, mit denen die Schlitten zusammengebunden sind, und natürlich auch die übrigen Gegenstände auf dem Schlitten nicht verschonen würden.

Am anderen Tage früh folgten wir dem Laufe des Pujulikbaches und erreichten nach dreistündigem, beschwerlichem Marsche einen stattlichen Fluß, der auf keiner unserer Karten verzeichnet war und bisher auch wohl von keinem weißen Reisenden besucht wurde. Diesen Fluß, dessen Lauf wir mit wenig Abschweifungen ganz und gar bis zu seiner Mündung in den Kangek-River nach Norden folgten, habe ich Hagenbeck-Fluß genannt; der Eskimoname heißt Unalitschok.

100

Die Schwierigkeit der Schlittenpassage war an diesem Tage so groß, daß wir im ganzen nicht mehr als fünfzehn englische Meilen zurücklegten.

Am nächsten Morgen ging der Marsch weiter stromabwärts, wobei wir wiederholt einige Biegungen des Flusses abschnitten. Gegen Abend machten wir einen anderthalbstündigen Aufenthalt, den wir zum Teekochen benutzten. Nun mußten wir in der Dunkelheit weiterziehen, da der Mond, dessen Aufgehen wir erwarteten, an dem mit Wolken bedeckten Himmel nicht zum Vorschein kam. Beim Übergang über den Fluß fiel ich ins Wasser, mußte aber trotzdem noch bis 1 Uhr morgens marschieren, ehe wir Kajak, das am Unalitschok-River liegt, erreichten. Wir wurden von den Bewohnern, die noch niemals einen weißen Mann gesehen hatten, gut empfangen. Leider aber hatten die armen Leute selber nichts zu essen und konnten uns für unsere halbverhungerten Hunde keine Fische verkaufen. Die totale Erschöpfung aller zwei- und vierbeinigen Mitglieder der Expedition zwang uns, einen Ruhetag einzuschalten, der für meine Handelszwecke von Vorteil war; denn es gelang mir hier, das erste wirklich schöne Stück aus Nephrit, einen Lippenpflock von etwa zwei Zoll Länge, zu kaufen. Ich erwarb dazu auch einige Steinhämmer, die aus einem bis dahin geologisch unbekannten Material bestehen.

Auch am nächsten Tage war es mir noch nicht möglich, meine Leute zur Weiterreise zu bewegen; denn das Wetter war entsetzlich schlecht. Aber viel schlimmer war die Hungersnot, der wir alle zusammen unterlagen. Die Fische waren aufgezehrt, unser sonstiger Proviantvorrat fast ganz verbraucht, und ich wußte nicht, womit ich die Leute und Tiere ernähren sollte. Auch die Einwohner von Kajak, d. h. die Einwohner zweier Hütten — denn die dritte

Hütte, die noch zum Orte gehörte, war unbewohnt —, machten sich auf den Weg, um hoch oben auf die Gebirge zu steigen und zu versuchen, ob sie nicht wenigstens eines von den wenigen Renntieren, die dort vorkommen, zu jagen imstande wären.

Am anderen Morgen verließen wir Kajak und gelangten zum Kangek-River, in den sich der Unalitschok ergießt. Dieser Fluß macht unterhalb der Mündungsstelle einen großen halbkreisförmigen, nach Nordost geöffneten Bogen, dessen Sehne wir auf einem gebirgigen Pfade kreuzten. Vor Hunger und Erschöpfung konnten unsere Hunde kaum noch durch den tiefen Schnee den Schlitten ziehen. Ich legte mich deshalb selber so hart in die Leine, daß sie mir ins Fleisch schnitt. Erst gegen Dunkelwerden hatten wir den Kangek-River wieder erreicht und folgten nun seinem von hier nach Norden gerichteten Laufe, bis wir um 8 Uhr abends vollständig kraftlos den nächstliegenden Ort am Flusse, Makakkerak, erreichten. Einer meiner Hunde war vor Schwäche umgefallen, so daß wir ihn mit uns auf dem Schlitten schleppen mußten. In Makakkerak befand sich nur ein Haus, in dem wir jedoch alle Platz hatten. Leider war auch hier der Vorrat an Lebensmitteln so gering, daß ich für meine armen Hunde nur einige getrocknete Fische erwerben konnte.

Ich hätte kaum gedacht, daß die Hungersnot, die uns hier im Distrikt von Kotzebue-Sund nun schon seit mehreren Tagen verfolgte, wirklich so groß wäre. Wie schön hätten wir jetzt alle jene Vorräte, die durch Eisak und seine Gesellschaft im Laufe der letzten Monate verzehrt worden waren, gebrauchen können! Trotz der Hungersnot zwang uns ein Schneesturm, hier in Makakkerak einen vollen Tag zu verweilen. Es gelang mir,

102

wenigstens einige Stinte für die Tiere zu kaufen. Ich beschloß, den erkrankten Hund den gutherzigen Einwohnern in Pflege zu geben, da ich ihn während der voraussichtlich ein bis zwei Wochen dauernden Tour nach dem Kotzebue-Sund und zurück nicht brauchen konnte. Wie ich vernahm, herrschte im Norden des Kotzebue-Sundes am Noatak-River noch größere Hungersnot, so daß die dortigen Bewohner sogar alle ihre Hunde verzehrt hatten. Diese Ärmsten leben fast nur von Renntierjagd, die, wie bereits erwähnt, in diesem Jahre gänzlich ertraglos war.

Am Montag, den 29. Januar, setzten wir unsere Reise stromabwärts den Kangek-River entlang fort und marschierten den ganzen Tag bis Dunkelwerden, wo wir das Wasser des Kotzebue-Sundes an der Eschscholtz-Bai genannten Mündung des Kangek erreichten. Auf einer Landspitze dieser Bai befindet sich das Eskimohaus Inuktok, wo unser Führer zu Hause war. Wir hatten bis dahin noch einen angestrengten Marsch über das Eis der Bai zurückzulegen, so daß die Füße unserer Hunde, wie fast stets bei starkem Frost, heftig bluteten. Um 7 Uhr abends langten wir in Inuktok an. Glücklicherweise fanden wir dort einen kleinen Vorrat von Fischen, so daß ich meinen Hunden wieder eine ordentliche Mahlzeit geben konnte. Auch am nächsten Morgen blieben wir noch hier, um den total erschöpften Tieren wieder einmal eine warme Suppe zu kochen; denn es ist nötig, daß man ihnen bei harter Arbeit wenigstens einmal in der Woche diese Erquickung zukommen läßt.

Die Einwohner von Inuktok waren sich übrigens der Ehre, die sie durch unseren Besuch erhielten, so wohlbewußt, daß sie uns Preise abforderten, als wenn wir die größten Herren gewesen wären. Ich begann mit ihnen ein Handelsgeschäft und kaufte ihnen einzelne interessante ethnologische Gegenstände, Lippenpflöcke und anderes ab. Sie schienen aber der Ansicht zu sein, daß sie von mir, dem ersten Weißen, der sie besuchte, gleich den ganzen Profit einheimsen müßten, den sie von den Leuten meines Stammes zu nehmen gedachten; wenigstens richteten sie ihre Forderungen danach ein. Auch meine Verhandlungen wegen Ankaufs einer für drei Tage ausreichenden Ration für die Tiere scheiterte an den meine dermaligen Vermögensverhältnisse weit übersteigenden Forderungen der Eskimos. Ich machte ihnen in ihrer Sprache begreiflich, daß ich alle weißen Reisenden vor ihnen warnen würde — was ich hiermit getan haben will —, erzielte aber damit augenscheinlich nicht den allermindesten Eindruck.

Der Monat Januar schloß mit einem orkanartigen Wirbelsturm und Schneegestöber während der Nacht. Ich versuchte am nächsten Morgen, zu dem nur einige Schritte vom Hause entfernten Schlitten zu gehen; aber es war mir im Freien kaum möglich, Atem zu holen, und ich konnte in dem dichten Schneegestöber nur mit Mühe das Haus wiederfinden. Die Hunde hatten sich auf der dem Winde abgewendeten Seite des Hauses einschneien lassen, und nur einzelne von ihnen ragten mit den Nasenspitzen aus der Schneedecke hervor. Wir gruben die Tiere sämtlich aus und ließen sie als Beweis unseres ganz besonderen Wohlwollens in den Vordergang des Hauses hinein. Außer dem Sturm herrschte eine so bittere Kälte, daß wir, wenn uns dieses Wetter unterwegs überrascht haben würde, wohl kaum mit dem Leben davongekommen wären.

Am nächsten Morgen hatte der Sturm so weit nachgelassen, daß wir bei Tagesanbruch die Eschscholtz=Bai

104

nach Norden zu kreuzten und dadurch jene langgestreckte schmale Halbinsel erreichten, die sich viele Meilen weit nach Nordwesten in den Kotzebue-Sund hinein erstreckt. Wir stießen in der Mittagsstunde auf das kleine Flüßchen Arawingenak und brachten in einem kleinen Hause gleichen Namens den Rest des Tages zu. Mein Führer Ningawakrak befand sich hier unter Verwandten. Ich merkte dies daran, daß die alte Eskimofrau, der dieses Haus gehörte, bei seinem Anblick zu weinen begann. Die Stimme des menschlichen Herzens redet in allen Zonen und bei allen Völkern dieselbe Sprache! Die Sache verhielt sich folgendermaßen: Der Mann dieser alten Frau hatte im letzten Herbst einen berühmten Schamanen des nur einige englische Meilen entfernten Dorfes Selawik erschossen. Kurze Zeit nach dieser Tat erkrankte er zufällig, und da er die abergläubische Furcht hegte, daß seine Krankheit eine Strafe für den Mord wäre und er nicht wieder gesund werden würde, starb er in der Tat aus Angst. Der noch frische Schmerz seiner Witwe über diesen Verlust wurde beim Anblick von Ningawakrak, dem Neffen des verstorbenen Mannes, wieder erneut. Diese schmerzliche Erinnerung hinderte die gute Frau indessen nicht daran, uns nach Kräften gut zu bewirten und uns ein gutes Lager für die Nacht zu bereiten.

Am nächsten Morgen gingen wir den Sewalik-River eine kurze Strecke hinauf, bis wir zu einem leeren Hause kamen. Da das Haus unter Schnee begraben und mit Schnee angefüllt war, hatten wir drei Stunden lang zu tun, es wohnlich herzurichten. Während dies geschah, sandte ich einen Schlitten aus, der Zwergweiden holen sollte, mit denen wir uns später ein gutes Feuer anzündeten. Als wir diese Arbeiten vollendet hatten, füllte

sich der Raum mit Eskimos, die sämtlich den höchsten
Wunsch hatten, den noch nie gehabten Genuß von Tee
und von in Fischtran gebackenen Pfannkuchen kennenzulernen. Die Nachricht von unserer Ankunft hatte sich
nämlich wie ein Lauffeuer verbreitet, und so wurde unser
kleines Häuschen vollständig gefüllt mit Leuten.

Die nächste Sorge war, als wir heimisch geworden
waren, wieder die alltägliche prosaische Bemühung um
das so dringend notwendige Futter für die Hunde. Wir
entsandten deshalb zwei Schlitten nach dem nächsten Ort
Kajuktulik und hatten die Freude, sie am nächsten Abend
vollbeladen mit Heringen zurückkommen zu sehen. Zugleich sandten wir Leute hinaus nach den achtzehn verschiedenen Ortschaften am Sewalik-River und in die
Umgegend, mit der Nachricht, daß wir während der
nächsten Tage in unserem Hause verweilen würden, und
daß die Einwohner mir ihre ethnologischen Gegenstände
für das Berliner Museum und Mr. Woolfe die Felle
ihrer Jagdtiere für die Alaska-Commercial-Company verkaufen sollten. Es entwickelte sich dann auch bald ein
lebhaftes Geschäft. Aber gleich der erste Ankauf zeigte
mir, wie vorsichtig man der dortigen Bevölkerung gegenüber sein mußte. Ich kaufte eine hübsche Pfeife aus einer
Art Grünstein, der jedoch nicht Nephrit war, und einen
Lippenpflock, dessen Material ich in der Eile des Geschäfts
für Stein hielt, der aber, wie sich später herausstellte,
gefärbtes Glas war.

Die Einwohner waren zudringlich und forderten hohe
Preise, auch brachten sie durchaus nicht so viele Gegenstände zum Vorschein, als ich nach den früheren Berichten
erwarten durfte. Ich kaufte gegen Abend noch einige
kleine Nephritmesser, Lippenpflöcke und andere Gegenstände.

106

Wir hatten den ganzen Tag damit zu tun, wenigstens die Zudringlichsten unter den Einwohnern aus unserer Hütte hinauszutreiben. Mr. Woolfe kaufte verschiedene Fuchs= und Hasenfelle, sowie ein Paar Renntierfellstiefel. Am anderen Tage kam der Eskimo, der ihm die Stiefel verkauft hatte, wieder und verlangte ihre Rückgabe, indem er ihm kurzerhand die dafür erhaltenen Tauschartikel an den Kopf warf. Der an Körperkräften schwache Mr. Woolfe gab dem unverschämten Verlangen nach und machte den Kauf rückgängig. Das Auftreten des Eskimos ärgerte mich gewaltig, so daß ich aufsprang und mit drohender Gebärde meinen Ledergurt umschnallte, in dem ein Revolver und ein großes Messer steckte. Sobald der Eskimo das sah, konzentrierte er sich schleunigst rück= wärts und verließ unser Haus.

Am anderen Morgen war das Haus schon bei Tages= anbruch mit Eskimos gefüllt, so daß wir uns nicht rühren konnten. Da sie mehr des Bettelns als des Handels wegen gekommen waren, nahm ich zwei Schlitten und fuhr damit nach Kajuktulik, um dort Fische einzukaufen. Das Wetter war an diesem Tage, dem 6. Februar, so mild, daß ich den ganzen Tag in Hemdsärmeln marschieren konnte. Um nach Kajuktulik zu gelangen, mußte ich einen etwa fünf englische Meilen breiten See überschreiten. Dieser Tag war wieder für meine Zugtiere ein hoher Festtag; denn in dem genannten Orte befand sich ein großer Vorrat von Heringen, wovon ich meine Hunde so viel fressen ließ, als sie nur wollten. Die Tiere, die fast bis zum Skelett abgemagert waren, sahen nach dieser Mahlzeit ordentlich dick und rund aus. Ich kaufte dann noch zwei Schlitten voll Heringe und kehrte wieder nach unserem Aufenthaltsorte, dessen Eskimoname Potogroak heißt, zurück. Als ich unter strömendem Regen meinen

Einzug in unſer Haus hielt, kehrte mit mir zugleich ein Schlitten zurück, den wir einige Tage vorher nach dem oberen Laufe des Selawik-River geſandt hatten, um die dortigen Einwohner von unſerer Ankunft zu benachrichtigen. Eine größere Anzahl von Eskimos waren mit ihren Fellen und ethnologiſchen Gegenſtänden dem Schlitten gefolgt und wünſchten nun ſofort — es war 10 Uhr abends — die Tauſchgeſchäfte zu eröffnen. Wir vertröſteten die Leute auf den folgenden Tag.

Das Ergebnis des Handels war diesmal zufriedenſtellend. Ich kaufte verſchiedene Gegenſtände aus Nephrit, Steinäxte, Lippenpflöcke, Meſſer, auch andere Gegenſtände, Schnitzereien und Geräte. Wir hatten bald die von uns mitgebrachten Tauſchartikel faſt ganz aufgebraucht.

Rückkehr nach Fort St. Michael

Nachdem unsere Geschäfte erledigt waren, traten wir Donnerstag, den 8. Februar 1883, die Rückreise von Kotzebue-Sund nach Orowignarak und weiterhin nach Fort St. Michael an. Das Wetter war anfangs schön, so daß wir von Potogroak über den Selawik-See nach der bereits genannten Landzunge eine gute Fahrt hatten. Da aber meine beiden Schlitten sehr viel schwerer beladen waren als diejenigen meines Reisegefährten, blieb ich beim Überschreiten der Landzunge eine Strecke zurück und hatte einen harten Kampf mit einem von Süden heraufkommenden Sturm zu bestehen. Wir erreichten jedoch bei Dunkelwerden den Arawingenak-River und den Ort gleichen Namens, wo, wie bereits bemerkt, die trauernde Tante meines Führers Ningawakrak wohnte. Während der Nacht verwandelte sich der Sturm in einen Orkan mit heftigen Regenschauern, und da das Dach unseres Hauses durchlöchert war, waren wir frühmorgens alle durchnäßt. Ich mußte die beiden Decken, unter denen ich geschlafen, ausringen.

Unsere Hunde hatten uns derweilen einen bösen Streich gespielt. Da nämlich auf der Halbinsel keine Bäume wachsen, fehlte es uns an Material, um am Abend unserer Ankunft die notwendigen Gestelle für die Schlitten

zu errichten. Diefer Umftand follte für uns verhängnis=
voll werden, obgleich wir verfuchten, eine Befchädigung
der Schlitten und des Proviants dadurch abzuwenden,
daß wir die wildeften und biffigften unferer Hunde an
die Schlitten banden, damit diefe Tiere ihre hungrigen
Gefährten während der Nacht zurückhalten follten. Es
bewährte fich indeffen hier wieder das bekannte Sprich=
wort vom Bock, der zum Gärtner gemacht wird; denn
beide Teile hatten gemeinfchaftliche Sache gemacht und
nicht nur die aus Segeltuch beftehenden Schlittendecken
zerriffen, fondern auch eine große Menge Heringe ver=
zehrt.

Diefer Tag war überhaupt ein Unglückstag für uns.
Der orkanartige Sturm aus Weften tobte mit voller
Gewalt über die weite Fläche von Kotzebue=Sund und
fandte feine wütenden Windftöße mit lautem Saufen
über die bergige Landzunge. Ungeachtet diefer Warnung
brachen wir auf, indem wir uns als Tagesziel die Er=
reichung einer kleinen leeren Hütte fetzten, die unmittel=
bar am Ufer von Efchfcholtz=Bai ftand. Unfere Hunde
wollten durchaus nicht vorwärts; wir zwangen fie aber
und arbeiteten uns mit äußerfter Anftrengung über die
hohe felfige Landzunge nach jener Hütte hindurch, die
während des Sommers als Fifcherhütte diente.

Derfelbe Anblick, den wir fooft fchon des Abends ge=
noffen hatten, bot fich unferen Augen wieder einmal dar.
Die Hütte war völlig mit feftgefrorenem Schnee gefüllt,
fo daß wir ihren hinteren Teil losbrechen mußten, um
den Schnee entfernen zu können. Es war gegen Abend
geworden, und das Saufen und Braufen des Sturmes
mifchte fich mit dem Krachen und Knirfchen des Eifes der
Efchfcholtz=Bai und des Kotzebue=Sundes, der, fo weit unfer
Blick reicht, aufgebrochen war. Als wir unfere fchwierige

Arbeit beendet hatten, nahmen wir in unserer Hütte, die etwa 10 Fuß über dem Gestade der Bai auf einer kleinen inselartigen Erhöhung stand, Platz, zündeten ein wärmendes Feuer an und bereiteten uns Tee und Pfannkuchen.

Ich war gerade damit beschäftigt, eine Blechtasse voll Tee zu trinken, und beabsichtigte, mich unmittelbar darauf zum Schlafen niederzulegen, als mein Führer Ningawakrak, der zufällig auf einen Augenblick hinausgegangen war, plötzlich mit dem Ruf hereinstürzte: „Das Wasser kommt!" Im Augenblick sprang ich auf und eilte hinaus. Schnell folgten die anderen, in wenigen Minuten waren die Schlitten bespannt, und schon spritzt das Wasser der Eschscholtz=Bai, von den wilden Stößen des Orkans emporgewühlt, seine Schaummassen uns ins Gesicht. Es war klar, daß infolge des Sturmes eine jener Springfluten eingetreten war, die in spitz zulaufenden Meeresteilen, wie demjenigen, an dessen Ufer wir uns befanden, gar nicht zu den Seltenheiten gehören. Das Wasser war vom Meere aus mindestens 10 Fuß gestiegen, davon im Laufe der letzten Stunde nicht weniger als 4 Fuß.

Wir waren alle davon überzeugt, daß nur die sofortige schnellste Flucht uns retten konnte. Eine Flucht, bei der die uns zunächst bedrohende Naturgewalt, das Wasser, nur für den ersten Moment in Betracht kam, während die beiden anderen Mächte, der tobende Orkan und die sich in furchtbarer Weise fühlbar machende Kälte gewisse Lebensgefahr für uns brachten, wenn es uns nicht gelang, so bald als möglich ein schützendes Obdach wieder zu erreichen. Der einzige Punkt, wo sich ein solches für uns in dieser todesdunkeln Nacht finden ließ, war die vier Stunden entfernte Hütte Arawingenak, in der wir die vorige regnerische Nacht zugebracht hatten. Ohne

uns auch nur einen Augenblick zu besinnen, stürmten wir
in der Richtung, aus der wir am Tage vorher gekommen
waren, vorwärts, die steilen Felsen hinauf über den klingend harten Schnee und hatten die Freude, in fliegender
Fahrt, da uns der Sturm von hinten her mit gewaltiger
Macht vorwärtstrieb, unser Leben zu retten.

In später Nachtstunde erreichten wir fast erstarrt und
erfroren Arawingenak. Wie köstlich erschien uns jetzt
dieses Obdach, von dem wir uns am frühen Morgen nur
allzugern getrennt hatten! Die Bewohner empfingen
uns freundlich und mitleidig, und als wir unseren Bericht abstatteten, konnten sich die „ältesten Leute" dieser
Gegend nicht erinnern, jemals etwas Ähnliches erlebt zu
haben. Aber gerade weil das sich so verhielt, schloß ihre
Eskimologik weiter, könnte dieses Ereignis nicht mit rechten Dingen zugegangen sein: an dem großartigen Natur-
ereignis seien einzig und allein wir Unglücksvögel schuld,
und wer könnte wissen, welches Malheur wir noch über
Kotzebue-Sund und seine Bewohner bringen würden! Was
vermochten wir beide Weiße dagegen zu tun? Es war ein
unumstößliches Faktum, daß wir bei den guten Leuten erschienen waren, und daß sich bald nach unserer Ankunft
heftige Naturereignisse abgespielt hatten. Beides miteinander in Verbindung zu bringen, dazu waren die Eskimos gewissermaßen ebensosehr berechtigt, wie jemand,
der Donner und Blitz als Wirkung und Ursache bezeichnet.

In der vorigen Nacht hatte sich gleichzeitig mit uns
ein Schlitten vom Selawik-River, der nach Fort St. Michael gehen wollte, in Arawingenak eingefunden. Er hatte
jedoch seinen Weg direkt nach Süden über das Land fortgesetzt und sich nach Makakkerak am Kangek-River gewandt. Auf diese Weise hatten die Eskimos, denen der

112

Schlitten gehörte, von dem plötzlichen Steigen des Waf=
fers nichts gehört.

Ich bedauerte am nächsten Tage, wie sooft auf meiner
Reise, daß ich kein Weingeistthermometer bei mir hatte. Ich
hätte alsdann vielleicht konstatieren können, daß dieser Tag
der kälteste von allen war, die ich auf meiner Reise
durch Alaska erlebt hatte. Ich bin überhaupt der Mei=
nung, daß diejenige Kälte, die man auf derartigen Schlit=
tenreisen mit Eskimos im arktischen Winter, hoch oben
in Alaska, namentlich beim Übersteigen von Gebirgen, zu
ertragen gezwungen ist, durchaus das Temperaturmini=
mum überschreitet — d. h. an Kälte alles übertrifft, was
durch die Beobachtungen der meteorologischen Stationen
konstatiert worden ist.

Die Kälte dieses Tages war so stark, daß wir den
ganzen Tag über gezwungen waren, in der Hütte Ara=
wingenak Feuer zu unterhalten, wobei uns das hier in
großen Massen vorkommende Buschwerk vortreffliche
Dienste leistete. Es war nicht daran zu zweifeln, daß die
vom Sturm aufgebrochene Eisfläche des Kotzebue=Sundes
und der Eschscholtz=Bai sich wieder in die festeste Eisdecke
verwandeln mußte, sobald der Frost nur eine einzige Nacht
noch in dieser Stärke anhielte.

Am zweiten Morgen brachen wir auf, nachdem der
Wind sich nach Süden gedreht und der Himmel sich mit
Wolken bedeckt hatte. Wir hatten die in der Flutnacht
verlassene Hütte bald wieder erreicht und machten eigens
zu dem Zwecke halt, um uns zu überzeugen, wie hoch
das Wasser nach unserer Flucht noch gestiegen war. Die
Wassermarke reichte fast bis ans Dach hinan, so daß wir
ohne Zweifel sämtlich ertrunken wären, wenn uns die
Katastrophe im tiefsten Schlafe betroffen hätte. Jetzt
war das Wasser wieder niedrig, und der Spiegel der Esch=

113

scholtz=Bai war mit einer festen soliden Eisfläche bedeckt, über die wir schnell hinüberfuhren und bald den Ort Inuktok erreichten. Hier gab man uns mancherlei Berichte über die Wirkungen der Sturmflut. So erzählte man unter anderem, daß ein schweres Boot, das umgekehrt auf seiner Stellage am Lande gelegen hatte, vom Sturme aufgehoben und hinabgeworfen worden war.

Wir wären an diesem Tage noch weiter marschiert, wenn nicht ein plötzlich eintretender Schneesturm das verboten hätte. In der darauffolgenden Nacht wurde uns wieder eines jener zahlreichen Ärgernisse bereitet, zu denen die Hunde Veranlassung gaben. Ich hatte den Eskimos in Inuktok, die selber sehr arm an Vorräten für den Winter waren, einen von ihren beiden mit Fischtran gefüllten Seehundssäcken abgekauft. Gegen Morgen wurden wir durch furchtbaren Lärm unserer Hunde geweckt, die sich wütend bissen und herumbalgten. Wir untersuchten sofort den Grund dieses Vorkommnisses und gewahrten zu unserem größten Schreck, daß die Hunde sich gewaltsam Eingang in das Ölhaus verschafft und die beiden mit Tran gefüllten Seehundsfelle angefressen hatten. Hierdurch war das Fett herausgelaufen und von den Hunden mitsamt dem Schnee, in den es geflossen, verzehrt worden. So leid es mir tat, daß mein so überaus geringer Vorrat von Proviant auf so fatale Weise verringert worden war, mußte ich fast noch mehr die Eskimos bedauern, die hierdurch gezwungen waren, ihren Wohnort zu wechseln. Wir zahlten ihnen eine geeignete Entschädigung, was ihnen so viel Freude zu bereiten schien, daß sie mir ein sehr originell gearbeitetes Nephritmesser, das ich bei unserer ersten Anwesenheit gar nicht zu sehen bekommen hatte, verkauften. Dieses Messer ist eins der wertvollsten Stücke meiner Sammlung. Seine

114

in einem hölzernen Heft befindliche Klinge ist geschliffen und hat die Gestalt der Klinge eines Taschenmessers; man kann mit ihr weiches Holz schneiden.

Trotzdem es am nächsten Tage noch unaufhaltsam schneite, marschierten wir ab und wandten uns südwärts den Kangek=River hinauf. Es war sehr schwer vorwärts= zukommen, trotzdem gelang es uns, noch vor Tagesende nach Makakkerak zu gelangen. Der Eskimohund, den ich hier zurückgelassen hatte, war infolge der guten Pflege und Schonung wieder gesund und wohlgenährt geworden und trug seinem Pfleger eine gute Belohnung von mir ein. Der Schlitten vom Selawik=River, dessen Mann= schaft mit uns in jener regnerischen Nacht in Arawingenak übernachtet hatte, war schon vor uns nach Makakkerak ge= kommen und wartete auf uns. Ich hatte jedoch über die Leute so nachteilige Gerüchte gehört, daß ich mir schon vorher ihre Gesellschaft und Begleitung verbeten hatte. Man erzählte mir, daß der Besitzer dieses Schlittens ein Jahr vorher eine Handelsgesellschaft um eine größere Menge Handelswaren betrogen hatte. Nichtsdestoweniger beabsichtigte er jetzt wieder nach Fort St. Michael zu reisen. Welche verbrecherische Absicht ihn dabei leitete, darauf komme ich späterhin noch zurück.

In Makakkerak begannen endlich wieder die Tage der besseren Ernährung für uns. Wir kauften hier acht Schnee= hühner und bekamen einen guten Vorrat getrockneter Fische. Da wir Eile hatten, setzten wir am nächsten Tage, obwohl der Schneesturm immer noch nicht aufgehört hatte, unsere Reise nach Süden weiter fort, verließen nach zweistündigem Marsch den Kangek=River und passierten abermals seinen großen nach Norden gerichteten Bogen in der Sehne. Auf dem Hochland war der Schnee etwas besser für den Schlitten als unten. Die kurze Strecke, die

uns, als wir den Kangek wieder erreicht hatten, noch
von dem Orte Kajak am Unalitschok= oder Hagenbeck=
Fluß trennte, legten wir gleichfalls über Land zurück,
nachdem wir den Kangek passiert hatten. Als wir uns
in der Dunkelheit Kajak näherten, hatte ich den Anblick
eines seltenen Phänomens, indem ein strahlendes, grün=
lich leuchtendes Meteor dicht vor uns niederfiel. Ich hatte
den Eindruck, als ob der Ort des Falles sich noch vor
einem nahe gelegenen Hügel befände. In Kajak fanden
wir die Häuser verlassen, da sich alle Einwohner auf der
Renntierjagd befanden. Wir benutzten dasselbe Haus, in
dem wir bereits auf der Hinreise übernachtet hatten.
Auch der Schlitten von Selawik=River blieb hier bis zum
anderen Morgen, wo er südwärts weiterfuhr.

Wir schalteten jetzt einen Ruhetag ein, da es dringend
notwendig geworden war, für unsere abgetriebenen Hunde
wieder einmal eine kräftige Suppe zu kochen. Auch hatten
wir genug damit zu tun, unsere Stiefel und Handschuhe
auszubessern. Einige Eskimos, die ich auf Jagd schickte,
kehrten abends mit ein paar Schneehühnern wieder heim.
Der Aufenthalt in diesem großen und schönen Eskimo=
hause war einer der angenehmsten, den ich seit langer
Zeit hatte. Mein Reisekollege Woolfe erlebte hier eine
Überraschung. Er hatte auf der Herreise hier im Hause
das Fell eines Rotfuchses und einige Renntierfelle ge=
kauft, aber im Hause zurückgelassen, um sie bei unserer
Rückkunft mitzunehmen. Die Felle waren jedoch nirgends
zu finden; der Verkäufer hatte sie wohl stillschweigend
wieder an sich genommen. Auch in Inuktok war mein
Reisekollege von einem Eskimo betrogen worden, indem
dieser ihm einige Felle verkauft und bis zu seiner Rück=
kunft aufzuheben versprochen hatte, inzwischen aber die
Ware noch einmal an einen Händler verkaufte. Ich er=

116

wähne diesen Umstand besonders deshalb, weil ich Rei=
sende, die einen schwächlichen Körper haben, davor war=
nen möchte, sich unter solche Naturvölker, wie diese Es=
kimostämme, ohne besonderen Schutz zu begeben. Diese
Eingeborenen, die stets in der Lage sind, ihre Körper=
kräfte stark anzuspannen und kein anderes Recht aner=
kennen als das Recht des Stärkeren, nehmen nur zu
leicht die Gelegenheit wahr, einen körperlich schwachen
weißen Mann zu übervorteilen. Ich habe oft unter den
Eskimos sowohl wie unter den Indianern den einzigen
Schutz in meinem energischen persönlichen Auftreten ge=
funden. In Britisch=Kolumbien kam hierzu noch der ge=
waltige Respekt, den die Eingeborenen vor den Kanonen
der englischen Kriegsschiffe haben. In Alaska haben die
Beziehungen der Handelsgesellschaften auf friedlichem
Wege etwas dem Ähnliches geschaffen. Ich habe viel=
fach den Eskimos klargemacht, wenn ich sah, daß sie
mich übervorteilen wollten, daß ich, falls sie dies täten,
ihre schlechte Handelsweise sorgsam in mein Notizbuch
verzeichnen und späterhin allen weißen Leuten darüber
berichten würde, damit keiner von meinen Landsleuten
mehr zu ihnen kommen und Handel treiben sollte. Wenn
man ein derartiges Vorgehen durch energisches persön=
liches Auftreten, durch breite Schultern und kräftige
Gliedmaßen unterstützen kann, so erreicht man in vielen
Fällen seinen Zweck und schützt sich vor Betrug.

Am nächsten Morgen setzten wir die Reise fort, wurden
aber im Laufe des Tages, wie so häufig, durch einen
uns entgegenkommenden Schneesturm überrascht, der uns
zwang, bei Dunkelwerden uns in das dichte Gehölz zurück=
zuziehen und dort aus unseren Schlittendecken Zelte zu
machen, in denen wir die Nacht zubrachten. Trotz des
schlechten Wetters zeigte unsere Speisekarte an diesem

Abend Hasensuppe und Pfannkuchen. Während der Nacht
legte sich der Sturm, so daß am anderen Vormittag das
schönste Wetter herrschte, als wir den Fluß verließen und
die Wasserscheide zwischen dem Gebiete des Kotzebue=Sun=
des und des Norton=Sundes überstiegen. Wir erreichten
wieder den Bach Pujulik und trafen jenseits der Höhe in
der Nähe des nach Süden strömenden Eritak=River die=
selbe Hütte, in der wir vier Wochen früher übernachtet
hatten. Wir hielten wieder eine gute Mahlzeit, mit Suppe
von Schneehühnern und anderen Genüssen, unsere armen
Hunde jedoch, deren Futter stark auf die Neige ging,
mußten sich diesmal mit einem bescheidenen Mahle be=
gnügen. Unser unheimlicher Reisebegleiter, der Schlitten
vom Selawik=River, blieb auch hier während der Nacht.

Die größte Tour, die ich auf dieser Expedition in
einem Zuge zurücklegte, folgte am zweitnächsten Tage,
nachdem wir noch einmal im Dorfe Itlauniwik haltge=
macht hatten und für unsere erschöpften Zugtiere den Rest
der Fische, die wir noch besaßen, zu Suppe gekocht hatten.
Wir benutzten alsdann den schönen Mondschein, brachen
um 3 Uhr morgens auf und gingen bei schönem Wetter
und vom Nordwinde begünstigt, den Kujuk=River strom=
abwärts, worauf wir die Mündung dieses Flusses und
das gleichnamige Dorf am Ufer der Norton=Bai um
11 Uhr erreichten. Gegen Abend wendeten wir uns west=
wärts, wo wir Eisaks Sohn beim Fischen antrafen und
mit ihm die Nacht zubrachten. Am nächsten Mittag nahm
uns dann wieder unser norwegisches Bauernhaus in
Orowignarak auf. Zu unserer Reise nach Kotzebue=Sund
und zurück hatten wir im ganzen 38 Tage gebraucht.
Eisak verdiente und empfing von uns Vorwürfe. Er hatte
nämlich eine Büchse mit Biskuit, die wir in Itlauniwik
für unsere Rückkehr als Reserveproviant in Aufbewah=

118

rung gegeben hatten, geöffnet und zum größten Teil für sich verwandt, als er nach seiner damaligen Trennung von uns durch den genannten Ort wieder nach Orowignarak zurückreiste.

So ermüdet wir auch von der Reise waren, so durften wir Elsaks Haus doch nicht für längere Zeit zum Aufenthaltsorte wählen. Das einzige, was wir uns gestatteten, war eine eineinhalbtägige Rast, die wir dazu benutzten, um die dringendsten Vorbereitungen für die endliche Rückkehr nach Fort St. Michael zu treffen.

Elsak nebst Frau und Sohn sowie eine Anzahl anderer Eskimos begleiteten uns auf unserer Weiterreise nach Fort St. Michael, und unsere Karawane vergrößerte sich allmählich bis auf 8 Schlitten mit 25 Mann. Nach einem anstrengenden Tagesmarsche über das Eis des Norton-Sundes langten wir spätabends in Schaktolik an. Um hier die höchst unangenehme und zum Betteln geneigte Reisegesellschaft loszuwerden, die sich mir angehängt hatte, ging ich mit meinem Reisegefährten in eine Eskimohütte, die von ihren Einwohnern kurz vorher wegen des Todesfalles eines Kindes verlassen war. Trotz ihrer Sehnsucht nach Tee und Pfannkuchen folgten uns die mitgekommenen Eskimos hierin nicht nach, da sie eine viel zu große abergläubische Furcht, wie alle ihre Landsleute, vor der Leiche hatten. Der einzige, der mit uns im Hause schlief, war mein beherzter Führer Ningawakrak.

Am nächsten Tage tobte wieder einmal ein Schneesturm von solcher Stärke, daß man kaum zwanzig Schritte vor sich sehen konnte. Da wir an dergleichen Erscheinungen nachgerade gewöhnt waren, machten wir uns trotzdem ruhig mit allen Schlitten auf den Weg. Aber obgleich uns der Wind günstig war, hatten wir doch einen harten Kampf zu bestehen, um hindurchzukommen. Unterwegs

machte ich an einem kleinen Häuschen halt, da ich wußte,
daß dort ein Amulett aus Nephrit vorhanden war. Ich
kaufte es, da es ein seltenes Stück war, für einen teuren
Preis. Dann setzten wir den Weg längs der Küste fort,
so daß wir uns nicht verirren konnten. An das Erkennen
jedes anderen Weges wäre einfach nicht zu denken gewesen.
Hätten wir nicht so große Sehnsucht gehabt, unsere Reise
zu beendigen, so wäre wohl niemand von uns bei diesem
fürchterlichen Unwetter weitergefahren.

Es war einer der schlimmsten Tage, die ich während
meiner Reise erlebte. Um 4 Uhr nachmittags waren wir
äußerst froh, als wir Eggawik, das letzte Mallemuten=
dorf, als schützendes Obdach erreichten und bald bei einem
wärmenden Feuer und einer guten Tasse Tee die Stra=
pazen des Tages vergaßen. Auch unsere Hunde labten
sich nicht wenig an getrockneten Lachsen, die wir hier
kauften. Das Wetter wurde am nächsten Tage schön, so
daß wir in der Nachmittagsstunde in Unalaklik ankamen,
wo wir übernachteten. Alsdann mußten wir noch einmal,
und zwar in Kikertaok, bleiben, worauf wir am Montag,
den 26. Februar, in der Mittagsstunde, nach mehr als
viermonatiger Abwesenheit, Fort St. Michael wieder er=
reichten.

Die große Tour nach Süden

Ich hatte jetzt während meines noch nicht halbjährigen Aufenthaltes in Alaska das große Land nach drei Hauptrichtungen bereist und dabei Fort St. Michael stets als Ausgangspunkt genommen. Nach Osten war ich 900 englische Meilen landeinwärts vorgedrungen, nach Westen bis zur Beringstraße und nach Norden bis zum Kotzebue-Sund gelangt. Es handelte sich nunmehr noch darum, eine große Tour nach Süden zu unternehmen, von der ich indessen, da sich im Süden leichter eine Gelegenheit bieten konnte, Alaska zu verlassen, als in Fort St. Michael, nicht wieder zurückzukehren beabsichtigte.

Mein Aufenthalt dauerte diesmal in Fort St. Michael drei Wochen. Ich fand bei meiner Ankunft alles unverändert und im alten Geleise und wurde wie gewöhnlich mit großer Herzlichkeit empfangen. Der Umstand, daß ich weit oberhalb am Yukon-Strom, wie berichtet, aus einem Indianergrabe einen Schädel für wissenschaftliche Untersuchungen entnommen hatte, war immer noch nicht vergessen; denn die Ingalik hatten ihn gegen die weißen Händler ausgebeutet, und diese wieder beklagten sich darüber bei Mr. Lorenz in Fort St. Michael. Herr Lorenz ließ eine Anzahl von Ingalik aus Nulato, die sich gleichfalls über mich beklagten, zu sich kommen, worauf ich

den Indianern durch einen Dolmetscher erklären ließ,
daß sich die betreffende Geschichte 100 Meilen und mehr
stromaufwärts ereignet habe. Dann legte Herr Lorenz
den Ingalik ein medizinisches Werk mit Abbildungen von
menschlichen Skeletten und Gliedern vor und erklärte
ihnen, daß zur richtigen Kenntnis der für jeden Menschen
geeigneten Medizin eine genaue Kenntnis seines Körpers
notwendig sei, und daß die weißen Leute dies alles
kennenlernen müßten. Er sagte ihnen, daß auch die
Köpfe der weißen Leute zu dem gleichen Zweck untersucht
würden, und daß kein einziger unter den weißen Leuten
böse darüber sei, sondern daß sie die Medizinmänner in
großen Ehren hielten. Deshalb sollten auch sie ruhig
nach Hause gehen und den anderen Ingalik sagen, daß
sie nicht mehr erzürnt sein sollten.

Diese „anthropologische" Vorlesung hatte den gewünsch=
ten Erfolg, und die Indianer gingen beruhigt von dannen.
Ich begann darauf meine Sammlung zu registrieren
und einzutragen, wobei mir der jüngere Bruder Saxos
getreulich half. Auch lohnte ich meinen Führer Ninga=
wakrak ab, indem ich ihm zugleich für eine neue Reise,
die er in eine Gegend nördlich von Kotzebue=Sund aus=
führen wollte, einige Handelsartikel zum Wareneinkauf
anvertraute. Ich konnte dies um so eher tun, als
ihm die Alaska=Commercial=Company einen dreimal so
großen Kredit gegeben hatte.

Neben diesen Angelegenheiten spielte die Sorge für
meinen Körper die Hauptrolle. Ich nahm die köstlichsten
Dampfbäder und ließ meine Kleidungsstücke reinigen und
waschen, die Stiefel ausbessern und die Handschuhe repa=
rieren. Ferner gab ich meine Hunde in gute Pflege, da=
mit sie sich von den Strapazen erholten; denn die Reise,
die ihnen noch bevorstand, war weiter als die bisher zu=

rückgelegte. Dann packte ich alle meine Sachen ein, damit sie im Sommer mit dem nächsten Schiffe nach Europa geschickt werden könnten, und schrieb Briefe und Berichte nach dort.

Als ich etwa schon eine Woche in Fort St. Michael war, kam eines Tages Mr. Greenfield, der Hauptagent der Western-Fur-Trading-Company, zu uns herüber in das Haus des Mr. Lorenz und machte die Mitteilung, daß während der letzten Nacht sein Warenlager erbrochen und eine große Partie von Handelsartikeln daraus entwendet worden sei. Es stellte sich bald heraus, daß von den zur Zeit in Fort St. Michael untergebrachten Schlitten einer fehlte, und zwar jener Schlitten vom Selawik-River, der mit uns die Reise von Kotzebue-Sund bis zur Norton-Bai zusammen gemacht hatte. Mit seinen beiden Führern, zwei Eskimos vom Kotzebue-Sund, war er während der Nacht verschwunden. Mr. Leawitt, der Offizier des Signal-Service, erbot sich, falls man zur Verfolgung der Diebe eine Expedition ausrüsten wollte, daran teilzunehmen, und als man sich entschloß, dies auszuführen, wurde auch ich eingeladen, mich anzuschließen. Wie sich später herausstellte, befand sich einer der beiden Eskimos noch in Fort St. Michael und behauptete bei dem mit ihm vorgenommenen Verhör, daß er an dem Diebstahl ganz unbeteiligt sei, jenen anderen Eskimo nicht einmal dem Namen nach kenne.

Der Dieb mit dem vollgepackten Schlitten hatte einen Vorsprung von beinahe zwölf Stunden, als wir uns, gut bewaffnet, auf mehrere leichte Schlitten setzten und die Verfolgung begannen. In der Dunkelheit gelangten wir nach Kikertaok, wo wir die Nachricht erhielten, daß der Schlitten, den wir verfolgten, in der Nachmittagsstunde vorbeipassiert sei. Wir fuhren sofort weiter, da wir sicher

waren, den Dieb nunmehr in Golzowa, einem Eskimo=
Dorfe an der Golzowa=Bai, anzutreffen. Es war so dun=
kel, daß wir an dem Orte zuerst vorüberfuhren, ohne
ihn zu bemerken, und dann umkehren mußten.

In der Nähe des Ortes hielten wir Kriegsrat, und da
wir wußten, daß der Dieb bewaffnet war, betraten wir
alle zugleich das nächste Haus. Im Eingang trat uns ein
alter Eskimo entgegen, der auf unsere Frage, ob der
Dieb in seiner Hütte sei, verlegen antwortete, der Mann
sei zum nahen Kaffigit gegangen, aus dem Trommel=
schlag und Gesang durch die Nacht ertönte. Wir stürmten
sogleich dorthin, erfuhren hier, daß wir zuerst auf der
richtigen Fährte gewesen und liefen wieder zum ersten
Hause zurück. Aber der Vogel war inzwischen ausgeflogen;
er hatte das Oberlichtfenster des Hauses hinweggeschoben
und war, halb angekleidet, durch diese Öffnung entflohen.
Ich stieg auf das Dach; doch war es so dunkel, daß nichts
zu erkennen war.

Ein Eskimo, der draußen bei unseren Schlitten als
Wache aufgestellt war, stand während dieser Zeit, sorg=
sam auf jedes Geräusch achtend, schußbereit da. Der Dieb,
der nicht wußte, wo die Schlitten standen, kam auf seiner
eiligen Flucht in der Nähe derselben vorbei und wurde
von dem Eskimo bemerkt, der seine Waffe erhob, um
ihn an der Fortsetzung der Flucht zu hindern. Im selben
Augenblicke aber bemerkten auch die Hunde den fremden
Mann, und da sie gewöhnt sind, hinterherzustürmen, so=
bald jemand sich schnell bewegt, zogen sie plötzlich den
Schlitten an. Hierdurch fiel der Eskimo nach hinten zu=
rück in den Schlitten, und bevor es ihm gelang, die
Hunde zu zügeln und sich aufzuraffen, war der Dieb in
der Dunkelheit verschwunden. Wie wir später vernahmen,
lief der arme Kerl, aus Furcht, daß wir immer noch

124

hinter ihm her seien, halb angekleidet, wie er war, zwei
Tage und zwei Nächte lang nach Nordwesten über das
Eis des Norton-Sundes, und als er zuletzt nicht mehr
laufen konnte, schlief er im Freien auf dem Eise. Infolge
dieser fast beispiellosen Leistung gelangte er so weit, daß
wir ihn in der Tat nicht eingeholt, selbst wenn wir ihn
verfolgt hätten. Wir dachten nicht daran, hinter ihm
herzufahren, sondern nahmen seinen mit vier prächtigen
Hunden bespannten Schlitten, der die ganze Diebesbeute
noch enthielt, mit uns, nachdem zuvor der Mann, der
uns seine Anwesenheit verheimlichte, eine Strafpredigt
erhalten hatte.

Als wir am nächsten Abend tobmüde wieder in Fort
St. Michael anlangten, wurden wir von Mr. Lorenz und
den übrigen Anwesenden tüchtig ausgelacht, daß wir den
Dieb nicht mitgebracht hatten. Infolge des angestellten
Verhörs wurde bekannt, daß die Ingalik, die sich in Fort
St. Michael aufhielten, von dem geplanten Einbruch vorher wohl gewußt hatten. Sie sagten aber, sie hätten nur
darum keine Meldung davon gemacht, weil sie sich vor
der Rache des Diebes gefürchtet hätten.

Dieser Vorfall, sowie die immer mehr überhandneh-
mende Unverschämtheit der Ingalik und der nördlich wohnenden Eskimos ließen die Stationsvorsteher der beiden
großen Handelsgesellschaften zu dem Entschlusse kommen,
in Zukunft nicht mehr miteinander zu konkurrieren, sondern abwechselnd einen Tag um den anderen Handelsgeschäfte mit den Eingeborenen zu betreiben. Eine
fernere Bedingung dieses Abkommens war, daß allgemein die Preise für Felle heruntergesetzt wurden,
sowie endlich drittens, daß der Zucker aus der Liste
der Handelsartikel gestrichen wurde, damit die Mallemuten keine Gelegenheit mehr erhielten, sich davon Whisky

zu bereiten. Dieser neue Bund wurde durch gegenseitige, je zwei Tage dauernde Besuche der Familien der beiden Stationsvorsteher besiegelt.

So verging die Zeit äußerst schnell, und ich hatte meine Vorbereitungen zur Reise nach dem Süden bald getroffen. Nach herzlichem Abschiede von allen genannten Personen, besonders auch von meinem Reisegefährten Mr. Woolfe, begann ich am 18. März 1883 frühmorgens meine weite Reise. Mein Schlitten war sehr schwer beladen; denn er trug Proviant für zwei Monate und viele Handelsartikel. Er war mit dreizehn kräftigen Hunden bespannt, die große Anstrengungen machen mußten, um ihn durch den tiefen Schnee zu ziehen. Wir gingen längs der mir sehr genau bekannten Küste des Norton-Sundes nach der Mündung des Yukon-Stromes. Mein Führer, ein junger und träger Eskimo, klagte bald über allerhand Schmerzen, so daß es mir unmöglich war, ihn mit der von mir gewünschten Schnelligkeit vorwärtszubringen.

Wir mußten in einer verlassenen Eskimohütte über=nachten und erreichten erst am anderen Morgen, nach=dem wir abermals eine Stunde lang marschiert waren, das Dorf Pikmiktalik. Hier „tauschte" ich meinen Führer gegen einen anderen „um" und setzte bei recht warmem Wetter die Reise bis über Kap Romanzoff hinaus, bis etwa zu jener Stelle fort, an der ich, auf meiner herbst=lichen Reise, bei der Rückkehr vom Yukonstrom mit mei=nem vollbepackten Fellboot Schiffbruch gelitten hatte. Hier schlugen wir unser Zelt auf und übernachteten, wäh=rend draußen sich wieder ein Sturm erhob. Mein körper=licher Zustand war nicht der beste; denn ich war trotz aller Vorbeugungsmaßregeln fast vollkommen schneeblind geworden und litt heftige Schmerzen. Natürlich durfte dies die Reise keinen Augenblick aufhalten, und so fuhren

126

wir denn am nächsten Morgen gegen heftiges Schnee=
gestöber und Südsturm weiter, bis wir nachmittags in
Pastolik anlangten. Hier widerfuhr mir ein neues Malheur.

Bei meinem Eintritt in das Kassigit trat ich fehl und
fiel in den unglücklicherweise sehr tief gelegenen Unter=
raum hinab. Zugleich schlug ich mit dem rechten Schien=
bein direkt auf den Stein, der unterhalb der Einsteige=
öffnung angebracht ist. Es war ein Glück, daß meine
Knochen den Fall aushielten und nicht zerbrachen. Der
Fuß aber schwoll unter großen Schmerzen stark an,
und es dauerte bis zum Monat April, bis ich ihn wieder
wie gewöhnlich gebrauchen konnte. Ich muß einen keines=
wegs empfehlenden Eindruck gemacht haben, als ich blind
und lahm im Kassigit die Kwikpagemuten von Pastolik,
die noch vom Herbst her meine guten Freunde waren, um
mich versammelte, um mit ihnen Handelsgeschäfte zu
treiben. Ich kaufte namentlich viele Tanzmasken.

Obwohl Sturm und Schnee am nächsten Morgen die
Weiterfahrt verboten, und auch mein körperlicher Zustand
nicht gerade besonders günstig war, durften mich doch
solche Umstände nicht davon abhalten, meinen Weg fort=
zusetzen, um so weniger, als ich nur eine kurze Strecke
zu fahren hatte, um den vielgenannten Ort Kutlik, den
an der Mündung des Yukon gelegenen Handelsposten der
Alaska=Commercial=Company, zu erreichen. Da ich weder
stehen noch gehen konnte, ließ ich mich auf den Schlitten
legen und erreichte gegen Mittag den genannten Ort. Der
Stationsvorsteher, Herr Kammkoff, von dem ich zehn
Hunde meines Gespannes erhalten hatte — die Mehrzahl
von ihnen hatte den weiten Weg von hier aus zum
Kotzebue=Sund und dann wieder abwärts bis hierher
zurückgelegt —, empfing mich mit außerordentlicher
Freundlichkeit.

Mein Fuß wurde von ihm sofort in geeignete Behandlung genommen und fleißig gebadet, wodurch ich immerhin etwas Besserung erfuhr. Da ich schon zweimal an Kutlik vorübergefahren war, ohne dort Einkäufe zu machen, benutzte ich jetzt die sich mir bietende Gelegenheit und erwarb eine Anzahl von ethnologischen Gegenständen, die ich meiner Sammlung hinzufügte. Die Sammlung war auf der Reise bis hierhin schon ziemlich angewachsen, so daß ich sie als eine kleine Sendung zusammenstellen konnte, die Herr Kammkoff im Frühjahr nach Fort St. Michael zu schicken versprach. Ich blieb teils dieser Besorgungen, teils meines angeschwollenen Fußes wegen, der sich unter der entsprechenden Behandlung überraschend schnell zu bessern begann, hauptsächlich aber des überaus schlechten Wetters wegen, hier den ganzen nächsten Tag.

Mein freundlicher Wirt, der ausgedehnte Reisen gerade in der Gegend gemacht hatte, die ich zu besuchen im Begriff war, gab mir eine lange Beschreibung der Sitten und Gebräuche der dortigen Bewohner. Leider aber trug er dieses alles in russischer Sprache vor, von der ich nur sehr wenig verstehe. Seine Liebenswürdigkeit war mit seinen Mitteilungen noch nicht erschöpft, sondern als ich am zweitnächsten Tage aufbrach, gab er mir zur Begleitung einen seiner Schlitten und drei seiner Leute mit. Hierdurch hatte ich den Vorteil, meinen Schlitten erheblich erleichtern zu können. Welchen Wert diese Begleitung für mich hatte, möge aus meinem unumwundenen Geständnis erhellen, daß ich glaube, wir hätten uns in dem noch unverändert wütenden Schneesturm, bei dem selbst die Hunde nur mit größter Schwierigkeit vorwärtszubringen waren, ohne sie sicherlich verirrt. Unser erfahrener Führer aber brachte uns wohlbehalten durch das

128

Schneetreiben zu dem aus drei Häusern bestehenden Orte Nunapiklogak, wo wir wieder im Kaffigit übernachteten. Am nächsten Morgen setzten wir unseren Weg trotz des stürmischen Wetters fort. Die Schlitten sanken tief in den Schnee, und die Hunde waren selbst durch Schläge mit der Peitsche kaum zu bewegen, vorwärts zu gehen. Wir waren bald alle bis auf die Haut durchnäßt und froh, als wir nachmittags den Nanuwarok=River erreichten, wo wir in dem Dorfe gleichen Namens von den Bewohnern sehr freundlich aufgenommen wurden. Die Leute hier unter= hielten sich durch ein Spiel, das ich bereits in Golownin= Bai kennengelernt hatte.

Vier Männer beteiligten sich daran. Zwei setzten sich links vom Eingang an die Wand, die beiden anderen rechts. Seitwärts von jeder Partie wurde oben an der Wand ein Brett mit einem darauf aus Kohle gezeichneten Kreis als Ziel angebracht. Jeder Spieler war mit einem nur sechs bis acht Zoll langen hölzernen Speer, der eine eiserne Spitze besaß und am hinteren Ende eine große Vogelfeder trug, bewaffnet. Es spielten immer die beiden Nebeneinandersitzenden der einen Wandseite gegen die der anderen Wandseite. Jeder Mitspieler warf hinter= einander seine beiden Speere nach dem gegenüberliegenden Ziele. Das Treffen des Kreises wurde durch kleine Holz= stäbchen markiert. Ich bemerkte, daß einige der Mit= spielenden es recht gut verstanden, das Zentrum zu treffen. Dieses Spiel ist für die Einwohner in hohem Grade nützlich, denn sie können die hierdurch erworbene Hand= fertigkeit aufs beste beim Seehundsfang und auf der Vogeljagd verwerten.

Ich blieb noch am nächsten Tage an diesem Orte, ob= gleich die Hütte, in der wir wohnten, so schadhaft war, daß wir sämtlich durchnäßt wurden. Herrn Kammkoffs

Leute kehrten von hier nach Kutlik zurück, während ich am Orte drei Leute mit einem Schlitten mietete und mit ihnen den Marsch fortsetzte. Bei abscheulichem Wetter kamen wir am Mittag des 27. März nach Eratlerowik, wo wir bleiben mußten. Die Häuser waren hier halb angefüllt mit Schmutz und Wasser; auch die Bevölkerung ließ viel zu wünschen übrig. Obgleich es hier viele Fische gab, wurde mir doch ein hoher Preis für diese abverlangt. Ich kaufte hier ein wertvolles Stück aus bearbeitetem Nephrit. Trotzdem der Aufenthalt so unangenehm war, wie er überhaupt nur unter ähnlichen Umständen sein konnte, wurde ich doch durch den furchtbaren Sturm und das Unwetter genötigt, einen Tag liegen zu bleiben, und konnte erst am nächsten Tage den Weg fortsetzen.

Als wir uns wieder auf dem Marsche befanden, wollten meine Leute fast in jeder Stunde haltmachen, um Tee zu kochen. Ich dagegen hatte den lebhaftesten Wunsch, vorwärts zu kommen, und lief deshalb jedesmal, sooft meine Eskimos nicht weiter gehen wollten, vorwärts, trotzdem mein Fuß mich noch sehr schmerzte. Mein Eifer wurde von Erfolg gekrönt; denn um 9 Uhr abends langten wir in der Station Andrejewski am Yukonstrom an. Freilich waren wir inzwischen einmal durch das Eis gebrochen und total durchnäßt worden. Auch erreichten wir nur mit zwei Schlitten die Station, während der dritte unterwegs liegengeblieben war und erst am anderen Tage nachkam. Der Stationsvorsteher, mein alter Freund Carl Pettersen, empfing mich sehr liebenswürdig und verbrachte mit mir die halbe Nacht in anregendem Gespräch.

Ich faßte in Andrejewski den Entschluß, den Lauf des Yukon zu verlassen und quer über die Tundra südwärts nach Kap Vancouver mich zu wenden. Mein Wirt, ein

130

geborener Schwede, der schon viele Reisen im Dienste der Alaska-Commercial-Company nach jener Gegend ausgeführt hatte, gab mir eine ausführliche Beschreibung des Landes und seiner Bewohner. Während im Sommer die weite ebene Fläche der Tundra durch zahllose Wasserspiegel von Seen und Teichen, durch blinkende Silberbänder von Flüssen, Bächen und Wasseradern belebt ist, und man sich mit deren Hilfe, wie durch den Stand des Tagesgestirns beim Wandern zurechtfinden kann, bedeckt zur Winterzeit eine einzige majestätische weiße Decke, überall gleichmäßig den Rand des Horizontes abschließend, wie ein gewaltiges Leichentuch auf Hunderte von Meilen absolut ebenen Terrains Land und Wasser, während der Himmel, meist in dichte Wolkenschleier gehüllt, sich wie eine einfarbige graue Glocke darüber wölbt. Keine Erhöhung ringsumher im weiten Kreise entdeckt das Auge des Wanderers. Seine eigene Körperhöhe bildet den höchsten Aussichtspunkt, über den er verfügt, und gestattet ihm, deshalb nach den Gesetzen der Erdkrümmung, in keiner Richtung hin weiter als einige englische Meilen zu sehen. Kein Baum, kein Strauch zeigt dem einsamen Reisenden den Weg, kein Haus und kein indianischer Hauswappenpfahl winkt ihm aus der Ferne freundlich zu. Nur um wenige Fuß überragen die flachen rundlichen Eskimohütten die Ebene, wenn sie nicht durch den Schnee einer Nacht, wie es oft genug vorkommt, gleichmäßig überdeckt werden. Es gehört eine sehr genaue Ortskenntnis und eine ausgezeichnet ausgebildete Orientierungsgabe dazu, sich auf diesem Gebiete, wo oft die Schlittenspur des Wanderers, wie auf dem Meere das Kielwasser des Schiffes, die einzige Richtschnur für den Pfad bildet, zurechtzufinden, um so mehr, als selbst die kleine Aussichtsfläche, über die das Auge bei klarem

Wetter schweift, an sehr vielen Tagen durch undurchdringliches Schneegestöber bis auf einige Schritte rings
um den Schlitten eingeschränkt wird. So kommt es nicht
selten vor, daß der Reisende, der sich im Schneesturm
auch nur auf einige Minuten von seinem Schlitten entfernt, ihn nicht wieder aufzufinden vermag. Die klugen
Hunde, ihres Führers beraubt, pflegen sich dann zusammengerollt im Schnee niederzulegen und sich einschneien zu lassen, und der Reisende kann — wie dieses
einmal meinem Wirte in Andrejewski passiert war —
alsdann in ihrer unmittelbaren Nähe die ganze Nacht
hindurch umherirren, ohne daß sie einen Laut von sich
geben.

Nachdem ich den Entschluß gefaßt hatte, über die
Tundra zur Winterzeit zu gehen, versprach mir Pettersen, daß er mir einen seiner Händler für einen größeren
Teil meiner Reise als Begleiter mit auf den Weg geben
würde. Zugleich traf ich einige notwendige Vorbereitungen,
indem ich meine Sammlung in eine Kiste packte, die
von Andrejewski aus mit der nächsten Gelegenheit nach
Fort St. Michael geschickt werden sollte.

Meine Schlittenreise über die Tundra begann frühmorgens am 2. April 1883. Es war ein kleiner, aber stattlicher
Zug, den wir bildeten. Voran mein großer, schwer bepackter, mit vierzehn Hunden bespannter Schlitten, hierauf
zwei Schlitten Pettersens mit insgesamt sechzehn Hunden.
Der erste davon war mein Begleitschlitten und trug
einen Teil meines Gepäckes; der zweite gehörte dem
Händler, der in derselben Richtung reiste.

Der Schnee war hart und gut und das Wetter bei
unserer Abreise so günstig, wie wir es in dieser Jahreszeit
nur wünschen konnten. Wir fuhren zunächst den Kwikpak
oder Yukonstrom, von dem ich hiermit Abschied nahm,

132

eine Strecke weit hinunter und wandten uns alsdann einen kleinen Nebenfluß hinauf, dessen Windungen wir indessen abschnitten. Die Tundra zeigte schon hier jenes eigentümliche landschaftliche Gepräge, die Bedeckung war mit vielen kleinen Wasserspiegeln durchzogen; aber es war uns sowohl hier wie bei Fortsetzung der Reise unmöglich, stets genau zu wissen, ob wir uns gerade über Land oder über eisbedecktes Wasser bewegten. Die Vegetation bestand in unmittelbarer Nähe des Yukonstromes noch aus Nadelbäumen und Buschwerk.

Mittags 1 Uhr machten wir an dem kleinen Eskimodorfe Kjokkaktolik, das an einem Flüßchen gleichen Namens gelegen ist, halt, um Tee zu kochen.

Hier standen wir am Rande der eigentlichen Tundra, die sich wie ein weiter See gleichförmig vor uns ausbreitete. Nur an einzelnen Punkten, beispielsweise am Kusilwakfluß, beherrschte ein hochragender, isolierter Bergkegel die Gegend. Wir übernachteten in dem Orte Kaggan an der Südwestecke eines Sees desselben Namens. Es gelang uns nur mit äußerster Mühe, so viel Brennmaterial zu erhalten, daß wir unseren Tee bereiten konnten. Wir merkten jetzt, daß wir uns einem Gebiete näherten, in dem die Eingeborenen selten oder nie Holz zum Kochen der Speisen besitzen und deshalb diese gewöhnlich roh verzehren.

Schon nach diesem ersten Tage zeigte es sich, daß keiner meiner Leute und Reisebegleiter über die Richtung, in der wir weiter reisen mußten, so genau orientiert war, daß er uns als Führer hätte dienen können. Wir nahmen deshalb am nächsten Morgen einen ortskundigen Eingeborenen mit. Da es in einem so ebenen Gebiet wie die Tundra als ein Ereignis zu betrachten ist, wenn man einen isolierten Berg oder Hügel aufragen sieht, wandten wir uns einer Gruppe von fünf Bergen zu, die wir schon am Tage vorher in südwestlicher Richtung bemerkt hatten. Als wir uns diesen bis dahin unbekannten Bergen genähert hatten, entdeckten wir, daß es fünf zur Zeit untätige Vulkane waren. Ich erstieg einen der niedrigsten unter ihnen, der sich mit seinen steilen Böschungen nur einige hundert Fuß über dem Fußboden erhob. Der Kraterrand war ausgezackt wie ein Festungsturm und umschloß einen Trichter, der etwa dreihundert Fuß im Durchmesser besaß und einhundertfünfzig bis zweihundert Fuß hinabstieg. Der Boden des Kraters war mit Schnee bedeckt. Die übrigen vier Vulkane, die im Umkreise von vier bis fünf englischen Meilen sich befanden, waren höher; der höchste mochte etwa tausend Fuß über die Tundra emporragen. Ich benannte diese Gruppe nach dem berühmtesten Polarforscher die Nordenskiöld-Gruppe.

Unser Weg führte uns mitten durch diese Gruppe hindurch, wo wir viele Polarfüchse fanden. Als wir uns wieder der Tundra anvertraut hatten, begann es zu schneien, und damit war jede Orientierung unmöglich. Nach der Versicherung unseres Führers befand sich glücklicherweise in der Nähe ein Haus, das wir auch nach fleißigem Suchen fanden. Dieses nur von einer Familie bewohnte Haus, Namens Akulerpak, diente uns als Nachtquartier. Leider fanden wir hier kein Futter für unsere Hunde.

Am nächsten Morgen gingen wir trotz des Schneegestöbers wieder weiter und wurden von unserem ortskundigen Führer mit großer Sachkenntnis auf den richtigen Weg gebracht. Aber dieser Mann verließ uns sehr bald wieder und war leider durch kein Versprechen zu bewegen, länger bei uns zu bleiben. Somit mußten wir es denn auf eigene Fauſt verſuchen, den richtigen Weg zu finden, und da ich glücklicherweiſe einen Taſchenkompaß bei mir hatte, ſchlugen wir mit deſſen Hilfe diejenige Richtung ein, die wir für die beſte hielten. Hierbei gelang es uns, eine Schlittenſpur aufzufinden, der wir folgend, das Dorf Kajaluigemuten erreichten. Es iſt dies ein für die Tundra bedeutender Ort von ſechs Hütten und einem Kaſſigit. Wir machten hier halt, um Tee zu kochen und einen Führer für die Weiterreiſe zu engagieren. Offen= bar befanden wir uns in einer ſehr ärmlichen Gegend; denn die Einwohner ſchienen dem Hungertode nahe zu ſein. Es gelang uns trotzdem, gegen gute Bezahlung für unſere abgetriebenen Hunde einen kleinen Sack Fiſche zu kaufen. Nachdem ich noch einige ethnologiſche Gegenſtände erworben hatte, fuhren wir in ſüdweſtlicher Richtung weiter.

Gegen Abend erreichten wir Jukkak, den verlaſſenen Wohnort eines Händlers, wo wir übernachteten. Dieſer Ort liegt bereits im Gebiet der Weſtküſte von Alaska; denn er befindet ſich an der Ausmündung des Jukkak= River in der äußerſten Spitze der Vancouver=Bai, die ſich vom Kap Vancouver aus tief in die Tundra hinein erſtreckt. Von hier aus ſetzte ich dann auch meine Reiſe, einige Strecken weiterhin abgerechnet, faſt ausſchließlich längs des Meeresufers fort.

Bevor wir Jukkak erreichten, bemerkten wir während der Schlittenfahrt einen Wolf, der vielleicht ebenſo hungrig war wie wir oder unſere Zugtiere. Er hielt ſich jedoch in ſo angemeſſener Entfernung, daß es nicht möglich war, ihn zu ſchießen. Beim Auspacken unſerer Schlitten in Jukkak bemerkten wir, daß uns in dem vorigen Hunger= dorfe ein Sack mit gekochten Bohnen geſtohlen war. So ſehr uns dieſer Verluſt ſchmerzte, gönnte ich den armen

Leuten immerhin diese bescheidene Vermehrung ihres Lebensmittelvorrates. Am unangenehmsten war uns jedoch der Umstand, daß wir auch in Jukkak kein Futter für unsere armen Hunde fanden. Es war unter diesen Umständen als ein großes Glück zu betrachten, daß wir am anderen Tage, bei Fortsetzung unserer Reise, in der Nähe von Vancouver=Bai einem Eskimo begegneten, dem wir einen ganzen Schlitten voll getrockneter Heringsköpfe abkauften, die gerade zu einer Mahlzeit für unsere Hunde ausreichten.

Der Weg führte uns jetzt längs des Nordufers zum Orte Nulleslugemuten. In diesem Dorfe waren im Laufe des letzten Winters fast alle Einwohner an epidemischen Krankheiten gestorben.

Meine Aussichten auf Erwerbung ethnologischer Gegenstände waren insofern nicht die günstigsten, als ich fast gar keine Tanzmasken erhalten konnte. Infolge der Überhandnahme der Krankheiten hatten nämlich die Bewohner die üblichen winterlichen Tänze nicht veranstaltet. Die Bewohner dieser Gegend zeigten den höchsten Grad von Unsauberkeit, den ich bei irgendeinem Volke der Erde kennengelernt habe. Abgesehen davon, daß sie, wie bereits erwähnt, an den meisten Punkten der an Brennmaterial überaus armen Tundra niemals Feuer anmachen und die Speisen nicht kochen, wohnen sie in so elenden Hütten, daß namentlich zur feuchten Frühjahrszeit das Innere dieser mehr einem Sumpf und Morast als einem Wohnorte von Menschen gleicht. Kaum die Höhle eines Tieres kann einen schmutzigeren und unbehaglicheren Eingang haben als die elenden Wohnungen dieser Menschen. Bis über die Knöchel und Handgelenke geriet man in den tiefen, weichen Untergrund hinein, der den unterirdischen Eingang ihrer Hütten bedeckt. Das bei nur

136

einigermaßen feuchter Witterung unablässig erfolgende
Herabtropfen von der Höhe ihrer Hütten auf die Schla=
fenden bewirkt es, daß man oft genug des Morgens
die Schlafdecken so durchnäßt findet, daß sie ausgerungen
werden müssen. Überall, wo sich diese Decken auf den
Arm oder die Hand des Schlafenden zur Nachtzeit auf=
legen, schlägt sich aus ihnen eine Art dicker, schwarzer
Schlammkruste nieder, die beim Trocknen eine un=
angenehme Rinde bildet. In diesem Zustande leben die
Bewohner in elenden, zerrissenen Fellkleidern einen
großen Teil des Jahres hindurch. Es ist daher kein
Wunder, daß durch Krankheiten oft die Einwohnerschaft
ganzer Dörfer hingerafft wird. Der Charakter der Leute
ist entsprechend dem ewigen Mangel und der Not, womit
sie zu kämpfen haben, ein wenig energischer. Sie sind
scheu, feige und furchtsam, kriechend und unterwürfig,
wozu vielleicht die Unterdrückung, die sie früher von
seiten der Russen erfahren haben, noch das ihrige bei=
getragen hat.

Nichtsdestoweniger finden sich unter ihnen auch Züge
eines ehemals höher entwickelten Volkslebens. Beispiels=
weise errichten sie für die Verstorbenen oder Verunglückten
Monumente eigentümlicher Art. Ich sah deren mehrere
in Tununak. Sie bestehen aus roh gearbeiteten und
mitunter auch bekleideten Figuren. Die Arme einer dieser
Figuren bestanden aus Walroßzähnen. Daneben befanden
sich Modelle von Kajaks, von Bogen und Pfeilen, von
Seehunden und Renntieren als eine Art Darstellung,
daß der Verstorbene, dessen Andenken man hier feiere,
auf der Walroß=, Seehunds= oder Renntierjagd um=
gekommen sei.

Auch sonst fehlt es nicht an Zeichen einer gewissen
Kunstfertigkeit unter diesen Leuten. Die Kajaks, deren

sie sich hier an der Süd- und Westküste von Alaska bedienen, sind von hübscher Form und tragen als Ornamente
am vorderen Ende den geschnitzten Kopf einer Schildkröte. Die Oberkante der großen Umjaks oder Weiberboote
liegt nicht, wie bei den nördlicher wohnenden Eskimos,
horizontal, sondern sie hebt sich, wie die Spitze der
Boote in Britisch-Kolumbien, schwungvoll in die Höhe.
Die zu Jagd und Fischfang gebrauchten Lanzen sind von
vortrefflicher Gestalt und Ausführung. Einen sonderbaren
Anblick gewähren hier die jungen Mädchen, von denen
viele, an die Kapuze ihres Pelzes festgenäht, ein hölzernes
Idol mit sich herumtragen. Es war mir jedoch nicht
möglich, eines dieser Schnitzwerke zu kaufen; wie man
mir berichtet, werden sie oft viele Jahre lang getragen.
Der Erfolg meines Kaufgeschäftes wurde auch dadurch
nicht wenig beeinträchtigt, daß schon vor mir der oben
erwähnte Herr Nielsen für die „Smithsonian Institution" erhebliche Einkäufe gemacht hatte.

Über gewisse hydrographische Verhältnisse der Tundra
erhielt ich hier in Tununak von dem daselbst wohnenden
Händler Aloska, der ziemlich gut Englisch verstand, eine
Mitteilung bestätigt, die mir schon Pettersen in Andrejewski gemacht hatte. Es existieren zwischen dem unteren
Laufe des Yukonstromes und der Vancouver-Bai zwei
Wasserwege über die Tundra. Der eine soll ein Ausfluß-
arm des Yukon sein, der, in vielen Windungen laufend,
sein Gewässer dadurch verstärkt, daß er durch einen See
fließt; der andere dagegen soll in fast gerader Richtung
verlaufen.

Nach eintägigem Aufenthalte setzte ich meinen Weg in
südlicher Richtung fort. Damit ich nicht nötig hätte, um
das weit in die See vorspringende Kap Vancouver herumzufahren, machte ich mich daran, die von ihm gebildete

138

Halbinsel zu übersteigen. Meine Leute entschlossen sich nach einigem Zögern mitzugehen. Der Übergang war recht leicht, der Schnee trug gut, und so gelangten wir gegen Abend nach dem Orte Ommekomsiuten. Es ist dies ein für die dortigen Verhältnisse bedeutender Ort, der zwei Kassigits besitzt. Ich begann sofort meine europäischen Tauschartikel gegen ethnologische Gegen= stände umzutauschen, wobei namentlich Tabak und Nadeln stark begehrt wurden. Mit Ausnahme von hübschen Jagd= geräten konnte ich indessen hier nur wenig erhalten. In dem Kassigit, in dem ich mich niedergelassen hatte, drängten sich die Einwohner dergestalt, daß man sich kaum bewegen konnte. Diesen Umstand benutzten einige diebische Elemente, um unsere Biskuits zu entwenden.

Bei herrlichstem Wetter und schönstem Sonnenschein setzten wir am anderen Tage unseren Weg längs der Küste fort und erreichten Peimilliagaremuten, wo wir, um Tee zu kochen und Einkäufe zu machen, haltmachten. Bei Fortsetzung der Reise erblickte ich etwa von 2 bis 3 Uhr nachmittags das Naturschauspiel der Nebensonne in der eigentümlichsten Form, die ich jemals gesehen habe. Es lief ein feiner Ring von der Sonne, nicht wie gewöhn= lich in senkrechter Richtung von oben nach unten, sondern horizontal. Diese Linie wurde durch andere Ringe von oben nach unten gekreuzt, so daß zwei Nebensonnen ent= standen. Diese letzten vertikalen Streifen hatten Regen= bogenfarbe, während die horizontale Kurve wie ein feiner Silberfäden glänzte. Das Ganze gewährte einen großartig schönen und seltenen Anblick — nicht etwa, daß Neben= sonnen selten sind in jenen Gegenden; denn ich sah sie sehr häufig —, aber niemals hatte ich einen derartigen Anblick wie an diesem Tage. Die vielfach ausgesprochene Behauptung, daß die Erscheinung von Nebensonnen ein

Vorbote für südlichen Wind ist, hatte ich während des
Verlaufes meiner Reise schon wiederholt bestätigt ge=
funden; auch diesmal traf es zu; denn schon am
Abend desselben Tages erschien ein heftiger Südsturm
mit Schnee.

Wir gelangten im Laufe des Tages nach den auf einer
Landzunge gelegenen, sehr großen Eskimodorfe Kikertaurok,
das von weitem fast den Anblick einer kleinen Stadt
gewährte. Die zahlreichen Hütten waren von Stangen
umgeben, auf denen die zum Fischfang gebrauchten Netze
trockneten, was in der Entfernung fast so aussah, als ob
die Einwohner Flaggen aufgezogen hätten. Das Dorf
besitzt zwei Kassigits, darunter ein recht großes. Es war
indessen wenig ethnologisches Material zu kaufen, da
auch hier bereits große Erwerbungen für Washington
gemacht worden waren.

Der Sturm tobte die ganze Nacht hindurch aus Süden
und hinderte uns am anderen Morgen daran, zeitig
genug abzureisen. Erst gegen Mittag fuhren wir weiter,
passierten zuerst Nogemuten und gelangten gegen 3 Uhr
nachmittags nach Kjikjingemuten, wo wir Tee kochten
und nach dem zwei Stunden entfernten Pinjakpagemuten
aufbrachen.

Es schneite, und die ganze Landschaft, sowie das zum
Teil mit Eis bedeckte Meer verwandelten sich wieder in
jene einsame Fläche, auf der es nicht möglich war, sich
zu orientieren. Unser Führer verlor denn auch den Weg,
so daß wir das genannte Dorf nicht erreichten. Es war
uns unmöglich, ein Obdach aufzufinden, und wir wurden
gezwungen, im Sturm und Schneegestöber im Freien
zu kampieren. Bei Tagesanbruch machten wir uns wieder
auf den Weg. Es glückte uns, trotz des immer noch
herrschenden Schneegestöbers, eine Schlittenspur aufzu=

140

finden, die uns in das aus zehn Hütten und zwei Kaffigits bestehende stattliche Dorf Pinjakpagemuten nunmehr endlich hinbrachte.

Unsere ausgehungerten Hunde stärkten sich hier an dem uneingeschränkten Genuß zahlloser kleiner Hornfische. Trotzdem das Kaffigit schlecht gebaut war, so daß der Schnee fortwährend hineindrang, schlugen wir doch hier unser Nachtquartier auf, da sich aufs neue die Zeichen eines heraufkommenden Sturmes bemerkbar machten. Hätte uns das Unwetter nachts im Freien überfallen, so wären wir wohl sicherem Untergange ausgesetzt gewesen. Mein körperlicher Zustand bedurfte auch einigermaßen der Schonung; denn meine Augen schmerzten mich noch immer außerordentlich, und ich war, troß des Gebrauches der blauen Brillen und der Eskimoschneebrillen, fast erblindet. In dem stattlichen Dorfe fand ich troß eifriger Nachfragen leider fast gar nichts, was ich für meine ethnologische Sammlung hätte verwenden können.

Während wir im Kaffigit schliefen und der Sturm draußen mit fürchterlicher Heftigkeit tobte, fiel ein fremder Hund, der sich verirrt hatte und auf das flache Dach unserer unterirdischen Hütte geraten war, durch das Oberlichtfenster hinab, zerriß dabei dessen Seehundsgedärm und brach sich gleichzeitig einen Fuß. Sein Heulen vermischte sich nun mit dem des Windes, während ein breiter Strom Schnee dem fallenden Hunde nachfolgte, und das Gestöber ununterbrochen auch in unseren Schlafraum drang. Da für den Augenblick nichts dagegen zu machen war, zog ich stoisch meine Decke über den Kopf und schlief weiter.

Selbstverständlich war am anderen Morgen an eine Fortsetzung der Reise nicht zu denken, da bekanntlich derartige meteorologische Ausgleichungen der Atmosphäre

in der Regel mehrere Tage lang dauern. Außerdem be=
stimmte uns zum längeren Verweilen auch noch der
Umstand, daß unsere Hunde an diesem Orte genügend
Futter fanden.

Der weibliche Teil der Bevölkerung dieser Gegend
entwickelt nicht geringes Verständnis, den Körper mit
Perlen zu schmücken. Die Frauen, die Mädchen und auch
die Kinder tragen Perlen fast überall, wo sich diese an=
bringen lassen; auch in den Haaren werden Perlen ge=
tragen. Die Unterlippe der jungen Mädchen ist an drei
Stellen durchbohrt, in den beiden Seitenlöchern steckt als
Lippenpflock je ein kleiner krümmer Knochen, dessen
knopfförmiges stärkeres Ende sich im Innern des Mundes
befindet und so das Herausfallen des Knochens ver=
hindert; das äußere Ende ist mit Perlen geschmückt. Auch
das Mittelloch der unteren Lippe trägt als Lippenpflock
einen ganz kleinen Knochen mit Perlen. Die Nasen=
scheidewand der jungen Mädchen ist gleichfalls durch=
bohrt und hält eine bis auf den Mund herabhängende
Perlenschnur. Dieser Nasenperlenkranz findet sich auch
bei den jungen Eskimoschönen am unteren Yukon sowie
weiter nordwärts bei den Mallemuten. Alle diese ge=
nannten Eskimos haben auch die Sitte gemeinsam, daß
sie das Kinn tatauieren. Die Einwohner der Tundraküste
lebten zu der Zeit, als ich sie besuchte, hauptsächlich von
Horn= und Schwarzfischen. An Unsauberkeit wetteiferten
sie mit den Bewohnern der inneren Tundra.

Da der Sturm sich im Laufe des Tages ein wenig
legte, so rüsteten wir uns zur Abreise. Ich weigerte mich
jedoch aus guten Gründen, den Weg ohne Führer fort=
zusetzen, da ich wohl wußte, daß wir, allein auf uns
angewiesen, nicht durch das Land kommen würden. Zuerst
fand sich niemand in der Bevölkerung, der uns weiter

142

führen wollte; als man indessen sah, daß ich ernsthaft
darauf drang, einen des Weges kundigen Eingeborenen zu
engagieren, erklärte sich ein junger Mann bereit, mit=
zugehen. Bei günstigem Wind und Wetter machten wir
uns auf den Weg und passierten zunächst das Eskimodorf
Kwikluk, das an der Küste liegt. Von hier aus wandten
wir uns in der Richtung auf den zweiten großen Haupt=
fluß von Alaska, den bereits mehrfach erwähnten Kusko=
quim, weiter.

Die vorgerückte Jahreszeit — wir schrieben schon den
12. April — trieb mich sehr zur Eile an. Dies war
auch Veranlassung, daß ich am anderen Morgen bei
dem unseren Schlaforte gerade gegenüberliegenden Dorfe
vorüberzog, ohne Einkäufe zu machen. Erst in dem
nächsten Orte Noksiaremuten machten wir halt. Hier
traf ich zwei Eskimofamilien, die aus Mangel an einem
Hause den ganzen Winter über unter einem umgestülpten
Boote zugebracht hatten. Die Leute schliefen auf Decken,
die sie unter dem Boot auf der Erde ausgebreitet hatten.
Natürlicherweise hatten sie, da ihnen der Rauchabzug
fehlte, kein Feuer anmachen können; sie hatten auch hierzu
wohl kein Bedürfnis gefühlt, da die Eskimos dieser
Gegend, wie gesagt, fast alles roh essen.

Wir hatten einen sehr tüchtigen Führer engagiert, der
uns mit großem Geschick, trotz heftigen Schneegestöbers,
weiterführte. Wir passierten zunächst den großen ver=
lassenen Ort Kangerenaremuten, in dem sich das größte
Kassigit befand, das ich an der dortigen Küste gesehen
habe. Von anderen Zeugen verschwundener Eskimoherrlich=
keit bemerkte ich hier die vielen Gräber, um die Geräte
und Waffen aller Art, alte Gewehre, hölzerne Hüte,
Harpunen, Lanzen, Pfeile und Bogen aufgestellt waren.
Wir hatten unsere Not, den Weg zu finden, und über=

nachteten in dem zur Zeit der Sommerfischerei bewohnten
Dorfe Jlquigamuten.

Unter bitterer Kälte und Sturm kämpften wir uns
am nächsten Tage weiter bis Kulewarewialeremuten, und
obgleich uns hier unser tüchtiger Führer verließ, gingen
wir sofort weiter und erreichten Kukkaremuten und end=
lich auch mit vieler Mühe Klekusiremuten. Am letzten
Orte mußten wir wegen des Sturmes bleiben. Ich sah
hier zwei sehr große Grabmonumente aus Holz. Die
Figuren stellten je einen Mann dar, dessen Körper rot
bemalt war und dessen Mund und Augen aus Knochen
bestanden. Hinter diesen Figuren war eine Holzwand
errichtet, die allerhand Grabbeigaben und Erinnerungs=
zeichen trug. Die Bewohner dieses Teiles von Alaska
leben während des Winters ausschließlich in der Tundra;
sie kommen aber im Frühling zum unteren Lauf des
Kuskoquim, um dort zunächst die Seehundsjagd zu be=
treiben. Späterhin im Jahre, wenn sich die großen
Lachszüge einfinden, betreiben die Einwohner in aus=
gedehntem Maßstabe den Fischfang.

Wir befanden uns jetzt schon seit mehreren Tagen am
Gestade der trichterförmig nach Südwesten sich erweitern=
den Kuskoquim=Bai, deren nördliche Spitze durch die
sehr breite Mündung des Kuskoquim=River gebildet wird.
Da uns unser Weg über diesen Fluß hinüberführte und
wir uns dem Eise der Bai in dieser Jahreszeit mit
Sicherheit nicht mehr anvertrauen konnten, sahen wir uns
genötigt, die Bai mehrere Tagereisen hinauf zu wandern.
Von Klekusiremuten zogen wir am anderen Morgen,
trotzdem es noch stürmte, am linken Ufer des Kuskoquim
hinauf und gelangten gegen Mittag an eine Stelle, wo
wir zum ersten Male imstande waren, in weiter Ferne
östlich das linke Ufer zu erblicken. Hier setzten wir über

144

das Eis der Flußmündung und fanden das Terrain jen=
seits mit kleinem Weidengestrüpp bewachsen, der ersten
Vegetation, die wir seit Verlassen des Yukonstromes
wieder antrafen.

Der nächste Ort, den wir am anderen Ufer trafen, hieß
Joktjitleramuten, ein jetzt verlassener Sommerplatz von
acht Fischerhütten. Hier verließ uns unser Führer und
war in keiner Weise zu bewegen, uns weiter zu begleiten.
Beim Abschiede verkaufte er mir einige gute Tanzmasken,
die er besaß. Allein und ohne Führer setzten wir nun den
Weg stromabwärts am linken Ufer weiter fort. Es wehte
ein so kalter Wind, daß mir wieder einmal die Nase
erfror. Wir bemühten uns, so gut es ging, dem Ufer
des Hauptstromes zu folgen; da sich aber häufig Seiten=
arme und kleinere Wasserstraßen nach links abzweigten,
verirrten wir uns schließlich und sahen uns endlich
genötigt, in der Nähe eines kleinen Hügels zu kampieren.

Um uns nicht zwischen dem Gewirre der Wasseradern
noch mehr zu verlieren, beschlossen wir, am anderen
Morgen wieder den Hauptstrom aufzusuchen, obgleich
dessen Eis stellenweise recht rauh und namentlich hart
am Ufer steil abgebrochen war. Wir gingen also wieder
zurück und erreichten nach zweistündiger Fahrt den Haupt=
strom des Kuskoquim. Hier engagierten wir im nächsten
Dorfe einen Führer, der uns bis zum Nachmittag dieses
Tages nach dem lang ersehnten Orte Mamtratlagemuten
brachte, woselbst sich eine Handelsstation der Alaska=
Commercial=Company befindet, und wo ich von dem
dortigen Stationsvorsteher Herrn Nicolai Kamelkowski,
einem Mischling, halb Russe, halb Indianer, außer=
ordentlich gut empfangen wurde.

Der riesige Gebirgszug, der den Weltteil Amerika vom
Süden bis zum Norden in seiner ganzen Länge durch=

zieht und im nördlichsten Teile „Rocky Mountains" heißt, entsendet seine äußersten Ausläufer westwärts durch Alaska und tritt mit einem derselben hart an das linke Ufer des Kuskoquim=River heran. Die Tundra, das Produkt neuester geologischer Tätigkeit, das Schwemm= land des Yukon und Kuskoquim, schreitet, wie es scheint, unter dem gewaltigen Einflusse der dort oben ganz eminent wirksamen meteorologischen Verhältnisse lang= sam und allmählich wachsend, unaufhaltsam in das Meer weiter vor.

Mit dem Augenblicke, da mich mein Weg an das rechte Ufer des Kuskoquim führte, befand ich mich an der Grenze der Tundra und betrat das Gebiet der Kuskoquimemuten, einer Eskimobevölkerung, deren Exi= stenz überwiegend von dem Strom, an dem sie wohnt, abhängt. Der Empfang, den mir der vortreffliche Sta= tionsvorsteher Nicolai Kamelkowski bereitete, erinnerte mich lebhaft an die Fleischtöpfe Agyptens und führte mich wieder in die lang entbehrten Genüsse: Butter, frisches Brot, Braten von Elentier usw. ein.

Mein Aufenthalt an diesem Orte dauerte indessen nur zwei Tage, da ich wegen der schon sehr vorgerückten Jahreszeit das Schmelzen der Schnee= und Eisdecke jeden Augenblick erwarten mußte. Eine Gelegenheit, von hier nach San Francisco zu gelangen, fand ich für den Augenblick nicht; auch schien es mir richtig und not= wendig, daß ich meinen Aufenthalt in diesen Gegenden, solange dies das Wetter für Schlittenreisen gestattete, ausdehnte. Der glückliche Erfolg, den ich hier gehabt hatte, spornte mich an, nunmehr auch die Südküste von Alaska, an der ich mich jetzt befand, zu besuchen. Es erschien nicht allzu gewagt, das hohe Gebirge, das ost= wärts von Kuskoquim aufsteigt, in dieser Jahreszeit zu

146

überschreiten; denn es war mit ziemlicher Sicherheit anzunehmen, daß sich oben auf der Höhe noch hinreichend Schnee zur Schlittenfahrt finden würde. Der einzige Umstand, der mich vielleicht von einer Tour über das Gebirge hätte zurückhalten können, daß dieses nämlich noch niemals an dieser Stelle von einem weißen Reisenden besucht worden war, war geeignet, mich eher zu der Reise zu verleiten, als von ihr abzuhalten.

Meine nächste Arbeit war, alle diejenigen Gegenstände, die ich bisher auf dem Wege über die Tundra erworben hatte, zu registrieren und einzupacken, da mein Wirt sie von hier aus mit dem ersten Schiff nach San Francisco zu senden versprach. Hierdurch ward mein Gepäck wesentlich erleichtert, so daß ich mich, nachdem ich noch einige Briefe nach Europa geschrieben hatte, am 18. April frühmorgens nach herzlichem Abschied getrost auf den Weg machen konnte.

Herr Kamelkowski hatte die Freundlichkeit gehabt, mir zwei seiner Leute als Führer mit auf den Weg zu geben. Sie hatten die Aufgabe, mich vom Kuskoquim in südöstlicher Richtung über das Gebirge bis zur Mündung des Togiak-River nach der Küste zu begleiten. Wir hatten insgesamt 24 Hunde, von denen mir 15 gehörten. Wir gingen zunächst den Kuskoquim hinab und erreichten in schneller Fahrt bei Sonnenuntergang das verlassene Dorf Jotsitle, wo wir übernachteten. Am anderen Tage wurde die Reise in derselben Richtung stromabwärts fortgesetzt.

Meine beiden Führer, die übrigens, weder in der gewöhnlichen Eskimosprache noch in Englisch sich mit mir verständigen konnten, bildeten die beste Mannschaft, die ich jemals auf meiner Reise gehabt habe. Groß und stattlich gewachsen, mit riesigen Körperkräften begabt, mit der

147

ganzen Elastizität des beginnenden Mannesalters ausge=
rüstet, unermüdlich im Ertragen von Strapazen, geschickt
und erfinderisch bei Überwindung von Schwierigkeiten, stets
gut gelaunt und aufmerksam, waren sie so recht geeignet,
den großen Anforderungen zu entsprechen, welche die
Tour über das Gebirge an jeden einzelnen von uns
stellte.

Am nächsten Tage ging es weiter stromabwärts, immer
am östlichen Ufer des Kuskoquim entlang. Wir passierten
zunächst den Ort Oejak, wo ich wieder eines jener bereits
beschriebenen Grabmonumente sah, und gegen Mittag das
Dorf Kwinnekaremuten. Der Weg auf dem Eise des Fluß=
ses war von hier ab nicht mehr passierbar, so daß wir
uns entschlossen, in das Gebirge einzudringen, indem wir
zugleich einen ortskundigen Eingeborenen als Führer mit=
nahmen.

Der Weg führte uns zunächst über Tundralandschaft,
auf der sich fast kein Schnee mehr befand. Glücklicherweise
aber waren die zahlreichen kleinen Seen und Teiche noch
mit Eis bedeckt, so daß wir verhältnismäßig schnell genug
vorwärts kamen. Wir gelangten an den Agalik=River, der
indessen schon offen war und auch am Ufer keine Schnee=
bedeckung hatte. Nun zeigte sich die Vortrefflichkeit mei=
ner Mannschaft im besten Licht; denn diese beiden Kusko=
quimemuten entwickelten eine staunenswerte Energie, als
es galt, die schweren Schlitten einen nach dem anderen
über den mit tiefen Löchern bedeckten Boden fortzuschaffen.
Wir brauchten volle drei Stunden Zeit, um die Strecke
von einer englischen Meile zurückzulegen. Die Strapazen
dieses Tages veranlaßten denn auch den im letztgenannten
Dorfe engagierten Eingeborenen, uns in der darauffol=
genden Nacht, als wir an einem Flußarm kampierten,
heimlich zu verlassen.

148

Am anderen Morgen setzten wir unseren Weg längs des Flusses fort. Zum Glück befand sich, obgleich das Wasser in der Mitte des Flusses sichtbar war, am Ufer ein schmaler Eisstreifen, der die Schlittenfahrt ermöglichte. Gegen Mittag trafen wir am Flusse eine Anzahl von Eskimos an, die mit Fischfang beschäftigt waren. Der Fluß wimmelte von Fischen, und es war erstaunlich zu sehen, welch eine enorme Beute die Eskimos gemacht hatten. Ich bemerkte unter den gefangenen Fischen wenigstens vier verschiedene Arten von Lachsforellen; auch sah ich einen mir bis dahin unbekannten Fisch, den die Eskimos Sullukbauk nannten. Die jüngeren Männer, die zu der fischenden Eskimogesellschaft gehörten, befanden sich sämtlich auf Jagd. Da ich einen von ihnen als Führer über das Gebirge zu engagieren wünschte, blieb ich bei den Fischern und schlug mein Zelt auf. Die Fische waren hier so billig, daß wir nicht nur selbst reichliche Mahlzeiten hielten, sondern auch unsere Hunde mit frisch gefangenen Lachsforellen fütterten. Gegen Abend kehrten die Jäger zurück, und ich erhielt den ersehnten Führer.

Während der Nacht stürmte es stark aus Südost, so daß ich fast befürchtete, das Zelt würde uns auf den Kopf fallen. Auch sonst wurde die Nachtruhe gestört durch eine blutige Schlacht, die unsere Hunde einander lieferten. Einer von ihnen sprang hierbei gegen das Zelt, und da es durch den langen Gebrauch sehr mürbe geworden war, flog das Tier mitten durch die Fellwand hindurch und mir auf den Leib, was ihm eine ernstliche Verwarnung zuzog. Am anderen Morgen versahen wir uns mit einem reichlichen Vorrat von Fischen und brachen auf. Unser Nachtlager hatte sich unmittelbar am Fuße des Gebirges, und zwar am unteren Eingang eines Gebirgstales befunden. Wir gingen nunmehr den Fluß stromauf und stiegen allmählich immer höher. Die Eisdecke des Flusses wurde nach und nach fester, so daß wir nur an wenig Stellen gezwungen waren, die Schlitten über das Erdreich fortzuziehen. Da der Tag in dieser Jahreszeit schon volle sechzehn Stunden dauert, legten wir eine ziemlich bedeutende Strecke zurück.

Im Laufe des Nachmittags verließen wir das Flußtal und stiegen über die erste Bergkette hinweg, wo der Schnee ausgezeichnet hart und für die Schlittentour geeignet war. Unser Weg führte uns zwischen zwei vulkanische Felsreihen mit zerrissenen Spitzen und kraterartigen Vertiefungen hindurch. Auf dieser Strecke passierten wir einen langgestreckten See mit unbekanntem Namen — wie hier überhaupt alles den Geographen noch unbekannt ist.

Von diesem See geht ein Ausfluß in der Richtung nach Südosten talwärts. Da aber die Eisdecke der Strömung wegen aufgebrochen war, mußten wir unseren Kurs ändern. Wir setzten über einen steilen, mehr als 4000 Fuß hohen Berggipfel, auf dem der Schnee für uns sehr günstig war. Als es wieder bergab ging, mußten wir die Hunde ausspannen; denn unsere Schlitten machten die steile Hinabfahrt allein, ohne jede Hilfe. Es war eine tolle Fahrt, bei der die Schlitten auch einige Male umschlugen und aneinander gerieten; doch ging es wie gewöhnlich bei derartigen Talfahrten ohne Malheur ab.

Als wir uns oben auf dem höchsten Punkte befanden, bot sich unserem Auge ein Anblick von entzückender Schönheit und Großartigkeit dar. Vor uns lag ein großes Tal mit vielen kleinen Gebirgsbächen und Flüssen, und weiterhin im Süden und Südosten zeigten sich am Horizont Hunderte von zackigen Fels- und Bergspitzen.

150

Nachdem wir das Tal hinabgefahren waren, hatten wir viel Mühe, ein kleines, schnell fließendes Gewässer mit steilem Ufer zu überschreiten. Wir folgten weiterhin dem Zuge des Tales und gelangten an einen stattlichen wasserreichen Fluß, der die zahlreichen Wasseradern dieser großen Bodeneinsenkung in sich aufnimmt und sie südwärts weiterführt, wo er in der Nähe von Kap Newenham sich in die Kuskoquim=Bai, wie es scheint, ergießt. Wir brachten die nächste Nacht am Ufer dieses Flusses zu, den ich mit dem Namen „Virchow=Fluß" bezeichnet habe. Die Eskimos nannten ihn Katarak.

Während der Nacht ließ der Frost etwas nach, und es hatte den Anschein, als ob Schnee und südlicher Wind kommen würden. Am anderen Morgen hatten wir in der Tat beides zu verzeichnen. Die dringende Rücksicht, die wir auf unseren verhältnismäßig geringen Proviantvorrat zu nehmen hatten, die Notwendigkeit, für unsere 24 Hunde Futter zu besorgen, nötigte uns, trotz des Schneegestöbers und ohne einen Anhalt in dieser Gebirgswildnis über den einzuschlagenden Weg, weiterzureisen. Der Sturm aus Süden war gewissermaßen unser einziger Führer und zwang uns immer wieder, gegen ihn anzukämpfen. Er war es aber auch, der den frischen Schnee vom Erdboden wegfegte, so daß wir genötigt waren, jedem kleinen Bache oder älteren Schneestreifen zu folgen. So stiegen wir allmählich wieder bergan und überschritten zugleich einige Bergkuppen, jenseits deren wir wieder in ein größeres Tal gelangten.

Nachdem wir abermals eine Strecke hinabgewandert waren, führten uns die Wasseradern wiederum an einen stattlichen Fluß, dessen Lauf wir eine Strecke weit folgten.

Er strömte zuerst nach Südost, später nach Südwest. Sein Wasser hatte fast überall die winterliche Eisdecke zerbrochen, so daß wir lange ratlos nach einer Stelle suchten, wo wir hinübergelangen konnten. Endlich fanden wir eine Furt und kamen glücklich ans andere Ufer.

Das Suchen nach dem Übergang hatte uns ein wenig von der einzuschlagenden Richtung abgelenkt. Der Südsturm übernahm es nunmehr wieder, uns auf den richtigen Weg zu bringen. Wir wandten uns einen kleinen aus Südosten herabkommenden Seitenfluß hinauf und erstiegen die Höhe des Gebirges. Es war dies jene Bergreihe, die wir am Tage vorher beim Übersteigen der ersten Gebirgskette am südlichen und südöstlichen Horizont erblickt hatten. So sehr ich auch an arktisches Unwetter nicht bloß in Alaska, sondern seit meiner frühesten Jugend in meiner nordischen Heimat gewöhnt bin, und so sehr auch meine beiden Reisegefährten unter Sturm und Wind groß geworden waren, wurde uns die Fortsetzung des Weges das Gebirge hinauf gegen den schneidenden Südsturm und das wütende Schneegestöber doch unmöglich. Aber die dringende Notwendigkeit, vorwärts zu gelangen, zwang uns, unseren Weg ununterbrochen über Felsen und hohle Gebirgspässe fortzusetzen.

Glücklicherweise klärte sich das Wetter nachmittags 2 Uhr ein wenig auf, so daß wir wenigstens unseren Weg erkennen konnten. Wir überstiegen wieder eine Gebirgskette und gelangten an das Ufer eines Flusses, den die Eskimos Matlogak nannten. Im Südosten von diesem Flusse steigt das Gebirge wenigstens auf 6000 bis 7000 Fuß an; die Eskimos nannten es Katlarijok. Wir folgten dem Laufe des Flusses bis zum Abend und marschierten ununterbrochen, wobei wir an steilen Stellen die Schlit-

152

ten im Schnee öfter förmlich hinaufwinden mußten. Ich
bin überzeugt, daß ich ohne eine so vortreffliche Mann=
schaft, wie die meinige, an diesem Tage nicht weit ge=
kommen wäre. In diesen fast nie betretenen Tälern tra=
fen wir während der Tage des Überganges über das Ge=
birge riesige Schwärme von Schneehühnern an. Noch nie
in meinem Leben habe ich von diesen Tieren so viele
Exemplare beisammen gesehen wie während dieser Expe=
dition. Auch sonst ist die Gegend nicht arm an Wild;
namentlich begegneten wir wiederholt roten Füchsen. Auf
einen derselben machten unsere Hunde, da das Terrain
dies gerade gestattete, sofort Jagd: Meister Reineke aber
floh geschickt den steilen Bergabhang hinauf, wohin ihm
unsere Hunde nicht nachkommen konnten. Renntiere be=
merkten wir nicht unterwegs, obgleich unsere Hunde, die
öfter eine eigentümliche Unruhe zeigten und kaum zu
halten waren, diese nach Versicherung der Eskimos wit=
terten. So sehr dieser Reichtum an Wild auch lockte, mußte
ich auf das Vergnügen der Jagd verzichten, da ich die
höchste Eile hatte, vorwärts zu kommen. Wir blieben wäh=
rend der nächsten Nacht an dem unteren Flusse und setzten
am anderen Morgen unsere anstrengende Wanderung fort.
Den ganzen Tag über marschierten wir, ohne den geringsten
Aufenthalt zu machen, da uns sehr viel daran lag, noch
vor der Nacht die Station Togiak an der Seeküste zu
erreichen.

Ich war jetzt so schneeblind geworden, daß ich fast gar
nichts mehr sehen konnte und an empfindlichsten Augen=
schmerzen litt. Wir überschritten noch eine Reihe von
Hügeln und Felsen und passierten dabei vier Gebirgs=
flüsse. Um 11 Uhr vormittags überschritten wir den
letzten Paß auf der Südseite des Gebirges und hatten
nun von der Höhe desselben weit über das Land hinaus

nach Süden eine Aussicht auf die Südküste und auf die derselben vorgelagerte Insel Hagemeister. Das Wetter war an diesem Tage prächtig gewesen, aber viel zu warm für die Jahreszeit. Der Sturm der letzten Tage hatte das Eis auf dem Meere vollständig zertrümmert und hinweggeführt; denn so weit unser Auge blickte, sahen wir auf dem Meere nur eine klare Wasserfläche.

Da glücklicherweise der Schnee auf der Südseite des Gebirges noch nicht geschmolzen war, wurde uns der Abstieg ziemlich leicht, und nach sechsstündigem, scharfem Marsche erreichten wir die Nordspitze des Fjordes, in den sich die Togiak=Bai verjüngt. Hier trafen wir wieder eine Gesellschaft fischender Eskimos. Ohne uns aufzuhalten, zogen wir an ihnen vorüber, gingen über den Togiakfluß, der in den Fjord mündet, und gelangten um 7 Uhr abends zum Orte Togiak. Die Handelsstation gleichen Namens liegt vier bis fünf englische Meilen weiter entfernt; aber der Schnee hörte hier auf, und wir mußten deshalb unsere Sachen hier lassen. Ich konnte von Glück sagen, daß ich den arktischen Winter in Alaska sozusagen von der ersten bis zur letzten Schneeflocke volle sechs Monate für Schlittenexpeditionen hatte benutzen können. Jetzt allerdings war der Fortsetzung der Fahrten unweigerlich Halt geboten.

Wir blieben während der Nacht am genannten Orte, da der Zustand meiner Augen sich durch die Strapazen des letzten Tagesmarsches über das Gebirge so sehr verschlimmert hatte, daß ich fürchterliche Schmerzen ausstand, die mich die ganze Nacht hindurch am Einschlafen verhinderten.

Ich mußte nunmehr daran denken, meine Reise längs der Meeresküste fortzusetzen und Hunde und Schlitten hier lassen. Das war mir schmerzlich;

154

denn die Mehrzahl der Tiere gehörte noch zu jenem alten Stamme, der mich faſt auf allen Schlittenfahrten begleitet hatte. Über Strecken von Hunderten von engliſchen Meilen Länge hatten mich dieſe Hunde geführt; oft waren Not und Elend an uns herangetreten und gemeinſchaftlich ertragen worden. Wir hatten als gute Kameraden kennengelernt, welch Maß an Froſt, Unwetter und Entbehrung ein lebendes Weſen auf arktiſchen Schlittenreiſen zu ertragen vermag. Durch die Schneeſchmelze auf unſerer fliegenden Fahrt ſo plötzlich aufgehalten, mußten wir uns nun hier voneinander trennen.

So frei ich auch von jeder Sentimentalität bin, rührte es mich doch zu ſehen, welche Anhänglichkeit dieſe Tiere gegen mich beſaßen. Wie aufmerkſam folgten ſie allen unſeren Bewegungen, als wir am anderen Morgen den größten Teil meiner Sachen in fünf Kajaks, die ich gemietet hatte, einluden! Ihnen war jedes Gepäckſtück ebenſo bekannt wie mir, und ſie begleiteten es bis hinab zu den Fahrzeugen, indem ſie es berochen. Als ich ſie dann alle heranrief und ſtreichelte — denn mir wurde der plötzliche Abſchied nicht ganz leicht —, ſprangen ſie an mir empor und leckten mir winſelnd die Hände. Dann kam der ſchlimmſte Augenblick, indem wir die Fahrzeuge beſtiegen und ſie zurückließen. Ein Teil der Hunde ſetzte ſich am Ufer nieder, hob die Schnauzen ſenkrecht in die Höhe und heulte laut auf. Andere gebärdeten ſich wie unſinnig und liefen, laut bellend, am Ufer entlang, während wir uns längs deſſelben in allmählich ſchneller werdender Fahrt entfernten. Wahrlich, der Abſchied von dieſen unvernünftigen Tieren wurde mir ſchwerer als von manchem Menſchen!

*

Gedruckt
im Ullsteinhaus
Berlin

*

Abbildungen

1. Der 27jährige Johan Adrian Jacobsen 1881 kurz vor seinem Aufbruch an die Nordwestküste. Ethnologisches Museum Berlin (Staatliche Museen zu Berlin)

2. „Nulis'-Transformationsmaske, zusammengeklappt. Kwakwaka'wakw (Kwakiutl), Britisch Kolumbien, Kanada. Slg. Adrian Jacobsen 1881. Ethnologisches Museum Berlin (Staatliche Museen zu Berlin), Inv.-Nr. IVA 1243. Foto Martin Franken. (siehe auch im Reprint: Jacobsen, Reise an der Nordwestküste Amerikas, Seite 128)

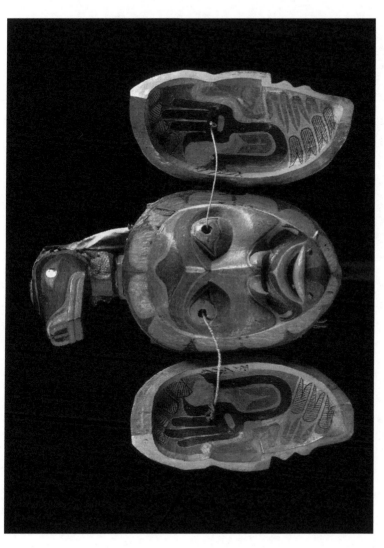

3. „Nulis'-Transformationsmaske, aufgeklappt. Kwakwaka'wakw (Kwakiutl), Britisch Kolumbien, Kanada. Slg. Adrian Jacobsen 1881. Ethnologisches Museum Berlin (Staatliche Museen zu Berlin), Inv.-Nr. IVA 1243 (1270). Foto Martin Franken. (siehe auch im Reprint: Jacobsen, Reise an der Nordwestküste Amerikas, Seite 128)

№. _IV A 1243 (274.)_   ✗

Acten No.

Gegenstand: _Große Kappenmaske, schwarz, innen Menschen-Kopf; die Arme innen und von zu öffnenden Kappenthieren._

— erzählt —

IV A. 1290 -

A 1198. 1199. 1300

Sammler: _Jacobsen_

Rückf. Leipzig
1991/92

---

4. Karteikarte IV A 1243 „Nulis'-Transformationsmaske, zusammengeklappt. Ethnologisches Museum Berlin (Staatliche Museen zu Berlin).

VI. IV A 1270. (323.)

Acten No.

Daten –

Gegenstand: Maskenergänzung, Wolfskopf mit Folge-

länge Nach Jacobsen: Doppel-Tanzmaske.

Das Innere Gesicht stellt den Mir-mis-salan

dar, oben auf der Maske ist die Krone.

Quakjoeb.

Gehört zu IV A 1270

L 21 cm
B 10 "
H 13,5 "
Felllänge 43 "

Sammler: Jacobsen.

5. Karteikarte IV A 1270 „Nulis'-Transformationsmaske aufgeklappt. Ethnologisches Museum Berlin (Staatliche Museen zu Berlin).

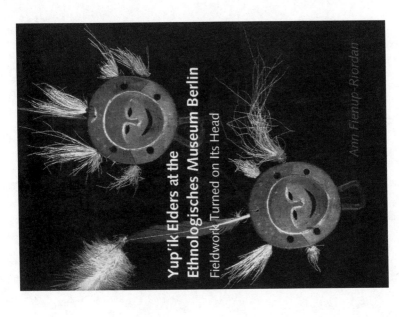

6. Cover des Katalogs von Ann Fienup-Riordan „Yup'ik Elders at the Ethnologisches Museum Berlin: Fieldwork Turned on Its Head"

7. Die Gruppe von neun Bella Coola von der Nordwestküste, die Adrian Jacobsen im Jahre 1885 auf Tournee nach Deutschland schickte Ethnologisches Museum Berlin (Staatliche Museen zu Berlin).

8. Alaska. Slg. Adrian Jacobsen 1881. Ethnologisches Museum Berlin (Staatliche Museen zu Berlin), Inv.-Nr. IVA. 5145 Foto Dietrich Graf. Bootsmaske „Pogtettnoak" (deutsch „derjenige welcher mit großem Boot reist"). In der Mitte befindet sich das Gesicht des Hilfsgeistes „Tuunraq", oben und unten davon Bug und Heck eines Bootes. Jacobsen berichtet weiterhin, dass es sich um die Tanzmaske eines mächtigen Schamanen handele. Die ausgestreckten Arme seine Macht und seinen Wohlstand.

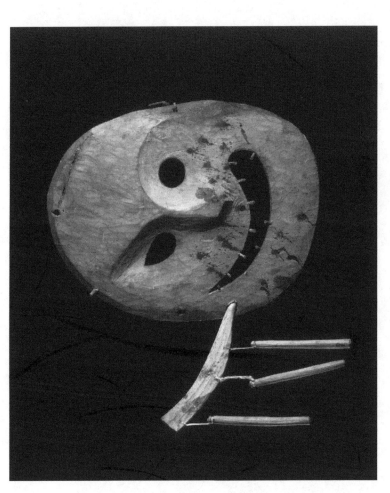

9. ‚Dämonenmaske'. Yup'ik-Eskimo. Slg. Adrian Jacobsen 1881. Ethnologisches Museum Berlin (Staatliche Museen zu Berlin), Inv.-Nr. IVA. 4402. Foto Martin Franken. Jacobsen beschreibt die Maske. Sie stellt einen Dämon dar, der in den Bergen lebt und den Jägern nachstellt. Um den geöffneten Mund befinden sich ‚Blutflecken', rechts davon einen Lippenpflock.

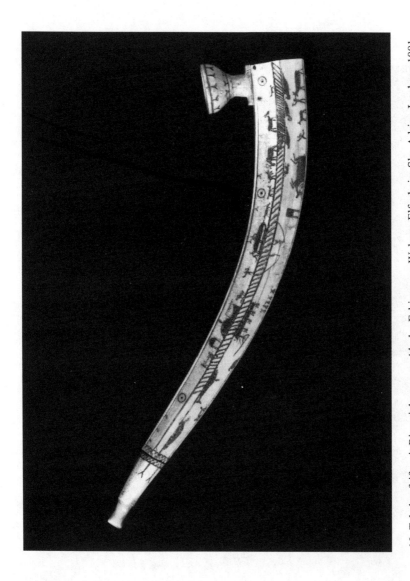

10. Tabakspfeife mit Ritzzeichnungen, Alaska-Eskimo aus Walross-Elfenbein. Slg. Adrian Jacobsen 1881. Ethnologisches Museum Berlin (Staatliche Museen zu Berlin), Inv.-Nr. IVA 2676. Foto Martin Franken. Der Gebrauch von Tabak wurde in Alaska durch den Kontakt mit Europäern eingeführt. Aus Walross-Elfenbein gefertigte Pfeifen dienten als Souvenirartikel. Adrian Jacobsen erhielt diese Pfeife in dem Handelsposten Saint Michael am Norton Sound (Westalaska) von dem deutschstämmigen Agenten der Alaska Commercial Company Rudolf Neumann als Geschenk.

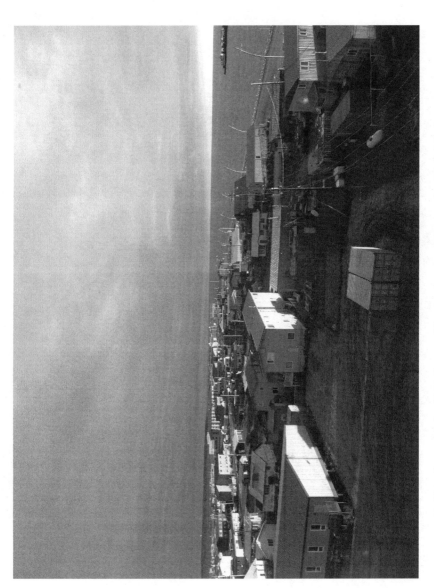

11. Kotzebue und der Kotzebuesund im August um Mitternacht. Viola König 2012.

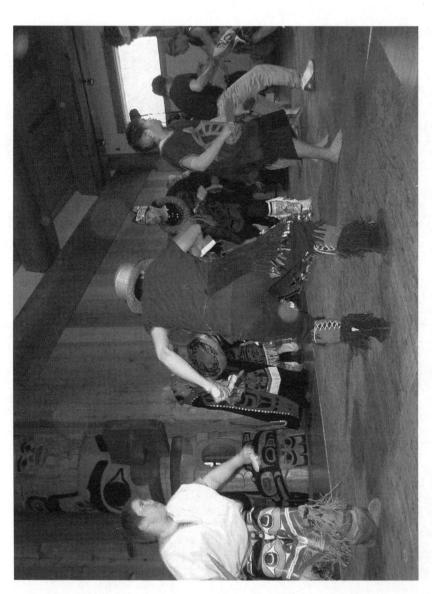

12. Tanzaufführung der Haida Gwaii in Masset, Queen Charlotte Islands, Britisch Kolumbien, Kanada. Viola König 2008

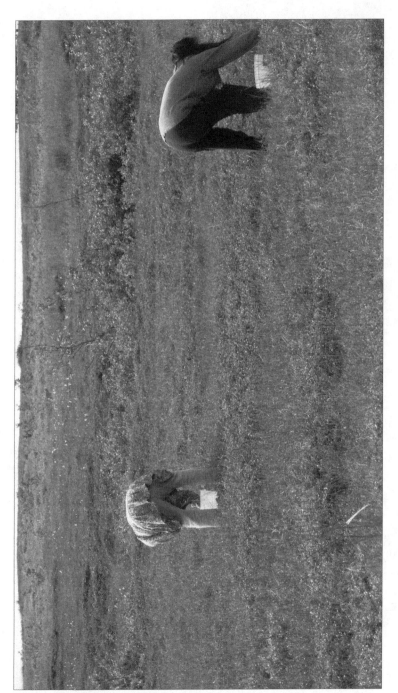

13. Inupiaq-Eskimofrauen beim Beerensammeln am Nortonsund in der Nähe von Nome. Viola König 2012

Capitain Jacobsen's Reise
an d